통합적 인간과학의 가능성

맑스와 뒤르케임의 실재론적 귀환

이 도서의 국립중앙도서관 출판예정도서목록(CIP)은 서지정보유통지원시스템 홈페이지(http://seoji.nl.go.kr)와 국가자료공동목록시스템(http://www.nl.go.kr/kolisnet)에서 이용하실 수 있습니다.
CIP제어번호: CIP2017006326(양장), CIP2017006327(반양장)

전문
연구
총서
|01|

통합적 인간과학의 가능성

맑스와 뒤르케임의 실재론적 귀환

REVISITING MARX AND DURKHEIM
VIA CRITICAL REALISM

김명희 지음

한울
아카데미

일러두기

1. 이 책에서는 외래어 표기법과는 다르게, '마르크스'를 '맑스'로 '뒤르켐'을 '뒤르케임'으로 표기했다. 하지만 인용문이나 책 제목에 '마르크스'나 '뒤르켐'이라고 표기된 경우에는 '마르크스', '뒤르켐'으로 표기했다.
2. 책 제목은 『』, 논문, 보고서, 편지 등은 「」로 표기했다.
3. 맑스, 뒤르케임, 바스카의 주요 1차 문헌의 경우, 〈주요 1차 문헌 약어표〉와 같이 제목을 약어로 표기했다.
4. 이 책은 2014년 8월 성공회대학교에 제출한 필자의 박사학위논문 「마르크스와 뒤르케임의 사회과학방법론 연구: 『자본론』과 『자살론』의 설명적 비판을 중심으로」를 수정·가필한 것이다. 논문의 II장의 내용은 대폭 축약했으며, VII장의 내용은 가필해서 재구성했다. 특히 VII장 4절은 2015년 6월 ≪보건과 사회과학≫ 38집에 발표된 「고통의 의료화: 세월호 트라우마 담론에 대한 실재론적 검토」와 11월 ≪문화와 사회≫ 19권에 발표된 「세월호 이후의 치유: 제프리 알렉산더의 외상 과정 논의를 중심으로」, 2016년 『세월호 이후의 사회과학』에 실린 「고통의 의료화와 치유의 문법: 세월호 이후의 지식 정치학」의 요지를 압축해 재구성한 글이다.

주요 1차 문헌 약어표

	약자	원제	국역본
칼 맑스	『수고』	Ökonomisch-philosophische Manuskripte aus dem Jahre(1844)	『경제학-철학 수고』. 강유원 옮김(2006)
	「독이」	The German Ideology(1845)	「독일이데올로기」, 선집 1 (1992)
	『요강』	Grndrisse der Kritik der politischenn Ökonomie(1857~1858)	『정치경제학 비판 요강』. 김호균 옮김(2000)
	『학설사』	Theories of Surplus Value(1862~1863)	『잉여가치학설사』. 아침/이성과현실 편집부 옮김 (1989)
	『자본론』	Capital I-III(1867~1889)	『자본론』 I~III. 김수행 옮김(1989~2004)
에밀 뒤르케임	『철강』	Durkheim's Philosophy Lectures(1883~1884)	
	『분업론』	De La Division du Travail Social(1893)	『사회분업론』. 민문홍 옮김(2012)
	『규칙들』	The Rules of Sociological Method(1895)	『사회학적 방법의 규칙들』. 윤병철 옮김(2001)
	『자살론』	Suicide - A Study in Sociology(1897)	『자살론』. 김충선 옮김(2000)
	『사철』	Sociology and Philosophy(1924)	
	『직업윤리』	Professional Ethics and Civic Moral(1890~1912)	『직업윤리와 시민도덕』. 권기돈 옮김(1998)
	『실사』	Pragmatism and Sociology(1913~1914)	
로이 바스카	『자가능』	The Possibility of Naturalism[(1979)1998]	
	『과실』	Scientific Realism and Human Emancipation(1986)	
	『비실』	Reclaiming Reality(1989)	『비판적 실재론과 해방의 사회과학』. 이기홍 옮김(2007)
	『변증법』	Dialectic: The Pulse of Freedom[(1993)2008]	

차례

책을 펴내며

'두 문화'를 넘어 인문사회과학의 토대를 새로이 하기

이 책은 2014년 서둘러 마무리한 박사학위논문에 일정한 수정과 가필을 더한 것이다. 이 책은 전적으로 방법론에 논의의 초점을 맞추고 있지만, 절망과 비관까지도 끌어안는 사회이론의 가능성에 대한 장기적인 모색 속에서 기획되었다. 그리고 그 문제의식은 2009년 이후 목도했던 쌍용차 노동자의 연쇄 자살로 거슬러 올라갈 수 있다. 한국사회 자살문제가 한국 자본주의의 문제인 동시에 사회 연대의 문제이자 곧 도덕의 문제라면, 우리 현실을 바탕으로 한 사회이론이 만들어질 필요가 있다는 문제의식의 발로였다. 하지만 그러한 문제설정은 바로 한계에 부딪혔다. 맑스와 베버, 베버와 뒤르케임, 맑스와 프로이트 등을 이론 구성의 계기로 삼았던 현대 사회이론의 경로를 발견하기는 어렵지 않았지만, 맑스와 뒤르케임의 사회이론을 적절히 연결하는 루트를 찾기란 의외로 쉽지 않았다.

그 원인을 해명하는 과정에서 사회연구를 견인하는 메타이론의 중요성을 절감하게 되었다. 이는 비단 특정 사상가의 해석에 제한된 문제만은 아닐 것이다. 오랜 시간 적절한 메타이론의 지원을 받지 못한 사회연구의 관행은 적절한 사회과학의 부재나 '사회과학 없는 사회'의 위기로 이어져, 오늘날 사회 현실을 과학적으로 탐구하고 합리적으로 개선하려는 노력을 의문시하는 다양한 형태의 상대주의의 도전에 적절히 응답하지 못하고 있다.

이론적 작업에 앞서, 좀처럼 연결되지 않았던 맑스와 뒤르케임의 사회과학방법론을 새롭게 조우시켜야겠다는 만용에 가까운 용기는 이러한 배경에서 생겨났다. 그런데 헤아려보면, 두 사상가의 방법론을 연결하는 메타이론으로 어떤 과학철학을 선택할 것인가라는 문제 앞에 우리는 생각보다 그리 많은 선택지를 갖고 있지 않다. 현대 사회과학철학의 발전사는 크게 보면 실증주의, 해석주의 및 사회구성주의, 그리고 비판적 실재론으로 이어진다. 이와 같은 발전 과정은 내 자신의 공부의 여정에도 반영되어 있다. 양적 방법 일변도의 실증주의적 연구 관행이 수많은 금기로 점철된 한국사회의 역사성과 정신현상을 연구하는 데 적절치 않다는 문제의식이 해석학적 방법론에 대한 천착으로 이끈 동인이 되었다면, 자살 현상과 같은 일정한 규칙성을 보여주는 사회현상의 원인들을 다루는 데 의미의 사회적 구성에 대한 연구가 지닌 일면성을 인정하지 않을 수 없었던 역사가 그것이다. 달리 말한다면, 실증주의적 사회과학에 대한 비판이 '자연이 없는 인간과학'의 옹호로 나아가거나 사회연구의 '과학성' 그 자체를 폐기하는 것으로 대체될 수 없다는 인식이 이 연구를 추동한 새로운 동인이 되었다.

마찬가지로 두 사회이론을 해석하는 메타이론으로 비판적 실재론을 도입한 이 연구의 전략이 그리 인위적이지 않은 까닭은, 비판적 실재론의 발전 자체가 사회과학의 태동과 역사성을 깊게 담고 있기 때문이다. 특히 맑스의 사회철학 및 방법론은 비판적 실재론의 사회과학철학인 비판적 자연주의에 깊게 스며들어 있다. 엄밀히 말해 – 종종 질문 받는 – 맑스, 뒤르케임의 방법론과 비판적 실재론의 상호함축성은 '과학활동 자체에 충실한' 사회과학(인간과학)의 가능성을 모색했던 각각의 지적 경로 속에서 자연스럽게 담보되었다고 해도 과언이 아니다. 이것이 역설적으로 로이 바스카(R. Bhaskar)가 비판적 실재론은 '특별한' 연구방법을 갖지 않는다고 말한 이유다. 또 '과학에 대한 철학'이 아니라 '과학을 위한 철학'으로서 비판적 실재론이 – 최신의 과학철학이라기보다 – 최선의 (사회)과학철학이 될 수 있는 이유이기도 하다. 따라서 맑스와 뒤르케임의 방법론을 읽는 해석의 프레임으로 낡은 과학철학이 쓰임으로써 야기된 인식론적 탈구(dislocation) 현상을 교정하는 데 비판적 실재론은 여전히 유용하다. 무엇보다 실증주의 과학관을 철저하게 비판하면서 발전한 비판적 실재론은 – 가치중립적 사회과학이라는 – 해묵은 '방법론적 금기'를 깨고, 맑스와 뒤르케임이 조우하는 국면들을 새롭게 조명해 더 많은 가치판단적 사회과학이 가능함을 적절히 환기시키고 있다.

이 책은 기본적으로 사회과학의 가능성에 대한 책이다. 논의 전반에 걸쳐 이 책은 실증주의 과학관보다 비판적 실재론이 논쟁 속에 자리한 맑스와 뒤르케임의 사회과학을 더 잘 설명하며, 새롭게 이해된 맑스와 뒤르케임의 방법론이 인간과학 내부의 낡은 이항대립과 답보 지점을 넘어설 수 있는 잠재력을 지닌다는 점을 드러내고자 했다. 이 잠재력은 여러 측면에서 이야기될 수 있지만, 책의 제목을 정하는 과정에서 특별히 고려했던 맥락은 최근 사회 제반 분야에서 자라나고 있는 통합학문에 대한 요청이다. 학위를 받고 분과학문으로서 – 협의의 – '사회(과)학'의 틀을 벗어나 분단 극복이라는 공통의 과제하에 학제 간 연구를 수행했던 일련의 경험은 이러한 시대적 요청에 구체성과 현장성을 부여하는 계기가 되었다. 학계뿐 아니라 사회 전반에서 모든 지식 분야는 서로 연계되어 있으며 이러한 연계를 통해 통합적인 이해가 이루어져야 한다는 생각이 확산되고 있다. 하지만 그것이 어떻게 가능한지 충분한 합의에 이른 것은 아니다. 새로운 수준의 통합을 달성할 메타이론적 기초가 성찰되지 않은 상태에서 생산되는 '학제적', '융합', '통섭' 담론은, 새로운 지식 상품에 머물거나 분과학문의 경계를 되레 강화시킬 수 있다는 우려도 존재한다. 무엇보다 사회적 삶의 존재론적 토대에 근거하지 않은 지식 통합 논의는 자칫 또 다른 형태의 환원주의적 통섭의 경로로 나아갈 수 있기 때문이다. 이것이 '두 문화'의 선구적 비판자였던 맑스와 뒤르케임의 비판적 자연주의가 인문사회과학의 토대를 새로이 하고 실현 가능한 지식통합의 경로를 모색하는 데 유의미한 참조점이 될 수 있는 까닭이다.

이러한 고민 끝에 도달한 '통합적 인간과학의 가능성'이라는 이 책의 제목은 '지금, 그리고 이곳(now and here)'의 맥락으로 귀환한 맑스와 뒤르케임의 방법론의 생산성과 총체적 지향을 더 간결한 언어로 표현하기 위해 채택된 것이다. 동시에 이 제목은 현행 학문분류체계와 지원체계를 통해 인간과학 내부에 – 이른바 '인문학'과 '사회과학'으로 분리해서 사유하는 이분법적 관행에 – 깊숙이 내면화된 분과주의와 영역주의를 지양하고자 하는 노력을 담았다. 그 의미에서 '통합적 인간과학'은 자연과학과 인간과학의 통일성과 차이를 아울러 고려하는 '비판적 자연주의' 또는 맑스와 뒤르케임의 통합적 사유가 공유한 '자연주의 사회과학'과 호환될 수 있는 개념으로 사용된다. 그리고 그 핵심은 실재의 층화와 각 수준의 발현을 존중하는 반환원주의적 자연주의를 견지하는 데 있다.

자연주의 사회과학의 지향점으로서 '통합적 인간과학'은 크게 세 수준의 통합을 아우른다. 첫째, 인간과학에 조건적으로 적용된 자연주의를 견지한다는 점에서 자연과학과 통합적이며, 둘째, 인간과학을 지배해온 이원론적 이분법을 해소함으로써 인문사회과학 내부의 패러다임의 재통합을 지향하며, 마지막으로 전문가의 과학을 넘어 – 사회적 고통과 같은 – 실질적인 사회문제의 해결 과정에서 비로소 성취될 수 있는 과학과 사회, 그리고 인간의 통합을 지향한다. 어쩌면 각각은 – 학계 내부보다는 – '세월호 이후', 한국 시민사회가 보여준 역동적인 변화 과정 속에 싹을 품고 있는 가능성일 것이다. 비록 확정된 통합의 프로그램을 제시한 것은 아니지만, 이 책이 재구성한 맑스와 뒤르케임의 방법론이 실현 가능한 지식 통합의 경로를 모색하는 지적 여정에서 집합적 토론을 활성화하는 촉매제가 될 수 있다면 더 없이 기쁠 것이다.

언제나 그러했듯, 이 책의 면면에는 – 부모님을 비롯한 – 여러 '선생님들'의 숨은 공력이 배어 있다. 그이들께 배운 것이 무엇이었는지 늘 잊지 않으려 노력하고 있다. 마지막 순간까지 엄격한 비판자 역할을 마다하지 않았던 이기홍 선생님께는 특별히 감사의 말을 전하고 싶다. 이 책의 지향과 연구사적 위치를 보다 잘 드러낼 수 있도록 세심한 조언과 토론을 해주신 박명림 선생님과의 대화는 긴 여정에 일단락을 지을 수 있는 큰 힘이 되었다. 김성민 선생님을 비롯한 건국대 인문학연구원 선생님들이 보내준 지지와 격려는 이 연구의 '쓰임'을 거듭 반추하게 한 자양분이 되었음을 밝힌다. 긴 논문을 개고하는 과정에서 편집의 고된 짐을 나누어 맡아준 반기훈·하명성 선생님, 그리고 한국 사회과학에 대한 애정으로 수익성 없는 책의 출간을 먼저 제안해주신 한울엠플러스의 김원식 선생님과 김종수 사장님께도 감사의 마음을 전한다. 이 책이 사회학적 상상력으로 활발해진 사회를 향한 작은 밑거름이 되고, 더 나은 삶을 위한 사회과학의 가능성을 고민하며 길을 찾는 이들에게 새로운 '해석의 눈'을 제공할 수 있기를 소망한다.

2017년 2월 김명희 씀

I 머리말

1. 왜 맑스와 뒤르케임의 사회과학방법론인가?

근대사회과학이 성립한 이래 현재까지 자연과학과 사회과학의 방법론적 통일 논쟁, 즉 자연주의 논쟁은 사회과학(인간과학)의 과학성과 그 가능성을 둘러싼 논쟁의 중심에 자리하고 있다. 자연과학의 방법론을 사회와 역사에 일관되게 적용할 수 있다는 방법론적 입장을 '자연주의'라고 한다면, 이러한 입장은 맑스와 뒤르케임의 자연주의 사회과학으로 거슬러 올라갈 것이다.[1]

---

1 사회과학철학에서 '자연주의'라는 용어는 일반적으로 사회적 삶에 대한 과학적 연구가 가능하다는 견해를 말한다. 그리고 자연주의 논쟁은 자연과학과 사회과학이 방법론적으로 통일될 수 있느냐는 논쟁이다. 자연과학에 적용된 과학적 방법과 절차가 사회과학에서도 적용될 수 있는가라는 문제를 둘러싸고 자연(과학)주의(naturalism)와 반자연(과학)주의(anti-naturalism)는 오랫동안 대립해왔다. 고전 사회학 패러다임 내에서 전자의 입장을 맑스와 뒤르케임에서 볼 수 있고, 후자의 견해를 막스 베버(M. Weber)에서 확인할 수 있다(굴드너, 1984; 테르본, 1989; 리처, 2006; 벤턴·크레이브, 2014). 이 책에서 '자연주의 사회과학'은 비판적 실재론이 제안한 것처럼 자연과학과 사회과학의 연구대상과 방법의 통일성과 차이를 함께 고려하는 '비판적 자연주의'와 내용을 같이하지만, 철학적 함의와 확장에 제한을 가하고 이론사회학 내부의 패러다임상의 논점을 분명히 하고자 할 때, '자연주의 사회과학(naturalistic social science)'이라는 용어를 병용하겠다.

19세기에 본격적으로 등장한 사회이론 중에서 과학임을 제일 먼저 자임한 이론은 칼 맑스(K. Marx)와 프리드리히 엥겔스(F. Engels)의 과학적 사회주의였고, 과학으로서의 사회학을 가장 먼저 주장했던 이론가는 오귀스트 콩트(A. Comte)와 에밀 뒤르케임(E. Durkheim)이었다. 따라서 자연과학에 기초해 사회에 대한 새로운 과학을 창조했던 양자의 사회과학방법론을 제대로 이해하는 일은 과학 일반은 물론 역사 속에서 과학의 위치를 이해하는 데 필수적이며, 사회과학의 과학성 자체를 유지하는 문제와 뗄 수 없는 관계에 놓여 있다. 특히 많은 한국 사회과학 연구자들의 암묵적인 준거가 – 어떤 방식으로든 – 맑스와 뒤르케임의 사회과학 패러다임에 크게 의존하고 있다는 점을 감안한다면, 이는 곧 오늘날 한국 사회과학의 과학성과 위기를 성찰하는 일과 직결되는 문제이기도 하다. 이 책의 주된 관심은 고전 사회학의 삼대산맥 가운데 중요한 두 축을 구성하는 맑스와 뒤르케임의 사회과학방법론을 비판적 실재론[2]의 관점에서 재구성하는 것이다.

왜 맑스와 뒤르케임의 사회과학방법론인가? 그리고 왜 비판적 실재론인가? 이 책의 문제의식이 성립하게 된 배경을 다음의 세 차원에서 이야기할 수 있을 것 같다. 첫째, 1980년대 말~1990년대 초 현실 사회주의가 몰락한 이후 사회이론으로서 '맑스주의의 위기'를 우려하는 사회과학계의 담론은 이미 진부할 정도로 이어졌지만, 정작 그 위기를 해결하기 위한 발본적 노

자연주의 사회과학은 인간과학에 적용된 실증주의적 자연주의나 인간과학에 자연주의가 적용될 수 없다고 주장하는 반(反)자연주의와 달리 실재론적 자연주의를 견지하는 사회과학을 말한다.

2 III장에서 자세히 살펴보겠지만, 비판적 실재론은 1970년대 구미 학계에서 실증주의 과학철학의 한계를 재구성하면서 발전되어 인간과학 — 인문학과 사회과학 — 을 혁신하려는 철학적 운동의 형태로 자리 잡고 있다. 비판적 실재론의 주창자인 로이 바스카(R. Bhaskar)는 "실재 그 자체를 되찾아 다시 주장하도록 허용하는 관점을 '비판적 실재론(critical realism)'이라" 부른다(『비실』, 8).

력이 과학방법론에 대한 성찰에서 이루어지고 있는 것 같지는 않다. 이데올로기의 차원을 떠나 유용한 사회 연구의 방법론적 특성을 풍부히 제시하고 있음에도 맑스 방법론의 속성들은 기존 강단 학계에서도 제대로 소개되지 못한 채 이론적 주장들만 무성하다(김왕배, 1997: 33~34). 역설적이지만 맑스 이론의 핵심이 그의 과학방법론에 있다는 고전적 테제에도 불구하고,[3] 오늘날 맑스 과학방법론의 핵심은 여전히 이해하기 쉽지 않은 쟁점으로 남아 있다. 뒤르케임 연구도 사정이 크게 다르지 않다. 한때 한국의 지적 풍경에서 고사 상태에 있던 뒤르케임 연구가 미국발 신뒤르케임주의의 부상과 함께 '후기 뒤르케임'의 부활에 크게 일조하고 있지만, 정작 그 시원적 문제의식과 달리 한국사회의 심각한 '자살 문제', '노동자 문제'를 비롯한 각종 '사회 문제'의 원인을 진단하고 해법을 모색하는 데 적절하게 쓰이고 있는 것 같지는 않다. 그러나 맑스와 뒤르케임은 분명 현실의 문제를 과학적으로 탐구해서 설명하고 처방하는 것을 사회과학의 본령으로 이해했다. 사회의 위기와 유리되어 여전히 제한적이고 일면적으로만 이루어지는 맑스와 뒤르케임 이론의 수용은 '사회'과학이란 무엇이며 무엇이어야 하는가에 대한, 그리고 어떻게 실행해야 하는가에 대한 양자의 견해를 충실하게 파악하지 못한 데서 비롯된 것으로 보인다.[4]

3 『역사와 계급의식』(루카치, 1923)에서 "맑스주의적 문제에서 정통성이란 오직 방법에만 관련된다"라고 말한 게오르크 루카치(G. Lukacs)의 유명한 언술은 물론이거니와, 『실증과학으로서의 논리』(볼페, 1950), 『방법의 문제』(사르트르, 1957), 『변증법적 이성비판』(사르트르, 1960), 『부정 변증법』(아도르노, 1966), 『자본론을 읽는다』(알튀세르, 1965) 등 맑스 방법론에 대한 관심은 '맑스 이후의 맑스주의' 역사에서 가히 절대적인 위상을 점한다.

4 맑스는 물론, 뒤르케임 방법론에 깃든 실재론적 요소 — 비록 대부분 경험론과 충돌하는 것으로 이해되어왔지만 — 는 이미 여러 해석자가 주목해왔다(Benton, 1977; Pearce, 1989). 아울러 『자살론』의 이론적 성공이 오직 현대 과학철학의 입장에서 온전하게 이해될 수 있다는 논의가 제출된 지 오래지만(Willer, 1968; Sawyer, 2002), 여전히 한국에서

그렇다면 우선 해명되어야 할 점은 근대사회가 유발한 병리를 다루는 두 이론가의 진단과 처방의 적실성과 생명력을 부인하고, 그들의 이론을 '쓸모없는' 폐물로 취급하게 만드는 메커니즘으로 보인다. 이 책은 두 사회이론의 '실패 속의 성공'과 '성공 속의 실패'가 모순적으로 지속·공존하는 원인을 과학방법론의 차원에서 찾아보고자 한다. 방법론의 차원은 어떤 사회과학적 연구도 암묵적으로 이론적 함의를 지니고 있으며 그 이론은 어떤 사회과학 방법에 의거할 수밖에 없고, 다시 그 방법은 특정한 존재론과 인식론을, 그리고 암묵적인 가치론 또한 함축하기 때문에 여전히 중요하다.[5]

그러나 한국의 사회과학자들은 사회에 대한 과학적 인식을 강조하면서도 그것에 전제되어 있는 견해와 판단은 거의 논의하지 않고 있다. 즉 사회라는 대상은 어떤 것인가, 사회는 어떤 방법으로 탐구할 수 있는가, 또 왜 탐구하는가와 같이 과학적 작업에 필수적인 '과학적 지식 자체에 대한 과학적 지식'에 대한 논의를 형이상학적이고 사변적인 것으로 취급하며 의식적으로 배제해왔던 것이다(이기홍, 2006b: 224). 이러한 관행의 암묵적인 근거에는 '실증주의'라 부를 수 있는 메타이론적 입장이 자리하고 있다. 이러한 입장에서 과학적 지식을 생산하는 문제는 무엇보다 방법, 즉 신뢰할 만한 경험적 지식의 연구조사 기법의 문제로 축소된다. 그러나 과학은 인식 이전에 존재하는 세계가 '있다'는 것을 '전제'하고 출발한다. 말하자면 과학은 늘 무엇인가에 '대한' 과학이며 과학적 인식은 암묵적인 존재론과 가치론을 전제하며 그것들을 필요로 하지만, 주류 과학철학인 실증주의는 존재론의 문제를 과학적 방법에 대한 논의로 환원시켜왔던 것이다.[6] 이것은 포스트모더니

『자살론』은 양적 사회조사 기법의 고전적인 사례로 소개되고 있을 따름이다.

5 방법(method)이 그 어원(meta+hodos)상 '무엇을 얻기 위한 과정과 절차'를 뜻한다고 할 때, 목적을 배제할 때 방법이 방황할 수밖에 없는 것은 당연한 일이다. 즉, 앤드루 세이어(A. Sayer)가 말한 것처럼 방법, 대상(객체)의 성질, 그리고 연구의 목적은 사회연구의 분리 불가능한 세 꼭지점이다(A. 세이어, 1999: 25 참고).

즘의 '방법의 거부'에 이르기까지, 근대 과학철학이 실패하게 된 핵심적인 문제 지점으로 자리한다. '방법 이후'의 시점에서 맑스와 뒤르케임이 견지한 실재론적 사회과학의 합리적 핵심을 복원하고 재구성하는 것은 논리실증주의 과학관이 잃어버린 근대 사회과학의 이상(the ideal)을 복원하는 작업이기도 하다.[7]

둘째, 현실에서 이론의 소외, 이론에서 방법론의 소외라고 하는 전도된 현실은 맑시즘과 사회학이 불필요하게 적대한 상황에도 책임이 있다. 영미계 사회학자들은 '이데올로기'라는 이름으로 맑시즘을 무시했고, 인간주의적 맑스만을 선택적으로 수용했다. 다른 한편 맑시즘을 향한 사회학의 적대성은 사회학에 대한 맑시즘 자체의 태도와 결합된 것이기도 했다. 흔히 뒤르케임에게 퍼부어지는 비난 중 하나는 '보수주의'로, 이는 1950~1960년대 미국 사회과학 전반을 양분하고 있던 기능주의/갈등주의라는 이분법적 도식에서 뒤르케임이 기능주의에 대한 핵심적인 이론적 토대를 제공한 학자 가운데 하나로 자리 잡게 된 과정과 관련된다. 이로써 뒤르케임 사회학의 규범적 지향은 갈등과 변화보다는 통합과 안정을 추구하는 이념적 보수주의로 오랜 기간 각인되어왔다. 또한 맑스주의 입장에서는 뒤르케임 사회학

---

6 실증주의는 다양한 조류의 교의와 용법을 포함하지만, 이 책에서 문제삼는 신'실증주의'는 18세기 초 데이비드 흄(D. Hume)과 조지 버클리(G. Berkeley)의 저작을 통해 발전한 것으로 통상 논리실증주의 또는 논리경험주의를 축약한 것을 지칭한다(헤스, 2004: 25). 이는 과학철학의 '표준적 견해(standard view)'로 불리며 그 입장의 대표자는 중부 유럽에서 미국으로 이주한 루돌프 카르납(R. Carnap), 카를 헴펠(C. Hempel), 어니스트 네이글(E. Nagel)과 영국에 정착한 칼 포퍼(K. Popper) 등이다.

7 오랜 기간 사회연구에서 과학적 방법에 대한 포괄법칙모형은 대문자 'M'으로 표시되는 유일한 방법론(Methodology)이었다(다네마르크·엑스트롬·야콥센·카를손, 2005: 24). 찰스 라이트 밀즈(C. W. Mills)가 『사회학적 상상력』에서 일찍이 갈파했듯, 1950~1960년대 논리실증주의가 사회연구의 표준적 관행으로 자리 잡게 된 것은 "고전적 사회과학의 포기"를 나타내고 있다(밀즈, 2004: 102).

에 내재되어 있는 비유물론적 인식론과 사회주의 혁명에 대해 그가 견지했던 부정적인 시각만으로 충분히 그를 보수주의자 항목에 넣을 만했다.[8]

즉, 많은 맑스주의자와 사회학자가 두 담론 사이에 근본적인 대립이 있다고 이해해왔다. 이러한 형국은 맑스와 뒤르케임의 사회과학방법론을 학문적으로 비교하는 작업이 전무한 국내외의 이론사적 공백에서 그 단면을 확인할 수 있지만, 맑시즘과 사회학의 분열을 보여주는 현대 사회이론의 단면을 요란 테르본(G. Therborn, 1989)의 견해에서 발견할 수 있다. 그의 전체 논의는 사회학과 맑시즘 사이에 경계선을 긋고 전자를 관념론으로 부당하게 비난하며, 후자를 유물론으로 정당화하려는 노력에 집중되어 있다(굴드너, 1984: 422~423).[9] 반면 자유방임주의 비판자로서 뒤르케임 사회이론의 급진성과 고갈되지 않은 잠재력이 맑시즘을 성찰하는 바로미터로 재구성되어야 한다는 '급진적 뒤르케임(Radical Durkheim)'(Pearce, 1989; 2001)의 주장이나, 최근 위기에 처한 맑시즘을 재구성하는 핵심은 '사회성' 개념의 회복에 있음을 제안한 일련의 논의는 잘못된 반목을 극복하기 위해 맑시즘 내에서 나타난 성찰의 노력이라 할 수 있다.[10] 이 책의 문제의식 또한 '사회학에

---

8 상세한 논의는 Pearce(1989: 1~21), 리처(2006: 58~61), 김태수(2008: 290)를 참고하라.

9 이 쟁점은 책의 VI장에서 다시 논의할 것이다. 상세한 내용은 테르본의 『사회학과 사적 유물론(Science, Class, and Society: On the Formation of Sociology and Historical Materialism)』을 참고하라. 반대의 입장에 선 논박으로는 앨빈 굴드너(A. Gouldner)의 『맑시즘: 비판과 과학(Two Marxism)』 제12장을 참고하라. 굴드너에 따르면, 테르본의 테제에는 비판적 맑시즘에 대한 과학적 맑시즘의 비난과 탤컷 파슨스(T. Parsons)의 수렴테제가 암묵적으로 관통하고 있다. 사회학이 자원론으로 이행했다는 발상은 파슨스에게서 빌려온 것이지만, 테르본은 이러한 사실에는 침묵한다는 것이다. 이렇게 함으로써 맑스와 뒤르케임이 생시몽(Saint-Simon)의 '자연주의'라는 공통의 조상에서 이어진다는 점과 맑시즘과 사회학의 수렴을 은폐하고, 선행하는 사회학자들의 학문 — 특히 파슨스 — 에 반복적으로 의존한다는 점을 드러내는 것이 굴드너가 테르본을 비판하는 요지다(굴드너, 1984: 422~428).

10 맑시즘은 사회성의 상대적 자율성과 정체성을 다루는 주류 사회학의 연구방법론까지

대항하는(against) 맑시즘'이 아니라, 맑시즘과 사회학 사이의 이데올로기적 대립을 해소하는 데 정초된다.

셋째, 그러나 '과학적 사회주의'와 '과학적 사회학'을 표방한 두 사상가의 이론적 화해만으로는 문제가 해소될 수 없는 것은, 두 사상가의 과학방법론에 대한 곡해를 체계적으로 재생산해온 실증주의 과학관의 지속적인 헤게모니가 존재하기 때문이다. 이는 '맑스와 뒤르케임의 딜레마'라고 부를 만한 복잡한 쟁점들을 야기하며, 이른바 '두 명의 맑스', '두 명의 뒤르케임' 주장으로 압축되는 '이분법의 사회(과)학사'와 긴밀하게 연결되어 있다. 이에 대한 근본적인 성찰과 해법 없이는 한국 사회과학의 혁신을 전망하기 어렵다는 것이 이 책의 핵심적인 문제의식이다.

흥미로운 점은 1970년대 과학철학 논쟁 이후 사회이론으로서의 실증주의 또한 심각한 도전에 직면했음에도, 방법론적 실증주의는 오히려 그 영향력을 확대해가고 있다는 것이다. 방법론적 실증주의는 사회학 내부의 일상적·제도적 실천에 깊이 뿌리를 내리고 있다는 점에서 일종의 – 부르디외가 말한 – '독사(doxa)'라고 할 수 있는데(채오병, 2007: 254), 하나의 독사로서 실증주의는 잘못된 이분법의 오류에 근거해 재생산되는 특징을 보인다. 이 이원론과 이분법은 단독으로 작동하는 것이 아니라, 서로를 강화하면서 결합하고 작동하며 의미와 연상이 하나로부터 다음 것으로 '스며든다'(A. 세이어, 1999: 44). 이는 맑스와 뒤르케임의 과학방법론을 둘러싼 해석의 긴장과 갈등에서 여실히 드러난다.

포괄적으로 결합시켜 사회성의 내적 구성방식을 해독함으로써 실천 지향적인 요구를 해결하는 방식으로 재구성되어야 할 것이다. 그러나 사회성의 상대적 자율성과 특수한 정체성을 강조하는 것은 아직도 환원주의적이고 도구주의적인 방식으로 사회 과정을 분석하는 맑스주의 내의 일부 무도한 시도에 대한 도전을 의미한다(임운택, 2009). 적어도 한국에서 여전히 '사회학에 대항하는(against) 맑시즘'이라는 통념이 잔존하며, 사회연구의 관행에 암묵적인 영향력을 발휘하고 있다.

이와 같은 이론적 현실을 명징하게 드러내고자 이 책은 실증주의 과학관이 맑스와 뒤르케임의 방법론 해석에 부과한 인식론적 딜레마를 '맑스와 뒤르케임의 딜레마'로 개념화했다. 이는 서로 긴밀하게 얽혀 있는 다음의 세 가지 차원을 포함한다. 첫째, 청년 맑스와 노년 맑스 사이에, 초기 뒤르케임과 후기 뒤르케임 사이에 단절이 있다는 '두 명의 맑스', '두 명의 뒤르케임' 딜레마가 그것이다. 이는 존재론의 차원에서 관념론과 유물론, 자원론과 결정론, 철학과 과학의 이분법적 교환에 의해 뒷받침되며, 미국의 개인주의 사회학과 맑스주의 내부의 실증주의가 상당 부분 공유하는 딜레마이기도 하다. 둘째, 방법론의 차원에서 자연과학과 사회과학(인간과학)의 공통점과 차이점을 둘러싼 이분법적 딜레마로, 이는 맑스와 뒤르케임의 방법론에 대한 과잉자연주의적 해석과 반(反)자연주의적 해석의 대립으로 나타난다. 셋째, 가치론의 차원에서 사회과학의 위상과 역할을 둘러싼 사실과 가치, 과학과 비판[11]의 이분법적 딜레마로 이는 표준과학모델이 이상으로 삼는 가치중립 교의가 역설적으로 양자의 과학성을 평가하는 암묵적인 준거로 기능함으로써 야기되는 해석의 딜레마를 지칭한다. 그리고 이 이분법적 딜레마의 치명적 결과는 각각의 이분법을 통합하고자 했던, 맑스와 뒤르케임에 내재한 과학성의 핵심을 되레 읽어낼 수 없게 만들고 양자의 차이에 주목하게 하는 기능을 담당해왔다는 점이다. 그리고 맑스와 뒤르케임을 분할해왔던 대부분의 이분법은 이른바 '두 문화'를 구별 짓는 이분법이자, '자연과학'·'인문학'·'사회과학'의 분할을 중충화해왔던 이분법이기도 하다.[12]

---

11 '비판(critic)'의 의미는 그리스어 'klinein'에 어원을 두고 있다. 'klinein'은 시비를 가린다, 판정한다는 뜻이다. 즉, 비판은 정당/부당의 판단을 하지 않을 수 없다.

12 사실 '두 문화(two cultures)'의 지배하에 정착된 이러한 학문 분류체계가 온당한 것은 아니며, 이 책에서 '사회과학'은 인문학의 영역을 포함한 '인간과학'을 지칭한다. '두 문화'는 찰스 퍼시 스노(C. P. Snow)(2001)가 1959년 케임브리지 대학교의 리드 강연에서 '과학'과 '인문학'의 분리와 대립을 비판하며 사용한 개념이다. 자연과학과 인문학이

이러한 형국은 맑스와 뒤르케임의 사회과학방법론의 '실패'가 상당 부분 맑스와 뒤르케임 이후의 현대 사회이론가들이 암묵적으로 전제하고 있는 '과학적 가정들', 요컨대 실증주의 과학철학의 '실패'에 의해 규정되고 있다는 점을 일러준다. 다시 말해, 많은 현대 해석자가 맑스와 뒤르케임의 방법론을 '비일관적'이라고 이해한 것은, 이들이 사용했던 '과학적 방법'이 오늘날 사회학자들이 잘 사용하지 않는 '과학적 방법'이며, 현대 사회학자들이 의존하고 있는 실증주의 과학관으로는 쉽게 이해될 수도 없기 때문이다. 반면 오늘날 실증주의 과학관의 오류를 정정하고 주류 과학철학의 실패에 대한 대안으로 그 영향력을 확장하고 있는 비판적 실재론은 기존의 이분법적 오류를 해소할 인식론적 돌파구를 열어줌으로써, 맑스와 뒤르케임의 사회과학방법론의 생산성을 새롭게 이해할 가능성을 제공한다. 그리고 맑스와 뒤르케임을 둘러싼 이분법의 해소는, '두 문화'의 선구적 비판자로서 양자가 추구했던 통합적 인간과학의 전망을 새롭게 되불러온다.

이 책은 이 가능성을 두 이론가의 논쟁적인 주저인 『자본론』과 『자살론』을 비판적 실재론의 관점에서 재구성함으로써 구체적으로 입증해 보일 것

라는 두 거인이 벌이는 싸움 '사이에 낀' 사회과학은 분열된 지식 영역으로서 '분과학문화'를 가속화했다. 이러한 학문적 대치는 19세기 말 본격화되어 1945년 즈음 제도적으로 정착된 근대적 분과학문 체제에서 비롯된 것이지만(월러스틴, 2007: 26~27), 한국적 맥락에서 보자면 분단체제의 경로의존성과 학문의 대외종속성에 의해 더욱 강화되었다(김경일, 1995: 379~381; 임형택, 2014: 21~23 참고). 대표적으로 역사학을 인문학에 배치시키고 사회과학의 영역에서 배제한 현재의 학문 분류체계는 — 1950년대 중반부터 1975년 서울대 구조개혁에 이르기까지 — 미국식 대학/학문 분류체계에 의존해 제도화되었다(정근식, 2010: 313~315). 한편 지성사적으로 볼 때, 오늘날 인간과학 내부에 내면화된 '두 문화'는 자연과학을 포함해 몰역사적이고 몰가치적인 실증주의적 경험과학에 대한 인문학자와 철학자의 저항에서 비롯된다(김세균, 2010: 15 참고). 따라서 과학성을 유지하면서도 실증주의적이지 않은 바람직한 사회과학의 상을 정립하는 작업은, 대안적인 통합과학 패러다임의 모색을 위해서도 피해갈 수 없는 과제다.

이다. 비판적 실재론에 입각한 '새로운 독해'는 오랜 시간 서로 무관한 패러다임에 기초한 것으로 이해되어왔던, 맑스와 뒤르케임이 구축한 사회과학 방법론의 공약 가능성과 변증법적 조우의 국면들을 새롭게 조명함으로써, 현실 개입력을 상실한 오늘의 사회과학의 위기를 극복할 유의미한 성찰의 공간을 마련할 것이라 기대한다.

결국 이 책은 두 가지 과제를 수행하는 것을 목표로 하고 있다. 첫째, 맑스와 뒤르케임에게 부과된 이분법적 해석의 구조와 오류를 드러내고 바로잡는 것에 기여하고자 한다. 둘째, 맑스와 뒤르케임의 사회과학방법론이 공유한 합리적 핵심을 비판적으로 전유함으로써, 우리 사회가 겪고 있는 사회적 고통에 효과적으로 개입할 이론의 능력, 곧 자연주의 사회과학의 가능성을 제고하는 데 그 목적이 있다.

2. 이 책의 개요: 어떤 문제를 어떻게 다룰 것인가?

이 책은 총 여덟 개 장으로 구성되어 있고, 크게 세 차원의 논점을 중심으로 전개된다.

① 제II장에서는 맑스와 뒤르케임의 방법론에 대한 국내 연구의 전개와 동향을 살펴봄으로써, 두 사상가를 가로지르는 공통된 해석의 구조와 방법론적 쟁점을 추출한다. 당연한 얘기지만, 이론의 역사는 해당 사회의 발전을 보여주는 역사과정의 일부일 수밖에 없다. 양자의 사회과학방법론에 대한 기존 관념 및 해석 또한 사회 연구자들의 일상적인 실천과 분리될 수 없는 '한국 사회학'을 구성하는 일부이기에, 우선 검토되어야 할 중요한 경험적 자료다. 이는 상식적인 과학적 절차이자, 선행연구와의 토론을 과학적

발견의 중요한 계기로 삼았던 맑스와 뒤르케임의 설명적 비판에 따른 연구 절차이기도 하다.[13] '한국에서 해석된 맑스와 뒤르케임의 과학방법론'을 연구사적으로 돌아봄으로써 양자의 과학성을 평가하는 준거로 기능해왔던 실증주의 과학관의 한계와 이분법적 해석의 구조가 분명해진다면, 이어지는 제III장에서는 실증주의 과학관이 부과한 이원론적 문제장을 넘어설 비판적 실재론의 관점과 주요 개념을 소개한다. 그리고 이를 통해 맑스와 뒤르케임의 방법론을 비교·분석·재구성할 수 있는 포괄적인 해석의 틀을 마련한다.

---

13 맑스와 뒤르케임의 과학방법론에 대한 국내 논의를 분석의 출발점으로 삼는 까닭은 사회 없는 사회과학, 또는 국적 없는 이론 연구의 폐단을 지양하고 언어공동체의 복원을 제안하는 최근 한국 사회학계의 반성에 동참하고자 하는 노력이기도 하다. 그간 한국 사회학의 위기 논쟁은 외국 이론의 무분별한 수입과 그것이 초래한 한국 사회학의 정체성 위기에 대한 자성의 목소리에서 출발했고, '한국적 사회이론의 정립', 또는 '토착화'의 과제로 수렴되어왔다. 이는 우리가 당연시하는 지적 풍토, 사회과학 연구방식에 대한 반성적 실천에서부터 시작될 수밖에 없다. 사회과학계에서 기존 논문을 검토하지 않는 관행은 이미 오래되었고(이기홍, 2008c: 30), 언어공동체의 대화가 부재한 자리에 소위 이론 연구는 구미의 역사적 맥락에서 생산된 특정한 해석을 무비판적으로 직수입하는 수입상으로 전락하고 이곳의 맥락에서 재해석된 의미 있는 이론적 성과들은 축적되지 못한 채 유실되고 묻혀버린다. 국내 선행연구를 검토하지 않는 고질적인 관행은 한국의 맑스와 뒤르케임 연구사에도 여실히 드러난다. 놀랍게도 2014년 시점에서 맑스와 뒤르케임의 '과학방법론'과 관련한 총 164편의 연구논문 및 학위논문 중 '선행연구 검토'가 '형식'을 갖추어 들어가 있는 논문은 거의 없었다[국내 이론 연구의 폐단은 김경만(2007a), 강신표(2004), 김성국(2002), 정수복(2012), 조희연(2007) 등을 참고하라]. 이러한 형국은 한국 사회과학 언어공동체의 붕괴를 보여주는 단면이다. 그러나 과학은 의식의 어떤 특정 계기보다 앞서 존재하는(pre-exist) 지속적인 사회적 활동이다. 따라서 과학은 선행물 없는 지식은 상상할 수 없다는 과학활동의 타동적(이행적) 차원에서의 기준을 — 자동적 차원뿐 아니라 — 동시에 갖게 된다. 과학 노동의 과정이 — 피에로 스라파(P. Sraffa) 저술의 제목을 빗대어 바스카가 말하듯 — '지식에 의한 지식의 사회적 생산' 과정이라면(바스카, 2005c: 118), 선행하는 이론적 해석에 대한 존중과 재검토는 해당 언어공동체의 학문 발전에서 필수적 계기로 응당 인정되어야 한다.

② 제IV장에서는 맑스와 뒤르케임의 사회이론이 형성된 19세기 사회적·지성사적 문제 상황으로 거슬러 올라가 정신주의와 자연주의, 관념론과 유물론, 도덕론과 경제학 등 이매뉴얼 칸트(I. Kant) 이후의 이원론적 이분법을 지양하며 그 골격을 구축한 맑스와 뒤르케임의 사회과학철학을 살펴보겠다. 두 사상가의 초기 저술은 이들 방법론을 해석하는 준거로 자리한 대부분의 이분법이, 맑스와 뒤르케임 자신이 넘어서고자 했던 이분법임을 드러내준다. 특히 당대 맑시즘에 대한 뒤르케임의 직접적인 리뷰인 「맑시즘과 사회학: 역사에 대한 유물론적 관념(Marxism and Sociology: The Materialism Conception of History)」(1897)은 맑스와 뒤르케임의 간접적인 상호 대화를 새롭게 조명할 수 있는 텍스트로 불러온다. 이러한 대화를 통해 맑스와 뒤르케임의 자연주의가 평면적인 존재론(flat ontology)이 아닌 반환원주의와 심층 실재론에 의해 일관되게 지탱되고 있다는 점을 확인할 수 있을 것이다. 양자가 공유한 반환원주의적 층화이론과 공시발현적 힘의 유물론은 – 다음 장에서 살펴볼 – 『자본론』과 『자살론』에 적용된 과학적 실재론과 역사적 설명모델의 생산성을 새롭게 이해할 전제가 된다.

제V장과 제VI장에서는 비판적 실재론의 관점에서 『자본론』과 『자살론』을 다시 읽으며, '정치경제학 비판' 과정에서 구축된 양자의 사회과학방법론이 지닌 쟁점과 함의를 살펴본다. 『자본론』과 『자살론』은 맑스와 뒤르케임의 과학방법론을 이해하는 데 가장 논쟁적인 텍스트였다고 할 수 있다. 그러나 논쟁의 중심이었던 까닭에, 두 저술은 그간의 논쟁을 효과적으로 해소할 수 있는 가능성의 중심이기도 하다. 아울러 두 저술의 형성 과정에서 중요한 지위를 점하는 『정치경제학 비판 요강』 및 『사회분업론』 그리고 기타 관련된 저술은 기존의 분절적 독해 방식을 지양하기 위한 텍스트로서 참조된다. 두 사상가의 사회적 존재론 → 설명적 방법론 → 설명적 비판이론(실천적 사회이론)으로 이어지는 전개 과정은 곧 사회와 사람, 이론과 경험, 이론과 역사, 이론적 실천, 사실과 가치, 과학과 도덕(정치) 같은 이분법이 해소되는 과정을 보여준다.

③ VII장에서는 이 책의 서두에서 의제화된 '맑스와 뒤르케임의 딜레마'로 되돌아가서 '새로운 독해'의 발견에 입각해 '기존의 독해'가 일으키는 혼란의 원천을 재검토하고, 양자의 설명적 비판이 조우하는 지점에서 새롭게 생성된 자연주의 사회과학의 가능성을 논의한다. 이 책의 중심 개념인 '설명적 비판' 이론은, 사회세계는 사회적 객체와 함께 사회적 객체에 대한 사람들의 믿음으로 구성되며 따라서 사회세계를 탐구해서 설명하는 연구는 그 자체로 '비판'을 내포하고 가치와 행위에 대한 판단을 수반한다는 주장이다. '설명적 비판'은 비판 없는 설명과 설명 없는 비판을 지양하고 사회과학적 설명과 사회이론적 비판을 통합하고자 한다. 이를 통해 사실진술과 가치진술 사이에 메울 수 없는 논리적 간격을 설정하는 '흄의 법칙'은 기각되며, 가치판단은 설명적 사회과학이 추구해야 할 이상으로 정당하게 자리매김된다. 이것이 사회과학에 적용된 윤리적 자연주의의 가능성이다.

윤리적 자연주의가 추구하는 설명적 비판이라는 이상은 허위의 믿음을 발생시키는 방식만이 아니라, 특정 사회구조들이 야기하는 고통과 결핍에 대한 해명에도 적용될 수 있다. 이것이 맑스와 뒤르케임의 상보적 결합이 열어놓는 가능성의 핵심이라는 것이 이 책의 주된 주장이다. 양자 모두 사실적 평가와 도덕적 평가를 통합하고자 했던 이론가로서 반자연주의 윤리학에 반대하는 입장을 고수했다고 할 수 있지만, 뒤르케임의 윤리적 자연주의와 설명적 비판은 맑스의 자연주의를 한층 더 정교화하는 동시에 현대 자본주의의 변화된 조건이 요청하는 심층-설명적(deep-explanatory) 비판의 가능성을 확장한다. 제VII장의 말미에서 보론 형식으로 도입한 '집-없음(homelessness)'과 '세월호 트라우마'에 대한 실재론적 사례연구는 이 가능성을 예시하기 위한 시도다.

마지막으로 제VIII장에서는 이 책의 발견이 오늘의 인문사회과학에 던지는 현재적 함의와 향후 연구 과제를 제시한다. 이 책이 조금이나마 새로운 주장을 담고 있다면, 기존 이론들이 맑스와 뒤르케임의 차이를 보는 지점에서 이 책은 양자의 공통성을 발견하고자 했다는 점이다. 나아가 비판적 실재론의 지원 속에서 뒤르케임에 대한 바스카의 실증주의적 독해를 바로잡고, 맑스와 뒤르케임을 동일한 자연주의 사회과학의 지평에 세우는 사회과학 패러다임의 수정된 지형도를 제안했다는 점이다. 그리고 이러한 수정은 궁극적으로 '두 문화'의 경계를 가로지르는 방법론적 대립을 발전적으로 해소하고, 새롭게 시작되고 있는 학문 통합의 노력을 더 정교하게 지원할 수 있는 가능성을 열어놓는다.[14]

④ 사족을 달자면, 맑스와 뒤르케임의 방법론을 해석하는 메타이론으로 도입한 비판적 실재론의 역할은, 맑스와 뒤르케임의 사회과학의 특성들을 협의의 '과학적 방법'으로 축소하지 않고서 이해할 수 있도록 돕는 것이다. 통상 과학적 지식은 철학에서 배제된 지식이나 철학을 배제한 지식으로 간주되지만, 양자에서 과학과 철학은 상호 함축적인 관계를 맺는다. 사실 모든 과학은 암묵적으로 철학을 전제하며 과학과 관련된 철학의 하위 분야로

---

14 미리 말해두자면, 비판적 실재론이 실현 가능한 형태의 통합과학의 메타이론적 기초가 될 수 있는 까닭은 다음과 같다. 전통적 자연주의는 인식론과 존재론을 구분하지 않음으로써 존재론적 자연주의의 형태를 띠거나 — 에드워드 윌슨(E. Wilson, 1998)이 제시한 환원주의적 통섭(consilience)의 경로처럼 — 물리학과 수학을 모델로 한 자연과학적 방법을 사회현상에 바로 적용함으로써 엄격한 인식론적 일관성과 논리적·방법적 절차만을 추구하지만 — 논리실증주의의 '통일 과학' 이념처럼 — 비판적 실재론은 존재론과 인식론, 방법론, 가치론의 쟁점을 변별하되 반환원주의의 토대 위에서 각 쟁점을 통합하는 사회과학철학, 즉 비판적 자연주의의 경로를 제시한다.

존재론, 인식론(지식이론), 방법론(또는 논리학), 가치론(윤리학)의 차원을 갖는다.[15] 철학과 과학의 관계에 대한 이러한 관점은 철학적 '조수(under-labourer)' 견해로 불린다. 실재론의 철학은 인간과학에 더 적절한 인식론을 제공하는 데서 유익한 조수의 역할을 수행할 수 있고, 연구의 정당성을 옹호할 수 있다는 것이다(『비실』, 7~13; 벤턴·크레이브, 2014: 13).

이 책에서도 비판적 실재론은 맑스와 뒤르케임의 사회과학방법론에 일관성과 체계성을 부여할 유능한 조수로서 초청된다. 그러나 과학에 대한 실증주의적 관점과 용법에 익숙한 독자들에게 비판적 실재론의 과학철학적 개념들이 생소한 것은 어찌 보면 당연한 일이다. 독자의 관심과 필요에 따라 까다로운 – 포괄적인 분석틀 역할을 하고 있는 – III장을 가장 나중에 읽는 것도 이 책을 읽는 하나의 방법일 수 있을 것이다. 또한 말미에 수록한 용어사전을 적절히 참고·활용한다면, 이러한 생소함을 넘어서서 효과적으로 독서할 수 있을 것이다.

---

15 즉, 과학적 방법에 대한 견해는 이론적이고 형이상학적인 믿음을 포함하며, 과학의 성공은 이론적으로 안내된 방법과 분리될 수 없는 것이다. 과학의 철학적 기초와 연구방법을 압축적으로 표현한 〈그림 I.1〉은 이기홍(2014: 46)의 설명에 가치론의 차원을 포함해 재구성한 것이다. 협의의 방법론에 제한된 실증주의 과학철학과 달리, 새로운 과학철학이 추구하는 '설명적 비판'의 기획에서 각각은 사회과학적 탐구의 분리될 수 없는 계기들로 통합된다.

〈그림 I.1〉 과학의 철학적 기초와 연구방법

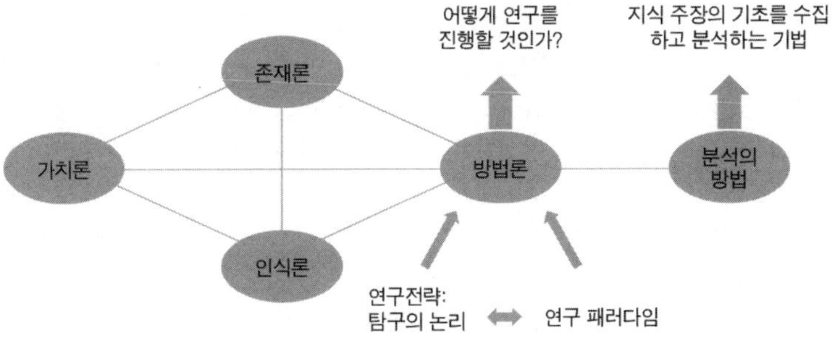

II

이분법적 해석의 오류들: 맑스와 뒤르케임의 딜레마와 새로운 사회과학철학의 요청

이 장에서는 양자의 과학방법론을 해석하는 메타이론적 구조와 동향을 국내 논의를 출발점으로 해서 살펴본다. 앞서 말했듯 맑스와 뒤르케임의 '과학방법론'에 대한 심층적인 비교연구는 국내외적으로 거의 전무한 상황이다. 이러한 형국은 그간 맑스와 뒤르케임의 과학방법론의 상호 관계에 대한 관심의 부재를, 나아가 과학활동을 가능하게 하는 암묵적인 메타이론에 대한 한국 사회학계의 성찰의 부재를 방증한다. 맑스와 뒤르케임을 함께 고찰할 때 나타나는 장점과 효력은 다른 것이 아니다. 두 사상가에 대한 기존 해석을 각각 고립시켜 연구할 때는 서로 무관하거나 모순된 대립만 존재하는 것처럼 보일 것이다. 그러나 두 방법론의 해석을 동시에 비교할 때, 그것이 함께 의존하는 메타이론적 조건들이 더 분명해질 수 있다.[1] 달리 말해 맑

1 뒤르케임은 동시적으로 발생하는 현상 사이의 내적 연관(relations)을 찾아가는 이러한 방법을 공변법(method of concomitant variation)이라고 부른다. 두 개의 현상이 함께 변화할 때 두 개의 현상이 같은 원인의 결과거나 두 가지 현상이 동시에 의존하고 있는 제3의 조건이 있을 것이라는 추측에 근거한 방법이다. 물론 메타이론적 관점 그 자체가 중립적인지에 대해서도 논란의 여지가 있겠지만, 일반적으로 그 견해의 차이를 해소하는 가장 효과적인 방식은 그 견해들을 담고 있는 근거 논리들을 다시 하나의 통일된 시각에서 검토하는 방식이라고 할 수 있다. 이렇게 함으로써 각각의 주장이 담고 있는 상

스와 뒤르케임의 방법론을 해석하는 암묵적인 – 명시적으로 체계화하지는 못할지라도 – 철학적 전제들을 효과적으로 성찰할 수 있다.

1. 현대 사회과학철학의 이원론적 문제장

이제 살펴보겠지만 1950년대 이후 현재까지 맑스와 뒤르케임의 방법론에 대한 국내 해석의 지형은 과학철학의 발전사에 얽혀 있는 실증주의 및 자연주의 논쟁의 쟁점들이 착종·재생산되는 국면을 보여준다는 점에서 비단 한국적 시공간에 제한되지 않는, 보편적인 세계사적 시간을 반영한다.[2] 오랜 기간 실증주의는 자연과학의 방법론과 동일시되면서 자연과학과 사회과학의 통합적 인식을 가로막아왔다. 전통적으로 실증주의 과학철학은 자연과학의 방법론을 사회현상의 설명에 확대 적용하자는 입장, 즉 자연주의를 대표한다고 할 수 있다. 그러나 에른스트 마하(E. Mach) 이후의 논리경험주의 또는 논리실증주의는 세계가 층화되어 있다는 것을 – 그러므로 정신을 물질로 인간을 자연으로 환원해서 설명할 수 없다는 사실을 – 놓침으로써 물리학적 환원주의라는 비판을 받아왔다. 이러한 과잉자연주의적 실증주의에 비판적인 반자연주의적 입장은 자연과학과 사회과학이 그 대상의 차이에 따라 연구방법 또한 상이하다고 주장한다. 이 전통의 철학적 뿌리는 자연과학과 정신과학, 사실과 가치의 분리를 정초한 19세기 말 신칸트주의 논쟁으

대적 정당성을 객관화해서 살펴갈 수 있을 것이다(장회익, 1998: 342).

2 '실증주의 논쟁'이 '과학적 인식'의 성격을 둘러싼 것이라면, '자연주의 논쟁'은 '사회에 대한 과학적 인식'의 가능성을 둘러싼 논쟁을 말한다(이기홍, 2008: 224). 자연과학과 정신과학의 분리를 정초한 신칸트학파의 반실증주의 논쟁에 대해서는 김덕영(2003)의 1장, 독일 사회학계에서 1960년대 비판적 합리주의 진영과 비판이론 진영 사이에 벌어진 두 차례의 실증주의 논쟁에 대해서는 7장과 8장을 참고하라.

로 거슬러 올라가고 현대적 재연을 거쳐 인간과학 내부의 해석적 패러다임으로 발전되어왔다. 그런데 흥미로운 점은 과잉자연주의와 반자연주의 모두 자연과학에 대한 실증주의적 이해를 공유하고 있다는 점이다. 이 메커니즘을 단순화해서 도식화하면 다음과 같다.

실증주의적 과잉자연주의←'자연과학 = 실증주의' → 반실증주의적 반자연주의

이러한 까닭에 사회과학방법론 논쟁에서 실증주의 대 관념론, 자연주의 대 반자연주의라는 이분법적 틀은 배타적이지 않으며, 상호 연쇄되어 있는 여타의 이분법과 함께 작동하는 특징을 보인다.[3] 달리 말해 (자연)과학에 대한 실증주의적 이해가 사회과학에 적용된 과잉자연(과학)주의를 추동하고, 이에 대한 반향으로 등장한 반자연(과학)주의 또한 실증주의적 해석에 반대하지만 실증주의 과학관에서 파생된 이분법적 가정들을 공유하고 있는 것이다.

맑스와 뒤르케임의 방법론에 대한 해석 역시, 실증주의적 해석이 지배적인 축을 형성하면서 다양한 형태의 과잉자연주의와 환원주의의 문제를 야기한다면, 이에 대한 반향으로 등장한 반자연주의적 해석은 맑스주의 진영의 경우 루카치, 장 폴 사르트르(J. P. Sartre), 프랑크푸르트학파로 이어지

3 자세한 논의는 키트·어리(1993: 14), 앤드루 세이어(1999: 43~51), 이봉재(2005), 이기홍(2008a), 김진업(2010)을 참고하라. 방법론적 이원론은 두 가지 경로를 통해 정착되었다. 19세기 빌헬름 딜타이(W. Dilthey), 하인리히 리케르트(H. Rickert), 베버 등을 위시한 신칸트학파(및 해석학파)가 주도했던 전통적 이원론이 그 하나라면 현대 이원론은 20세기 후반 과학철학과 심리철학의 영역에서 재연되었다. 논리실증주의가 내세운 포괄법칙 설명모델과 방법론적 일원론에 여러 반론이 제기되면서 인간행위에 대한 목적론적이고 해석적인 설명을 주장하는 방법론적 이원론이 구축된 것이다(이봉재, 2005: 236~241).

는 인간주의적 맑스주의 전통에서, 뒤르케임의 경우 방법론적 상호작용론, 그리고 최근 부상한 신기능주의적 해석에서 그 변형들을 발견할 수 있다. 여기서 두 입장이 공유한 인간/자연, 관념/물질 등 이원론적 존재론은 맑스와 뒤르케임의 과학적 방법 및 과학성을 평가하는 준거에 영향을 미치며, 방법론의 차원에서는 이론/경험, 이론/역사의 이분법, 가치론의 차원에서는 이론/실천, 사실/가치 이분법과 결합되어 서로를 강화하며 재생산되는 특징을 보인다. 이러한 이분법의 뿌리인 객관/주관 이분법은 근대 철학에서 중요한 분야가 된 인식론의 중요한 특징으로, 대부분의 현대 사회이론에 침전된 메타이론적 가정이다. 맑스와 뒤르케임에 대한 이분법적 해석 역시 현대 사회과학철학에 뿌리 내린 이러한 이원론적 문제장에 그 원천이 있다.[4]

2. 이분법적 해석의 오류들: 맑스와 뒤르케임의 딜레마

1) 맑스의 딜레마: 실증주의-탈실증주의의 상호순환

1950~1980년대 맑스 과학에 대한 반복되는 실증주의-탈실증주의적 이해의 상호순환은 오랜 기간 '표준과학'으로 군림해왔던 실증주의 과학관에서 파생된 혼란을 전형적으로 보여준다. 가령 맑스가 제시한 역사발전 법칙과 진보사관은 서구의 역사적 경험 현실에 비추어 현대적으로 맞지 않기에 구

4 예컨대 고전 사상 — 맑스와 뒤르케임 — 의 안티노미를 사회학적 유물론과 사회학적 관념론, 결정론과 자원론의 갈등으로 분할한 제프리 알렉산더(J. Alexnder, 1982)의 정식화나 사회학적 유물론과 사회학적 관념론의 도식에 입각해 맑스와 뒤르케임 사이에 배타적 차이를 설정하는 테르본(Therborn, 1989)이 대표적 사례일 것이다. 양자는 유물론/관념론의 이원론적 도식으로 환원되지 않는, 맑스와 뒤르케임이 공유하는 사회적 존재론의 문제설정을 간과한다는 점에서 공통점을 보인다.

시대의 유물이나 이데올로기로 전락했다는 비판이나(하경근, 1965; 박인성, 1985), 맑스주의 과학 개념은 실증주의 메타과학과 사회적 통제사상의 결합이라는 비판(박진환, 1987), "실증적이기보다는 초월적 법칙의 적용을 받는 필연적이고 예언적인 결정사관"이라는 비판(정역렬, 1989: 82), 또는 맑스의 유물론적 역사 개념은 물질이라는 전제 해명에 대한 선결과제를 방치하는 오류를 범하고 있다고 하는 비판이 그 사례다(이왕재·조태훈·소치형, 1994). 주로 맑스의 역사 '법칙' 개념을 둘러싸고 발생한 이러한 혼란은 맑스의 과학성 그 자체에 대한 근본적인 회의로 이어졌다.[5] 이들은 법칙의 의미를 경험적 규칙성으로 이해하고 과학의 주된 역할을 설명이 아닌 예측으로 보기에, 이를 벗어나가는 가치론적 진술을 비(非)과학으로 규정하는 실증주의 과학관을 공유한다.

이러한 형국은 맑스주의 내부에서도 결코 예외는 아니다. 맑스의 과학과 그 해석을 둘러싼 논쟁에 중요한 발단이 된 것은 '두 명의 맑스' 문제다. 이데올로기적인 '청년 맑스'와 과학적인 '성숙기 맑스', 초기 저작과 후기 저작, 철학과 과학 사이에 인식론적 단절이 있다는 '두 명의 맑스' 주장은 루이 알튀세르(L. Althusser)에 의해 정식화된 바 있다. 이는 한편으로 존재론적 구조와 경험적 확인의 문제에는 그다지 관심을 보이지 않았던 루카치부터 사르트르에 이르는 반자연주의적 서구 맑스주의에 대한 반작용에서 비롯된 것이다. 하지만 알튀세르 이론의 결과는 철학을 희생한 대가로 과학을, 실천과 인간해방의 가능성을 대가로 구조를, 경험을 대가로 이론을 추구하는

5 맑스의 과학을 왜곡한 대표적인 사례는 맑스학(Marxology)의 주류에 영향을 미친 브루스 마즐리쉬(B. Mazlish)의 주장에서 그 전형을 찾을 수 있다. 그에 따르면 "맑스는 사회과학자로서 역할을 하려고 노력하는 매우 종교적인 사상가였다". 『자본론』은 훌륭한 역사적 드라마를 제공하는 저술로 맑스의 "도덕적 판단의 분노"를 담고 있지만, 경제학적 "과학"도 "객관적인 분석"도 아니며 "혁명을 말하기 위한 종말론적 임무를 띤 성경"이었다는 것이다(Mazlish, 1984. Felix, 1988에서 재인용).

경향이 있기에(『비실』, 274~275), 역사와 인간이 없는 사회과학, 곧 기능주의 맑스주의라는 비판을 피할 수 없었다.

1990년대 초 현실 사회주의가 실패한 이후 부상한 '맑스주의의 위기' 담론은[6] 이러한 이론사적 동향을 반영하면서 맑스의 '과학'을 재구성하려는 다양한 시도로 이어졌다. 비판이론의 인간주의적 접근법과 사회주의권의 해체 모두를 넘어서기 위해서는 맑스주의의 자신감을 구성하는 두 계기인 철학과 과학 모두 버릴 수 없기 때문에, 이들과 공존을 모색해야 한다는 제안이나(정승현, 1993), 맑스의 소외론과 『자본론』의 관계를 재조명하기 위한 시도(권도형, 1989), 맑스의 인간 이해를 '법칙'과의 관계에서 재조명하려는 노력(김창호, 1991; 김범춘, 1993a) 등이 그것이다. 그 밖에도 맑스 인식론의 연속성 문제는 반복되는 논점이 된다.[7]

2) '두 명의 맑스'를 넘어서기 위한 노력과 신실증주의로의 도피

'두 명의 맑스'와 맑스 과학의 위기를 넘어서기 위한 노력이 1990년대 두 흐름 속에서 등장했다. 먼저 '두 명의 맑스' 논의에 대한 가장 유의미한 논박

---

6 사실 한국의 경우 '맑스주의의 위기'에 대한 성찰이 동구권 사회주의의 붕괴 때문에 외부에서 강제된 측면이 컸고, 그 연원은 멀리는 맑스 사후 1890년대 맑스주의 논쟁(이기홍, 1995)과, 이론과 실천의 유기적인 결합을 생명으로 하는 맑스주의 이론이 대학 강단에 갇혀버린 1930년대 초로 거슬러 올라갈 수 있다(김진업, 1998). 우리의 맥락에서 보자면 '위기'는 한편으로는 외부에서 주어진 위기인 동시에, 1980년대 소비에트 맑스주의의 헤게모니 속에서 '계급성'과 '당파성' 테제가 '과학성'을 대신했던 국내 맑스주의의 역사를 보여준다. 맑스주의 위기 논쟁에 대해서는 손호철(1990), 김성기(1991) 윤소영(1992), 박호성(1994), 김진업(1998)을 참고하라.

7 헤겔 변증법과 자본론의 방법론적 연속 및 단절을 둘러싼 논의도 이러한 쟁점을 공유한다. 이재현(1988), 백성만(1989), 김형운(1990), 손경여(1995), 정대환(2003)의 논의를 참고하라.

은 이기홍의 박사학위논문 「맑스의 역사적유물론의 과학적 방법과 구조에 관한 일고찰」(1992)에서 시도되었다고 평가할 수 있다. 그는 맑스의 저작 전체를 역사유물론의 인식론적 심화과정으로 파악하면서, 실재론적 관점에서 맑스 역사유물론의 방법론적 쟁점을 재해석한다. 그의 주안점은 맑스의 과학 및 법칙 개념을 다루는 기존 해석이 실증주의 과학관의 포괄법칙 설명모델에 기초해 있으며, 맑스의 과학은 경험적 규칙성의 해명이 아니라 세계의 대상 자체에 내재한 성질과 인과구조 및 기제를 사유 속에 재구성하는 것을 목표로 하는 실재론적 과학철학의 관점에서 올바르게 독해될 수 있음을 밝히는 데 있었다. 이 점을 고려한다면, 자본주의에서 사회주의로 이행하는 과정을 법칙으로 간주하고, 거기서 이끌어낸 '예측'을 '경험적 현실'로 검증해 '맑스 이론의 실패'를 주장하는 것은 맑스의 법칙 개념은 물론 자본주의 사회의 구조와 운동에 대한 맑스의 설명을 잘못 해석한 것이다(이기홍, 1992: iii~v).

이기홍(1991a; 1992; 1998)이 맑스의 과학에 대한 탈실증주의적 해석과 존재론의 차원을 환기시키는 데 기여한 선구적 역할은 결코 가볍지 않다. 그러나 그는 맑스의 역사유물론이 사회형태들의 이행의 문제에서는 발전된 지식을 보여주지 못했다고 평가하며, 이행이론의 미완성을 맑스 과학의 남은 과제로 위치 짓는다. 이러한 평가는 일면 타당하지만, 이기홍(1992)의 논증은 맑스의 과학에 대한 실증주의적 해석을 논박하는 데 많은 지면을 할애하고 있기에 맑스 사회과학의 중핵을 이루는 필연적 허위의식 비판이 사회형태의 이행에서 어떠한 위상을 갖는지 충분히 분석했다고 보기는 어렵다.[8]

8 물론 이기홍은 논문의 마지막 주석을 통해 『정치경제학 비판 요강』에서 제시된 3단계 도식, 즉 '자연발생적인 인격적 의존', '물질적 의존에 기초한 인격적 독립성', '사회적 생산력의 개인에의 종속에 기초한 자유로운 개성'의 연쇄에서 구체적인 이행의 내적 필연성을 찾는 것이 일관성이 있으면서 또한 가능성이 더 큰 접근이라는 견해를 조심스레 제시한다(이기홍, 1992: 202, 주석 67번).

이는 맑스 과학 방법의 본령에 이르기에 충분치 않다. 즉, 탈실증주의적 맑스 해석은 '맑스주의의 실패'를 극복하기 위한 필요조건이지만 충분조건은 될 수 없기에, 여기서 맑스의 '과학'이 아닌 맑스의 '사회과학'이 지닌 가능성과 한계를 재구성해야 할 이론사적 과제가 제기된다.

한편 이 시기 '맑스주의의 위기'에 대응하며 부상한 또 하나의 입장이 『전환기의 마르크스주의』(1991)의 한 조류로 유입된 분석 맑스주의다. 분석 맑스주의는 1970년대 말 영미권 대학 내에서 새롭게 영향력을 가지게 된 학문적 맑스주의(academic Marxism)라는 지적 경향 가운데 하나였다. 맑스주의가 생산적인 지적 전통을 지녔음에도, 일련의 방법론적·순수 이론적 문제들에 대한 부담을 가지고 있다는 신념에서 제럴드 코언(G. A. Cohen), 존 뢰머(J. Romer), 존 엘스터(J. Elster) 등 여러 나라의 학자들이 현대 맑스주의가 지닌 이론적 문제를 토의하기 위한 모임을 조직함으로써 하나의 학파로 등장한 것이다. '분석' 맑스주의는 크게 다음의 세 가지 특징을 공유한다. ① 전통적인 과학적 규범과 경험 연구의 강조 ② 논리적 일관성을 지닌 개념화의 추구 ③ 공식적인 인과 모델의 정립이 그것이다. 이들이 게임이론과 합리적 행위이론 등 주류 사회과학 방법을 결합했음에도 맑스주의라고 주장할 수 있는 근거는, 맑스주의의 전통, 언어, 규범적 정향을 공유한다는 점이다(라이트, 1989: 239~241). 간단히 말해 분석 맑스주의는 현대 주류 사회과학방법론에 입각해 맑스주의를 과학방법론으로 재구성하기 위한 시도라 할 수 있다.[9]

9 분석 맑스주의는 대체로 맑스적 문제의식을 현대의 논리학, 수학, 모델구성의 기법으로 연구하는 것을 추구한다. 그룹 내부에는 그들의 방법이 분석적이었다는 것과 마르크스를 견지했다는 것 말고는 어떠한 이론적 함의도 존재하지 않았다. 즉, 이들은 마르크스적 전통과 비마르크스적 전통 양자를 종합하는 데서 생겨난 의식적 산물인 것이다. 이들이 공유하는 특징은 ① 언어분석의 철학적 전통과 ② 맑스주의·사회주의에 대한 공감이다(황경식, 1991: 314~316; 박형신 · 정헌주, 2011: 8~11). 분석 맑스주의는 앞선 논의

분석 맑스주의의 유입은 맑스의 '과학적 방법'을 둘러싼 격렬한 국내 논쟁이 일어나는 계기가 되었다. 그리고 이 논쟁이 모든 과학적 방법의 이면에 자리한 사회적 존재론에 대한 논쟁으로 점차 이행해갔다는 점을 주목할 필요가 있다. 분석 맑스주의의 가장 큰 오해 가운데 하나는 맑스주의에 특별하고 고유한 방법론이 없다는 주장이다.[10] 이에 따라 이기홍(1991b), 박영욱(1993)이 맑스의 '과학적 방법'과 분석 맑스주의의 '과학적 방법' 사이의 명백한 차이에 주목했다면, 김범춘(1993b), 임화연(1996), 김성민(1996)은 분석 맑스주의에 숨어 있는 존재론이 근본적으로 맑스의 사회적 존재론과 상이함을 밝힌다.

맑스주의의 위기를 방법론적 전회를 통해 극복하려는 시도가 역설적으로 현실적 실천이론에서 맑스주의를 끌어내리는 효과를 초래한 까닭은 바로 방법론적 개인주의에 있다. 방법론적 개인주의는 인간은 개인으로서 존재하고 사회는 개인들로 구성되기 때문에, 사회적 현상과 사건은 개인을 통해 설명되어야 한다는 원리다. 이러한 방법론적 개인주의의 가장 큰 맹점은 개인의 층위로 설명을 환원함으로써 그들이 설명하고자 했던 사회 자체를 해소해버린다는 점에 있다.[11] 마찬가지로 합리적 행위모델 또한 초역사적

들과 달리 경제학·사회학·철학·언론정보학 등 다양한 분과학문을 배경으로 한 논자들에게 수용되었고, 맑스의 역사유물론 및 방법론에 관한 격렬한 논쟁을 촉발했다. 김용학(1991), 황경식(1991), 변종헌(1993), 고창택(1994), 이한구(1996; 1997), 강신욱(1998), 서유석(1998), 신광영(1999), 이상기(2009) 등이 분석 맑스주의의 입장을 국내에 소개하거나 옹호하는 입장에 있었다면, 이기홍(1991b), 김범춘(1993b), 박영욱(1993), 임화연(1995) 등은 비판하는 입장을 취했다고 할 수 있다. 비판과 논쟁은 주로 코언의 생산력 기능주의, 뢰머의 착취이론, 엘스터의 방법론적 개인주의를 둘러싸고 전개되었다.

10 캘리니코스(Callinicos, 1989)는 분석 맑스주의가 "맑스주의에는 특정한 방법론이 없다"라고 선언하게 된 지적 동기를 알튀세르의 구조주의적 맑스주의의 실패에서 찾고 있다.

11 '마르크스주의적' 방법론에 대한 '분석적 반성'에서 출발했지만, 모든 거시적 범주를 미

인 개인의 합리성을 전제하지만, 이는 논증되지 않은 합리성일 뿐이다. 즉, 방법론적 개인주의는 존재론적 원자론에 뿌리를 두고 있으며, 그 설명의 형식에서 이론적 환원주의를 동반한다. 이와 달리 맑스의 사회적 존재론은 – 방법론적 개인주의를 반대하는 입장을 출발점으로 삼은 – 바스카의 관계적 사회실재론의 입장에서 더 잘 이해될 수 있다는 것이다(김성민, 1995: 141~146). 달리 말해 분석 맑스주의는 맑스가 현상과 본질이 일치하지 않는다는 존재론, 반경험주의적이고 반실증주의적인 과학관에 서 있다는 사실을 간과하며 "사회현상을 주체와 객체의 상호규정으로 이해하기보다 자연 현상으로 이해한다는 점에서 실증주의적 과학관에 서 있다"는 한계를 갖는다(김진업, 2004b: 288).

분석 맑스주의 논쟁의 전개 과정은 실증주의의 '과학적 방법'에 입각해 맑스 방법론을 재구성하려는 노력이 의도와 달리 환원주의적 해석을 수반하는 메커니즘을 잘 보여준다. 다양한 유파와 시도에도 불구하고 분석 맑스주의론자들은 공통적으로 '사회적 층위'에 대한 사고를 놓쳤다고 할 수 있다. 물리법칙과 행위법칙 사이에 존재하는 사회적 층위(the social)의 문제설정이 역사과학으로 전환하는 맑스의 출발점이 되었으며, 필연적 허위의식 비판 – 설명적 비판 – 을 매개로 구조와 행위를 통합하고자 했던 맑스의 질적 약진을 전체 과학사의 맥락 속에 올바르게 위치 짓지 못했기에, 행위이론의 문제의식은 늘 방법론적 개인주의를 불러와 위기를 봉합하고자 하는 자가당착에 빠지게 되는 것이다. 여기서 『자본론』에 대한 실재론적 해석의 생산성이 검토되어야 한다.

시적 범주로 환원하려는 방법론적 개인주의의 '환원' 계획은 원칙적으로 불가능하다(임화연, 1996).

3) 실재론적 대안 1: 『자본론』의 과학성과 정치경제학 비판

잠시 살펴보았듯, 과학에 대한 맑스의 실재론적 해석 역시 '맑스주의의 위기'를 둘러싼 문제의식을 공유하며 제출되었다. 물론 맑스의 과학방법론을 원전에 충실하게 재구성한 연구라면, '실재론'이라는 용어를 명시적으로 사용하지 않더라도 기본적으로 탈실증주의적 해석을 공유한다.[12] 여기서 한발 더 나아가 1990년대 맑스의 과학방법론에 대한 관심은 『자본론』을 중심으로 기왕의 이분법적 해석 — 과학과 비판, 이론과 경험, 이론과 역사, 구조와 행위의 이분법이 끌고 가는 맑스 해석 — 을 넘어서기 위한 해석의 노력을 경주했다.

특히 이찬훈(1990; 1991)은 『자본론』과 『정치경제학 비판 요강』을 중심으로 맑스의 과학 개념과 방법론을 심도 있게 고찰한다. 맑스의 과학관을 오해하는 세간의 관점은 실증주의적 과학 개념으로 모든 이론의 과학성 여부를 재단하려는 독단에서 유래한 것이다. 이에 대한 대안적 과학방법론이 바로 실재론적 입장이라고 할 수 있다. 흄의 견해에서 유래한, 관찰 가능한 규칙성에 입각한 실증주의적 인과성과는 달리 관찰 불가능한 실재들의 구

---

12 김정로(1988), 김기연(1988), 권도형(1989), 유팔무(1990), 김형운(1990), 최준호(1990)를 참고하라. 『자본론』 해석에서 제기되는 또 하나의 중요한 방법론적 논점은 이론과 역사의 관계로 제1편 상품물신성과 제8편의 역사서술에 대한 것이다. 박승호(2005), 류청오(2005), 한상원(2008)은 물신주의 개념을 사변적 잔재로 취급하는 기존 해석에 반대하면서 맑스의 상품물신성 비판의 위상을 재해석한다. 김택현(1997)은 『자본론』 제I권 8편 「이른바 본원적 축적」에서 맑스의 역사서술이 연대기적 서술이 아니라 자본주의의 기원에 대한 부르주아 정치경제학의 '원죄설'을 비판하고 해명한 것이었음을 밝힌다. 김동수(2008)는 유물론과 관념론, 역사적인 것과 논리적인 것의 이항대립을 지양한 방법으로 정치경제학 비판의 방법론을 분석한다. 한편 조현수(1996), 최형익(2000), 박현웅(2007), 박영창(2009)은 『자본론』을 하나의 경제이론으로 해석하는 입장에 반대하면서 『자본론』의 사회이론적 함의에 좀 더 주안점을 둔다.

조와 기제를 밝히는 것을 과제로 삼는 실재론적 인과개념 — '법칙' — 과 과학관에 따를 때, 양적이고 현상적인 함수관계가 아니라 자본주의 경제 현상의 '운동 법칙', 나아가 '이행의 법칙'을 밝히고자 했던 『자본론』의 목적이 더 잘 이해될 수 있다는 것이다.

한편 『자본론』에 구현된 변증법의 방법적 성격을 고찰한 설헌영(1993; 1995)은 맑스의 변증법을 역사특수적 변증법을 탐구하는 과학적 방법으로 위치 짓는다. 맑스의 사고방식이 갖는 새로움은 역사, 변증법, 유물론, 과학, 사회비판의 상호 연관을 통찰한 데 있다. 맑스의 역사변증법은 실증주의적 자연과학관 및 청년헤겔주의적인 비판과 대결하며 정립된 것으로서, 과학적 성격과 비판적 성격을 함께 지닌다. 유사한 견지에서 김왕배(1997) 역시 방법론과 지식 추구 절차에 초점을 맞춰 맑스 방법론의 현재적 유용성과 실재론적 함의를 재조명한다. 실천과 분리된 추상적 이론이 맑스주의 논의로 분류될 수 없는 것처럼, 정당한 과학적 절차 없이 생성된 지식 역시 맑스주의 논의와 거리가 멀다. 여기서 맑스의 방법론적 원리를 이해하는 중심 실마리가 되는 것은 총체성이다. 총체성은 맑스주의 존재론, 인식론, 방법론에서 핵을 차지하는 개념으로, ① 대상의 개체론적 인식에 반대하는 존재론이며, ② 경험주의적 접근에 반대하는 전체주의적 인식론이고, ③ 추상과 일반화에 반대해 구체적 총체를 지향하는 방법론적 개념이다. 이러한 맑스의 과학적 방법 – 사실로부터의 추상, 즉 하향과 구체로의 상승 – 은 『정치경제학 비판 요강』의 서설에서 제시되고 『자본론』에서 구현된다. 포스트 맑스주의자들이 총체성 개념을 전체주의의 원리와 혼동하거나 왜곡시키는 것은 이러한 탐구의 방법을 이해하지 못했던 과정에 기인한다는 것이다.

이상의 논의들이 과학과 비판, 경험과 이론의 관계를 적절하게 아우르는 맑스 방법론의 생산성에 주로 주목했다면, 채오병(1998)은 맑스의 역사이론을 실재론적 관점에서 재해석하려 한다. 맑스 역사이론에 대한 해석을 둘러싼 오랜 안티노미는 맑스주의를 법칙정립에 등치시키는 강한 경험주의적 바이어스(bias, 선입견)와 이에 대한 반발로 나타난 주의주의적 편향 각각에서 비롯되는 것이다. 이와 같은 법칙정립과 개성기술 사이의 낡은 이항대립은 인식론적·존재론적으로 잘못 구성된 것이며, 실재론적 해석에 기초해서만 이론과 역사가 화해할 수 있는 동시에 맑스의 역사이론 또한 재구축될 수 있다는 것이다.

홍훈(1997)은 『잉여가치학설사』를 중심으로 애덤 스미스(A. Smith)와 데이비드 리카도(D. Ricardo)에 대한 맑스의 정치경제학 비판 방법을 치밀하게 분석한다. 그 결과 통상적인 이론이나 학설사에서 구사하는 것과는 달리 맑스가 제시하는 방법은 총체적·비실증주의적·내생적이며 따라서 비판적 실재론의 방법과 상통한다는 결론을 제시한다. 개념이나 문제의식이 새로운 문제틀을 구성하는 과정 자체가 맑스의 정치경제학 비판에서 중요한 지위를 지니고 있으며, 이러한 추론 방법은 혼동이 왜 발생했는지를 설명한다는 점에서 신논리적 정합성과 경험적 타당성에 의존하는 신고전파방법과 근본적으로 다르다는 것이다. 그리고 이 방법 자체가 새로이 문제틀을 구축해가는 과정에서 불가결하며, 한국 학계와 같이 이론을 수입하는 상황에서는 더욱 중요한 의미를 지닌다고 평가한다.

홍훈(1997)이 착안했던 맑스의 정치경제학 비판 방법론의 독특성은 비판적 조건과 설명적 조건 모두를 충족하는 설명적 비판의 기획으로 더욱 잘 이해될 수 있다. 고창택(1999)은 맑스의 이데올로기 비판이 바스카가 개념화한 '설명적 비판'의 모범적 전형임을 논증한다. 설명적 비판은 맑스의 과학적 비판의 현대적 변용으로, 행위와 구조를 아울러 연구하는 심층 탐구에서 그 진면목을 드러낸다.

유사한 관점에서 맑스 과학의 실재론적 해석이 현실 타파의 중요한 수단이 될 수 있음을 지적해온 김진업(2004a; 2010)은 자연을 설명하는 과학방법론이 역사 현상을 설명하는 데도 적용되어야 하며, 동시에 자연의 일부인 인간이 나머지 자연과 달리 스스로 자신만의 고유한 역사를 만들어간다는 것을 인정하는 맑스의 과학 방법은 자연주의와 인본주의, 구조와 행위, 이론과 실천을 통합하는 '비판적 자연주의'의 관점에서 잘 이해될 수 있음을 밝힌다. 이때 『자본론』은 자본주의와 민주주의의 결합 가능성을 재구성할 수 있는 중요한 텍스트로 재조명된다. 기존 연구의 한계는 『자본론』의 과학을 실증주의적으로 잘못 독해한 데서 기인한다. 어떤 사람들은 『자본론』의 과학을 아예 포기하고 주관적 실천론을 주장한다. 초기 맑스의 인본주의를 강조하는 사람들의 입장이다. 또 어떤 사람들은 이른바 체계 자체의 모순 때문에 자본주의가 저절로 무너지리라는 신비로운 기대에 고착되어 있다. 사실상 실천을 포기하는 후기 맑스를 강조하는 입장이다. 실증주의적 과학관에 따라 『자본론』을 읽을 경우 이러한 두 입장은 정당화될 수 있을 것이다. 그러나 비판적 자연주의의 입장에서 맑스의 『자본론』을 해석할 경우, 『자본론』에는 민주주의 실현의 한계뿐 아니라 그 가능성도 함께 서술되어 있으며 이것은 과학적 근거를 갖는다. 즉, 맑스의 과학은 실증주의가 오해한 것과는 달리 단순한 구조의 과학 또는 행위의 과학으로 환원되지 않는다는 견해다.

자연주의와 인본주의, 구조와 행위, 설명과 비판의 통일이라는 비판적 자연주의의 관점에서 『자본론』을 읽는다면 맑스의 정치경제학 비판은 자유의 조건 과학으로서 위상을 갖게 된다. 이는 초기 철학에 의존해 맑스의 이론을 비판이론 및 주관적 실천론으로 재구성하거나 후기 과학에 의존해 맑스의 과학성을 옹호하려는 이분법적 시도를 – 나아가 초기-후기 저술상의 연속성이나 단절을 논증하는 데 할애되었던 기존 접근의 한계를 – 극복할 수 있는 전향적 독해의 길을 열어준다. 요컨대 맑스의 과학을 분할해온 실증주의적 과잉자연주의와 인간주의적 반자연주의의 한계는 양자 공히 의존하고 있는 실증주의적 과학관을 실재론적 과학관으로 전환하는 작업을 통해 효과적으로 지양될 수 있다.

이 지점에서 한국 사회학에서 맑스의 과학적 방법의 위상을 다룬 이기홍(2013)은 논의의 진전을 위한 중요한 교두보를 마련한다. 맑스는 이론 수준과 메타이론 – 또는 방법론 – 수준 모두에서 사회학에 커다란 기여를 했다.[13] 그러나 1980년대 중후반 맑스가 한국 사회학의 제반 연구에 의미 있는 영향을 미치지 못하고 있는 현실은, 대다수 사회과학도들이 과학적 연구와 이론의 특성을 적절히 이해하지 못하는, 즉 적절한 메타이론을 결여하고 있는 한국 사회학의 특성에서 찾아야 한다. 이러한 형국은 오랜 기간 메타이론의 자리를 독점해왔던 '실증주의'의 영향력을 반영하는 것이지만, 과학활동과 이론적 작업의 특성에 대한 한국 사회과학도들의 몰이해와 반성의 결여에도 책임이 있다는 것이다(이기홍, 2013: 245~246).

이와 같은 메타이론 수준의 편협함은 뒤르케임 연구사에서도 유사한 방식으로 재현된다. 그러나 앞으로 살펴보겠지만, 바로 이 지점이 역설적으로 이론과 메타이론 두 층위에서 '실재론적 사회학'을 발전시킬 풍부한 통찰들을 제공해주고 있는(Pearce, 2007) 뒤르케임의 사회과학철학이 갖는 생산성과 현재성을 입증하는 지점이기도 하다. 프랑스 유물론의 전통 속에서 뒤르케임에게 훨씬 더 명시적인 과학적 실재론의 지향과 통합적 과학 패러다임의 추구[14]는 『자본론』에 은폐되어 있는 맑스 방법론의 총체적 지향을 명료

---

13 메타이론 수준에서 맑스는 혼란스러운 경험을 야기하는 객체들, 즉 그 자체에 고유한 성질과 힘에 의해 운동하는 객체들을 추상화 등의 방법을 사용해 사유 속에 재생산하는 활동으로 파악함으로써 '과학적 탐구'의 방법을 안내하고, 사유 속에 재생산한 실재의 성질과 힘과 운동방식을 정리하는 '이론'을 통해 자본주의 사회가 운동하는 방식을 적실하게 설명할 수 있었다(이기홍, 2013: 243).

14 사회과학의 통일성과 통합을 위한 기초를 제공하고자 했던 뒤르케임 사회학의 지향은 티리아키언(2015: 33~39)이 적절히 짚어내고 있다.

하게 하는 동시에, 상보적 독해의 가능성 또한 허용하기 때문이다.

그러나 많은 연구자가 지적하듯, 오랜 시간 뒤르케임의 이론 및 방법론에 대한 해석 또한 다양한 패러다임 속에서 전 세계적으로 '얽혀 있는 실타래처럼' 혼란스러운 양상을 띠었고(민문홍, 2001; 김광기, 2009; Rawls, 1996; Lukes, 1973), 실증주의 과학철학 및 구조기능주의가 헤게모니를 잡고 있는 상황 속에서 정당하게 평가되지 못했다. 차이가 있다면 맑스의 경우 사회이론의 급진성이 『자본론』의 '과학성'을 가린다면, 뒤르케임의 경우 『자살론』의 '과학성'이 이론적 주장의 급진성을 가린다는 점이다. 이는 양자의 '과학'에 대한 '상식적인' 이해에서 비롯되는데 문제는 그 '상식적인' 이해가 주로 외부 – 중심부 국가 – 에서 주어지고 강제되는 이론의 정치학에 있다.

4) 뒤르케임의 딜레마: 과잉자연주의와 반자연주의의 상호순환

맑스만큼이나 뒤르케임의 사회과학방법론은 전체 이론체계에서 중추적 위상을 점한다.[15] 그리고 맑스의 '과학적 사회주의'만큼이나 뒤르케임의 '과학적 사회학' 또한 유사한 이분법적 해석의 구조를 공유한다. 즉, 맑스 방법론 해석에서 쟁점이 되었던 과학과 비판, 사실과 가치, 이론과 역사, 구조와 행위, 이론과 실천의 이분법은 뒤르케임의 방법론 해석에도 반복적인 쟁점으로 드러난다. 특히 『자살론』을 둘러싼 실증주의-탈실증주의적 해석의 딜레마는 최근 과잉자연주의와 반자연주의의 대립으로 재생산되는 국면을 보여준다. 뒤르케임에 대한 실증주의적·결정론 독해가 사회현상에 대한 '(자연)과학적' 탐구의 입장을 옹호하는 과잉자연주의적 해석을 대표한다면, 이

15 사실 그의 대부분의 저술은, 실증적 경험 연구의 성과에 기초해 사회학의 가능성을 입증하려 했던 『자살론』을 제외하고는, 그 자체로 사회과학방법론에 관한 것이라 해도 과언이 아닐 것이다.

를 비판하며 등장한 상호작용론 및 자원론적 해석은 인간행위가 자연과학적 방법에 의해서 연구될 수 없다는 반자연주의적 입장에서 개진된다.[16]

먼저 1980년대까지의 지배적인 연구 경향은 뒤르케임의 과학방법론을 실증주의로 해석하는 입장과 이에 의문을 제기하는 논의들이 주를 이뤘다. 대표적으로 '사회적 사실' 개념을 둘러싼 '실증주의'와 '사회학주의'의 긴장과 충돌은 해석자들에게 논리적 비일관성으로 이해되고, 한편에서는 실증주의적 의미에서 엄밀하게 '과학적'이지 못하다는 비판과, 다른 한편에서는 지나치게 사회학적 결정론 또는 '과학주의'라는 모순된 비판을 받았다. 일례로 유헌식(1980)은 뒤르케임의 실재론 또는 본질주의의 측면을 고려하면 뒤르케임의 '실증주의'는 자연과학주의(naturalism)에 가깝다고 지적한다. 그러나 '사회적 사실'에 인과성을 부여하려는 시도는 '사회적 사실'을 형이상학적 개념으로 환원하고 가치의 문제를 포섭하지 못한다고 주장한다.[17] 실증주의 과학관의 핵심인 '이론/경험'의 이분법[18]은 '사회학적 관념론'과

16 뒤르케임에 대한 국내 최초의 학위논문은 고영복(1956)의 「뒤르케임의 사회학 방법론: 사회적 사실의 양화 문제」(1956)다. 그러나 애석하게도 이 논문은 보관이 잘못되어 거의 독해할 수가 없다. 논문 제목과 당시의 지적 분위기를 고려했을 때, 뒤르케임의 사회학 방법론을 국내에 소개하는 논문으로 추정할 뿐이다(민문홍, 2001: 351). 한편 『자살론』을 『사회학적 방법의 규칙들』과 연관해 독해한 김영기(1984)는 양적 방법론의 지나친 사용을 비판한다. 유희라(1996) 또한 『자살론』을 실증주의적 방법론의 대표적인 저술로 읽고, 행위이론적 관점의 논의들을 끌어와 비판·재구성하려 한다. 이러한 해석 패턴은 유헌식(1980), 이향진(1983), 김영기(1984), 박래선(2001)에서도 유사하게 발견된다.

17 여기서 사회적 인과성에 대한 상이한 해석이 드러나며, 과학성의 기준에 관한 베버의 가치자유 교의 및 상대주의의 헤게모니를 확인할 수 있다. 이는 베버와 뒤르케임의 과학방법론을 비교의 대상으로 상정하면서도 양자의 공통점을 좀처럼 발견하지 못한 김왕수(1984), 석현호(1984)에게서도 유사한 방식으로 확인된다.

18 경험주의는 경험을 통한 검증 가능성에 큰 비중을 두면서 경험주의적 객관성 개념을 낳았다. 이런 접근은 어떤 이론에 구애받지 않는 '중립적' 경험이라는 개념에 의존하면서, 관찰 가능한 현상의 배후에 숨어 있는 원인을 신비한 것으로 취급하며 경험적인 것

'사회학적 유물론', '결정론'과 '자원론'의 이분법과 연동되고 '사실/가치' 이분법의 개입을 허용하면서 표준과학모델과 베버가 공유한 가치중립/가치자유 테제에 의거해 뒤르케임 사회과학의 '과학성'을 평가하는 기준으로 삼는 착종된 해석이 주류를 점하고 있는 것이다.

이러한 이분법은 우선 주류 사회과학에 이론적 패권을 행사했던 파슨스의 구조기능주의에 정초된 이분법적 범주와 관련되어 있다. 뒤르케임 사상의 연속성과 일관성의 문제를 제기하면서 인식론적 단절을 체계화한 것이다. 파슨스는 뒤르케임의 입장이 초기 『사회분업론』(이하 『분업론』)에서는 실증주의나 결정론적 입장을 취하다가 후기 『종교생활의 원초적 형태』(1912)에 이르러 관념론이나 자원론으로 바뀌었다고 주장했고, 이는 미국 학계에서 격렬한 논쟁을 촉발했다.[19] 전기 뒤르케임을 강조했던 파슨스의 '두 명의 뒤르케임' 가설은 이후 파슨스의 제자인 로버트 벨라(R. Bellah)를 경유해 후기 뒤르케임을 강조하는 알렉산더(Alexander, 1982)에 의해 다른 방식으로 재생산된다. 강조점은 다르지만 양자의 '두 명의 뒤르케임' 주장이 공히 의존하고 있는 유물론/관념론, 결정론/자원론, 과학/철학의 이분법적 도식은 뒤르케임에 대한 착종된 해석 — 과잉자연주의적 해석과 반자연주의적 해석의 상호순환 — 을 끊임없이 재생산하는 원천으로 자리해왔다.

5) '두 명의 뒤르케임'의 해소를 위한 모색과 환원주의로의 도피

그런데 양적으로 결코 많은 수라 할 수 없지만, '두 명의 뒤르케임' 가설에 의문을 제기한 국내 뒤르케임 연구는 '하나의 뒤르케임'에 다가서기 위해 독자적인 이론적 사유의 공간을 열어놓은 것으로 보인다. 구조기능주의에 경

에 특권을 부여한다(트리그, 2013: 12~16).

19 Pope(1973), Cohen(1975), Parsons(1975) 사이의 논쟁을 참고하라.

도된 미국 학계의 지배적인 해석에 의문을 제시하면서 이옥지(1977), 노경애(1979), 한영혜(1983), 길미란(1994)은 뒤르케임의 텍스트를 꼼꼼하게 독해한 결과에 근거해 초기-후기 저술의 연속성과 경험주의라는 혐의를 불식하려고 한다. 앨버트(Alpert, 1939), 부동과 부리코(Boudon and Bourricaud, 1982)의 논의를 끌고 와 뒤르케임을 행위의 사회학자나 방법론적 상호작용론자(민문홍, 2001)로 부각시킨 논의 또한 사회학주의 또는 방법론적 전체주의라는 혐의를 불식하고 뒤르케임의 방법론을 일관되게 읽어낼 해석의 패러다임을 발견하기 위한 노력의 일환으로 이해될 수 있다.[20]

한편 한영혜(1983), 박영신(1990a; 1990b), 심기천(1992)은 정신과 자연, 도덕과 과학 등의 이분법을 근본적으로 넘어서는 뒤르케임의 발현 개념과 그 지성사적 맥락에 주목한다. 한영혜(1983)는 뒤르케임의 '사회학적 자연주의'가 1848년 혁명 이후 프랑스에서 부상한 과학주의가 1871년 이후 변형되는 과정에서 자연주의(naturalism)와 정신주의(spiritualism)의 이분법적 대립을 해결하려던 시도였음을 환기시킨다. 박영신(1990a; 1990b)은 뒤르케임의 '사회주의'가 자연과학의 방법을 사회 발전사에 적용해 역사발전 및 사회조직의 도덕적 재구성에 적용하려 했던 도덕과학의 기획에 기초하고 있으며 이것이 곧 '동시적 변화의 방법(공변법)', '발현적 과정'으로 이어지는 역사비교방법론임을 밝힌다. 그리고 심기천(1992)은 뒤르케임의 도덕적 개인주의나 제도적 사회주의가 개인과 사회의 교섭을 중시한 관계적 사회실재론과 맞닿아 있음을 지적했다. 이들 논의는 모두 뒤르케임에 대한 탈실증주의적 해석 및 '하나의 뒤르케임'이라는 관점을 공유하고 있다. 특히 김광기

20 경험주의·실증주의의 관점에서 단순하게 이해될 수 없는 뒤르케임의 탈실증주의적 요소를 논리실증주의에 가까운 것으로 '간단히' 언급한 논의 또한(민문홍, 1994; 길미란, 1994; 한영혜, 1983; 박영신, 1990b) 연구자 자신이 발견해낸 뒤르케임의 풍부한 인식론적·방법론적 함축을 담아낼 새로운 언어와 패러다임을 모색하는 과정으로 이해하는 것이 온당해 보인다.

(2009)는 '두 명의 뒤르케임 가설'의 '이분법' 자체를 공략하며, 뒤르케임 사회학에서 '행위'의 측면을 강조했던 앤 워필드 롤스(A. W. Rawls)의 논의가 후기-뒤르케임의 '사유'의 측면에 일방향의 강조점을 둔 신기능주의 문화사회학의 일면성을 공유한다는 점을 논증한다. 뒤르케임 사회사상을 관통하는 두 가지 핵심 사항은 '행위'와 '사유'라는 것이다. 나아가 그는 '뒤르케임에 대한 실증주의적 해석'을 해소하지 않고 '실증주의에 반대하는' 전략들이 갖는 한계를 아울러 일러준다.[21]

최근 『종교생활의 원초적 형태』(1912)를 뒤르케임 사회학의 전범으로 삼는 '문화적 뒤르케임주의'나 '과학 지식 사회학의 강한 프로그램'의 지적 생산성이 주목받고 있지만(알렉산더, 2007; 블루어, 2000; 최종렬, 2004; 2007; 민문홍, 2006; 2008; 박선웅, 2007; 2008), 전기-후기의 이분법적 구획에 기초한 과잉자연주의적 해석과 반자연주의적 해석의 상호순환은 여전히 불식되지 않고 있다.[22] 오히려 현대 과학철학의 환원주의 경향과 맞물리면서 『자살론』이 사회생물학주의의 전거로 불려오는 논의에서 과잉자연주의적 해석이 재생산되는 국면을 엿볼 수 있다.[23]

---

21 실증주의 진영에 사사건건 비판과 반대를 가하던 반대 진영 — 주로 현상학, 민간 방법론, 상징적 상호작용론, 그리고 갈등론 — 이 해석한 뒤르케임 역시 실상 실증주의자들의 해석과 별반 차이를 보이지 않을 뿐 아니라, 그러한 해석을 검증 없이 수용했다고 해도 과언이 아니라는 것이다(김광기, 2009: 52).

22 부연해두자면, 알렉산더를 필두로 한 문화사회학의 '강한 프로그램'과 영국 에든버러 학파를 비롯한 과학사회학의 '강한 프로그램'은 동일한 표현으로 번역되지만 차이가 있다. 알렉산더의 강조점이 문화(사회학)의 상대적 자율성에 초점을 맞추면서도 반자연(과학)주의를 완전히 기각하지 않고 있다면, 데이비드 블루어(D. Bloor)는 뒤르케임 과학 지식의 사회적 결정에 초점을 맞추면서 명시적으로 자연주의적 입장을 옹호하는 입장에 선다.

23 궁극적으로 『자살론』에 등장하는 범죄 발생 이론, 아노미 이론은 사회학주의 방법론에서 탈피해 사회생물학의 이론적 설득력을 드러낸다는 주장이다(이홍탁, 2003). 정상과 병리 구분의 모호성 자체가 극단적인 실증주의와 극단적인 사회사실주의 간의 갈등과

조금은 나른 삭도에서 고전사회이론에 나타난 두 가지 과학 패러다임을 '물리주의(physicalism)'와 '인구적 사고(population thinking)'로 대비시킨 일련의 논의는 전자에 뒤르케임과 맑스를, 후자에 다윈의 진화생물학과 베버를 위치시킨다. 사회학의 정립기, 여타 이론이 그러하듯 뒤르케임이 물리주의를 사회학의 방법론적 이상으로 받아들였다면, 베버는 최초로 인구적 사고의 유형에 부합하는 방법론, 즉 과학적 역사주의를 재구사했다는 것이다(이재혁, 2012). 매우 논쟁적인 쟁점을 제기하는 이 논의는 세세한 시시비비를 떠나 맑스와 뒤르케임, 베버가 매우 상이한 과학 패러다임에 기초하고 있음을 날카롭게 포착하고 있다. 후술하겠지만 이러한 통찰은 사회과학 내부에 자리한 '두 개의 사회학' 패러다임, 즉 고전적인 자연(과학)주의와 반자연(과학)주의 사이의 긴장을 지시한다.

그러나 물리학과 생물학, 심리학, 사회학 등의 층위를 구분하고 '사회학과 사회과학들'의 관계와 누구보다 씨름했던 뒤르케임의 방법론을 생물학주의 또는 물리주의의 전범으로 보기엔 무리가 있다. 이러한 해석은 층화된 실재에 기초한 그의 사회학적 자연주의가 잘 이해되지 않고 있는 현실을 드러낼 뿐이다.[24] 이 지점에서 김종엽(1997)의 방법론 해석을 경청할 필요가 있다. 김종엽은 뒤르케임이 사실과 가치를 분리하는 실증주의자라기보다 이론의 실천적 의도를 분명히 하고 그것을 방법론적으로 구현하고자 한 이

비일관성을 드러내는 것이며, 경험적·실증적인 자료를 중시했던 뒤르케임의 초기 사회학 이론이 계몽주의의 영향권에 있었던 것과 달리 후기 사회학 이론은 사회학주의로 기울면서 반계몽주의적 색채를 강하게 풍긴다는 것이다. 여기서 '전기 뒤르케임 = 경험 = 과학', '후기 뒤르케임 = 사회학주의(형이상학) = 비과학'이라는 착종된 이분법이 재생산되고 있음을 다시 확인할 수 있다.

24 티리아키언(2015: 152)이 명확히 말하듯, "콩트나 뒤르케임 모두 사회현상을 공식화된, 즉 수학적 형태로 표현하는 것은 고사하고, 사회현상을 자연과학 모델로 환원시켜야 한다고는 단 1분도 믿지 않았기 때문이다".

론가임을 지적한다. 뒤르케임이 상정한 과학과 기예 관계는 오늘날 이론과 실천의 관계에 상응한다. 기예가 되지 않은 과학을 과학이라 칭할 수 없지만, 양자 사이에 존재하는 일정한 단절은 실천의 요구에 정확하게 부응하기 위한 과학의 자율성을 말한다는 것이다. 그가 주목했던 뒤르케임 과학성의 핵심, 즉 이론의 상대적 자율성을 매개로 한 과학과 기예, 이론과 실천의 통일은 이 책의 중심 개념인 설명적 비판의 요체이기도 하다.[25] 나아가 김종엽은 과학의 전문화가 낳은 지적 아노미를 과학의 유기적 연대를 통해 극복하자고 제안한 뒤르케임의 지적 기획을 '복합적 합리주의'라는 말로 포착한다. 그리고 에밀 부트루(E. Boutroux)를 수용하고 확장해서 전개한 출현적 구조(emergent structure) 또는 에른스트 월웍(E. Wallwork)이 개념화한 '관계적 사회실재론(relational social realism)'의 위상을 다음의 인용문과 조심스럽게 연관시킨다.

> 사회학이 발흥하기 위해서는 현실과 지식의 통일성을 선포하는 것으로는 충분하지 않다. 그 통일성은 사물의 자연적 이질성을 인정하는 철학에 의해서 긍정되어야 한다. 사회적 사실이 법칙에 종속된다는 사실을 수립하는 것으로는 충분치 않다. 사회적 사실이 성질상 특수한, 즉 물리학이나 생물학의 법칙에 비견할 만하면서도 그것들로 직접 환원되지는 않는 나름의 법칙을 가지고 있다는 것이 발견되어야 한다(Durkheim, 1982d: 177~178; 김종엽, 1997: 39, 주석 15번에서 재인용).

25 뒤르케임에게 과학은 특권화된 지식이 아니라 반성적 의식의 빼어난 매체이며, '일종의 모범적 합리성'으로 세계의식의 기능뿐 아니라 세계구성의 한 계기가 된다. 뒤르케임에 따르면, 과학적 사유의 탄생은 그리스의 변증법의 탄생으로 거슬러 올라가며 실험과학은 변증법적 의견들의 체계를 사실들의 체계로 극복·지양한다는 점에서 더 우월한 과학이다. 그에게 사회학은 유럽 사회 전반의 세속화 과정이라는 조건 위에 성립한 프랑스의 과학이며, 현대의 문제를 해결하는 국민적 프로젝트가 된다는 것이다(김종엽, 1997: 17~29).

이것이 바로 뒤르케임 자신이 밝히고 한영혜(1983)가 강조한 '사회학적 자연주의'의 전제이며, 인간이 자연의 일부인 동시에 사회적 존재로서의 자유를 갖고 있음을, 자연적 필연성의 제약을 받는 동시에 그것으로 환원되지 않는 정신적 존재로서의 자유를 갖고 있음을 인정하는 '비판적 자연주의'의 층화이론과 결합될 수 있는 지점이다(김명희, 2012). 개인적 사실이 생물학적 사실로 환원될 수 없고 생물학적 사실이 물리적 사실로 환원될 수 없는 것처럼, 사회적 사실이 개인적 사실로 환원될 수 없으며 하위 질서에서 출현한 상위 질서의 환원 불가능한 속성을 지시하는 발현적 속성(emergent property) 개념은 뒤르케임 사회학의 금과옥조와 같다(오를레앙, 2016: 232~ 233).

6) 실재론적 대안 2: 『자살론』의 과학성과 정치경제학 비판

그러나 정작 자연과학의 바탕 위에서 인간과학에 적용된 자연주의의 한계와 가능성을 모색해온 비판적 실재론 진영 내부에서, 뒤르케임의 과학방법론이 정당하게 평가되지 못하고 있는 상황은 역설적이다(바스카, 2007; 콜리어, 2010; 오스웨이트, 1995 참고).[26] 뒤르케임처럼 '발현' 개념을 층화이론을 정립하는 데 대폭 차용했지만, 뒤르케임의 과학 방법은 기껏해야 물상화 모델의 원형으로서 베버의 자원론 모델과 반정립되면서 실재론의 틀 위에서 재구성된 맑스의 관계적 사회 모델로 나아가기 위한 전거로 제시될 따름이다. 이 규정은 앞서 살펴봤던 뒤르케임을 향한 방법론적 전체주의 및 실증주의라는 해석과 관련되어 있다. 한편 윌리엄 오스웨이트(William Outhwait)

---

26 물론 비판적 실재론자들이 하나의 입장을 가지는 것은 아니며, Pearce(2007), 벤턴·크레이브(2014), 이기홍(2014)은 자연주의적이면서도 실재론적인 뒤르케임 사회학의 특징들을 인정하고 있다. 그러나 이 경우에도 뒤르케임의 실재론적 자연주의가 구체적인 설명모델에 어떻게 관철되는지 침묵하거나, 법칙연역적 설명모델에 입각해 『자살론』을 해석하는 기존 관행을 크게 벗어나지는 못한다.

는 뒤르케임의 방법을 경험주의가 아닌 실재론으로 정당하게 위치 짓는다. 그런데 문제는 "'사회에 대한 과잉사회화된 견해'가 아니라", "오히려 실재론적인 철학적 존재론이 정의와 인과성에 대한 그의 독특한 견해에 의해 경험론적인 것과 접속되는 방식"에 있다는 것이다. 즉, 자살 유형을 나눌 때, 극히 의심스러운 원인론적 분류로 끝맺고 있으며, "실재론과 경험론의 불편한 조합" – 그것이 단지 철학적 존재론 수준에서의 양의성이라면 문제가 되지 않을 – 은 사실상 뒤르케임으로 하여금 그의 설명을 의심스럽고, 일관되지 못한 형태로 만들고 있다는 지적이다(오스웨이트, 1995: 145~146).

그러나 『자살론』은 이러한 오해들을 교정할 뿐 아니라, 사회적 삶의 관계적 차원과 역동적 계기에 대한 이론적 재구성을 충분히 허용하고 있는 것으로 보인다. 한국 사회에서 일어나는 자살을 『자살론』을 통해 분석한 송재룡(2008)은 『자살론』에서 명시된 '집합적 경향'을 사회의 문화정서 구조의 차원을 지시하는 '힘'의 개념으로 실재론적으로 독해한다. 현대 사회에서 뒤르케임 사회학의 이론적 위치는 철학, 곧 존재론적 관점의 도입과 사회학적 발현이론을 통해서만 보다 명확해질 수 있다는 최근의 논의 또한(Sawyer, 2002; Pearce, 2007; 岡崎宏樹, 2015), 실증주의/반실증주의의 상호순환을 유발해온 인식론적 논쟁의 협소함을 존재론의 지평으로 확장하는 문제 지형의 변화를 보여준다.

특히 비판적 실재론의 관점에서 『자살론』의 방법론을 재해석한 김명희(2012)는 『자살론』에 적용된 방법은 경험주의가 아닌, 경험에 기초해서 경험을 야기한 발생기제를 재구성하는 역행추론(retroduction)의 원리로 이해될 수 있음을 논증한다.[27] 실증주의 과학관에 따라 『자살론』을 읽는다면,

27 찰스 퍼스(C. S. Peirce)가 발견한 바와 같이, 요하네스 케플러(J. Kepler)는 '케플러의 법칙'을 화성의 궤도가 타원이라는 가설로부터 시작해서 관찰로 확인된 언명들을 연역해냈던 것이 아니다. 오히려 케플러는 관찰들로부터 거슬러 올라가서(in reverse) 하나

이론으로부터 분리된 방법론적 함축만이 문제가 된다. 『자살론』은 『사회학적 방법의 규칙들』의 연장선에 있는 양적 방법론의 교과서일 뿐이다. 그러나 비판적 자연주의에 입각해 『자살론』을 해석할 경우, 『분업론』의 연속선상에 있는 자유주의 비판은 사회병인에 대한 과학적 탐구일 뿐 아니라 사회재조직의 기획으로 독해될 수 있다(김명희, 2012).

19세기 말 뒤르케임 사회학과 자유주의의 전환 과정을 살핀 홍태영(2001: 14~17)은 1870년대 한계효용혁명 이후 프랑스의 정치경제학과 그것에 강하게 영향을 받은 허버트 스펜서(H. Spencer)의 공리주의 및 자유주의적 조류를 비판함으로써 사회학이 탄생하게 된 과정을 밝히고 있다. 『분업론』에서 시작한 정치경제학 비판은 『사회학적 방법의 규칙들』과 『자살론』에서 발전한다. 즉, '사회적인 것'의 발견은 뒤르케임 이론의 중심에 '연대'라는 개념을 위치시키면서 정치경제학의 '구' 자유주의를 비판하고 '신' – '사회적' – 자유주의를 제3공화국 사회통합의 중심적인 이데올로기로 제공했다는 것이다. 한스 요아스(H. Joas)가 적절하게 지적했듯, 맑스와 엥겔스의 사유만이 정치경제학에 대한 비판으로 간주될 수 있는 것은 아니다. 역사주의적인 사상적 조류들과 사회학의 초기 기획들 역시 명백히 정치경제학과 논쟁적인 관계 속에서 생성된 것이다. 시장경제의 효과에 어떠한 개입도 허용하지 않는 사회를 정당화하려는 시도와 반대로, 독일 국민경제학의 역사학파와 프랑스의 콩트 사회학 프로그램은 유럽 대륙에서 고전경제학의 속류화된 확산 형태가 주장했던 '자유방임' 원칙의 정당성을 제한하려 하는 실용적·개혁주의적 시도를 표현하고 있었다(요아스, 2002: 83).

의 가설로 그리고 또 다른 가설들을 거쳐 궁극적으로 타원 궤도의 가설에 도달했다. 즉, 관찰에서 거슬러 올라가 관찰 언명과 그것들의 설명으로 추론하는 역행추론의 방법이다(핸슨, 2007: 135)

요컨대 뒤르케임의 저술을 그것이 태동한 맥락 속에 위치시킬 때,『자살론』의 사회학은 정치경제학을 비판하는 기획으로 독해될 수 있다. 또한 이 책이 주목하는『자살론』의 가능성은 경험적 탐구를 관통하고 있는 층위들의 제 관계 – 사람/사회활동모델, 이유/원인 관계 – 와 이행이론으로서의 풍부한 함축에 있다. 비판적 자연주의가 제시한 설명적 비판의 관점에서『자살론』을 읽는다면『자살론』의 자유주의 비판은, 합리성의 조건과학이라는 위상을 갖게 된다. 이 책은 정치경제학 비판으로서『자살론』과『자본론』을 관계 속에서 독해할 것을 제안한다. 두 저술은 맑스와 뒤르케임의 비판적 자연주의의 핵심적 내용을 드러내고 상보적으로 재구성할 수 있는 자원이자, 낡은 이분법적 해석의 구조를 효과적으로 해소할 풍부한 방법론적 함축을 품고 있다.

3. 두 개의 사회학의 딜레마: 고전 사상의 안티노미?

이상의 논의를 통해 맑스와 뒤르케임의 과학방법론이 유사한 해석의 긴장과 구조를, 동시에 실재론적 사회학의 많은 특징을 공유함을 알아볼 수 있었다. 그런데 두 사상가가 이토록 많은 방법론상의 공통점을 공유했음에도 이 점이 좀처럼 주목을 받지 못했던 이유는 도대체 무엇일까? 앞서 제기한 '두 개의 사회학' 패러다임의 문제에서 그 해답을 찾아보자. 통상 논제가 되는 맑스와 베버, 또는 뒤르케임과 베버의 관계에 대한 지적 관심에 비해, 맑스와 뒤르케임 방법론의 지적 관계에 대한 관심이 현저하게 떨어지는 풍토는 흥미로운 이론사적 쟁점 가운데 하나다. 맑스의 사회 모델과 뒤르케임의 사회 모델은 종종 뚜렷한 대비를 이루며 반대 명제에 해당한다는 평가를 받아왔다(티리아키언, 2015: 457).

비근한 예로 맑스와 뒤르케임에 대한 유일한 국내 비교연구라 할 수 있는 '분업론'에 관한 박사학위논문에서도,[28] 맑스는 사회주의적 공리주의이며 뒤르케임은 도덕적 사회론 – 또는 진화론적 낙관주의 – 이라는 통념을 부당하게 전제함으로써, 양자의 공통점과 유의미한 차이점을 거의 찾아내지 못하고 있다. 따라서 알렉산더(Alexander, 1982)의 논의를 빌려와 자평하는바, '베버'의 이론적 입장이나 분업 이외의 논의와의 관련성을 살피지 못한 '평면적 비교'가 연구의 한계라는 것이다.

그런데 이러한 '평면적' 이해 방식은 고전 사회학자를 다룬 현대 사회이론 대부분이 공유한 – 맑스와 뒤르케임의 상호 관계에 대한 – 특징이기도 하다.[29] 대표적으로 파슨스의 인식론적 단절 테제를 변형·계승한 알렉산더는 맑스와 뒤르케임의 고전적 저작들에 내재하는 영구적 긴장을 '고전 사상의 안티노미'(Alexander, 1982)라고, 또는 '이론적·이데올로기적 딜레마'(Alexander, 1993: 350)라고 이름 붙인다. 그의 대표작인 『고전 사상의 안티노미: 맑

28 맑스와 뒤르케임의 분업론을 사회주의론과 관련해서 비교분석한 김용규(1994)의 논문이 그것이다. 이 연구는 1987년 이후 크나큰 사회적 문제로 부각된 노동문제에 대한 두 입장, 자본주의론과 산업사회론의 '상이한 시각'을 양자의 분업론과 비교함으로써 결합하려고 한다. 맑스의 사회주의론을 분업에 대한 이해와 연계해 설명함으로써 종래의 사회주의론에 이해와 비판을 구체화하고, 뒤르케임의 유기적 연대의 개념을 맑스의 사회주의에 대한 뒤르케임의 사회주의로 이해할 수 있다는 것이 이 논문의 출발점이다.

29 Parsons(1949), Lukes(1967), 테르본(1989), Alexander(1982), 리처(2006), 기든스(2008)를 참고하라. 일례로 현대 사회학자들이 의존하고 있는 이원론적 문제장은 맑스, 뒤르케임, 베버의 지적 상호 관계에 대한 기든스(2008)의 해석에서도 발견되는바, 그의 오류는 뒤르케임에 대한 신칸트주의적 해석 — '자연'과 '사회' 사이에 설정된 이원론 — 과 더 근본적으로는 그 자신의 — 사실과 가치 사이에 설정된 이분법을 포함한 — 신칸트주의적 바이어스가 투영된 혼란에서 기인한다. 각각에 대해서는 기든스(2008: 403~405, 417~424; 2000: 125~126)를 참고하라. "사회와 자연세계의 상호작용"에 초점을 맞추는 맑스와 달리, 뒤르케임은 "'사회'적인 것의 인과적 특수성 — 사회학적 설명의 자율성 — 을 강조함으로써 사회와 자연 사이의 상호 관계는 일반적으로 무시한다"라는 것이다(기든스, 2008: 417).

스와 뒤르케임(The Antinomies of Classical Thought: Marx and Durkheim)』(1982)에서 맑스의 사회학적 유물론과 뒤르케임의 사회학적 관념론은 각각 배타적 일면화를 상징하며, 베버와 파슨스의 경우는 고전적 종합(classical synthesis)을 지향하는 접근 방식으로 평가된다.

예컨대 맑스의 인식론은 독일 낭만주의의 영향을 받아 반실증주의와 자원론으로 이론적 작업을 시작했다. 그러나 후기에 가서 프랑스 사회주의와 영국의 공리주의의 영향으로 맑스의 이론적 사고는 더 과학적이고 유물론적인 입장으로 바뀌게 되었다는 것이다. 한편 뒤르케임의 인식론은 초기 실증주의에서 관념론으로 바뀐 것이 아니라 초기 실증주의의 규범적 사고에서 유물론적 사고의 단계를 거쳐서 후기에 다시 규범적 입장으로 돌아왔다. 따라서 맑스와 뒤르케임은 상호배타적 일면화를 상징한다. 한편에서 사회학적 유물론은 규범적이고 문화적인 측면에 대한 적절한 탐구를 체계적으로 배제하고 있으며, 그 반대편에서 사회학적 관념론은 규범적 차원에 대한 이론 형성에 결정적인 기여를 했지만, 그것을 조건과 수단의 세계에 설득력 있게 결합시키지 못했다는 것이다. 알렉산더는 이 두 사상가가 이상과 같은 양극단 사이의 갈등을 보여주며, 이들의 후예들 – 즉, 맑스주의자들과 뒤르케임 학파 – 이 각각의 일면성에서 유래하는 딜레마에 봉착해 있다고 본다.[30] 이러한 해석은 알렉산더 자신이 터하고 있는 특정한 메타이론적 관점에서 도출된 것일 수밖에 없다. 예컨대 알렉산더에 따르면 맑스의 이론적 딜레마는 예측의 실패에서 비롯된다. 한편 이데올로기적 딜레마는 선험적 전제와 결정론에서 비롯되는데, 양자가 서로 충돌한다는 것이다(알렉산더, 1993: 350~357).

30 자세한 논의는 특히 Alexander(1982)의 II권 3장과 I권 1장을 참고하라. 이에 대한 설명과 비판적 논급으로는 민문홍(2012b: 65~66), 요아스(2002: 62~70)를 참고하라. VII장에서 우리는 이 문제로 다시 돌아올 것이다.

이는 맑스와 뒤르케임의 연구사에서 철학(규범)과 과학, 관념론과 유물론, 자원론과 결정론 사이의 긴장 또는 단절로 나타났던 딜레마의 원형을 반복해서 보여준다. 이러한 이분법은 영미 사회학자들만이 아니라, 소비에트 사회주의를 비롯한 프랑스 구조적 맑스주의에게도 동일하게 발견되는 경향이었다. 결론적으로 맑스와 뒤르케임의 상호 관계를 둘러싼 지배적인 통설의 오류는 현대 사회학자 대부분이 공유하고 있는 이원론적 문제장에 그 원천을 두고 있다고 볼 수 있다. 이제 이러한 그릇된 이항대립을 극복할 수 있는 가장 옳은 독해 방법은 맑스와 뒤르케임 자신의 '과학'으로 되돌아가는 길일 것이다. 그러나 '새로운 독해'는 낡은 메타이론적 이분법을 지양할 새로운 과학 패러다임과 함께할 때 비로소 가능할 수 있다.

4. 비판적 논평: 새로운 사회과학철학의 요청

이제까지 맑스와 뒤르케임의 과학방법론에 대한 국내 해석이 실증주의적 해석과 탈실증주의적 해석, 과잉자연주의적 해석과 반자연주의적 해석으로 대립했다는 점과 이에 대한 실재론적 대안의 성과와 한계를 간략히 살펴보았다. 맑스와 뒤르케임에 대한 반자연주의적·과잉자연주의적 실증주의의 해석이 공통으로 의존하고 있는 이분법적 메타가정들의 상호순환의 차원은 실증주의 과학철학의 헤게모니의 지속성과 변형의 측면을 동시에 드러내준다. 이러한 이분법의 층위를 나누어 보면서, 재구성의 과제를 도출하자면 다음과 같다.

첫째, 존재론의 차원에서 맑스와 뒤르케임에게 유물론과 관념론, 결정론과 자원론, 과학과 철학 사이에 단절이 있다는, 즉 초기 저술과 후기 저술 사이에 인식론적 단절이 있다는 '두 명의 맑스', '두 명의 뒤르케임' 주장이 그것이다. 헤아려보면 두 사상가를 전기-후기로 양분해온 이원론적 이분법은, 자연과학과 사회과학의 유사성과 차이점을 꼽는 논의에서 늘 배후에 자리하는 개념틀이다. 이 대비의 틀은 우리의 문화 속에 깊이 뿌리내리고 있는 것이며, 이것을 벗어나서 사유하는 것은 사실상 힘들다. 그것은 상식 속에 내재되어 있을 뿐 아니라 대부분의 영미철학 및 사회과학 문헌에서 나타나고 있다. 따라서 이 이원론과 이분법은 세계와 우리 자신에 대한 지식의 문제를 야기한다(A. 세이어, 1999: 44).

이와 같은 이원론적 이분법이 실증주의 과학관에 의해 뒷받침되고 상호 재생산된다고 말할 수 있는 것은, 실증주의 과학관이 암묵적으로 전제하고 있는 경험주의적 존재론 때문이다. 경험주의적 존재론은 경험적으로 관찰 가능한 객체만을 상정하는 존재론적 입장을 가리킨다. 그런 점에서 '경험적' 실재론이라는 이름을 얻게 된다. 이는 실제에는 '경험'되는 것만이 존재한다는 – 존재론적 – 가정과, 모든 지식은 경험으로 환원되어야 한다는 – 인식론적 – 가정을 독단적으로 수용하는 결과를 낳는다. 이에 따르면, 세계에 대한 우리의 지식은 오로지 지각에 감각된 원자적 사건들이나 사태들로 구성된다. 세계가 오로지 그러한 사건들로 구성된다면, 그 사건들 사이의 연관은 당연히 모두 정신의 산물이거나 정신의 첨가물일 수밖에 없다. 이러한 점에서 '경험적 실재론'은 곧 '초월적 관념론'이다. 즉, 경험적 실재론은 경험주의적 해석 및 관념론적 해석을 모두 허용하는 역설을 발생시킨다.[31]

경험적 실재론에서 곧바로 파생된 인식론적 딜레마는 실증주의와 자연과학을 동일한 것으로 이해함으로써 맑스와 뒤르케임의 '과학'을 경험주의적 규칙성을 추구하는 활동으로 이해하거나, 규칙성으로 환원되지 않는 원인의 추구를 역사형이상학 또는 사회학주의의 근거로 판별하는 모순된 비

31 그러므로 자연적 필연성이라는 개념은 유지될 수 없게 된다(『비실』, 108~113).

판을 통해 전형적으로 드러난다. 이렇게 볼 때 여러 이분법적 메타가정의 상호 호환 구조는 어느 한 쪽을 객관에 속한 것으로, 어느 한 쪽을 주관에 속한 것으로 정향 짓게 하는 이원론적 편견에 더 깊은 뿌리를 두고 있다. 이른바 과학이란 '객관적인' 사실에 관한 것으로, '주관적인' 가치판단은 과학 이외의 형이상학이나 윤리학의 영역으로 엄격히 분할해왔던 가치중립 테제 역시 다르지 않다.[32] 기존 해석은 이 이분법이 동시에 의존하는 제3항 — 메타이론적인 가정들 — 을 지양하지 않고, 맑스와 뒤르케임에 대한 실증주의적 해석을 지양하고자 했다는 점에서 한계를 가질 수밖에 없었다.

결국 맑스와 뒤르케임에 대한 실증주의적 해석을 해소하지 않고 맑스와 뒤르케임의 과학을 재구성하거나 실증주의적 해석에 반대했던 노력들이 한계를 갖는 것처럼, 실증주의 과학관을 해소하지 않고 맑스와 뒤르케임에 대한 실증주의적 해석을 지양할 수는 없다는 점 또한 분명해졌다. 새로운 (사회)과학철학은 여기에서 요청된다. 비판적 실재론의 과학관은 통상 지식 추구의 인식론적 절차로만 이해되어왔던 과학의 — 암묵적인 — 존재론적 차원을 불러옴으로써, 실증주의의 잘못된 과학관을 바로잡고자 한다. 비판적 실재론의 과학관에 기초할 때, 경험적 실재론의 관점에서 좀처럼 이해될 수 없었던 맑스와 뒤르케임의 실재론적 과학관이 더 잘 이해될 수 있다.

둘째, 맑스와 뒤르케임을 둘러싼 방법론적 딜레마는 사회과학의 대상과 방법을 이해하는 데서 과잉자연주의적 해석과 반자연주의적 해석의 착종으로 나타난다. 두 해석 모두 물리적 토대나 심리학적 층위로 환원되지 않는 사회적 층위의 정립이 두 사회과학의 출발점이었음을 간과한다. 원인(인과적 힘)으로서의 사회를 탈각시킬 때, 사회현상에 대한 설명이 개체의 속성으

32 이는 '경험적 탐구'를 본령으로 하는 과학의 방법은 가치중립적(value-neutral)이어야 하며, 가치판단은 과학에서 자유로워야 한다는 가치자유(value freedom) 주장이 공존하는 모순된 테제에서 잘 드러난다.

로 환원되는 것은 자연스러운 논리적 귀결일 수밖에 없다.[33] 이는 '인간과 자연의 관계'를 둘러싼 맑스와 뒤르케임의 사회적 존재론을 해명할 것을 요구하며, 그 토대 위에서 그들의 '과학적 방법'을 재검토할 필요가 있다. 양자가 공유한 반환원주의적 층화이론과 비판적 자연주의는 자연과 역사, 그리고 사회구조와 인간행위를 통합하는 설명모델을 개척함으로써 행위이론의 요청에 더 근원적인 해답을 제공할 것이다. 그리고 『자본론』과 『자살론』은 양자의 과학방법론의 핵심을 – 그 한계가 아니라 – 가장 잘 드러낼 수 있는 전략적 텍스트로 상정되었다.

셋째, 사회과학의 역할과 위상을 둘러싸고 실증주의 과학관이 맑스와 뒤르케임의 과학론 해석에 부과한 가장 심각한 문제는 과학과 비판, 사실과 가치에 설정된 이항대립이다. '가치중립적 사회과학'의 헤게모니는 연구자들의 – 명시적 또는 암묵적인 – 과학적 규범으로 자리하면서 이론과 실천, 사실과 가치, 과학적 설명과 도덕적 비판을 통합하고자 했던 양자의 기획에 온전히 다가설 수 없게 하는 해석의 딜레마를 야기해왔다. 말하자면 이러한 기획을 읽어낼 적절한 개념이 부재한 자리에 주류 사회과학의 가치중립 테제가 연구자들의 해석을 교란하는 제3항으로 개입해 이분법의 물상화에서 빠져나올 수 없는 악순환의 구조를 형성하고 있다는 것이다. 한층 더 높은 차원의 메타이론적 관점에서 – 과학의 가치론을 포함하는 – 양자의 과학론을 이해할 때 사회과학 내에 자리한 '두 개의 사회학' 패러다임의 문제가 분명해지며, 이를 새로운 문제틀에서 검토할 필요가 있다.[34] 이는 궁극적으로

---

33 그런 점에서 분석 맑스주의, 방법론적 개인주의, 신기능주의, 경제유물론, 사회생물학주의적 해석 모두 '환원문제'를 공유한다고 할 수 있다.

34 통상 '두 개의 사회학'은 '부르주아 사회학'과 '사적유물론'의 대립을 일컫는 용어로 사용되어왔다. 예컨대 "경험적인 실증주의 사회과학의 형태를 띠고 있는 소위 부르주아 사회학"과 "변증법적 유물론의 철학적 원칙들 위에서 사회와 역사에 관한 이론을 구축하고 있는, 사적유물론이라고 불리는 마르크스주의적 사회학"이라는 르즈보미르 지브코

방법론의 차원에서 맑스, 뒤르케임, 베버의 지적 상호 관계를 재정립할 것을 요청한다.

이 세 가지 쟁점은 각각 분리될 수 없는 맑스와 뒤르케임의 – 비판적 자연주의를 구성하는 세 차원인 – 관계적 사회실재론, 설명적 방법론, 설명적 비판이론을 재구성하는 과제로 집약된다. 이제 살펴보겠지만 비판적 실재론은 기존의 경험적 실재론이 야기하는 이분법적 순환을 층화된 실재를 인정하는 존재론을 도입함으로써 해결하고자 한다. 이를 통해 실증주의 과학관의 오류를 해소하고 사회과학에서 반(反)실증주의적 자연주의의 가능성 또한 열어놓는다. 나아가 전통적으로 받아들여져왔던 존재론, 방법론(논리학), 인식론, 가치론(윤리학) 사이의 분할을 새롭게 종합하는 사회과학적 설명모델의 가능성 또한 확보하고자 한다. 이를 표로 대략적으로 나타내면 〈표 II.1〉과 같다.

〈표 II.1〉 경험적 실재론과 비판적 실재론

	경험적 실재론		비판적 실재론	
존재론 ↕ 인식론 ↕ 방법론 ↕ 가치론	인간/자연 개인/사회 행위/구조 정신/육체 이론/경험 연역/귀납 도덕/과학 가치/사실	➡	• 사회적 객체의 발현적 속성 - 관계적 실재로서의 사회 - 변형적 사회활동모델 - 개념·행위·역사의존성 • 공시발현적 힘의 유물론 • 과학적 발견의 변증법과 설명적 방법론 • 사회적 객체의 믿음의존성	• 초월적 실재론 - 반환원주의적 층화이론 - 과학적 실재론 • 비판적 자연주의 - 사회적 객체의 발현적 속성 - 관계적 사회실재론 • 설명적 비판
반자연주의 ↔ 과잉자연주의			→ 층화된 실재 도입	→ 반실증주의적(실재론적) 자연주의

빅(L. Živkovic)의 언술에서 그 용례를 볼 수 있다(지브코빅, 1985: 51). 이와 기준을 달리해 이 책에서 말하는 '두 개의 사회학'은 사회과학 내부에 자리한, 자연주의 사회과학과 반자연주의 사회과학의 패러다임을 지칭하는 의미로 사용한다.

요약하자면, 비판적 실재론은 맑스와 뒤르케임의 방법론에 대한 새로운 독해를 지원할, 가장 최선의 과학철학이 될 수 있다. 그러나 이보다 중요한 이 책의 착목 지점은, 맑스와 뒤르케임을 둘러싼 여러 현대적 이분법은 이미 그들이 돌파하고자 했던 고전적 이분법이기도 하다는 점이다. 이러한 맥락에서 '발현의 사회학'의 가능성을 모색해온 케이스 소여(K. Sawyer)는, 이른바 고전 사회학의 '딜레마'가 사회학적 발현이론을 이해하지 못한 현대 사회학자들에 의해 '딜레마'로 읽혀온 데 기인한다고 말한다.[35] 따라서 맑스와 뒤르케임 '이후' 에 이들에게 부과된 이분법적 딜레마를 해소하기 위한 이 연구의 전략은, 발현이론을 재구성의 핵심으로 도입한 비판적 실재론의 주요 개념을 맑스와 뒤르케임의 방법론적 성취를 재평가하고 논쟁을 해소하기 위한 중심축으로 삼는 것이다. 이제 양자를 비교할 분석틀인 비판적 실재론의 관점을 살펴보기로 하자.

---

35 자세한 논의는 Sawyer(2002: 227)를 참고하라. 오늘날 발현이론은 사회과학을 비롯한 자연과학의 제반 현상을 설명하는 데서 중요한 쟁점으로 조명되고 있다. 이는 맑스와 뒤르케임의 자연주의 사회과학을 재구성할 때 공약 가능한 논쟁의 담론적 기반을 제공한다. 그러나 발현은 논쟁적인 개념이기도 하다. 발현은 하향적 인과작용(downward causation)을 하는 모든 복잡계에서 발견되는 현상이다. 철학에서의 발현이론은 1920년대 영국 철학자들의 창발론, 1960년대 인지 혁명 및 심리철학, 1990년대 이후 복수행위자 모델 및 복잡계 모델 등과 함께 발전되고 있다. 사회학에서도 발현이론은 서로 다른 패러다임 속에 수용되는 특징을 보인다. 발현에 대한 개인주의적 이론과 집합주의적 이론이 그것이다. 조지 호만스(G. Homans)의 교환이론, 제임스 콜먼(J. S. Coleman)과 존 엘스터(J. Elster)의 합리적 선택이론 등에 수용된 개인주의적 발현이론이 필연적으로 환원주의적 결론을 수반한다면, 후기 피터 블라우(P. Blau)의 구조사회학, 바스카의 초월적 실재론, 마거릿 아처(M. Archer)의 형태 형성적 이원론의 집합주의적 발현 개념은 실재론적 결론으로 이어진다(Sawyer, 2001: 560~571).

III 비판적 실재론의 사회과학철학

우리의 목적은 맑스와 뒤르케임의 공통점과 차이점을 평면적으로 기술하거나 확인하는 것이 아니다. 양자의 사회과학방법론의 풍부한 함축을 복원함으로써 오늘의 인문사회과학이 당면한 답보 상태와 병목 지점을 뚫어낼 수 있는 가능성을 모색하는 것이 궁극적인 관심이다. 그런 점에서 비교는 '재구성'을 위한 수단이다.[1] 그리고 이 장에서 소개하는 연구의 관점 및 연구전략은 비교를 가능케 할 공통의 지반을 구축하는 기초 작업이다. 이 장에서는 실증주의 과학관의 대안으로 등장한 비판적 실재론의 관점을 압축적으로 살펴봄으로써, 맑스와 뒤르케임의 과학방법론을 이해할 해석의 틀을 마련하고 전체 논의를 안내할 주요 개념들을 제시한다.

---

1 재구성이라는 말을 학술적으로 유행시킨 위르겐 하버마스(J. Habermas)에 따르면, 재구성은 단순한 복구나 부흥과 구별된다. "복구(Restoration)라는 낱말은 그동안 붕괴되어 있던 최초 상황으로 되돌아가는 것을 의미한다. …… 부흥(Renaissance)은 한동안 묻혀 있던 전통의 재생을 의미한다. …… 현재 맥락에서 재구성은 이론을 해체시켜 원래의 목적을 더 온전히 성취하기 위해서 새로운 양식으로 종합하는 활동이다. 이것은 바로 여러 면에서 수정이 필요하지만 그 잠재성이 아직 고갈되지 않은 이론을 다루는 이론적인 방법이다"(Habermas, 1976: 9).

1. 실증주의와 실재론

역사적으로 근대 실재론과 실증주의는 관념론에 반대하면서 발전했다는 점에서 공통점이 있다.[2] 실재론자들은 과학적 방법이 감각의 한계를 넘어서 세계의 지각 불가능한 영역에 대한 신뢰할 만한 지식을 우리에게 제공할 수 있다고 믿는다. 물론 거슬러 올라가면 본질의 발견과 인과적 설명을 강조하는 실재론의 입장은 아리스토텔레스에 의해 형성되었고 중세의 여러 철학자에 의해 발전되었으며 17세기의 과학혁명기와 그 이후에도 계속 유지되었다.[3] 실증주의 또한 사변적이고 종교적인 지식으로는 역사의 진보 과정을 제대로 설명해낼 수 없다는 인식 아래 19세기 역사의 진보를 열망하는 철학체계로 출범했다. 당시 실험과 관찰, 경험을 통해 일반법칙을 정립하고자 하는 근대 자연과학의 영향을 받아 인간과 사회의 역사를 설명할 수 있는 학문체계로 탄생한 것이다.

과학철학자로서 바스카의 스승이기도 한 롬 하레(R. Harré)는 18~19세기를 거쳐 20세기에 발전된 실증주의의 다양한 계보를 ① 형이상학적 실증주의, ② 논리실증주의, ③ 실용주의와 결합된 실증주의라는 세 흐름으로 구분한다. 18세기 버클리와 흄이 실증주의의 선구자로서 갈채를 받았지만, 영국의 경험론은 대륙에서 등장한 것처럼 극단적으로 반(反)이론적인 입장을 발전시키지는 않았다. 독일과 오스트리아에서는 게오르크 빌헬름 프리드리히 헤겔(G. W. F. Hegel) 사상에 의식적으로 반대하면서 실증주의가 도입되었다. 프랑스 실증주의도 18세기의 비판적인 철학 사조들, 반교회적인 정

---

2 '실증주의'의 다양한 흐름과 용법에 대해서는 김왕배(1994), 벤턴·크라이브(2014)의 제2장과, 실재론과 실증주의의 역사를 상세하게 다룬 고찰로는 하레(2006)의 제8장을 참고하라.

3 예컨대 당시의 분자론적 실재론에 기초한 인식론을 발전시킨 존 로크(J. Locke)의 저작들 속에서도 실재론의 입장을 찾아볼 수 있다(하레, 2006: 252~255).

서 속에서 사회과학을 가능하게 할 필요조건들을 반성하면서 시작되었다.[4]

프랑스에서 '실증주의'라는 말을 창안했던 생시몽과 콩트의 맥락에서 '실증적'이라는 단어는 대체로 '과학적'이라는 단어와 비슷하게 사용됐고, '실증'이라는 말을 '이론과 경험의 도움을 받는 지식 추구'라는 뜻으로 이해했다. 특히 콩트는 자연과학에 대한 사회과학의 상대적 자율성을 인식했다는 점에서 결정적으로 진일보했다. 이렇게 볼 때 콩트의 '실증주의'도 세계에 대한 관조적 지식으로 그 역할을 제한하는 오늘날 '실증주의'와는 크게 달랐다. 과학을 도덕에서 배제한 논리실증주의와 달리 콩트에게 실증주의 정신은 인류의 진보였고, 이는 물질적·지적·도덕적인 진보를 아우르는 역사적 경향이었다. 곧 "'실증적'이라는 단어는 최고의 지적 속성들을 모두 함축하며, 궁극적으로는 도덕적인 함의를 갖는다"라는 것이다(콩트, 2001: 88).

이후 실증주의는 하나의 철학 체계로 발전해서, 자연과학의 분명한 능력과 합리성을 인간이 탐구하는 모든 영역으로 일반화하는 것을 목표로 삼게 되었다. 많은 사람은 실증주의를 현대성의 핵심에 놓인 것으로, 즉 "세계에 대한 과학적 지식과 가치에 대한 합리적 지식에 기초한 것으로, 개인적 인

---

4 이하의 논의는 하레(2006: 265~270), 신용하(2012: 38~43), 엘리아스(1988)의 1장을 참고하라. 프랑스에서 '실증주의'라는 말은 생시몽의 저술에서 태어났다. 생시몽은 19세기는 과학적 '실증주의' 시대이므로 모든 학문과 지식이 '실증적'으로 되어야 하며, 유럽 사회의 재조직을 위해 사회과학도 실증과학으로서 '사회생리학(physiologie sociale)'이 되어야 한다고 주장했다. 그는 이미 천문학·화학·생물학 등 3개 '과학의 위계'를 논했고, 인간 정신의 진보에 대해서는 다신교적·신학적·실증적 이데올로기라는 3단계설의 소박한 구상을 제기하고 있었다. 생시몽의 제자였던 콩트는 '사회물리학', '사회학'이라는 말로 그것을 계승했다. 콩트의 실증주의는 사회의 법칙들도 물질적 자연의 법칙을 발견하는 데 사용되는 것과 정확하게 동일한 방법을 통해서 발견되어야 한다고 제안했다. 즉, 과학적 사회학을 발견하는 것이 가능하다는 것이다. 콩트가 자신의 철학을 '실증적'이라고 명명한 사실은 과학적 작업에 기초하지 않은 사변철학에서 방향을 전환했다는 것을 의미한다.

간의 삶과 자유에 최고의 가치를 부여하며 그러한 자유와 합리성이 사회적 진보를 낳을 것으로 믿는" 삶의 양식이라고 생각했다(Cahoone, 1996: 12).

이렇게 볼 때 근대 실증주의와 실재론은 17세기 자연과학의 영향을 받은, 경험론이라는 동일한 뿌리에서 출발해 갈라져 나온 두 사조라고 할 수 있다. 그러나 빈 학단(Vienna Circle)의 논리실증주의, 즉 20세기 서양 학계 전반에 큰 영향을 미쳤던 마하의 신실증주의는 지식의 문제를 철학적으로 반성하는 과정에서 등장한 것이 아니라, 자연과학의 존재론에서 관찰 불가능한 영역을 제거하는 방식으로 물리학의 기초를 다시 세우려 했던 오래된 연구계획으로 등장했다(하레, 2006: 265~269). 그렇기에 이들이 추구한 '과학의 통일'은, 콩트와 달리 과학의 위계에서 '더 높은' 과학의 법칙이 '더 낮은' 과학으로 환원될 수 있음을 의미했다.[5]

물론 과학이 경험에 기초를 둔 합리적이고 객관적인 작업이며, 자연에 대한 참된 설명적 지식과 예측적 지식을 우리에게 제공하는 것을 목적으로 한다고 보는 점에서 실재론자와 실증주의자는 견해를 같이 한다. 그렇지만 실증주의자와 실재론자 간에는 설명과 예측을 바라보는 관점에서 중요한 차이가 있다. 실재론자에게 과학의 일차적인 목표로 추구되어야 할 것은 설명이다. 실재론자에 따르면 현상을 설명하는 것은 잘 확인된 규칙성을 발견하는 것이 아니라, 작용하고 있는 내재적 구조와 기제들에 대한 지식을 얻음으로써 현상들 사이에 존재하는 필연적인 인과관계를 발견하는 것이다. 이

5 즉, 사회학의 명제들은 궁극적으로 모두 물리학이나 물질 대상 언어의 명제들로 분석될 수 있다는 것이다(오스웨이트, 1995: 19). 이러한 형태의 논리실증주의의 주된 경향은 언어학적 분석이며, 의미가 언어의 수학적 규칙으로 환원되기 때문에 환원주의적 경향을 띤다. 논리실증주의의 환원주의적 실증주의와 달리, 수학, 천문학, 물리학, 화학, 생물학, 사회학 등 '과학의 위계'를 사고했던 콩트의 반환원주의는 다음의 언술을 통해 드러난다. "유물론은 낮은 수준의 과학이 높은 수준의 과학을 침식함으로써 생겨나는 것이다. 실증주의는 이러한 침식을 수정한다"(콩트, 2001: 82).

는 '단순한 외양' 너머에, 관찰 불가능한 유형의 실체와 과정을 상정함으로써만 가능하다. 그러므로 실재론자에게는 과학이론은 관찰 가능한 현상들을 인과적으로 발생시키는 구조와 기제들에 대한 서술이며, 현상들을 설명할 수 있게 해주는 서술이다.

반대로 실증주의자에게 과학은 외부 세계를 예측할 수 있고 설명할 수 있는 지식을 획득하려는 시도다. 이 목적을 이루기 위해서 과학자는 이론을 구성해야 하는데, 이론은 매우 일반적인 진술로 구성되며 체계적인 관찰과 실험에 의해 외부 세계에서 발견된 현상들을 예측하고 설명할 수 있다. 문제는 실증주의자들이 자연 속에는 필연적인 연관이 없다고 본다는 점이다. 단지 규칙성, 즉 과학이론의 보편법칙 속에 체계적으로 제시될 수 있는 현상들의 연속만을 상정하는 것이다. 즉, 이들은 자연 속에 인과적 필연성이 있다는 관념을 부인하고 인과관계와 설명을 규칙성으로 보는 견해를 옹호했기에, 관찰 가능한 영역을 넘어서는 모든 과학적 개념을 형이상학이라는 이름으로 거부했던 것이다(키트·어리, 1993: 18~21).

비판적 실재론은 실증주의의 이러한 숨겨진 존재론, 즉 경험적 실재론에서부터 실증주의의 잘못된 과학관을 수정해 사건을 인과적으로 발생시키는 구조와 메커니즘을 서술하는 것을 과학의 공통된 목표로 제시함으로써, '자연주의의 가능성'이라는 문제를 새로운 차원에서 해결하고자 한다. 그럼으로써 사회과학적 대상의 독특성을 인정함과 동시에 자연과학과 사회과학에 공통되는 과학적 방법과 새로운 방향을 제시하며 사회과학의 과학성도 확보하고 있다.

2. 비판적 실재론의 과학철학 개관

비판적 실재론은 초월적 실재론(transcendental realism)과 비판적 자연주의(critical naturalism)라는 용어를 축약한 것이다. 초월적 실재론이 과학 일반이 수행하는 과학활동에 대한 철학이라면, 비판적 자연주의는 사회과학(인간과학)의 철학이라고 할 수 있다. 비판적 실재론은 20세기의 3분의 2를 지배해온 실증주의적 과학관을 겨냥한 왕성한 비판 활동의 맥락에서 등장했다.[6] 실증주의적 과학관은 흄의 경험주의에 기초를 둔 것으로, "자연법칙은 사유 속에서의 사실들의 모방적 재생산에 지나지 않는다"라는 마하(Mach, 1984: 192)의 주장에서 그 전형을 볼 수 있다. 여기서 주류를 이룬 것이 1920~ 1930년대 빈 학단의 논리실증주의였다. 그러나 법칙은 관찰의 귀납적 결과로만 존재할 수 있다는 입장의 논리실증주의는 '귀납의 문제'를 해결할 수 없기에, 1960년대 관찰의 이론부과성을 인정하는 과학사가들의 비판을 거쳐 자체적으로 수정된다. 포퍼와 헴펠을 따라 표준과학모델로 정착된 연역주의적 과학론은 "과학은 경험에 근거하지만, 귀납에 근거하지 않는다"라는 언명하에 과학에서 과감한 가설추리를 인정하는 것으로 귀납의 문제를 해결하려고 했다. 그러나 과학과 비과학을 가르는 기준을 여전히 '반증 가능성', 즉 '경험'에서 구함으로써 다시 경험주의의 문제에 봉착하고 만다. 결국 귀납의 문제를 해결하지 못한 주류 과학철학은 파울 파이어아벤트(P. Feyerabend)의 『방법에의 도전(Against method)』(1975)에서 "아무래도 좋

6 비판적 실재론에서 '비판적'이라는 단어는 — '초월적'이라는 용어와 마찬가지로 — 칸트 철학에 가깝다는 것을 보여주지만 '실재론'이라는 용어는 칸트와의 차별성을 나타내기에 바스카 등은 이 용어를 받아들이고 있다. 비판적 실재론의 주요 주제인 초월적 실재론, 비판적 자연주의, 설명적 비판, 변증법은 비판적 실재론의 질서를 보여준다. 주류 과학철학의 실패를 배경으로 등장한 비판적 실재론의 개괄적 소개로는 바스카(2005a), 오스웨이트(1995: 17~35)를 참고하라.

다(anything goes)"라는 협약주의·상대주의 과학관의 선언과 함께 자체 붕괴하는 것으로 막을 내리게 된다.

앞서 말했듯 주류 과학철학이 실패한 것은 실증주의의 암묵적인 존재론 때문이다. 즉, '있는 그대로의 세계'가 '지각된 세계'보다 크다는 전제를 놓침으로써, 존재론의 문제를 인식론의 문제로 환원하는 이른바 '인식적 오류'에 기초해 있었기 때문이다. 비판적 실재론은 실증주의가 자연과학을 근본적으로 오해했다고 주장하고, 인식 주체와 세계의 관계를 되물음으로써 과학적 인식이라는 주제의 뒷전으로 밀려났던 존재론의 문제를 복원하고자 한다(『비실』, 29~31).

먼저 비판적 실재론의 과학철학인 초월적 실재론[7]은 칸트의 초월철학의 질문 방식을 따라 '과학이 가능하려면 세계는 어떠해야 하는가'라고 묻는 것에서 과학활동의 숨겨진 존재론을 불러온다. 이에 따라 초월적 실재론은 자동성, 층화, 초사실성이라는 세 형태의 존재론적 깊이(ontological depth)를 옹호한다. 세계는 층화되어 있고, 다수의 인과기제가 결합하고 연쇄적으로 운동하는 개방체계이며, 우리의 인식과 관계없이 독립해서 존재하는 지식의 자동적 차원 – 실재하는 객체 – 과 지식 속의 대상이라는 의미에서 타동적 차원 – 사유 속의 객체 – 을 동시에 갖는다. 비판적 실재론이 실증주의 과학철학에 대한 대안이 될 수 있는 것은 과학의 두 차원, 즉 자동적 차원과 타동적 차원을 구분함으로써 실재하는 세계와 인식된 세계를 융합해버리는 실증주의의 암묵적인 존재론, 경험적 실재론을 효과적으로 반박했기 때문

7 초월적 실재론은 과학적 실재론의 형태 속에서 발전해 과학적 실천들을 체계화한 과학철학을 일컫는다. 통상 과학적 실재론은 과학자들이 믿는 실재론을 일컫는 것으로, 과학이론이 관찰되지 않는 대상의 존재를 믿어야 한다고 보는 견해다. 대체로 과학적 실재론을 옹호하는 이들은 과학이론의 변화와 합리성 또한 옹호한다. 과학적 실재론에 대한 상세한 논의는 바스카(2007: 343~347; 2008: 259), 래디먼(2010, 5장), 로지(2000, 18장), 최종덕(1995, 8장)을 참고하라.

이다.[8] 즉 세계에 자연적 필연성(natural necessity)이 존재하고 그것이 층화되어 있다면, 현상과 본질을 구분함으로써 현상 이면에 작동하는 인과적 힘, 기제, 경향을 밝히는 것이 과학의 작업이다. 이것은 자연과학에서 실험이 실제로 수행하고 있는 활동이기도 하다.

이러한 방식으로 비판적 실재론은 자연과학의 방법론이 실증주의보다 실재론에 의해 더 잘 서술된다고 주장함으로써, 실증주의에 대한 반대가 반자연주의적 사회과학의 편향으로 나아가게 했던 왜곡 또한 바로잡는다.[9] 비판적 실재론은 반환원주의적 층화이론을 통해 과잉자연주의와 반자연주의, 환원주의와 자원주의가 갖는 문제를 해결하고자 한다. 과학적 세계관은 자연이 층화되어(stratified) 있다고 인식한다. 이는 과학에 반영되어 과학도 층화된다. 다시 말해 생명적 존재는 물질적 존재로 환원될 수 없고, 관계적 존재는 생명적 존재로 환원될 수 없다는 존재의 층화가 존재한다. 세계가 층화되어 있다면 과학 또한 구별되는 과학들 – 물리학, 화학, 생물학, 사회과학 등 – 로 나뉘어 있다는 의미에서 층화되어 있는데, 개별 과학들은 서로 환원 불가능하지만 서열 지어져 있다.[10]

---

8 비판적 실재론은 과학철학의 자동적 차원(intransitive dimension)과 타동적 차원(transitive dimension)을 구분함으로써 과학이 존재론적 차원과 인식론적 차원을 동시에 가지며, 늘 존재에 관한 것임을 분명히 한다. 아울러 자동적 차원과 타동적 차원의 구분은 지식활동에서 '분리 불가능한' 두 측면의 실천적 함수관계를 지시한다. 자동적(intransitive) 차원이 과학적 사유 대상이 지닌 독립성을 — 실재하는 사물과 구조, 기제와 과정, 사건과 가능성 같이 — 지시한다면, 과학의 타동적(transitive) 또는 이행적 차원은 과학의 사회적 성격을 지시한다.

9 즉, 초월적 실재론의 동일한 바탕 위에서, 사회과학의 조건과 가능성을 모색하는 비판적 자연주의의 쟁점들을 체계화하는 것이다.

10 이런 의미에서 물리학은 더 기본적이고, 화학은 생물학보다 더 기본적이며, 생물학은 인간과학보다 더 기본적이다. 이러한 과학의 분화와 층화는 역사적 우연 때문이 아니라 이들 과학들이 다루는 자연의 측면들의 실재적인 층화에 내생적 분할이 있기 때문에 생겨난다(콜리어, 2010: 161).

마찬가지로 사회과학이 대상으로 하는 관계적 존재는 사회와 사람이라는 구별되는 두 층위의 관계로 이루어져 있다. 사회적 층위에서 나타나는 인과적 힘은 물리학적·생물학적 층위로 붕괴될 수 없고, 개인들이 보유한 정신적 층위에서 나타나는 인과적 힘은 사회적 층위로 붕괴될 수 없다. 바스카는 상이한 층위에 자리한 원인들을 지시하기 위해 '초범주적 인과성'이라는 개념을 제안한다.[11] 말하자면 '사회는 사람들로 환원될 수 없다'는 사회적 객체의 발현적 속성에서 사회과학의 자동적 차원이 성립하며 자연과학과 사회과학 모두 초사실적 논증을 통해 현상과 경험 이면의 인과기제와 경향을 밝힌다는 점에서 일종의 자연주의지만, 사회적 객체가 지닌 독특한 속성들은 자연주의의 방법론적 적용에 인식론적·존재론적·관계적 제한을 가한다는 의미에서 비판적이다.

자연주의 사회과학에 적용된 ① 인식론적 한계는 본질적으로 사회체계가 개방적이라는 조건과 사회과학의 경우 폐쇄를 통한 결정적인 실험 상황이 불가능하다는 점에서 비롯된다. ② 관계적 한계는 사회과학은 자연과학과 달리 지식의 주체가 지식 대상에 편입되어 있기 때문에, 지식 대상과 지식 주체가 인과적으로 상호 의존한다는 점에서 비롯된다. ③ 존재론적 한계는 사회적 객체의 개념 의존적·행위 의존적·시공간 의존적인 존재론적 특성에서 부과된다. 이러한 비판적 자연주의의 입장에 따르면 사회적 객체들은 자연적 객체들과 마찬가지로 과학적으로 연구될 수 있지만 사회과학들의 주제와 독특성을 존중하는 조건에서만 그러하다(『비실』, 8~9, 164~176).

즉, 사회과학철학으로서 비판적 자연주의는 인간과학을 지배해온 이분법과 이원론을 극복하는 것을 궁극적인 목표로 한다. ① 가장 중요한 이분

---

11 이는 과학에서 사용하는 방식과 크게 다르지 않다. 초범주적 인과성(transcategorical causality)은 원인 수준의 속성들이 존재한다면 경험과학에서 연구될 수 있다는 입장을 함축한다(『자가능』, 111~114, 129~130).

법은 과잉자연주의적 실증주의와 이에 대한 반향으로 등장한 반자연주의적 해석학 사이의 이분법인데, 제한된 비판적 자연주의를 통해 양자의 대립을 해소하려 한다. ② 개인주의와 집합주의 사이의 이분법은 사회를 관계적이며 발현적인 것으로 파악함으로써 해결된다. ③ 자원론과 물상화 사이의 이분법은 구조와 행위주체를 다루는 논쟁을 포함한다. 이는 변형적 사회활동 모델에 의해 극복된다. ④ 흄에 의해 정초되고 베버에 의해 체계화된 사실과 가치 사이의 이분법도 있다. 이는 설명적 비판이론에서 논박된다. ⑤ 실증주의/해석학 논쟁을 가속화하는 이유와 원인 사이의 이분법이 있다. 비판적 자연주의는 이 이분법을, 흄의 인과개념을 기각하면 이유도 비판적 실재론의 인과성 개념에 근거해 독자적인(sui generis) 원인일 수 있음을 입증하는 것으로 해결한다.[12] ⑥ 마지막으로 이러한 이분법들은 대부분 정신과 육체의(또는 훨씬 거시적으로는 사회와 자연의) 이원론에 기초하고 있는데, 비판적 자연주의는 공시발현적 힘의 유물론(synchronic emergent powers materialism)에서 정신을 물질의 발현적 힘으로 파악함으로써 이러한 이원론을 극복하려 한다(바스카, 2005a: 21).

무엇보다 비판적 자연주의가 중요하게 기여한 부분은 설명적 비판을 기획함으로써 실증주의 사회과학이 이상으로 삼는 '가치중립 테제'와 그 뿌리인 – '사실'에서 '당위'를 추론할 수 없다는 – '흄의 법칙'을 논박했다는 점이다.

---

12 흄의 인과개념은 '사건들의 일정한 결합(constant conjunctions)'에 기초해 있다. 인과관계의 필연성을 부인하는 흄의 인과개념을 기각하고 발현을 인정하게 되면, 이유를 원인으로 볼 수 있게 된다. 다시 말해 원인으로서의 이유(reasons as causes) 개념은 발현을 인정함으로써 환원적 유물론을 내재적으로 비판할 수 있다. 즉, 과학적 기획의 정당성은 이유들의 인과적 효력을 요청한다는 것이다. 이유에 근거해 행위하는 인간의 힘이 환원 불가능한 것이며, 이유에 입각한 설명이 발현적 힘의 지위를 차지하는 종류의 인과적 설명이라는 것이다. 이유는 인과적 질서에 포함되며, 세계라는 개방체계에서 작용하는 다른 원인들과 공존하며 상호작용한다(『자가능』, 80~119; 콜리어, 2010: 222~228).

사회과학의 주제는 사회적 객체뿐 아니라, 그 사회적 객체들에 대한 사람들의 믿음을 포함하기 때문에 자연과학과 사회과학 사이에 비판적 한계를 만든다. 이 차이는 ① 의식과 존재에 대한 설명적 비판을 가능케 하며, ② 자연과학에서는 좀처럼 찾을 수 없는 가치와 행위에 대한 판단을 수반하고, ③ 그러므로 수정된 형태의 실질적인 윤리적 자연주의(ethical naturalism)를 입증한다는 것이다. 윤리적 자연주의는 사회 과학에서 도덕적 속성들이 적절한 연구의 대상이 될 수 있으며, 사회적 객체들에 대한 믿음을 심문하는 과정에서 사회적 객체가 산출하는 잘못된 믿음들을 검토하는 것이 사회과학의 적절한 역할이라는 입장을 함축한다. 이를 통해 사실진술과 가치진술 사이에 메울 수 없는 논리적 간격이 있다는 – 흄, 베버, 조지 에드워드 무어(G. E. Moore) 등이 주장한 종류의 – 가치중립 테제는 기각된다(바스카, 2005a; 27~28).

말하자면 사회이론적 비판과 사회과학적 설명의 통일이 바로 '설명적 비판'의 기획이다. 비판적 실재론은 비판이론과 달리 이데올로기를 사회과학적 설명의 맥락에서 성찰하며, 과학에 대한 합당한 설명을 제시함으로써 예측과 통제라는 실증주의적 목표를 심층 설명과 인간해방이라는 실재론적 목적으로 전환시킨다(『비실』, 355~356). 이런 경로를 따라 비판적 실재론은 존재론적 실재론과 인식적 상대주의, 그리고 도덕 판단의 합리성을 결합시키고 조화시킬 수 있다고 주장한다.

3. 초월적 실재론과 과학적 발견의 논리

이것으로 초월적 실재론과 비판적 자연주의에 대한 간략한 개괄을 마치고, 과학적 발견의 논리와 개방체계에서의 설명 도식을 살펴봄으로써 맑스와 뒤르케임의 과학적 실재론과 설명적 방법론을 이해할 해석의 틀을 마련해보기로 하자.

1) 존재의 분화와 발현적 속성: 경향, 조건, 결정론의 문제들

앞서 보았듯 비판적 실재론은 존재의 분화와 발현적 속성을 고찰함으로써 환원주의와 자원주의 각각이 지닌 문제를 극복하고자 한다. 세계는 층화되고 분화되어 있다. 상위의 층위는 하위의 층위들의 요소로 구성되지만, 하위 층위의 요소들로 환원될 수 없는 고유한 발현적 속성을 갖는다.

〈그림 III.1〉 존재의 종류와 층화

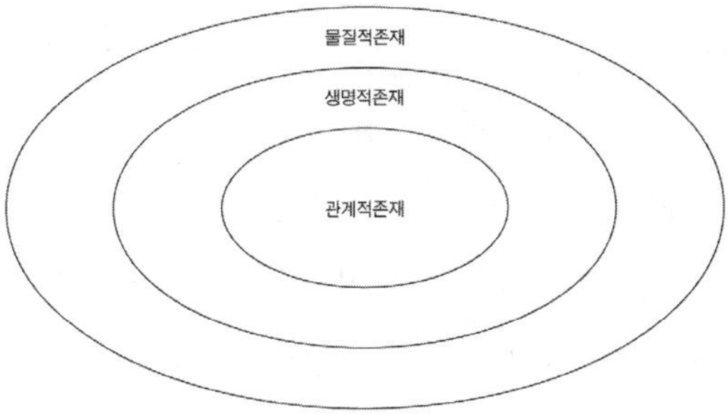

자료: 콜리어, 2010: 162

〈그림 III.1〉을 통해 보듯, 생명 유기체의 속성은 그것을 구성하는 분자의 속성으로 환원될 수 없으며, 사회적 존재의 관계적 속성은 그것을 구성하는 개인들의 속성으로 환원될 수 없다. 각 층위의 실재들은 고유의 운동 법칙을 가지고 있으며, 다른 층위의 실재의 운동 법칙에 지배받지는 않지만 그 법칙의 영향을 받는다. 자연이 층위를 갖고 각 층위가 발현적 힘을 갖는다면, 각각의 발현적 힘들은 독립적으로 연구될 수 있다. 세계의 층화를 반영해 과학도 물리학·화학·생물학·인간과학으로 층화된다. 과학 연구는 새로이 발견한 기제를 항상, 과학적 발견의 다음 단계에 있는 더 심층적인 층에 입각한 더 진전된 설명에 개방해놓는다. 한 기제를 사용해 다른 기제를 설명하는 방식을 수직적 설명(vertical explanation)이라고 부른다면, 기제와 자극을 함께 사용해 사건을 설명하는 방식을 수평적 설명(horizontal explanation)이라고 부를 수 있다(콜리어, 2010: 161~165).

이러한 관점에서 과학이 상정하는 인과법칙은 폐쇄체계에서만 실현되는 경험적 규칙성이나 사건의 패턴이 아니라 실험활동을 통해 나타날 수 있고 나타나지 않을 수 있는, 개방체계에 실재하는 경향(tendencies)이다(『비실』, 39). 이 점에서 과학이 제시하는 '결정론'은 통상적으로 기계적 결정론이나 현실주의(actualism)가 가정하는 규칙성 결정론이 아니라, 개방적 결정론 또는 편재성 결정론이다.[13] 여기서 현실주의란 실재의 영역(the real)을 사건이 일어나는 현실 영역(the actual)으로 환원하는 관점을 말한다. 이와 달리 실제의 사건은 여러 층위의 기제들이 함께 작동해 발생되며, 따라서 사건의 설명에는 여러 과학의 접근이 필요하다. 고유의 속성과 힘을 가진 객체들은 적절한 조건이 주어지면 그 속성과 힘의 작용으로 어떤 현상을 발생시킬 것이며, 조건이 주어지지 않으면 발생시키지 않을 것이다. 그러므로 객체의 속성과 힘은 경향적으로만 실현된다고 말할 수 있다. 이때의 '조건' 또한 그 자체가 다른 객체들의 속성과 힘이 작동한 결과이며, 따라서 실제의 현상은 여러 객체의 속성과 힘의 작동에 의해 공동으로 결정되어 발생하는 것이다. 즉, 비판적 실재론이 상정하는 인과관계는 원인과 조건을 구분하는 동시에 함께 고려하는 개입주의 모델(interventionist model)에 기초해 있다.[14]

---

13 편재성 결정론(ubiquity determinism)은 모든 사건이 실재적인 원인을 갖는다는 견해다. 반대로 규칙성 결정론(regularity determinism)은 모든 인과관계를 오직 폐쇄체계라는 가정 속에서만 서술할 수 있는 것으로 간주한다는 점에서 오류다(콜리어, 2010: 190~191).

14 개입주의 모델(interventionist model)이란, 원인과 조건을 구분하는 인과관계 모델을

자연의 층화는 과학적 발견에 역동적인 논리를 부과하며, 여기서 과학자는 "자연의 경로와 함께 추론하는 인과적 행위자다"(실과, 54). 이와 같은 관점에서 과학은 드러난 현상들에서 창조적인 모델을 구성하거나, 실험이나 그 밖의 경험적 통제를 통해 그 현상들의 발생 원인을 찾아내는, 그리고 그 발생 원인은 다시 설명되어야 하는 새로운 현상이 되는 지속적이고 반복적인 과정으로 간주될 수 있다. 따라서 새롭고 더 심층적인 층위들을 발견하고 서술하는 과정에 끝이 있으리라고 상정할 수는 없다(바스카, 2005a: 18; 2005c: 143). 이것이 '과학적 발견의 논리'라고 불리는 인식론적 변증법이다. 이 논리를 더 명확히 이해하기 위해, 우선 실험활동이 전제하는 암묵적인 존재론을 살펴보자.

2) 경험적 실재론과 과학적 실재론

실증주의와 비판적 실재론을 가로지르는 가장 큰 차이점은 존재론에 관한 쟁점이다. 실증주의가 자연과 사회를 관찰 가능한 경험 영역에서만 확인할 수 있는 평평한 세계로 전제하는 반면, 실재론에 따르면 과학의 과제는 경험적 사건을 야기한 실재 영역에서의 구조와 기제, 힘과 경향을 규명하는 것이다. 이러한 존재론에서의 차이 때문에 자연과학의 법칙, 방법, 설명을 이해하는 방식에서도 차이가 나타난다.

앞서 말했듯, 바스카는 통상의 과학활동, 즉 과학적 실재론(scientific realism)이 추구하는 과학적 발견의 논리를 초월적 실재론으로 발전시켰다. 이를 통해 과학적 실천의 핵심은 실험에 있다는 점을 효과적으로 재점화했다.

말한다. 개입주의 모델에서 원인과 조건은 상대적인 것이다. 조건은 그 자체로 이미 작동하고 있는 경향을 포함하며, 이 경향은 '원인'과 함께 작용해 결과를 결정할 것이다(콜리어, 2010: 188~189).

왜냐하면 실험은 '실험과학'의 핵심적 활동이며, 자연을 발견하는 유력한 수단이기 때문이다. 과학의 명망도 실험에 의존한다. 그러나 비판적 실재론이 이해하는 실험활동과 표준과학모델의 실증주의가 이해하는 실험활동은 근본적으로 차이가 있다. 이를 이해하기 위해 경험적 실재론과 초월적 실재론의 차이, 그중에서 존재론적인 차이부터 살펴볼 필요가 있다.

경험적 실재론이 고전적 경험론과 초월적 관념론 모두가 찬동하는 교의라면, 초월적 실재론은 경험적 실재론과 정반대의 입장이다.[15] 초월적 실재론에서 지식의 대상은 우리의 지식이나 경험과 독립해 작동하는 실재하는 구조들이다. 또한 관념론과 반대로 지식의 대상은 자동적인 것이다(바스카, 2005b: 65~66). 실험활동의 납득 가능성도 이러한 전제에서 도출된다.[16]

〈표 III.1〉은 초월적 실재론이 실험활동에 입각해 체계화한 실재의 세 수준을 보여준다. 초월적 실재론이 (i) 실재적 영역 ⊇ 현실적 영역 ⊇ 경험적 영역이라고 상정하는 반면 경험적 실재론은 (ii) 실재적 영역 = 현실적 영역 = 경험적 영역이라고 상정한다. 다시 말해 초월적 실재론에서 실재적인 것의 영역은 현실적인 것의 영역보다 크거나 같고, 현실적인 것의 영역은 경험적인 영역보다 크거나 같다. 반대로 경험적 실재론은 이 세 영역이 자연발생적으로 일치한다고 상정한다. 즉, 경험적 실재론자는 기저에 어떤 기제들이 존재한다는 것을 부인하면서, 또한 사건의 규칙적 연쇄를 법칙이라고

---

15 바스카는 『실재론적 과학이론(A Realist Theory of Science)』(1975)의 1장에서 과학철학의 세 가지 전통을 고전적 경험론, 초월적 관념론, 초월적 실재론이라는 세 가지 유형으로 체계화한다. 이에 대해서는 이 장의 국역본인 바스카(2005b)의 「철학과 과학적 실재론」에서, 특히 2절, 오스웨이트(1995: 55~56) 등을 참고하라.

16 세계는 경험으로 이루어진 경험 영역(the empirical), 사건들로 이루어진 실제 영역(the actual), 기제들로 이루어진 실재(the real)라는 존재론적 영역으로 층화되어 있어서, 우리의 경험과 사건을 통해 관찰되는 현상 너머의 인과적 힘, 경향, 기제를 밝히는 것이 실험의 궁극적인 과제가 된다.

〈표 III.1〉 실재의 세 영역

	실재의 영역	현실적 영역	경험적 영역
기제	∨		
사건	∨	∨	
경험	∨	∨	∨

주: '∨'는 좌측의 항목이 해당 영역에 있다는 뜻이다.
자료: 바스카, 2005b: 103

가정한다(바스카, 2005b: 103). 이에 따라 실증주의는 실험의 목적을 규칙성을 발견하고 예측하는 것으로 이해한다. 여기서 '법칙'을 이해하는 경험적 실재론과 비판적 실재론의 차이가 드러난다.[17] 경험적 실재론 – 그리고 이에 기초한 실증주의 – 이 상정하는 법칙은 경험 법칙과 기껏해야 논리적 필연성일 뿐, 자연적 필연성과는 무관하다. 이와 달리 비판적 실재론이 상정하는 인과법칙은 경험적 규칙성이나 논리적 필연성이 아니라 자연적 필연성, 경향으로서의 법칙이다. 이에 입각해 실험의 목적은 예측이 아니라 설명으로 이해된다. 여기서 설명은 관찰되는 현상을 야기한 인과기제의 규명을 의미한다.

17 실증주의적 과학관에서 이해하는 인과법칙이란, 지각된 사건의 항상적 결합(a constant conjunction of events)이다. A가 일어나고 B가 일어난다면, A는 B의 원인이라고 생각하는 것이다. 반대로 초월적 실재론의 이해에 따르면 인과법칙은 'A에 의해 자극되었을 때 B를 산출하는 경향이 있는 그러한 자연적 기제 M이 있다면, 그리고 오직 그러한 경우에만 A와 B의 연쇄가 필연적인 것'이 되며, 이때 자연적 기제 M은 A와 B의 연쇄를 설명하는 인과적 기제가 된다. 따라서 A와 B의 연쇄가 인과성을 규정하는 것이 아니다. 그러한 연쇄는 인과법칙의 경험적 근거일 따름이며, 사실상 인과기제가 아니다(『비실』, 41).

3) 실험과 심층 실재론: 과학적 발견의 논리

실증주의와 비판적 실재론은 존재론에서 비롯된 차이 때문에 과학적 발견의 논리와 설명의 방법을 이해하는 데서도 결정적인 차이를 보인다. 통상 '과학적 방법'에 대한 정통주의적 해석은 포퍼-헴펠 모델이 독점해왔다. 포퍼는 과학을 대담하게 추측해서 이론적 가설을 만들고, 가설과 관련된 경험적 증거들을 수집해서 반대되는 사례가 발견되면 그 가설을 기각하는 활동으로 규정한다. 따라서 가설의 고안 또는 발견은 '비합리적 요소' 또는 '창조적 직관'을 포함하고 있기 때문에, '발견의 논리' – 심리학자나 역사학자가 관심을 두는 대상이 될 수는 있지만, 새로운 이론이나 가설을 발견하는 논리적 방법으로써 – 는 존재하지 않는다고 주장한다. 그렇게 획득된 가설을 논리적으로 엄격하게 시험하고 정당화하는 활동이 합리적인 과학적 작업이며, 이것이 곧 '과학적 방법'이라는 것이 포퍼의 견해다(포퍼, 1994).[18]

그러므로 포퍼-헴펠 모델은 '연역의 방법'이 과학적 설명의 방법이라는 지위를 갖는다고 주장한다. 그들은 과학적 설명이 일반성을 갖는 '포괄법칙' 또는 '보편법칙'을 근거에 두고 연역적으로 이루어진다는 점을 강조하면서 설명의 '포괄법칙모델(covering law model)' 또는 '법칙연역적 모델(deductive-nomological model)'을 정식화했다. 즉, 포퍼와 헴펠에 따르면 과학적 "설명은 개별 사례들을 보편법칙 – 경험적 규칙성으로 해석되는 – 아래 연역적으로 포섭시키는 것에 의해 진행된다"(바스카, 2005a: 17). 이에 따르면 설명은 곧 연역논증에 기초한 논리적 정당화나 귀납논증에 기초한 경험적 일반화

18 발견의 논리가 불가능하다는 지배적인 입장을 살펴보면, '발견'이라는 말의 좁은 의미와 '논리' 개념의 형식주의적 기준이 전제되어 있다. 그러나 발견의 논리는 적어도 고대 그리스 시대 이래 인식론의 핵심적 물음의 하나인 '새로운 지식의 획득이 어떻게 가능한가'라는 물음에 대한 하나의 대답이기 때문에 여전히 추구되어야 할 쟁점이다(정상모, 1994: 128).

의 문제로 환원된다.[19] 그러므로 실증주의 과학관에서 과학적 주장의 진위를 판단하는 기준은 설명력이 아니라 예측력이다. 이에 따라 과학적 설명은 인과기제를 규명하는 것이 아니라, 어떤 주장이 일반법칙의 한 사례임을 입증하는 것으로 이해되는 것이다.

이 같은 관점은 실험의 주된 방법이 경험되는 현상을 만들어낸 원인을 찾아가는 역행추론에 기초해 있다는 점을 사유할 수 없다. 또한 경험적 실재론에 기초한 실증주의는 실험실의 논리로 모든 현상을 설명할 수 있다고 믿기 때문에, 물리학적 환원주의를 수반한다. 이는 실험의 존재론적 가정, 세계가 층화되어 있다는 사실을 간과한 데서 비롯된다. 존재의 분화와 층화를 인정한다면, 물리학의 논리가 생물학에 그대로 적용될 수 없고, 사회과학의 경우 더더욱 그러하다.[20]

포퍼-헴펠의 포괄법칙모델이 실험을 규칙성을 확인하는 것으로 이해하는 것과 달리, 실재론은 실험의 원리, 즉 자연과학을 반경험주의에 입각해 설명한다.[21] 실험이 폐쇄체계를 만드는 것은 세계가 본디 개방체계이기 때

---

19 '추상화'와 달리 양적 서술과 형식적 관계에 큰 우위를 두는 정통적인 접근이 '일반화'다. 일반화는 어떤 부류에 속하는 대상들의 수를 다루는 거의 양적인 측정이거나, 대상들이 지닌 어떤 공통된 속성에 관한 진술이다. 일반화의 설명모델은 베버의 이념형 방법에서도 엿볼 수 있는바, 이념형은 존재론적 상황에 기초한 주의 깊은 고려 없이 현상들이 일정하게 나타내고 있는 한 측면만을 부각시키기 대문에, 세계 속의 분화를 파악하고 객체들을 그것의 독특한 발생기제들에 입각해서 판별하는 것을 목표로 삼는 추상화와 구분된다(A. 세이어, 1999: 152; 기든스, 2008: 290~291; 테르본, 1989: 315 참고).

20 정통적인 과학철학의 모든 이론들 및 이론들이 감추고 있는 방법론적 지침들은 실질적으로 폐쇄체계를 전제하고 있기 때문에 사회과학에 적용하는 것은 불가능하다(『비실』, 166).

21 최근 과학철학 분야에서 실험을 무시하는 풍토를 벗어나 실험에 적극적인 관심을 보이며 연구를 강화하는 새로운 경향이 부상하고 있다. 그중 하나가 과학적 실재론자로서 실험철학을 정교화한 이언 해킹(I. Hacking)의 논의다. 해킹은 "과학은 자료와 이론을 정확히 함께 맞추는 변증법적인 일이다"(Hacking, 1988)라는 말로 실험을 평가한다.

문이다. 이러한 의미에서 폐쇄체계는 공간적으로 고립된 물리적 체계가 아니라 인식론적 폐쇄라는 점을 이해하는 것이 중요하다. 체계는 성격상 자발적으로 발생하지 않으며, 일반적으로 실험실 실험과 같은 인간의 인위적 개입을 요청한다. 다시 말해 비판적 실재론의 관점에서 실험의 본질은 폐쇄에 있는 것이 아니라 함께 작동하는 다수의 기제들 중에서 어떤 책임 있는 기제를 고립시키는 것이다. 이렇게 볼 때 폐쇄라는 가정은 하나의 믿음이며, 그 본질은 '사유실험'이라고 할 수 있다. 세계에 대한 실천적 개입으로서, 실험은 비경험적인 구조와 인과기제를 경험적으로 판별해내고 판단하는 과정이다. 실험이 불가능한 일부 자연과학과 사회과학에서는 객체들을 사유 속에서 분리시키는 추상화로 실험을 대신한다. 자연구조에 비해 높은 자유도를 가진 사회구조의 경우 물리학적 방식의 실험 – 폐쇄 – 을 행할 수는 없지만, 그 존재론적 특성을 존중하는 범위에서 실험의 유사물과 보완물을 추구할 수 있기에 자연과학과 사회과학은 동일한 의미에서 과학일 수 있다(콜리어, 2010: 63; 로슨, 2005: 270).

실증주의가 실험을 같은 층위에서 인과관계를 밝히는 귀납과 연역의 방법으로 이해하는 것과 달리, 초월적 실재론은 실험, 즉 자연과학이나 과학 일반의 발견 과정을 초사실적 논증에 기초한 변증법적 과정으로 이해한다. 과학에는 ① 규칙성이 확인되고 ② 그 규칙에 대한 타당한 설명이 고안되며

그는 현미경에 대한 논문(Hacking, 1981)과 「실험하기와 과학적 실재론」(Hacking, 1984)과 같은 논문에서 과학적 실재론을 옹호하는 한 노선으로 실험을 도입했다. 이들 논문을 낼 때까지 해킹의 실험에 대한 관심은 실험 자체의 본성에 대한 광범한 영역의 탐구에 있기보다는 과학적 실재론과 관련한 비교적 뚜렷한 영역 안에 놓여 있던 것으로 보인다. 그러나 『표상하기와 개입하기(Representing and Intervening)』(Hacking, 1983)를 낸 후 실험에 대한 과학사학자와 과학철학자의 관심은 증폭되었다. 해킹의 실험철학과 실험적 실재론에 대한 개괄로는 이상원(2004), 정광수(1997; 2002) 참고. 사회과학에서 실험의 가능성 및 자연주의의 가능성에 대한 비판적 실재론 내의 약간의 견해 차이와 논쟁에 대해서는 로슨(2005), 콜리어(2010), 벤턴(2005)을 참고하라.

〈그림 III.2〉 과학적 발견의 논리

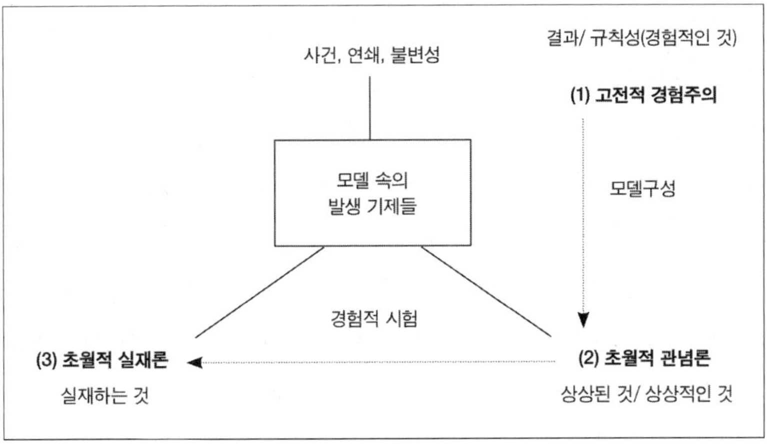

자료: 바스카, 2005b: 114.

③ 그다음 설명에서 상정된 실체들과 과정들의 실재가 점검되는 특징적인 종류의 변증법이 있다는 것이다(바스카, 2005c: 113). 이것이 비판적 실재론이 이해하는 '과학적 발견의 논리'다. 과학적 발견의 논리를 바스카의 도식으로 표현하면 〈그림 III.2〉와 같다.

이와 같은 논리에 따를 때 발견의 과정은 크게 세 개의 구별되는 단계, '유형의 판별→가능한 기제에 대한 상상→경험적 시험'을 포함한다. 각 단계는 다음과 같이 이해될 수 있다. ① 변증법의 첫 번째 단계에서 고전적 경험론은 확인된 규칙성을 불변의 규칙성으로 보지만 비판적 실재론은 경험적 결과의 불변으로 해석한다. 고전적 경험주의는 첫 단계에만 관심을 기울인다. ② 변증법의 두 번째 단계는 가설 형성 단계다. 첫 단계에서 두 번째 단계로 이동할 때 문제의 현상을 낳는 타당한 발생 기제를 상상하는 창조적 모델 형성 과정이 포함된다. 이 점에서는 비판적 실재론과 초월적 관념론이 같은 주장을 한다. ③ 초월적 관념론과의 결정적인 차이는 두 번째 단계에서 세 번째 단계로 이동하는 과정에 있다. 변증법의 세 번째 단계는 가설을 검사하는 단계다. 초월적 관념론은 발생기제를 상상된 것으로 보는 반면, 비판적 실재론은 경험적 검사를 통해 실제로 확인될 수 있는 것으로 본다. 따라서 ②에서 ③으로의 운동은 실험적 생산과 통제를 포함하며, 이 과정에서 모델에서 상정된 기제들의 실재성이 경험적으로 점검되고 평가된다. 이 점에서 과학은 지속적인 변증법 속에서 일련의 현상들을 판별하고, 그것에 대한 설명을 구성하며, 그 설명을 경험적으로 시험하는 세 국면의 발전 도식을 갖게 된다. 이렇게 해서 작동하는 발생 기제가 판별되면 그 기제는 다시 설명해야 할 현상이 된다.[22] 다시 말해 과학은 경험에서 실재로 도약해 기존의 설명을 재구성하는 변증법적 활동인 것이다.

여기서 ①에서 ②로 가는 운동은 연역적인 것으로 해석될 수 없는데, 그 운동이 알려지지 않는 실체와 과정을 상정하기 때문이다. 바스카는 실험활동의 핵심인 ②에서 ③으로 가는 운동 가능성을 인정해야만 ①에서 ②로 가는 운동의 정당성을 옹호할 수 있다고 주장한다. 그러나 ②에서 ③으로 가는 운동 또한 귀납적인 것으로 정당화될 수 없다. 왜냐하면 여기서 실행되는 경험적 검사는 실증주의에서 말하는 예측이나 통계적 규칙성이 아니라 질적이며 설명적(explanatory)인 차원에서 행해지기 때문이다(바스카, 2005b: 114~116). 요컨대 과학적 발견의 과정에서 사용되는 주된 추리는 귀납주의나 연역주의와는 다른, 역행추론(retroductive reasoning)이라고 할 수 있다.

---

22 고전적 경험론의 전통이 제1국면에서 멈춘다면, 신칸트주의적 전통은 제2국면의 필요성은 알았지만, 제3국면에 대해서는 그 필요를 부인하거나 그것의 완전한 함의를 밝혀내지는 않았다(『비실』, 46). 이와 달리 과학은 경험론적 국면 — 일정한 유형의 현상들에 대한 경험적 관찰 — 과 칸트주의적 국면 — 그 현상을 발생시켰을 인과법칙에 대한 추정 — 그리고 초월적 실재론적 국면 — 인과법칙의 기초가 되는 구조와 기제의 '실재성'에 대한 확인 — 을 반복해서 통과한다. 그러므로 초월적 실재론의 과학관에 따르면, 과학은 현상들에 대한 지식 — 선행하는 지식에 의해 생산된 — 에서부터 그 현상들을 발생시킨 구조들에 대한 지식으로 가는 운동이다(『비실』, 44~47, 344).

역행추론이란 "몇몇 현상에 대한 서술로부터 그 현상을 만들어내거나 그 현상을 조건 지은 것에 대한 서술로 나아가는 논증"을 말한다(『과실』, 11). 그리고 역행추론의 실험적 실천이 수행하는 과학활동은 경험적 일반화가 아니라 개념화로 나아간다.

즉, 실재론의 관점에서 과학의 임무는 어떤 가설적 기제나 상상된 기제가 실재하는 것인지 발견하는 것이다. 바꿔 말하면 실재하는 기제들에 대한 적절한 해명을 만들어내는 것이 과학의 임무다(바스카, 2005b: 115). 특히 개방체계인 사회를 연구대상으로 삼는 사회과학은, 자신들의 이론을 결정적으로 검증할 수 있는 상황을 확보하지 못하기 때문에 사회과학에서 이론의 합리적 발전과 대체의 기준은 예측이 아니라 전적으로 설명력에 의존한다. 이론 선택의 판단적 합리성을 말하는 것이다.

따라서 실증주의와 비판적 실재론은 '과학'과 그 발전을 이해하는 방식에서도 결정적으로 다르다. 비판적 실재론이 이해하는 과학은 인식론으로 축소되지 않는 존재론적 차원을 지니며 세계관으로서의 지위를 갖는 반면, 과학 발전에 대한 일원론적 이론과 과학구조에 대한 연역주의적 이론에 입각한 실증주의 과학은 협의의 인식론이나 방법론으로 축소된다. 그러나 실제 실험이 수행하는 과학활동 자체가 실재하는 세계와 세계에 대한 우리의 지식 사이의 연관이 근본적으로는 '실천적 적합성'[23]의 문제임을 일러준다. 과

23 실천적 적합성(practical adequacy)은 실증주의나 협약주의의 진리 개념과 구분된다. 비판적 실재론의 관점에서 실천적으로 적합한 지식은 반드시 세계에 관한 그리고 실제로 실현될 우리 행위의 결과를 예상할 수 있어야 한다. 예측력이나 예측적 적합성과 대비되는 설명력(explanatory power) 또는 설명적 적합성은 실험과학이 상정하는 이론 평가 기준이다. 물론 이론의 설명력을 평가할 수 있는지 여부는 필연적으로 맥락에 달려 있으며, 가설들의 경험적 적합성(empirical adequacy)은 항상 평가받는다(로슨, 2005: 287~288). 이와 달리, 협약주의의 진리관은 세계의 구조와 실천을 무시한다는 점에서 오류다(A. 세이어, 1999: 109).

학적 설명을 통해 밝혀진 사물 또는 객체의 성질에 설명적 지식이 적합할수록 지식은 실천적 적합성을 갖는다.

이렇게 볼 때, 앎은 소유함이 아니라 존재함에 입각해서 사유되어야 한다. 비판적 실재론의 진리 개념은 실증주의가 가정하듯 절대적인 것도 아니고, 도구주의나 협약주의가 가정하듯 순전히 협약적이거나 상대적인 것도 아니며, 실천적 적합성의 문제다.[24] 이와 달리 이론의 진위 판단을 '유용성'이나 '상호주관적 동의'의 문제로 환원하는 도구주의·협약주의 진리 개념은 실재에 대한 질문이 '말할 수 있는 것' 안에서, 관찰을 조직화하기 위한 이론 안에서만 의미를 갖는다고 주장한다는 점에서 실증주의의 진리관을 공유한다. 따라서 실제로는 진리 간의 공약 불가능성, 무엇이 옳고 그른지 알 수 없다는 판단적 상대주의(judgemental relativism)를 야기한다. 이는 실재론이 지향하는 인식적 상대주의(epistemic relativism)와 구분된다. 인식적 상대주의는 믿음의 총체에 관한 독특한 믿음으로, 모든 지식이 오류 가능하고 시공간적으로 구속되었다는 점을 인정하되 지식의 가설적 성격이 지식 생산의 사회적 과정을 통해 부단히 수정·완성되어갈 수 있다는 과학의 진보를 신뢰한다. 요컨대 비판적 실재론의 관점에서 과학은 비판적인 사회적 활동이며, 과학적 진리를 판별하는 기준은 비예측적 설명력과 실천적 적합성이다. 곧 과학은 세계와 자신에 대한 통제력을 높이고 인간 해방의 과정을 도모하는, 세계에 대한 실천적 개입이다.

4) 이론적 설명과 실천적 설명: 개방체계에서의 설명 도식

결국 비판적 실재론은 실증주의가 자연과학을 오해하고 있다고 주장하

24 각각의 진리 개념은 세이어(1999: 108~113, 130)와 오스웨이트(1995: 41~66)를 참고하라.

며 자연과학을 실증주의보다 더 잘 서술함으로써 사회과학에 있어서도 반실증주의적 자연주의의 가능성을 활짝 열어놓는다.[25] 실험의 납득 가능성에 근거한 발견의 원리와 과학에 대한 초월적 실재론의 이해는 과학적 설명에 대한 확장된 이해로 나아간다. 실증주의 모델에서 설명은 단지 문제를 일반화하는 방식인 반면, 과학적이고 일상적인 설명은 새로운 '개념들'을 도입함으로써 문제를 해결한다. 또한 설명을 주어진 세계를 서술하는 것으로 이해하는 관념론과 달리, 초월적 실재론은 설명의 사회적 과정을 존재론적 의미(import)를 운반하며 객관적일 뿐 아니라 상호주관적인 통제에 종속되는 것으로 간주한다. 이렇게 볼 때 설명은 인과적 서술을 통해 주어진 세계를 변형하는 실천이자 사회변동의 형태다(Archer et al., 1998: 637~638). 이를 위해 이루어지는 과학활동은 크게 이론적 설명과 응용된 실천적 설명으로 구분될 수 있다.[26]

〈표 III.2〉와 같이 비판적 실재론은 인과적 설명의 패턴을 이론적 설명과 응용된 실천적·역사적 설명이라는 두 가지 형태로 제시한다. 순수과학을 모델로 하는 이론적 설명은 서술, 역행추론, 소거, 판별(수정)로 이루어진[DREI(C)]. 응용과학을 모델로 하는 실천적·역사적 설명은 분해, 재서술, 소급예측, 소거, 판별(수정)로 이루어진다[RRREI(C)](『변증법』, 374).

---

25 반실증주의적 자연주의의 입장은 "인간과학은 자연과학과 정확히 같은 방법으로는 아니더라도, 정확히 같은 의미에서 과학일 수 있다"라는 견해로 요약될 수 있다(『자가능』, 174). 즉, 사회적 객체들을 자연적 객체들과 동일한 방식으로 연구할 수는 없지만, '과학적으로' 연구할 수 있다는 것이다.

26 『실재론적 과학이론』, 『자연주의의 가능성(Possibility of Naturalism)』[(1979), 1998]에서 처음 체계적으로 제시된 RRRE 추론 양식은 점차 정교화를 거쳐, 『실재를 다시 주장함(Reclaiming Reality)』(1989), 『과학적 실재론과 인간해방(Scientific Explanation and Human Emancipation)』(1986)에서는 DREI와 RRRE로, 『변증법(Dialectic)』(2008)에서는 DREI(C)와 RRREI(C)로 표기된다. 그러나 그 내용의 골자에서 차이가 있다고 보기는 어렵다.

〈표 III.2〉 이론적 설명과 실천적 설명

이론적 설명 DREI(C)	응용된 실천적·역사적 설명 RRREI(C)
① Description: 현상 및 자료의 서술	① Resolution: 복합물을 구성요소로 분해
② Retroduction: 가능한 원인의 역행추론	② Redescription: 구성요소들의 이론적 재서술
③ Elimination: 대안적 가설들의 소거	③ Retrodiction: 사건의 선행 원인을 적용한 소급예측
④ Identification(Correction): 인과기제의 판별과 수정	④ Elimination: 대안적 가설들의 소거
	⑤ Identification(Correction): 인과기제의 판별과 수정

이론적 설명과 응용된 실천적 설명의 구별이 필요한 것은 세계가 여러 층위에 있는 기제들의 다양하고 우연한 결합으로 나타나는 개방체계이기 때문이다. 바스카는 노우드 러셀 핸슨(N. R. Hanson, 1974) 등이 제시한 과학철학의 지배적인 전통이 분화되지 않은 존재론에 기초하고 있기에 이론적 설명과 응용된 – 구체적·역사적·실천적 – 설명을 구분하는 데 실패했다고 지적한다.[27] 이론적 설명(DREI)은 중요한 특징들에 관한 서술(Description), 가능한 원인에 대한 역행추론(Retroduction), 대안적 설명의 소거(Elimination), 그리고 작동하는 발생기제나 인과구조에 대한 판별(Identification)의 순서로 진행되며, 작동하는 발생기제나 인과구조는 다시 설명되어야 할 새로운 현상이 된다. 이론적 설명은 반복적으로 유추적이고 역행추론적이다. 즉, 이론적 설명은 판별된 현상의 유형들을 만들어내는 기제들에 대한 설득

27 왜냐하면 개방체계에서는 다수의 원인이 있을 것이기 때문에 이 모델은 수정되어야 한다. 바스카는 『실재론적 과학이론』에서 다수의 타동사를 사용해 복합적인 인과연쇄를 사상하는 역사적 서사를 개방체계에서 발견되는 설명모델의 사례로 제시한다(『실과』, 123). 응용과학에 적용되는 설명을 말할 때 구체적·역사적·응용적·실천적이라는 말을 모두 사용할 수 있지만, 이어질 글에서는 맥락에 따라 '응용된 실천적 설명'이나 '역사적 설명'이라고 부르겠다.

력 있는 모델을 – 이용할 수 있는 – 인지적인 자원을 사용해서 구성하고, 그런 다음 이 모델을 경험적으로 점검하며, 적절하다고 생각되면 다시 이것들에 대한 설명을 구성하는 분류적 지식과 설명적 지식의 지속적인 변증법 속에 자리한다(『비실』, 180~181).

그런데 자연과학의 일부 – 가령 생물학 – 가 그러하듯, 사회과학은 실험조건을 폐쇄할 수 없는 과학이다. 대부분의 자연적 사건과 마찬가지로 대부분의 사회현상은 국면에 따라 결정되며, 그 자체가 다수의 원인에 입각해 설명되어야 한다. 바스카는 그러한 체계에서의 설명이 크게 RRRE 모델을 따른다고 주장하는 것이다. 다시 말해 층위가 높아질수록 우연성의 원천도 많아지고 폐쇄를 꿈꿀 수 없으며 결정적인 검사를 수행하는 것도 불가능해진다. 그러나 사회과학은 구체적인 자연과학이나 응용적인 자연과학이 실행하는 것과 동일한 방식으로 DREI의 일부를 행할 수 있으며, RRRE 설명을 통해 개방체계를 탐구할 수 있다는 것이다. 실제 진화 이론이 성공적으로 발전할 수 있었던 역사는 개방체계에서 정당한 지식을 산출하는 것이 가능하다는 것을 시사한다.[28]

응용된 역사적 설명은 이론적 설명을 전제하지만,[29] 특징적으로 분해적(resolutive)이며 재묘사적(retrodictive)이다. 역사적 설명은 다음의 국면을 거치며 진행된다. ① 복잡한 사건, 또는 복합체 – '국면' 또는 '합성체' – 를 그

28 강조해두자면, RRRE 모델은 개방체계를 탐구하는 '모든' 분과학문에서 사용할 수 있다. 만일 인간 역사 속의 과정을 설명하면서 의지할 수 있는 순수과학이 자연과학만이라면, 우리는 재서술 단계에서는 매우 빈약한 정보만을 갖게 될 것이다(『자가능』, 125; Pearce, 2007: 40; 콜리어, 2005: 133; 2010: 183~185, 236~239 참고).

29 절차적으로 구분한다면, DREI는 서술로 시작하는 반면 RRRE는 재서술을 두 번째 단계로 포함한다. 이것은 이미 확인된 일련의 개념들 — 서술을 수정하기 위해 그것들을 사용하는 것이 정당화될 수 있을 만큼 잘 정의된(아마도 순수과학이나 이론과학에 의해) — 을 전제한다(콜리어, 2010: 237~238).

것의 여러 구성요소로 분해(Resolution)하고 ② 개방체계에서 작동하는 여러 기제에 관한 이론에 입각해 그 인과적 구성요소를 재서술(Redescription)한다. ③ 그런 다음 이러한 구성요소들에 선행하는 원인들을 한정적으로 적용해 소급예측(Retrodiction)할 수 있다. ④ 그리고 선행하는 사건들에 대한 독립적인 증거를 사용해, 가능하지만 부적합한 다른 원인들을 소거(Elimination)함으로써 ⑤ 책임 있는 인과기제를 판별하고 수정한다(Identification). 간단히 말해 응용된 설명모델은 ①과 ④ 각각의 단계에서 사건의 국면적 발생을 결정하는 다수의 원인들을 검사하는 개방체계에서의 설명모델이라고 할 수 있다. RRREI 모델은 – 흄의 설명과 결코 양립될 수 없는 – ②와 ③의 국면에서 과학적 재서술과 지식의 초사실적 응용 활동의 국면들을 조명한다(『자가능』, 144; 콜리어, 2010: 183~185).[30]

다시 한 번 구분하면, 이론적 설명은 법칙을 해명하거나 단순히 근거 지어주는 구조에 입각해 설명한다. 반면 현상 – 개방체계에서의 법칙이 함께 만들어내는 – 에 대한 응용된 설명모델에서는 법칙이 초사실적으로 적용된다(바스카, 2005a: 20). 자연과학과 사회과학 모두에서 법칙들은 형태상 규준적(normic)이다. 따라서 이론적 설명모델과 응용된 설명모델은 각각 자연과학과 사회과학에 상응하는 것이 아니라 두 경우 모두에 적용될 수 있다. 이론적 설명은 유추적이고 역행추론적이며, 응용된 실천적·역사적 설명은 국면

30 바스카에 따르면, 이러한 특징은 존 맥키(J. L. Mackei)가 영향력 있는 INUS 조건(an insufficient but necessary part of a condition which is itself unnecessary but sufficient for the result)에서 원인을 설명할 때 포착된다. INUS 조건은 "어떤 결과를 발생시키는 데 필요하기보다 충분한 조건들 속에서 결정적인 역할을 한 요인"을 지칭한다(Mackie, 1965: 245). 맥키는 원인을 밝히기 위해 어떤 사건의 발생에서 그 사건의 발생에 결정적인 영향을 미쳤다고 여겨지는 구체적인 요인을 중요시했다. 바스카는 맥키의 설명이 경험주의 존재론에 의해 오염되었을지라도, 인과성의 발생적 분석은 바람직하다고 평가한다(『자가능』, 142, 278). INUS 조건에 대한 상세한 소개는 Mackei(1965), 안건훈(2007)을 참고하라.

적(conjectural)이고 소급예측적(retrodictive)이다(『자가능』, 142).[31] 물론 앞서 말했듯 이 두 가지 설명 모두 귀납적 형식이나 연역적 형식을 취하지 않으며 초월적 논증에 입각한 설명적 입증을 추구한다. 여기서 주의해야 할 점은 이론적 설명과 응용된 역사적 설명 모두 순수과학이나 이론과학에서 검증된 일련의 개념을 전제한다는 점이다. 두 경우 모두에서 동일하게 상정된 목표는, 어떤 현상에 어느 정도 책임 있는 구조나 기제, 작인들을 가리키는 새로운 개념 도식에 입각해 현상을 재서술하는 것이다(로슨, 2005: 300~301).

따라서 우리의 논의에서 중요한 점은 사회적 영역에서는 순수한 이론적 설명과 응용된 실천적(역사적) 설명모델 두 가지가 모두 작동한다는 것이다. 이론적·역사적 설명을 결합한 사회과학의 설명모델을 맑스의 이론화 작업에서 발견할 수 있을 것이다. 바스카에 따르면 이론은 구체적인 것에서 추상적인 것으로 진행되는 가추(abduction)의 형태를 취하는 반면, 응용 작업은 반대 방향의 운동, 즉 추상적인 것에서 구체적인 것 – 이제 추상적으로 파악된 수많은 결정항의 산물로서 재구성된 – 을 복구하는 운동에 의존한다. 그러므로 구조들에 대한 지식, 그리고 그 구조들이 시간 속에서 우연히 결

---

31 과학의 대상이 현상이 아니라 현상을 만드는 기제라고 할 때, 열린 체계에서는 근본적으로 성격이 다른 발생기제가 둘 이상 작용하기 때문에, 우리는 사건이 발생하기 전에 어떤 기제가 작동할지 알 수 없고, 따라서 사건은 연역적으로 예측될 수 없다. 열린 체계에서 일어나는 대부분의 사건은 '국면적 결합'으로, 복합적 요인의 결과물로 이해되어야만 한다(『실과』, 119; 이영철, 2006: 83). 이때 사용되는 소급예측(retrodiction)은 통상 추정된 원인을 거슬러 올라가 설명하는 방식을 말한다. 이론적 설명에서 역행추론이 실제적 현상(actual phenomena)에서 구조적 원인들(structural causes)로 가는 추론이라면, 소급예측은 사건들(events)의 발생 — 즉, 다양한 기제의 국면적 결합 — 에 법칙적 진술을 응용한 추론이다. 소급예측 또한 이론적 설명과 역행추론을 전제하며 양자는 과거에서 미래로 개입하는 귀납추론과 반대되는 방향을 취한다. 실제 'retrodiction'은 '재묘사', '회귀 지시', '회고적 예측', '사후예측' 등 다양한 용어로 번역되는데, 이하에서는 맥락에 따라 소급예측 또는 사후예측이라고 부르겠다.

합하는 양식들에 대한 지식은 과학활동에서 구별되는 계기로 나타난다. 이러한 설명 유형들이 결정관계의 실재적인 조건들과 유형들을 판별하는 데 성공한다면, 그것들은 즉각 우리의 지식과 자유를 증대시킬 것이다(『비실』, 180~181, 360).

사회과학에 적용된 비판적 실재론의 설명을 표로 재구성해서 도식화하면 〈표 III.3〉과 같다. 〈표 III.3〉은 이후 『자본론』과 『자살론』의 설명 구조를 이해할 분석틀이기도 하다.[32]

〈표 III.3〉 사회과학의 탐구절차: 이론적·실천적 설명

<table>
<tr><th colspan="2">→ 이론적 설명 DR(EI)</th><th colspan="2">응용된 실천적·역사적 설명 RRRE</th><th>I(C)′ →</th></tr>
<tr><td rowspan="3">서술→
(Description)</td><td rowspan="3">역행추론→
(Retroduction)</td><td>복합물의 분해(Resolution)</td><td rowspan="3">→ 소거
(Elimination)</td><td rowspan="3">→ 판별 →
(Identification
/Correction)</td></tr>
<tr><td>이론적 재서술
(Redescription)</td></tr>
<tr><td>소급예측(Retrodiction)</td></tr>
<tr><td colspan="2">인과기제의 발견과 상정
DR(EI)</td><td colspan="2">→ 인과기제의 적용 및 검사(RRRE)</td><td>인과기제 판별
I(C)′</td></tr>
<tr><td colspan="2">구체(C) → 추상(A)</td><td colspan="2">추상(A) → 구체(C)</td><td>재구성된 구체(C′)</td></tr>
</table>

이상 실험의 납득 가능성에 근거한 초월적 실재론의 논증 및 설명 도식의 재구성은 사회과학에 적용된 자연주의 — 반실증주의적인 자연주의 — 의 방법론적 가능성을 활짝 열어놓는다. 이를 통해 사회과학은 다음과 같은 점에서 과학일 수 있다(콜리어, 2010: 235~237).

32 이 도식은 사회과학에서의 과학활동의 구분되는 두 계기를 표현하기 위함이지 단계적·기계적 결합모델이 아니라는 점에 주의하라. 실제 과학활동에서는 상이한 단계들 사이를 왔다 갔다 해야 할 것이며, 순수한 이론적 설명과 응용된 실천적·역사적 설명은 나선형의 순환을 통해서 간접적으로만 통합성을 드러낼 것이다. 실제적인 사회과학의 탐구 절차는 설명적 비판의 논증을 다루는 다음 절에서 좀 더 부연하겠다.

(가) 구체적인 또는 응용된 자연과학이 실행하는 것과 동일한 방식으로, 즉 'RRRE(분해, 재서술, 회귀지시, 소거)'로 명명한 방식으로 개방체계를 탐구할 수 있고,

(나) 실험의 부분적 유사물을 찾아서 사용할 수 있으며,

(다) 실험의 불가능성에 대한 보완물을 찾을 수 있기 때문이다.

결국 사회과학은 (a) 설명적 과학이고 (b) 조건을 폐쇄할 수 없는 과학이며 (c) 해석학적 전제를 갖는 과학이다.[33] 이로써 설명적 사회과학은 사회적 존재의 변형적 특성과 사회법칙들의 적용 범위에서 역사적인 제약과 다양한 결정관계를 고려한 설명을 제공할 수 있게 된다.

그러나 바스카는 자연과학의 조건을 성찰해서 이끌어낸 결과들을 사회영역에 단순하게 적용하는 방식에는 반대한다. 자연과학과 인간과학 사이에 자리한 동질이상(同質異像)의 관계는 자연에서 판별된 구조들과 부분적으로 유사하지만 자연적 구조들로 환원될 수 없는 사회의 발현성에 대한 성찰을 통해서만 정당화된다.[34] 초월적 실재론의 설명 도식은 사회과학의 설명적 비판이론과 결합됨으로써, 사회과학의 불가능성이 아니라 사회과학의 가능성을 조건 짓는 방향으로 나아간다.

---

33 이 점(사회과학에서 폐쇄의 제한성)은 사회과학에서는 이론을 합리적으로 확증하거나 기각하는 기준이 예측적인 것일 수 없으며, 따라서 전적으로 설명적인 것이어야 한다는 것을 뜻한다(『비실』, 166).

34 그리고 정신의 발현성은 의식적인 행위주체가 만들어낸 물리적 세계의 변화를 설명할 때 인간의 믿음이 가진 인과적 힘을 다른 것으로 환원할 수 없다는 사실 속에서 분명히 드러난다. 물론 이 관계는 쌍방향적이다(『비실』, 182).

4. 비판적 자연주의와 설명적 비판

이제 이 책의 핵심 개념인 설명적 비판의 문제로 들어가보자. 설명적 비판이론을 다시 한 번 정리하면, 사회세계는 사회적 객체들과 함께 사회적 객체들에 대한 사람들의 믿음들로 구성되며 따라서 사회세계를 탐구해서 설명하는 연구는 그 자체로 '비판'을 내포하고 가치와 행위에 대한 판단을 수반한다는 주장이다. 이 주장은 사실/가치 이분법에 대한 논박으로서, 비판적 자연주의의 사회과학철학을 더욱 전진시킴으로써 도출된 것이다. 또한 이는 사회세계의 존재론적 특성을 충실하게 파악한다면 귀결될 수밖에 없는 인식이다(『비실』, 365~366). 즉, "사회와 사람이 어떤 속성을 가지고 있기에 우리의 대상이 될 수 있는가?"(『자가능』, 13), 이 질문에 대한 해명이 설명적 비판의 존재론적 전제가 된다.

1) 관계적 사회 패러다임과 사회적 존재론: 자연주의의 한계

초월적 실재론이 "과학이 가능하려면 세계가 어떠해야 하는가"라고 질문한다면, 비판적 자연주의는 "과학이 가능하려면 사회가 어떠해야 하는가?"라고 질문한다(바스카, 2005b: 103). 즉, 과학이 가능하기 위한 조건을 탐구함으로써 기본적인 사회학적 범주들을 초월적으로 연역해내고자 한다.[35]

비판적 자연주의가 정식화한 사회에 대한 관계적 견해는 방법론적 개인주의를 반대하면서 시작한다. 방법론적 개인주의는 사회에 관한 사실과 사회현상이 오로지 개인에 관한 사실에 입각해 설명될 수 있다고 단언한다. 그러나 방법론적 개인주의에서 가정된 환원주의와 심리학적 원자론으로는

35 이는 초월적 논증의 형식을 취한다. 즉, 'x가 가능하기 위해서는 무엇이 참이어야 하는가?'라는 칸트의 초월적 논증에 기원을 두고 있다(콜리어, 2010: 43).

모든 것을 설명한다고 상정되는 합리성이 사실 아무것도 설명하지 않는 것으로 끝나고 만다(『비실』, 140~148).

반대로 사회를 관계적으로 이해하는 견해는 공리주의적 사회이론을 대표 사례로 하는 개인주의적 견해와 집단 개념을 강조하는 집합주의적 견해를 지양하는 제3의 사회적 존재론을 지시한다. 바스카는 사회에 대한 관계적 개념을 맑스의 『정치경제학 비판 요강』을 끌어와 다음과 같이 설명한다. "사회는 개인들(또는 더하여 집단들)로 구성되는 것이 아니라 개인들(그리고 집단들) 그 속에 자리하고 있는 관계들의 총합을 나타낸다"(바스카, 2005d: 42~43). 즉, 우리의 사회적 존재는 관계들에 의해 구성되고 사회적 행위는 관계들을 전제한다는 것이다. 이러한 입장은 관계적 사회 패러다임으로 정식화된다. 사회에 대한 관계적 견해로부터 바스카는 사람들이 참여하는 실질적인 변형 활동을 지배하는 구조들의 사회적 조건은 여러 종류의 관계뿐이라고 말한다. 사회적 활동이 사회적 설명으로 제시될 수 있으려면, 그 활동이 바로 이러한 맥락에서 발견되어야 한다. 이러한 견해에서 사회학은 특정한 사회형태들이 전제하는 지속적인 관계들에 이론적 관심을 갖는 것을 특징으로 한다(『비실』, 162~163).[36]

약간의 토론과 수정을 요하는 쟁점은 바스카가 뒤르케임에 대한 전통적 해석을 유지하면서 전개한 이론적 공식화에 관한 것이다. 바스카는 뒤르케임을 집합주의적 사회학과 실증주의적(경험주의적) 방법론을 결합한 입장으로, 맑스를 실재론과 관계적 사회학이 결합된 입장으로 해석한다. 이것을

---

36 관계는 곧 그 자체가 구조다. 행위주체들의 실천은 구조적으로 — 그러므로 관계적으로 — 정의된 일련의 위치들 안에서 일어난다는 것이다. 바스카는 행위를 구조에 연결짓는 매개 체계를 위치-실천 체계라고 부른다. 개인들이 점유한(역할을 수행하는) 위치(자리, 기능, 규칙, 임무, 의무, 권리 등)의 체계와 개인들이 이러한 위치를 점유함으로써 참여하는 실천 등의 체계가 있다는 것이다. 이 위치와 실천은, 오직 관계적으로만 개인화될 수 있다(바스카, 2005d: 68).

〈표 III.4〉 사회사상의 네 가지 경향에 대한 바스카의 모델

	방법	대상
공리주의	경험주의적	개인주의적
베버	신칸트주의적	개인주의적
뒤르케임	경험주의적	집합주의적
맑스	실재론적	관계적

도식화하면 〈표 III.4〉와 같다.[37]

마찬가지로 비판적 자연주의는 사회구조와 인간행위의 관계를 둘러싼 고전적인 이분법적 도식을 지양한다. 즉, ① 방법론적 개인주의와 ② 방법론적 전체주의가 동시에 기반을 두고 있는 인식론적 오류, 그리고 ① 물상화와 ② 자원론, 또는 ③ 양자를 융합하는 변증법적 모델의 존재론적 오류를 각각 비판하면서 변형적 사회활동모델을 제시한다.

이는 앞서 말했듯 사회적 형태들이 가진 인과적 힘이 물리적인 것으로 환원될 수 없다는 사회의 발현적 속성과 물리적 세계의 변화를 설명할 때 인간의 믿음이 가진 인과적 힘이 다른 것으로 환원될 수 없다는 정신의 발현적 속성을, 즉 두 층위의 인과적 힘을 승인하는 입장을 전제로 한다.[38] 이에 따라 변형적 사회활동모델은 사회구조와 인간행위의 상호 의존과 함께 사회들과 사람들 사이의 존재론적 틈을 동시에 인정하는 역동적인 사회활동모델이라고 할 수 있다.[39] 이 모델은 구조와 실천의 결합적 이원성 견해를

---

37 이 표에서 쟁점이 되는 것은 맑스와 뒤르케임의 방법론과 사회적 존재론의 공통점 및 차이점으로, 이는 본문의 논증을 통해 VII장 4절에서 수정될 것이다.

38 바스카는 이것을 이중의 탈중심화라고 말한다. 인간에게서 사회를 탈중심화하고 의식에서 정신을 탈중심화하는 입장이 그것이다. "인간과학의 영역에서 우리가, 사회학적 개인주의와 심리학적 경험론 — 또는 합리론 — 에 대항해, 이중의 탈중심화(double decentering) — 인간에게서 사회를 탈중심화하고 의식에서 정신을 탈중심화하는 — 를 다루는 것은 사회와 사람을 이론적으로 구별(dislocation)하고 정신의 층화를 가정하는 가설에 따른 것이다"(『자가능』, 122~123).

〈그림 III.3〉 변형적 사회활동모델

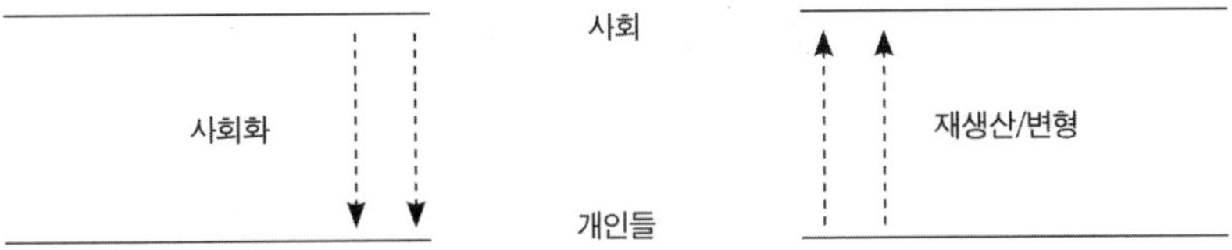

주장한다. 그러나 여기에는 중요한 '비대칭'이 있다. 어떤 순간에도 사회는 개인들보다 먼저 주어져 있으며, 개인들은 사회를 창조하는 것이 아니고 단지 재생산하거나 변형시킬 뿐이다. 사회세계는 언제나 선(先)구조적이다.[40] 즉, 변형적 사회활동모델에 따르면 사회구조는 오로지 인간의 실천에 힘입어 존재한다. 사회구조는 인간 실천의 불가결한 조건이고 인간 실천은 그 구조를 재생산하거나 변형한다(『비실』, 184~186).

변형적 사회활동모델에서 도출된 사회구조의 존재론적 특성은 사회과학에서 자연주의가 지닌 한계와 가능성을 동시에 규정한다. 바스카는 자연적 객체와 구분되는 사회적 객체의 몇 가지 발현적 속성을 ① 행위 의존성, ② 개념 의존성, ③ 시공간 의존성으로 정리한다(『비실』, 156~158).

① 사회구조는 자연구조와 달리 그것이 지배하는 행위와 독립해서 존재하지 않는다.

---

39 이 점을 감안한다면 사회는 다른 과학적 지식의 대상들과 분명 다르다. 연구대상으로서 사회는 경험에 주어지는 것이 아니라 경험에 의해 전제되는 것이다. 바로 그러한 사회의 존재론적 지위, 즉 그것의 초월적인 실재성이 바로 사회를 지식의 가능한 대상으로 만든다(『비실』, 171~175).

40 이에 대한 상세한 논의는 아처(2005)의 「실재론과 형태 형성」을 참고하라. 바로 이 점이 바스카의 '변형적 사회활동모델'과 앤서니 기든스(Anthony Giddens)의 '구조화 이론' 사이의 주요한 차이점이다(바스카, 2005a: 26).

② 사회구조는 자연구조와 달리, 행위주체들이 활동하면서 그들 자신이 하고 있는 것에 대해 갖는 관념 없이 존재하지 않는다.

③ 사회구조는 자연구조와 달리 오직 상대적으로만 지속된다.

이러한 사회적 객체의 존재론적 특성에서, 중요한 관계적·비판적 차이가 도출된다.[41] 자연과학과 달리 사회과학은 그것이 탐구하는 영역 자체의 일부이며, 따라서 사회과학이 채용하는 설명적 이론들의 개념과 법칙에 입각한 설명에 민감하게 영향을 받는다. 다시 말해 사회구조는 자연구조와 달리 행위 의존적이며 개념 의존적이라는 사실에서, '사회 없는 사회과학이 불가능한 것과 똑같이 사회과학 없는 사회도 상상할 수 없다'는 사정이 발생하는 것이다(『비실』, 168). 말하자면 비판적 실재론은 "개념성이 사회적 삶의 특징이라는 점을, 그것이 사회적 삶의 전부라고 상정하지 않으면서, 인정"한다(바스카, 2005a: 23).[42]

결정적으로 사회과학적 지식의 대상들이 존재론적으로 자동적이지만, 인과적으로 그것들을 대상으로 하는 지식이 상호 의존적이라는 관계적 차

41 자연주의에 부과된 주요한 인식론적 한계는, 앞서 말했듯 사회과학적 탐구 대상이 오직 '개방체계'에서만, 즉 변함없는 경험적 규칙성을 얻을 수 없는 체계에서만 자신을 드러낸다는 사실 때문에 생겨난다(『비실』, 167~168).

42 여기서 사회과학은 종교 및 상식, 통념과 같은 원시과학적 이론 및 이데올로기적 이론을 모두 포함할 수 있을 것이다. 바스카는 사회체계의 발현적 속성을 개념화했는데, 이는 추후 좀 더 정교화될 필요가 있다. 사회적 객체가 행위 의존적이고 그 행위가 개념 의존적임을 승인한다고 하더라도 자연의 일부인 인간사회의 경우 많은 부분에서 개념 의존적이지 않은 믿음체계가 작동하기 때문이다. 무의식, 욕구, 정서, 원시 과학적 믿음 같은 요소가 그것이다. 가령 뒤르케임의 '사회적 사실(social facts)'이 정식화한 사회적 객체의 발현적 속성은, "행위양식, 사고양식, 감정양식"을 아우르며 믿음 의존적 성격을 훨씬 더 강조한다. 물론 개념과 정서, 인지적 믿음과 비인지적 믿음은 비대칭적이며, 그 의존도와 내적 구성은 사회마다 다를 것이다.

이는,[43] 설명적 비판이라는 개념이 발전하면서 사실/가치, 이론/실천 같은 표준적인 구분이 붕괴하도록 촉발한다.

2) 사회과학의 설명적 비판: 자연주의의 가능성

이제 인간과학의 주제가 사회적 객체 – 믿음을 포함해 – 와 그 객체들에 대한 믿음을 포함한다는 조건에서, 사회적 사실은 곧 가치함축적이라는 존재론적 결론이 나온다. 여기서 가치판단과 사실판단 사이에 부당한 논리적 간극을 설정하는 실증주의적 설명모델과 달리, 사회과학의 설명은 필연적으로 가치의 문제를 수반한다는 점이 승인된다. 이것이 '설명적 비판'이 새롭게 출발하는 지점이다. 사실/가치 관계에 대한 설명적 비판의 절차와 구조를 간단히 개략하면 다음과 같다.

바스카는 사실/가치의 나선형적 관계를 제시하면서, 사실/가치 관계를 다루는 기존의 잘못된 견해를 넘어선다. '흄의 법칙'에 근거한 도덕철학의 반자연주의적 전통에 따르면, **무엇인가**에 대한 진술과 **무엇이어야 하는가**에 대한 진술 사이에는 근본적인 논리적 간격이 존재한다. 이는 첫째, 어떤 가치판단에서 사실적 명제를 도출할 수 없으며, 둘째, 어떠한 사실적 명제에서도 가치판단을 도출할 수 없다는 귀결로 이어진다. 이 두 가지 명제를 간략히 표시하면 다음과 같다.[44]

① $V \nrightarrow F$ ② $F \nrightarrow V$

---

43 이러한 특징은 자연 영역에서는 미약하고 부분적으로만 유사하게 나타난다(『비실』, 355).

44 'F'는 사실(fact), 'V'는 가치(value)의 약칭이다. 흄의 사실/가치 구분은 두 가지 경로를 통해 현대 사회과학으로 침투했다. 첫 번째 경로가 20세기 전반부 과학론을 주도했던 논리실증주의(logical-positivism)였다면, 두 번째 경로는 베버의 방법론 논문이었다(Gorski, 2013: 4).

바스카는 ①과 ②가 구분된다고 강조한다. 먼저 ②의 명제는 사회과학의 발견들이 가치자유적일 수 없다고 하더라도 사회적 가치는 여전히 실질적으로 과학사유적이라고 주장한다. 여기서의 표어는 "과학을 정치/도덕의 바깥쪽에 놓아두라"일 것이다. 이 명제는 사실들과 가치들의 왕복 운동 속에서 이론들이 확대되는 설명/해방적 나선을 보여줌으로써 논박된다. ①은 베버의 가치자유 교의, 즉 사회과학은 가치자유적일 수 있고 가치자유적이어야 하지만, 그럼에도 문제의 선택은 가치관련적이어야 한다는 매우 혼란스러운 교의와 결합된다. 바스카는 이 명제가 이중으로 오해를 불러일으킨다고 말한다. 일례로 자연과학도 실천적 이해관심에 의해 동기 지어지기 때문이다. 그런데 무엇을 연구할 것인가라는 동기가 실천적 이해관심에 따라 결정된다고 하더라도, 연구대상에 대한 판별은 이론적 이해관심에 의해 동기가 부여된다.[45] 요컨대 자연과학과 사회과학 모두에서 이른바 '사실'[46]은, 똑같이 이론부과적이며, 가치의존적이다.

사회적 사실의 가치함축성과 이론 선택의 판단적 합리성, 즉 사실/가치, 이론/실천의 비대칭성을 동시에 인정하는 바스카의 견해가 옹호하는 논증은 'F → V'와 'V → F'의 나선형적 관계다. 우리가 ① (어떤 객체 O에 대한) 믿음 P가 허위라고 상정할 적절한 근거와 ② S가 P를 설명한다고 상정할 적절한 근거가 있다면, 우리는 즉각 ③ (다른 사정이 같다면) S에 대한 부정적인

45 베버는 그의 신칸트주의적 입장 때문에 순수/응용 구분을 자연/사회의 구분으로 잘못 대체했다. 또한 — 하버마스주의자들이 수용한 — 가치관련성의 교의는 더 심층적인 수준에서는 가치 — 또는 이해관심 — 의 원천을 설명하지 않은 채 놓아둔다는 결함 때문에 어려움을 겪는다(바스카, 2005d: 94).

46 과학철학의 발전사에서 인정된 바와 같이, 모든 사실은 사실에 대한 언명이며 사실을 기술하는 모든 관찰언명은 지식의존적이고 이론부과적으로 형성된다(차머스, 2003: 36~45). 실증주의의 오류는 사회적 객체들로서 사실들이 지닌 속성들이, 사물들로서 사실들이 갖고 있는 성질들로 변형된다는 사실에서 비롯된다. 즉, 사실을 자연화함으로써 그것을 탈역사화한다(『비실』, 122~126 참고).

평가와 ④ (다른 사정이 같다면) S를 합리적으로 제거하려는 행위를 긍정적으로 평가할 수 있으며, 또한 그렇게 해야 한다고 주장한다. 상술하면 어떤 일정한 허위의식, 또는 '허위'라고 지적할 수 있는 특정한 의식의 필연성을 우리가 설명할 수 있는 한, 다시 말해 보여줄 수 있는 한, 그 의식의 원천을 부정적으로 평가하고 그것을 해소하려고 하는 행위를 긍정적으로 평가하는 일은 다른 사정이 같다면 의무다(『비실』, 196~200).[47]

즉, 설명적 비판이론은 사실/가치 관계에 대한 일반적 설명 또는 이론이 실천에 영향을 미칠 수 있는 방식에 대한 일반적 설명을 통해 구현된다. 강조해두자면, 사실판단 및 이론적 판단에서 가치판단 및 실천적 판단으로의 이행은 반드시 '설명적' 논증을 매개로 한다. 다시 말해 F(사실) → V(가치) 및 T(이론) → P(실천) 사이에는 중요한 비대칭이 존재한다.[48]

여기서 앞서 검토한 초월적 실재론의 설명 도식은 설명적 비판의 논증 절차 속에 포함되며, 설명력에 의한 경험적 시험과 정당화는 일관되게 유지된다. 요컨대 바스카는 행위주체가 그 믿음을 설명할 수 있어야만 그것을 합리적으로 변동시키는 일에 착수할 수 있다고 말한다. 어떤 것을 설명한다는 것은 그것에 관해 행위주체가 느끼는 당혹감을 해결하는 행위다. 설명은 그 행위주체가 가진 기존의 개념 영역을 해명·확장·수정함으로써 납득할 수 없던 것을 납득할 수 있게 만드는 것이다. 따라서 사실들로부터 가치들로

---

47 'P'는 'Proto-Scientific theory'의 약자로 '원시과학적 믿음'을 뜻하며, 'T'는 'theory'의 약자로 사회과학적 '이론'을, 'O'는 'object'의 약자로 '객체'를, 'S'는 'sources'의 약자로 '믿음의 원천'을 지칭한다.

48 사실적 고려와 이론적 고려는 가치와 실천적 판단에 경향과 동기를 부여할 뿐 아니라, 유리한 상황에서는 — 그리고 '다른 사정이 동일하다면'이라는 조건절 아래에서 — 논리적으로 이를 수반한다. 반면 가치와 실천적 고려들은, 그것들이 사실적·이론적 판단에 경향과 동기를 부여할 수도 있지만 사실적·이론적 판단을 수반하지는 않는다. 바로 이런 '비대칭'이 사실/가치 나선형을 합리적이며 진보적인 것으로 만든다(『비실』, 198).

나아가는 이행은 허위의식을 설명할 수 있는 이론의 능력에 근거를 두고 있다. 허위임을 비판하는 것은, 그 믿음에 의해 안내되거나 유지되는 행위나 실천을 비판할 뿐 아니라 그 믿음을 필요하게 하는 것도 비판하는 것이다. 문제의 현상들에 대한 더 뛰어난 설명을 갖고 있을 때, 즉 허위의식이 왜 필연적으로 발생하는지를 설명할 이론을 갖고 있을 때, 우리는 그것을 '이데올로기적'인 것이라고 정당하게 특징지을 수 있다. "과학적 설명은 어떤 특정한 문제를 더 일반적인 문제에 포섭시킴으로써 문제를 해결하는 것이 아니라, 그러한 – 통상적으로 이미 일반화된 – 문제들을 새로운 인지적 상황이라는 맥락에 놓음으로써 해결한다." 가장 강력한 설명적 이론은 가장 광범위한 현실적인 가능성들을 위치 지음으로써 우리의 합리적 행위의 자율성을 증대시킬 것이다. 그러므로 역사적 영역에서 개념성은 일반성의 조건이 되며, 이로부터 해방적 갈망이 설명적 힘의 효과로 촉발된다(『비실』, 179~183).

이러한 방식으로 사실/가치 이분법은 해체된다. 이 점에서 설명적 비판은 비판이론의 비판, 또는 비평(criticism)과 구분된다. 비판이나 비평은 어떤 가치를 비판하지만, 그것이 어디에서 유래했는지, 그 오류의 원천에 관해서는 침묵한다. 바스카가 원용한 맑스의 표현에 따르면, 비평은 "현대를 어떻게 판단하고 비난하는가 알면서도 어떻게 이해하는가를 모르는…… 장점과 단점"을 가진다는 것이다(『자본론』 I, 678). 이와는 달리 설명적 비판은 관련된 오류의 원인들에 대한 부정적인 평가를 허용한다(『비실』, 201).

이 지점에서 자연과학과 사회과학의 설명적 비판의 차이점 또한 가려질 수 있다. 자연과학 역시 실험을 통해 어떤 선행연구 및 믿음체계가 허위임을 밝히는 것으로 설명이 종료된다는 점에서 어느 정도 '비판'을 내포한다. 그러나 사회과학의 설명적 비판은, 자연과학보다 그 믿음이 허위일 수 있는 가능성에 '훨씬 더' 종속된다. 간단히 말해 사회과학 없는 사회는 없으며, 허위의식 없는 사회 또한 상정할 수 없다는 것이다.[49] 그러므로 설명적 비판은 그 첫 단계에서 기존의 이론적 구성물들 – 원시 사회과학적 믿음 및 일상적 지식을 포함한 – 을 내재적으로 비판하고 논박하는 과정을 수반한다. 그다음 사실 그 자체에 의해 허위의식이 왜 필연적이며 왜 이데올로기인가를 설명하며, 이는 곧 평가적인 비판으로 나아간다(『자가능』, 133). 다시 말해 원인을 판단함으로써 믿음의 허위성을 판단하며, 허위성에 책임이 있는 객체를 부정적으로 평가하고 그 객체를 제거하려는, 또는 허위의식의 원천을 합리적으로 제거하려는 행위를 긍정적으로 평가하는 작업은, 다른 사정이 같다면 사회과학의 경우 더 필연적이며 의무적이다(『비실』, 206). 이렇게 볼 때 설명적 비판은 존재론적 설명을 경유해 사실에서 가치로, 이론에서 실천으로 나아가는 운동에 대한 이론이라고 할 수 있다. 이러한 논증의 중요한 함의는 가치들이 과학자유(science-free)적이지 않다는 것이다.

따라서 비판적 자연주의가 추구하는 설명적 논증은, 사회과학 주제의 존재론적 특수성이 사회적 삶의 형태들을 둘러싼 실재적 정의에 도달하게 되는 – 비자의적인 – 절차를 어떻게 허용하는가를 밝히는 데 공헌한다. 실재적 정의는 비예측적이지만 경험적으로 검증받을 수 있는 설명적 가설들을 발생시킨다. 그리고 그러한 정의와 가설들은 허위와 일단의 해악들을 발생시키는 구조들을 비판한다(『비실』, 360). 이는 이론적·실천적 응용 작업을 통해, 재귀적인 개념화와 이론화 작업으로 나아갈 것이다. 달리 말해 사회구조가 역사적이며 개념화된 활동에 의존하고 있기에, 사회과학은 선험적 통제와 함께 경험적 시험의 지배를 동시에 받게 된다(『비실』, 171~173).

요컨대 사회과학이 그 자신의 탐구 영역의 일부라는 조건은 훨씬 더 많은 이론적 작업을 요청하며, 자연과학과 달리 자기성찰적이고 비판적이며 또

49 변형적 사회활동모델은 그 자체로 허위의식이 없는 사회에 대한 가정을 승인하지는 않는다. 여기서 허위의식 개념은 일차적으로는 단순히 믿음과 객체 사이의 괴리, 부조화 또는 상응의 결여를 포함한다(『비실』, 200).

총체적이어야 한다는 것을 의미한다. 따라서 '원시과학적 관념들 P → 사회과학적 이론 T'라는 변형 과정에서 선행이론을 분류하고 정의하는 작업은 필수적이며,[50] 이론적 설명의 서술(description)과 역행추론(retroduction)은 실험의 유사물인 추상화의 과정을 통해 명목적 정의에서 실재적 정의로 나아가는 첫 단계일 것이다.[51] 선행하는 이론적 가설과 개념들은 지식의 타동적 차원을 구성하며, 정교한 개념적 분해(resolution)를 통한 이론적 재서술(redescription)과 소급예측(retrodiction)이라는 경험적 검사의 상호통제를 거쳐 지식에 의해 지식을 사회적으로 생산하는 나선형적 과정으로 나아간다. 이는 다시 살펴보겠지만, 맑스가 『자본론』에서 행했던 분석적 방법과 변증법적 종합의 방법이며, 뒤르케임이 『자살론』에 적용한 – 응용과학으로서의 사회학의 – 방법론이기도 하다.

바스카는 기존의 맑스주의/비맑스주의적 해석과 달리 맑스를 과학적 실재론자로 재평가하며, 비판과 설명을 통일하려는 맑스의 이념을 실재론적 철학 안에서 재현하려 애쓴다. 바스카는 비판적 조건과 설명적 조건을 모두 충족하는 '설명적 비판'의 가능성이 사회과학이 지닌 해방적 잠재력의 핵심

50 사회과학자는 어떤 선행이론이 없다면 너저분한 사회현상들의 덩어리에 부딪히게 될 것이다. 특히 사회체계와 같이 필연적으로 개방적인 체계에서는 설명적으로 의미 있는 탐구 대상을 구성하는 문제가 특히 중요하다. 게다가 새로운 사회적 발전에 내재한 가능성들은 훨씬 나중에야 분명해지며, 이전에 발전한 산물이기도 하다. 여기서, 즉 지식 대상의 발전과 지식 자체의 발전 사이의 관계적 연계에서 왜 끊임없이 역사를 새로 고쳐 써야만 하는가를 알 수 있다(『비실』, 169~170).

51 이것이 맑스가 『자본론』의 서문에서 추상력이 현미경과 화학적 시약을 대신해야 한다고 말했던 의미일 것이다(『자본론』 I, 4). 그러한 정의가 없다면, 그리고 폐쇄가 불가능하므로, 인과기제에 대한 가설은 다소 자의적일 수밖에 없다. 그러므로 사회과학에서는 실재적 정의의 시도가 성공적인 인과가설들을 뒤따르기보다는 일반적으로 그것에 앞서 이루어질 것이다. 물론 두 경우 모두에서, 그것들은 오직 경험적으로, 가설들이 가진 설명력에 의해서만 정당화될 수 있다(『비실』, 171).

이며, 그 능력은 도구적 합리성, 비판적 합리성, 심층 합리성 등을 분석함으로써 모색될 수 있다고 한다.[52] 설명적 비판은 맑스의 과학적 비판을 현대적으로 변용시킨 것으로 행위와 구조를 한꺼번에 연구하는 '심층 탐구'에서 그 본성을 잘 드러낸다. 심층 탐구는 해방을 목표로 하는 모든 인간과학의 선험적 조건이다. 바스카는 심층 탐구를 통해 해방이 가능하려면 첫째, 이유가 원인이 되고, 둘째, 우리가 참여하는 실천 속에 가치가 내재함을 깨닫고, 셋째, 비판은 그 대상에 내재적이며, 넷째, 우리가 알아낼 수 있는 발현적 법칙이 작동해야만 한다고 주장한다(『비실』, 221~224).

가령 바스카는 합리성의 수준을 일곱 가지로 분류한다. ① 기술적 합리성 ② 맥락적으로 위치 지어진 도구적 합리성 ③ 담론 내적인 – 내부에서 토론이 이루어지며 비설명적인 – 비판적 합리성 ④ 설명적인 비판적 합리성 ⑤ 심층-설명적 비판 합리성 ⑥ 심층적 합리성 ⑦ 역사적 합리성이 그것이다. 이 일곱 수준 모두, 이미 존재하며 진행되고 있는 실천을 변화시킬 수 있는 방법이라는 점에서 동일하다.[53] 그중 ④ 수준과 ⑤ 수준에 해당하는 심층-설명적 비판 합리성은 『자본론』에서 전개한 삼중 비판의 구조를 갖는 것으로 예시된다. 즉, 기존 이론들에 대한 비판, 그 이론들이 반영하거나 합리화하는 실천적 의식에 대한 비판, 그리고 그러한 의식의 발생을 설명해주는 조건들에 대한 비판이다. 앤드루 콜리어(A. Colier)는 ⑤ 수준과 ⑥ 수준을 각각 구별되는 수준이라기보다 설명적인 비판적 합리성의 특수한 사례로 이해한다. 구분하자면 ⑥ 수준에 해당하는 심층적 합리성은 아직 실현되지 않은 유적 인간들 공동체의 힘이 활성화될 수 있는 조건이 무엇인가를

---

52 설명적 비판의 기획은 방법론적 개인주의가 가정한 초역사적 합리성과 합리적 설명모델을 기각한다. 합리적 설명모델을 정교하게 비판하는 바스카의 논의는 『자연주의의 가능성』의 행위성(agency)을 다루는 3장, 특히 118~124쪽을 참고하라.

53 이 일곱 수준 모두에서 '실천의 우선성(primacy of practice)'은, 역사적으로 그리고 존재론적으로 유지된다(콜리어, 2010: 274).

탐구한다.[54] 또한 바스카는 합리성의 ⑦ 수준인 역사적 합리성을 제시하는데, 이는 현실화되지 않은 힘과 변형적 경향에 관한 문제로, 어떤 이론의 맥락 속에서만 대답될 수 있다. 아마도 이는 역사를 인간 잠재력의 진보로 보는 이론, 맑스와 뒤르케임 등의 역사이론 속에서 대답될 수 있을 것이다. 바로 이 점이 근대사회가 가진 이중성과 역동성을 깊이 통찰하는 『자본론』과 『자살론』의 역사이론을 불러와 역사적인 심층 합리성의 가능 조건을 성찰할 수 있는 이유다.

5. 비판적 논평: 텍스트를 읽는 독법

비판적 실재론의 과학론에 대한 짧은 개괄을 마쳤으니 맑스와 뒤르케임의 쟁점들로 돌아오자. 서론에서 밝혔듯, 이 책은 두 가지 과제를 수행할 것을 목적으로 하고 있다. 첫째, 맑스와 뒤르케임에게 부과된 이분법적 해석의 구조를 드러내고 바로잡는 것이다. 둘째, 맑스와 뒤르케임의 사회과학방법론이 공유한 합리적 핵심과 이 기반 위에서 구축된 이론적·실천적 전망을 우리 사회가 처한 위기에 비추어 비판적으로 전유하고자 하는 것이다.

---

54 바스카에 따르면 맑스와 지그문트 프로이트(S. Freud)가 창시한 전통 속에, 또 사회적 상호작용의 생활세계를 탐구하는 이론가들의 저작 속에 존재하는 심층적 탐구의 가능성은 모든 인간과학과 모든 과학의 선험적 조건이다. 합리화, 자기기만, 타자기만, 역목적성, 체계적 신비화와 같이 믿음과 행동의 원인 문제는 심층적인 인간과학들을 통해서만 다루어질 수 있다. 심층적 탐구의 목표는 해방이다. 해방된 인간과 공동체의 힘은 실현되지 않은 상태 속에 이미 존재할 수밖에 없다. 그러므로 실질적인 이론의 문제는 '그 힘들이 활성화될 수 있는 조건은 무엇인가?'가 된다(『비실』, 216~221). 심층 합리성의 수준에 위치한 심층 탐구는 협동적인 연구로서 인간행위와 기제적 구조를 동시에 탐구한다. 이 경우 지지되는 관점은 행위자가 이성적으로 생각을 보존하거나 지탱한다는 것이다(고창택, 1999: 109).

이를 위해 주류 과학철학이 부과한 '맑스와 뒤르케임의 딜레마'를 해소할 대안으로 비판적 실재론의 과학철학을 압축적으로 살펴보았다. 반환원주의적 층화이론에 일관되게 기초한 비판적 자연주의는 양자의 사회과학을 동일한 지평 위에 세울 분석틀이며, 특히 이 장에서 재구성한 사회과학의 이론적·실천적 설명모델과 설명적 비판이론은 맑스와 뒤르케임의 사회과학방법론에 대한 '새로운 독해'를 과제로 하는 이 책의 연구방법론이기도 하다.

아울러 앞으로 다룰 텍스트의 분석 방법을 부연해두기로 하자. 양자의 방법론을 파악하는 기존 해석의 한계는 기본적으로 잘못된 메타이론을 해석의 프레임으로 삼고 있다는 점에서 가장 두드러지게 드러나지만, 다른 한편 두 사상가의 저술을 역사적 맥락에서 벗어난 논리적 구조물로 이해하거나 분절적으로 읽어내는 문자적(실증주의적) 독해에도 상당 부분 기인하고 있다. 이를 지양하기 위해 탈실증주의적 독해를 지원할 텍스트 분석 방법으로 역사발생적 방법, 그리고 저술의 상호 연관을 복원하는 상호담론적 독해의 관점을 언급해둘 필요가 있다.

역사발생적 방법[55]이란, 문제가 발생한 맥락으로 거슬러 올라가 거꾸로 드러내는 추론방법을 일컫는다. 이는 『자본론』과 『자살론』을 역사에서 분리된 논리적 구조물이나 자기 완결적 체계로 이해하는 기존의 접근 방식을 지양하기 위한 방법론적 고려다. 이 같은 추론은 새로운 조건 및 개념적 도구에 입각해 행해진다는 점에서 역행추론이나 현재의 정보와 이론적 개념에 기반을 두고 과거의 발생을 재구성하는 소급예측과 다르지 않지만,[56] 여

---

55 비교역사사회학자로서 뒤르케임의 발생적(genetic) 방법을 고찰한 논의로는 Emirbayer (1996a), 박영신(1990b)을, 새로운 개념틀이 옛 틀의 재구성과 확장을 통해 과학혁명을 구성하는 원리를 과학철학적으로 고찰한 논의로 프리드먼(2012: 143~154)을 참고하라.

56 좀 더 부연하자면 과학적 방법에서, 소급예측(retrodiction) 또는 사후추정(postdiction)이라는 용어는 몇 가지 의미로 사용된다. 하나는 새로운 사건보다 알려진 사건을 예측

기서는 '역사'에 좀 더 강조점을 두고자 한다. 뒤르케임을 빌려 말하자면 이러한 방법은 설명을 용이하게 해주는데, 병의 근원을 해명하는 데 "가장 단순한 형태는 좀 더 발달된 사고에 의해서 다듬어지거나 왜곡되지 않았기 때문이다. 환자의 헛소리를 가장 초기에 관찰할 수 있다면 그만큼 더 병을 판별하기가 쉬워질 것이다. …… 왜냐하면 병이 진척됨에 따라 여러 종류의 해석이 개입하는데, 그것들은 본래의 상태를 배후로 밀어버려서 그러한 해석들을 통과해 본래의 상태를 발견한다는 것은 매우 어려운 일이 되어버리기 때문이다"(뒤르케임, 1992: 28~29).

마찬가지로 상호담론적 독해는, 연구자의 선입견에 근거해 저자의 저술들 간의 상호 연관을 고려하지 않고 끊어서 읽어내는 분절적 독법을 지양하고, 저술들 간의 상호텍스트성을 고려하는 독해 방법을 뜻한다. 간단히 말해 "우리는 저자가 어디선가 쓰고 말하고, 이후 남겨놓은 모든 것이 그의 작업의 일부인가 아닌가를 질문해야 한다"(Pearce, 1989: 6~7). 각 저술을 관통하는 상호텍스트성을 복원하는 독법은, 저자의 학문적 작업이 암묵적으로 전제하는 세계관과 철학적 가정들을 발견하기 위한 방법론적 고려다. 이제 본격적으로 맑스와 뒤르케임이 바라보았던 '세계'로 거슬러 올라가보자.

하는 것에 따라 과학적 이론을 평가하는 행위를 일컫는다. 마이클 프린스(M. C. Price)에 따르면, 소급예측은 이미 수집된 데이터가 최근의 이론적 발전에 덕분에 이전보다 설득력 있는 방식으로 설명될 때 발생한다. 가령 수성의 근일점 이동의 경우, 뉴턴역학과 중력은 이를 전적으로 설명할 수 없었는데 알버트 아인슈타인(A. Einstein)의 일반상대성이론은 그것을 간단히 해결했다. 또 다른 적용은 한 이론의 예측이 미래에 사건이 발생하는 것을 기다려 실험하기에는 너무나 오랜 시간이 필요한 경우, 그러한 이론을 실험하려는 과정에서 이루어질 수 있다. 즉, 오래된 과거의 불분명한 사건들을 살펴본 후 해당 이론을 적용해서 그것이 어떻게 덜 오래된 과거에 일어난 알려진 사건을 예측할 수 있는지를 숙고한다. 예를 들어, 고고학, 기후학, 진화생물학, 재무분석, 수사 과학 그리고 우주론 분야에서 유용하다(위키백과사전, https://en.wikipedia.org/wiki/Retrodiction 2013년 12월 31일 접속).

IV 맑스와 뒤르케임의 비판적 자연주의

이 장에서는 칸트 이후의 이원론을 극복하기 위한 노력 속에서 형성된 맑스와 뒤르케임의 사회과학철학 – 비판적 자연주의 – 을 초기 저술을 중심으로 살펴본다. 두 사상가의 초기 저술이 우리의 논의에서 중요한 이유는 다음과 같다. 맑스와 뒤르케임의 인식론적 발전을 초기-후기로 나누어 관념론과 유물론, 자원론과 결정론, 철학과 과학으로 양분해온 기존 견해나 초기-후기 저술의 연속성을 입증함으로써 두 명의 맑스, 두 명의 뒤르케임 테제를 넘어서고자 했던 기존 시도와 달리, '근대 철학의 이원론적 분열 그 자체를 문제시했던' 양자의 사회과학의 출발점 – 존재론적 전제들 – 과 실재론적 과학관이 명확한 방식으로 드러나기 때문이다.

칸트 이후 인간과 자연을 둘러싼 이원론을 극복하기 위한 노력은 맑스에겐 '역사과학'(맑스, 1846)과 '인간적 자연주의'(맑스, 1844)로, 뒤르케임에겐 '도덕과학'(뒤르케임, 1893)과 '사회학적 자연주의'(뒤르케임, 1898; 1900)의 입장으로 표명된다. 각각을 순차적으로 살펴본 후, 당대 맑시즘의 역사유물론에 대한 뒤르케임의 비평 – 「맑시즘과 사회학」 – 을 통해 맑스와 뒤르케임의 간접적인 상호 대화를 시도해보자. 이를 통해 양자의 반환원주의적 층화이론과 과학적 유물론의 교차 지점이 분명해질 수 있다.

1. 19세기 과학철학의 현재성: 칸트 이후의 딜레마

맑스와 뒤르케임의 사회이론은 유럽에서 정치적·경제적·지적 대변동이 일어났던 이중혁명의 시대를 그 태동 배경으로 둔다. 알다시피 우리가 흔히 '이중혁명'이라고 부르는 프랑스대혁명과 영국의 산업혁명은 자본주의 사회의 정치경제를 규정하는 통합적인 혁명이었다(홉스봄, 2003a). 맑스의 역사과학 또한 1848년 혁명 실패 및 1871년 파리코뮌을 비롯한 프랑스혁명의 진보와 퇴행적 복고의 역사적 경험을 공유하는 한편, 독일의 '후진성'과 대면하면서 독일 혁명을 준비해야 했던 복잡한 사회정치적 공간 속에서 형성되었다. 이 점은 "독일은 근대 국가들과 혁명은 공유하지 않으면서 복고를 공유했다"(맑스, 1991a: 3)라는 언술을 통해 단적으로 표현된다. 뒤르케임의 사회학 또한 전쟁과 내전의 소용돌이를 딛고 제3공화정이 새롭게 약진하는 가운데 발전했지만, 혁명의 유언장은 집행되지 않았고 교권주의와의 싸움은 오랜 기간 계속되었다. 이렇게 볼 때 이들의 사회이론은 이중혁명의 결과를 공유한 것이 아니라 이중혁명의 과정을 공유하며 잉태되었다. 여기서 두 사상가가 근대사회의 구조와 근원적인 역동성(dynamics)에 집요하게 관심을 보이고 천착한 배경을 일정 부분 이해할 수 있다. 이러한 사회사적 배경하에 제출된 맑스 저작들 속에 결합된 지적 원천 – 공리주의 철학과 결합되어 있는 영국의 정치경제학, 프랑스 사회주의, 독일 관념론 – 은 뒤르케임 사상 형성의 주요한 지적 자원이기도 했다.[1]

---

1 뒤르케임에 미친 독일 학문의 영향은 1887~1888년 독일 유학의 성과를 토대로 집필한 『독일에서의 도덕에 대한 실증과학』에 잘 드러나 있다. 강조해두자면, 맑스와 뒤르케임의 공통의 지적 원천 중 빼놓을 수 없는 것이 생시몽을 위시한 프랑스 유물론의 영향이다. 이러한 이유로 굴드너는 생시몽의 자연주의가 맑스와 엥겔스의 자연주의적 요소보다 '선행했던 것'이라고 말하기를 주저하지 않는다. 생시몽의 「인간과학에 대한 에세이(Essay on the Science of Man)」(1813)는 맑스가 태어나기 5년 전인 1813년에 쓰였

또 하나의 중요한 배경은 두 사상가의 지적 원천에서 흔히 간과되곤 하는 과학혁명의 영향이다. 이중 혁명이 과학혁명 및 사회과학혁명에 미친 영향은 에릭 홉스봄(E. Hobsbawm)의 저술 곳곳에 풍부하게 드러나 있다. 천문학과 물리학을 근대적 과학으로 전환시킨 혁명은 이미 17세기에 이루어졌고, 화학 및 수학 분야의 혁명과 함께 사회과학분야의 혁명도 촉발되었다.[2] 이중혁명과 연동된 사회과학 분야의 발전은 화학이 그러했던 것처럼 가히 혁명적인 것이었다. 사회과학은 이전의 이론적 진전을 완성시킴과 동시에, '역사'를 발견함으로써 완전히 새롭고 독창적인 성과를 이룩했다. 1830년 무렵 자본주의에 대한 비판으로서 콩트에 의해 '사회학'이라는 이름의 학문이 정초되었고, 맑스 또한 자신의 학문적 작업을 세계를 변혁시키는 하나의 도구로 상정했다. 엄밀히 말하자면 사회과학 분야에는 두 개의 혁명 – 합리주의와 역사주의라는 – 이 있었고, 이 두 혁명의 과정이 하나로 합쳐져 사회과학의 가장 포괄적인 종합으로서 맑스주의를 낳았다(홉스봄, 2003a: 518). 맑스뿐 아니라, 생시몽과 콩트의 역사철학의 성과를 과학적 사회학으로 발전시켰던 뒤르케임 또한 계몽사상의 상속자라 할 수 있다. 두 사상가는 과

고, 블라디미르 레닌(V. Lenin)이 지적했던 바와 같이 맑스의 저작은 부분적으로 생시몽과 같은 공상적 사회주의자들에 기반을 두었다. 그렇기 때문에 맑시즘과 사회학이 생시몽이라는 적어도 하나의 공통된 조상을 가졌다는 사실을 간과해서는 안 된다는 것이다(굴드너, 1984: 422). 실제 맑스가 『신성가족』에서 프랑스 유물론이 가진 항목의 하나로 제시한 "산업의 높은 의미"와 "이성의 진보와 산업의 진보 사이의 일치"라는 사상은 프랑스 사회주의의 설립자였던 생시몽 이론의 핵심이자 사적유물론의 내용이기도 했다(조항구·문장수, 2003: 21).

2 수학적 방법을 사회에 적용함으로써 인간 성격의 통계적 분포를 예측할 수 있다고 주장한 벨기에의 아돌프 케틀러(A. Quételet)가 제출한 연구나, 인구 현상을 사회현상으로 보고 과학적으로 다뤄야 한다고 주장한 토머스 맬서스(T. R. Malthus)의 『인구론』도 자연과학의 성과에 입각해 사회현상을 설명하려고 했던 새로운 흐름 속에 자리했다(홉스봄, 2003a: 515~521).

학적 합리성이 인간의 도덕적 완성에 기여할 수 있다는 계몽주의의 원리, 다시 말해 자연과학의 원리에 입각해 사회와 역사를 합리적으로 재조직할 수 있다는 자연주의 사회과학의 기획을 공유했다.

그러나 뉴턴과학의 문화적 지배하에서 제도화되었던 사회과학은 19세기 중후반 독일 신칸트주의의 부상, 그리고 이와 맞물려 진행된 1870년대 한계효용혁명의 여파 속에서 악화 일로를 걸었다. 자연의 인과작용을 부인한 흄의 경험적 실재론 이후, '독단의 선잠'에서 깨어난 칸트가 『순수이성비판』에서 이성의 한계를 설정하려 한 시도는 현상이 아닌 본질을, 이성에 기초한 계몽의 기획을 구하고자 하는 노력이었다. 그러나 칸트의 이원론은 자연의 진정한 모습을 놓치는 결과를 낳을 수 있었다. 필연성의 지배를 받는 현상계와 자유의지의 지배를 받는 물자체의 세계를 구분한 칸트의 구획은 자연과 인간, 자연과학과 인간과학 사이에 쉽사리 건널 수 없는 심연을 놓았다. 현상계에 대한 칸트의 권리 부여는 이후 독일 역사주의 전통에 일정한 영향을 미쳤다. 독일 역사주의는 실증주의 내지 자연과학에서 법칙을 추구하려는 경향에 끊임없이 반발하며 자신의 정체성을 형성하려고 했다(채오병, 1998: 3; 프리드먼, 2012: 61).

칸트의 유산은 프랑스의 지성사적 맥락에도 중요한 영향을 미쳤다. 월웍(Wallwork, 1972)은 근대과학이 부상하면서 도입된 중요한 문제 중 하나로 19세기 프랑스에서 철학자와 과학자들 사이에 전개되었던 정신주의/자연주의 논쟁을 지적한다. 과학자들은 이른바 객관적 사실들의 외부 세계에 골몰했던 반면, 관념론으로 기울어진 철학자들은 인간의 정신과 영성을 비과학적인 방식으로 다루었다. 따라서 객관적인 사실의 세계와 관념 및 이상의 세계, 물질과 정신은 상호 대립되는 것으로 설정되었다. 이러한 갈등은 한편으로 데카르트주의적 이원론의 연속이었으며, 갈릴레오 갈릴레이(G. Galilei)와 아이작 뉴턴(I. Newton)에 의해 형성된 자연에 대한 새로운 관념의 산물이기도 했다. 갈릴레이에 따르면, 자연은 역학(mechanics)의 법칙에 의해 지배되는 순수한 기계적 체계로, 따라서 모든 질적인 것을 배제하는 것으로 이해되었다. 그 결과 자연은 그것을 인식하는 주체인 인간에 대항하는 것이 되면서, 인간과 자연, 주체와 객체로 양분된 근본적인 이원론이 도입된 것이다.

주체/객체, 인간/자연 사이에 설정된 이원론에서 인간 경험의 풍요로운 다양성은 주관적인 것이 되었고, 이른바 '수수께끼'가 되었다. "인간 관념과 이상은 다른 자연 현상과 등가적일 수 있는가?"라는 쟁점이 형성된 것이다. 그러나 당대 자연주의자와 정신주의자들이 공유했던 '자연' 개념은 자연 세계에서 인간의 관념과 가치가 지닌 지위에 대한 어떠한 적절한 해결책도 허용치 않았다(Wallwork, 1972: 9~10). 신칸트주의가 부상하면서 고착된 자연과학과 정신과학의 분리는 19세기 말 피에르 뒤앙(P. Duhem), 마하, 칼 피어슨(K. Pearson) 등을 위시한 신실증주의로의 도피와 함께 더욱 체계화되었다.

결국 19세기 신칸트주의와 신실증주의의 영향력 아래에서 제도화되어 사회과학에 점차 뿌리내린 이원론적 이분법은 여전히 현재성을 갖는다.[3] 이 이분법은 이매뉴얼 월러스틴(I. M. Wallerstein)이 근대 세계 체제의 형성과 함께 등장한 19세기 새로운 지식구조의 특징으로 적절히 짚어낸 바 있다. 과학과 철학, 법칙정립과 개성기술, 사실과 가치의 분리가 그것이다. 이를 반영해 분과학문도 개별화되었고, 따라서 이 세 형태의 지식 구조는 상호 침투적이다.

3 칸트의 구획은 이론이성과 실천이성의 분리를 정초함으로써, 인식론과 윤리학, 과학과 도덕의 긴장을 야기했다. 이를 반영해 칸트 이후의 과학철학의 역사 또한 크게 논리실증주의와 신칸트주의로 분할되었다. 칸트 이후에는 독일철학 안에서도 하나의 공통 패러다임으로 안정된 합의가 이루어진 적이 단 한 번도 없다. 끊임없이 진행되는 사유의 변증과 학파의 교체만을 목격할 뿐이다(프리드먼, 2012: 51).

예컨대 1750~1850년 사이에는 철학과 과학의 인식론적 분리가 체계화되어 자연과학과 인문과학으로 양분된 학문 구조를 세웠다. 이 '두 문화'에 경도된 방법론 논생을 사회과학에 잘못 내면화한 이분법이 법칙정립적 분석과 개성기술적 분석 사이에 나타난 이항대립이다. 그리고 이 그릇된 이분법이 유발한 가장 치명적인 결과가 바로 근대 지적 논쟁의 중심부에 자리한 사실과 가치의 모순이다. 그 결과는 베버의 작업에서 체계화된 것처럼, 가치에 대한 사실의 승리였다. 이후 이른바 법칙정립적인 세 분과학문 – 경제학, 정치학, 사회학 – 은 줄곧 계량화되었고, 결정론적 사회적 우주라는 전제를 매우 강력하게 내세웠다. 이와 함께 '역사학'이라는 이름도 뚜렷하게 재정의되었다. 레오폴트 랑케(L. Ranke)의 노력과 함께 역사학은 "그것이 실제로 어떠한가"에 따라 역사를 기술하는 학문으로 제도화되었고, 엄연히 개성기술적인 학문이 되었다(월러스틴, 1994: 30~31).[4]

이러한 이분법은 19세기에 제도화된 분과학문을 고스란히 관통하고 있다. 이와 같은 칸트 이후의 딜레마, 즉 과학과 철학, 법칙정립과 개성기술, 사실과 가치의 이항대립을 고스란히 유지하는 분과학문의 재분화와 재통합 문제는 사회과학의 중요한 방법론적 쟁점들을 형성해왔다. 그리고 이러한

4 자연과학과 인간과학을 법칙정립적 과학과 개성기술적 과학으로 나누는 구획은 앞서 말했듯, 신칸트주의자인 빌헬름 빈델반트(W. Windelband)에서 시작했다. 빈델반트는 '자연과학들은 법칙정립적(nomothetic)이고 정신과학은 개성기술적(idiographic)이다'라고 특징지었다. 법칙정립적 과학이 사건을 추상적인 연관관계로 환원시켜 일반적인 것, 즉 보편적이며 법칙에 합치된 것을 추구한다면(nomos는 법칙을 나타내는 그리스어이다), 개성기술적 과학은 '시간에 의해 구속되어 있는 특정한 사건들을 상세하게 기술함'으로써 궁극적으로 '사실'을 추구하게 된다. 즉, 하나의 역사적 사건이나 사람들의 일대기와 같이 개인적이고 특이한 것에 대한 서술을 추구한다. 이러한 구획은 본디 경험주의적 존재론에서 비롯된 것이지만, 점차 인간과학 내부에 인식론적 규준으로 도입되어 사회과학을 자연과학에 가까운 법칙추구의 학문으로, 역사학을 개성기술의 학문으로 정체화하는 등식을 성립했다(채오병, 1998; 다네마르크 외, 2005: 129).

이분법은 자연과 인간의 관계를 둘러싼 이원론에 그 뿌리를 두고 있다. 칸트에서 맑스와 뒤르케임에 이르기까지 인간 자유와 자연적 필연성, 인간과 자연의 관계와 통일의 문제는 이들 지적 모색의 중심에 놓여 있었다고 할 수 있다.

결국 현재까지 극복되지 않고 있는 이러한 이원론적 이분법은 19세기 과학철학의 현재성을 드러내 보여준다.[5] 동시에 이러한 분열을 넘어서고자 했던 맑스와 뒤르케임 사회과학철학의 현재성 또한 새롭게 조명한다. 요컨대 맑스와 뒤르케임의 자연주의 사회과학이 성립하는 과정은, 정확히 칸트 이후의 이원론이 해소되는 과정으로 이해될 수 있다. 이러한 노력은 맑스에게는 관념론과 유물론의 그릇된 이항대립의 문제로, 뒤르케임에게는 칸트주의 도덕론과 공리주의 유물론의 갈등으로 각각 쟁점화된다.

2. 맑스의 인간적 자연주의: 관념론과 유물론의 이항대립을 넘어

맑스의 비판적 자연주의는 『경제학-철학수고』(1843)에서 시사되고, '관념론과 유물론의 낡은 안티테제'를 지양하는 역사과학에 대한 견해를 포괄적으로 담고 있는 「독일이데올로기」(1846)에 잘 드러나 있다. 엥겔스(1997: 251~260)가 회고하듯, 헤겔 이후에도 헤겔의 영향력은 지대했고 그 변형된 형태로 철학적 관념론과 철학적 유물론이 양극단에 자리하고 있었다.[6] 이

---

5 현재 프랑스 과학철학의 논쟁 속에서 새롭게 조명되고 있는 19세기 과학철학의 현재성에 대해서는 Heidelberger(2010), Chimisso(2010)를 참고하라. 영미권 철학자들에게 프랑스 과학철학은 자율적인 것으로 이해되지 않고 있지만, 콩트의 전통에서부터 프랑스 과학철학은 논리실증주의와 확연히 달랐다는 것이다.

6 독일의 맥락에서 엥겔스는 신칸트주의의 부상과 과학의 퇴행을 다음과 같이 회고한다. "세계의 인식 가능성이나 실로 완벽한 인식 가능성에 이의를 제기하는 일련의 다른 철

대립은 사유와 존재, 정신과 자연의 대립이라는 낡은 철학의 근본문제를 둘러싼 대립이었다. 르네 데카르트(R. Descartes)에서 헤겔까지, 토머스 홉스(T. Hobbes)에서 루드비히 포이어바흐(L. Feuerbach)까지, 이 오랜 기간 철학자들은 순수 사상의 힘만이 아니라 빠르게 발전하는 자연과학과 산업의 진보를 통해 앞으로 추동되었다. 유물론자들의 경우 이 점이 이미 표면에 드러났지만, 관념론적 체계들도 더욱더 유물론적 내용으로 채워졌고 정신과 물질의 대립을 범신론적으로 화해시키려고 했다. 그런 점에서 결국 헤겔의 체계는 방법과 내용 면에서 관념론적으로 거꾸로 선 유물론을 의미할 뿐이었다.

청년 학파의 해체 과정에서 청년 헤겔파의 많은 주요 인물이 헤겔에 반항하며 영국과 프랑스의 유물론으로 떠밀려갔고, 포이어바흐는 그중 한 사람이었다. 물질이 정신의 산물이 아니라 정신이야말로 물질의 최고 생산물이라는 선언은, 맑스를 비롯한 많은 청년헤겔학파를 열광하게 했다. 포이어바흐의 발전 과정은 한 헤겔주의자가 유물론으로 넘어가는 과정이며, 일정한 단계에서 선행자들의 관념론적 단계와 완전히 단절할 필요가 있었던 순간에 나타난 발전이었다. 그러나 이후 맑스와 엥겔스가 체계적으로 비판하듯,

---

학자들이 있다. 좀 더 현대의 철학자들 가운데 흄과 칸트가 이들에 속하며, 이들은 철학의 발전에서 매우 중요한 역할을 했다. 이런 견해를 반박하는 데 결정적인 것은 관념론의 관점에서, 가능한 한에서 헤겔이 이미 다 말했다. 포이어바흐가 유물론적인 것을 덧붙인 일은 깊이가 있다기보다 재치가 있는 것이다. 이런 어리석은 철학적 생각이나 그 밖의 모든 어리석은 철학적 생각을 가장 적절하게 반박하는 것은 실천, 즉 실험과 산업이다. …… 그럼에도 불구하고 독일에서 신칸트주의자들이 칸트의 파악을, 영국에서 불가지론자들이 흄의 파악을(영국에서는 흄의 파악이 결코 단절된 적도 없었다) 되살리려고 시도한다면, 이것은 오래 전에 이루어진 이론적·실천적 반박과 비교해서 과학적으로는 하나의 퇴보이며 실천적으로는 유물론을 뒤로는 받아들이면서 세상 사람들 앞에서는 반박하는 부끄러운 태도에 지나지 않는다"(엥겔스, 1997: 255~256. 강조는 필자). 이하 인용문의 강조는 별도의 표기가 없으면 원저자의 것이다.

포이어바흐의 유물론은 '역사'를 사고할 수 없었다.[7] 이 점에서 고전적인 프랑스 유물론도 다르지 않았다. 이는 단순히 인식론적 문제에 멈추지 않았다. 1844년 이래 프랑스에서 수입되어 독일에 전염병처럼 번진 '진정한 사회주의'는 포이어바흐의 이러한 약점과 관련되어 있었고 계급투쟁이 아닌 '사랑'을 매개로 한 인류의 해방을 예찬할 뿐이었다. 따라서 "포이어바흐의 새로운 종교의 핵을 이룬 추상적 인간에 대한 숭배는 실제 인간과 그의 역사적 발전에 관한 과학으로 바뀌어야 했다"(엥겔스, 1997: 271).

이 시기 관념론과 유물론의 안티테제를 지양하는 맑스의 사회과학철학을 서로 연관된 세 가지 쟁점으로 나누어 살펴볼 수 있다. 첫째, 인간과 자연 사이에 이원론적 편견을 해소하는 비판적 자연주의의 인간관이 피력되며, 둘째, '인간과 자연의 본질 통일로서의 사회' 개념과 함께 자연과학과 인간과학이 통일된다는 전망이 제시되고, 셋째, 경험론과 관념론을 비판적으로 종합하는 역사과학방법론의 단초가 시사된다.

첫째, 많은 철학자에게 인간에 대한 설명은 여타의 존재, 즉 자연과 세계와의 관계에 대한 해석을 포함하기 때문에 사상체계의 중요한 일부를 이룬다. 맑스의 과학론을 이해할 때 인간학이 중요한 것도, 본질적으로 인간 활동인 과학활동에서, 그것이 어떻게 가능한지 밝히는 설명을 담고 있기 때문이다. 자연/인간의 이원론을 넘어서는 맑스의 인간적 자연주의는 유적 존재(species-being)라는 개념에 잘 드러나 있다. 이는 국민경제학과 헤겔 관념론을 비판하는 대목에서 명료해진다. "국민경제학은 노동자를 노동동물로만, 문자 그대로 육체적 욕구로 환원되는 동물로만 알고 있"으며(『수고』, 26), 헤겔은 인간을 자기의식으로만 간주한다는 것이다.

---

7 이는 "포이어바흐가 유물론자인 한 그에게는 역사가 나타나지 않으며, 그가 역사를 고찰하는 한 그는 유물론자가 아니다"라는 말로 잘 알려져 있다(「독이」, 207).

국민경제학은 노동자(노동)와 생산의 직접적인 관계를 고찰하지 않음으로써 노동의 본질 안에 있는 소외를 은폐한다(『수고』, 88).

헤겔에게는 인간의 본질이나 인간은 자기의식으로 간주된다. 그런 까닭에 인간적 본질의 모든 소외는 자기의식의 소외일 뿐이다(『수고』, 194).

고전 정치경제학이 인간을 노동하는 동물로만 환원함으로써 인간 소외를 은폐한다면, 헤겔은 인간노동을 추상적·정신적 노동으로만 상정함으로써 자본주의적 소외를 보지 못한다는 비판이다. 대상의 규정적 성격이 파악될 수 없기에 헤겔 또한 잠정적으로 국민경제학의 입장에 서 있는 셈이다(『수고』, 193~202). 고전 정치경제학의 유물론과 헤겔의 비대상적 유심론을 각각 지양하면서 맑스는 동물과 구분되는 인간의 발현적 속성을 '유적 존재'라는 개념을 통해 포착한다. 맑스에게 유적 존재는 인간이 자연의 일부지만, 인간의 고유한 생활은 동물의 생명 활동과 구분되는 사회적 존재로서 자유를 갖고 있음을 지시하는 개념이다.[8] 이러한 반환원주의적 인간관은 『경제학-철학 수고』(1843)에서 '욕

---

8 "또는 인간이 바로 하나의 유적 존재이기 때문에 그는 의식적 존재일 뿐이며, 다시 말해 그의 고유한 생활은 그에게 대상인 것이다. 바로 이 때문에 그의 활동은 자유로운 활동이다"(『수고』, 94). 이는 1845년 3월 쓰인 포이어바흐에 관한 6번 테제를 통해 더욱 명료해진다. "포이어바흐는 종교적 본질을 인간의 본질로 용해시킨다. 그러나 인간의 본질은 각각의 개체 속에 내재하는 추상물이 아니다. 인간의 본질은 그 현실에 있어서 사회적 관계들의 앙상블이다"(맑스, 1991b: 186). 포이어바흐의 용법을 수용한 것으로 알려진 '유적 존재'는 맑스 사상의 단절/연속성을 둘러싼 많은 논쟁을 유발해왔다. 하지만 『경제학-철학 수고』에서부터 이 개념은 물질과 정신을 아울러 "자연전체를 생산하는" 사회적 존재의 발현적 속성을 지시하고 있다. 즉, 동일한 용어를 사용하지만 그 내용은 포이어바흐의 유적 존재와는 처음부터 다르다. 이 차이는 "인간 속에 있는 본래의 인간 본질, 곧 유를 형성하는 것은 무엇인가? 그것은 이성, 의지, 마음(das Herz)

구의 인간적 본성'을 보지 못하기 때문에 사유재산의 저열한 현상형태에 멈춘다는 '조야한 공산주의'를 비판하는 입장이나(『수고』, 127), 『철학의 빈곤』(1847)에서 피에르 조셉 프루동(P. J. Proudhon)의 사회주의 및 당대 정치경제학자를 비판하는 입장과 연속성을 갖고 있다.[9]

둘째, '인간과 자연의 본질 통일'로서의 사회 개념과 함께, 자연과학과 인간과학의 통일이라는 하나의 과학을 향한 전망을 맑스는 '자연주의 또는 인간주의'라는 개념으로 표현한다. 이러한 사회적 존재론은 헤겔 및 헤겔 이후의 철학, 즉 관념론과 유물론 간 이항대립을 비판적으로 종합한다는 의미를 담고 있다.

> 여기에서 우리는 철저하게 관철된 자연주의 또는 인간주의가 어떻게 해서 관념론 및 유물론과 구별되며 동시에 이 양자를 통합하는 진리인지를 알게 된다. 동시에 우리는 어떻게 해서 자연주의만이 세계사의 행위를 개념적으로 파악할 수 있는지를 알게 된다(『수고』, 198).

> 사회 자체가 인간을 인간으로서 생산하듯이 사회는 인간에 의해 생산된다. 활동과 향유는 그 내용뿐만 아니라 그 현존 방식에서 보아도 사회적이며, 사회적 활동이며 사회적 향유이다. 자연의 인간적 본질은 사회적 인간에게서 비로소 존재한다. …… 그러므로 사회는 인간과 자연의 완전한 본질 통일이고 자연의 진정한 부활이며, 인간의 관철된 자연주의이고, 자연의 관철된 인간주의이다(『수고』, 130).

이다"(포이어바흐, 2008: 63)라는 포이어바흐의 언술에서 명확해진다.

9 프루동의 사회주의는 계급투쟁의 정치적 차원을 경제문제로 환원함으로써 노동자의 단결을 금지하는 경제학자들과 연합전선을 편 것에 다름 아니라는 비판이다. "경제학자들과 사회주의자들은 조합을 비난한다는 한 가지 점에서 견해를 같이하고 있다"(맑스, 1988b: 170).

"무엇보다도 '사회'를 또다시 추상으로서 개인에 대립시켜 고정시키는 일을 피해야 한다. 개인은 사회적 존재다"(『수고』, 131). 즉, 인간은 자연의 일부인 동시에 그것으로 환원되지 않는 사회적 존재로서의 본성을 갖는다. 이를 통해 맑스는 "사유와 존재는 구별되기는 하지만, 동시에 서로 통일"되어 있다는 결론에 도달한다(『수고』, 132). 이는 사회과학으로 이행하는 맑스의 논점을 이해하는 데 중요한 부분이다. 사유와 존재의 구별만을 강조하면 이원론의 경로를 답습하게 되고, 사유와 존재의 동일성만을 인정하면 기존 헤겔의 한계, 바스카가 말한 존재론적 일가성[10]의 문제를 극복하지 못한다. 맑스는 사회적 존재의 발현적 속성(사회적 존재의 층위)을 사고함으로써 양자를 '구별'하되 '통일'하는 비판적 자연주의의 경로를 노정하고 있는 것으로 보인다. 동시에 산업과 인간, 자연과학과 인간과학의 외면적 발전을 지양함으로써 인간해방에 기여하는 하나의 과학이 존재할 수 있다는 관점을 제시한다(『수고』, 139~140 참조). 오늘날 유행하는 학문적 용어로 말한다면, 이른바 '통섭적 관점'을 제안하는 것이다(이에 대해서는 이 책의 VII장에서 다시 다룰 것이다).

여하튼 이 맥락에서 중요한 쟁점은, 정치경제학 비판을 시작하던 파리 시절부터 그가 자연과학의 방법론을 깊이 받아들였고, 전체 지성사의 맥락 속에 그 혁명적 측면을 통합하고 있다는 점이다. 맑스는 엥겔스와 처음으로

10 존재론적 일가성(ontological monovalence)은 존재를 현존이나 순수한 실정성(positivity)으로 가정하는 인식론적 태도를 일컫는 것으로, 바스카가 헤겔의 주어-술어 전도를 비판하며 제시하는 개념이다. 그 현상은 실재를 긍정적으로 설명하려고 하면서 부정에 도달하기 위해 필연성을 초월(선험)적으로 연역할 경우 필연적으로 발생한다. 이때 존재론적·인식론적 우연성은 가려진다. 그 결과 지식의 긍정적 성격을 지나치게 강화함으로써 그 지식이 독단으로 흐르게 하는 이데올로기적 효과를 낳고 존재가 지식에 관한 진술로 환원되는 인식적 오류를 동반한다. 바스카는 존재론적 이가성(ontological bivalence)을 사고함으로써 이 문제를 극복하려고 한다(『변증법』, 377; 고창택, 2008: 6~7).

공동 저술한 『신성가족』(1845)에서 영국의 유물론과 모든 근대 실험 과학의 진정한 창시자는 프랜시스 베이컨(F. Bacon)이라고 말한다. 베이컨이 말한바 모든 과학은 '경험'에 기초하고 있으며 각각에 의해 얻어진 자료에 '합리적 연구방법'을 적용하는 활동이다. 귀납, 분석, 비교, 관찰, 실험 등은 그 합리적 방법의 중요한 형식이다(맑스·엥겔스, 1990: 205~206). 맑스가 베이컨과 로크에게서 찾아낸 과학적 유물론의 원리는 콜리어에 의해 실험과학의 선구적 원리로 잘 부각된 바 있다.[11] 이에 따르면 과학은 곧 관념론 또는 유물론의 일면적 발전과 상호 대립으로 설명될 수 없는, 합리주의와 경험주의가 결합된 지적 활동이다.

셋째, 맑스의 자연주의적 전제는 역사과학의 기획을 처음 포괄적으로 시사한 「독일이데올로기」(1846)에서 구체화된다.[12] 1장의 제목이 말해주듯, 포이어바흐 비판 또한 "유물론적 견해와 관념론적 견해의 대립"을 지양한다는 의미를 담고 있다. 여기서 주목할 쟁점은 ① 정신/물질의 관계에 대한 전통적인 설명을 기각하고 ② 이데올로기 비판의 방법론으로 경험론과 관념론을 비판적으로 종합하는 역사과학방법론의 단초를 제시한다는 점이다.

① 관념론과 유물론이 공유한 정신과 물질이라는 이항대립은 인간의 의

11 17세기의 고전적 경험주의의 선조인 베이컨과 로크는 버클리와 흄으로 대표되는 근대 경험주의의 전형에 잘 들어맞지 않는다. 특히 베이컨은 벌과의 비유를 통해 지식과 관련한 능동적인 작업을 강조했다는 점에서, 초월적 실재론의 선조로 해석된다(콜리어, 2010: 114~115). 맑스에 따르면, 전면적 발전의 맹아를 담고 있던 베이컨의 유물론은 홉스에 이르러 일면적이 된다. 즉, "모든 인간의 지식과 관념이 감각의 세계에서 기원한다는 베이컨의 기본 원리를 입증하지는 못했다. 이 원리를 입증한 것은 로크의 『인간오성론』"이었다는 것이다(맑스·엥겔스, 1990: 207~208). 실험철학의 선구자로서 베이컨에 대한 유의미한 고찰로는 Hacking(1983)을 참고하라.

12 1859년 「서문」에서 맑스는 "1845년 봄 우리의 견해를 공동으로 완성하고 우리의 과거 철학적 의식을 청산하기로 결의했다. 이 결심은 헤겔 이후의 철학을 비판하는 형태로 시행되었다"라고 쓰고 있다(맑스, 1989c: 8).

식이 '언어'라는 매개를 통해 처음부터 물질에 직접적으로 묶여 있다는 사실을 인지함으로써 극복된다. 동물과 달리 인간은 처음부터 언어를 통해 타인과의 관계 속에 존재하며, 그런 점에서 의식은 사회적 생산물이다.

> 이념들, 표상들, 의식 등의 생산은 무엇보다도 인간의 물질적 활동과 물질적 교류 속에, 현실적 생활의 언어 속에 직접적으로 연루된다. …… 인간은 그들의 표상들, 이념들 등등의 생산자들이지만, 그들은 그들의 생산력 및 그에 조응하는 교류의 특정한 발전 ― 가장 광범위한 교류 형태에까지 이르는 ― 에 조건 지어져 있는 현실적인 행동하는 인간들이다(「독이」, 201~202).

이는 사회적 객체가 인간들의 개념을 통한 행위에 의존한다는 내용으로, 비판적 실재론이 가정하는 사회적 존재론의 전제들이기도 하다.

② 관념과 물질, 정신과 자연이 긴밀하게 연루되어 이데올로기의 존재론적 근거가 도출되며, '경험적 고찰'의 방법론 또한 모색된다.

> 후자의 고찰 방식은 무전제적인 것이 아니다. 이 고찰 방식은 현실적 전제들에서 출발하여, 그 현실적 전제들에서 한시도 눈을 떼지 않는다. 이 고찰 방식의 전제들이란 어떤 환상적 격리와 고정 속에 있는 인간들이 아니라, 특정한 조건들 아래의 현실적인, **경험적으로 일목요연한** 발전 과정 속에 있는 인간이다. 이러한 활동적 생활과정이 표현되자마자 역사는, **경험론자들** ― 그들 자신이 아직 추상적인 ― 의 경우처럼 죽은 사실들의 집적이기를 멈추고, 혹은 **관념론자들**의 경우처럼 상상된 주체들의 상상된 행동이기를 멈춘다(「독이」, 202~203, 강조는 필자).

경험론과 관념론의 일면성을 비판하는 논조는 1842년 역사법학파의 실증주의 비판 및 1843~1844년 헤겔 법철학 비판에서 이미 시작된 것으로, 맑스의 '비판'에서 핵심적인 두 축을 구성한다. 물론 여기서 구체적인 방법론이나 연구기술을 구체적으로 제시하고 있지는 않다. 그러나 '이데올로기와 대립해서 사용하는 이 추상들의 사용'과 '역사적 실례를 통한 설명'[13]이라는 진술을 통해 이후 「1857년 서설」과 『자본론』(1867)의 방법론과 연속성을 갖는 맑스 역사방법론의 기본 윤곽이 시사되고 있음을 알 수 있다.

즉, 특정한 역사적 발전 과정 속에 있는 인간 – 사회 속의 인간 – 이라는 전제는 표상과 사유에서 출발하는 기존의 관념론적 접근 방식과 구분되는 출발점이다. 다른 한편 이는 역사를 죽은 사실들의 집적으로 다루는 경험론의 접근 방식과도 구분된다. 여기서 "현실적이고 실증적인 과학, 인간들의 실천적 실행 및 실천적 발전 과정의 서술이 시작"된다(「독이」, 220). 실증과학 – 추상들의 사용과 실례를 통한 설명 – 을 통해 자립적인 철학의 자리는 비로소 현실적인 앎으로 대체된다. 생산양식과 교류 형태, 즉 시민사회를 역사 전체의 기초로서 파악하고 모든 관념의 형성 과정을 시민사회에서부터 추적하는 새로운 역사 파악은, 사태를 그 총체성 속에서 표현하는 것이다. 다시 말해 역사과학은 연역이나 귀납이 아니라 현실적 관계들 – 즉, 사회구조 – 이라는 전제에서 출발해 대상을 고찰할 때 혁명적 실천에 기여할 수 있으며, 자연사와 역사의 대립 또한 해소될 수 있다(「독이」, 220~222). 또한 이론과 실천 간 긴밀한 매듭은 설명적 비판의 기본 전제인바, 관념론과 경험론 각각을 지양하는 실재론적 관점이 구체적인 사회적 관계에 대한 설명을 과제로 역사연구방법론과 접목되는 계기를 여기서 발견할 수 있다. 맑스

13 여기서 맑스가 이데올로기적 방법에 대립해서 사용하는 '실증과학'의 용법이 분명해진다. "자립적인 철학은 현실의 서술과 더불어 그 존재 매개를 상실한다. …… 우리는, 여기에서 우리가 이데올로기와 대립해서 사용하는 이 추상들 가운데 몇 가지를 뽑아서, 그것들을 역사적 실례에 비추어 설명할 것이다"(「독이」, 203. 강조는 필자).

에게 경험론과 관념론 각각을 지양하는 '과학' 방법은 곧 '이데올로기 비판'의 방법론이 된다.

맑스는 『자본론』(1867)에서도 자연과학의 추상적 유물론이 역사와 사회에 바로 적용되어서는 안 된다는 문제의식을 일관되게 견지하고 있었다. 왜냐하면 잠바티스타 비코(G. Vico)가 말하듯, "인간의 역사는 우리가 만들었지만 자연의 역사는 그렇지 않다는 점에서 양자는 차이가 있기 때문이다. 자연과학의 추상적 유물론 – 즉, 역사와 역사적 과정을 배제하는 유물론 – 의 결함은, 그 대변자들이 일단 자기의 전문 영역 밖으로 나왔을 때에 발표하는 추상적이며 관념론적인 견해에서 곧 드러난다"(『자본론』 I, 501).

나아가 "자연에 대한 이러한 특정의 태도는 사회형태에 의해 조건 지어지며, 그 역도 마찬가지다. …… 자연과 인간의 통일성은, 자연에 대한 인간의 협소한 태도가 인간 상호 간의 협소한 토대를 조건 짓고 인간 상호 간의 협소한 태도가 자연에 대한 인간의 협소한 태도를 조건 짓는 식으로 나타나는바, 이는 바로 자연이 역사적으로는 별반 변모되지 않는다는 점 때문"이라는 맑스의 방주는 중요한 의미를 갖는다(「독이」, 211). 이는 사회적 존재가 자연적 존재와 달리 관계 의존적이며 시공간 의존적이라는 비판적 실재론의 사회적 존재론, 즉 관념론과 유물론, 자원론과 결정론 그 어느 쪽으로도 환원되지 않는 관계적 사회실재론의 관점을 선취하고 있는 것이다.

3. 뒤르케임의 사회학적 자연주의: 도덕론과 경제학의 이항대립을 넘어

이제 뒤르케임의 사회학적 자연주의가 품고 있는 전제들을 살펴보자. 많은 해석자는 뒤르케임의 철학적 관점이 오해받는 원인으로 초기 논문들의 중요성이 간과되었다는 점과 『사회학적 방법의 규칙들』(이하 『규칙들』)이 지나치게 강조된다는 점을 들고 있는데, 이는 일견 타당한 지적으로 보인다(Wallwork, 1972; 한영혜, 1983: 28; Miller: 1996: 47). 이는 초기 저술부터 분명하게 설정된, 모든 '이원론적 편견'을 극복하겠다는 문제의식 자체의 명료함 때문이다.[14]

맑스에게 관념론과 유물론의 낡은 안티테제로 표현된, 인간과 자연의 분열의 문제는 뒤르케임의 맥락에서 칸트주의와 공리주의의 갈등으로 나타난다.[15] 이는 당대 경제학의 유물론과 도덕론의 관념론 사이에 이항대립을 나타내는 다른 표현이었고, 19세기 말 프랑스에서 철학적 논쟁이 과학적 논쟁으로 확대되는 국면에서 등장한 상호배타적 일면화, 환원주의/반환원주의 논쟁의 연장선상에 있는 것이기도 했다. 특히 1870~1871년 보불전쟁에서 굴욕적으로 패배한 이후 프랑스의 문제들에 실재론적 사회학의 접근이 요

---

14 「셰플레에 대한 리뷰(Revie of Albert Schäffle, Bau und Leben des Sozialen Körpers: Erster Band)」(1885)와 『독일에서의 도덕에 대한 실증과학(La science positive de la mo rale en Allemagne)』(1887) 등의 저술을 통해 뒤르케임의 사회적 존재론에서 중요한 지위를 점하는 인간학의 위상을 파악할 수 있다. 또한 그의 스승 가운데 한 명인 퓌스텔 드 쿨랑주(N. D. F. de Coulanges)에게 헌정한 라틴어 논문, 『몽테스키외와 루소: 사회학의 선구자들(Montesquieu and Rousseau: Forerunners of Sociology)』(1892)은 초월적 실재론과 비판적 자연주의의 골격을 압축적으로 보여주는 중요한 저술로 『규칙들』에 못지않은 방법론적 가치를 갖고 있다.

15 경제학의 공리주의 비판과 함께 칸트의 지식/도덕이론과의 비판적 대화는 그의 초기 저작에서 비교적 후기 저술에 해당하는 『종교생활의 원초적 형태』에 이르기까지 중심축을 이루고 있다. "그러므로 한편으로는 과학, 다른 한편으로는 윤리와 종교를 나누어 놓고 이것들 사이에 이율배반이 존재한다고 하는 것을 사람들이 자주 인정하기는 했지만, 그것은 결코 진실이 아니다. 왜냐하면 인간 활동의 이러한 두 형태는 사실상 유일하고도 동일한 근원에서 파생되어 나온 것이기 때문이다. 칸트도 이것을 잘 이해하고 있었다. 그래서 그는 같은 기능의 두 가지 다른 양상을 사변적 이성과 실천 이성으로 나누었다. …… 칸트 철학설이 설명하지 못한 것은 인간에게 나타나는 이러한 모순의 일종이 어디에서 기인하는가 하는 것이다"(뒤르케임, 1992: 610. 강조는 필자).

청되었고, 프랑스의 주도적 과학자들은 환원주의에 대항해 유사한 형태의 '제한된 자연주의(qualified naturalism)'에 도달하고 있었다.[16] 뒤르케임 또한 모든 형태의 선통적인 환원주의에 반대하면서, "자연과학의 정신적 태도로 접근"하되 "다른 영역으로 사회 영역을 흡수시키는 경향이 아니라, 반대로 그것이 실천하는 자연주의가 사회학적이라는 독특함을 필히 유지"하는 자연주의를 "사회학적 자연주의"라고 불렀다(Durkheim, 1973a: 18). 이 '환원 불가능한 실재'에 대한 탐구는 뒤르케임의 작업 전반을 관통하는 핵심적인 주제가 된다.

왜 프랑스에서 이러한 형태의 사회학 전통이 가능했는가? 뒤르케임은 과학에 앞서 행위하는 인간이 있었음을, 프랑스혁명이라는 역사적 실천이 있었음을 확고히 한다. "프랑스혁명의 원리들은 과학에 의해, 과학을 위해 창조된 것이 아니라 바로 삶의 실천들의 결과였다"(Durkheim, 1978c: 35). 사회학은 "혁명의 폭풍우가 지나갔을 때 마치 마법처럼 형성되었다"(Durkheim, 1973a: 6). 그러나 스펜서와 알프레드 에스피나(A. Espinas)의 유기체적 사유를 거쳐 가브리엘 타르드(G. Tarde)의 명목론에 이르러서는 필연성을 부정하는 새로운 조류가 발생했다. 이러한 조류는 "인간과 사회를 자연 밖에 놓고, 자연과학과 유사성 없이…… 별도의 인간 삶의 과학 분과를 만들고자 하는 일반적 경향"이었다(Durkheim, 1973a: 5). 이는 과학으로서의 사회학의

---

16 이러한 환원주의에 대항한 부트루의 도약은 괄목할 만한 것이었다. 고등사범학교(Ecole Normale Superieure) 시절 뒤르케임의 존경하는 스승 부트루는 한편으론 이원론의 환원주의에 대항해 물질적 요소나 생물학적 진화로 환원되거나 설명될 수 없는 이성 또는 정신의 영역이 실재한다고 주장했다. 부트루와 다른 관념론자들은 경험과학의 가정과 방법을 분석함으로써 새로운 과학적 세계관과의 협정을 추구하기 시작했다(Wallwork, 1972: 10). 뒤르케임은 부트루에게서 상이한 수준의 현상들 간의 불연속성을 강조하는, 즉 하나의 분석수준에서 다른 분석수준으로 이행할 때 나타나는 새로운 측면들 — 발현(emergence) — 을 강조하는 과학철학의 접근법을 배웠다.

지위에 대한 위협인 동시에 역사적으로 진전된 합리성의 심각한 퇴행을 의미하는 것이었다. "신비주의는 지적 영역에서는 몽상의 지배 속에 있기 때문에, 실천적 영역에서는 아나키의 지배"로 이어지기 때문이다(Durkheim, 1978d: 188).

다시 말해 전통주의의 약화와 합리주의의 정신 속에서 혁명은 진전되지 않았고, 이성을 회의하는 흐름에 직면해 합리주의는 재구성되어야만 했다.[17] 이성의 법칙에 사회적 사실들의 영역을 복속시키기 위해서는 데카르트와 함께 데카르트를 넘어서야 한다는 것이다. 그러한 점에서 뒤르케임은 자신의 시대를 '비판적 시기(critical period)'라고 불렀다.[18] 이를 위해서는 무엇보다 이원론적 편견들이 우선 극복되어야만 했고, 방법에 대한 새로운 재정립이 요청되었다.

---

17 뒤르케임의 맥락에서 합리주의는 인식론적 변증법과 동일한 맥락에서 사용된다. "합리주의는 하루 또는 주어진 시간 내에 지식의 완성을 필수적으로 의미하지 않는다. 합리주의가 가정하는 유일한 것은…… 과학의 진보에 제한을 가할 어떠한 이유도 없다는 것이다. …… 이 지점이 우리의 피에 흐르고 있는 데카르트주의와 완전히 동떨어진 것은 아니다. 우리는 완고한 합리주의로 남아 있어야 하지만 단순주의에서 벗어나야만 한다. …… 합리주의는 사물의 복잡성의 감각으로 물들어가야만 한다"(Durkheim, 1961: 265. 강조는 필자).

18 생시몽에 이어서 콩트는 인류 사회·문명의 3단계가 다시 ① 유기적 시기와 ② 비판적 시기로 나누어진다고 관찰하고 이를 이론화했다. '유기적 시기'는 각 단계의 전반기에 해당하는 시기로 사회의 이론적(정신적) 측면과 실제적(실천적) 측면을 비롯해 사회 여러 부문이 유기적으로 잘 조화된 조직적 시기다. '비판적 시기'는 각 단계의 후반기에 해당하는 시기로 이론적(정신적) 측면과 실제적(실천적) 측면을 비롯해 사회조직의 각 부문의 협동과 화합이 해체되고 정신적 지도 집단의 비판을 선두로 해서 갈등과 비판이 활발하게 일어나는 해체적 시기다. 즉, 과학적 지식이 진보함에 따라 정신적 지도 세력의 진보적 지식이 세속적 권력과 불일치하거나 부조화를 현저하게 일으키면, 기존 사회체제에 대한 정신적·세속적 사회성원들의 격렬한 비판과 인류의 지식의 진보에 합치되는 신질서가 추구되어 다음 단계로 이행된다는 것이다(신용하, 2012: 190~191; 서호철, 1999: 50~51 참조).

인간과 사회를 자연 밖에 놓아두려는…… 이러한 장애를 극복하기 위해서는, 이원론적 편견을 돌파하는 것이 필수적이었다. 그리고 그것을 행하는 유일한 방식은 인간 지식이 통합되어 있다는 생생한 느낌을 갖고 제공하는 것이었다(Durkheim, 1973a: 5).

이제 모든 '이원론적 편견(dualist prejudice)'의 극복은 뒤르케임 사회학의 핵심 과제로 설정된다.[19]

초기 저술에서 윤곽을 드러낸 뒤르케임의 비판적 자연주의도 서로 연관되어 있는 세 가지 쟁점을 중심으로 살펴볼 수 있다. 첫째, 당대 칸트주의 도덕론과 공리주의 경제학이 공통적으로 인간과 자연 사이에 설정한 이원론적 편견에 대한 비판, 둘째, 방법론의 자율성과 통일을 아울러 고려하는 실재론적 과학관, 셋째, 공리주의 경제학 및 칸트주의 도덕론이 공유한 방법론적 개인주의 비판에서 윤곽을 드러내는 도덕과학, 곧 자연주의 윤리학의 문제의식이다.

첫째, 도덕과 경제, 인간과 자연이 단절되었다고 설정하는 이원론적 편견에 대한 비판은 뒤르케임을 프랑스 학계에 천부적인 재능이 있는 학자로 정평이 나게 만든 『독일에서의 도덕에 대한 실증과학』의 중심 논제가 된다.[20]

많은 논자가 강조하듯, 뒤르케임의 사회학적 문제설정은 기본적으로 프

---

19 『프래그머티즘과 사회학(Pragmatism and Sociology)』(1914)에서도 전통적인 이원론에 대한 반대는 다음과 같이 표현된다. "주체와 객체, 표상된 것과 표상, 사물과 사유의 특성은 극도로 중요하지만 기능적인 형태의 구분일 뿐이고, 고전적 이원론에서 표상되어왔던 것처럼 존재론적인(ontological) 것이 아닌 실용적 구분(practical distinction)을 의미한다. 오직 하나의 실재는 두 가지 구분되는 경험의 관점에서 이해된다"(『실사』, 42).

20 이하의 논의는 로버트 톰 홀(R. T. Hall)이 영역한 『윤리학과 도덕 사회학: 도덕 과학에서의 혁명(Ethics and the Sociology of Morals: The Revolution in Modern Science)』(1993)을 참조한다.

랑스의 정치경제학과 그것에 강한 영향을 미치고 있는 스펜서의 자유주의적 조류와 대화하며 형성되었다. '교수 공화정'이라는 별칭이 붙었던 프랑스 제3공화정의 출발점에서 공화주의적 신념을 가진 지식인들이 우선적으로 시작한 작업은, 사회구성원 각자가 자신의 개인적 이익을 추구하는 행위를 하는 가운데 자연스럽게 공익이 실현된다고 주장하는 '자유방임주의' 이론을 비판하는 것이었다.[21] 이는 영미식 사회발전 모델에 대한 비판이었고, 뒤르케임 역시 당대 학계를 휩쓸고 있던 영국의 고전경제학과 싸워야 했다. 영국의 경제학과 나눈 비판적 대화가 그로 하여금 그 학문의 접근 방법에 동의할 수 없게 했고, 마침내 거기에 맞서는 사회학이라는 새로운 학문을 세우도록 이끌어갔다고 할 수 있다(홍태영, 2001; 2002; 민문홍, 2012a: 77~78). 뒤르케임이 독일 경제학자들의 사회경제학을 검토한 이유 또한 사회를 사적 이해관심의 총합으로만 이해하는 공리주의를 공략하기 위한 것이었고, 경제와 도덕의 이분법을 넘어서는 통찰을 프랑스의 제 문제들에 접목시키기 위한 것이었다.[22] 그가 독일 경제학자들에게서 발견한 사회실재론의 중요한 함의는, 경제가 더 이상 도덕과 분리된 자율적인 영역으로 이해될 수 없다는 점이었다(Durkheim, 1993: 58~59).

경제와 도덕 사이에 설정된 이분법은 곧 자연/인간의 이원론적 편견에 뿌리를 내리고 있는 것으로 이는 당대 도덕 이론에서도 마찬가지로 표현되

---

21 제3공화정에 '과학자 공화정' 또는 '교수 공화정'이라는 별칭이 붙은 것은 공화정의 주요 정치 지도자 가운데 많은 사람이 학문적인 훈련을 받은 지식인이었기 때문이다(티리어키언, 2015: 47).

22 1885~1886년 독일 유학의 성과를 집필한 1887년 저술의 1장 「경제학과 사회학자들」에서는 당시 '아카데미 사회주의자들'이라고 불렸던 칼 멩거(K. Menger), 구스타프 폰 슈몰러(G. Schmoller), 아돌프 바그너(A. Wagner), 알베르트 셰플레(A. Schäffle) 등 '신경제학파(New Economic School)'와 '맨체스터학파(Manchester School)'로 불리는 장 바티스트 세이(J. B. Say), 프레드릭 바스티아(F. Bastiat) 등의 '정통 경제학(orthodox economics)'의 경제이론 및 방법론이 비판적으로 검토된다.

었다. "프랑스에서는 오직 두 가지 형태의 도덕 이론, 한편에서는 관념론자들과 칸트주의자의 그것이며, 다른 한편에서는 공리주의자의 그것"만이 존재한다는 것이다(Durkheim, 1993: 57). 양자 공히 존재의 연속된 층에 엄격한 단절이 있다고 설정한다. 결국 그들에게 "자연이라는 단어는 인간을 뺀 자연을 지시"한다(Durkheim, 1993: 77). 정통 경제학자들과 칸트학파의 도덕론자들이 정치경제를 도덕 밖에 놓아둔다면, 각각은 어떤 연결도 없는 두 세계를 연구하는 것으로 보기 때문이다. 그러나 그릇과 내용물의 관계처럼, "만일 우리가 경제 발전에 개입하는 도덕적 원인을 무시한다면, 경제 발전에 대해 완전히 그릇된 관념을 갖는 것이다"(Durkheim, 1993: 67).

이는 『사회주의와 생시몽(Socialism and Saint-Simon)』(1958)에서도 당대 정치경제학 및 사회주의를 비판하는 논거가 된다.[23] 뒤르케임이 볼 때 경제학과 사회주의는 동일한 사회상태와 원천 — 산업주의의 사회적 조건이라는 — 을 공유한다. 그러나 경제학자들이 산업생활을 단지 산업적 이해관계의 산물로 환원한다면, 생시몽에게 경제생활은 곧 사회적 사물(social thing)이라는 점에서 차이가 있다. 생시몽은 "산업이 사회화되지 않는다면 사회는 산업적이 될 수 없다"라는 점을 분명히 알고 있었다. 뒤르케임은 여기서 어떻게 "산업주의가 논리적으로 사회주의로 귀결되는지"를 볼 수 있다고 말한다(Durkheim, 1958: 141). 하지만 뒤르케임은 생시몽의 과학적 전제, 즉 자연주의의 전망에 동의하지만 산업이 그 자체로 해방의 동력이라는 생시몽의 실천적 결론에 동의하지 않는다. 생시몽은 인간 존재가 동물의 욕구로 환원되지 않는 다른 발현적 속성을 지닌다는 점을 놓침으로써(Durkheim, 1958:

23 이 책은 1895~1896년 사이에 개설했던 사회주의에 대한 수업의 강의록을 마르셀 모스(M. Mauss)가 묶어 1928년 『사회주의론(Le Socialism)』이라는 제목으로 출간되었다. 이후 굴드너의 서문이 실린 이 책의 영역본이 1958년 『사회주의와 생시몽』이라는 제목으로 출간된 바 있다.

197~203 참조), 경제학자들과 마찬가지로 산업주의라는 해결책의 불충분함을 깨닫지 못했다는 비판이다.[24]

인간과 동물을 가르는 차이점은 '언어', 그리고 이와 긴밀한 연관을 맺고 있는 '제도'에 있다. 언어는 사고가 입은 옷과 같아서, 개별적 의식과 사회적 의식의 가능 조건이 된다. 제도와 언어는 특수한 자연인 인간의 존재론적 속성을 구성하며, 언어의 개념성과 보편성은 사회성의 조건이 된다.[25] 뒤르케임은 『규칙들』 2판(1901) 서문에서 사회학을 "제도와 제도의 발생, 제도의 기능에 관한 과학"으로 재정의한다. 여기서 '제도'라는 말은, 집합체에 의해 만들어진 모든 믿음과 행위양식을 지칭한다(『규칙들』, 44). 뒤르케임에 따르면 사회의식을 마음에 품는 것은 '믿음(faith)' 때문이다. 끊임없는 상호작용 속에서 상징들의 변화를 통해 개별의식들은 서로에 침투하고 우리는 어떤 연대의 감각을 갖는다(Durkheim, 1978a: 107).

「셰플레에 대한 리뷰」에서도 풍부하게 드러나는 바, 그가 셰플레에게 깊이 공감했던 부분은 사회의 본성은 연대에 있다는 도덕 실재론이었던 것으로 보인다. 이를테면 뒤르케임은 셰플레의 유추를 생물학의 직접적 적용으

---

24 따라서 뒤르케임은 문제가 제기되는 방식 자체가 "과학을 통해 경제적 삶을 규제할 수 있는 도덕적 구속을 발견하는 것, 그리고 이러한 규제를 통해 이기심을 통제하고 따라서 욕구를 충족시키는 것"으로 변화해야 한다는 실천적 결론에 도달한다(Durkheim, 1958: 240).

25 "이 제도들은 언어의 존재가 가능하게 하는 것이며, 언어 그 자체는 제도의 한 사례다.…… 제도들의 현존은 인간 사회의 독특한 특징이며, 따라서 사회학 고유의 주제다"(Durkheim, 1982j: 248. 강조는 필자). "우리는 언어를 학습하면서 말만 배우는 것이 아니라, 수세기에 걸친 인간의 경험을 요약하고 있는 여러 가지 관념의 분류체계도 배우며 또한 이러한 분류체계의 근원이 되는 인간의 모든 노력의 산물을 전수받는다. 더욱 중요한 것은 언어가 없다면 우리는 공통 사상을 가질 수 없을 것이며, 언어는 인간이 개념을 편리하게 사용할 수 있도록 일관성을 부여해주며, 우리로 하여금 단순한 감각의 세계를 넘어설 수 있도록 해준다는 점이다. 따라서 언어가 사회적이라는 것을 설명할 필요를 느끼지 않는다"(Durkheim, 2006: 84).

로 평하는 알프레드 푸예(A. Fouillkée)를 논박하며 유기체적 '유추'는 단지 '은유'일 뿐 셰플레가 명백히 실재론자임을 지적한다. 스펜서와 에스피나가 단지 인간과 동물의 차이만을 보는 시섬에서, 셰플레는 개별 유기체와 사회 유기체가 대비되는 모습을 본다. 맑스의 초기 정치경제학 비판이 겨냥하듯, 동물과 인간 사이의 연속성만 보면 환원주의의 오류에 빠지게 되고, 양자 사이의 단절만 보면 자원주의의 오류에 빠지게 된다. 사회라는 실재만을 인정하면 실체론적 사회실재론의 오류에 빠지게 되고, 개인만을 인정하면 사회명목론의 오류에 빠지게 된다. 뒤르케임은 셰플레의 존재론으로부터 양극단의 오류에 빠지지 않는 관계적 사회실재론과 사회학적 자연주의의 기본 구도를 구축하고 있는 것으로 보인다.

뒤르케임의 맥락에서 관계적 사회실재론은 자연 안에 있는 사회가 관계들의 네트워크로 구축되며 집단적으로 공유된 신념과 규범을 발생시키는 하나의 전체로 존재한다는 가정에 의존한다. 이 속에서 연합된 개인들의 상호작용은 화학적 요소가 새로운 종합을 통해 결합되는 것과 마찬가지로 발현적 속성을 생성한다(Wallwork, 1973: 18). 뒤르케임도 사회적 객체가 관계·행위·개념·시공간에 의존적이며, 믿음 의존적이라는 비판적 자연주의의 관점을 공유하고 있는 것이다.

둘째, 뒤르케임의 전 작업을 관통하는, 방법론을 통일하고 사회학의 자율성을 모색하려는 시도는 일찍이 1883~1884년 상스(Sens)에서 강의하던 시절부터 시작된 것으로 보인다.[26] 뒤르케임은 프랑스의 지적 전통 속에서 맑

26 뒤르케임은 1883~1884년 당시 상스 고등학교의 철학교사로 재직했는데, 이때 그의 수업을 수강했던 앙드레 랄랑드(André Lalande)의 수업 노트가 1995년 소르본 대학 도서관에서 발견되면서 이 노트를 토대로 『뒤르케임의 철학 강의(Durkheim's Philosophy Lectures: Notes from the Lycee de Sens Course: 1883~1884)』(2004)가 만들어졌다. 이때 제시된 분과학문의 재분화와 재통합이라는 문제의식은 이후에도 연속성을 갖고 전개된다. 자세한 논의는 「사회학 강의(Course in Sociology: Opening Lecture)」

스에 비해 빨리 과학적 실재론에 도달했고, 상스에서 한 강의는 18세기 프랑스 아카데미 철학을 지배했던 빅터 쿠쟁(V. Cousin)의 절충주의(eclecticism) 및 회의주의의 유산과 대결하는 것을 핵심적인 주제로 하고 있다. 뒤르케임은 철학의 기준으로 '상식'을 제시하는 절충주의에 대항해 실험생리학의 선구자인 클로드 베르나르(C. Bernard)를 따라 진정한 철학의 방법은 '실험'이라고 주장한다. 실험은 정신이 진실이라 가정하는 것을 확고히 하기 위해 사전에 형성된 관념을 확인하려는 목표로 관찰을 행하는 것이다. 이는 연역적 방법과 경험적(귀납적) 방법의 중간 경로를 취한다. 관념론자들에게는 정신이 모든 것이다. 반면 경험론자들에 따르면 관찰이 모든 것이다. 그러나 철학은 하나의 과학이며, 진정한 과학은 관찰에 의해서만 지탱될 수는 없다. 정신은 방법의 혼이며, 사실을 존중하는 일에 실패하지 않는다. 그렇다면 철학과 과학의 관계는 무엇인가? 그것은 보편적인 것과 특수한 것의 관계 속에 위치한다. 실증과학에서 연구되는 대상들을 관통하는 지식의 법칙을 연구하는 것이 철학이다. 이 관계를 부정하면, 모든 실증과학은 주관성에 속한 것이 된다. 철학은 실증과학이 의존하는 설명적 절차를 연구하며, 이것이 우리가 방법론이라고 부르는 논리 연구의 중요한 일부다(『철강』, 37~44).

여기서 그가 말하는 개별 과학을 아우르는 방법론으로서의 철학은, 현대적 용어로 말하면 과학철학을 의미하는 것은 분명해 보인다. 여기서 본격적인 학문 활동 이전부터 그의 실재론적 과학관의 얼개가 제시되고 있음을 알 수 있다. 과학은 설명을 통해 삶을 개선하는 것을 궁극적 목표로 하는 활동이다. 이 점에서 "과학은 지성적 존재와 사물들 사이의 투쟁"이라 할 수 있다(『철강』, 41). 극단적인 명목론을 거부하면서, 버클리보다는 에티엔 콩디

(1888), 「사회학과 사회과학들(Sociology and Social Sciences)」(1909)을 참고하라.

야크(E. B. de Condillac)를 출발점으로 택해 과학은 언어 없이는 불가능하다고 주장한다. 스펜서와 존 스튜어트 밀(J. S. Mill)의 경험론에 대항해 그는 이러한 개념들이 외석 경험에서부터 구성될 수 없다고 주장하면서도, 내적 경험에서 범주들을 끌어내고자 하는 시도 또한 거부한다. 또한 멘드비랑(Maine de Biran)을 따라 흄의 인과개념에 반대한다(『철강』, 57~59). 뒤르케임은 이러한 자신의 입장을 "외부 세계가 실재로 존재한다고 주장"하는 "실재론적 독트린"이라고 말한다(『철강』, 85).

그가 말한 '실재론'이나 '합리주의' 입장의 요체는 "관념작용(ideation)의 능력"이 "조건과 원인이 발견될 수 있는 자연적 능력"이라는 생각에 있었다(『사철』, 96).[27] 다시 말해 정신 현상은 자연 현상의 일부이며, 새로운 종합을 형성하는 특수한 자연 현상이다. 이 전제는 이상에 대한 탐구를 본령으로 하는 도덕과학의 기본 기획을 구성한다. 이념과 이상도 실재의 일부가 되는 것이다. 물론 아직 뒤르케임은 관념작용의 조건을 사회에서 찾고 있지는 않다. 그러나 정신 현상, 가령 종교 현상을 사회현상으로 다루어야 한다는 생각은 2년 뒤에 집필한 「스펜서에 대한 리뷰(Review of H. Spencer, Ecclesiastical Institutions)」(1886)에서도 분명히 시사된다. 그리고 관념론과 경험론 각각의 불가능성에 기초해 사회과학적 탐구 방법을 수립하는 논증은 26년 뒤에 쓰인 『종교생활의 원초적 형태』(1912, 이하 『형태』)의 서론에서도 일관되게 견지된다.[28]

---

27 '실재론 = 정신주의 = 합리주의'라는 개념상의 혼용은 1895년 『규칙들』로 이어지고, 1898년에 가서야 '사회학적 자연주의'(1953a; 1978c), 또는 '초정신주의'(1953a)라는 말로 정착된다. 그러나 용어상 혼란이 있긴 했지만, 내용상 맥락에서 큰 차이가 있다고 보기는 어려울 것이다.

28 『형태』의 서론에서 뒤르케임은 추론을 감각적인 경험 자료로 환원하는 경험주의를 비판한다. "이러한 조건하에서 이성을 경험으로 환원시키는 것은 곧 이성을 사라지게 하는 것이다. 왜냐하면 그것은 이성의 특징인 보편성과 필연성을 순수한 외관, 다시 말해

셋째, 사회과학의 자율성을 모색하려는 시도는 당대 경제학의 방법론적 개인주의를 비판하는 부분에서 명확해진다. 경제학자들이 통상 행하는 방법은 정치경제학의 정확한 대상을 폐지하는 결과를 가져왔다. 강단 사회주의자들을 반박하기 위해 경제학자들은 집합적 기능이 존재하지 않는다는 것을 필수적으로 입증해야 했고, 이를 위해 우선 사회는 개인들의 집합일 뿐이라는 것을 증명해야만 했다는 것이다(Durkheim, 1993: 65~66). 또한 경제학자들이 상정한 형식논리학적 '법칙'은 콩트의 '자연법칙' 개념이 아니라, 사실의 관계와 무관한, 개념들 사이에 순수한 논리적 연결일 뿐이다.

> 콩트에 의해 이해된 자연법칙(natural law)의 개념이 경제학에 알려지지 않았다는 것은 사실 분명하다. …… 그것은 사물들(things) 사이에서 객관적으로 관찰 가능한, 사실들 사이의 관계(relationships)를 의미하는 것이 아니라 전적으로 이데올로기적 유행 속에서 형성된 개념들 사이의 순수한 논리적 연결을 의미한다. 경제학자들의 과제는 실재(reality)에서 무엇이 발생하는지를 발견하거나 원인들(causes)에서 도출된 일정한 성과들을 확정해서 조사하는 것이 아니라, 가치, 효용, 희소성, 공급, 수요와 같은 순전히 형식적인 개념들을 정신적으로(mentally) 결합시키는 것이었다(Durkheim, 1982d: 179).

서 환상으로 환원시키는 것인데 이러한 환상이란 실제적으로 유용할 수는 있지만 실체의 그 어느 것과도 일치하지 않기 때문이다. …… 고전적인 경험주의는 결국 비합리주의로 귀착하게 된다. 아마도 이 비합리주의란 명칭이 그러한 환원을 지칭하는 데 적합한 말일 것이다." 반대로 수정된 "선험주의자들은, 그 명칭에 부여되고 있는 통상적인 의미에도 불구하고 사실을 더 존중한다. …… 그들은 경험을 초월하고 경험에 직접적으로 주어진 것에다 무엇을 덧붙이는 어떤 능력을 정신에 부여해야만 한다"(뒤르케임, 1992: 38). 이렇게 경험을 넘어서서 초사실적 논증을 가능하게 하는 이성의 능력을 뒤르케임은 "범주들의 사회적 기원"에서 찾는다(뒤르케임, 1992: 39). 이것이 『형태』에서 뒤르케임이 '역사'를 관찰하는 이유다.

> 경제학은 엄밀한 의미에서 법칙을 거의 가지지 않는다. 일반적으로 '법칙'이라 부르는 것조차 그것이 행동에 단순한 격언이나 실천적 교훈으로 위장되어 있기 때문에 그러한 명칭에 거의 부합하지 못한다. …… 그러나 이와 같은 매우 논리적인 필연성은 참다운 자연법칙이 보여주는 필연성과는 전혀 다르다. 자연법칙은 사실들이 실재(reality)에서 상호 결합된 것에 따른 관계성(relationships)을 나타내는 것이지, 사실들이 어떻게 결합되는 것이 좋다는 방식으로 표현하지 않는다(『규칙들』, 81~82 부분적으로 수정함).

이러한 진술은 실증주의적 '법칙' 개념과 다른 법칙관을 보여주는바, 콩트와 뒤르케임의 용법에서 '법칙'은 논리적 필연성이 아니라 사물들의 자연적 필연성, 즉 인과관계나 원인을 규정하는 것을 의미한다. 사실과 사물(things), 사실들(facts)의 심층 실재에 자리한 원인(causes)이나 관계(relationships)를 구분하는 입장은 후기 저술은 물론 『사회학적 방법의 규칙들』을 끌고 가는 암묵적인 존재론이기도 하다.[29]

이러한 관점에서 경제학자들의 방법은 정당한 '추상'의 방법이 될 수 없다. 뒤르케임은 사회학의 특정 분야에서 두드러진 이러한 방법이야말로 이데올로기적 방법이라고 말한다(Durkheim, 1982b; 168; 『규칙들』, 78). 이와 달리 "추상은 실재를 사라지게 만드는 것이 아니라, 실재의 일부를 고립시키는 것에 그 특징이 있다"(Durkheim, 1993: 66). 이때 맑스가 그러하듯 뒤르케임의 용법에서도 관찰될 사실들에 기초한 '추상'과 '이데올로기적 방법'을 대비하는 경향이 뚜렷해진다.

---

29 예컨대 뒤르케임은 「역사학과 사회학에서 설명에 관한 논쟁(Debate on Explanation in History and Sociology)」(1908)에서 '법칙'과 '원인'을 구별하려는 샤를 세뇨보(C. Seignobos)의 사례기술적 역사방법론을 논박한다. 이는 곧 인과적 설명을 포기하는 것과 마찬가지라는 것이다(Durkheim, 1982f). 법칙의 다양한 용법에 대해서는 차머스(Chalmers, 2003)의 14장을 참고할 것.

왜 사회과학에서 이러한 이데올로기적 방법이 유행하는가? 뒤르케임은 이도라(Idora)의 작용에 있어 자연과학과 사회과학 사이에 차이가 있음을 지적한다. 이도라는 물리학의 시초에도 문제가 되었지만, "관념이 자신의 삶에 필요조건"인 인간의 경우, "편견과 우상이 사실에 대한 연구를 대신"하는 위협에 사회과학은 더 쉽게 노출된다는 것이다(『규칙들』, 73). 마치 맑스가 헤겔의 역사철학을 향해 논리학이 현실의 사회관계에 대한 분석을 대신함으로써 '자의적 추상화'에 빠졌다고 비판하듯, 뒤르케임 또한 당대 경제학자 및 도덕론자들이 인식적 오류에 빠지게 되는 메커니즘을 비판하고 있는 것이다. 이들에게 사회생활이 기본적으로 자발적인 것이고 사회는 자연적인 현상이라 할지라도, 이는 사회의 특수한 성격을 발견했기 때문이 아니라 개인의 성격 속에 그 토대가 있음을 발견했기 때문이다(Durkheim, 1978b: 186).

이러한 방법론적 개인주의의 오류는 또 다른 중대한 실천적 결과를 야기하는바, 경제학자들과 도덕론자들이 행하는 방식으로는 "인간이 참여하는 사회적 환경 속에서 인간을 재건하는 것은 불가능"해지기 때문이다. 경제학자들과 도덕론자들은 비타협적인 개인주의(intransigent individualism)를 공유한다. 역사적 선례도, 사회적 환경도 없는 추상적인 자율적 개인이라는 관념은 입증되지 않고, 입증될 수도 없다. 만일 인간이 본질적으로 하나의 총체, 하나의 개인, 그리고 이기적인 존재라면, 바스티아가 말하듯 욕구를 만족하는 것 외에 인간이 다른 어떤 목표를 가지고 있지 않다면, 사회는 자연에 대항하는 것으로, 우리의 가장 근본적인 속성에 위해를 가하는 폭력으로 나타난다. 사회는 개인들에 대항한 전쟁 기계, 오직 편견의 힘으로 지탱되고 조만간 사라질 운명인 야만의 잔여물일 뿐이다(Durkheim, 1978b: 39~40). 뒤르케임은 이를 비판하며 『규칙들』 2판 서문(1901)에서 "인간 중심의 편견이 남긴 잔재들이 다른 곳처럼 과학의 길에 장애가 되고 있다"라고 말한다(『규칙들』, 45). 그는 도덕과학 기획의 근저에 자리한 '실천적 관심'

을 숨기지 않는다. 도덕과학은 논리적 모순이 증명되자마자 도덕적 신념을 포기하는 것으로 나아가지 않고, '합리주의'를 그 적들에게서 지키는 최선의 안전장치가 될 수 있다는 것이다(Durkheim, 1993: 134).

> 우리는 우리의 도덕적 신념의 기원이 멀리 있고 매우 복잡하기 때문에, 우리의 도덕적 신념을 설명하는 원인들을 늘 이해하지는 못한다. …… 그러나 틀림없이 이론이 실천을 규제할 수 있을 만큼 윤리의 과학이 충분히 발전하는 그날이 올 것이다. 하지만 그날은 아직 멀리 있고, 그동안 역사의 가르침과 함께 머무르는 지혜가 있다(Durkheim, 1993: 134~135).

도덕과학의 구상이 역사과학방법론과 결합되는 계기도 여기서 만들어진다. 결국 뒤르케임의 도덕과학 역시 자연과 정신의 이원론에 기초한 선험철학의 존재론으로 돌아가지 않는다. 뒤르케임이 칸트적 문법을 사용하고 있음에도, 그를 '사회학적 칸트주의'나 '신칸트주의'의 아류로 특징짓는 것은 그다지 의미가 없는 일이다. 그에게는 칸트 이후의 난제들과 잘못된 이항대립을 넘어서는 것이 더 중요했다. 이러한 관점은 뒤르케임의 도덕과학, 자연주의 윤리학의 기획을 포괄적으로 보여주는 『분업론』에서도 연속성을 갖고 있는바, 『분업론』의 논증은 분업과 연대의 동시적 발전이라는 자유주의의 주장을 유지하면서 분업이 어떻게 자연적 사실인 동시에 도덕적 사실일 수 있는가, 즉 개인성과 사회성의 유기적인 발전은 어떻게 가능한가를 쟁점으로 전개된다. 뒤르케임의 관계적 도덕 실재론의 입장에서 "도덕적 성찰은 곧 기예인 동시에 과학"인 것이다(Durkheim, 1978g: 193).

4. 대화: 맑스와 뒤르케임의 층화이론과 공시발현적 힘의 유물론

이제까지 맑스와 뒤르케임의 초기 저술에 드러난 비판적 자연주의의 기본 골격과 전제들을 간략히 살펴보았다. 맑스와 뒤르케임의 사회과학이 공통적으로 대결했던 것은 현실을 왜곡하는 데 일조하는 자연/인간(정신), 실재/사유의 관계를 바라보는 기존의 이원론적 편견이었다. 관념론과 유물론, 공리주의 경제학과 칸트주의 도덕론의 이분법을 넘어서기 위한 두 사람의 해결책은 사회적 층위를 도입하는 것에서 시작되었다. 두 사상가 모두 경험론과 관념론의 불가능성을 승인하는 실재론적 과학관의 기본 전제들을 공유한다. 양자 모두 자연과학과 사회과학이 정확히 동일한 형태와 방법을 갖는 것은 아니지만, 사회적 객체가 지닌 독특한 속성을 존중하는 방식으로 사회과학의 경로를 모색했다. 이러한 입장은 맑스에겐 '인간적 자연주의'로, 뒤르케임에겐 '사회학적 자연주의'로 각각 표현되었다.

이론의 층위에서도 뒤르케임은 맑스와 마찬가지로 공산주의와 사회주의를 구분했고, 새로운 역사적 조건 속에서 발현된 사회주의의 보편적 성격에 주의를 기울였다. 『사회주의와 생시몽』에서 뒤르케임의 탐구는 정치경제학과 사회주의가 공통으로 의존하고 있는 산업주의, 즉 환원주의에 대한 비판을 겨냥한 것이었다. 이에 대한 해결책 또한 경제/정치(도덕) 사이에 가로놓인 이분법을 극복하는 실천적 제안으로 나아갔다는 점에서 두 사상가의 비판적 자연주의는 유사한 형성 구조와 골격을 보여준다. 쉽게 가늠하기 어려운, 두 사상이 만나는 지점과 차이를 보이는 지점을 어떻게 바라봐야 할까? 맑스와 뒤르케임의 간접적인 대화를 볼 수 있는 「맑시즘과 사회학」을 통해 이 질문에 일차적인 대답을 시도함으로써, 이후의 작업을 예비하기로 하자.

1) 맑스의 역사유물론은 부수현상설인가?: 뒤르케임으로부터

『역사에 내한 유물론적 관념』의 저자인 안토니오 라브리올라(A. Labriola)에 대한 에세이[30], 「맑시즘과 사회학」은 뒤르케임의 성숙한 개념도식과 19세기 맑시즘과의 차이를 알 수 있는 텍스트로 독특한 가치를 지니고 있다. 이 글은 맑스의 역사유물론에 대한 라브리올라의 해석을 논평하는 형식을 띠고 있다. 뒤르케임은 분명 맑스를 읽었고, '맑스의 유령' 논쟁에 참여하기도 했다(Zeitlin, 1981). 파리 고등사범학교 시절에 불어로 번역된 『자본론』을 비롯한 맑스의 여타의 저작들을 접했을 뿐 아니라(민문홍, 1994: 18~19), "사회주의학파가 낳은 가장 유력하면서도 체계적이며 풍부한 사상을 담은 작품"이라며 『자본론』을 높이 평가하면서도, 그 책에서 다루어진 무수한 문제 가운데 어느 하나라도 해결하기 위해서는 광범위한 실증적 비교연구가 행해져야 한다고 비판한 바 있다(Durkheim, 1958: 6~7). 뒤르케임이 보여준 맑스 해석의 깊이와 신중한 유보를 떠올린다면, 라브리올라를 경유한 역사유물론 해석과 그 책의 번역자이자 서문의 저자였던 조르주 소렐(G. Sorel)에 대한 비판을 맑스에 대한 비판으로 직결시키기엔 무리가 있을 것이다.

우리가 우선 주목할 지점은 뒤르케임의 비판을 통해 제기되는 문제 그 자체다. 이 텍스트는 부정하기 어려운 층화이론의 관점을 시사하고 있다. 뒤

---

30 이탈리아 철학자 라브리올라는 당시 맑스의 문헌이 아주 드물던 상태에서 강연과 저술 활동을 하면서 새로운 세대의 이탈리아 지식인들과 노동자들에게 과학적 사회주의를 선전했다. 그는 많은 책을 썼는데, 특히 『유물사관에 대한 논고들(Essais sur la conception matérialiste de l'histoire)』(1897)은 불어로 번역되어 세계적으로 읽혔다(영역본은 'Essays on the Materialistic Conception of History'라는 제목이다). 이 저술은 레닌, 게오르기 플레하노프(G. V. Plekhanov), 레온 트로츠키(L. Trotsky)의 주목을 받았고, 프랑스에서는 소렐이 이 책을 번역했으며, 뒤르케임, 샤를르 지드(Charles Gide), 세뇨보 같은 사회과학의 대가들은 물론이고 소렐과 같은 가장 활동적인 사회주의자들도 비평했다(토젤, 1996: 11~14; 앤더슨, 2003: 139 참고).

르케임은 먼저 역사발전에 대한 역사가들의 설명이 개인의 동기(motives)나 이유(reasons)와 같은 주관적인 설명에 의존함으로써 "훨씬 더 멀고 복잡하기 때문에 우리가 더욱 인지하지 못하게 되는" 사회적 원인에 대한 설명을 방기한다고 지적한다.[31] 사건에 대한 유일하게 합리적이고 객관적인 설명은 – 사건의 도구였던 – 인간에 의해 이해된 설명이 아니라 사건들이 실제로 발생했던 방식을 발견하는 것이다. 이것이 역사에 대한 유물론적 이해가 실현한 역사적 방법의 혁명이다(Durkheim, 1982b: 167~168). 여기서 그는 개인들의 동기와 이유가 자리한 경험 영역, 사건 영역, 그리고 사건/현상을 일으키는 원인 영역을 분별함으로써 심층 실재론의 시각을 드러낸다.

> 따라서 우리가 사실들이 서로 관련되는 진정한 방식을 이해하기를 원한다면, 우리는 이러한 이데올로기적 방법을 포기해야만 한다. 우리는 심층의 사물을 뚫고 들어가기 위해 사물을 거의 믿을 수 없게 표현하는 관념의 표면을 벗겨내야만 한다. 심층의 사물이야말로 관념의 표면을 끌어낸 근원적인 힘이다(Durkheim, 1982b: 168).

뒤르케임은 사회생활이 그에 참여하는 사람들이 갖는 관념이 아니며, 그것을 넘어서는 심오한 원인들에 의해 설명되어야 한다는 라브리올라의 해석에 동의한다. 그리고 맑스의 역사유물론이 역사를 '자연화하는' 효과를 갖는다는 이유로 이를 '자연주의 사회학(naturalist sociology)'이라고 칭한다. 그러나 세간에서 이해하듯 이를 '사회적 다위니즘'과 혼동해선 안 된다. 후

31 예컨대 마르틴 루터(Martin Luther)는 자신이 "제3신분(Third Estate)의 성장의 순간"에 있었다는 것을 알지 못했다. 그는 예수 그리스도의 영광을 위해 일하고 있다고 생각했고, 그의 사상과 행동이 사회의 특정 조건에 따라 결정되었으며 사회 계층의 상대적인 상황이 오래된 신앙의 변화를 필요하게 만들었다는 의심을 하지 않았다(Durkheim, 1982b: 168).

자가 동물학적 발전을 설명하는 논리로 제도의 발전을 설명하는 것에 지나지 않는다면, 라브리올라가 옹호한 이론은 이와 전혀 다르다.[32] 뒤르케임은 — 프랑스에서는 맑스 이전에 이미 도달했던 것이지만 — 맑스의 역사 관념이 "지난 50년에 걸쳐 역사학자들과 심리학자들 사이에 있었던 전체 운동의 논리적 결과물"이라고 평한다(Durkheim, 1982b: 171).

그렇다면 무엇이 문제인가? '자연주의 사회학'을 향한 뒤르케임의 비판은 서로 긴밀하게 얽혀 있는 세 가지 쟁점으로 나누어볼 수 있다.

첫째, 역사에 대한 맑시즘의 설명 논리는 현재 시기에서 어떠한 경험적 표현을 불러일으키기에는 너무 추상적이고 멀리 있다는 것이다. 이러한 추상적 원리에서 출발해 사회의 근본적인 변형에 의해서만 집합적 경제를 수정할 수 있다는 소렐식의 혁명적 사회주의가 논리적으로 발생한다. 뒤르케임이 볼 때, 역사에 대한 객관적인 관념은 라브리올라가 제시하는 경제유물론과 아무 관련도 없을 뿐 아니라 그 과학적 가치도 현저하게 다르다. 사회현상의 원인은 산업 기술의 상태로 격하될 수 없고, 경제적 요소를 진보의 주된 부분으로 간주할 수도 없다(Durkheim, 1982b: 170~172).

둘째, 맑시즘의 모순은 사회현상에 명확한 기원을 부여하지 않고, 사회현상에 원인이 존재한다고 말하는 것으로 스스로를 확인하는 데 있다. 그러나 뒤르케임이 보기에 사회현상이 객관적인 원인을 갖는다고 말하는 것으로는 충분치 않다. 맑시즘이 말하듯 사회적 삶은 개인들의 의식을 넘어선 심원한 원인들에 의해 설명되어야 마땅하지만, 또한 이 원인들은 집단 내에서 '개

32 사회적 다위니즘은 단지 동물학적 발전을 설명하는 원리와 개념들로 제도 발전을 설명한다. 다시 말해 사회적 원인들을 거치지 않고, 동물의 왕국에서 발견된 필요와 욕구를 통해 사회진화를 설명한다. 라브리올라가 옹호한 이론은 전혀 다르다. 그의 이론은 유기체에 영향을 준 우주의 환경에서가 아니라 결사체 속에서 인간노동이 무에서 창조한, 그리고 자연에 추가해온 인위적 환경 속에서 — 즉, 인간의 집합적 노동(collective works) 위에서 — 역사발전에 동기를 부여하는 원인들을 찾는다(Durkheim, 1982b: 170).

인들이 결합되어 형성되는 방식'에서 발견될 수 있다. 이러한 조건 위에서만 역사는 하나의 과학이 될 것이고 사회학은 그 결과에 따라 존재할 수 있다는 것이다.[33]

이는 곧 집합표상을 이해할 수 있도록 만드는 문제와 관련된다. 집합의식은 자립적으로 존재하는 것이 아니라 토대를 갖는 것이고, 그것이 최종적으로 의존하고 있는 토대(substratum)의 매개체(intermediary)에 의해 세계의 나머지에 부착되는 것이다. "집합적 활동의 여러 형태 또한 그들 자신의 토대를 갖고 있을지라도, 그리고 그 활동들이 최종적으로는(in the last instance) 그 토대에서 유래할지라도, 일단 존재하게 되면 그들 자신의 효과를 갖고 그들이 의존하는 바로 그 원인들(the very cause)에 작용을 가해 독자적인 영향력을 행사하는 최초의(original) 근원이 된다"(Durkheim, 1982b: 174). 간단히 말하면 사회현상의 원인은 개별적·집합적 표상 외부에 존재하지 않는다.

셋째, 비판의 핵심은 모든 사회현상, 예컨대 법, 도덕, 예술, 과학, 정치 형태 등을 경제 현상의 부수현상[34]으로 치부한다는 점으로 수렴된다. "우리는 종교를 경제적 원인으로 환원시킬 방법을 알지 못하며 실제로 이러한 환원을 시도할 수 없다"(Durkheim, 1982b: 173). 그러나 이는 또한 "경제적 요인이 하나의 부수현상이라는 주장과도 거리가 멀다. 일단 경제적 요인이 존재하면 그것은 고유한 영향력을 갖는다. 이는 부분적으로 그것이 발생한 토대를 부분적으로 수정할 수 있다". 그러나 거꾸로 경제적 요인과 토대를 혼

33 이 원인들을 간파하기 위해서 적어도 자연과학이 도입한 것들만큼 우회적이고 복잡한 절차들이 도입되어야 한다. 모든 종류의 관찰, 실험, 그리고 고된 비교가 이 요인들 각각을 발견하기 위해 사용되어야 하며, 현재 그것들로부터 통합된 표상을 끌어내는 데 문제가 있을 수 없다(Durkheim, 1982b: 172)

34 이 맥락에서 부수현상설이란 정신은 신경계 작동의 부수적인 현상으로 정신과 정서는 그림자가 사람에게 영향을 줄 수 없는 것처럼 신체에 영향을 주지 못한다는 견해를 말한다(이상열, 2012: 4).

동해야 할 이유도 없다. "반대로 모든 것은 우리로 하여금 경제적 요인이 이차적이고 파생된 것임을 믿게끔 한다"(Durkheim, 1982b: 174). 여기서 뒤르케임은 1세기 동안 발생했던 경제적 변형이 사회 실서의 선년적인 생신이나 실각을 요청하는 것은 아니며, 고통받는 유럽 사회에서 제 문제의 원인이 이러한 경제적 변형의 탓으로 귀착될 이유도 없다는 결론에 도달한다.

요컨대 토론의 쟁점은 결국 맑스의 역사유물론이 부수현상설인가라는 문제로 수렴된다. 첫 번째 비판은 라브리올라와 소렐을 향한 것이지만 통상 맑스 역사관에 겨누어진 대표적인 비난인 경제유물론 또는 기술결정론이라는 혐의와 정확히 관련된다. 이는 이어지는 두 번째 쟁점, 맑스 유물론의 성격을 둘러싼 논쟁과 관련되어 있다. 달리 묻자면 맑스 유물론은 객관적 유물론인가, 과학적 유물론인가? 이 문제가 대답되지 않은 공백의 자리에 경제유물론·기술결정론의 혐의가 들어섰다는 점에서 양자는 서로 연관되어 있다. 세 번째 쟁점 역시 '토대'란 무엇인가라는 쟁점, 즉 근대사회 형태를 구성하는 것을 둘러싼 논의와 관련된다. 기든스가 지적한 대로 근대사회의 하부구조를 맑스와 뒤르케임이 어떻게 보았냐에 따라 양자의 이론적·실천적 경로가 다르게 나아갈 가능성을 배제할 수 없다.[35] 간단치 않은 이 마지막 쟁점은 이 책의 VII장에서 논의하는 것으로 미뤄두도록 하자. 이는 맑스와 뒤르케임의 정치경제학 비판의 궤적을 충분히 따라간 다음에야 답변될 수 있는 문제일 것이다. 일단 앞의 두 쟁점은 맑스와 뒤르케임 자신의 충화이론 및 공시발현적 힘의 유물론을 되불러옴으로써 그 해답의 단초를 마련할 수 있다고 보인다.

35 기든스는 맑스와 뒤르케임의 주된 차이가 "관념이 사회의 '하부구조'에 대해 어느 정도나 '독립성'을 갖는가라는 점에 관한 것이 아니라, 그 하부구조가 지닌 구성상의 특성에 관한 것"이라는 점을 적절히 지적한다(기든스, 2008: 405).

2) 뒤르케임의 층화이론과 공시발현적 힘의 유물론: 뒤르케임과 바스카

사실 뒤르케임의 문제제기에 대한 맑스의 대답은 이제까지 살펴본 비판적 자연주의의 형성 과정에도 어느 정도 시사되어 있다. 맑스 또한 조야한 경험론과 조야한 관념론의 이분법을 극복하는 과정에서 비판적 자연주의에 상응하는 관점을 형성했고 '발현'과 같은 명료한 개념을 사용하지는 않을지라도 정신과 육체의 긴밀한 매듭을 전제함으로써 이데올로기 비판을 맑스 역사과학의 핵심적인 과제로 설정할 수 있었다.

그러나 뒤르케임의 문제제기 그 자체는 맑스 유물론의 성격을 둘러싼 기존 논쟁을 해소하는 데 중요한 의미를 갖는다. 일단 그의 집합표상 논의는 정확히 정신을 물질의 발현적 힘으로 이해하는 공시발현적 힘의 유물론의 입장에서 현대적으로 재해석될 수 있다. 현대 과학철학의 논의 지형에서 공시발현적 힘의 유물론은 환원주의/반환원주의 논쟁과 관련된다. 뒤르케임이 거듭 강조한 연속선상의 틈(break) 역시 '환원 불가능한 실재'를 지시하는 것으로 이는 비판적 실재론을 통해 더 잘 이해될 수 있다. 앞서 살펴보았듯 비판적 실재론은 층화된 실재와 발현적 힘을 사고함으로써 환원주의와 자원주의 각각이 갖는 문제를 극복하고자 한다. 이 발현 논의는 오늘날 과학의 새로운 패러다임으로 많은 주목을 받고 있다.

여기서 콜리어(2010: 161~173)의 도움을 받아 발현이론(emergence theory)과 층화이론(theory of stratification)의 미묘한 차이를 구분해볼 필요가 있겠다. 발현이론은 생물 법칙을 화학 법칙으로, 화학 법칙을 물리법칙으로 환원할 수 없다는 견해다. 이는 층화된 실재의 존재론 – 즉, 층화이론 – 을 전제로 한다. 다시 상기하자면, 자연은 층화되어(stratified) 있다. 이는 논리상 층화가 아니라 실제 존재의 질서 안에 자리한 기제들의 층화로, 각 층위가 갖고 있는 인과적 힘은 하위의 층위로 환원될 수 없는 고유한 발현적 속성을 갖는다. 각각의 기제는 자연의 상이한 층에 존재하며, 따라서 한 층은 다른 층을 설명한다.

바스카는 우리가 더 기본적인 – 하위의 – 기제에 대한 지식에서 출발해 더 높은 수준의 기제를 결코 예측할 수 없다고 말한다. 우리는 언제나 높은 수준의 기제를 먼저 발견해야 한다. 그다음에 그것은 그보다 더 기본적인 수준 – 점점 더 심화되어가는 과학적 지식의 다음 단계 – 에서 설명될 현상이 된다. 경험주의적 과학철학은 가장 기본적인 설명적 층 – 예를 들면 심리학과 생물학, 물리학 – 이외의 층에 대해서는 설명의 지위를 부여하지 않는 경향을 보인다.[36] 반면 바스카는 높은 수준의 기제와 기저에 놓인 기제 사이의 관계를 근원(rootedness)과 발현(emergence)에 입각해 논의한다. 높은 수준의 기제는 더 기본적인 기제에 뿌리를 두고 있으며 그것에서 발현한다. 발현이론들은 실재의 더 복합적인 측면 – 예컨대 생명, 정신 – 이 덜 복합적인 측면 – 예컨대 물질 – 을 전제한다는 것을 인식하면서도, 또한 더 복잡한 측면이 덜 복잡한 측면으로 환원될 수 없다고 생각한다.

맑스와 뒤르케임 모두 층화이론 및 발현이론의 관점을 견지한 것으로 이해할 수 있다. 예컨대 자연과 사회, 동물과 인간, 자연사와 역사의 구분은 이러한 존재론적 층화를 전제한 것이다. 아울러 정치경제학 및 심리학의 연역적 설명에 대한 방법론적 비판은 발현이론의 관점에서 행해진다. 연역적

36 높은 수준의 기제들에 입각한 설명은 아직 달성하지 못한 설명을 대신하는 단순한 '설명의 개요'로 취급된다(콜리어, 2010: 165). 경험주의적 설명은 관찰 가능한 변수나 요소들의 평면적인 결합에 머문다는 점에서 메커니즘의 위계를 이루고 있는 인과적 힘의 층위를 사고하는 층화이론과 구분된다. 오늘날 이와 같은 환원주의적 접근법이 아직도 맹위를 떨치고 있는 분야가 바로 의료 영역일 것이다. 전 세계적으로 생물정신사회모델이 발전했지만, 생의학적 모델에 기초한 환원주의적 경향이 여전히 의료 분야의 제도와 관행을 잠식하고 있다. 이에 대해서는 이상열(2012)을, 현대 과학철학의 환원주의적 경향성에 대한 비판적 검토로는 고원석·이중원(2007), 김환석(2011)을 참고하라.

방법은 상위의 층위에 자리한 힘 – 사회적인 것 – 을 결국 하위 수준의 기제 – 물리적·생물학적·심리적인 것 – 에 대한 설명으로 환원함으로써 실재의 모순/가능성을 은폐/제약한다는 것이다. 즉, 우리의 지식에 형성되는 층화 자체가 과학이 대상으로 하는 객체의 실재적인 층화를 전제함으로써 가능한 것이다. 예컨대 뒤르케임은 『프래그머티즘과 사회학』에서 실용주의의 진리관을 논박하며 사유와 실재의 이질성이 성립될 수 없다고 말한다.[37]

> 구분(distinction) 및 분리(separation)의 요구는 사물들 그 자체에 있으며, 단지 정신적인 요구가 아니다. 사물에는 잠재적으로 상이한 요소들, 분리된 부분들과 다양한 측면들이 많다. 그 결과, 사물들이 스스로를 결코 서로에게서 완전히 자유롭게 하지 않더라도 스스로 분리되는 경향이 있기 때문에, 식별할 수 있는 요소들이 존재한다(『실사』, 95).

> 우리가 고립시키는 모든 요소가 나머지 모든 것들과 관계를 유지하고 있다는 것을 알고 있기 때문에, 이러한 구분(distinction)은 단순한 추상일 수 없다. 그럼에도 불구하고 하나의 요소를 그것이 연결된 모든 것들로부터 격리하는 것은 타당한 행위다. …… 우리가 행하는 모든 것은, 각 사물의 자연적 분절(articulation)을 따르는 것이다. 사물들에 대해 생각하기 위해 개념들을 사용하는 것은 매우 상대적인 구분을 확립하는 것을 의미한다. 개념이 실재를 확실히 표현하고, 만일 그것이 명확하다면 그것은 결코 순수하게 정신적인 것이 아닌 구분들(distinctions)을 나타내기 때문이다. 따라서 사유와 실

37 1955년 출간된 『프래그머티즘과 사회학』은 19세기 말 다양한 사조들 가운데 실용주의(pragmatism)에 관한 뒤르케임의 입장을 보여주는 중요한 저술이다. 1913~1914년 소르본 대학에서 강의했던 내용을 엮은 이 책은 현대성 및 탈현대성 주제와 관련된 뒤르케임의 학문적 입장을 알 수 있는 저술이자(민문홍, 2008: 96), 합리주의에 깊이 긍정하는 입장을 읽을 수 있는 『규칙들』의 계승으로 평가되기도 한다(김종엽, 2001: 100).

재는 결코 이질적인 것이 아니다(『실사』, 96).

분화와 층화는 실재 속에 존재한다는 점에서 개념적 필연성에 반영될 수 있는 자연적 필연성이다. 따라서 구분(distinction)은 자의적이지 않으며 올바른 추상이 가능할 수 있다. 반면 실용주의 입장에서는 실재는 혼합되어 있고 구분은 존재하지 않기에, 사유와 실재는 이질적인 것으로 상정된다. 뒤르케임이 볼 때, 이러한 실용주의의 진리관은 논리적 공리주의일 뿐이다. 그가 말하려는 것은 사유와 실재가 동일하다는 것이 아니다. 실재하는 존재의 층화가 우리의 지식에 올바로 반영된다면 과학적 진리의 변증법이 가능하다는 것이다. 맑스가 "사유와 존재는 구별되기는 하지만, 동시에 서로 통일"되어 있다는 결론에 도달했던 것도 다른 맥락에 있지 않다(『수고』, 132).

이제 공시발현적 힘의 유물론을 살펴보기로 하자. III장에서 언급한 바 있듯, 이는 정신/물질 이원론을 논박하기 위한 개념화다. 공시발현적 힘의 유물론(synchronic emergent powers materialism, SEPM)이라는 까다로운 용어는 – 마찬가지로 까다로운 – 중앙상태 유물론(central state materialism, CSM)과 대별할 때 더 잘 이해될 수 있다. 각각은 층화된 자연과 그 안에 속한 인간의 위치라는 문제와 관련된 것으로, 물질과 정신의 관계를 이해하는 서로 다른 입장을 나타낸다. 중앙상태 유물론은 정신이 구성되는 과정은 단순히 중앙 신경 계통의 물리화학적 작동일 뿐이라고 보는 견해다.[38] 이는 곧 신경

38 이 진영에 속하는 중앙상태 유물론자로 데이비드 암스트롱(D. Armstrong), 울린 플레이스(U. T. Place), 그리고 잭 스마트(J. J. C. Smart) 등이 있다. 20세기 초 행동주의는 고전적 데카르트주의에 반대해서 외적 행동이나 육체적 운동도 정신을 구성한다고 주장했다. 이들에 따르면 정신은 정말로 내적인 활동 무대로서 발생되는 것이고 인과론적 관계를 통해 행동에서 확인될 수 있는 것이다. 이런 견지에서 본다면 정신적 상태란 한 사람이 일종의 행동을 취하기 위한 실제 상태다. 중앙상태 유물론은 이러한 배경 속에서 나온 하나의 입장을 말한다.

생리학적 환원주의라고 말할 수 있다. 이러한 환원주의에 대항해 바스카가 제안한 공시발현적 힘의 유물론은, 정신의 힘이 물질의 발현적 힘이며, 물질이 없이 정신이 발생한다는 것이 아니라 물질의 힘으로 환원될 수 없다는 견해이다. 여기서 '공시적'이라는 말은 시간적 우선순위를 고려 대상에서 제외한다는 뜻이다. 즉, 우리가 알고 있는 모든 층은 특정의 시기에 발현된 것으로 보이는 반면, 그것들 가운데 한 층이 다른 한 층에 뿌리를 두고 그 층에서 발현되는 둘 이상의 층은 존재론적으로 서로를 전제하면서 동시에 발현된다는 의미다. 콜리어는 사회와 정신과 언어가 이런 식으로 관련되어 있다고 말한다(콜리어, 2010: 230~231).

공시발현적 힘의 유물론의 입장에서 쟁점이 되는 것은 환원문제다.[39] 간단히 말해 공시발현적 힘의 유물론은 정신 상태들의 환원 불가능성과 인과적 지위, 그리고 정신 상태와 신체 상태의 인과적 상호작용을 아울러 인정하는 반환원주의 이론이라 할 수 있다. 이 쟁점은 궁극적으로 과학활동의 가능성, 나아가 실천적으로 합리적인 활동의 가능성과 관련되어 있다. 만일 우리가 정신 상태를 자율적인 과학의 장소로 만들지 못한다면, 정신 상태가

---

39 특히 사회적 상호작용 및 인과성에 대한 적절한 개념을 유지하고 분석하는 데서 환원과 관련한 문제는 어려움에 봉착한다. 바스카는 대표적인 형태의 환원론으로 부수현상설, 정신물리평행설, 예정조화설 등을 제시한다. 부수현상설은 정신 상태들은 존재하지 않으며, 이는 두뇌의 물리화학적 작동 또는 중추신경계의 작동과 동일하다는 견해다. 중앙상태 유물론이 정신 상태의 환원 불가능성을 부인한다면, 부수현상설 또한 그것들의 인과적 지위를 부인한다. 정신물리평행설 또는 심신평행론은 정신이 신체에 전혀 개입하지 않는다는 견해다. 바스카는 우리 이해력의 정상적인 경로가 사회적 상호작용이나 의사소통 속에 존재해야만 가능하다는 것을 기억할 때 이러한 견해는 기각될 수 있다고 말한다. 예정조화설은 의사소통은 물리적 현상이지만 해석에 의해 매개되지 않는다고 주장한다. 그러나 우리가 잘 알고 있듯 정신과 신체는 의미들이 매개한다. 의미들이 물리적으로 생산되는 것이 아니라면, 심리학적 객체들로서의 이유(reason) 역시 실재이자 인과적인 지위로 고려되어야 한다는 것이다(『자가능』, 111~117).

신체 상태에 어떻게 영향을 미치는지 결코 알아내지 못할 것이다(『자가능』, 113~114).

뒤르케임의 문제제기는 이러한 맥락에서, 정확히 환원문제와의 대결이라는 맥락에서 가장 잘 이해될 수 있다. "집합의식은 자립적으로 존재하는 것이 아니라 토대를 갖는 것이고, 그것이 최종적으로 의존하고 있는 토대의 매개체에 의해 세계의 나머지에 부착"된다는 언술이나 "일단 그것들이 존재하면 그들 자신의 효과를 갖고 그들이 의존하는 바로 그 원인들에 반작용하면서 다시 영향을 일으키는 최초의 근원이 된다"(Durkheim, 1982b: 174)라는 관점은 현대 과학철학의 용어로 하향적 인과작용(downward causation)을 지시하는 것으로 보인다.[40] 다시 말해 일단 낮은 층위로부터 발현된 기제가 행사되면, 다시 하위의 층위에 반작용할 수 있는 인과적 자율성을 지닌다는 것이다.

이러한 입장은 『자살론』 다음해 발표한 「개인표상과 집합표상(Individual and Collective Representations)」(1898)이라는 논문에서 좀 더 분명해지는바, 여기서 인간의 표상을 설명하는 기존 이론, 즉 정신생리학의 부수현상설과 실험심리학의 내성주의가 동시에 비판된다. 토머스 헉슬리(T. H. Huxley)와 헨리 모즐리(H. Maudsley)의 정신생리학을 부수현상설이라 이름 붙인 것은 정신을 육체적인 생명의 부수현상이나 뇌가 작동하는 과정을 단순히 반영하는 것으로 환원했기 때문이다. 반대로 실험심리학의 내성주의자들은 정신적 삶을 세계에서 격리시키고 과학의 통상적인 방법에서 벗어나게 했다.

---

40 이에 대한 자세한 논의는 소여(Sawyer, 2001: 558~560)를 참고하라. 하향적 인과작용은 존재론적 층의 인과적 자율성을 지시하는 개념이다. 논쟁의 여지는 있지만, 소여는 뒤르케임의 인과작용에 관한 견해가 사회적 인과작용으로 이해될 때 더 잘 파악될 수 있다고 본다. 즉, 사회적 인과작용은 사회적 속성의 인과적 힘이 개인적 수준의 수반토대에 내재해 있는 것을 말한다. 사회적 속성들은 개인들을 구속하지만, 개인들의 행위와 상호작용에 수반한다는 것이다.

양자 모두 새롭게 과학의 층위로 들어온 정신의 제한적인 자율성을 인정하지 않으며, 단순한 것으로 복잡한 것을, 열등한 것으로 우월한 것을 설명하려 한다는 점에서 문제가 있다(Durkheim, 1953a: 1~8).

뒤르케임은 바로 이러한 의미에서, 자신의 자연주의를 심리학적 자연주의나 생물학적 자연주의와 구별해 '사회학적 자연주의'라고 불렀다.

> 심리사회학자의 이데올로기와 사회인류학자의 유물론적 자연주의를 넘어서 사회현상에서 구체적 사실을 보고, 그 특수성에 대한 종교적 존중과 함께 설명에 착수하는 '사회학적 자연주의(sociological naturalism)'를 위한 방이 존재한다. 우리에게 붙여진 유물론이라는 비난보다 더 잘못된 것은 없다. 사람들이 개인의 표상적 삶의 특수한 속성을 정신성(spirituality)이라고 부른다면, 반대로 우리의 관점에서 사회적 삶은 초정신성(hyper-spirituality)으로 정의된다. 이러한 정의는 정신적 삶의 모든 구성적 속성이 초정신성 속에서 발견되지만, 그것은 훨씬 더 높은 힘으로 고양되어 전적으로 새로운 어떤 것을 구축한다는 것을 뜻한다. 이 단어는 그 형이상학적 외양에도 불구하고, 자연적 원인들을 통해 설명되는 자연적 사실들의 집합체에 지나지 않는다는 것을 지칭할 뿐이다(『사철』, 34).

이상의 논의를 통해 반환원주의적 층화이론과 공시발현적 힘의 유물론이라는 관점에서 뒤르케임의 '사회학적 자연주의'가 더 명료하게 이해될 수 있다.

3) 맑스의 층화이론과 공시발현적 힘의 유물론: 맑스와 콜리어

이제 뒤르케임의 문제제기에 대한 맑스의 입장과 답변을 재구성해보자.

사실 정신과 육체, 관념론과 유물론의 이원론적 이항대립을 넘어서고자 했던 「독일이데올로기」의 각고의 노력을 상기한다면, 같은 논의를 반복할 필요는 없을 것이다. 그러나 해소되지 않은 의혹을 둘러싼 나머지 토론을 통해 『자본론』과 『자살론』의 방법론을 비교하는 다음 작업을 예비할 수 있다. 첫째, '자연주의 사회학'으로 맑스의 역사이론을 이해한 뒤르케임의 관점은 다음 맑스의 진술을 상기하면 일면 타당한 개념화로 보인다.

> 여기에서 즉각적으로 다음의 사실을 알게 된다. 이러한 자연 종교 혹은 자연에 대한 이러한 특정한 태도는 사회형태에 의해 조건 지어지며, 그 역도 마찬가지다. 어디에서나 그렇듯이 여기에서도 자연과 인간의 통일성은, 자연에 대한 인간의 협소한 태도가 인간 상호 간의 협소한 토대를 조건 짓고 인간 상호 간의 협소한 태도가 자연에 대한 인간의 협소한 태도를 조건 짓는 식으로 나타나는바, 이는 바로 자연이 역사적으로는 별반 변모되지 않는다는 점 때문이다(「독이」, 211).

'사회형태'의 상대적 자율성을 지시하는 이상의 언술은 환원주의와는 관련이 없다. 이 점은 생산의 이중성 개념에서도 분명히 드러난다. 생산은 자연과 인간의 관계를 생산하는 동시에 인간과 인간의 관계를 생산한다는 맑스의 관점은 육체적 인간 위에 중복된 사회적 인간을 지시하는 뒤르케임의 인간의 이중성(homo duplex)[41] 개념과 일면 상응한다. 즉 양자 모두 자연-사

41 이와 같은 관점은 1914년 발표된 「인간 본성의 이중성과 그 사회적 조건(The Dualism of Human Nature and its Social Conditions)」에서 체계적으로 제시된다. 인간의 이중성(homo duplex)은 인간이 유기체의 일부인 동시에 사회적 존재라는 점에 기인하며, 이는 인간 사회의 특수한 자연(a special nature)의 성격을 규정한다. "인간의 이중성의 기초는 더 이상 전체 실재의 토대에 있는 형이상학적 원리들에 있는 것이 아니라, 우리 내부에, 두 개의 상반되는 능력으로 구성된 존재 속에 놓여 있다. …… 요컨대 우리가 동시에 이끄는 이

회-개인 관계가 나타내는 존재론적 층화의 관점을 전제하며, 공유하고 있는 것이다.

나아가 맑스의 관점이 '자연주의'면서 '사회학'일 수 있는 것은 주관적인 개인의 설명을 야기한 '심오한 원인'을 설명함으로써 환상을 제거하고 현실의 역사 위에 추상적으로 군림하고 있는 독일 관념론의 추상적 '역사'를 자연화하는 작업을 진행했기 때문이다. 일례로 맑스의 역사방법론이 잘 드러나 있는 「루이 보나파르트의 브뤼메르 18일」(1852)에서 맑스는 빅토르 위고(V. Hugo)의 주관적 역사 파악과 프루동의 객관적 역사 파악의 일면성을 동시에 비판한다. 위고는 쿠데타의 주역만을 공격함으로써 사건 그 자체와 개인 행위만을 살피고 인과적 설명을 누락한다. 반면 쿠데타를 역사발전의 결과물이라고 주장하는 프루동은 주인공을 역사적으로 변호하는 데 그침으로써 '객관적' 역사가들이 범하는 오류를 전형적으로 보여주고 있다는 것이다. 이와 달리 맑스의 방법은 "이 기괴한 범인이 영웅의 탈을 쓸 수 있는 상황 및 관계가 프랑스에서의 '계급투쟁'과 어떻게 연결되어 있는가를 설명"함으로써 구조와 행위를 통합하는 역사적 설명의 경로를 개척한다(맑스, 1990: 5). 구조 분석과 상황·관계 분석, 행위 분석을 아울러 결합한 이 설명의 사례에서, 사회적 삶에 명확한 기원을 부여하지 않으며 집단 내에서 개인들이 함께 결합되어 형성되는 방식을 설명하지 않고 방기했다는 뒤르케임의 비판은 들어설 자리가 없다. 오히려 역사에서 나타나는 우연을 인정하더라도, 사건과 개인의 동기 그 자체가 역사적 사건의 원인을 설명할 수 없다고 보았다는 점에서 양자의 실재론적 과학관과 심층 실재론이 교차하는

중적 존재와 부합한다. 하나는 완전하게 개별적인 존재로, 이는 우리의 유기체에 뿌리를 갖고 있다. 다른 하나는 사회적인 존재로, 사회의 영역 밖에 존재하지 않는다"(Durkheim, 1973b: 158, 162). 인간 본성의 이중성은 『자살론』(221), 『형태』(41)에서도 연속성을 유지하며 언급된다.

지점을 확인할 뿐이다.

> 상이한 소유 형태들 위에, 사회적 생활 조건들 위에, 특유한 형태를 띤 상이한 감각, 환상, 사유 방식, 인생관 등의 상부 구조 전체가 세워진다. 계급 전체는 이 상부 구조를 자기 계급의 물질적 기초와 이에 조응하는 사회관계들로부터 만들어내어 형태를 만든다. 이러한 상부 구조를 전통과 교육을 통해 받아들이는 개인은 그러한 상부 구조가 자기 행위의 진정한 동기이자 출발점이라고 그르게 상상할 여지가 있다(맑스, 1990: 5).

「루이 보나파르트의 브뤼메르 18일」에서 제시된 바와 같이 소유 형태들 위에 조건 지어지는 상부구조라는 층화된 모델은 구조와 행위, 원인과 동기의 관계를 구분하고 있음을 보여준다.[42] 뒤에서 살펴보겠지만 이 관점은 1859년 서문에서 재정식화된다. 요컨대 맑스와 뒤르케임 모두 개인의 주관적 설명 – 동기/이유 – 이 자리한 경험 영역과 사건이 발생하는 현실 영역, 경험과 사건을 발생시키는 원인과 기제가 자리한 실재 영역을 변별하는 '층화된 실재'라는 관점을 공유하고 있는 것이다. 따라서 역사유물론이 과학적 분석의 노력을 결여한 채 경제적 원인을 사회적 원인으로 등치시킨다는 뒤르케임의 비판은 19세기 맑시즘의 철학적 역사유물론에 대한 비판으로 이해하는 것이 온당해 보인다.[43] 바스카를 빌려 말하자면, 맑스의 존재론에는 있지만 과정을 강조하는 엥겔스의 존재론과 총체성을 강조하는 루카치의 존재론에는 없는 것이 바로 구조다(『비실』, 269).

---

42 이와 같은 관점은 『자본론』의 정치경제학 비판을 관통하는 구분이 된다.

43 그도 아니라면 뒤르케임이 종종 비판받듯이 구체적인 사회연구를 견인하는 포괄적인 (과학) 철학적 전제들을 구체적인 경험 연구의 결론으로 바로 동일시하거나 물상화할 때 가능한 비판이라고 할 수 있다.

둘째, 뒤르케임의 제기한 두 번째 비판은 경제유물론이 곧 환원주의와 부수현상설로 이어진다는 혐의와 관련된다. 바꿔 말하면 사회적 삶의 작동방식이 자연과학의 추상적 유물론으로 설명될 수 있는가라는 문제다. 앞서 우리는 당대 객관적·기계적 유물론을 비판한 맑스의 관점을 살펴보았다. 프루동과 경제학자들이 상정하는 초역사적 범주는 생산력과 생산관계의 인과적 상호 의존을 보지 못한 데 기인하며, 계급투쟁을 경제적 운동으로 환원해버림으로써 그 정치적 가능성을 제약한다는 비판 또한 경제학자들의 환원주의를 겨냥한 것이었다. 맑스와 엥겔스가 자신들을 경제유물론자로 보는 해석에 반대했다는 사실은 익히 알려진 이야기다. 자신은 맑스주의자가 아니라고 했던 유명한 맑스의 말도 그러하거니와 1890년 요제프 블로흐(J. Bloch)에게 보낸 편지에서 엥겔스는 다음과 같이 쓰고 있다.

> 유물론적 역사 파악에 따르면, 역사에서 종국적인 결정적 계기는 현실적 생활의 생산과 재생산입니다. 맑스도 나도 결코 이 이상의 것을 주장한 적이 없습니다. 그런데 이 명제를 경제적 계기가 유일한 결정적 계기라고 왜곡하는 사람이 있다면, 그는 이 명제를 아무것도 말하지 않는, 추상적이고 허무맹랑한 공문구로 바꾸어버리는 것입니다. …… 이 모든 계기들은 상호작용을 하며, 이 상호작용 속에서 결국 경제적 운동은 무한히 많은 우연들(즉, 그 내적 상호 연관이 너무 멀거나 증명할 수 없기 때문에 상호 연관이 없다고 간주하고 지나쳐버릴 가능성이 있는 사물들과 사건들)을 통해서 필연적인 것으로서 자신을 관철해갑니다. 그렇지 않다면 이론을 임의의 역사적 시기에 적용하는 것은 간단한 1차 방정식을 푸는 것보다 더 쉬울 것입니다(맑스·엥겔스, 1997: 508).

청년들이 때때로 경제적 측면에 두어야 할 것 이상으로 무게를 둔 것에 대해서 맑스와 나 자신이 부분적으로 책임을 져야 합니다. 우리는 우리의 적수들을 논박할 때 그들이 부인한 주요 원칙을 강조하지 않을 수 없었으며, 또 상호작용에 참가하는 기타 계기들을 설명하는 데 응분의 지면을 할애할 시간과 장소와 기회를 항상 갖고 있었던 것은 아닙니다. 그러나 어떤 역사적 시기를 서술할 때는, 즉 실제적 적용이 문제가 될 때는 사정이 다르며 거기서는 어떠한 오류도 허용될 수 없습니다. 그런데 사람들은 흔히 주요한 명제를 습득하게 되면 그 즉시 자신이 새로운 이론을 완전히 이해하였고 그것을 당장 적용할 수 있다고 믿는데 실로 유감스러울 뿐입니다. 그리고 나는 근래의 몇몇 '맑스주의자들'에게 이러한 비난을 퍼붓지 않을 수 없습니다(맑스·엥겔스, 1997: 510).

뒤르케임이 라브리올라에 대한 에세이를 집필하기 7년 전에 쓴 이 편지에서, 엥겔스는 다양한 상호작용의 계기들을 사상하고 경제적 계기를 절대화하거나 이론을 특정한 '역사적 시기'에 1차 방정식처럼 추상적으로 적용하는 것으로 이론을 이해했다고 생각하는 맑스 이후의 몇몇 '맑스주의자들'에게 심히 유감을 표시하고 있다. 이는 오늘날 맑스의 이론을 공부하는 우리에게도 — 나를 포함한 — 해당되는 비판이지만, 엥겔스의 자기반성을 따라 맑스 자신의 책임은 없는지 좀 더 따져볼 필요가 있다. 이 지점에서 악명 높은 1859년 텍스트에 기초해 맑스의 인식으로 다시 돌아가보자.

인간은 그들 생활의 사회적 생산에서 그들의 물질적 생산제력의 일정한, 필연적인 발전 수준에 조응하는 일정한, 필연적인 그들의 의지와 무관한 제 관계, 생산관계를 맺는다. 이 생산 제 관계 전체가 사회의 경제적 구조, 현실적 토대를 이루며, 이 위에 법적이고 정치적인 상부구조가 세워지고 일정한 사회적 의식 형태들이 그 토대에 조응한다. 물적 생활의 생산양식이 사회

> 적·정치적·정신적 생활과정 일체를 조건 짓는다. 인간의 의식이 그들의 존재를 규정하는 것이 아니라 반대로 그들의 사회적 존재가 그들의 의식을 규정하는 것이다. 사회의 물적 생산제력은 어떤 발전단계에 이르면 그들이 지금까지 그 안에서 움직였던 기존의 생산 제 관계, 또는 이것의 단순한 법률적 표현일 뿐인 소유 제 관계들과 모순에 빠진다. 이들 관계들은 생산제력의 발전 형태들로부터 질곡으로 전환된다. 그러면 사회적 혁명기가 도래한다(맑스, 1989c: 7).

연구의 '길잡이'로 쓰였던 「독일이데올로기」의 결론을 압축적으로 요약한 이 텍스트는 토대/상부구조 모델, 생산력/생산관계 모델의 정식화로 알려져왔고, 이는 토대결정론/상부구조의 자율성, 생산력 우위론/생산관계의 자율성 논쟁의 전거가 되어왔다. 이에 대한 설득력 있는 세 형태의 비판적 논평을 참고해보자.

이기홍(1992)은 '토대/상부구조'라는 이분법적 모델이 건축학적 유추를 사용해 구성한 사회세계의 모습이라고 말한다. 이러한 모델과 유추를 사용하는 것은 관찰되는 현상을 발생시키는 대상 자체가 지닌 – 관찰 불가능한 – 성질과 인과구조를 탐구하기 위해 사용될 수 있는 과학적 사유의 특징이다. 맑스 또한 '추상력'을 활용해서 관찰되지 않는 실재의 성질과 운동 법칙을 포착하기 위해 이러한 유추와 모델을 사용했다는 것이다. 이미 맑스는 철학적 전제에서부터 세계의 인과 연관의 다양성과 복합성을 승인하고 있었다. 말하자면 토대/상부구조 모델을 방법론적으로 이해할 때 토대/상부구조를 기계적으로 구분해서 결정/반작용으로 이해하는 경제결정론적 해석은 옳지 않다는 주장이다(이기홍, 1992: 156~160).[44]

---

44 생산력과 생산관계의 개념 또한 자연과 인간의 물질대사, 인간과 인간의 물질대사라는 분리 불가능한 두 내적 계기를 말하며, 이런 맥락에서 생산양식은 일정한 발전 수준을

이기홍이 유비추론을 정당한 과학 방법의 한 형태로 환기시킴으로써 결정론적 해석을 설득력 있게 논박했다면, 설헌영(1995)은 이 테제 자체에 맑스 유물론 특유의 과학적 성격과 비판적 성격이 상호 구분되는 영역에서 관철되고 있다는 점에 착목한다. 토대 – 즉, 사회경제적 구조 – 와 상부구조가 상응, 조건, 규정이라는 관계에 있음으로써 의식과 투쟁의 개입 정도가 바로 그 상부구조에서의 변혁 속도를 더불어 규정한다는 점을 내포하는 셈이다. 이렇게 볼 때 맑스에게 자연과학적으로 엄밀하게 확인될 수 있는 영역인 '토대'는 종종 의식을 포함하는 '사회적 존재'를 의미하기에 단선적인 인과관계로 이해될 수 없다는 견해다(설헌영, 1993: 219~220).

채오병(1998)은 법칙정립 대 개성기술의 이항대립을 넘어서는 맑스의 역사이론을 비판적 실재론에 입각해 재해석한다. 이러한 견지에서 1859년 '정식화'의 초사실적 진술과 구체적인 경험적 분석은 모순되지 않는다. 1859년에 쓴 서문이 역사적 경향성을 지칭하는 초사실적 진술들로 구성되어 있다면, 『정치경제학 비판 요강』, 『자본론』의 구체적 분석은 이러한 이론적 핵심(hardcore)에 위배되기보다는 이를 전제하고 있다는 주장이다(채오병, 1998: 5~7).

이들 논의는 맑스에게 연구의 지침으로 제시되었던 1859년 서문의 이론적 진술을 절대화함으로써 – 즉, 바스카가 존재적 오류[45]라고 부른 것 – 경제결정론의 도그마로 기능해왔던 역사에 대한 비판을 담고 있다. 맑스가 '길잡이'라는 말로 연구방법론의 성격을 분명히 하고 「독일이데올로기」와의

갖춘 생산력에 조응하는 생산관계의 개념적 통일로 이해될 수 있다. 이렇게 볼 때 이 테제를 생산력 우위설로 이해하는 것은 타당치 않다. 즉, 생산관계가 생산력에 조응한다는 개념적 인식은 역사적으로 상이하게 나타나는 사회적 형태들을 포착하기 위한 의도로 이해되는 것이 온당하다는 견해다(이기홍, 1992: 164~168).

45 존재적 오류란 지식을 존재론화, 자연화하며 대상으로 환원함으로써 지식 생산을 제거하는 오류를 말한다(『비실』, 345 ; 콜리어, 2010: 159).

연속성을 밝히고 있지만, 이 시점이 『정치경제학 비판 요강』의 역사적·이론적·방법론적 탐구의 심화과정을 거친 – 「자본주의적 생산에 선행하는 제 형태들」을 포함한 – 이후 시점임을 고려한다면, 앞의 해석은 텍스트가 함축한 과학적 발견을 다소 축소시킨 감이 없지 않다.[46] 이 지점에서 맑스의 역사유물론, 특히 토대/상부구조 모델을 하나의 층위 모델로 이해하자고 제안하는 콜리어(2005)의 의견을 경청해보기로 하자.

앞서 언급했듯, 우리 지식의 층화는 과학이 다루는 객체의 실재하는 존재론적 층화에 기초한다. 사건들의 결정관계가 다(多)원인적일 뿐 아니라 층화적인 것임을 인정할 때, 각각의 발현적 층위는 그것을 발현시키는 층위에 의해 지배되는 실체들을 변화하게 할 것이다. 또한 존재론적 층화를 사고한다는 것은, 밑에 또 다른 층위를 가진 모든 층위는 물론 그 층위 자체의 법칙과 관련한 우연적 사건들까지 고려해야 한다는 것을 의미한다. 콜리어는 맑스의 진술에 다소 불명료하게 표현된 '층위'를 사고하기 위해 플레하노프의 다섯 수준의 모델 – 토대로부터 위로 작동하는 – 을 빌려온다.[47]

---

46 실제 1859년 서문 말미에는 『정치경제학 비판 요강』의 탐구 결론들이 압축적으로 제시된다(맑스, 1989c: 8~9).

47 Collier(1998: 265)의 원문을 참조해, ② "이러한 생산력을 조건 짓는 경제적 관계"를 "생산력이 조건 짓는 경제적 관계"로 수정했다(콜리어, 2005: 135). 플레하노프의 모델은 맑스이론의 층위 구분을 명료히 하기 위한 하나의 참고사항일 뿐이다. 콜리어의 전체 맥락은 알튀세르의 '최종 심급에서의 결정'과 '상대적 자율성' 테제가 실제로 존재하는 수준들 사이의 관계를 이론화하기에는 부적절하다는 것을 입증하는 데 많은 설명을 할애하고 있다. 알튀세르는 결국 층위들의 관계를 사고하지 못하기 때문에 그가 말한 '중층결정'은 결국 '다중결정'에 지나지 않는다는 해석이다. 여기서는 이를 상세히 다루지 않는다. 자세한 내용은 콜리어(2005: 147~154)를 참고하라.

① 생산력의 상태

② 이러한 생산력이 조건 짓는 경제적 관계

③ 주어진 경제적 '토대' 위에서 발전된 사회정치체계

④ 사회에 살고 있는 사람들의 정신 상태, 즉 부분적으로 획득되는 경제적 조건에 의해 직접 결정되고, 부분적으로는 그러한 기초에서 생겨나는 전체적인 사회정치체계에 따라 결정되는 정신 상태

⑤ 그러한 정신 상태의 속성들을 반영하는 여러 가지 이데올로기

콜리어는 층화이론을 통해 맑스의 역사이론이 잘 이해될 수 있다고 말한다. 층화는 발생기제들상에서 생겨난다. 이를 사회에 적용한다면 경제적인 것이나 정치적인 것 또는 이데올로기적인 것은 제도나 사건 또는 그 밖의 현실적인 것(the actual)이 아니라 발생기제다. 그러한 층위는 오직 추상화를 통해서만 분리될 수 있다. 수평적 인과성이라는 수준이 기존의 발생기제들 복합체의 작동 결과로 사건을 설명한다면, 수직적 인과성의 수준은 한 층위의 발생기제들이 다른 층위의 기제들에 의존하는 것을 설명한다. 이러한 맥락에서 콜리어는 상부구조들의 효과와 결합된 토대에 의한 결정이라는 개념을 다음과 같이 설명한다. '결정'은 낮은 층위의 기제들에 의해 높은 층위의 기제들로 진행되는 일방향적 설명이며, 상부구조들의 '효과'는 사건의 경과에서 높은 층위에 있는 기제들이 지닌 영향을 가리킨다는 것이다. 예컨대 경제적 기제는 정치적 기제와 이데올로기적 기제를 설명한다. 그렇지만 경제적 기제가 역사적 사건을 모두 설명하지는 않는다. 경제적·정치적·이데올로기적 기제들의 배열은 정해져 있지만, 모두 그러한 설명에 기여한다는 것이다(콜리어, 2005: 123~139; 2010: 81~82).

콜리어의 설명은 『자본론』을 관통하는 반환원주의적 층화이론을 이해하는 데서 매우 유용한 참조점을 제공한다. 그리고 이러한 해석을 물질과 정

신의 변화가 함께 일어난다는 「독일이데올로기」의 관점, 즉 공시발현적 힘의 유물론이 뒷받침한다. 다시 말해 정치경제학 비판을 준비하는 맑스의 연구방법론 안에 이미 존재론적 층화와 인식론적 순서가 함께 고려되고 있다면, "구분과 분리의 요청은 사물들 그 자체에 놓여 있고, 단지 정신적인 필요가 아니"라는 뒤르케임의 전제와 맑스의 전제가 다르다고 보기 어렵다(『실사』, 95). 나아가 맑스 유물론을 층화이론의 관점에서 이해한다면 경제적인 요소를 제1원인으로 간주할 뿐, 다양한 기제의 인과작용을 무시하고 있다는 '부수현상설'을 둘러싼 의혹 또한 불식될 수 있을 것이다. 뒤르케임에게도 유럽 사회의 경제적 변형은 이미 진행된 역사과정이자 역사적 전제였고, 그가 역사적 변형이 그 과정이나 전제를 무시한 채 진행될 것이라고 제안했던 것은 아니기 때문이다. 오히려 추궁되어야 할 쟁점은 사회형태의 구성과 각 층위들이 결합되는 국면과 배열을 양자가 어떻게 이해했는가에 따라 달라질 수 있는, 사회재구성의 기획이라고 할 수 있다.

5. 비판적 논평: 맑스와 뒤르케임의 비판적 자연주의

지금까지의 논의를 통해 맑스와 뒤르케임의 비판적 자연주의가 반환원주의적 층화이론과 공시발현적 힘의 유물론을 전제하며, 또 이를 통해 더욱 풍부하게 이해될 수 있음을 살펴보았다. 요약하면 맑스와 뒤르케임이 개척한 새로운 유물론은 단순히 관념의 선차성을 기각하기 위한 것도, 물질의 선차성을 폐기하기 위한 것도 아니며 정확히 관념론/유물론의 이항대립을 지양하는 것이었다. 바스카는 유물론의 제 형태를 분할하며, 맑스의 유물론이 환원주의적 유물론이 아니라 '과학적 유물론'으로 가장 잘 이해될 수 있다고 말한다. 여기서 과학적 유물론은 실재에 관한 — 사회적 실재를 포함한 — 과학적 믿음의 내용으로 정의된다. 가장 넓은 의미에서 유물론은 존재하는 모든 것은 곧 물질이라거나, 적어도 물질에 의존한다는 주장을 함축한다. 맑스주의 전통에서는 훨씬 약한 종류의 비환원적 유물론이 지배적이었지만 그 전개 방식은 다양했다. 그중 맑스의 유물론은 사회적 형태들의 재생산과 변형에서 변형적 인간 주체의 구성적 역할을 강조하는 실천적 유물론이자, 앞서 말한 과학적 유물론이 발전한 것으로 이해될 수 있다는 것이다.[48]

이는 뒤르케임에게도 크게 다르지 않을 것이다. 맑스와 뒤르케임 모두, 자연이 단지 인간과 분리된 수동적인 감각 경험의 대상이 아니라 인과적으로 상호 의존하는 실천적인 관계를 맺고 있으며, 이성적인 것과 필연적인 것을 매개하는 것이 곧 과학이라는 과학적 유물론의 전제들을 공유하는 입장이라고 볼 수 있다. 결국 맑스와 뒤르케임의 철학적 전제들은 경험주의적 존재론과 무관할 뿐 아니라, 비판적 자연주의의 관점에서 더 잘 이해될 수 있다.

이상의 논의를 새로운 출발점으로 삼아, 다음 장에서는 『자본론』에 함축된 『정치경제학 비판 요강』과 『자살론』에 함축된 『사회분업론』을 통해 맑스와 뒤르케임의 비판적 자연주의가 어떠한 연구프로그램과 방법론으로 구체화되며 실천적 사회이론으로 나아가는지 살펴보기로 하자.

48 바스카는 맑스주의 전통에 있던 철학적 유물론을 존재론적 유물론, 인식론적 유물론, 실천적 유물론으로 분류하고 다시 역사적 유물론, 과학적 유물론의 개념으로 변별한다(『비실』, 243~255 참고).

예비 고찰 1: 『정치경제학 비판 요강』과 『자본론』의 상호텍스트성

본격적인 논의에 앞서 우리가 다룰 저술의 상호함축성을 짚고 가기로 하자. 맑스 저작은 그가 살던 시대의 인간들의 삶을 규정하던 자본주의 사회를 과학적으로 인식하려고 했다. 뒤르케임 역시 그가 살던 시대의 정신적인 아나키의 원인을 과학적으로 설명하려고 노력하면서 자유방임주의 경제학 비판을 중심 과제로 설정했다. 그리고 양자 모두 현존하는 사회형태를 이행 중에 있는 과도기적 사회형태로 바라보았고, 근대사회의 구조와 이행의 동학을 해명하는 데 궁극적인 관심을 가졌다. 따라서 두 사상가의 정치경제학 비판은 『자본론』과 『자살론』이 전제하고 있는 역사과학의 전망 속에서 포괄적으로 이해될 필요가 있다. 이제 살펴보겠지만, 『자본론』과 『자살론』의 설명적 비판은 『정치경제학 비판 요강』과 『분업론』에서 전개된 사회형태학의 연속선상에 위치한다.

잘 알려진 대로 『자본론』은 맑스의 정치경제학 비판의 전체 계획 가운데 일부일 뿐이었다. 맑스는 여러 차례에 걸쳐 자신의 경제학 체계가 여섯 권의 책 – 자본·토지소유·임금노동·국가·대외무역·세계시장에 관한 책 – 으로 구상되었다고 밝힌 바 있다. 이 가운데 우리가 갖고 있는 책은 『자본론』뿐이고, 그중 제II권과 III권은 맑스가 직접 교열한 것이 아니라 맑스 사후 엥겔스의 손을 거쳐 출판되었다. 따라서 많은 논자는 맑스의 전체 계획에 비추어 볼 때 『자본론』이 미완의 기획임을 지적해왔고,[1] 그러한 논거에서 1857~1858년 집필한 『정치경제학 비판 요강』(이하 『요강』)의 중요성을 강조한다.

홉스봄이 적절하게 말했듯, 『요강』은 "모든 사회적 변화의 보편적인 메커니즘을 세우는 데 관심을 두었다"(홉스봄, 2012: 139). 맑스의 생애에서 『요강』은 『공산당선언』(1848)과 『자본론』(1867) I권의 중간에 위치한다. 10여 년에 걸친 경제학 연구를 종합하고, 이것을 토대로 논문을 쓰게 된 계기는 1857년에 발생한 갑작스러운 경제위기와 1848~1850년에 촉발된 혁명들, 더 정확히 말해 이 혁명들의

1 상세한 논의는 김수행(1993)의 「『자본론』은 왜 불완전한가?」를 참고하라.

실패였다. 맑스는 이 초고를 새로운 사회의 이론적 토대를 위한 최초의 과학적 작업으로 간주했다. 초고는 그 전기적·역사적 가치 외에도 정치와 역사에 관한 새롭고 풍부한 자료를 제공하고 있으며, 맑스의 정치경제학 비판 계획의 완전하고 유일한 틀을 보여준다.[2] 즉, 헤겔 철학에 대한 전복과 발전이라고 할 수 있는 핵심적 요소들을 포함하고 있으며, 『자본론』의 내적 논리에 대한 새로운 사실을 던져준다는 점에서 『요강』은 맑스의 방법론을 연구하는 데 더없이 귀중한 원전이다. 무엇보다 이 저술은 맑스의 정치경제학의 방법에 대한 구상을 담은 「1857년 서설」을 포함하고 있기 때문에 『자본론』의 서문/후기와 함께 맑스의 몇 안 되는 방법론에 대한 저술로 인정되고 있다.

맑스 방법론의 심화과정이라는 관점에서 볼 때, 『자본론』과의 관계에서 『요강』이 지닌 텍스트상의 가치는 다음과 같다. 첫째, 『자본론』 서문이 밝히고 있듯 모든 과학에서 연구방법과 그 결과를 제시하는 서술방법에는 형식상의 차이가 있다. 무릇 초고가 가진 장점이 그러하듯, 맑스 자신의 자기이해가 목적이었던 이 저술은 완성도를 갖춘 나중의 결론의 형태를 염두에 두면서 어떻게 구체적으로 작업해가는지 그 '과정'을 보여준다. 다시 말해 실험실과 강의실이 형태상의 차이를 보이는 것과 같이 『요강』은 맑스의 연구방법을 살펴볼 수 있는 기회를 개방한다.[3]

예컨대 『요강』은 맑스가 정치경제학 비판의 중요한 과업으로 간주했던 경제학적 범주 비판의 핵심을 대부분 제시하고 있다. 노동의 이중성, 이윤율과 잉여가치율, 절대적 잉여가치와 상대적 잉여가치의 구분, 불변자본과 가변자본이라는 범주의 도입 등 『자본론』에서 체계화된 맑스의 가치론 및 범주 비판의 골격이 『요강』에서 갖추어졌다고 할 수 있다. 따라서 두 저술을 인식론적 발전 과정에 있는 저술로서 상호 함축적으로 독해한다면, 『자본론』의 서술방법을 둘러싸고 쟁점이 되어온 '적절한 시작 지점'의 문제, 즉 왜 '상품'에서 분석을 시작했는가에 대한 해답의 단초를 찾을 수 있다. 이 점은 '정치경제학의 방법'이라는 제목이 붙은 「1857년 서

2 『요강』에서 제시된 탐구 계획은 크게 ① 사회형태, ② 부르주아적 사회형태 ③ 국가 형태 ④ 국제 분업 ⑤ 세계시장과 공황으로 분류된다(『요강』 I, 80).

3 즉, 『요강』은 "맑스의 과학적 작업장으로 우리를 인도하고, 우리로 하여금 그의 경제 이론의 형성 과정을 목격하도록 한다"(로스돌스키, 2003a: 310).

설」의 중심 주제였는데, 실제 『요강』의 말미에 이르면 '화폐'라는 기존의 출발점은 '상품'이라는 출발점으로 전환된다. 『정치경제학 비판을 위하여』(1859)와 『자본론』 I권의 출발점을 형성하는 것도 이 상품 범주다.[4] 즉, 『자본론』에서 제시된 주요 범주들은 이전의 발견 과정, 곧 기존 경제학설사와 그 체계에 대한 철저한 내재적 비판을 경유한 것이었다.

그런데 문제는 맑스 개념화 작업의 중요한 경로였던 경제학 비판의 방법론이 『자본론』의 서술 체계 곳곳에 숨어 있어 잘 보이지 않는다는 점이다. 그러므로 『자본론』의 방법론을 온전히 이해하기 위해서는 맑스가 과학적 발견의 중요한 계기로 삼았던 선행연구 비판을 정당한 사회과학의 연구절차로 복원해낼 필요가 있다. 이러한 이유로 『자본론』 4권으로 계획되었지만, 연구의 순서상 『자본론』에 선행한 『잉여가치학설사』의 경제학설사 비판도 아울러 검토할 가치가 있다.[5]

---

4 이에 대한 자세한 논의는 니콜라스(1973: 252~270)를 참조하라. 마틴 니콜라스(M. Nicolaus)는 『정치경제학 비판을 위하여』(1859)의 「서문」이 『요강』의 서설을 대신할 목적으로 쓰였다고 말한다. 그러나 「서문」에 실린 다음의 말을 『요강』의 서설과 방법론의 수정으로 독해하는 것은 무리인 듯하다. "내가 이전에 대충 쓴 일반적 서설을 나는 공표하지 않겠는데, 그 까닭은 보다 자세히 숙고해볼 때, 앞으로 증명해야 할 제 결과를 선취(Vorwegnahme)하는 것이 혼란을 야기할 것 같고 또한 나를 전적으로 따르고자 하는 독자는 개별적인 것으로부터 일반적인 것으로 상승해야 할 것을 결심해야하기 때문이다"(맑스, 1989c: 5).

즉, 연구의 경로가 "단순하고 일반적이며 추상적인 관계에서 복잡하고 특수한 통일체로 나아가야 한다는 견해"가 더 이상 그에게 '명백하고 과학적으로 올바른 방법'으로 나타나지 않게 되었고, 「서문」에서 "특수한 것에서 일반적인 것으로 서서히 올라가야 한다는 견해"와 대립되는 것으로 보는 니콜라스의 견해는 구체에서 추상으로 가는 하향과 추상에서 구체로 가는 상향이 서로 재귀적이고 변증법적인 관계를 맺고 있다는 맑스 방법론의 핵심을 놓칠 우려가 있다.

5 『자본론』의 구조에 대한 서한들에서 알 수 있듯, 맑스는 『잉여가치학설사』(이하 『학설사』)의 '역사적·문헌적' 고찰이 이미 어느 정도 집필된 것으로 간주했고, 『자본론』의 맨 마지막 순서로 출간할 것으로 계획했다. 1877년 지그문트 쇼트(S. Sigmund)에게 보낸 편지는 다음과 같이 말한다. "사실 저는 『자본론』을 개인적으로는 독자층에게 제출된 것과는 정반대의 순서로(세 번째의 역사적인 부분에서) 시작했습니다"[맑스, 「마르크스가 프랑크푸르트 암 마인에 있는 지그문트 쇼트에게」(1877.11.3), 스캄브락스 엮음(1990: 200)에서 재인용].

둘째, 뒤르케임의 방법론과 비교해 더욱 유의미한 쟁점은 『요강』의 「자본에 관한 장」에 이르러 자본주의적 생산에 선행하는 형태들의 역사적 개요를 제시했다는 점이다. 이는 「독일이데올로기」에서 거칠게 제시된 분업의 제 형태에 관한 논의를 경제적 사회구성체론으로 진전시키는 한편 『자본론』의 근저에 깔려 있는 사회형태들에 대한 논의와 연속성을 갖고 있다. 이를테면 『자본론』에서 맑스는 자본주의를 분석하는 데만 집중했고 어떤 의미에서는 거기에 국한되어 있는 데 반해, 『요강』에서는 자본주의적 생산에 선행하는 여러 사회형태를 분석하며, 자본주의 다음에 오는 사회를 이론적으로 고찰한다(스캄브락스 엮음, 1990: 15). 예컨대 '소외'와 '대상화'의 구분 또한 맑스의 과학론이 새로운 출발점으로 삼은 역사적 사회형태들에 대한 논의 속에서 더욱 잘 이해될 수 있다.

이러한 상호담론적 독해는 궁극적으로 다음과 같은 『자본론』을 둘러싼 방법론 논쟁을 해소하는 데 기여한다. 첫째, '이론/역사'의 관계다. 이 이분법은 '적절한 시작 지점' 또는 제1편 '상품과 화폐'와 제8편 '이른바 시초축적'의 관계를 둘러싼 논쟁에서 그 영향력을 드러낸다. 이 쟁점은 한편으로는 법칙정립/개성기술 사이의 고전적 이항대립을, 다른 한편으로는 통상 인간주의/반인간주의의 갈등으로 나타났던 '구조/행위' 관계의 논점을 내포한다. 둘째, 「1857년 서설」에서 제시된 맑스의 '과학적 방법'은 과연 무엇인가를 둘러싼 논쟁이다. 『자본론』의 연구방법과 서술방법을 둘러싼 많은 논쟁은 「1857년 서설」을 전범으로 삼고 있다는 점에서, 맑스의 연구방법에 대한 총체적인 재검토가 필요하다. 셋째, '상품물신성' 비판의 위상을 둘러싼 과잉자연주의적 해석과 반자연주의적 해석 사이의 대립이다.[6] 이 논쟁은 사실/가치, 과학/비판, 과학/철학의 이분법을 반영하는 것으로, 맑스 과학에

---

6 기존의 경제학과 정통 좌파 이론에서 맑스의 노동가치론은 주로 가치의 생산가격 전형과 관련된, 이른바 '전형문제'에 집중해서 검토되었다. 이에 따라 상품형태에 따른 물신주의의 근본적 중요성을 인식하지 못하고, 그것은 헤겔 변증법의 유산으로서 맑스의 '정치경제학' 비판에서 비본질적인 부분으로 치부되어왔다(박승호, 2005: 67). 단적으로 알튀세르(1991: 90)는 『자본론』 1편 '상품과 화폐' 전체를 헤겔주의적 잔재로 치부하면서 "제1편 전체는 잠시 뒤로 미루고, 제2편 '화폐로부터 자본으로의 전화'부터 읽어라"라고 충고한다.

서 물신주의 비판과 『자본론』의 위상을 최종적으로 재검토할 것을 요청한다.

이러한 모든 이분법은 경험적 실재론에 기초한 실증주의 과학관으로는 풀 수 없는 딜레마로 이해되지만, 비판적 실재론은 맑스의 과학적 실재론과 설명적 비판을 명료하게 함으로써 기존 방법론 논쟁을 해소할 새로운 가능성을 제공한다.

V 『자본론』의 방법론과 설명적 비판

앞에서는 전통적인 선험철학의 이분법을 지양하면서 그 골격을 구축한 맑스와 뒤르케임의 사회과학철학과 사회적 존재론을 살펴보았다. 이 장에서는 이러한 기초 위에서 『자본론』의 정치경제학 비판의 방법론을 비판적 실재론의 관점에서 다시 읽는다. 초기 저술에서부터 분명히 드러나는 맑스의 비판적 자연주의는 『자본론』에서 한층 명료해진 과학적 실재론과 접목되면서 설명적 비판의 원리로 통합된다.

맑스의 실재론은 초기 소박한 실재론에서 과학적 실재론으로 발전하는 양상을 보여주는바,[1] 1860년대 중반에는 과학적 실재론의 주제들이 어김없

1 바스카는 맑스의 실재론이 초기의 소박한 실재론에서 과학적 실재론으로 발전하는 양상을 보여준다고 본다. 맑스는 (1) 단순한 물질적 객체 실재론, 즉 물질적 객체들은 그것들에 대한 인간의 인식과 무관하게 존재한다는 견해를 의심하지 않았다. 그렇지만 (2) 과학적 실재론, 즉 과학적 사유의 대상들은 실재하는 구조들, 기제들 또는 관계적이라는 견해에는(존재론적으로, 그것들이 발생시키는 사건이나 현상형태나 외양들로 환원될 수 없으며, 그런 것들과 다르고 아마도 반대된다고 보는 견해) 점진적이고 불균등하게, 그리고 비교적 늦게 도착했다. 그렇지만 1860년대 중반에는, 과학적 실재론의 주제들이 변함없이 되풀이된다는 것이다(『비실』, 258~259). 맑스의 과학적 실재론은 『자본론』에서는 "만약 사물의 현상형태와 본질이 직접적으로 일치한다면 모든 과학은 불필요하게 될 것"이라는 언술로 간명하게 표현된다(『자본론』 III, 995). 본질과 현상, 형태와 관계의 분리

이 되풀이된다. 실제, 『브뤼셀 노트 1845』, 『런던 노트 1850~1853』 등 『자본론』을 준비하는 과정에서 맑스가 기술학의 근본이 되는 자연과학에 집중적으로 몰두했던 흔적을 찾기란 어렵지 않다. 자연과학 이론의 추상적 영역으로부터 실천적 응용은 정치경제학을 비판하는 맑스의 실질적인 방법론적 지침이 되었다(하용삼, 2002; 2003). 즉, '과학적'이라는 말은 맑스의 저작에서 단순히 수식어로 사용된 것이 아니라 구체적인 연구방법을 지시하고 있으며, 맑스는 자신이 발견한 것이 과학 자체가 아니라 그것의 응용으로서 역사과학 또는 사회과학임을 분명히 하고 있다.

『자본론』은 이러한 맑스 과학방법론의 요체를 가장 잘 알 수 있는 저술이지만, 맑스 방법론을 곡해하는 수많은 해석을 야기한 가장 논쟁적인 저술이기도 하다. 맑스 이후 전개된 맑스주의 역사에 침전된 주류 과학철학의 이분법적 편견들은 크게 『자본론』의 방법론에 대한 – 철학적 읽기에 의존하는 – 반자연주의적 해석과 – 경제학적 읽기에 의존하는 – 과잉자연주의적 해석 간의 상호 대립을 유발해왔다. 이러한 대립은 『자본론』에 적용된 응용과학의 방법론을 간과하여 비롯된다는 것이 이 장의 핵심 주장이다.[2]

『자본론』의 설명적 비판은 크게 사회적 존재론 → 설명적 방법론 → 실천적 사회이론이라는 세 축의 전개과정을 아우른다. 각각의 계기를 염두에 두면서 이 장의 논의는 다음의 순서로 구성된다.

는 그의 과학의 기본 계획을 규정해준다.

2 이를테면 곽노완(2006)은 맑스 정치경제학 비판의 혁명적 측면이, 근대 경험론적 인식론인 주체/객체 이분법적 틀을 해체한 새로운 '에피스테몰로기'에 입각한 '이론적 비판'에 있다고 타당하게 평가한다. 그러나 「1857년 서설」에서 강조된 경험이라는 출발점과 맑스에게 남아 있는 고전 정치경제학의 지반을 단지 '경험주의적 잔재'로 치부한다는 점에서 제한성을 보인다. 한편 논리-역사설을 비판하며 등장한 체계변증법 학파 역시 맑스 정치경제학 방법의 논리적 핵심을 변증법으로 보고, 헤겔의 『논리학』과의 관계에 집중해서 추상에서 구체로 전개되는 『자본론』의 방법론을 재해석하는 경향을 보인다(Smith, 1990; Reuten, 2001; Arthur, 2002; 전희상, 2006; 장용준, 2012 참고).

첫째, 『자본론』 1판 서문 및 후기를 중심으로 맑스의 정치경제학 비판이 출발한 이론적·실천적 문제의식을 이해한다. 둘째, 『요강』과 『자본론』을 교통하는 사회형태학의 전망 속에서 상품물신성 비판의 위상을 재검토한다. 이를 통해 쉽게 간과되곤 했던 '사회형태학'이 맑스의 정치경제학 비판의 새로운 과학적·역사적 전제로서 자리하며, 맑스의 추상 방법 또한 '사회형태추상'에 가깝다는 점을 이해할 수 있을 것이다. 셋째, 『자본론』에 전제되었지만 은폐되어 있는 맑스의 연구방법론을 『잉여가치학설사』에서 전개된 고전 정치경제학 방법론 비판에 입각해 복원·재구성한다. 이를 통해 「1857년 서설」에 나타난 '과학적으로 올바른 방법'이 비판적 실재론이 체계화한 과학적 발견의 논리로 더 잘 이해될 수 있으며, 『자본론』에 적용된 인과적 설명모델 — 이론적인 동시에 역사적인 설명모델 — 과도 연속성을 갖고 있다는 점을 살펴본다. 넷째, 각각의 계기들을 통해 기존 해석에서 쟁점이 되었던 이론과 역사, 구조와 행위, 비판과 과학 사이에 설정된 낡은 이항대립이 맑스의 역사과학방법론에 실재론적으로 통합될 수 있으며, 이론적 판단에서 실천적 판단으로 나아가는 설명적 비판 모델을 선구적으로 개척하고 있음을 입증해 보이고자 한다. 먼저 맑스 『자본론』 1판 서문 및 후기를 중심으로 정치경제학 비판의 문제의식을 따라가보자.

1. 설명적 비판의 문제제기: 『자본론』 1판 서문 및 2판 후기를 중심으로

『자본론』의 서술 목적과 탐구 방법을 밝힘으로써 일종의 서론 역할을 담당하고 있는 1판 서문 및 2판 후기는 과학과 계급투쟁, 설명과 비판, 이론과 실천의 관계에 대한 맑스의 견해를 압축적으로 담고 있다. 맑스에 따르면 『자본론』을 집필한 목적은 현대사회의 '경제적 운동 법칙'을 밝히는 것이며, 동시에 — 일라리온 이그나체비치 카우프만(I. I. Kaufman)에게서 빌려 말하듯 — 형태들의 '이행의 법칙'을 발견하는 것이다. 과학적 발견과 설명은 한 사회의 자연적인 발전단계들을 자의적으로 뛰어넘거나 폐지할 수 없다고 할지라도, 그러한 발전 속도에 개입할 수 있다는 것이다(『자본론』 I, 6).

> 맑스에게 중요한 것은 그가 조사하고 있는 현상들의 법칙을 발견하는 것이다. …… 그에게 더 중요한 것은 현상들의 변화의 법칙, 현상들의 발전의 법칙, 즉 한 형태에서 다른 형태로의 이행의 법칙, 상호 관계의 한 질서로부터 다른 질서로의 이행의 법칙이다(『자본론』 I, 16).

여기서의 운동 법칙과 이행 법칙은 원리상 상호 모순되는 것으로 이해될 수 없는데, 왜냐하면 이때의 '법칙'은 논리실증주의가 가정하는 경험적 규칙성이나 논리적 필연성이 아니라 '자연적 필연성', '경향'으로서의 법칙을 뜻하기 때문이다. 즉, 법칙은 "사람들이 이 필연성을 믿든 안 믿든, 의식하든 의식하지 않든 전혀 상관이 없는" 사회관계의 필연성으로서, "인간의 의지·의식·의도와는 독립해 있을 뿐 아니라 오히려 인간의 의지·의식·의도를 결정하는" 인과적 힘을 의미한다(『자본론』 I, 17). 이러한 의미에서, 자원론적 설명에 대한 비판적 입각점을 분명히 한다는 의미에서 사회질서의 운동 법칙은 "자연사적 과정"이다. 즉, '자연사적 과정'이라는 실재론적 전제를 통해, 맑스는 탐구의 출발점인 사회(the social)가 지식 주체의 의지 및 의도와 독립해서 존재하는 지식 대상의 자동적 차원을 갖고 있음을 확고히 한다. 따라서 인과적 힘의 방향은 일단 사회에서 개인으로 작동한다. 이러한 맥락에서 자본가를 비롯한 개인들은 일단 '담지자'로 설정된다(『자본론』 I, 6).

동시에 이 '필연성'은 자연과학의 추상적 법칙이 아니라 역사적 필연성이다. "각각의 역사적 시기는 자기 자신의 법칙을 가지고 있다. …… 경제생활이 일정한 발전 시기를 경과해 일정한 단계로부터 다른 단계로 이행하자마자, 경제생활은 다른 법칙에 지배받기 시작한다." 경제학자들의 오류는 역사적인 운동 속에 자리한 "경제 법칙을 물리학·화학의 법칙과 동일시함으로써 경제 법칙의 성질을 잘못 이해했던 것"에 기인한다(『자본론』 I, 17).

> 현상을 더 깊이 분석하면, 사회적 유기체들도 식물·동물과 마찬가지로 그들 사이에 근본적인 차이가 있다는 것을 알 수 있다. …… 하나의 동일한 현상이라도 이 유기체들의 상이한 총체적 구조, 그것들의 개개의 기관(organ)의 다양성, (기관이 기능하는) 조건들의 차이 등등으로 말미암아 전혀 다른 법칙의 지배를 받는다. …… 생산력의 발전 수준의 차이에 따라 사회적 관계들과 그것들을 규제하는 법칙들도 달라진다. …… 이와 같은 연구의 과학적 가치는 일정한 사회유기체의 발생·생존·발전·사멸과 더 높은 다른 사회유기체에 의한 교체를 규제하는 특수 법칙들을 해명하는 데 있다(『자본론』 I, 17~18).

사회유기체라는 존재론적 가정은 『자본론』의 방법론을 이해하는 데서 매우 긴요한 전제다.[3] 과학의 위계를 사고했던 생시몽, 콩트, 뒤르케임으로

3 사회구성체라는 개념은 「1857년 서설」에서 언급했던 사회체(Gesellschaftskörper)라는 개념의 발전된 형태로 보인다. 이기홍은 맑스가 사회 '구성체'라는 용어를 사용해서 표현하고자 한 것은 사회가 운동하고 변화·발전하는 유기적 총체라는 개념적 인식인 것으로 해석하는데, 이는 타당한 지적으로 보인다. 맑스는 사회세계에 대한 그의 인식의 발전과 함께 그것을 표현하는 개념도 변화·발전시켰다. '사회구성체' 개념이 처음 사용된 것은 「루이 보나파르트의 브뤼메르 18일」인데, 이때 '사회구성체'는 「독일이데올로기」의 '시민사회' 범주에서 발전된 것으로 보인다. 특히 이 개념은 1859년 서문 이후에는 일반적으로 사용된다. 『요강』의 사회유형을 구분하는 '사회형태'의 정태적 개념에서 역사적 발전단계를 함축하는 '사회구성체'라는 동태적 개념으로 옮겨가는 까닭은 사회의 생성·발전·소멸의 운동 과정을 개념적으로 획득하기 위한 것이라고 할 수 있다(이기홍,

이어지는 프랑스 사회학의 전통에서도 사회유기체라는 가정은 정치경제학 비판의 전제가 된다. 일례로 콩트는 당대 정치경제학이 실증과학이 못되는 까닭을 과학의 위계, 특히 생물학적 인간 이해를 반영하지 않은 탓이라고 비판한다. 인간현상, 즉 사회유기체에 대한 과학은 총체적인 것이어야 할 텐데, 정치경제학은 사회의 지적·도덕적·정치적 상황과 역사를 무시한 채 경제 현상에만 관심을 한정하고, 스스로 일반적 사회철학에서 고립된 독립적 과학임을 주장했다는 것이다(서호철, 1999: 38~39). 맑스의 맥락에 있어서도 사회유기체의 '특수 법칙'이란 곧 사회적 층위의 발현적 속성을 지시하는 것으로, 이는 앞서 살펴본 반환원주의적 층화이론의 존재론적 가정에 부합하는 것이다.

사회유기체의 발현적 속성에서 도출된 더욱 유의미한 전제는, "오늘날의 사회가 딱딱한 고체가 아니라 변화할 수 있으며 또 끊임없이 변화하고 있는 유기체라는 예감이 지배계급 안에서도 일어나기 시작"했다는 사실과 관련된다(『자본론』 I, 7). 계급투쟁의 국면 변화에 따른 '정치경제학'의 이론적·실천적 위상 변화는 『자본론』 집필의 중요한 이론적·실천적 배경으로서 서문 및 후기에 걸쳐 길게 상술되고 있다.[4]

첫째, '경제학'이 취급하고 있는 문제의 독특한 성격상 — 다른 분야와 달리 — '사리사욕'이라는 가장 맹렬한 감정의 개입을 허용함으로써 "자유로운 과학적 연구를 저지하는 투쟁 마당에 들어오게" 되었다(『자본론』 I, 7). 다시 말해 경제학이 태생적으로 지닌 가치함축적인 성격 때문에 감정 및 이해관계의 개입은 불가피하며, 경제학의 과학성이라는 문제가 처음부터 제기되고 있는 것이다.

1992: 180~182).

4 1판 서문 및 2판 후기에서 나타나는 미묘한 차이와 방법론적 의미는 이 장의 말미에서 다시 논의할 것이다.

둘째, 독일의 후진적인 역사적·사회적 조건에서 비롯된 이론적·실천적 요청이다. 독일의 전도된 사회현실과 비판적으로 대결하고자 하는 문제의식은 헤겔의 '법철학 비판'에서부터 '정치경제학 비판'인 『자본론』의 집필 배경에 이르기까지 맑스 작업 전반의 중심부에 자리한다. 예컨대 맑스는 영국의 변혁 과정과 공장법의 역사가 보여주는 일정한 경향성이, 독일의 후진적인 자본주의 발전과 열악한 정치적 현실에 중요한 이론적·실천적 함의를 줄 수 있다고 말한다. 따라서 영국의 현실과 독일의 현실을 분리해서 사고하려는 누군가가 있다면 "이것은 너를 두고 하는 말이다!"라고 충고를 아끼지 않는다(『자본론』 I, 5). 다른 한편 독일에서는 자본주의적 생산양식이 충분히 발전하지 않아 경제학이 육성될 수 있는 토양이 매우 부실했다. 그 결과 경제학은 영국과 프랑스에서 "수입된 기성품의 형태"로, "외국 현실의 이론적 표현"으로 머물러 있었다(『자본론』 I, 10). 이러한 까닭에 1848년 이래 자본주의적 생산양식이 독일에서 급속히 발전했지만, 경제학의 당파적 성격은 오히려 강화되었다. "그들이 편견 없이 경제학을 연구할 수 있었을 때에는 독일의 현실에 근대적 경제관계가 존재하지 않았고, 이러한 관계가 나타났을 때에는 (부르주아적 시야를 가지면서도 그것을 편견 없이 연구하는 것을 더 이상 허용하지 않는) 환경이 조성되어버렸던 것이다."[5] 말하자면 독일 경

5 계급투쟁의 국면 변화에 따른 이론적 상황의 변화에 대해서는 다음의 맑스의 진술을 참고하라. "경제학이 부르주아적인 한, 즉 그것이 자본주의 제도를 사회의 생산의 하나의 과도적인 역사적 발전단계로 보지 않고 사회적 생산의 절대적이고 궁극적인 형태로 보는 한, 부르주아 경제학은 계급투쟁이 아직 잠재적 상태에 있거나 오직 고립적이고 불규칙적인 현상으로 나타나는 동안만 과학으로 존속할 수 있다"(『자본론』 I, 11. 강조는 필자). "독일에서는 자본주의적 생산양식은, 그것의 적대적 성격이 프랑스와 영국에서 역사적인 소란스러운 투쟁을 통해 나타난 뒤에야 겨우 성숙했다. 더욱이 독일 프롤레타리아는 독일 부르주아지보다 훨씬 더 이론적으로 명확한 계급의식을 소유하고 있었다. 그리하여 과학적인 부르주아 경제학이 드디어 가능할 것 같았던 바로 그 순간에 그것은 다시 불가능하게 되어버린 것이다"(『자본론』 I, 13).

제학 연구는 처음부터 그 이데올로기적 성격과 종속성 때문에 학문의 발전이 더욱 제한을 받게 된 것이다.

셋째, 나아가 유럽 사회 전반에 걸친 계급투쟁의 국면 변화는 경제학의 계급적 성격을 더욱 강화시켰다. 고전파 경제학은 계급투쟁이 아직 발전하지 않았던 시기의 산물이었고, 그 대표자격인 리카도는 공평무사한 태도를 유지함으로써 과학일 수 있었다. 그러나 프랑스와 영국에서 부르주아지가 정권을 쟁취한 순간부터, "계급투쟁은 실천과 이론 모두에서 더욱더 공개적이고 위협적인 형태를 취했다. 그와 더불어 과학적인 부르주아 경제학은 조종을 울렸다. 그 뒤부터는 벌써 어떤 이론이 옳은가 옳지 않은가가 문제로 되는 것이 아니라, 그것이 자본에 유리한가 불리한가, 편리한가 불편한가, 정치적으로 위험한가 아닌가가 문제로 되었다. 객관적인 학자들 대신 고용된 앞잡이들이 나타났으며, 진정한 과학적 연구 대신 비양심적인 사악한 변호론이 나타났다"(『자본론』 I, 12~13). 그래서 독일에서는 과학적인 부르주아 경제학의 발전이 더욱 저지되었고, 당시 부르주아 경제학은 고전 정치경제학과 바스티아와 존 스튜어트 밀을 위시한 속류경제학이라는 두 진영으로 분열되었다(『자본론』 I, 13~14).

이상의 논의를 통해 맑스가 연구의 출발점에서 경제학이 그 지식 대상과 맺는 긴밀한 매듭을, 이론과 실천의 분리 불가능성과 지리-역사성을, 나아가 근대 경제학의 태생적인 가치함축적 성격과 계급적 성격에서 정치경제학이 필연적으로 과학성의 문제에 봉착한다는 점을 진지하게 숙고하고 있음을 알 수 있다.[6] 이는 쉽게 해소되지 않은, 매우 어려운 질문을 제기한다. 과연 과학성과 계급성은 양립 가능할 수 있는가? 과학과 계급투쟁은 어떤 관계를 맺는가? 근대 경제학이 그 성격상 '자유로운 과학적 연구를 저지하

6 베버가 제시하는 사회과학방법론의 출발 지점 또한 유사한 딜레마를 공유한다. "'두 개의 국민경제학'이 존재하는…… 상황하에서 객관성이란 무엇을 뜻하는가(베버, 2011: 50)?"

는 투쟁' 속에 자리한다면, 정치경제학의 당파적 성격으로부터 맑스 과학의 과학성이 승인될 수 있다는 준거는 도대체 무엇인가?

맑스는 계급성을 외면하고 과학성을 일방향으로 취하는 '냉정한' 경로를 선택하지 않는다. 이 경로는 실증주의 과학모델이 추구하는 '과학주의'나 '가치중립 테제'로 익히 알려져 있다. 다른 한편 과학성을 대가로 계급성, 또는 당파성을 구하거나 이론을 실천의 문제로 곧바로 환원하는 '손쉬운' 노선 또한 취하지 않는다. 이에 대한 맑스의 대답은 『자본론』의 부제이기도 한 '정치경제학 비판'에서 우선 찾을 수 있다.

> 그렇다고 해서 부르주아 경제학에 대한 비판까지 불가능하게 된 것은 아니다. 그와 같은 비판이 하나의 계급을 대변하고 있는 한, 그것은 자본주의적 생산양식의 타도와 모든 계급의 최종적 철폐를 자기의 역사적 사명으로 하고 있는 계급, 즉 프롤레타리아를 대변할 수 있을 뿐이다(『자본론』 I, 14).

언뜻 보면 맑스는 노동자계급 대변과 자신의 학문적 입장을 일치시킴으로써, 그 출발점에서 명백히 당파적 또는 계급적인 입장을 취하는 것으로 보인다. 그러나 여기서의 당파성이 과학성과 단순히 반목 관계에 있지 않다는 점은 맑스가 계급을 완전한 생산력, 즉 계급 없는 사회를 향한 인간적 힘의 완전한 발전이라는 관점에서 사고했다는 점에서 찾을 수 있고, 맑스 방법론의 핵심인 비판과 과학의 통일이라는 기획을 상기할 때 분명해질 수 있다. 이때의 '비판'은, 비판을 위한 비판이나 비과학적인 정치적·도덕적 비판과는 엄연히 다른 것이다. 이론과 실천의 관계에서 맑스가 실천의 중요성을 우선시했다는 점은 분명하다. 그러나 이때 맑스의 '실천' 개념이 오늘날 맑스-레닌주의에서 흔히 사용되는 '당파성'이라는 개념으로 쉽게 대체될 수 없다는 점 또한 분명하다(유팔무, 1990: 130~131).[7]

요컨대 계급성 또는 당파성과 과학성의 관계는 사회과학의 고전적인 딜레마인 이론과 실천, 사실과 가치의 관계를 둘러싼 논점을 정면으로 제기한다. 그리고 이에 대한 맑스의 대답은 『자본론』을 관통하고 있는 과학방법론을 통해 확인될 수밖에 없다. 이제 살펴보겠지만, 맑스의 정치경제학 '비판'은 맑스가 행하고 바스카가 체계화한 설명적 비판의 절차, 즉 이론/실천의 나선형적 관계에서 가장 잘 이해될 수 있다고 보인다.

앞서 살펴보았듯, 설명적 비판의 가장 중요한 전제는 사회과학의 대상과 그 대상에 대한 이론이 맺고 있는 긴밀한 매듭이다. 자연과학과 달리 사회과학의 대상은 사회적 객체와 함께 사람들을 포괄한다. 그런데 이 사람들은 자신의 이론, 견해, 관념, 믿음을 갖는 주체다. 따라서 사회적 객체는 자연적 객체보다 훨씬 더 사회적 실천 및 제도와 긴밀한 논리적 관계를 맺게 된다. 맑스는 사회 자체가 인간의 산물이며 사회의 생산과 재생산이 그 사회의 구성원들에 대한 자기 이해를 구성하는 관념들과의 관계에서 이해되어야 한다는 점을 누구보다 깊이 숙고했다. 나아가 이러한 관념들이 사회구조의 기저적 실재들을 표면적으로 반영할 뿐만 아니라 본질적 관계와 모순되고, 그것을 은폐하는 이데올로기를 형성한다는 점을 직시하면서 이데올로기를 과학적으로 비판하는 작업에 착수했다. 이후 살펴보겠지만, 사회적 활동의 물질적 토대가 관념과 긴밀하게 얽혀 있다는 점은 '상품물신성'을 다루는 절에서도 분명하게 드러난다(Edgely, 1998: 408).

일례로 맑스는 1865년 요한 슈바이처(J. B. Schweitzer)에게 보내는 서한에서 '과학적 변증법의 비밀'이 "경제적 범주들을 물질적 생산의 일정한 발전단계에 조응하는 역사적 생산관계들에 대한 이론적 표현"으로 파악하는

7 '실천'이라는 용어는 현실을 변혁시켜야 한다는 당위론적·규범적 의미 이전에, 객체화된 사실이 인간행위의 산물이라고 하는, 따라서 객관과 주관이 통합되어 있다고 하는 존재론적 의미를 담고 있다(김왕배, 1997: 44~45).

것에 달려 있다고 말한다(맑스·엥겔스, 1993: 24). 자신의 변증법을 '과학적'이라고 본 이유는, 정치경제학 비판과 그것이 반영하는 사회경제적 범주들을 통해 사유에서의 모순과 사회경제 생활에서의 위기들을 설명하면서 그 위기들을 만들어낸 명백히 모순되는 본질관계의 측면에 착목하기 때문이다. 또한 자신의 변증법을 '비판적'이라고 본 이유는, 어떤 변증법적 주장에 메타비판의 형태를 취하면서도 자신의 변증법이 설명한 그 범주, 원칙, 실행들의 적용 가능성에서 지리역사적 조건과 타당성의 한계를 보여주기 때문이다(『변증법』, 322~323).

2. 『정치경제학 비판 요강』과 『자본론』의 사회형태학과 사회들

설명적 비판이론은 결국 두 가지 인과적 힘의 방향을 사고할 것을 요청한다. 사회적 객체에서 행위로 작동하는 힘의 방향과 설명력, 즉 과학을 매개로 사회적 주체가 사회적 객체를 변형하는 두 가지 힘의 방향을 승인하는 것이다. 이는 두 층위의 존재론적 힘이 작동한다는 것을 전제로 한다. 물리적·생물학적인 것으로 환원되지 않는 사회의 발현적 속성과 사회적 실체로 환원되지 않는 인간 정신의 발현적 속성이 그것이다. III장에서 살펴보았던 관계적 사회실재론 역시 사람-사회 활동모델은 두 층위의 존재론적 틈(break)을 전제하고 있다.

맑스의 사회적 존재론을 이해하기 위해 「1857년 서설」의 도입부, '정치경제학의 방법과 대상'에 대한 논의의 일부를 살펴보기로 하자. 이하의 논의는 먼저 존재론적 문제에 주로 집중할 것이다. 그리고 이것이 어떻게 사회의 인식과 변형에 관여하는지를 둘러싼 인식론적 문제로 넘어갈 것이다. 맑스 비판의 '역사적 전제', 즉 사회형태에 대한 이론적 숙고를 통해[8] 맑스의 추상이 관계적 사회 실재론을 전제하며, 이것이 곧 역사성을 지닌다는 점을 곧 확인할 수 있다.

1) 정치경제학의 방법과 대상: 생산, 분배, 교환, 소비

맑스는 「1857년 서설」에서 '사회형태'를 정치경제학의 유일한 주제로 규정하고, 독립된 연구대상으로서 확립시킨다. 즉, 정치경제학의 대상은 그 '소재'가 아니라 "부 또는 부 생산의 특유한 사회적 형태"다(『요강』 III, 153). 동시에 이 사회형태는 역사성을 갖는다. 이 점은 고전 정치경제학과 루소식의 사회계약론이 공유한 원자론적 사회관을 비판하는 대목에서 분명해진다.[9]

> 사회 속에서 생산하는 개인들, 따라서 사회적으로 규정된 개인들의 생산이 당연히 출발점이다. 스미스와 리카도가 출발점으로 삼은 개별적으로 고립된 사냥꾼과 어부는 18세기의 상상력 없는 공상에 속한다. 문화사가들이 공상하듯이 단지 과도한 문명개화에 대한 반발이나 오해된 자연 생활로의 복귀를 표현하는 것이 결코 아닌 로빈슨 크루소 이야기. 그것은 본래 독립적이고 자율적인 주체들을 계약을 통해 관계 지우고 결합시키는 루소의 『사회계약』과 마찬가지로 그러한 자연주의에 기초하지도 않는다. 이는 크고 작은

---

8 맑스의 사회형태학은 그의 추상/구체 연구방법이 단순한 헤겔 논리학의 실재론적 구현이라는 통상적 이해를 넘어서기 위해 우선 짚고 가야 할 부분이다. 「1857년 서설」에 드러난 '과학적으로 올바른 방법'은 이후 다시 살펴볼 것이다.

9 원자론적 사회관을 반대하는 입장은 『신성가족』(1845)에 나오는 다음의 언술에서도 확인할 수 있다. "정확히 그리고 단적으로 말하면, 시민사회의 구성원은 '원자'가 아니다. 원자의 '고유한 성질'은 그것이 아무런 성질을 갖지 않으며, 따라서 원자의 '자연적 필요'에 의해 결정되는 어떤 관계에 의해서도 자신 외부의 존재와 아무 관련도 맺지 않는다는 것이다"(맑스·엥겔스, 1990: 194).

로빈슨 크루소 이야기의 외관, 그것도 단지 심미적 외관일 뿐이다. 그것은 오히려 16세기부터 준비되었고, 18세기에 그 성숙의 거보를 내디딘 '부르주아 사회(Bürgerlichcs Gcscllshaft)'의 선취(先取)다. 이 자유 경쟁 사회에서 개별자는 이전의 역사적 시기에 그를 일정한 제한된 인간 집단의 부속물로 만들었던 자연적 속박으로부터 벗어난 것으로 현상한다. 스미스와 리카도가 여전히 발 딛고 서 있는 18세기의 예언자들에게 이 개인 ─ 한편으로 봉건적 사회형태의 해체의 산물이자 다른 한편으로는 16세기 이래 새롭게 발전된 생산력의 산물 ─ 은 과거의 실존을 가지는 하나의 이상으로서 떠오른다. 역사적 결과가 아니라 역사적 출발점으로서. 그 까닭은 인간 본성에 관한 그들의 관념에 합치하는 합자연적(合自然的) 개인으로서, 역사적으로 등장하는 것이 아니라 자연에 의해 정립된 개인으로서 나타나기 때문이다(『요강』 I, 51~52).

위의 인용문에서 드러나듯, '정치경제학의 방법과 대상'에 대한 논의는 원자론적 존재론에 대한 반대에서 시작한다. 맑스에 따르면 '고립된 개별자'라는 관념 자체가 가장 발전된 사회적 관계 및 역사발전의 산물이다(『요강』 I, 52). 그리고 이어지는 논의에서 정치경제학에 접목된 역사방법론과 관계적 사회실재론의 윤곽을 더 자세히 살필 수 있다.

첫째, 정치경제학의 대상이 사회형태라면 방법론적 개인주의는 적절한 추상의 방법이 될 수 없다. '서설'에서 헤겔의 관념론과 고전 정치경제학의 경험론 각각을 지양하며 제출된 정치경제학 방법은, 곧 역사적 사회형태를 다루는 '합리적 추상'의 방법론적 골격을 드러내 보여준다. 그에 따르면 경제학 범주들에 내재한 몰역사성은 철회되어야 한다. "부르주아 사회는 가장 발전되고 가장 다양한 역사적 생산 조직이다. 따라서 그 사회가 지닌 관계들과 그 사회의 구조에 대한 이해를 표현하는 범주들은, 동시에 모든 몰락한 사회형태들(Gesellschafts-form)의 구조와 생산관계들에 대한 통찰력을 제공"해준다는 것이다(『요강』 I, 76).

다른 한편, 이러한 경제적 범주들은 연대기적 순서를 따르는 역사기술적 방법으로도 규정될 수 없다.[10] "오히려 근대 부르주아 사회 내부에서 그것들이 차지하는 구조(Gliederung)가 문제"다(『요강』 I, 79). 사회형태의 역사적 발현을 무시하고, 초역사적인 범주들에 의존하고 있는 고전 정치경제학의 추상은 결국 기존 사회적 관계들의 영구성과 조화를 증명하는 오류를 범하게 된다는 것이다.

이렇게 볼 때 정치경제학에 접목된 맑스의 역사과학에서 '역사'는 응당 시간 차원을 고려하지만, 이는 시계열적인 시간이 아닌 – 역사적으로 발현된 사회형태에서 출발하는 – 구조적인 시간이라고 할 수 있다. 여기서 추상의 방향 또한 주어진 시대에서부터 거꾸로 거슬러 올라가는 사후예측 또는 소급예측의 방향을 취한다.[11] "마치 인간의 해부는 원숭이의 해부를 위한 하나의 열쇠를 쥐고 있"는 것과 같이 부르주아 경제는 고대 경제 등을 해명하는 열쇠를 제공해준다는 것이다(『요강』 I, 76).

---

10 연대기적 역사서술방법을 반대하는 입장은 다음의 진술에서 명확히 드러난다. 오히려 그 "서열은 그것들이 근대 부르주아 사회에서 서로 맺고 있는 관계이자 그것들의 자연적 서열로 현상하거나, 역사적 발전의 서열에 조응하는 것과는 정확히 반대인 관계에 의해 규정된다. 경제적 관계들이 다양한 사회형태들의 연속 속에서 역사적으로 차지하는 관계가 문제되는 것이 아니다"(『요강』 I, 79).

11 이는 연역적으로 정당화된 예측과 반대된다. 사회체계들은 개방체계적 속성과 사회체계들의 역사성 때문에 사회과학에서는 예측할 수 없는 질적으로 새로운 발전이 일어날 수 있다. 더욱이 새로운 사회적 발전에 내재된 가능성들은 흔히 발전 자체보다 훨씬 후에야 분명히 드러날 것이라는 점, 그리고 각각의 새로운 발전은 어떤 의미에서 이전 발전의 산물이라는 점을 고려하면, 우리는 왜 역사를 끊임없이 새로 써야 하는가를 알 수 있다(Lefebvre, 1975: 33~34; 바스카, 2005d: 82에서 재인용).

인간생활의 여러 형태에 관한 고찰, 따라서 이 형태들의 과학적 분석은 그것들의 현실의 역사적 발전과는 반대의 길을 밟는다. 왜냐하면, 그 분석은 사후적으로, 따라서 발전 과정의 기성(旣成)의 결과를 가지고 시작하기 때문이다(『자본론』 I, 97).

따라서 언제나 "마지막 형태가 과거의 형태들을 자신으로 향하게 하는 단계들로 간주한다는"(『요강』 I, 77) 역사과학의 인식론적 순서를 이해한다면, 논리적 순서와 역사적 순서가 단순한 상응 또는 일치의 관계에 있지 않은 것은 당연한 일이다.[12]

둘째, 고전 정치경제학이 '고립된' 사실로서 생산, 분배, 교환, 소비를 다루는 것과 달리 맑스는 각각이 상호 관통하고 서로를 전제하는 방식을 숙고함으로써, 사회형태를 조건 짓는 생산의 제 계기들의 내적 연관과 총체성을 확보하고자 한다. 즉, 맑스에게 생산 그 자체는 특정 부문의 생산이나 좁은 의미의 경제활동이 아니라 사회체, 즉 생산유기체의 총체적인 운동 방식을 뜻한다.

생산은 일반적 자연법칙들에 의해 규정된다. 분배는 사회적 우연에 의해 규정되고, 따라서 생산에 대해 다소 촉진적인 역사적 우연에 의해 규정되고,

---

12 이 점에서 '역사 = 논리'설을 둘러싼 오래된 논쟁의 근본적인 한계가 지적될 수 있다. 엥겔스는 『자본론』 III권의 보론에서 맑스의 방법이 "논리적 과정일 뿐 아니라 역사적 과정, 그리고 이 과정이 사고에 반영되는 것 그리고 이 과정의 내부 관련들의 논리적 추적"이라고 재차 강조한다(『자본론』 III, 1084). 엥겔스의 이러한 해석은 이후 『자본론』의 해석에 지대한 영향을 미치게 된다. 특히 『자본론』에 대한 역사-논리적 해석이 주류가 된 경향은 칼 카우츠키(K. Kautsky)와 레닌을 거쳐 더욱 강화되었고, 소련 최고의 맑스 연구자 중 하나였던 레프 비고츠키(L. S. Wygodsky)는 물론 에른스트 만델(E. Mandel)과 같은 서구 맑스주의자에게도 부동의 권위를 발휘하게 한다. 이에 대한 상세한 비판적 논의로 주정립(2004)을 참고하라.

> 따라서 생산에 대해 다소 촉진적인 영향을 미칠 수 있다. 교환은 형식적인 사회적 운동으로서도 양자 사이에 놓여 있다. 최종 목표일뿐만 아니라 최종 목적으로서 파악되는 최종적 행위인 소비는 그것의 출발점에 다시 반작용하고, 전체 과정을 새롭게 개시하는 경우를 제외하고는 원래 경제학의 밖에 놓여 있다(『요강』 I, 58).

이 같은 인용문은 생산계의 내적 운동에 자리한 여러 층위와 계기를 구분하는 맑스의 생각을 잘 드러내 보여준다. 생산 일반의 운동 과정은 다음 세 층위의 원인, 생산의 자연법칙과 분배의 사회적·역사적 조건, 그리고 최종 목적인 교환과 소비의 개인적인 행위를 경유해 진행된다는 것이다.

이어지는 인용문에서도 사회를 하나의 실체로 환원하는 존재론에 반대하면서, 맑스의 생산모델이 관계적 사회실재론을 전제하고 있음이 더 분명해진다. 사실 맑스의 관계적 사회실재론은 『철학의 빈곤』(1847)에서 프루동을 비판할 때 일찍이 시사된 바 있다. 사회체의 운동은 프루동이 가정하듯 하나의 실체로 환원되어 설명될 수 없다.[13] 생산 일반의 운동 자체가 사회구조와 인간행위의 이중적인 층위를 갖되 하나의 과정 속에서 고찰되어야 한다는 생각은 생산활동의 '총괄적 계기'와 '내적 계기'의 구분으로 표현된다.

> 사회를 유일한 주체로 관찰하는 것은 그것을 사변적으로 잘못 관찰하는

13 『철학의 빈곤』(1847)에서 프루동의 사회관에 반대하는 맑스의 입장은 뒤르케임이 콩트를 비판하는 입장과 유사한 맥락을 공유한다. "모든 노동이 잉여를 낳을 수밖에 없다는 것을 증명하기 위해서 프루동씨는 사회를 인격화하고, 사회로부터 하나의 인격 사회(eine Person Gesellschaaft)를, 즉 사회를 성립시키는 개인들과 아무런 공통점도 지니지 않는 특수한 법칙을 갖고 있기 때문에 결코 개인들의 사회가 아닌 하나의 사회를 만들어낸다"(맑스, 1988b: 96).

것이다. 한 주체에게는 생산과 소비가 한 행위의 계기들로 현상한다. 여기에서 가장 중요한 것은 생산과 소비를 한 주체의 활동들로 관찰하든 수많은 개인들의 활동들로 관찰하든 어떤 경우에서나 생산이 실제적인 출발점이고, 따라서 총괄적 계기가 되는 한 과정의 계기들로 나타난다는 것을 강조하는 것이다. …… 개인은 한 대상을 생산하고, 이것의 소비를 통해 다시 자신 속으로 되돌아온다. 그러나 이때 생산적 개인으로서, 스스로 재생산되는 개인으로서 되돌아온다. 그리하여 소비가 생산의 한 계기로 현상한다(『요강』 I, 63~64).

이를 통해 도달한 "결론은 생산, 분배, 교환, 소비가 일치한다는 것이 아니"다.

> 이들 모두가 하나의 총체성의 분절들, 하나의 통일체 내에서의 차이들을 이룬다는 것이다. 생산은 생산의 대립적인 규정에서 자기 자신뿐만 아니라 다른 계기들도 총괄한다. 과정은 언제나 생산으로부터 새롭게 시작된다. 교환과 소비가 총괄적인 것이 될 수 없다는 것은 자명하다. 생산물 분배로서의 분배도 마찬가지다. 그러나 생산 행위자들의 분배로서 분배 자체는 생산의 한 계기다. 일정한 생산이 일정한 소비, 분배, 교환과 이 상이한 계기들 상호간의 일정한 관계들을 규정한다(『요강』 I, 69).

요컨대 '생산 일반'은 사회체와 개별 주체의 층위의 운동을, 다시 말하면 구조와 행위의 상호 관계를, 나아가 생산과 재생산을 아우르는 총체적 운동이다.

정리하자면, 맑스에게 사회구조와 인간행위, 사회-사람 연관은 생산의 제 계기의 운동 속에서 매개된다. 앞서 밝혔듯, 맑스의 생산모델이 가정하고 있는 사람-사회 연관은 비판적 실재론에 따라 실재론적이고 관계적인 사회 모델로 정식화된 바 있다. "사회는 개인들로 구성되어 있는 것이 아니라, 이 개인들이 서로 맺고 있는 관계들의 합을 표현한다"(『요강』 I, 264). 관계적 사회 모델에 따르면 사회구조와 인간행위는 상호 의존하지만, 존재론적인 간극이 있으며 비대칭적인 관계를 맺는다. 사회는 인간행위에 늘 존재하는 조건이며 동시에 인간행위가 지속적으로 재생산하는 결과다. 이것이 구조의 이중성이다. 그리고 실천은 작업, 즉 생산조건들, 다시 말해 사회의 의식적인 생산이면서 동시에 통상적으로 무의식적인 재생산이다. 이것이 실천의 이중성이다. 다시 말해 사회형태들이 보유한 속성들은 개인들 – 사회형태들은 이들의 활동에 의존한다 – 이 보유한 속성들과 구별된다. 이는 목적성과 의도성, 욕구, 자의식과 같은 인간 존재의 고유한 특성을 부정하는 것이 아니다. 사람들은 의식적인 인간 활동을 하면서 무의식적으로 구조 – 그들의 실질적인 생산활동을 지배하는 – 를 재생산 또는 변형한다는 것이다(바스카, 2005d: 58~59). 이와 같이 맑스가 상정한 사람-사회 연관은 역사의 변동에서 사회구조와 인간행위의 존재론적 틈과 상호 의존을 승인하는 역동적인 사회활동모델이라 할 수 있다.[14] 이상의 논의를 맑스의 생산모델에 접목해 그림으로 나타내면 〈그림 V.1〉과 같다.

〈그림 V.1〉 맑스의 사람-사회 연관

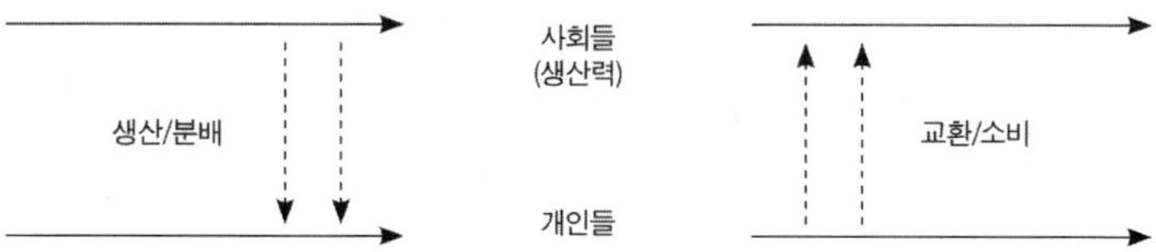

14 테르본이 적절히 말했듯, 맑스는 자본을 자본주의 사회의 해부학적 구조가 아니라 무엇보다도 과정 속에 있는 구조로 인식했다(테르본, 1989: 425).

강조해두자면, 이는 역사성이 없는 것은 아니다. 맑스에게 일반적인 전제로서 들어온 생산은 사회적 규정성을 가진 사회적 개인들, 동시에 근대 자본주의 사회관계에서 새롭게 발현된 개인들의 역사적 생산이다. 달리 말해 부르주아 사회형태가 산출한 개인 역시 새롭게 발전된 생산력의 산물이며, 이 새로운 형태의 사람-사회 관계가 정치경제학 비판의 '역사적 전제'로 제시되고 있는 것이다. 이 점은 이후 뒤르케임의 『분업론』에서 제시된 사회형태학과 일정한 비교의 지점을 형성한다. 이후의 비교를 위해 『요강』과 『자본론』에서 전개된 사회분업 및 사회들에 대한 논의를 마저 따라가보자. 앞서 말했듯 『요강』에 제시된 사회형태들에 대한 논의는 『자본론』과 연속성을 유지하지만, 『자본론』에 은폐되어 있는 맑스의 과학론을 더 풍부하게 담고 있다는 점에서 별도의 지면을 할애해 고찰할 가치가 있다.

2) 『정치경제학 비판 요강』과 『자본론』의 사회형태학과 사회들

(1) 『요강』의 사회형태학과 사회들

잘 알려진 대로, 맑스는 자본주의를 최후의 사회형태가 아니라 새로운 양식으로 이행하는 과도기적 사회형태라고 보았다. 역사적으로 아시아적·고대적·봉건적·근대 자본주의 생산양식으로 경제적 사회구성체는 변화해왔다. 자본주의는 역사적 사회형태들 중 한 형태일 뿐이다. 이러한 가정은 맑스의 역사과학의 장기적인 전망 속에서 도출된 것이다. 맑스는 인간의 사회적 삶 전체를 하나의 자연사적 과정으로 바라보되, 인간의 역사는 우리가 만들었다는 점에서 "의식적으로 자신을 지양하는…… 진정한 자연사"라고 말한다(『수고』, 200~201). 역사는 기본적으로 인간의 물질적 생산활동을 통한 창조와 변화의 과정이다. 사회구조의 변동은 생산력과 생산관계의 모순에 근거한 필연적인 전개 과정으로 설명된다. 이러한 전망을 가장 포괄적으로 담고 있는 것이 『요강』에서 전개된 사회형태들에 대한 논의다. 그 핵심 골자를 자본주의의 역사적 발생을 다루는 「자본주의적 생산에 선행하는 제 형태들」(이하 「형태들」)에서 확인할 수 있다.[15]

맑스에 따르면 모든 사회형태는 일정한 생산관계에 조응하는 생산력을 보유한다. "노동하는 주체들의 일정한 상호 관계와 자연에 대한 이들의 관계가 조응하는 생산력의 일정한 발전단계"에서 그에 상응하는 "주체적인 생산력뿐만 아니라 객체적인 생산력"도 발전한다(『요강』 II, 122). 「형태들」은 1859년 서문과 마찬가지로 모든 사회적인 보편화 메커니즘 속에서 일정한 단계에 조응하는 사회형태들을 탐구하는 데 관심을 두었고, 가장 보편적인 형태로 역사의 내용을 공식화하려고 했다. 홉스봄은 이 내용이 곧 '진보'라고 말한다. 맑스에게 진보는 객관적으로 정의할 수 있는, 동시에 바람직한 것을 가리키는 어떤 것이다. 이것은 역사적 발전이 궁극적으로 인류를 이끌고 가는 곳에 실제 모든 인간의 자유로운 발전이 있다는 가정의 분석적 타당성에 근거한 것이다(홉스봄, 2012: 139~140).

이러한 맥락에서 홉스봄은 「형태들」에서 제시된 노동의 사회적 분화에 따른 형태들은 연대기적 순서가 아닌 분석적 단계로 이해해야 한다고 말한다. 왜냐하면 아시아적 생산양식이 나머지 모두와 공존했을 뿐 아니라, 「형

15 1858년 페르디난트 라살레(F. G. Lassalle)에게 보낸 편지에서 썼듯, 「형태들」은 단지 "15년 연구, 내 생애 전성기의 산물"을 보여줄 뿐 아니라[맑스, 「마르크스가 베를린에 있는 페르디난트 라살레에게」(1858.11.12), 스캄브락스 엮음(1990: 111)에서 재인용], 가장 풍부한 역사적 유물론을 제시한다. 홉스봄이 적절히 표현한 바 있듯, 「형태들」에서 제시된 맑스 사상의 단계는 훨씬 더 정교하고 숙고되어 있으며, 훨씬 더 풍부한 역사적 연구에 기초하고 있었다. 그 범위 역시 유럽에 국한되지 않았다. 「형태들」에서는 아시아적 또는 오리엔트적 사회형태, 고대적 형태, 게르만적 사회형태라는 세 가지 전 자본주의적 사회형태가 제시된다. 1845~1846년 행한 맑스의 분석에서 근본적이었던 소읍과 농촌 — 또는 농업적 생산과 비농업적 생산 — 사이의 구분은 「형태들」에서 여전히 기본적인 것이었지만, 훨씬 더 폭넓게 근거를 두었으며 우아한 틀을 갖추었다(2012: 158~162).

태들」의 논의나 다른 어디에서도 고대의 유형이 아시아적 형태로부터 발전했다는 언급은 없기 때문이다. 따라서 맑스의 형태 분석은 더 일반적인 의미에서 역사발선의 방향을 언급한 것으로 이해된다. 「독일이데올로기」에서, "인간은 역사적 과정을 통해 비로소 개별화된다. 처음에 그는 유적 존재, 종족 존재, 군서 동물로 출현했다"(『요강』 II, 123)라고 언급한 맥락 또한 다르지 않다. 원래의 통일성의 붕괴에 따른 점진적인 개인화의 여러 형태는 역사의 상이한 단계와 일치한다. 이 단계들은, 말하자면 "특수한 형태의 (부족) 공동체의 원래적 통일성, 그리고 그와 연결된 자연적 소유, 또는 자연적으로 존재했던 객관적인 생산조건과의 관계"에서 멀어지는 과정이다. 다시 말해 그것들은 사적 소유가 진행됨을 의미한다(홉스봄, 2012: 160~161).

홉스봄 해석의 타당성은, 실제 맑스의 분석에서 전(前) 자본주의적 토지소유의 세 형태들과 – 아시아적 형태, 고대 그리스·로마적 토지소유 형태, 게르만적 토지소유 형태 – 자본주의적 사회형태 사이에는 현저한 단절이 존재한다는 점에서 그 근거를 찾을 수 있다. 따라서 생산력의 발전이라는 관점에서 볼 때 전 자본주의적 토지소유의 여러 형태는 질적으로 구분되는 생산양식이 아니다. 인간 존재의 비유기적인 조건들과 활동적 존재의 분리가 완전히 이루어지는 것은 이른바 임금노동과 자본의 관계에서다. 자본주의적 소유도 사적 소유라는 동일한 범주에 속하기는 하나 여기에서는 전 자본주의적 토지소유에서와는 달리 노동자가 생산의, 즉 삶의 조건과 완전히 분리되어 있다는 점에서 근본적인 차이가 있다(주정립, 2000: 374).

실제 전 자본주의적 사회형태들에 대한 맑스의 역사서술은 자본주의적 생산양식의 전사(前史)가 되었던 '시초축적'에 대한 분석 이후에 행해진다.[16]

16 이것이 『자본론』과 비교할 때 맑스의 연구 순서와 서술 순서의 차이를 보여주는 하나의 지점이다. 『요강』의 연구 과정에서 전 자본주의적 생산양식에 관해 비교된 이론적 성과들은 『자본론』 제1편 및 제8편 제32장에서 가설적 형태로 압축적으로 제시된다.

따라서 사회형태들에 대한 논의는 좀 더 장기적인 역사적 전망 속에서 이해될 수 있다. '화폐에 관한 장'에서 제시된 세 가지 사회형태는 인간 자유, 즉 인간적 힘의 완전한 발전이라는 관점에서, 개인성의 자유로운 발전이라는 측면에서 조망된다. '인격적 예속', '물적 의존에 기초한 인격적 독립', 그리고 '자유로운 개성'의 단계가 그것이다.

> 인격적 예속 관계는 최초의 사회형태들인데, 여기에서 인간의 생산성은 고립된 지점들에서 작은 범위에서만 발전된다. 물적 의존에 기초한 인격적 독립은 두 번째 형태인데, 여기에서는 일반적인 사회적 물질 대사, 보편적 관계, 전면적 욕구, 보편적 능력의 체계가 비로소 형성된다. 개인들이 보편적으로 발전하는 것과, 개인들의 공동체적·사회적 생산성이 이들의 사회적 능력(Vermögen)으로 복속하는 것에 기초를 둔 자유로운 개성이 세 번째 단계다. 두 번째 형태는 세 번째 형태의 조건을 창조한다. 따라서 근대사회가 상업, 사치, 화폐, 교환 가치와 발을 맞추어 성장하듯이, 고대적 상태와 마찬가지로 가부장적 상태(봉건적 상태)도 이것들의 발전과 더불어 해체된다(『요강』 I, 138~139).

여기서 두 번째 사회형태, '물적 의존에 기초한 인격적 독립'의 사회형태가 바로 부르주아적 생산양식이다. 교환 가치에 기초한 부르주아 사회의 분업은 이중적인 효과를 산출한다. 첫째, 사회형태 분석의 중요한 전제는 교환과 분업이 서로를 조건 짓는다는 것이다. 교환 가치와 화폐에 매개된 것으로서 '교환'은 생산자들의 '전면적인 상호 의존'을 전제로 한다. 따라서 "사회적 분업의 통일과 상호 보완은 개인들 밖에 개인들로부터 독립해서, 말하자면 자연 관계로 존재한다"(『요강』 I, 139).

둘째, 교환 가치에 기초한 자본주의 사회의 분업은 허구적 성격을 갖는다. 미발전된 교환 체제에서 개인들의 관계가 인신적인 구속 관계에 지나지 않았다면, 화폐 관계, 즉 발전된 교환 체계에서는 "혈통 차이, 교육 차이 등 인격적 예속의 끈이 끊어지고", "인격적인 유대들은 모두 적어도 인간적인 관계들로 현상"한다. 그러나 개인들의 "독립성은 단순히 하나의 환상일 뿐이고", 개인들의 외관상 자유로운 교환의 조건들은 "자연조건들로, 즉 개인들에 의해서는 통제될 수 없는 조건들로 나타난다"(『요강』 I, 145). 인격적 예속 관계와 대립되는 물적 의존 관계는 실질적으로는 개인들의 상호 독립과 무관심을 전제로 한 생산관계들, 즉 '사물의 힘'에 종속되어 있는 것에 지나지 않는다. 자본에 기초한 생산은 보편적인 산업을 산출하는 한편 자연적·인간적 속성들의 일반적 착취 체계, 일반적 유용성의 체계를 창출한다. 이 체계는 '외적 목적'에 '자기 목적'이 희생된 총체적인 소외로서, 인간적 힘을 박탈하는 체계다.

> 부르주아 경제학에서는 — 그리고 그에 조응하는 생산 시기에는 — 인간 내부의 이러한 완전한 성취가 완전한 방기(放棄, Entleerung)로 현상하고, 이러한 보편적인 대상화는 총체적 소외로서, 모든 일정한 일방적 목적들의 철거는 전적으로 외적인 목적에 대한 자기 목적의 희생으로 나타난다(『요강』 II, 113).

맑스는 물적 의존에 기초한 인격적 독립이 일련의 허위적 관념들, 즉 특정한 분업에 상응하는 교환의 이데올로기적 성격에 의해 지탱되고 유지된다는 점을 갈파한다. 이 새로운 개인들의 관계는 "추상들에 의해 지배당하는 것으로 나타난다. 그러나 추상이나 관념은 개인들을 지배하는 저 물질적 관계들의 이론적 표현에 지나지 않는다"(『요강』 I, 146). 한편으로 "개인들의 의식 속에서는 관념들의 지배로 현상하고, 이 관념들, 즉 저 물적 의존 관계들의 영구성에 대한 믿음이 지배계급에 의해 어떤 방식으로든 확립되고 조장되며 주입"될수록 관념들과 추상들이 기초하고 있는 물적 관계들은 보이지 않게 된다(『요강』 I, 146).[17]

이제 『경제학-철학 수고』에서 맹아적으로 제시된 '소외'라는 문제의식은 소외의 인식론적 기제로서 물화(reification)의 문제로 재점화된다. 맑스의 과학론과 정치경제학 비판이 접목되는 계기를 여기서 발견할 수 있다. 물적 종속에 기초한 사회가 허구적이며 불완전한 이유는 유통의 표층에서 진행되는 자유롭고 평등한 등가교환과 달리 생산의 심층에서는 "외견상의 평등과 자유가 사라지는 전혀 다른 과정들이 진행"되기 때문이다(『요강』 I, 243). 그러므로 양자의 관계는 필연적이고 내재적인 연관을 맺고 있다.

> 교환 가치에 기초하는 생산과 이 교환 가치들의 교환에 기초하는 공동체는…… 객체적 노동 조건으로부터 분리를 상정하고 생산한다. 이러한 등가물 교환의 진행은 (등가)[18] 교환은 없는, 그러나 교환의 외양은 가지는 타인 노동의 점취에 기초하는 생산의 표층일 뿐이다. 이 교환 자체는 자본을 그 토대로 한다. 그리고 이 체제가 표층 자체에서 드러나는 바대로 자본과 분리되어 자립적인 체제로 고찰되면, 그것은 단순한 외양, 그러나 필연적인 외양이다. 따라서 교환 가치들의 체제 — 노동으로 측정된 등가물들의 교환 — 가 반전되거나 오히려 교환 없는 타인 노동의 점취, 노동과 소유의 완전한 분리를 자신의 숨겨진 배경으로 보여준다는 것에 더 이상 놀랄 필요가 없다(『요강』 II, 139).

---

17 이러한 물적 연관은 "혈연적·원시적·자연적 지배 예속(관계)에 기초하는 국지적 연관보다 선호될 것은 분명"하지만, "성찰적 지식이나 의지와는" 무관한 "일정한 편협한 생산관계 안에서 개인들의 자연 발생적 연관인 것이다"(『요강』 I, 143).

18 괄호의 삽입은 필자.

자본에 관한 장은 – 『자본론』에서 더 명료해진 – '노동력상품'이라는 개념을 사용하지 않을지라도, 자본주의 생산양식의 특수성이 '교환을 매개로' 노동사의 '노동능력'을 점취하는 사회에 있음을 발견한다. 이후 『자본론』 제1장 '상품'에서는 교환 가치, 즉 표층의 등가교환에 숨어 있는 심층의 부등가교환을 드러내는 필연적 허위의식 비판이 서론의 형태로 들어온다. 이 물신주의 비판은 『자본론』 전 작업을 관통하는 중심 주제가 된다.

일단 『요강』에서 물화의 문제는 대략 세 가지 형태로 시사된다. 개인들의 생산물을 사회적 과정이 매개하고 있다는 점을 망각하고, 이것이 외적인 형태로 개인에 대한 강제를 내포한다는 점을 망각하며, 개인이 단순히 교환자들의 관계와는 다른 관계 속에 이미 정립되어 있는 분업 등을 전제로 한다는 것을 망각한다는 것이다(『요강』 I, 243~244). 초기 저술에서도 이러한 형태의 소외에 상응하는 여러 개념을 '왜곡', '전도', '낯선 힘', '이데올로기', '물신숭배' 등으로 이름 붙인 바 있다.[19] 『요강』의 말미인 '소외'절에서 제시되듯 이러한 왜곡과 전도는 "실재적인" 것이며, 따라서 필연적 허위의식이다. 한편으로 이러한 왜곡과 전도의 필연성은 생산의 "절대적인 필연성"이 아니라 "역사적인 필연성, 일정한 역사적 출발점, 또는 토대에서 볼 때 생산력 발전을 위한 토대가 되는", "사라지는 필연성"이다. "이 과정의 (내재적인) 결과와 목적은 그 과정 형태와 마찬가지로 그것의 토대를 지양"한다(『요강』 III, 124~125).

맑스는 교환가치에 기초한 사회형태가 양면성을 갖는다는 점을, 그 이데

19 초기 저술에서 『자본론』에 이르기까지 신비주의를 비판하는 표현은 "역사적인 성유물숭배"(1842), "수수께끼"(1842; 1843), "현실적 종교성"(1843), "물신숭배"(1843; 1857~1858), "소외"(1844; 1857~1858; 1894), "낯선 힘"(1846), "이데올로기"(1846), "전도(inversion) 또는 "왜곡(distortion)"(1867), "표현의 불합리성"(1885), "사회적 관계의 사물화(reification)"(1894), "경제적 신비화(mystification)"(1894), "자동적인 물신(automatic fetish)"(1894), "자본물신"(1894) 등 다양한 변용을 보여주고 있다.

올로기적 성격과 함께 해방적 성격을 동시에 갖는다는 점을 사고한다. "사회적 관계들을 자신들의 공동의 관계들로서 자신들의 공동의 통제에 복속시키는 보편적으로 발전된 개인들은 자연의 산물이 아니라 역사의 산물이다. 이러한 개성이 가능해지는 능력의 발전 정도와 보편성은 바로 교환 가치에 기초한 생산을 전제로 하는데, 이 생산은 자신과 타인들로부터 개인의 소외의 일반성과 함께 개인의 관계와 능력의 일반성과 전면성도 비로소 생산"(『요강』 I, 143)하기 때문이다. 이것이 세 번째 사회형태로의 이행의 조건을 창출한다.

즉, 교환에 기초한 사회가 내포한 보편화 과정은 "생산수단의 공동 점취와 통제에 입각해서 연합한 개인들의 자유로운 교환"의 조건을 창출한다는 것이다. 그런데 이 연합은 거꾸로 "물적·정신적 조건들의 발전을 전제로 한다"(『요강』 I, 140).

> 교환 가치에 기초하는 부르주아 사회 내부에서 그것을 폭파할 수 있을 만큼 많은 폭탄들인 생산관계들과 교류 관계들이 산출된다(사회적 통일의 대립적 형태는 다수인데, 이 통일의 대립적 성격은 조용한 형태 변환에 의해서는 결코 폭파될 수 없다. 다른 한편으로 우리가 계급 없는 사회를 위한 물질적 생산 조건과 그에 조응하는 교류 관계를 기존의 사회에 은폐되어 있는 것으로 발견하지 못한다면, 기존 사회에 대한 모든 폭파 시도는 돈키호테 짓거리일 것이다)(『요강』 I, 140).

> 생산물들을 자기 자신의 것으로 인식하고, 자신의 실현 조건들로부터의 분리를 부당하고 강제적인 것으로 판단하는 것 — 이는 대단한 의식(의 발전)인데, 이 의식 자체는 자본에 기초한 생산 양식의 산물이며, 이것의 몰락을 알리는 종소리다. 이는 스스로 타인의 소유일 수 없다는 노예의 의식, 그의

인격체로의 의식과 더불어 노예제가 인위적인 현존만을 계속 낳았을 뿐 생산의 토대로서 존속하기를 중지했던 것과 마찬가지이다(『요강』 II, 86).

다시 말해 새로운 사회형태로 이행하는 것은 자연발생적 과정에 의존하지 않는다. 이 과정은 객체적 자연과 주체적 자연의 통일, 자연발생적 과정과 목적의식적 과정의 결합을 통해서만 가능하다. 이러한 분열의 지양 과정, 즉 외적 목적을 자기 목적으로 재통합하는 과정은 자본주의적 분업이 산출한 보편화의 성과에 근거하되, 나아가 기존의 사회관계 – 생산관계와 교류 형태 – 에 은폐되어 있는 이행의 조건들에 대한 발견적 작업 – 즉, 과학 – 에 기초한 실천들이 매개한다는 견해를 곳곳에서 발견하기란 어렵지 않다(『요강』 I, 333~334 참고).

요컨대 새로운 생산양식의 기초가 되는 자본의 보편화 경향은 자본 자체의 한계를 설정한다. 이 경향이 자본을 과거의 모든 생산양식과 구별시켜 주며, 이를 통해 자본은 단순한 통과점으로 정립된다. "지금까지의 모든 사회형태는 부 – 또는 같은 말이지만 – 사회적 생산력의 발전 때문에 몰락했다"(『요강』 II, 176).[20] 자본은 "풍부한 개성을 위한 물질적 요소들"이자 "사회적 생산력의 발전을 위한 본질적인 관계"(『요강』 I, 334)로 자본이 발전시킨 생산력은 세 번째 사회형태, "개별자, 따라서 또한 사회의 완전한 생산력 발전을 위한 공간"을 창출한다(『요강』 II, 383).

이 지점에서 맑스의 생산력 개념을 잠시 짚고 갈 필요가 있겠다. 맑스의

---

20 자본에 의해 자본이 그 자체를 지양한다는 것은 무슨 뜻인가? 이는 '생산력'의 보편적 발전 경향 속에서 답변된다. "자본은 그 본성에 있어서 편협하지만 생산력의 보편적 발전을 추구하며, 일정한 상태를 재생산하고 기껏해야 확장하기 위한 생산력 발전에 기초하는 것이 아니라, 생산력 자체의 자유롭게 제약받지 않으며 전진적이고 보편적인 발전이 사회의 전제를 이루는 생산양식, 따라서 사회의 재생산의 전제를 이루며 출발점을 넘어서는 것이 유일한 전제가 되는 새로운 생산양식의 기초가 된다"(『요강』 II, 176).

생산 패러다임을 비판적 자연관에 근거해 심도 있게 재해석한 박주원의 말처럼, 맑스는 단순한 재화의 물질적 생산으로서의 생산력 증대와 자연에 대한 진정한 교류의 힘을 명확히 구분하지 않고 모두 동일하게 '생산력'으로 사용함으로써, 전자로 해석될 여지를 주었던 것 같다(박주원, 2001: 87).[21]

그러나 1857~1858년의 작업에서 분명해지듯, 맑스에게 생산력은 경제주의적 해석에서 나타나는 이해 방식과 달리, 산업의 힘, 물질적인 것을 만들어내는 기술이나 산업뿐 아니라 생산관계까지를 총칭하는 훨씬 더 포괄적인 개념이다.[22] 이는 "자본의 생산력은 무한히 향상시키는 경향을 갖는 반면 주(主) 생산력인 인간 자체는 얼마나 일면적으로 만들고 제한시키는가"라는

---

21 박주원은 '생산' 패러다임과 '정치' 이념의 종합이라는 관점에서 맑스의 자유주의 비판을 탐구한다. 그의 분석에 따르면, 맑스의 '생산' 개념은 단지 물질적 재화의 산출이나 신체의 재생산만을 의미하는 것이 아니라, 그 사회의 가치, 문화, 삶의 방식, 타인과의 교류 등 하나의 생활양식(Lebensweise)을 산출하는 더 포괄적인 개념이다. 또한 자본주의 사회에서 '의식적으로 통제되지 못한 산업의 힘'과 '이행의 근본적 힘'인 생산력을 구분하고 전자를 비판했다. 그러므로 맑스에게 자연사적 발선의 가장 근본적인 근거는 재화의 양적 확대나 과학기술의 단선적 발전이 아니라, '인간들 간의 연합과 교류를 통한 총체적 능력의 발전'으로 해석되어야 한다는 것이다(박주원, 2001: ii & 107~ 116). 데릭 세이어(D. Sayer)도 생산력 그 자체에 대한 전통적 개념에 도전해보지도 않은 채 오히려 생산력에 대한 생산관계의 우위성을 주장하려는 — 예를 들어 알튀세르와 에티엔 발리바르(E. Balibar), 페리 앤더슨(P. Anderson), 샤를르 베틀랭(C. Bettelheim)의 저작 등에서 드러나는 — 오류를 다음과 같이 지적한다. 첫째, 이들은 맑스가 일정한 생산관계를 생산력으로 분명히 인식했다는 사실을 간과한다. 둘째, 이들은 실제로는 모든 기술과 기술이 발전되고 운영되는 사회관계가 내재적으로 관련되어 있다고 주장하지만, 암묵적으로는 생산의 기술적 차원과 사회적 차원의 분절성을 암시하고 있다. 셋째, 가장 일반적인 오류는 생산 자체가 — 맑스가 그랬듯이 — 물질적인 것과 사회적인 것으로 결코 양분될 수 없다는 사실을 인정하면서도 생산력을 제대로 규정하지 못했기 때문에 결과적으로 두 종류의 현상을 모두 배제하고 있다는 점이다(D. 세이어, 1986: 142~143).

22 이에 대해서는 이삼열(1986: 119~120), 데릭 세이어(1986: 142~145), 이기홍(1992: 164~167), 박주원(2001: 84~88)을 참고하라.

말에서 단적으로 드러난다(『요강』 II, 37).

더 원론적으로 말하면, 맑스의 '생산' 개념 자체가 자연과의 관계를 생산하는 동시에 자신을 포함한 인간관계를 아우른다는 점에서 '생산력' 또한 산업에 대한 인간의 본질적 능력, 주체적 능력을 뜻한다는 것을 이미 내포한다고 볼 수 있다. '개인'이 "16세기 이후 새롭게 발전된 생산력의 산물"이라는 인식이나, "모든 생산 도구들 중 가장 강력한 생산력은 혁명적 계급 그 자체"라는 언급을 떠올린다면, 사회형태들을 탐구하는 맑스에게 생산력 발전의 역사는 인간 능력의 총체적 발전의 역사라는 관점에서 사고되고 있다는 점은 분명해 보인다. 이는 「1857년 서설」의 말미에서 모든 시대에 공통적인 그리스 예술과 서사시, '정상적인 어린이'에 대한 향수에 비추어, 어느 미발전된 사회 단계에나 소생하는 '자연 진실성'을 논하는 지점에서도 드러난다(『요강』 I, 83). 이렇게 볼 때 맑스 역사과학의 근저에 자리한 '완전한 생산력'에 대한 이상과 인본주의는 맑스의 정치경제학 비판을 추동하는 힘으로, 과학적 전제로 정당하게 승인될 수 있을 것이다.

맑스의 설명적 비판을 끌고 가는 전제들을 이해할 때 좀 더 추궁되어야 할 쟁점은, 생산력, 즉 인간적 힘의 발전 과정에서 '과학'은, 또한 자본주의적 사회관계에서 새롭게 발전된 생산력 안에서 과학은 과연 어떤 역할을 하는가라는 문제다. 『요강』의 도입부에서 이에 대한 대답은 유보되었다.

> 과학적 서술이 현실적 운동에 관하여 갖는 관계도 마찬가지로 아직 여기서 논할 것이 아니다(『요강』 I, 54).

이 자본이 하나의 과도기적 사회형태임을 논하는 맥락에서, 모든 사회형태가 생산력 발전으로 몰락했음을 말하는 대목에서 이에 대한 잠정적인 대답이 시사된다.

> 과학 — 즉, 부의 산물일 뿐만 아니라 생산자이기도 한 부의 가장 공고한 형태 — 의 발전만으로도 이 공동체를 해체하기에 충분했다. 그러나 과학의 발전, 관념적인 동시에 실천적인 부의 이러한 발전은 인간 생산력의 발전, 즉 부의 발전이 나타나는 한 측면, 한 형태일 뿐이다(『요강』 II, 177).

> (실제적인 사회적 공동체성이 생각될 수 있기 전에, 먼저 상호 종속이 순수하게 형성되어 있어야 한다. 모든 관계가 자연에 의해 규정된 것이 아니라 사회에 의해 정립된 것으로서) 그럴 때만 비로소 과학의 응용이 가능하며, 완전한 생산력이 발전됨(『요강』 I, 280. 강조는 필자).

인간 생산력의 일부로서 과학이 "부의 산물일 뿐 아니라 생산자"(강조는 필자)이자 "부의 가장 공고한 형태"라는 언술에서 맑스에게 과학력이 생산력의 중요한 일부로 상정되고 있음을 알 수 있다. 과학은 관념적이며 실천적인 인간적 힘의 한 형태이며 전적으로 새로운 토대, 일정한 생산조건에 상응하는 소유 형태의 역사적 발전단계에서 창출된 것이다. 이른바 과학력은, 근대 자본주의적 생산양식 및 개인의 발전과 궤를 같이한다. 원리적으로도 보편적으로 사회화된 개인 없이 과학은 가능하지 않다. 이는 — 이후 살펴볼 — 뒤르케임의 과학론과 일맥상통한다.

결국 『요강』에서 사회형태를 탐구하는 관점은 두 가지 중요한 설명적 비판의 전제를 확보한 것으로 보인다. 하나는 전 자본주의적 생산양식과 구분할 때 전적으로 새로운 사회형태인 자본주의적 생산양식이 보유한 고유한 힘 — 생산력들 — 에 대한 인식이며, 다른 하나는 자본의 생산력을 재생산하는 힘인 소외에 대한 과학적 인식과 더불어 이행 과정에서 중요한 매개로 들어온 과학의 힘이다.

과학이 생산력의 일부이며, 동시에 생산력을 산출하는 힘이라는 사고는

『자본론』에서 매뉴팩처적 분업 및 대공업이 "과학을 노동과는 별개인 생산 잠재력"으로 만듦으로써 노동자의 개인적 생산력, 즉 정신적 능력을 분리하는 데 어떻게 기여하는지를 비판하는 과정에서도 드러난다. 물론 이는 체계적인 형태로 서술되었다기보다는, 암시되어 있거나 전제되어 있다. 이러한 설명적 비판의 기본 전제들은 『자본론』의 제1장 제4절, '상품물신성의 비밀과 그 성격'을 논하는 부분에서 한층 분명해진다.

(2) 『자본론』의 사회형태학과 사회들

맑스에 따르면 상품물신주의는 사람들 사이의 사회적 관계를 사물들 사이의 사회적 관계로, 물건들의 자연적 관계로 보이게 하는 치환의 메커니즘이다.[23] 상품의 신비한 성격은 사용가치에서 나오는 것도, 그 가치를 규정하는 요소들의 성격에서 나오는 것도 아니다. "노동생산물이 상품형태를 취하자마자 발생하는 노동생산물의 수수께끼와 같은 성격은…… 이 형태 자체에서 오는 것이다"(『자본론』 I, 92). 다시 말해 상품생산사회에 고유한 '물신숭배'는 상품을 생산하는 노동 특유의 사회적 성격으로부터 발생한다. 생산자들의 일상적인 경험 영역에서 노동생산물은 교환을 통해 서로 접촉되기에, 생산자들에게 사적 노동 사이의 사회적 관계는 사회적 개인들이 생산과정에서 맺는 직접적인 사회적 관계가 아니라 물건을 통한 개인들 사이의 관계로, 그리고 물건들 사이의 사회적 관계로 나타난다(『자본론』 I, 93~94).

따라서 물신숭배는 단순한 '착시'나 생산과 교환 영역 외부에서, 또는 위

---

23 다음의 언급을 참조하라. "상품형태의 신비성은, 상품형태가 인간 자신의 노동의 사회적 성격을 노동생산물 자체의 물적 성격(물건들의 사회적인 자연적 속성)으로 보이게 하며, 따라서 총노동에 대한 생산자들의 사회적 관계를 그들의 외부에 존재하는 관계(즉, 물건들의 사회적 관계)로 보이게 한다는 사실에 있을 뿐이다. 이와 같은 치환(置換: substitution)에 의해 노동생산물은 상품으로 되며, 감각적임과 동시에 초감각적인 (즉, 사회적) 물건이 된다"(『자본론』 I, 93).

에서 부과되는 '이데올로기'가 아니다. 노동의 사회적 성격을 생산물 자체의 객관적 성격처럼 보이게 하는 환상은, 생산물 사이의 우연적이면서 끊임없이 변동하는 교환관계를 매개로, 생산물의 생산에 사회적으로 필요한 노동시간이 규제적인 자연법칙과 같이 자기 자신을 관철시키기 때문에 나타난다. 즉, 필연적 허위의식으로서의 물신숭배는 자본주의적 상품생산과 유통에서 발생하는 고유한 현상이라고 할 수 있는데, 맑스는 "노동시간에 의한 가치량의 결정은 상품의 상대적 가치의 현상적인 운동의 배후에 숨어 있는 하나의 비밀"이라고 말한다(『자본론』 I, 96~97).

이를 예증하기 위해 맑스는 모두 다섯 가지 사회형태의 유형론을 제시한다. 각각의 사회형태는 개별노동과 총노동의 관계로, 말하자면 사람과 사회는 일정한 생산관계로 맺어져 있다.

첫째, 먼저 맑스는 경제학자들의 '고립된 개인'이라는 이념형이 가정하는 로빈슨 크루소의 섬 생활을 상정한다. 로빈슨 크루소는 자신의 여러 가지 활동형태가 인간노동의 여러 방식에 지나지 않는다는 점을 잘 알고 있다. 따라서 로빈슨 크루소는 자신의 필요에 따라 노동을 하고, 자신의 시간을 정확하게 여러 기능으로 배분한다. "로빈슨 크루소와 [그 자신의 손으로 만든 부(富)를 구성하는] 물건들 사이의 모든 관계는 너무나 간단명료하여 누구라도 특별히 머리를 쓰지 않더라도 이해할 수 있다"(『자본론』 I, 99). 모든 생산물이 개인의 생산물이고, 따라서 그 자신을 위한 유용한 물건인 이곳에서는 어떤 은폐도 없고 모든 것이 투명하다.

둘째, "로빈슨 크루소의 밝은 섬으로부터 음침한 유럽의 중세로 눈을 돌려보면", 여기서는 농노와 영주, 가신과 제후, 속인과 성직자 같은 인격적 예속이 물질적 생산의 사회적 관계와 이에 의거하는 생활의 여러 부문을 특징짓는다. "그러나 바로 인격적 예속관계가 주어진 사회적 토대를 이루기 때문에, 노동과 노동생산물은 그것들의 진정한 모습과는 다른 환상적인 모습을 취할 필요가 없다. 노동과 생산물은 사회의 거래에서 부역과 공납의 모습을 취한다." 여기에서는 상품생산에 바탕을 둔 사회에서와 같이 노동의 일반적이고 추상적인 형태가 아니라, 노동의 특수하고 자연적인 형태가 곧바로 노동의 사회적 형태인 것이다. 따라서 "개인들이 노동의 수행에서 맺게 되는 사회적 관계는 어떤 경우에도 그들 자신의 인격적 관계로 나타나며, 물건들(노동생산물들) 사이의 사회적 관계로 위장되지는 않는다"(『자본론』 I, 99).

셋째, 공동노동으로 직접 결합된 사회는 자연발생적 분업에 기초한 사회다. 이 사회는 모든 문화민족의 역사 초기에 나타나는데, 농민가족의 가부장적 생산을 가까운 예로 찾아볼 수 있다. 이 사회는 자신의 필요에 따라 곡물·가축·실·아마포·의복 등을 가족노동(집단노동)을 통해 생산하지만, 이 물건들은 상품으로 서로를 상대하지 않는다. 왜냐하면 이것들은 상품생산에 의거한 사회와 마찬가지로 그 자신의 자연발생적 분업체계를 가진 가족의 기능이기 때문이다. 이 자연발생적 분업에 기초한 사회에서는, 계절의 변화와 같은 노동의 자연적 조건이 가족들 사이의 노동배분이나 가족구성원 각자의 노동시간을 규제한다. 이 경우 각 개인의 노동력은 "처음부터 가족의 전체 노동력의 일정한 부분으로 작용할 따름이므로, 개별 노동력의 지출을 그 계속 시간으로 측정하는 것은 여기에서는 처음부터 노동 자체의 사회적 특징의 하나로 나타난다"(『자본론』 I, 100). 그러므로 이 사회형태에서도 노동시간 및 노동생산물이 사회적으로 분배되는 데서는 은폐가 없다.

넷째, 마지막으로 맑스는 "기분 전환을 위해, 공동소유의 생산수단으로 일하며 또 각종의 개인적 노동력을 하나의 사회적 노동력으로 의식적으로 지출하는 자유인들의 연합체(association of free men)"로 이동한다. 여기서는 "로빈슨 크루소적 노동의 모든 특징이 재현되지만, 그것은 개인적인 차원이 아니라 사회적인 차원에서다"(『자본론』 I, 100). 자유인들의 연합체가 생산하는 총생산물은 사회적 생산물이다. 이 생산물의 일부는 새로운 생산

수단으로 역할을 하며 사회에 남는다. 그러나 다른 일부는 연합체 구성원이 생활수단으로 소비하며, 따라서 그들 사이에 분배되지 않으면 안 된다. 이 분배방식은 사회적 생산조직 자체의 성격에 따라, 또 생산자들의 역사적 발전 수준에 따라 변화한다. 상품생산과 생활수단의 분배가 각자의 노동시간에 따라 결정될 경우, 노동시간은 이중의 역할을 하게 된다. 노동시간의 사회적·계획적 배분은 연합체의 다양한 욕망과 각종 노동기능 사이의 적절한 비율을 설정하고 유지하는 한편, 각 개인이 공동노동에 참가한 정도를 재는 척도로 기능함으로써 총생산물을 개인적 소비로 분배하는 기준이 된다. 따라서 "개별 생산자들이 노동이나 노동생산물과 관련해 맺게 되는 사회적 관계는 생산이나 분배에서 투명하고 단순하다"(『자본론』 I, 101).

이 네 가지 사회형태는 자본주의 상품생산사회와 비교하기 위한 것이므로, 이를 포함하면 다음과 같이 총 다섯 가지의 사회형태가 구성된다. 〈표 V.1〉에서 앞의 세 가지 사회형태가 상품 교환이 사회관계를 매개하지 않는 전 자본주의적 사회에 해당한다면, 네 번째 형태는 자본주의 상품생산사회에, 마지막 형태는 자본주의 이후의 개인-사회관계를 상정하고 있다.

그러나 엄밀히 말해, 사회형태를 분별하는 맑스의 기준 자체가 노동생산물과 생산관계에 따른 역사적 합리성을 다루는 성격이 있으므로 전 자본주의적 생산양식, 자본주의 상품생산사회, 그리고 비자본주의적 상품생산사회라는 세 형태로 재유형화될 수 있을 것이다. 세 가지 사회유형론은, 『자본론』 제I권 '자본주의적 축적의 역사적 경향' 및 제III권의 '삼위일체 공식'에서도 유사하게 채택된다. 이제 우리는 가설적 형태로 상정된 맑스의 사회유형론이 단지 선험적인 논리적 구성물이 아니라, 『요강』에서 사회형태들을 경험적·이론적으로 숙고하면서 도출된 형태학임을 알고 있다. 이러한 가추(abduction)를 거쳐 맑스가 도출하고자 하는 인과적 주장의 내용은 무엇인가?

〈표 V.1〉 맑스의 사회들: 세 가지 사회형태와 역사적 합리성

사회형태	노동생산물과 생산관계	은폐	노동의 성격 및 잉여가치
로빈슨 크루소의 고립된 섬	개인적 생산물의 노동 시간과 물건들 사이의 관계 자명함	-	• 개인의 필요에 따른 생산과 소비
유럽의 중세	인격적 예속관계가 사회적 토대를 이루기 때문에, 노동과 노동생산물은 환상을 필요로 하지 않음	-	• 직접적 지배와 종속 • 인간과 자연, 인간과 인간의 제한된 관계
공동노동: 농민의 가부장적 생산 (단순 상품생산사회)	자연발생적 분업과 기능적 분업 - 사회적 생산물의 노동시간과 사회적 관계는 생산과 분배에서 투명하고 단순함	-	• 계속 시간으로 개별 노동력 지출 시간 측정 • 노동 자체의 사회적 특성
자본주의적 상품생산사회	생산자들의 사적 노동의 사회적 관계가 교환을 통해 매개되고, 동질적 인간노동의 표상 속에 부등가교환이 은폐됨	○	• 형식적인 인격적 평등과 내용적인 물적 종속 • 필요노동시간 외 잉여노동시간 착취
자유로운 개인들의 연합(비자본주의적 상품생산사회)	연합의 다양한 필요에 따른 노동시간의 합리적·계획적 배분과 공동노동의 참여한 노동시간에 따른 분배 - 개별 생산자와 노동생산물의 사회적 관계는 투명함	-	• 사회적 생산물의 잉여분은 생산수단으로 사회에 재투입

맑스는 분명 사회적 생산유기체의 생산방식이 해당 사회에서 믿음의 형태를 결정한다고 말하고 있다. 가령 사람들 사이의 자연적 종족관계에 기초한 고대의 생산유기체에서 개인으로서의 인간은 미성숙했고, 직접적인 지배와 종속의 관계를 맺었다. 그 생산유기체의 상황은 노동생산력의 낮은 발전단계와 그에 대응하는 물질적 생활의 생산과정 안에서 나타나는 제한된 인간관계, 그러므로 인간과 자연 사이의 제한된 관계로 특징지어진다. 이러한 현실적인 제한성은 고대의 자연숭배나 민중신앙에 반영된다. 반면 노동생산물을 상품으로 교환하는 물적 형태에 기초한 사회에서는, 그 사회의 지배적 믿음이 물신의 형태로 나타난다. 이는 경제학자들의 이론적 믿음에 반

영되므로, 맑스는 상품세계에 내재적인 물신성을 "노동의 사회적 성격의 객관적 현상형태"라고 말한다(『자본론』 I, 105).[24]

사회형태의 믿음의존성에 대한 맑스의 가정은, 아리스토텔레스가 상품가치의 형태에서 일체의 동등한 인간노동을 끌어내지 못한 이유가 그리스 사회는 노예노동에 의거하고 있었고, 따라서 인간과 인간노동력의 부등성을 사회의 자연적 토대로 삼고 있었기 때문이라고 말하는 대목에서도 분명해진다. "일체의 노동은 인간노동 일반이기에, 그리고 그런 경우에만, 동등하며 동일하다는 가치 표현의 비밀은, 인간의 동등성(同等性)이라는 개념이 대중의 선입관으로 확립되었을 때 비로소 해명될 수 있는 것이다. 그러나 이것은 상품형태가 노동생산물의 일반적 형태며, 따라서 상품소유자로서의 인간관계가 지배적인 사회관계로 되는 사회에서만 비로소 가능한 것이다"(『자본론』 I, 77). 즉, 노예노동에 근거한 사회와 구분했을 때 임금노동에 근거한 자본주의 생산양식의 비밀은, 물리적 강제력이 아니라 인간노동의 동등성이라는 형식적인 평등의 관념에 의해 재생산됨으로써 실질적인 부등성을 은폐한다는 사실에 있다.[25]

이렇게 볼 때 맑스의 상품물신성 비판은 초기 저술부터 분명하게 전개된 시민사회의 종교 비판과 연속선상에 위치한다. 한편 이는 물질/정신의 공

---

24 굴드너가 말하듯, 과학에 대한 맑시즘의 언표 아래에는 종교와의 내재적 연계가 자리한다(굴드너, 1984: 141). "이 모든 것은 봉건 사회의 태내에서 해방되어 이 봉건 사회 자체를 벌써 부르주아적으로 해석하고 있기는 하나 아직 자체의 고유한 형태를 발견하지 못했던 시기에 자본주의적 생산의 모순이다. 이것은 마치 철학이 처음에는 종교적 의식 형태의 한계 내에서 형성되어 나왔고 그럼으로써 한편으로 종교 그 자체를 파괴하지만, 다른 한편으로 그 적극적 내용에 있어서는 그 자체가 아직 이 관념화되었고 사유 속에 용해된 종교 분야에서 움직이고 있는 것과 유사하다"(『학설사』 I, 55).

25 따라서 맑스는 "노예노동에 근거한 사회와 임금노동에 근거한 사회 사이의 차이는 이 잉여노동이 직접적 생산자인 노동자로부터 착취되는 그 형태에 있다"라고 말한다(『자본론』 I, 286. 강조는 필자).

시발현적 힘을 승인하는 비판적 자연주의의 관점을 암묵적으로 전제하고 있다. 그러므로 "현실세계의 종교적 반영은, 인간과 인간사이, 그리고 인간과 자연 사이의 일상생활의 현실적 관계가 투명하고 이해할 수 있는 형태로 나타날 때, 비로소 소멸될 수 있다"(『자본론』 I, 102).

> 사회적 생활과정(즉, 물질적 생산과정)이 자유롭게 연합한 인간들에 의한 생산이 되고 그들의 의식적이고 계획적 통제 아래 놓이게 될 때, 비로소 그 신비의 베일이 벗겨진다. 그러나 그렇게 되기 위해서 사회는 물질적 토대 또는 일련의 물질적 생존조건을 가져야 하는데, 이 조건 자체도 또한 하나의 길고 고통에 찬 역사적 발전의 자연발생적 산물이다(『자본론』 I, 102).

여기서 부르주아 경제학의 범주를 비판하는 요청 또한 논리적으로 도출된다.

> 이와 같은 형태들은 바로 부르주아 경제학의 범주들을 형성한다. 이러한 범주들은 역사적으로 규정된 일정한 사회적 생산양식(상품생산)의 생산관계에서는 사회적으로 타당하며 따라서 객관적인 사고형태다. 그러므로 상품의 모든 신비(즉, 상품생산의 토대 위에서 노동생산물을 둘러싸고 있는 모든 환상과 황당무계)는 우리가 다른 생산형태로 이행하자마자 곧 소멸한다(『자본론』 I, 97~98).

결국 상품세계의 물신적 성격은 자본주의 외부에서 부과되는 것이 아니며, 자본에 의한 생산이 지배적인 사회형태에서 필연적인 것이다. 이러한 의미에서 경제학의 범주들 또한 자본주의 상품생산사회에서 필연적으로 발생하는 '객관적 사고형태'다.

제4절 '상품의 물신적 성격과 비밀'의 마지막 부분에서 맑스는 그 비밀의 일부를 구성하는 경제학의 범주 비판으로 넘어간다. 경제학은 가치와 가치량을 분석했지만, "어째서 이 내용이 그러한 형식을 취하는가, 즉 어째서 노동이 가치로 표현되며, 그리고 어째서 노동시간에 의한 노동의 측량이 가치량으로 표현되는가라는 질문을 한 번도 한 적이 없었다"(『자본론』 I, 103). 맑스가 말하듯, 문제의 정식화는 곧 그 문제의 해결이다. 이 질문을 온전히 이해하기 위해, 그리고 상품물신성 비판의 방법론적 위상을 이해하기 위해 상품이라는 출발점으로 돌아가 다시 논의를 시작해보자.

3) 상품이라는 출발점: 상품의 반환원주의와 상품물신성

왜 '상품'에서 서술을 시작했는가? 이 질문에 대한 답은 맑스의 문제항을 이해하는 작업에서 출발할 수밖에 없다. 끊임없는 경험적·이론적 탐구와 문제의 재정식화 과정을 통해 『자본론』에서 제출된 맑스의 피설명항(explanadum)은 '왜 노동은 가치로 표현되며, 왜 노동시간은 생산물의 크기로 표시되는가'라는 개념적인 질문이었다. 다른 한편, 2판 후기에서 밝힌 것처럼 맑스는 제1장에 관한 자신의 서술을 여러 번 수정했다.[26] 여기서 맑스는 자신의 연구방법을 '변증법적 방법'이라고 이름 붙였고, 연구의 방법이 서술의 방법과 형식적인 면에서 차이가 있다는 점을 언급한 바 있다. 이러한 언술

---

26 맑스 자신의 설명에 따르면, 먼저 간단히 언급한 데 지나지 않았던 가치의 실체와 사회적으로 필요한 노동시간에 의한 가치량 결정 사이의 관련이 특히 강조되었다. 그중에서 제1장 제3절(가치형태)은 완전히 개정되었는데, 제1판에서는 서술이 이중으로 되어 있었기 때문이다. 맑스는 자신의 벗 루트비히 쿠겔만(L. Kugelmann)의 권고에 따라 강의식 해설로 이를 개정했다는 것이다. 이에 따라 제1장 마지막 절 "상품의 물신적 성격과 그 비밀"의 대부분을 개정했고, 제3장 제1절(가치척도), 제7장 제2절(가치증식과정)도 많은 부분 수정했다고 밝히고 있다(『자본론』 I, 9).

은 우선 자신의 서술방법이 그것에 선행하는 일련의 연구방법을 전제하고 있음을 강조하기 위한 것이다.

> 물론 발표(서술)방법은 형식의 면에서 조사(탐구)방법과 다르지 않을 수 없다. 조사는 마땅히 세밀하게 소재(素材: material)를 파악하고 소재의 상이한 발전 형태들을 분석하고, 이 형태들의 내적 관련을 구명해야 한다. 이 조사가 끝난 뒤에야 비로소 현실의 운동을 적절하게 발표(서술)할 수 있다. 조사가 잘되어 소재의 일생이 관념에 반영된다면, 우리가 마치 선험적인 논리 구성을 한 것처럼 보일 수도 있다(『자본론』 I, 18).

이상의 진술은 맑스의 연구방법론을 매우 압축적으로 보여주는바, 이러한 사족이 필요했던 더 중요한 이유는 자신의 '변증법적 방법'이 "헤겔의 그것과 다를 뿐 아니라 정반대"임을 밝히기 위해서였다(『자본론』 I, 18~19).[27] 하지만 그 의도와는 달리, '상품' 장의 난해성 때문에 맑스의 과학은 비밀스러운 과학이 되어버렸다고 해도 과언이 아니다.[28] 이는 일정 부분 맑스의

---

27 맑스는 1858년 쿠겔만에게 보낸 편지에서, "나는 유물론자고 헤겔은 관념론자이므로 나의 전개방법이 헤겔의 전개방법과 다르다는 것은 그도 잘 알고 있네. 헤겔의 변증법은 모든 변증법의 기본 형태이나 그 신비적 형태를 벗은 후에만 그러하고, 바로 이것이 나의 방법과 구별되는 점이네"라고 말했다[맑스, 「마르크스가 하노버에 있는 루트비히 쿠겔만에게」(1858.3.6). 스캄브락스 엮음(1990: 169)에서 재인용]. 또 10년 후인 1868년 요제프 디츠겐(J. Dietzgen)에게 보낸 편지에서 "내가 경제학의 짐을 떨쳐버리면 나는 '변증법'을 쓰겠습니다. 변증법의 올바른 법칙들은 이미 헤겔에 함유되어 있습니다. 물론 신비한 형태로. 이 형태를 벗겨내야 합니다"라고 썼다[맑스, 「마르크스가 페테르부르그에 있는 요제프 디츠겐에게」(1868.5.9). 스캄브락스 엮음(1990: 180)에서 재인용]. 즉, 맑스 역시 "경제문제에 적용된 적이 없는 연구방법은 제1장을 읽는 것을 상당히 어렵게 만"든다는 점을 잘 알고 있었다[맑스, 「마르크스가 산 세바스찬에 있는 모리스 라샤트르에게」(1872.3.18). 스캄브락스 엮음(1990: 193)에서 재인용. 강조는 필자].

28 이를 잘 드러내는 것이 레닌이 한 다음의 말이다. "헤겔 『논리학』 전체를 철저히 탐구

방법론이 은폐된 데 책임이 있고, 헤겔과의 관계에서 '자본의 논리학'을 끊임없이 되불러오는 그 유사-연역적 서술방법에도 책임이 있다. 그러나 해리 클리버(H. M. Cleaver)가 말하듯, 제1장을 이해하는 데 겪는 어려움은 그 복잡성에 있는 것이 아니라 그 간단성에 있다. 제1장이 상품형태와 자본주의 관계에 관한 명시적인 논의를 배제하고 있기 때문에 많은 해석가가 바로 맑스가 경고했던 상품숭배의 덫에 걸려들었던 것이다(클리버, 1986: 110). 헤아려보자면 상품 장은 몇 가지 연구 기술상의 문제를 제외하고는 『자본론』 전체를, 나아가 '자본의 모순'을 관통하는 핵심적인 범주들을 체계적으로 제시하고 있다. 이것이 그 해석이 전통적으로 어렵고 심지어 신비하기까지 했던 이유다. 『자본론』의 숨겨진 해석적 구조는 가능성의 조건이 갖는 서열의 구조다. 상품은 화폐 이전에 분석되고, 화폐는 자본 이전에 분석되며, 여기서 앞의 것은 뒤의 것을 이루는 조건이 된다. 같은 이유로 가치의 개념은 잉여가치의 개념보다 먼저 발전되었고 잉여가치의 개념은 그것의 변형된 형태 — 이윤, 지대, 이자 — 보다 먼저 발전되는 것이다. 제I권이 포함하고 있는 제8편을 비롯한 풍부한 역사 사례도 이러한 자료의 배열이 조건들이 갖는 동일한 서열의 엄격함에 의해 마찬가지로 지배되고 있다(D. 세이어, 1986: 163).

나아가 맑스가 서술을 통한 비판이나 과학적 서술의 중요성을 여러 지면에서 강조했다는 점을 고려할 때,[29] 이제 주목을 요하는 지점은 두 가지다.

하고 이해하지 않고서는 맑스의 『자본론』, 특히 제1장을 이해하는 것은 완전히 불가능하다"(레닌, 1989: 180). "비록 맑스는 그 어떤 논리학도 남기지 않았지만, 그럼에도 불구하고 그는 자본의 논리학을 남겼다"(레닌, 1989: 319). 『자본론』은 맑스 자신도 언급한 바 있듯, 1858년 다시 읽은 헤겔의 『논리학』에 많은 빚을 지고 있는 것으로 통상 평가된다(D. 세이어, 1986: 163).

29 일례로 맑스는 1858년 2월 라살레에게 보낸 편지에서 부르주아 경제학 체계에 대한 비판적 서술의 중요성을 말한다. "우선 문제가 되는 작업은 경제적 제 범주의 비판, 또는 자

첫째, 일단 '상품'이라는 범주의 기저에 자리한 사회적 존재론을 비판적 자연주의의 관점에서 재해석한다. 둘째, 이러한 고찰 위에서 맑스의 출발점과 서술 전략이 고전 정치경제학의 과학적 전제에 대한 비판을 내포한다는 점을 확인함으로써, 맑스 과학에서 상품물신성의 위상과 방법론적 함의를 다시 파악한다.

(1) 상품의 반환원주의적 자연주의와 심층 실재론

제1편 '상품과 화폐'는 크게 세 부분으로 이루어져 있다. 제1장 상품은 가장 압축적인 형태로 네 개의 절로 이루어졌는데, 상품이 갖는 가치의 성격, 즉 사용가치와 교환가치(1절), 노동의 이중적 성격인 구체노동과 추상노동(2절), 가치형태(3절), 상품의 물신성(4절)을 다루고 제2장에서는 교환과정을, 제3장에서는 화폐 또는 상품 유통을 다룬다. 제1편의 주요 논점은 자본주의 사회의 가장 표층에 위치하는 상품물신주의와 화폐물신주의를 비판하는 것이라 할 수 있는데, 자본주의적 상품생산의 본질, 즉 잉여가치 창출의 비밀인 생산 영역은 제2편 '화폐가 자본으로 전환'에서 분석된다. 다시 말해 제1편이 유통 영역에 대한 분석이라면, 제2편은 생산 영역에 대한 분석이라고 할 수 있다. 따라서 제1편과 제2편은 불가분의 관계를 맺고 있으며, 『자본론』의 심층 실재론을 이해하기 위해 통합적 이해가 필요하다. 서술의 구

네가 원한다면, 비판적으로 서술된 부르주아 경제학 체계네. 이것은 체계의 서술이자 동시에 서술을 통한 체계 비판이네…… 서술, 말하자면 격식은 전적으로 과학적이며, 일상적인 의미에서 불법적인 것이 아니네"[맑스, 「1858년 2월 22일 라살레에게 보낸 편지」(1858.2.22). 스캄브락스 엮음(1990: 100)에서 재인용]. '서술(Darstellung)'이라는 용어는 감각화로서의 정립이라는 의미와 체계 구성이라는 의미 외에 학적 합리성 이념의 전통에서 유래된 근거 제시, 정당화라는 의미를 갖는다. 서구 전통에서 과학 합리성은 두 가지 측면, 즉 탐구의 합리성과 서술의 합리성으로 이루어지는데, 탐구의 합리성은 대상에 대한 경험과학적 연구와 관련된 것이고, 서술의 합리성은 대상에 대한 설명, 또는 과학적 진술의 근거 제시에 관한 것이다(박영도, 2011: 303).

조는 교환이라는 '외관'에서 출발해 그것이 발생한 원인을 추적해들어가는 역행추론의 방식을 취하며, 생산이라는 심층의 영역으로 서서히 전개된다. 제1장 '상품'에서는 상품과 화폐라는 복합물을 구성하는 요소들을 분석하면서 서술의 기본적인 범주들을 체계적으로 제시한다. 이 장 역시 상품생산의 표층과 심층을 왕복 운동하는 서술 구조를 보여주고 있다.

상식적인 견지에서 말하자면, 상품이라는 출발점은 맑스의 실재론적 전제의 직접적인 구현이기도 하다. 사회는 개인으로 환원될 수 없기에, 맑스는 개인이라는 분석 단위에서 『자본론』을 시작하지 않는다. 그가 자본주의 사회구조에 진입하는 지점은 '상품'이다. 상품은 생산, 분배, 교환, 소비를 매개하는 기본 범주이자 자본주의적 생산양식이 지배하는 사회의 부 – 생산력 – 의 기본 형태이기 때문이다. 다시 말하면, 상품이 전제하는 사회적 노동의 자연발생적 분업은 여타 자본의 본질관계에 필수적이기 때문이다. 제1장의 첫 구절에서 맑스는 '상품'이 자본주의 상품생산사회의 기본 범주임을 확고히 한다.

> 자본주의적 생산양식이 지배하는 사회의 부(富)는 '상품의 방대한 집적'으로 나타나며, 개개의 상품은 이러한 부의 기본 형태로 나타난다. 그러므로 우리의 연구는 상품의 분석으로부터 시작한다.
>
> 상품은 우선 우리 외부에 있는 하나의 대상이며, 그 속성들에 의해 인간의 온갖 욕망을 충족시켜주는 물건이다(『자본론』 I, 43).

맑스는 '상품'이라는 출발점이 갖는 의미를 여러 형태로 제시한 바 있다. 가령 맑스는 아돌프 바그너(A. Wagner)에 대한 평주에서, 자신의 방법이 소재를 자세히 탐구하는 '분석적 방법'이라고 말한다. 그리고 인간에서 출발하는 것이 아니라 경제적으로 주어진 시대에서 출발하는 자신의 방법이 개념들을 연결하는 강단 독일식 방법과 아무 공통점이 없다고 일갈한다. 즉, 상품은 우리의 주관적 의지와 독립해서 객관적으로 존재할 뿐 아니라, 주어진 사회적 형태를 집약하는 실재론적 출발점이다.

> 바그너는 나를 과학에서 '사용가치'를 전적으로 제거한 사람 가운데 하나로 놓는다. 그러나 이것은 모두 쓸데없는 소리다. 시작할 때, 나는 '개념'에서 나아가지 않는다. 따라서 가치의 개념에서 나아가는 것도 아니다. 내가 전개한 것은 노동생산이 동시대의 사회에서 그 자체로 드러난 가장 단순한 사회적 형태다. 그리고 이것은 상품이다. …… 나의 분석 방법은 인간에서부터가 아니라 주어진 경제적 시대에서부터 출발한다(MECW, 24: 544~547).

한편 '상품'이라는 서술의 출발점은 『요강』의 연구 과정에서 나온 결과이기도 하다.[30] 제1장의 도입부에서 상품을 규정하는 이중적 속성을 밝힘으로써, 상품이 단지 노동생산물로 환원될 수 없는 사회관계의 발현적 속성을 지닌 사회적 실재임을 분명히 한다. 상품은 두 가지 규정의 통일로서, 사용가치와 교환가치의 통일로서 현상된다. 상품의 소재적 측면인 사용가치는 어느 시대에나 존재하는 노동생산물의 자연적 규정이다. 그러나 이는 상품학의 고찰 대상일 수는 있어도 정치경제학의 고찰 대상은 아니다. 노동생산물에 들어 있는 유용한 노동이 상품의 형태로 전화되는 것은 노동생산물이

30 이에 대한 진술은 다음에서 확인할 수 있다. "이 절은 이후에 다시 설명할 것. 부르주아적 부가 나타나는 첫 번째 범주는 상품 범주다. 상품 자체는 두 가지 규정의 통일로 현상한다. 상품은 사용가치, 즉 어떤 인간 욕구 체계의 충족 대상이다. 이것은 상품의 소재적 측면으로서 매우 다양한 생산 시대에 공통적일 수 있고, 따라서 그것에 대한 고찰은 정치경제학의 저편에 놓여 있다. 사용가치는 그것이 근대적 생산관계들에 의해서 수정되거나 그 자신이 이 생산관계들을 수정하면서 개입하자마자 정치경제학의 영역에 속하게 된다"(『요강』 III, 189~190).

상품으로 교환되는 특정한 경제형태의 생산관계를 전제로 한다는 것이다. 그러므로 "우리가 고찰하는 사회형태에서 사용가치는 동시에 교환가치(exchange value)의 물적 담지자이다"(『자본론』 I, 45). 상품이 사용가치와 함께 교환가치를 갖는다는 것은 상품이 동등하게 평가될 수 있는 인간노동력을 체현하고 있다는 것을 뜻하며, 맑스는 모든 상품에 공통적인 이 제3의 속성을 "사회적 실체의 결정체(crystal)로서 가치"라고 말한다(『자본론』 I, 47).

여기서 노동의 이중성이 고찰된다. 상품의 가치는 사용가치를 생산하는 구체적 유용노동과 가치를 생산하는 추상적 인간노동의 통일체다. 이 또한 맑스의 반환원주의적 자연주의가 관철되고 있음을 일관성 있게 보여준다. 모든 노동은 생리학적 의미에서 인간노동력의 지출이며, 동시에 동등한 또는 추상적인 인간노동이라는 속성은 상품의 가치를 형성한다. "사용가치의 창조자로서의 노동, 유용노동으로서의 노동은 사회형태와 무관한 인간생존의 조건이며, (인간과 자연 사이의 물질대사, 따라서 인간생활 자체를 매개하는) 영원한 자연적 필연성"이다(『자본론』 I, 53). 반면 "상품의 가치는 순전한 인간노동(human labour pure and simple. 즉, 인간노동력 일반의 지출)을 표현하고 있"(『자본론』 I, 55)는 부르주아 사회의 '역사적 특수성'을 반영한다.[31] 이러한 방식으로 맑스는 상품의 가치가 물리적인 것으로 환원될 수 없는 "상품과 상품 사이의 사회적 관계에서만 나타날 수 있"는 사회적 실재임을 분명히 한다(『자본론』 I, 60).[32]

---

31 노동생산물로 환원되지 않는 상품생산의 역사적 성격에 대해서는 다음의 언급을 참고하라. "노동생산물은 어떤 사회제도에서도 유용한 대상이지만, 그것의 생산에 지출된 노동이 그 물건의 '객관적' 속성, 즉 가치로 나타나는 것은 오직 역사적으로 특수한 발전단계에 속하는 일이다. 바로 그러한 발전단계에서 노동생산물이 상품으로 전환된다. 그러므로 상품의 단순한 가치형태는 동시에 노동생산물의 단순한 상품형태이며, 상품형태의 발전은 가치형태의 발전과 일치하게 된다"(『자본론』 I, 79).

32 다음 절에서 살펴보겠지만, 기존 경제학자들의 '전도된 출발점'을 바로잡는 것이기도 하다.

만일 상품 가치의 자연적 규정만을 강조하면 가치를 투하된 노동량으로 환원하는 리카도의 오류에 빠지게 되고, 상품 가치의 주관적 규정만을 강조하면 가치를 효용으로 환원하는 속류경제학자들의 오류에 빠지게 된다. 맑스는 상품의 이중적 규정을 고찰함으로써 양자의 오류를 지양하고, 겉보기에는 평범한 물건으로 보이는 상품의 심층에 자리한 추상적 인간노동이라는 가치실체를 찾아낸 후, 곧 가치의 표현인 화폐, 가치형태에 대한 논의로 이동한다. 즉, 맑스는 가치실체와 가치형태라는 이중의 문제설정을 통해 자본주의 상품생산의 특수성, 상품의 가치가 생산과정에서 창출되고 교환과정에서 실현된다는 역사적 특수성을 사고할 수 있는 범주들을 구축하고 있는 것이다.

상품과 화폐는 자본주의적 생산양식과 상품생산 일반의 가장 단순한 범주다. 사회적 관계를 사물의 속성으로 전환시키는 신비주의가 상품물신주의로 드러난다면, 생산관계를 사물로 전환시키는 신비주의가 화폐물신주의로 드러난다.[33] 따라서 제1편 '상품과 화폐'에는 상품물신주의 및 화폐물신주의 비판이 중심을 이룬다. "모든 사회형태는 상품생산과 화폐유통을 내포하는 한, 이러한 왜곡(distortion)을 면할 수 없"지만, "자본주의적 생산양식에서는 이 요술에 걸려 왜곡된 세계는 훨씬 더 전개된다"(『자본론』 III, 1006). 그렇기 때문에 물신주의 비판은 『자본론』 전 체계에 걸쳐 '상품물신 → 화폐물신 → 자본물신' 및 삼위일체 공식 비판으로 고양되어가는 전개 구조를 펼쳐낸다. 일단 제1편의 주요 과제였던 가치형태 분석과 화폐물신성 비판은 화폐상품이 발전된 한 형태가 화폐일 뿐이며, "화폐물신(money fetish)의

33 화폐물신주의에 대한 맑스의 비판은 다음으로 압축된다. "상품세계의 이 완성형태 — 화폐형태 — 가 사적 노동의 사회적 성격, 따라서 개별 노동자들 사이의 사회적 관계를 폭로하는 것이 아니라 도리어 그것을 물건들 사이의 관계로 나타냄으로써 은폐하고 있다"(『자본론』 I, 97).

수수께끼는 상품물신의 수수께끼가 사람들의 눈을 현혹시키고 있는 것에 불과하다"(『자본론』 I, 119)라는 결론에 도달함으로써 일차적으로 완료된다.

상품 분석에서 가치실체와 함께 가치형태의 분석이 중요했던 이유는, 자본주의의 생산방식이 시장의 개입 없이 규정될 수 없기 때문이다. 자본주의 생산양식의 경향은 모든 생산을 가능한 한 상품생산으로 전환시키는 것이며, 이를 달성하는 주된 무기는 모든 생산을 자본주의적 생산양식의 유통과정에 끌어들이는 것이다. 발달한 상품생산 자체가 바로 자본주의적 상품생산인 것이다(『자본론』 II, 128).

> 상품의 분석을 통해 사용가치를 생산하는 노동과 가치를 창조하는 노동 사이의 차이를 발견했는데, 이제 이 차이가 생산과정에 자리한 두 측면의 차이로 나타나고 있다.
>
> 노동과정과 가치형성 과정의 통일이란 면에서 보면, 생산과정은 상품의 생산과정이다. 다른 한편으로 노동과정과 가치증식과정의 통일이란 면에서 보면, 생산과정은 자본주의적 생산과정이며 상품생산의 자본주의적 형태다 (『자본론』 I, 261).

여기서 자본주의 가치증식의 비밀이 등가교환이 이루어지는 상품교환의 표현 배후에서 일어나는 노동력상품의 부등가교환, 즉 유통 영역과 생산 영역 각각에서 진행되는 잉여가치 생산과 잉여가치 실현이라는 이중적인 과정에 있음이 밝혀진다. 맑스는 각각을 '적극적 원인'과 '소극적 원인'에 대응시킨다.

정치경제학(속류경제학)이 보는 것은 현상으로서 나타난 것, 즉 유통시간이 자본의 가치증식과정 일반에 미치는 영향뿐이다. 따라서 정치경제학은 이 소극적인 영향을, 그 결과가 적극적이라는 이유로 적극적인 것으로 생각한다. 정치경제학이 이 외관(appearance)에 점점 더 집착하는 것은 그것이 다음의 것에 대한 증명을 제공하는 것같이 보이기 때문이다. 즉, 자본은 자기증식의 신비한 원천을 가지고 있으며, 이 원천은 자본의 생산과정, 따라서 노동의 착취와는 아무런 관련이 없고 유통 영역으로부터 유래한다는 것이다. 과학적 정치경제학(scientific political economy)도 이 외관에 사로잡혀 있다는 것을 뒤에서 볼 것이다. 이 외관은 다음과 같은 현상에 의해 더욱 강고화되고 있다. (1) 자본가적 이윤계산의 방법인데, 거기에서는 소극적 원인이 적극적 원인으로 나타난다(『자본론』 II, 145).[34]

다시 살펴보겠지만, 고전 정치경제학 및 속류경제학의 오류는 이 소극적인 영향을 적극적인 원인으로 도치시킴으로써, 원인과 결과의 관계를 융합해버리는 경험적 실재론에 그 원천을 둔다. 그렇기 때문에 그 외관만 고찰한다면, 잉여가치는 유통과정에서 실현될 뿐 아니라 거기로부터 발생하는 것처럼 보이게 된다. 맑스에 따르면, 이러한 외관은 다음과 같은 두 개의 사정 때문에 강화된다. 첫째는 사기·책략·전문지식·숙련·무수한 시장상황에 의해 결정되는 양도이윤 – 상업이윤 – 때문이고, 둘째는 노동시간 이외에 유통시간도 결정적인 요소로 개입하기 때문이다. 유통시간은 가치와 잉여가치를 형성하는 데 소극적으로 기능할 뿐이지만, "이 유통시간은 마치 노동 그것과 마찬가지의 적극적인 원인인 듯한 외관, 그리고 자본의 성질로

34 맑스의 용법에서 고전파 경제학은 윌리엄 페티(W. Petty) 이래 부르주아적 생산관계의 내적 관련을 연구한 모든 경제학을 말하는 것으로 속류경제학과 구분된다. 맑스가 과학적 경제학이라고 말할 때는 고전파 경제학을 지칭한다(『자본론』 I, 104, 주석 34번 참조).

부터 생기는 (노동과는 무관한) 규정성(determination)을 내포한 듯한 외관을 취하고 있다"(『자본론』 III, 1007). 현실에서 이 영역은 경쟁의 영역이며 우연에 의해 지배됨으로써 개별적인 생산담당자들이 본질관계를 통찰할 가능성을 쉽게 허락하지 않는다.

> 현실에서는 이 영역은 경쟁의 영역이며 개개의 경우를 보면 우연에 의해 지배되고 있다. 따라서 여기에서는 (이 우연들 중에서 자기를 관철하고 이 우연들을 규제하는) 내부법칙은 이 우연들이 대량으로 중첩되는 경우에만 볼 수 있게 되며, 개별적인 생산담당자 자신은 이 내부법칙을 볼 수도 없고 이해할 수도 없다. 더욱이 직접적 생산과정과 유통과정의 통일로서의 현실적인 생산과정은 새로운 형태를 낳는데, 이 형태들 속에서는 내부 관련의 실마리가 점점 더 희미해지며 생산관계들은 서로서로 자립화하여 가치의 구성부분들이 독립된 형태로 굳어진다(『자본론』 III, 1008).

간단히 말해 자본주의 사회에서 상품생산의 목적은 팔리기 위한 것이고, 이는 상품소유자들의 교환행위를 매개로 행해진다. 시장에서 상품 소유자들은 "서로 상대방을 사적 소유자로 인정"하며 계약하는 형식을 취하고 있다.[35] 시장에서의 등가교환은 자본주의 상품생산의 재생산 기제로 행위자

35 이렇게 볼 때 자본주의 정치와 자본주의 경제는 분리 불가능한 두 계기다. "이 물건들이 상품으로 서로 관계를 맺기 위해서는, 상품의 보호자들은 이 물건들에 자신들의 의지를 담고 있는 인물로 서로 관계를 맺어야만 한다. 그리하여 한 상품의 소유자는 다른 상품의 소유자의 동의하에서만, 따라서 각자는 쌍방이 동의하는 하나의 의지 행위를 매개로 해서만, 자기 자신의 상품을 양도하고 타인의 상품을 자신의 것으로 만든다. 따라서 그들은 서로 상대방을 사적 소유자로 인정해야 한다. 계약의 형식을 취하는 이 법적 관계는 (합법적으로 발달한 것이든 아니든) 경제적 관계를 반영하는 두 의지 사이의 관계다. 이 법적 관계(또는 의지 관계)의 내용은 경제적 관계 그 자체에 의해 주어지고 있다"(『자본론』 I, 108~109. 강조는 필자).

들을 전체 자본 운동의 일부로 포섭한다. 교환을 통해 상품은 서로 관련되고 자신을 가치로 실현하기 때문에, 끊임없는 반복 속에서 교환은 하나의 정상적인 사회적 과정으로 만들어지고, 노동생산물은 처음부터 교환을 목적으로 생산되도록 강제된다. 시장에서 상품소유자들은 그들의 생산과정과 그 과정에서의 관계를 그들의 의지에서 독립한 전면적인 상호 의존적인 분업의 체제를 발견하게 된다. 이 분업은 노동생산물을 상품으로 전환시키고, 화폐로의 전환을 강제하며, 동시에 이 전환의 성공 여부를 순전히 우연적인 것으로 만든다(『자본론』 I, 108~138).[36]

결국 맑스의 체계에서 생산은 시장보다 크고, 더 심층에 자리한다. 사람들은 그들의 상품을 교환하기 위해 시장에 간다. 시장이라는 매개를 통해 사람들은 사회적 생산과정에서 순전히 원자론적으로 상호관련을 맺는다. 가격기구를 통해 상품의 가치량 – 가치형성 – 과 사회적 노동시간 사이의 필연적인 관계는 은폐된다(『자본론』 I, 138). 이렇게 볼 때 시장의 상호작용은 경제적 행위자를 사회적 생산에서 체계적인 구조의 운동 속에 포섭·유지하는 하나의 '기능적 원인'으로 유도한다. 경제적 행위자들 사이의 표면적인 관계는 사회적 생산을 지배하는 원인이 지닌 '외관의 형태'인 셈이다(Ehrbar, 2002: 8~9). 그럼으로써 유통 영역에서는 "원인이 결과로서 나타나고 결과가 원인으로서 나타난다". '경험'이 임금에 의한 가격 결정을 보여준다면, 경험할 수 없는 것은 이 관계의 '숨은 원인'이다(『자본론』 III, 1054).

한편 원인과 결과의 전도는 개방체계인 자본주의 생산유기체의 독특한 속성에서 더욱 부과된 제한이기도 하다. 오직 개방체계에서만 스스로를 드

36 이러한 의미에서 맑스는 "상품의 교환은 모순되고 서로 배제하는 관계들을 내포하고 있다. 상품의 발전(상품이 상품과 화폐로 분화하는 것)은 이 모순들을 해소하는 것이 아니라 이 모순들이 잠정적으로 협정할 수 있는 형태를 제공한다. 이것은 일반적으로 현실의 모순이 화해되는(are reconciled) 방법"이라고 말한다(『자본론』 I, 136). 2004년 국역본(김수행 옮김, 비봉, 제2개역판)의 오역을 부분 수정했다.

러내는 사회적 객체의 경우, "결과가 끊임없이 전제로 나타나고 전제가 끊임없이 결과로 나타"나는 전도는 끊임없는 재생산과정에 편입되어 있는 자본주의의 운동 속에서 더욱 강화된다(『자본론』 III, 1058). 이와 같은 조건에서 사회적 지식 또한 경험과 실재, 현상과 본질의 불일치, 원인과 결과의 전도라는 위험에 훨씬 더 쉽게 노출되는 것이다.

경쟁에 대한 맑스의 설명도 동일하게 이해될 수 있다. 맑스는 경쟁에 대한 두 가지 관점을 제시한다. 그는 『자본론』에서 수차례에 걸쳐 "경쟁은 자본주의적 생산양식의 내재적 법칙을 외적인 강제법칙으로 각 개별 자본가에게 강요한다"라고 강조한다(『자본론』 I, 807). 즉, 경쟁은 자본주의적 생산의 내적 법칙을 표현할 뿐 아니라 그것을 집행한다. 그러나 다른 한편으로 그는 "경쟁에서는 모든 것이 거꾸로 되어 나타난다"라고 하며(『자본론』 III, 247), 이러한 관념들은 "자본주의적 생산의 내재적 법칙들이 경쟁 중에 거꾸로 발현된다는 사실로부터 필연적으로 형성되는 것"이라고 말한다(『자본론』 III, 269).

따라서 경쟁은 자본주의적 생산의 내적 법칙들을 집행하는 동시에 은폐한다. 경쟁의 인식론적 위치는 자본주의적 생산의 내적 법칙들과 이 법칙들이 현상적으로 표출되는 세계의 중간에 위치하고 있다. 그러므로 자본주의적 생산의 내적 법칙들과 이 법칙들의 집행자는 동일시될 수 없다(이종영, 1994a: 129). 이상의 논의를 통해 맑스가 경험들로 이루어진 표층의 경험 영역, 경쟁이 일어나는 실제 영역, 그리고 숨은 원인, 즉 내재적 법칙이 자리한 심층의 실재 영역을 존재론적으로 구별하고 있음을 파악할 수 있다.[37]

37 마찬가지로 맑스는 내재적 법칙과 행위의 동기를 구분한다. 즉, 교환행위가 이루어지는 동기라는 원인 층위를 인정하지만, 인과적 설명의 방향은 심층의 운동에서 시작한다. "자본주의적 생산의 내재적 법칙(immanent laws)이 개별 자본들의 외적 운동에 표현되어 경쟁이 강제하는 법칙으로 스스로를 드러내며, 그리하여 개별 자본가를 추진시키는 동기로서 그의 의식에 도달하는 방식을 여기에서 고찰하려는 의도는 없다. 그러나 이 점만

『자본론』의 과학이 개입하는 첫 번째 지점이 바로 여기다. 맑스에 따르면 외관이 필연적으로 발생하는 것은 개별자본과 그 상품생산물을 포함하는 현실의 운동에서는 상품의 가치가 그 자신을 분해하는 전제로서 나타나는 것이 아니라, 이와 반대로 그 가치의 구성부분들이 상품가치의 전제로서 기능하기 때문이다(『자본론』 III, 1056). 이러한 이유로 상품이라고 하는 복합적인 구성물에 대한 분석적 분해(resolution)에 기초해 종합이 시도되고, 인과 분석은 표층의 유통과정에서 심층의 생산과정으로 진행된다. 제2편의 도입부에서 맑스는 '자본의 일반공식'(M-C-M')의 모순을 드러냄으로써 유통과정에서 가치증식이 일어난다는 환상을 불러일으키는 경제학의 표현이 불합리함을 밝히고(4~5장), 노동과정을 분석하는 장으로 이동한다(6~7장).

여기에서 주의해야 할 점은, 제2편 '화폐가 자본으로 전환'하는 과정을 서술하는 것은 앞서 말했듯 역사적 순서가 아니라 자본주의적 생산의 구조적 운동을 상술하기 위한 인과적 설명의 순서를 의미한다는 것이다. 이때 설명은 압축적인 형태의 이론적 재서술(redescription) 형식을 취하고 있다. 제2편에서는 잉여가치생산의 비밀이 노동 과정에서 일어나는 '노동력상품'에 기초한 가치증식과정에 있음을 밝힘으로써 자본의 일반공식이 갖는 모순의 원천 – 잉여가치의 발생 – 이 해명된다. 임금형태의 사회적 기능은 착취와 부불노동이라는 실재, 즉 잉여가치의 원천을 감추는 것이다. 이를 설명하는 개념으로서 '노동력상품'은 맑스의 개념화의 요체다. 이 개념을 통해 '노동의 대가로서의 임금'이라는 이데올로기의 허구성이 효과적으로 비판된다.

은 분명하다. 즉, 경쟁의 과학적 분석은 자본의 내적 본성이 파악된 뒤에야 비로소 가능하게 되는데, 이것은 마치 천체의 외관상의 운동은 (감각적으로 직접 인식할 수 없는) 천체의 진정한 운동을 익히 알고 있는 사람에게만 이해되는 것과 마찬가지다"(『자본론』 I, 428. 강조는 필자).

노동력의 가치와 가격이 임금의 형태로 (또는 노동 그 자체의 가치와 가격으로) 전환되는 것이 얼마나 결정적 의의를 가지는가를 알 수 있다. 현실적 관계를 은폐하고 그와 정반대되는 관계를 보여주는 이 현상형태(from of appearance)야말로 노동자와 자본가의 일체의 정의 관념, 자유에 대한 자본주의적 생산양식 일체의 신비화(mystifications), 자유에 대한 자본주의의 모든 환상, 속류경제학의 모든 변호론적 속임수 등의 토대가 되고 있다(『자본론』 I, 730).

즉, 임금은 노동의 가치가 아니라 노동력의 가치다. 고전파 정치경제학의 오류는 '노동의 가격'이라는 범주를 일상생활에서 아무런 비판 없이 빌려옴으로써 이를 시장가격으로 설명하려 한 데 있다(『자본론』 I, 35). 결국 유통분야에서 나타나는 자본의 일반공식(M-C-M')은 그 모순을 해명하는 동시에 자본주의적 축적의 일반법칙(M-C-P-C'-M')으로 수정되면서 포함관계 속에서 재구성된다. 양자의 분석 영역을 〈그림 V.2〉와 같이 단순화해서 나타낼 수 있다.[38]

〈그림 V.2〉 자본론의 과학과 고전경제학의 과학의 분석 영역

a) 실재 영역(the real) ——— b) 현실 영역(the actual) ——— c) 경험 영역(the empirical)

| ——— M ——— C ——— M′ ——— |

| ——— 고전경제학의 '과학' ——— |

| ——— M ——— C ——— P(MP+LP) ——— C' ——— M′ ——— |

| ——— 자본론의 '과학' ——— |

그렇다면, 유통 영역과 생산 영역은 정확히 어떠한 층위의 관계를 맺는가? 맑스는 유통과정에서의 노동을 '발화노동'에 비교한다. 유통은 자본주의적 생산과정 전체의 필수적인 매개이나 그 직접적인 존재는 배후에서 일

38 'M'은 Money의, 'C'는 Commodity의 약자다.

어나는 과정의 외양일 뿐이라는 것이다.[39]

> (유통과정을 포함하거나 유통과정에 포섭되어 있는 자본주의적 생산 총과정의 필수적 계기의 하나인) 이 노동은 예컨대 열을 발생시키기 위해 사용되는 재료에 불을 붙이는 '발화노동'과 같다. 이 발화노동은 연소 과정에서 필수적인 계기 가운데 하나지만 그 자체는 열을 생산하지 않는다(『자본론』 II, 150).

유통과정의 노동이 '발화노동', 또는 배후에서 진행되는 과정의 '현상'이라는 말은, 그 노동이 생산과정과의 관계에서 상대적인 것임을 시사한다.[40] 말하자면 생산과 유통은 자본주의적 상품생산의 특수성을 공동 결정하는 이중적인 원인(dual causes)인 셈이다. 이러한 의미에서 맑스는 화폐에서 자본으로의 전환은 유통 영역에서 발생하는 동시에 유통 영역에서 발생하지 않는다고 말한다. 이것이 문제의 조건이다.

> 화폐의 자본으로의 전환은 마땅히 상품교환을 규정하는 법칙의 토대 위에서 전개되어야 할 것이며, 따라서 등가물끼리의 교환이 당연히 출발점으

---

39 유통 영역이 배후에서 진행되는 생산과정의 현상이라는 견해는 『요강』에 이미 시사되어 있다. "요컨대 부르주아 사회의 표층에 직접 존재하는 것으로 나타나는 유통은, 그것이 끊임없이 매개되는 한에서만 유통이다. …… 요컨대 각각의 계기에서뿐 아니라 매개의 전체로서, 총체적 과정으로서 스스로 매개되어 있어야 한다. 따라서 그것의 직접적인 존재는 순수한 외양이다. 그것은 그것의 뒤에서 진행되는 과정의 현상이다"(『요강』 I, 252).

40 등가교환은 자본주의적 상품생산의 특징을 공동 결정하는데, 등가교환이 일어나는 유통 영역과 부등가교환이 일어나는 생산 영역 간의 관계를 원인과 조건의 관계로 설명할 수 있을 것이다. 화폐에서 자본으로의 전환, 즉 자본-임노동 관계는 한편으로 노동력이 상품처럼 유통되어야 한다는 것을 전제 조건으로 하며, 다른 한편 임금과 교환되는 시점에서가 아니라, 즉 유통에서가 아니라 소비되는 시점, 비유통 생산 영역에서 발생한다는 것이다.

로 되어야 할 것이다. …… 그(화폐소유자 — 인용자)의 나비로의 성장(즉, 완전한 자본가로의 발전)은 반드시 유통 영역에서 일어나야 하며, 또 그러면서도 유통 영역에서 일어나서는 안 된다. 이것이 바로 문제의 조건이다. 여기가 로도스 섬이다. 자, 여기서 뛰어보라!(『자본론』 I, 216~217)

다시 말해 유통의 장소에서 진행되는 등가교환이 자본주의적 상품생산의 필요조건이라면, 생산의 장소에서 일어나는 부등가교환은 자본주의적 상품생산의 충분조건이라고 할 수 있다. 생산과 유통, 자본주의적 생산과 재생산 각각의 국면은 — 추후 살펴볼 뒤르케임의 용어로 — 원인과 기능의 관계, 즉 발생적 원인과 재생산의 기능적 원인에 대응시켜볼 수도 있을 것이다. 일단 이 맥락에서 더 주목해야 하는 쟁점은, 맑스의 체계에서 생산과 유통이 자본 운동의 핵심적인 두 기제라고 할지라도 양자는 비대칭적인 관계를 맺는다는 점에 있다.

여기에 상품물신성의 중요한 비밀이 있다. 맑스가 제1장 제4절에서 상품이 신비스럽다고 한 것은, 상품을 통해 개인들을 서로 만나게 하는 사회가 개인들에게 그들 자신의 사회적 관계를 통제하도록 허락하지 않는다는 것을 의미한다. 상품의 신비로운 성격은 사회적 행위자들의 상호작용이 심층과 표층에 비대칭적으로 자리한 생산 영역과 유통 영역의 이중 규제를 받으면서, 그 어긋남과 '표현의 불합리성'을 일상적으로 경험하고 있다는 데 기인한다. 모든 인간노동의 동등성은 모든 상품의 교환가능성에 의해 강화되고 사회적 노동시간은 재화들 사이의 양적 시장 관계로 설명된다. 다른 말로, 심층에 자리한 생산자들이 수행하는 노동 간의 사회적 연관은 이해되지 않고 시장이 의존하고 있는 생산자들 간의 연관은 물건들의 속성이라는 형태를 취한다. 요컨대 시장은 시장 참여자들에 의해서는 과학과 합리적인 활동이 불가능해지는 하나의 영역인 셈이다(Ehrbar, 2002: 20). 줄여서 말하면 상품소유자들의 일상적인 경험 자체가 자본 운동의 일부로 통합되어 있기 때문에 쉽사리 본질관계를 통찰할 가능성을, 과학을 허락하지 않는다. 이것이 맑스가 상품이 신비스럽다고 말한 첫 번째 이유일 것이다.

(2) 과학적 전제 비판: 물신주의 비판의 방법론적 의미

맑스가 당대의 정치경제학이 '물신주의'에 사로잡혀 있다고 비판하는 논리적 정당성은 이 지점에서 도출된다. 맑스는 『자본론』 I권의 제1장 제4절, '상품의 물신적 성격과 비밀' 말미의 주석에서 자신의 정치경제학 비판의 의의를 압축적으로 밝히고 있다.

스미스와 리카도를 비롯한 고전 정치경제학의 맹점은 상품가치의 분석에서, 상품가치를 교환가치가 되도록 만드는 가치형태를 찾아내지 못했다는 점이며, 더 중요하게는 자본주의적 생산양식이 특수한 하나의 사회형태로서 역사적으로 과도기적 성격을 갖는다는 점을 간과했다는 점에 있다. 반대로 속류경제학은 "오직 외관상의 관련 속에서만 헤매면서 가장 조잡한 현상을 부르주아지의 자가 수요에 맞도록 그럴듯하게 설명하기 위해 이미 훨씬 전에 과학적 경제학에서 제공된 자료들을 되풀이해 음미하고 있다. 그뿐 아니라 속류경제학은 부르주아적 생산 당사자들이 자신의 세계(그들에게는 가장 좋은 세계다)에 대해 가지고 있는 진부하고 독선적인 관념을 현학적으로 체계화하며 또 이 관념을 영원한 진리라고 선포하는 일만을 하고 있다"(『자본론』 I, 104, 주석 34번). 첫 번째 제시된 고전 정치경제학에 대한 비판이 역사법칙을 자연법칙으로 환원했다는 비판이라면, 두 번째 속류경제학 비판은 그 경험주의에 대한 비판이다. 양자는 정치경제학이 서술하는 대상의 역사성을 인식하지 못한다는 점에서 동일한 오류를 공유한다.[41]

---

41 여기서 맑스는 『철학의 빈곤』에서 제시되었던 비판을 주석에 덧붙임으로써 프루동 비판과 리카도 비판의 연속성을 시사하고 있다. "경제학자들은 하나의 기묘한 수법을 사

맑스의 논점을 더욱 명확히 하기 위해, 맑스가 『자본론』 1판을 출판한 직후 쿠겔만에게 보낸 편지(1868)를 참고하는 것이 유익할 것이다. 이 편지는 제1장 서술에 대한 매우 짧은 회고적 논평으로, 맑스 자신의 설명적 비판의 얼개를 압축적으로 보여준다. 비판은 리카도와 속류경제학의 방법을 향한다. 그는 ≪독일 문예 중앙(Literarishes Centrablatt für Deutshland)≫에 기고된 『자본론』에 대한 논평을 반박하며, "가치 개념을 증명할 필요성에 대한 수다"가 "과학 방법에 대한 완전한 무지"에 근거할 뿐이라는 점을 지적한다. "과학의 요체는 가치법칙이 어떻게 관철되는가를 전개하는 데 있"기에, 자신의 서술에 '가치'에 대한 장이 전혀 없다고 하더라도 서술의 전개 과정에서 실재적 관계에 대한 분석은 현실적 가치 관계들의 증거와 증명을 포함한다는 것이다. 그러나 리카도는 가치에 관한 제1장에서 우선 "전개되어야 할 모든 가능한 범주들을 주어진 것으로서 전제한 다음 그 범주들이 가치법칙에 타당하다는 것을 증명하려고 했"다는 점에서 오류다(맑스·엥겔스, 1993: 209).[42]

반대로 속류경제학자는 현실적인 매일의 교환 관계들과 가치 크기들이 직접적으로 동일할 수 없다는 사실을 전혀 감지하지 못한다. "부르주아 사회라는 위트의 요체는 다름이 아니라 생산에 대해 선험적으로 의식된 사회적 규제가 전혀 없다는 데 있고, 이성적인 것과 자연필연적인 것은 오직 맹목적으로 작용하는 평균으로서만 관철"된다는 것을 이들은 감지하지 못한다. 결국 속류경제학자들은 경험이라는 가상에 얽매이면서도 그 "가상을 종

용하고 있다. 그들에게는 오직 두 가지 종류의 제도(인위적인 제도와 자연적인 제도)가 있을 뿐이다. 봉건제도는 인위적인 제도이고, 부르주아제도는 자연적인 제도다. …… 그리하여 이때까지는 역사라는 것이 존재했으나, 이제는 더 이상 존재하지 않는다"(『자본론』 I, 104, 주석 35번).

42 독일어 원문(MEW, 32: 553)을 참조해서 김명희(2014b: 167)의 서술을 부분적으로 수정했다.

국의 것으로 간주"하는 경험주의의 오류에 사로잡혀 있는 것이다. 맑스는 그러면 "과학은 대관절 무엇을 위해 있는 것"인지를 되묻는다(맑스·엥겔스, 1993: 209). 이렇게 볼 때 경제학의 범주 비판은 일상적으로 시장이라는 경험 영역에서 과학의 불가능성, 그리고 "부르주아적 생산관계에 사로잡혀 있는 생산담당자들의 관념을 교조적으로(dogmatically) 해석하고 체계화하며 변호하는 일 말고는 아무것도 하지 않는"(『자본론』 III, 995), 다시 말해 '사물의 현상형태와 본질'을 숨김으로써 사회적 실재를 붕괴시켜버리는 경제학의 비실재론(irrealism)을 고발하기 위한 과학의 요청인 것이다.

여기에 상품 물신주의의 두 번째 비밀이 있다. '상품물신성의 성격과 그 비밀'이라는 장의 주석에서, 『자본론』 제II권 제19장 및 『학설사』에서 전개된 중농주의, 스미스, 리카도, 속류경제학의 잘못된 "과학적 전제(scientific premises)"[43]에 대한 비판을 미리 압축적으로 앞당겨온 것은 그저 우연으로만 치부될 수 없다.[44] 맑스의 과학적 전제란 무엇인가? 이는 본질과 현상을 구분하는 존재론, 나아가 과학과 이데올로기의 구분을 통해 과학이 복무해야 할 상위의 목적을 세우는 것이며 이는 동시에 물질과 정신의, 이론과 실천의 긴밀한 상호 매듭을 승인하는 공시발현적 힘의 유물론으로 지지된다. 쿠겔만에게 보낸 예의 편지에서 이어서 쓰듯, "사유 과정 자체가 관계들로부터 자라나므로, 요컨대 그 자체가 하나의 자연 과정이므로", "연관에 대한 통찰과 더불어, 실천적 붕괴 이전에 현존 상태의 영원한 필연성에 대한 모

---

43 제19장에서는 제1장 말미에서 압축적으로 제시된 고전 정치경제학자들에 대한 비판이 비교적 상세히 전개되고 있다. 스미스가 저지른 오류의 핵심은 노동력상품을 보지 못했다는 데에 있는데, "그 모순의 근원은 바로 그의 과학적 전제(scientific premises)에서 찾아야 한다"라는 것이다(『자본론』 II, 451).

44 제1장 제4절 '상품의 물신적 성격과 비밀'의 말미 주석 33번, 34번에는 『자본론』에 선행했던 기존의 이론적 구성물들에 대한 내재적 비판과 대안적 범주들이 압축적 형태로 제시된다(『자본론』 I, 102~105 참고).

든 이론적 믿음이 붕괴"될 수 있다는 믿음은 설명적 비판의 전제이기도 하다(맑스·엥겔스, 1993: 209).[45]

마찬가지로 속류경제학의 '과학을 참칭한 추상', 즉 경험적 실재론은 토대가 없는 것이 아니다. "사상 없는 혼란을 영구화하는 것이야말로 지배계급의 절대적 이익"(맑스·엥겔스, 1993: 209)이 되기 때문이고, 그럼으로써 속류경제학은 "경제관계와 현상형태 사이의 내부 관련이 숨겨져 있으면 있을수록 (그리고 그 상호관련을 평범한 관념으로 이해하기 쉬우면 쉬울수록)" 더욱 편안하게 느낀다(『자본론』 III, 995). 이러한 이유에서 '이행의 법칙'까지 밝히려고 했던 맑스에게 필연적 허위의식을 비판하는 무기로서, '과학'은 정치경제학의 이론적 계급투쟁의 한복판으로 들어오게 된다.

결국 제1장 제4절의 말미에서 맑스가 상품이 신비스럽다고 말할 때, 이는 실천에서의 물신주의와 이론에서의 물신주의 두 차원의 인과적 상호 의존을 아울러 지시하는 것이라고 볼 수 있다. 실천에서의 물신주의가 자본관계의 일부로 포섭된 상품소유자들이 과잉 대표된 시장 영역의 표상 기제 속에서 일상적으로 경험할 수밖에 없는 과학의 불가능성을, 따라서 의식적/사회적 통제의 불가능성을 말한다면, 이는 논리적으로 잘못된 추상을 야기하는 경제학의 비실재론, 즉 메타이론적 물신주의를 통해 뒷받침된다. 다시 말해 임노동과 자본 계약에 고유한 착취 관계는 사람들의 거래 단계와 그것이 의존하는 범주 오인에 숨겨져 있다. 이를 통해 왜 자본주의하에서 실재론적 사회과학이 추구하는 심층-설명적 비판의 방법론적 지원이 요청되는지가 더 분명해진다(『변증법』, 144~145).

---

45 달리 말해 사회적 실재에 부과된 개념성의 조건을 승인한다면, 아울러 자본주의적 지배의 기초를 이루는 물신주의의 필연적 토대를 승인한다면, 부르주아 경제학의 범주 비판을 요체로 하는 『자본론』의 '과학적 변증법'의 요청 또한, 자본주의 외부에서 도입된 우연적이거나 자의적인 필요가 아닌 셈이다.

정리하자면, 제1장 상품을 '여는 주장'과 상품물신성 논의는 자본주의 상품생산 사회의 역사성을 드러내는 동시에 이를 담보하지 못한 범주들이 왜 필연적이며, 한편으로는 왜 허위인지를 압축적으로 드러내야 할 이중의 과제를 갖고 있었다고 할 수 있다. 원리상 물신주의는 물리법칙과 행위법칙 사이에 존재하는 사회적 층위를 붕괴시키는 메커니즘이다. 바스카가 말하듯 물화가 표현하는 정체상태의 존재론은 변화의 가능성을 부정하는 형식을 취함으로써 현존하는 사회관계를 정당화한다(『변증법』, 165). 이렇게 볼 때 물신주의 비판은 사회관계에 대한 비판인 동시에 이를 정당화하는 잘못된 과학적 가정들과 전제조건들을 메타비판하는 의미를 갖는다.

물론 맑스는 "상품의 상대적 가치의 현상적인 운동 배후에 숨어 있는 비밀"을 발견한다고 하더라도, "이 비밀의 발견은, 노동생산물의 가치의 크기가 순전히 우연적으로 결정되는 듯한 외관을 제거하기는 하나, 결코 가치의 크기가 결정되는 물적 형태를 철폐하지는 못한다"라고 일갈한다(『자본론』 I, 96~97). 상품의 모든 신비는 다른 생산형태로의 이행을 통해서만 비로소 소멸될 수 있다는 것이다. 다시 말해 "사회적 생활과정(즉, 물질적 생산과정)이 자유롭게 연합한 인간들에 의한 생산으로 되고 그들의 의식적 계획적 통제 밑에 놓이게 될 때, 비로소 그 신비의 베일이 벗겨진다"(『자본론』 I, 102).

맑스가 계몽의 상속자인 동시에 계몽의 비판자인 이유를 바로 여기서 찾을 수 있다. 맑스에게 물신주의 비판은 합리성 비판의 완성일 수 없으며, 생산에 대한 이성적이고 사회적인 통제를 구축하는 실천적 합리성의 실현을 통해서만 비로소 완수될 수 있는 것이다.[46] 이제 살펴보겠지만, 맑스가 구조

46 실천적 합리성은 사회적인 차원에서 실현된다는 점에서, 사회적 합리성과 불가분한 관계를 맺는다. '사회적 합리성(social rationality)'은 맑스의 서술에서 가져온 용어다. 그는 사전적으로 계획되는 사회적 합리성과 사후적으로 관철되는 사회적 합리성을 문맥상 구분

분석에서 조건들에 대한 분석으로 이동해 계급투쟁의 역사적 동학을 긴 지면을 할애해 분석하는 이유 또한 다른 데 있지 않다. 이는 본디 개방체계를 대상으로 한 – 그리고 그 속성을 누구보다 깊이 이해하고 있었던 – 맑스의 과학적 방법과 역사적 설명의 논리에 대한 '다시 읽기'를 요청한다.

3. 과학적 발견의 논리와 설명적 방법론

이 장에서는 연구의 순서상 『자본론』 집필에 선행했던 『학설사』 및 『요강』의 정치경제학 비판의 방법론적 숙고를 복원함으로써, 『자본론』의 설명적 방법론과 대안적인 서술 전략이 구축되는 과정을 역추론해보기로 하자.

먼저, 고전 정치경제학의 방법론 비판은 초기 법철학 비판의 두 축이었던 조야한 유물론과 조야한 관념론 – 즉, 역사법학파의 실증주의와 헤겔 관념론 각각을 비판하면서 맹아적으로 시사된 – 비판이 방법론의 스미스의 귀납주의와 리카도의 연역주의 비판에서 더 정교하게 발전되는 과정을 살펴본다. 둘째, 『자본론』의 방법론과 연속성을 갖는 맑스의 연구방법이 「1857년 서설」에 배태되어 있으며, 이는 통상의 실험적 실천이 행하고 있는 과학적 발견의 논리를 원리적으로 공유한다는 점을 논증한다. 셋째, 이를 통해 『자본론』의 인과적 설명모델 및 논증 방식이 크게 역행추론이라 불리는 사유운동의 일부로서, III장에서 재구성한 사회과학의 이론적·응용된 역사적 설명모델로 더 타당하게 이해될 수 있음을 드러내 보인다.

하고 있다. "사회적 합리성(social rationality)이 언제나 사후에야 비로소 자신을 관철하는 자본주의 사회에서는 끊임없이 대혼란이 일어날 수 있으며 또 일어나지 않을 수 없다"라는 것이다(『자본론』 II, 375).

1) 고전 정치경제학의 방법론 비판: 스미스와 리카도

(1) 스미스의 귀납주의와 형식적 추상 비판

『학설사』(1862~1863)에서 전개된 고전파 정치경제학의 방법론 비판은 맑스의 과학적 발견과 설명모델이 귀납주의와 연역주의 각각을 지양하기 위한 방법론적 숙고를 경유하고 있음을 일러준다. 특히 '과학으로서의 경제학'을 개척했던 스미스와 리카도의 방법론에 대한 맑스의 내재적 비판은 '형식적 추상' 또는 '그릇된 추상'에 대한 비판으로 압축되며, 이를 통해 『자본론』의 서술 전략 – 적절한 시작 지점의 문제를 포함한 – 이 설계되고 있음을 확인할 수 있다.

고전파 경제학자들에게 두드러진 방법론적 특징으로 일반원리(general principles) 또는 이론(theory)에 대한 관심을 들 수 있다.[47] 17세기 과학혁명을 일으킨 뉴턴의 영향을 받아 자연과학자들이 다양한 자연 현상의 배후를 관통하는 보편적으로 적용될 수 있는 일반원리나 이론 발견을 시도했던 것처럼, 18세기 이후 고전파 경제학자들 또한 과학적인 탐구의 대상을 – 우연하고 일시적인 현상보다는 – 사물의 일반적인 과정에서 발견되는 일반원리의 이론으로 인식했다. 고전파 경제학의 방법론적 특징 또한 가설연역적 방법에 따라 경제모형을 구축하고 이러한 모형을 통해 가설을 도출한 후 이를 근거로 경제 현상을 해석 내지 설명하려는 시도에서 발견된다.[48] 고전파 경

---

47 고전학파는 스미스에서 시작해 리카도와 맬서스 등을 거쳐 존 스튜어트 밀에서 종결되었다. 이들은 자본주의 경제 이념을 내세우면서, 이에 근거한 이론들을 통해 구체적인 경제 현상을 설명하고, 어떻게 경제문제가 해결될 수 있는지를 보이려고 노력했다(홍훈, 2013: 74). 정치이론과 경제이론이 18세기의 주요 사회과학으로 발달함에 따라 물리과학과 사회과학의 관계는 또다시 매우 밀접하게 되었고(버날, 1995: 59), 이러한 종류의 명제는 대부분 영국에서 정치경제학이 구축한 연역적 추론의 모든 체계에 힘이 되었다(홉스봄, 2003a: 519).

제학의 토대를 마련한 스미스와 리카도 역시 사회과학의 방법이 자연세계에 대한 탐구 방법과 크게 다르지 않다고 인식했고, 경제학의 일반원리를 제시하고자 했다. 이들은 대표적으로 잘 알려진 소수의 전제 – 또는 공리 – 에서 시작해 연역적인 과정을 거쳐 인과관계를 확립하고 예측적 함축을 도출하며 이를 예증 또는 확증하는 절차를 거치는 가설연역적 방법을 선호했다(김광수, 2002: 379~383).

맑스 또한 스미스와 리카도의 자연주의적 전제를 받아들이면서 고전파 정치경제학의 방법론을 '과학적 정치경제학'이라 불렀다. 그러나 스미스와 리카도 비판은 각각의 강조점에서 차이를 보이는데, 이는 맑스의 설명적 방법론을 이해하기 위해 매우 중요한 대목이다.

먼저 맑스가 비판하는 '스미스의 도그마'의 요체는 노동력상품과 노동을 혼동함으로써, 모든 상품 – 연간의 상품생산물 – 의 가격을 임금, 이윤, 지대로 분해한다는 점이다(『자본론』 II, 447, 461).[49]

---

48 김광수에 따르면, 리카도는 자신이 경제학을 연구할 때 채택한 방법론에 대해 별도로 기술한 바는 없지만, 그 시대 논쟁의 맞수였던 맬서스에게 보내는 서신에서 자신이 목표는 경제현실에서 발견될 수 있는 경제학의 일반원리를 제시하는 것이었다는 점을 분명히 하고 있다. "나의 목적은 '경제학의' 제반 원리를 조명하는 것이었으며, 이러한 목적을 달성하기 위해서 제반 원리의 작용을 입증하는 강력한 경우들(strong cases)을 가정했다"라는 것이다(Ricardo, 1951: viii. 184; 김광수, 2002: 380~382에서 재인용). 물론 김광수가 지적하듯 스미스의 '총괄적 방법론(methodology in general)'이 리카도와 완전히 일치하는 것은 아니다. 스미스는 뉴턴식의 연역법 외에도 귀납법과 역사적 방법을 동시에 채용하고 있을 뿐 아니라, 수사학적 방법도 사용하고 있다.

49 이 점에서 맑스는 스미스의 도그마가 속류경제학의 길을 활짝 열어놓았다고 말한다. "모든 상품(따라서 연간의 상품생산물)의 가격이 임금 + 이윤 + 지대로 분해된다는 도그마(dogma: 주장)"는 "가치에서 수입을 끌어낸 다음에, 이번에는 역의 방향으로 수입을 '모든 교환가치의 구성부분들'이 아니라 '모든 교환가치의 최초의 원천'이라고 했는데, 이 후자가 그의 지배적인 견해였다. 이리하여 그는 속류경제학을 위해 문을 활짝 열어놓았다"(『자본론』 II, 447, 449).

스미스가 문제로 삼고 있는 상품은 처음부터 상품자본(상품을 생산하는 데 소비된 자본가치 외에 잉여가치도 들어 있다)이며, 따라서 처음부터 자본주의적으로 생산된 상품이며, 자본주의적 생산과정의 결과이다. 그러므로 먼저 자본주의적 생산과정을 이 과정이 포함하고 있는 가치증식과정 및 가치형성 과정과 함께 분석할 필요가 있었을 것이다. 그리고 자본주의적 생산과정의 전제는 상품유통이므로, 자본주의적 생산과정을 서술하려면 또한 이와는 독립적으로 그에 앞서 상품을 분석하는 작업이 필요하게 된다. 스미스가 '심오한' 분석에서 때때로 옳은 것을 지적하는 경우에도, 그는 언제나 가치형성을 상품의 분석, 즉 상품자본의 분석에 부수적인 것으로 고려하고 있을 따름이다(『자본론』 II, 469).

즉, 스미스의 근본적인 오류는 노동력상품을 간과함으로써 "상품생산 일반과 자본주의적 생산을 동일시한 것"에 있다(『자본론』 II, 464). 때문에 자본주의 상품생산의 역사적 규정성, 즉 자본주의적 상품생산 고유의 가치 형성 및 증식과정을 분석하기 위해, 스미스의 '전도된 출발점'(『학설사』 II, 243)을 바로 잡기 위해 『자본론』은 — 수입, 즉 '가격'이라는 현상이 아니라 — '상품'이라는 범주에서 출발한다. 그런데 맑스는 스미스의 이론적 오류가 더 깊은 토대에 뿌리박고 있다고 덧붙인다.

스미스의 이론적 오류는 그의 방법론 및 설명모델에 기인한다. 예컨대 맑스는 '심오한(esoteric) 스미스'와 '피상적(exoteric) 스미스'를 구분한다(『자본론』 II, 455). '심오한 스미스'가 노동만이 가치의 원천이라는 그의 노동가치론을 말한다면, '피상적 스미스'는 그의 과학적 전제의 오류, 즉 혼재된 경험주의를 의미한다. 물론 맑스는 중금주의 및 중상주의에 합리적 형식을 부여하려 했던 제임스 스튜어트(J. Steuart)와 비교할 때, 잉여가치의 기원을 유통 분야에서 생산 분야로 옮겨놓는 데 커다란 공헌을 한 중농주의의 유산을 스미스가 계승했다는 점을 높이 평가한다(『학설사』 I, 48). 그럼으로써 정치경제학은 스미스에 의해 일정한 전일체로 발전했고 그것이 포괄하는 영역이 어느 정도 완결되었다는 것이다.

그러나 스미스는 프랑수아 케네(F. Quesnay)의 『경제표』가 이룬 위대한 과학적 발견이라 할 수 있는, '생산의 내적 연관'을 고립적으로 파악한다는 점에서 한계를 드러낸다.[50] 스미스는 처음에는 사물을 그 내적 연관에서 파악하고 다음에는 그것을 경쟁에서 나타나는 전도된 형태에서 파악하는데 이 두 가지 고찰방법이 소박하게 교차되고 있는 것에 모순을 느끼지 못한다는 것이다(『학설사』 II, 115). 맑스는 한편으론 내적 연관에, 다른 한편으로 자본주의적 생산의 현상형태에 근거한 스미스의 방법을 '조잡한 경험주의'며 '형식적 추상'이라고 말한다(『학설사』 I, 97). 방법론의 측면에서 볼 때 이러한 혼란은 스미스가 당시 로크를 위시한 경험론의 일면적 분석, 귀납의 방법을 채택하고 있었던 데 기인한다. 단적으로 『국부론』은 거의 모든 장마다 연역적 논리와 역사적 해석 및 통계적 기술을 나란히 제시했다(이찬훈, 1991: 89; 홍훈, 2013: 128).

하지만 맑스는 스미스의 모순이 그가 당면했던 이중의 과제에 비추어 볼 때, 나름의 근거가 있다고 말한다. 이중의 과업이란 부르주아 사회 내부의 생리학에 파고 들어가려는 것이 하나이며, 다른 한편으로 이 사회의 표면에 나타나는 생활형태를 처음으로 기록하고 표면에 나타나는 연관을 서술하는 것, 즉 부분적으로 그것을 말과 사유 과정에 처음으로 재현하려는 것이 다

50 스미스는 소박하게 세부 문제들만을 ― 노동, 화폐, 인구론 등 ― 고립적으로 고찰했다는 데서 한계를 갖는다. 무엇보다 이윤, 지대, 임금을 온갖 소득/교환 가치의 원천으로 그릇되게 위치 지음으로써 그의 노동가치론에 심각한 손상과 충돌을 야기한 셈이다. 다시 말해 교환가치는 노동시간에 의해 규정되지만, 다시 교환가치는 가격 ― '수입' ― 에 의해 결정된다는, "가치 자체가 가치의 기준으로서 또 가치 설명의 기초로 되…… 는 악순환"(『학설사』 I, 77), 이른바 '스미스의 도그마'에 빠지게 된다는 것이다.

른 하나다. 스미스는 두 작업에 다 같이 관심을 가지고 있었다는 것이다. 그런데 이 두 가지가 서로 독립적으로 진행되기 때문에 완전히 모순된 표상방식으로 나타난다. 다시 말해 전자는 내적 연관을 어쨌든 정당하게 표현하는 것인데, 후자는 첫째 이해방식과 동일한 근거를 가지고서 또 그와는 반대로 내적 관계도 없이 표면에 나타나는 연관을 표현한다(『학설사』 II, 185). 여기서 맑스가 법칙정립적 방법과 개성기술적 방법, 나아가 연역논증과 귀납논증의 불편한 조합을 넘어설 분석과 종합의 방법을, 부르주아 사회의 운동을 타당하게 설명하고 서술하는 문제를 방법론적으로 치밀하게 숙고하고 있음을 가늠할 수 있다.

(2) 리카도의 연역주의와 형식적 추상 비판

한편 리카도에 대한 비판은 그의 가설연역적인 방법에 전적으로 향해 있다. 이러한 비판은 『정치경제학 및 과세의 원리』(1817)를 평가하는 부분에서 선명해진다. 물론 맑스는 스미스 가격론의 순환이 야기한 혼란 – 가격으로 가치를 설명함으로써, 궁극적으로 노동가치론을 부정하게 되는 – 을 해결하기 위해 일정한 시도를 했다는 점에서, 리카도의 과학적 공적을 높게 평가한다. 리카도는 "상품의 상대적 가치 – 교환가치 – 는 노동의 양에 의해 결정된다"라는 투하 노동가치설의 명제에서 출발하고 "그다음에 기타의 경제적 관계 – 기타의 경제적 범주 – 가 이 가치규정과 모순되는가 안 되는가 또는 그것을 얼마나 변경시켰는가를 연구하고 있다"는 점에서(『학설사』 II, 185), 스미스의 합리적 핵심을 보존하는 동시에 넘어섰다는 것이다.

이를 통해 리카도는 – 스미스 특유의 – '심오한' 고찰 방식과 '피상적' 고찰 방식 사이의 모순과 결정적으로 헤어졌고, 전체 자본주의 경제체계를 하나의 기본법칙에 복종하는 것으로 서술할 수 있게 되었다.

> 그런데 마침내 리카도가 그들 사이에 나타나서 과학을 향하여 "섯!" 하고 부르짖는다. 부르주아 체계의 생리학, 그의 내적 유기적 연관과 그의 생활과정하의 파악의 기초, 출발점은 노동시간에 의한 가치의 규정이다. 리카도는 이로부터 출발해 종전의 관습을 버리고 과학에 의하여 전개되고 제기된 기타의 범주들 — 생산관계와 교환관계 — 이 어느 정도까지 이 기초, 이 출발점에 적응하는가 그렇지 않으면 모순되는가, 일반적으로 과정의 현상형태를 반영하고 재현할 따름인 과학 따라서 이 현상 자체가 어느 정도까지 부르주아 사회의 내적 연관, 현실적 생리학의 토대로 되거나 또는 과학의 출발점으로 되어 있는 이 기초에 적응하는가, 일반적으로 이 체계의 외견상의 운동과 현실적 운동 간의 이 모순은 어떠한 상태에 있는가에 대하여 설명할 것을 강요하고 있다. 바로 여기에 과학에 대한 리카도의 위대한 역사적 의의가 있다(『학설사』 II, 186).

또한 맑스는 리카도가 생산 자체를 목적으로 삼는다는 점에서, 그의 시대에서 보았을 때는 과학적이라고 평한다. '직업적 표절자'에 비견된 맬서스의 경우 그의 비과학성에 비해 실천적 결론이 너무나 계급적인데 반해, 리카도는 인류의 생산력 발전 — 즉, "자기 목적으로서의 인간적 자연의 재부의 발전" — 이라는 관점에서 '생산을 위한 생산'에 위배된다면, 계급적·실천적 결론에 좌우되지 않는 과학적 성실성을 유지하고 있었다는 것이다(『학설사』 II, 129~130).

그러나 리카도가 스미스보다 더 철저하게 가치와 잉여가치를 전개함으로서 심오한(esoteric) 스미스를 고수했음에도, '종종' 피상적(exoteric)인 스미스, 즉 경험주의의 오류에 빠지는 것은 가치형태를 간과했기 때문이다. "리카도는 가치를 형태, 즉 가치의 실체로서의 노동이 취하는 일정한 형태의 측면에서는 전혀 연구하지 않고" 있다(『학설사』 II, 193). 그렇기에 리카도는 노동과 화폐가 어떻게 관련되는지 이해하지 못한다는 것이다. 이렇게 볼 때 맑스 스스로 커다란 공과라고 평가하는 노동의 이중성과 가치실체론/가치형태론이라는 문제 설정은 리카도와 스미스에 대한 내재적 비판에서 도출된 결과이자, 그 공통된 오류의 원천을 해소하기 위한 범주 비판의 요체라 할 수 있다.

나아가 맑스는 리카도의 이론적 오류 역시 우연이 아니라, 그의 탐구방법의 결과임을 날카롭게 지적한다. 스미스에 대한 비판이 그릇된 귀납적 방법을 잘못 사용한 것에 따른 비판이라면, 리카도의 연역적 방법에 대한 비판은 곧 법칙이 관철되는 형태와 경험적 검사에 관심을 기울이지 않는다는 비판이다. 맑스는 이를 '불충분한' 동시에 '절대적으로 그릇된 형식적 추상'이라 말한다.

> 리카도는 법칙 그 자체를 고찰하기 위해 의식적으로 경쟁의 형태, 경쟁의 외관을 추상하고 있다. 그러나 그는 한편으로는 충분히 그리고 완전히 추상하지 않고 있으며, 그리하여 예를 들면 상품의 가치를 고찰하는 경우에 그는 처음부터 당장 온갖 구체적 관계에 끌리면서 그것을 규정하고 있으며, 또 다른 한편으로는 현상형태를 일반적 법칙의 직접적이며 정확한 확인 또는 표현으로 보고 이 형태의 발전을 결코 해명하고 있지 않은 점에서 비난을 받아야 한다. 그중에서 첫 번째 논점을 보면 그의 추상은 너무나 불충분하며, 두 번째 논점을 보면 그것은 절대적으로 그릇된 형식적 추상이다(『학설사』 II, 115, 강조는 필자, 부분적으로 수정함).

리카도는 당시 형이상학적 사유방식에 사로잡혀 있었다. 모든 개별적인 형태를 하나의 동일한 보편적인 실체의 변태들로 이해하려 한 것이다. 그럼으로써 리카도는 노동시간에 의한 가치 규정이라는 본질에서 출발해 다른 모든 경제적 현상을 설명하려 했으며, 스미스와 달리 역사를 의식하거나 통계자료를 사용하지 않고 거의 일관되게 연역적인 방법만을 구사했다.[51] 알다시피 일반적인 것에서 특수한 것을, 주어진 전제들에서 결론의 논리적 타당성을 도출하는 연역논증은 전제들 속에 이미 담겨 있는 것만을 조직할 뿐 그것을 넘어서는 새로운 것을 이야기하지 않는다. 말하자면 가설연역적 방법의 요건을 지키는 연구는 단지 기존 지식을 경험적으로 검증하기만 할 뿐 일반성을 갖는 새로운 지식을 생산할 수 없다. 리카도에 대한 맑스의 비판 역시 이 점을 정확하게 지시하고 있다. 본질을 구성하는 원리와 무관하게 구체적인 현상에 부당한 자율성을 부여한 것이 스미스의 문제였다면, 이와 반대로 구체적인 현상에 자율성을 부여하지 않고 본질로 환원하려고 노력한 것이 리카도의 문제였다(이찬훈, 1991: 113; 홍훈, 1997: 319~320).[52] 이러한

51 이런 방법상의 차이는 제기하는 문제나 이에 대한 해답에도 차이를 낳았다. 스미스는 경제와 사회의 다양한 문제를 제기하고, 한 가지 문제에 대해서도 여러 가지 해답을 제시하는 풍요로움을 보였지만, 논리적 적합성이라는 측면에서는 다소 떨어지는 편이다. 이에 반해 리카도는 더 좁은 범위의 순수 경제문제에 초점을 맞추고 하나의 문제에 하나의 일관된 답을 제시하려고 노력하면서, 경험적 풍요보다 논리적 일관성이라는 측면에서 돋보인다. 『정치경제학 및 과세의 원리』에는 스미스에 등장하던 이기심이나 동정심 등 인간 본성에 대한 고민이나 인류의 역사발전에 대한 담론 등이 리카도에 이르러 더 이상 등장하지 않는 것도 이런 차이와 무관하지 않다. 이러한 맥락에서 홍훈(2013: 128~129)은 신고전학파가 이론의 내용에서 전반적으로 리카도와 대립하나, 연역적 방법이나 수리적 사고에 의존한다는 점에서 리카도와 상통한다고 지적한다.

52 맑스의 언어로 말하자면 구체적인 것을 추상적인 것에서 직접 도출한 것이 리카도의 문제였다. 가장 추상적인 형태인 가치 개념에서는 곧바로 이윤, 생산가격 같은 것들이 도출될 수 없음에도 리카도는 이것을 직접 도출하려고 했기 때문에 풍부한 총체성에 이르지 못하고 빈약한 추상, 즉 형식적 추상에 머물고 만 것이다. 리카도의 가치 개념은 고정 불변하는 실체 개념과 동일하다. 리카도는 그것이 어떻게 변형되고 발전되는가에 대해서는 입을 다물고 있다(최준호, 1990: 11~12). 맑스와 리카도의 서술 및 종합의 방법에 대해서는 이찬훈(1991: 112~115)을, 맑스와 리카도의 인과개념에 대해서는 젤레니(1989: 97~118), 일렌코프(1990: 243~251), 문국진(2002: 152~157)을 참고하라.

가설연역적 방법에 대한 비판은 「제임스 밀에 대한 논평」(1844), 『철학의 빈곤』(1847), 『요강』(1857~1858)을 교통하는 리카도 비판과 연속성을 갖고 있다. 마치 뒤르케임이 설명되어야 할 사실을 전제하는 것과 다를 바 없다고 콩트와 스펜서의 연역주의를 비판하듯, 맑스 또한 제임스 밀(James Mill)이 리카도의 이론을 체계적인 형태로 만들고자 '형식적이고 논리적인 일관성'만을 구축하려 했다고 비판한다.[53]

그런데 더 엄밀하게 말하면, 리카도의 방법과 맑스 방법의 질적 차이는 사회적 인과성에 대한 이해에 있다. 맑스는 본질과 현상 간의 인과법칙과 그것의 경험적·현실적 실현 사이에 있는 존재론적 간격을 승인한다. 이것은 맑스가 말하는 모순 구조 때문에 일어나는 발전이 뉴턴과학의 인과성, 곧 역학적 인과성에 때문에 일어나는 발전과 다르기 때문이다. 앞장에서 간단하게 살폈듯, 역사에서의 인과성은 자연과학의 역학적 인과성 – '추상적 법칙' – 이 아니라 인간의 경험과 행위를 매개로 한 인과성, 즉 역사적 사회구조를 매개로 한다는 것은 맑스가 역사과학으로 이행하는 데 중요한 논제였다.[54] 이러한 견지에서 리카도가 가치형태를 간과한 것은, 근본적으로 가치량과 그 상대적 표현 사이에 존재하는 사회구조와 운동을 사상하기 때문이며, 그 결과 역사의 법칙을 자연법칙으로 환원함으로써 "경제학에서 유기화학으로 도피"하는 환원주의의 오류에 빠지게 된다(『요강』 III, 22). 다시 말해 리카도가 현상형태를 무매개적으로, 중간 고리를 뛰어넘고 직접적으로 일반적 법칙의 증명 또는 표현으로 파악했다는 비판은, 곧 사회구조가 운동

53 이론과 대상이 일치하는지 해명하는 것이 아니라, 전개된 이론적 규정들이 형식논리적 일관성이라는 조건과 이론의 형식적 통일성이라는 규준을 만족시키는가에 관심을 기울이면서, 노동가치설은 무너지기 시작했다(일렌코프, 1990: 246).

54 맑스의 관점에서 본질관계란, 왜 현상이 그러한 형태를 취해야만 하는지 그 존재를 설명해주는 관계이며, 외양구조와 심층구조가 맺는 필연적 연관은 사회적 영역의 특징이라고 할 수 있다(바스카, 2005d: 72~73).

하는 방식의 역사성과 발현적 층위들을 무시했다는 비판을 함축한다.

> 이 외견상의 모순을 해결하기 위해서는 아직도 많은 매개항이 필요한데 그것은 마치 0/0이 현실적인 크기를 표시할 수 있다는 것을 이해하기 위해서는 초등 대수학의 입장에서는 많은 매개항이 필요한 것과 마찬가지다. 고전파 경제학은 비록 이 법칙(제3법칙)을 정식화하지는 못했지만 본능적으로 이 법칙을 고수했다. 왜냐하면, 이 법칙은 가치법칙의 필연적인 귀결이기 때문이다. 고전파 경제학은 무리한 추상에 의해 이 법칙을 현상의 모순으로부터 구해내려고 시도하고 있다. 리카도학파가 어떻게 이 돌부리에 걸려 넘어졌는가는 나중에 보게 될 것이다(『자본론』 I, 413).

결국 운동의 발현적 층위를 무시하는 형식적 추상의 요체는 "임노동과 자본을 사용가치로서의 부를 다시 산출하기 위한 일정한 역사적 사회형태가 아니라 자연적인 사회형태로 이해"한다는 점으로 집약된다(『요강』 I, 340).[55] 리카도는 '잉여가치'와 '이윤'을 혼동하는 스미스의 전통을 무비판적으로 답습했고, 잉여가치의 기원을 분석하지 않았다. 그 결과 상품이 아니라 노동력상품을, 상품생산이 아니라 자본주의적 상품생산을 간과했으며, 노동일을 간과함으로써 상대적 잉여가치만 파악했지 절대적 잉여가치를 지나쳤다. 절대적 잉여가치를 간과한다면 표준노동일을 둘러싼 계급투쟁의

---

55 이는 「1857년 서설」에서 제시된 리카도의 '공허한 추상'에 대한 비판과 일맥상통한다. "생산에 내포된 분배를 도외시하고 관찰된 추상은 공허한 추상인 반면, 반대로 생산물의 분배는 원래 생산의 한 계기를 이루는 이 분배와 더불어 저절로 주어진다. 근대적 생산을 이것의 일정한 사회적 구조 속에서 파악하고자 했던 탁월한 생산 경제학자 리카도는, 바로 그 때문에 생산이 아니라 분배를 근대 경제학의 본래적 주제로 선언한다. 여기에서 역사를 분배의 영역으로 추방하는 한편, 생산을 영원한 진리로 설명하는 경제학자들의 어리석음이 다시 도출된다"(『요강』 I, 66. 강조는 필자).

원리를 이해할 수 없다. 그렇기 때문에 맑스는 리카도가 '생산을 위한 생산'이라는 과학적 정당성을 가졌음에도, 결과적으로 '자본주의의 역사적 합법칙성'을 해명하지 못하는 오류를 범하게 된다고 비판한다. 잉여가치론과 이윤론에서 나타난 오류는 축적론에 가서 불변자본을 간과해 상품과 화폐의 대립에 내재한 공황의 가능성을 이해하지 못한 것으로 이어지고, 자본의 내적 경향 ― 노자관계의 모순에 내재한 계급투쟁의 필연성 ― 을 간과함으로써 자본주의를 초역사적인 것으로, 영원한 자연법칙으로 정당화하는 이데올로기적 효과를 산출한다.

말하자면 고전 정치경제학이 도달한 '정체상태(stationary state)'[56]라는 이론적 오류는 그 방법론과 내재적인 연관을 긴밀하게 맺고 있는 바, 리카도에 대한 맑스의 비판은 두 측면을 함께 담고 있다. 연역에 기초한 탐구방법이 자본 운동의 역사적 규정성을 간과하고 발현적 층위를 무시함으로써 인식적 오류에 빠지게 된다는 환원주의 비판이 한 축이라면, 다른 하나는 잘못된 연구방법에서 정향된 잘못된 구성 및 서술 형식에 대한 비판이다.

> 이론적 부분(첫 여섯 장)의 결함 많은 구성에 관해 말한다면, 그것은 결코 우연적인 것이 아니라 리카도의 연구방법 자체에 의해 또 그가 설정한 일정한 자기의 연구과제에 의해 규정된 것이다. 이 구성은 이 연구방법 자체의 과학적 부족점을 표시하고 있다(『학설사』 II, 188).

결국 잘못된 연구방법은 "필연적으로 불합리한 구성"을 거쳐 잘못된 결

56 고전파 경제학자들이 주목했던 경제발전의 귀결로 인식된 정체상태의 성격과 의미를 방법론적 관점에서 검토한 논의로 김광수(2002)를 참고하라. 스미스, 리카도를 위시한 고전파 경제학자들의 정체상태 논의는 사회발전의 지표인 자본축적과 인구증가에 의한 경제가 궁극적으로는 자본축적의 유인을 상실하게 하는 정지 상태에 도달한다는 것으로 귀결된다.

론으로 나아간다(『학설사』 II, 187).[57]

> 그 결함이라는 것은 서술 방식(형식적 측면)에서 나타나고 있을 뿐 아니라 또 이 방법이 필요한 중간 고리를 뛰어 넘어 직접 경제적 범주들 상호 간의 일치를 논증하려 하기 때문에 그릇된 결론으로 끌고 간다(『학설사』 II, 185).

따라서 맑스에게 연구의 방법과 서술(논증)의 방법은 국면적으로 구분되고 형식상의 전개에서 차이가 있을지언정, 동전의 양면과 같이 분리될 수 없는 과학적 절차의 두 계기로 통합되어 있다. 『자본론』에서 전개된 경제적 범주 비판은 잘못된 연구방법 – 잘못된 추상 – 에서 필연적으로 도출된 '표현적 불합리성'을 바로 잡는 과정이며, 역사적 서술을 개입시킨 『자본론』의 논증 방식 자체가 리카도의 형식적인 종합의 방법을 지양하는 의도를 담는 것이다. 제I권에서는 상품, 가치, 사용가치와 교환가치, 구체노동과 추상노동, 가치형태, 화폐, 자본 등 여러 범주의 사다리를 거쳐 비로소 노동력상품

57 "필연적으로 불합리한 구성"의 구체적 내용에 대해서는 『학설사』 제10장을 참고하라. "그러므로 리카도의 전체 저작의 내용은 그 첫 두 장 속에 있다. …… 리카도의 저서의 이 두 개 장 속에는 종래의 정치경제학에 대한 그의 전체 비판이 들어 있으며 거기에서 리카도는 애덤 스미스에 고유한 그리고 그의 저서의 도처에서 볼 수 있는 심오한 고찰 방식과 피상적인 고찰 방식 간의 모순과 결정적으로 헤어지고 있다. …… 그것은 이 두 개장이 산만하고 그릇된 낡은 견해를 아주 간결하게 비판하고 있으며 산만하고 다양한 현상 속에서 가장 본질적인 것을 갈라내고 그에 주의를 집중시키면서 전체 부르주아 경제체계를 하나의 기본법칙에 복종하는 것으로 서술하고 있기 때문이다. 그러나 이 첫 두 개 장이 그 독창성, 근본 견해의 통일성, 단순성, 집중성, 심각성, 참신성 및 서술의 함축성으로 해서 주고 있는 이론상의 만족은 이 저서를 더 읽어감에 따라 필연적으로 사라진다. …… 서술이 피상적으로 끌어들인 각종 자료에 같은 원리를 단조롭게 형식적으로 적용하고 있는 것이 아니거나 이 원리의 논쟁적인 주장으로 되어 있는 것이 아닌 곳에서는 다만 반복이나 보충이 있을 뿐이며 기껏하여 이 저서의 마지막 부분에 여기저기 색다른 결론이 있을 뿐이다"(『학설사』 II, 189~190).

과 잉여가치에 도달하며, 제II권 및 제III권에서는 제I권에서 제시된 불변자본과 가변자본이라는 구분에 기초해 잉여가치와 이윤율, 평균이윤율, 생산가격 등의 매개항을 개재시킨 발생적 서술의 구조를 갖고 있다. 더 중요한 것은, 리카도를 넘어 맑스가 발전시킨 역사 법칙과 인과개념은 '조건', '관계', '전제', '토대' 등의 개념들과 동시에 나타난다는 점이다.[58] 다음을 통해 리카도의 구성방법에 대한 내재적 비판에서 『자본론』 제I권의 서술 구조가 구축되고 있음을 가늠해볼 수 있다.

> 리카도는 노동이 아니라 노동력에 대하여 말해야 했을 것이다. 그때는 자본도 자립적인 힘으로서, 노동자에게 대립하는 물적 노동 조건으로서 서술되었을 것이다. 그리고 자본은 즉시로 일정한 사회적 관계로서 서술되었을 것이다. 그런데 리카도에게서는 자본은 축적된 노동으로서만 직접적 노동과 구별되고 있을 따름이다. 그리고 그것은 단순히 물적인 것으로, 단순히 노동과정에서의 요소라고 되어 있는데, 그렇게 보아서는 노동과 자본의 관계, 임금과 이윤의 관계는 도저히 끌어내올 수 없는 것이다(『학설사』 II, 470~471).

전술했듯 『자본론』 I권의 인과적 설명의 진행 방향 또한 현상과 본질의 불일치, 즉 '노동이 왜 자신을 가치로서 표현하는가'라는 새로운 피설명항에서 출발해서, 상품 및 화폐라는 현상에서 노동력상품에 기초한 자본주의적

58 맑스의 분석에서는 '동시적인 원인과 결과' — '또는 동시적인 전제와 결과', '동시적인 조건과 결과' — 를 보게 된다. 맑스는 이러한 용법을 이용해 전체로서의 발전 과정의 개별 측면들 사이의 관계를 파악한다. 예컨대 맑스는 전제, 원인, 그리고 조건에 대하여 ① 대상의 발전에 기여한 뒤 사라지는, 그리고 발전된 대상의 운동에 의해 재생산되지 않는 그것 — 예컨대 본원적 축적 — 과 ② '발전된 대상'의 존재와 운동의 한 측면으로 남아있는 그것 — 예컨대 자본의 순환, 세계시장 등 — 을 구별한다(젤레니, 1989: 103~104).

축적의 구조 및 조건에 대한 논의로, 다시 임노동 관계를 발생시킨 역사적 전제에 대한 논의로 전개된다. 여기에서 맑스의 과학적 발견과 설명의 논리가 귀납논증이나 연역논증을 중심으로 한 형식논리학의 논증 방식이 아니라 본질적으로 역행추론의 논리와 이론적·역사적 설명에 기초했다는 것을 확인할 수 있다.[59]

이제까지 『자본론』의 탐구 방법 및 서술 전략이 스미스와 리카도를 위시한 고전 정치경제학의 형식논리학적 방법에 대한 내재적 비판을 경유하고 있으며, 정체상태의 역사이론으로 환원을 방지하는 합리적 추상의 방법론을 숙고하고 있음을 살펴보았다. 결국 맑스에게 설명적 방법론 – 연구 및 서술의 방법 – 과 실천적 사회이론은 상호 불가분한 관계를 맺는다. 그리고 이는 본디 맑스의 사회적 존재론에 그 출발점을 둔다. 다시 말해 스미스의 귀납주의와 리카도의 연역주의가 불가피하게 인식적 오류에 빠지게 되는 메커니즘은 경험적 실재론이라는 과학적 전제만이 아니라, 자본주의 사회형태의 발현적 속성을 간과한다는 점에서 잘못된 역사적 전제의 오류라는 원천을 갖고 있다. 양자는 맑스의 '사회과학'을 정초하는 데 상호 함축적이기 때문이다. 스미스와 리카도의 방법은 모두 사회형태 및 역사법칙을 도외시한다는 점에서 동일하며, 이 점을 비판하며 고안된 맑스의 '합리적 추상'은 곧 사회적 실재의 역사성에 새로운 닻을 내리고 있는 사회형태추상이라고 할 수 있다.

이를 견지하기 위한 맑스의 방법론적 숙고는 올바른 '추상화'의 문제로 집약된다. 이제 「1857년 서설」에서 주장된 '과학적으로 올바른 방법'이란 과연 어떠한 것인지를 본격적으로 검토해보기로 하자.

59 이에 대해서는 다음 절에서 자세히 살펴볼 것이다.

2) 맑스의 연구방법: 「1857년 서설」의 '과학적으로 올바른 방법'

맑스는 평범한 사람들도 쉽게 알 수 있는 용어로 자신의 '변증법'을 전지 한 장에 담으려던 소망을 끝내 이루지 못했고, 『자본론』 제2 초고의 집필 과정에서 방법은 '은폐'되어 있다는 말을 남겼을 뿐이다.[60] 이는 안타깝게도 헤겔 변증법과의 관계에서 '자본의 논리학'을 끊임없이 되불러오는 혼란의 원천으로 자리한다. 특히 「1857년 서설」은 맑스의 연구방법을 둘러싼 부단한 논쟁을 야기하는 문제적인 저술 가운데 하나다.[61] 「1857년 서설」이 발견된 이후 리카도적 실증주의에 대한 반향이 『정치경제학 비판 요강』으로의 복귀를 초래하면서, 맑스의 '정치경제학 방법'을 둘러싼 방법론 논쟁은 크게 헤겔주의적 해석과 반헤겔주의적 해석으로 나뉘어왔다(비데, 1995: 242~243).[62] 그러나 역사와 이론을 실재론적으로 통합하는 『자본론』의 인과적 설명 구조는 「1857년 서설」에서 제시된 '과학적으로 올바른 방법'에

---

60 맑스, 「마르크스가 맨체스터에 있는 엥겔스에게」(1861.12.9). 스캄브락스 엮음(1990: 124) 참조.

61 통상 「1857년 서설」을 둘러싼 논쟁은 두 가지 논점으로 집약된다. 첫째는 '서설'과 『자본론』에서 전개된 방법 사이에 단절 여부를 둘러싼 논쟁으로, 맑스가 제기한, 「1857년 서설」에 대한 자기반성이 존재한다는 것이다. 두 번째 쟁점은 『자본론』에서 '연구의 방법'과 '서술의 방법'을 구분한 맑스의 언급을 확대 해석하면서 생겨났다. 이는 '하향'을 '연구의 방법'에 '상향'을 '서술의 방법'에 각각 일면적으로 대응시키는 독해를 가져온바, 이는 "추상으로부터 구체로의 상승이, 명백히 서술만의 과학적으로 올바른 방법"이라는 데릭 세이어의 진술에서 단적으로 표현된다(D. 세이어, 1986: 164). 놀랍게도 연구방법과 서술방법을 각각 분석과 종합의 방법에 대응시키는 해석의 경향은 의외로 많은 맑스 해석자가 공유하고 있다(D. 세이어, 1986; 김정로, 1988; 이진경, 2004; 김동수, 2005; 김수행, 2011 참고).

62 전자의 사례를 대표하는 흐름을 서구 맑스주의 비판이론 및 방법론, 그리고 체계변증법 등의 발전에서 확인할 수 있다면, 후자를 대표하는 전통을 헤겔과 맑스가 철저하게 단절되었다고 강조하는 알튀세르 및 델라 볼페 학파 등에서 발견할 수 있다.

그 원형을 두고 있는 것으로 보인다.

앞서 살펴보았듯 '서설'은 맑스가 자신의 연구방법을 직접 저술한, 거의 유일하다시피 한 텍스트상의 가치를 갖고 있다. '서설'에서 맑스는 '합리적 추상'의 방법을 간략하게나마 제시하고, 추상에서 구체로 상승하는 방법을 '과학적으로 올바른 방법'이라고 칭한 바 있다. 과연 「1857년 서설」에서 맑스 과학 방법의 합리적 핵심을 발견할 수 있는가? 이 절의 요점은 『자본론』의 방법론과 연속성을 갖는 '과학적' 변증법이 「1857년 서설」에 시사되어 있으며, 이는 초월적 실재론이 체계화한 실험과학의 원리, 즉 과학적 발견의 논리와 개념적 추상화의 원리를 공유한다는 것이다.

과학에서 사용하는 추상화는 실제 현상들의 유형을 서술하는 것뿐 아니라 작업의 모든 측면에서 기본이다. 추상화의 근거는 자연과 사회의 실재하는 층화와 존재론적 깊이에 자리하고 있다. 추상화는 경험적 실재를 주관적으로 분류하는 것이 아니라, 구체적인 현상들이 지닌 모든 복합적이고 다중적인 결정관계를 해명해주는 발생기제와 인과구조를 포착해내려는 시도다(바스카, 2005a: 26). 제III장에서 살펴보았던 것처럼, 자연과학의 방법인 '실험'은 이러한 추상화의 원리에 기초하며 세계가 경험 영역, 사건 영역, 실재 영역으로 층화되어 있다는 초월적 실재론에 근거해 정당화된다.

「1857년 서설」에서 초월적 실재론에 부합하는 철학적 전제들을 다음의 지점에서 찾아볼 수 있다. 첫째, 사유 속의 객체와 실재하는 객체의 구분이다. 맑스가 헤겔의 관념론을 비판하며 말하듯, "추상적인 것에서 구체적인 것으로 상승하는 방법은 사유가 구체적인 것을 점취하고, 이를 정신적으로 구체인 것으로 재생산하는 방식일 뿐이다. 그러나 결코 구체적인 것의 생성 과정 자체는 아니"다(『요강』 I, 71). 이는 비판적 실재론의 용어로 말하자면 지식활동의 자동적 객체들과 지식 생산의 타동적 과정을 엄격하게 구별하는 것이다.

둘째, 실재가 분화되어 있고 층화되어 있다는 인식이다. 맑스에 따르면 '합리적 추상'은 모든 생산시대가 공유하는 공통된 규정을 통해 일반적인 범주를 파악하되 "이 일반적인 범주, 또는 비교를 통해 추출해낸 공통적인 요소들 자체가 다층으로 구조화된 것, 다양한 규정들로 분기"하는 것을 아울러 파악함을 의미한다(『요강』 I, 53).[63] 이는 세계는 층위들로 구분되며 각 층위에는 고유한 발현적 힘을 갖는 실체들이 존재한다는 철학적 가정을 전제하고 있음을 보여준다. '규정'은 존재의 분화와 발현적 속성을 지시한다. 모든 생산시대가 공유하는 공통된 규정이 초역사적 범주를 말한다면, 다양한 규정들의 분기는 역사적 범주로 이해할 수 있을 것이다. 초역사적 범주와 역사적 범주를 구분하는 맑스의 방법은 "주체인 인류와 객체인 자연이 동일하다는 사실로부터 발생하는 통일성"과 "본질적인 상이성"(『요강』 I, 53), 즉 자연의 일부이되 그 자신의 고유한 역사를 갖는 사회형태의 역사성과 보편성을 동시에 아우르는 맑스 자신의 비판적 자연주의가 일관되게 관철되는 것으로 볼 수 있다.

예컨대 맑스는 생산에 대해 말할 때 그것은 "언제나 일정한 사회적 발전단계에서의 생산"이라는 점을 분명히 한다. 따라서 "이론적인 방법에서도 주체, 즉 사회는 전제로서 항상 표상에 어른거리고 있어야 한다"라고 말한다(『요강』 I, 72). 이러한 맑스의 추상은 일정한 역사적인 규정성을 전제하는

---

63 따라서 맑스는 초역사적인 범주인 "생산 일반"과 특수한 생산형태 속에서 규정되는 범주인 "일반적 생산"을 구분한다. "생산 일반이 없다면 일반적 생산도 없다. 생산은 언제나 특수한 생산 영역 — 예컨대 농업, 목축업, 매뉴팩처 등 — 이거나 그것들의 총체이다. 그렇지만 정치경제학은 기술(Technologie)이 아니다. 한 주어진 사회적 단계에서 생산의 일반적 규정들이 특수한 생산 형태들에 대해 갖는 관계는 다른 곳에서 (나중에) 설명할 것. 끝으로 생산은 특수한 생산에 불과한 것이 아니다. 차라리 생산 영역들의 크고 작은 총체 속에서 활동하는 것은 언제나 일정한 사회체(Gesellschaftskörper), 사회적 주체이다"(『요강』 I, 54).

사회형태추상 – 뒤르케임의 용어에 따르면 그 자체로 고유한(sui generis) '사회적 사실'을 전제한 – 이라는 점을 확인할 수 있다.

셋째, 고전 정치경제학의 경험론과 헤겔의 관념론적 방법에 반대하면서 실재론적 출발점과 초사실적 논증에 입각한 방법론을 시사한다.[64] 맑스가 제시한 합리적 추상 방법, 즉 과학적으로 올바른 방법은 다음의 진술에서 함축적으로 드러난다.

> 첫 번째 경로가 경제학이 그것의 생성기에 역사적으로 택한 경로이다. 예컨대 17세기의 경제학자들은 언제나 살아 있는 전체, 즉 인구, 민족, 국가, 여러 국가들 등에서부터 시작한다. 그러나 그들은 항상 **분석**을 통해 분업, 화폐, 가치 등 몇 가지 규정적인 **추상적·일반적 관계들을 발견하는 것으로 끝을 맺는다.** 이 개별적인 계기들이 다소 확정되고 추상화되자마자, 거기에서 노동, 분업, 욕구, 교환 가치 같이 단순한 것으로부터 국가, 민족들의 교환, 세계시장까지 상승하는 경제학 체계들이 시작되었다. 후자가 분명히 과학적으로 올바른 방법이다. 구체적인 것은 그것이 수많은 규정들의 총괄, 다양한 것들의 통일이기 때문에 구체적이다. 따라서 구체적인 것은 비록 그것이 실재적 출발점이고 따라서 직관과 표상의 출발점이라고 할지라도, 총괄 과정, 결과로서 현상하지 출발점으로 현상하지 않는다. 첫 번째 경로에서는 완전한 개념이 추상적 규정으로 증발했다. 두 번째 경로에서는 추상적 규정들이 사유의 경로를 통해 구체적인 것의 재생산에 이른다(『요강』 I, 71. 강조는 필자).

64 앞서 보았듯 스미스와 리카도 등 고전경제학자들이 출발점으로 삼는 '고립된 개인'이라는 원자론적 사회관과 방법론적 개인주의에 대한 반대는 '서설'의 도입부를 이루며, 고찰의 출발점이 "우선 물질적 생산"이라는 점을 분명히 함으로써 헤겔의 관념론적 출발점에 반대하는 입장을 명확히 한다(『요강』 I, 51).

이 텍스트는 유명한 구체(C) → 추상(A) → 구체(C′)의 방법의 전거로 익히 알려져 있다. 첫 번째 경로에 대한 비판은 구체적인 사실들 – 경험적 전제 – 에서 시작하지만, 추상적이고 일반적인 관계들만을 발견하는 것으로 '종결되는' '분석' 또는 하향식 방법을 비판하는 것이다. 가령, '인구'라고 하는 경험적 사실을 구성하고 있는 내적 관계로서 '계급'을 드러내지 못한다면 "하나의 추상"에 지나지 않는다(『요강』 I, 70). 두 번째 '과학적으로 올바른 방법'은 분석을 포함하지만 다시 '수많은 규정들의 총괄, 다양한 것들의 통일'을 종합하는 방법이다.

이러한 절차는 맑스의 '과학적 방법'이 형식논리학적 논증과는 원리적으로 다른 논리에 기초함을 다시 한 번 일러준다. 앞서 말했듯 현대 실증주의의 가설연역법은 귀납과 연역만을 논리적인 방법으로 승인한다. 그러나 연역법에선 결론이 이미 전제에 내포되어 있고, 귀납법 역시 이미 수집된 자료에 따라 일반적 결론을 추출하므로 – 알려진 것에서 알려지지 않은 것을 추론하는 – 새로운 지식 생산의 가능성이 제한된다. 더 엄밀히 말해 가설연역법은 '개별적인 것 ↔ 보편적인 것' 사이에서 운동하므로 경험적인 수준을 이탈할 수 없다.[65] 이를 명확히 하기 위해 과학적 발견의 논리에 대한 바스카의 도식을 상기해보자. 과학에는 ① 규칙성이 확인되고 ② 그것에 대한 타당한 설명이 고안되며 ③ 그다음 설명에서 상정된 실체들과 과정들의 실재가 점검되는 특징적인 종류의 변증법이 존재한다. 따라서 과학적 발견의 논리에서 사용되는 추리는 귀납주의와 연역주의와는 다른 역행추론, 즉 추상의 원리다. 고전 정치경제학의 방법에 대한 맑스의 비판 또한 크게 역행

65 반대로 비판적 실재론적 과학관에서는 결과에서 원인을 상정하는 역행추론이 '후건긍정의 오류' 가능성을 담고 있는 논증 방식이지만, '경험적 현상 ↔ 실재적 실체' 사이를 운동하면서 사유 속에서의 도약을 통해 '가설'을 발견할 수 있도록 안내하는 장점을 가진 추론 방법이므로, 과학적 사유 속에서 핵심적인 것이라고 평가한다(이기홍, 2006a: 15~16).

추론의 원리로 이해될 수 있다.

〈그림 III.2〉를 참고할 때,[66] 리카도의 연역주의에 대한 비판이 (2)에서 (3)으로 진행되는 운동을 무시하고 있다는 비판이라면, 스미스의 귀납주의에 대한 비판은 (1)에서 (2)로 가는 운동이 일관되지 못하며 (2)에서 (3)으로 가는 운동과 모순적으로 혼재되어 있다는 비판이다. 맑스의 관점에서 본다면, 양자는 잘못된 종합의 방법을 사용하는 오류를 공유하는 셈이다. 다시 말해 같은 층위에서 – 경험 및 사건 영역 – 인과관계를 밝히고자 하는 형식논리학의 추론 방식을 문제 삼고 있는 것이다.

한편 연구의 출발점은 명확히 구체적인 경험이다. 헤겔의 논리학이 결여한 것은 경험이라는 자명한 출발점과 (2)에서 (3)으로 가는 이행이다. 맑스의 합리적 추상과 다르게 헤겔 변증법의 '비규정적 추상'은 추상-구체-추상(A-C-A)의 순환을 제시한다. 다시 말해 경험적 실재론이나 관념론의 평면적 존재론으로는 '상상된 구체성'에서 '미세한 추상'으로 가는 도약이, 상상력

---

66 〈그림 III.2〉를 다시 한 번 상기하자면 다음과 같다.

〈그림 III.2〉 과학적 발견의 논리

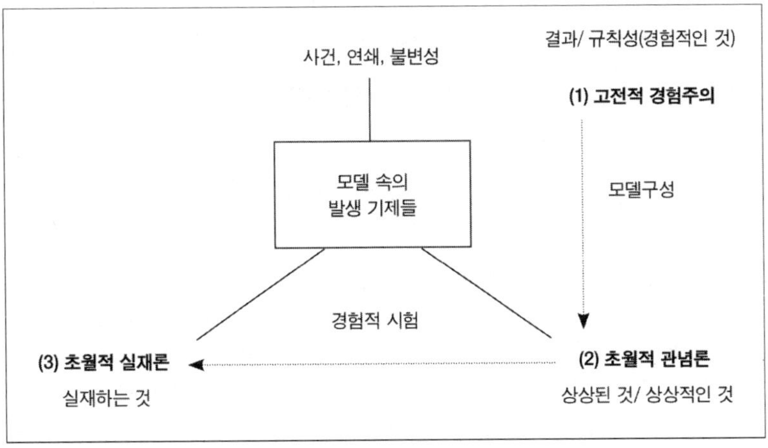

자료: 바스카, 2005b: 114.

을 동원해 가설을 상정하고 경험적으로 검사함으로써 현상 이면의 내적 연관과 본질관계의 운동을 설명하는 발견적 과정 – 역행추론 – 이 원천적으로 봉쇄된다.

물론 맑스는 분명 1857년 이후 헤겔의 『논리학』에서 일정한 영감을 얻었고, 이는 천박한 실증주의로 가득 찬 상황에서 맑스의 방법론적 버팀목이었던 과학적 실재론을 대용하는 역할을 했다. 실제로 맑스는 헤겔을 따라 '변증법적'이라는 말을 '과학적'이라는 말과 동의어로 사용했고, 『자본론』 2판 후기에서 자신의 방법에 대해 논평자 카우프만이 묘사하고 있는 방법이 바로 '변증법적 방법'이라고 말한 바 있다(『자본론』 I, 18; 『변증법』, 321~322). 그러나 여러 곳에서 고르게 강조하듯 맑스는 헤겔의 신비한 껍질, 즉 비실재론(irrealism)에는 결코 동의하지 않았다. 오히려 그가 헤겔에게 빚진 것은 개방된 절차에서 생명력을 확보하는 인식론적 변증법이라 보아야 할 것이다.[67] 요컨대 비록 과학적 용어로 표현되지 않을지라도, 「1857년 서설」에서 제시된 '과학적으로 올바른 방법' 역시 통상의 실험적 실천이 추구하는 과학적 발견의 논리를 원리적으로 공유한다.

다시 말해 본질의 규명이라는 맑스 과학의 임무는 구체에서 추상으로 가는 하향 방법인 분석적 방법과 추상에서 구체로 가는 상향 방법인 종합 또는 변증법적 방법으로 이루어져 있다. 이들은 선후관계가 아니라 상호 보완적인 관계에 놓여 있다. 분석, 즉 추상으로 가는 하향은 현상을 이해하기 위해 이를 구성하는 다양한 규정을 가려내는 것이며, 순전히 인간의 추상능력

---

67 바스카는 맑스가 헤겔에 빚진 것이, (a) 과학적 실재론의 부재(absence)에서 나타나는 맑스의 인식론적 변증법, (b) 이질적인 친화성의 두 계기, 노동과 소외와 전체성의 변형된 개념을 과정 속에서 통합시키는 것, (c) 부정성, 모순, 실천, 변증법적 이성 — 처음 두 가지는 전적으로 분명치는 않다 — 에 대한 완전히 변형된 개념 (d) 제시적 변증법의 개방적인 절차상의 형태라고 지적한다. 이것이 헤겔 변증법이 맑스에게 분해된 유물론의 합리적 핵심이라는 것이다(『변증법』, 323).

에 의존한다(『요강』 I, 70~71; 『자본론』 I, 4).[68] 『자본론』에서 맑스가 보여주는 상품분석은 바로 이러한 과정이다. 그런데 분류나 일반화를 통해서 이루어지는 분석, 다시 말해 나누고 다시 모아서 다양한 것 사이의 공통점을 찾는 방법만으로는 불충분하다. 왜냐하면 이 방법으로는 현상을 설명하는 현상 너머의 구조와 기제를 찾아낼 수 없기 때문이다. 따라서 맑스는 상품의 규정들을 분석하면서 어떤 규정이 초역사적인 것이고 어떤 규정이 역사적인 것인지, 그리고 어떤 규정이 다른 어떤 규정과 공존 가능한지를 검토한다. 이를테면 사용가치라는 규정은 상품뿐 아니라 모든 생산물에 해당되며, 가치라는 규정은 상품생산사회라는 역사적 맥락 속에서만 가능하다는 것이다. 말하자면 구체에서 추상으로 가는 하향 분석은 사물을 구성하는 규정들을 밝혀 주지만, 사물의 전체상을 포착하지 못하므로 규정들의 시공간적 맥락을 고려해서 내적 연관들 간의 필연적인 발전구조가 밝혀져야 하는데, 이 부분은 바로 바스카가 실재 영역으로 간주하는 곳이다. 그뿐 아니라 규정들의 시공간적 맥락을 분석함으로써 구조가 어떤 조건에서 사건을 야기하는지, 즉 구조와 사건을 매개하는 것이 무엇인지 밝혀질 수 있는데, 이 부분은 바스카가 현실 영역으로 분류하는 곳이다. 한편 맑스는 이러한 분석과 종합의 과정을 순환적인 과정으로 이해한다. 그리고 이러한 순환 과정을 통해서 기존의 보편을 더 큰 보편의 특수형태로 위치 짓는 것이 변증법적 비판이다(김진엽, 2004a: 198~199).

이것은 곧 경험에서 실재로 도약해 '과학적 개념화'로 부단히 나아가는 나선형적 연구절차이기도 하다. 추상의 방법은 구체적 → 추상적, 추상적 → 구체적이라는 이중의 운동을 포함하며, 구체적인 문제에서부터 출발한다. 구체적 대상에 대한 우리의 개념은, 처음에는 피상적이거나 혼돈스러울

68 당연한 얘기지만 이는 이론주의적 경향과 거리가 멀다. '추상의 힘'은 당연히 대규모 경험적 자료 위에서 작동한다(콜리어, 2010: 71).

것이다. 그 대상의 다양한 규정을 이해하기 위해서 우리는 먼저 그 다양한 규정을 체계적으로 추상해야 한다. 추상된 각 측면들을 검토하고 나면, 추상들을 결합시켜 그 대상의 구체성을 파악하는 개념을 형성하는 것이 가능하다(A. 세이어, 1999: 134).[69] 따라서 경험적 일반화가 아니라 개념화로 나아가는 것이다. 맑스의 과학적 방법 역시 '상상된 구체성'의 혼돈스러운 개념에서 출발해 다양한 규정을 추상함으로써 점차 '미세한 추상'으로 나아간다(『요강』 I, 70). 이렇게 볼 때 맑스의 연구방법, 즉 과학적 발견의 방법은 추상적인 것과 구체적인 것을 왕복 운동하는 분석과 종합의 나선형적 절차를 통해 개념화로 나아가며, 가설적 성격을 갖는 지식이 부단한 발견의 과정을 거쳐 역동적으로 발전해간다는 과학 발전에 대한 초월적 실재론의 견해를 공유한다.

한편 비판적 실재론과 맑스가 공유한 과학적 발견의 논리는 – 다시 살펴보겠지만 – 베르나르의 실험생리학을 적극 수용했던 뒤르케임의 발견 및 실험의 방법 – 가설의 고안과 가설의 검사 – 과 원리적으로 다르지 않다. 특히 베르나르의 『실험의학방법론』(1865)은 맑스와 뒤르케임의 과학적 방법을 동일한 문제 지평 위에 올려놓는 것을 용이하게 하는데, 몇 가지 지점에서 베르나르의 실험철학이 초월적 실재론과 과학적 비판의 원리를 공유한다는 점을 짚고 가기로 하자. 첫째, 베르나르는 '경험주의 학자'와 '실험파 학자'를 구분하는바, 그에 따르면 실험은 경험주의와 전적으로 다른 원리에 기초한다. 실험은 여러 가지 부차적인 조건을 제거함으로써 원인의 영향을 판단한다.[70] 이것이 초월적 실재론이 출발점으로 삼는 '초사실성(transfactuality)'

69 구체적 객체는 단순히 그것이 존재하기 때문에 구체적인 것이 아니라 그것이 여러 가지 다양한 힘이나 과정의 조합이기 때문에 구체적이다. 이와 대조적으로 추상적 개념은 어떤 객체의 일면적이거나 부분적인 측면을 나타낸다(A. 세이어, 2005: 232).

70 자세한 논의는 베르나르(1985:259~260)를 참고하라. '실험적 결정론'을 옹호하는 맥락에서 베르나르는 "통계는, 요컨대 관찰의 경험적 나열에 불과한 것"이라고 비판한다.

의 원리다.

둘째, 그러므로 경험주의는 실험과학의 제1보에 지나지 않는다. 실험적 방법은 '과학적 가설의 실험적 증명'이라는 원리에 입각하고 있다(베르나르, 1985: 236, 270). 그리고 실험적 방법에서 가설의 사용이나 구상은 실험의 결과를 검증하는 절차와 분리될 수 없다. 즉, 베르나르의 실험적 방법 역시 크게 가설의 창안과 가설의 검사를 부단히 경유하는 과학적 발견의 변증법을 공유한다.[71]

> 과학적 진리의 연구에 즈음하여, 인간의 정신은 필연적으로 논리적 도정을 더듬게 되는 것이다. 그는 사실을 관찰하고, 또 이것을 대조해 거기에서 결과를 연역하고, 한발 한발 일반적 명제나 진리에 도달하기 위하여, 다시 실험에 의해 이것을 검사한다. 물론, 이 연속적인 일에 있어서 학자는 옛사람이 한 것을 알고, 또 이것을 고려하지 않으면 안 된다(베르나르, 1985: 180).

셋째, 이 점에서 실험자에게 요구되는 실험적 규범은 언제나 의심을 갖고 고정된 관념을 피하라는 것이며, 항상 정신의 자유를 간직하라는 것이다.

통계학이 참다운 과학, 즉 확실한 과학이 되기 위해서는 실험적 결정론에 입각해야 한다는 것이다(베르나르, 1985: 173~174).

71 『실험의학방법론』의 제1편 「실험적 추론」에서 베르나르는 실험과학 전반의 방법론을 기술하며, 이를 '실험적 비판'으로 개념화한다. 그는 과학의 출발점은 관찰이고 종착점은 실험이며, 그 결과 발견되는 현상들은 합리적 추론을 통해 인식할 수 있다고 주장한다. 실험적 방법은 구상과 추론의 기초에 사물의 막연한 느낌 위에 서 있는 선험관념을 실험적 연구에 의해 증명된 후험적 해석으로 바꾸는 것을 목적으로 한다는 것이다. 실험과학에서 중요한 두 가지가 '방법'과 '구상'이다. "방법은 자연 현상의 해석이나 진리의 탐구에 즈음하여, 선두에 서서 나아가는 구상을 지도하는 것을 목적으로 한다. …… 구상은 다른 것에 있어서도 그렇지만, 과학에 있어서도 일체의 추리의 원동력이다. 그렇지만 이 구상은 어디에 있거나 일정한 규범 아래 두어야만 한다. 과학에서 이 규범은 실험적 방법, 즉 실험이다"(베르나르, 1985: 57).

이를테면 실험적 방법은 정신과 사상의 자유를 선언하면서, 과학을 지배하고 있는 비개인적 권위를 자기 자신 속에서 끌어낸다(베르나르, 1985: 60). 이러한 실험적 방법의 원리를 그는 '실험적 비판'으로 개념화한다. "과학적 방법은 항상 자연에서 이루어진 비판적 연구를 수반하지 않으면 안 된다. 과학은 전진하면서도…… 좋은 실험적 비판에 의해 쇄신되면서, 오히려 간단해지는 것이다"(베르나르, 1985: 176).

넷째, 베르나르의 실험의학방법론의 중요한 진일보는 생명 현상에서도 사물의 결정론, 요컨대 필연적인 인과관계가 성립하기 때문에 실험적 비판이 성립한다는 관점에 있다.[72] 이와 같은 관점은 존재의 사다리에 자리한 층화를 인정하면서, 실험과학의 원리로 생리학과 병리학, 치료학 등 실험의학의 분야를 비롯한 제반 응용과학이 탐구될 수 있다고 주장하는 것이다.

상기하자면, 실험의 존재론에 입각해 과학활동을 재규정한 초월적 실재론의 관점에서 자연구조에 비해 높은 자유도를 가진 사회구조에 물리학적 방식의 실험 – 폐쇄 – 을 행할 수는 없지만, 그 존재론적 특성을 존중하는 범위에서 실험의 유사물과 보완물, 그 대체물을 추구할 수 있기에 동일한 의미에서 과학일 수 있다. 특히 사회과학처럼 잘 통제된 실험이 불가능한 곳에서 추상화는 구조 지어지고 역동적이며 총체적인 실재에 접근해 그것을 이해하도록 해줄 수 있다. 여기서 개념적 추상화는 사회과학적 실험의 등가물이 될 수 있다(다네마르크 외, 2005: 80). 다음 장에서 더 자세히 살펴보겠지만, 베르나르의 비교방법론에 영향을 받은 뒤르케임의 과학적 방법 또한 논리적 필연성에 기초해 이론을 질서 짓는 틀로 이해함으로써 '일반화'로 나아가는 것이 아니라, 자연적 필연성에 기초해 피설명항에 대한 타당한 설명을 제시하는 '개념화'로 나아간다.

72 따라서 베르나르는 생명현상을 종합할 때도, 항상 실험에 따라 작업이 진행되지 않으면 안 된다고 말한다(베르나르, 1985: 118).

결국 비판적 실재론이 체계화한 과학적 발견의 논리는 통상적인 실험적 실천의 논리를 정당하게 옹호함으로써, 『자본론』에 적용된 맑스의 연구방법론을 새롭게 이해할 수 있도록 돕는다. 이를 통해 헤겔의 변증법 또는 실증주의에서 사용하는 형식논리학적인 방법으로 맑스의 방법을 이해하는 기존의 해석들이 정당화될 수 없음을 알 수 있다. 헤겔주의적 해석이 오류를 보이는 것이 연구의 출발점인 '경험'이라는 토대를 확고한 과학적 전제로 인정하는 데 실패했기 때문이라면, 헤겔주의적 편향에 맞서 '과학적' 방법임을 드러내고자 했던 연구들은 맑스의 연구방법을 형식논리학의 문법으로 이해했다는 점에서 근본적인 한계를 노정하고 있었다고 할 수 있다.[73]

『자본론』에 응용된 탐구 방법과 서술 전략 또한 실증주의와는 다른 논리에 입각한 설명적 방법론, 즉 이론적·역사적 설명모델을 통해 더욱 잘 이해될 수 있다.

---

73 대표적인 것이 반헤겔주의적 관점에서 맑스의 변증법을 과학적 방법으로 이론화하려 한 갈비노 델라 볼페(G. Della Volpe)의 논의다. 이탈리아에서 델라 볼페와 델라 볼페 학파는 맑스의 사상이 헤겔과 철저히 단절되었다고 주장했다. 그리고 맑스를 아리스토텔레스에서 시작해 갈릴레이를 거쳐 흄으로 이어지는 하나의 계보에 속한 인물로 해석했다(앤더슨, 2003: 128~130). 델라 볼페의 해석에 따르면, 『요강』에서 제시된 맑스의 방법은 밀, 제본스, 포퍼 등의 가설연역적 방법과 유사한 것으로 요약되는 절차를 지켜야 한다. 바스카에 따르면 이러한 재구성이 갖는 문제점은, 첫째, 그것이 자연과학은 물론 사회과학과 철학에도 무차별적으로 적용되는 것으로 상정되며, 일원론적이고 연속주의적 과학관으로 맑스의 발전 개념을 해석한다는 점이다. 그럼으로써 사회과학에 대한 초자연주의적 해석과 실증주의적·예측주의적 철학 개념이 드러난다. 둘째, C-A-C 순환은 이론적 이데올로기에서도 똑같이 잘 작동하는 순전히 형식적인 절차다. 셋째, 역사적인 원인들과 이론적 선례들을 명확히 구별하지 않음으로써, 숨은 역사주의가 드러난 실증주의를 지탱하고 있다. 넷째, 가장 중요한 것으로, C-A-C′ 모델을 모호하게 개념화해서 이론적 활동과 응용적 활동을 구별하는 데 실패한다(『비실』, 276~ 277). 간단히 말해 델라 볼페는 맑스의 『자본론』에 성공적으로 적용된 과학적 변증법을 헴펠의 법칙연역적 설명모델과 동일시하며, 증명, 즉 경험적 검사의 문제를 형식논리학적으로 이해한다는 점에서 한계를 갖는다.

3) 인과적 설명: 『자본론』의 역사적 설명모델

스미스의 역사적 설명을 끌고 가는 귀납주의와 리카도의 가설연역주의 모두를 지양하며 구축된 『자본론』의 설명모델을 비판적 실재론이 제시한 인과적 설명모델로 다시 읽어보자. 이러한 재독해는 실증주의에서 파생된 이분법인 법칙정립과 개성기술, 연역주의와 귀납주의, 구조와 행위, 이론과 역사의 이분법을 재통합하는, 역사에 대한 실재론적 설명 원리를 새롭게 조명한다.[74]

II장의 논의를 떠올려보면, 인과적 설명의 패턴은 크게 봤을 때 이론적 설명(DREI)과 역사적 설명(RRRE)이라는 두 가지 형태로 구분된다. 사회과학의 이상적인 설명모델은 이론적·역사적 설명모델의 결합 구조로 이해될 수 있다. 양자는 폐쇄가 가능한 대상과 불가능한 대상에 따르는 연구절차의 차이를 나타낸다. 다시 말해 양자의 구분이 필요한 이유는 개방체계의 작동은 다수의 인과기제들의 결합으로 — 맑스가 『요강』에서 한 말을 빌리자면, '다양한 결정관계의 결합'으로 — 나타나기 때문이다. 특히 사회적 영역에서는 구조들과 기제들이 시간-공간 범위에 걸쳐 지속된다 하더라도 인간의 행위를 통

74 실재론적 역사적 설명모델을 모색해온 채오병(2007)은 바스카가 제시한 개방체계에서의 역사적 설명의 절차를 다음과 같이 설명한다. 첫째, 인과 분석의 단계로서 관심 사건을 그 구성요소들로 세분한다. 개방체계에서 특정한 사건의 발생이 여러 인과 경로들이 수렴하는 국면으로 이해된다면, 인과 분석은 이 경로들을 분석적으로 나누어 보는 것이다. 둘째, 이렇게 세분된 구성요소들을 이론적 용어로 재기술한다. 이 단계에서는 여러 다양한 기제를 진술하고 있는 이론들이 동원된다. 셋째, 이론적 재기술을 통해 해당 사건을 이것에 선행하는 사건들과 인과적으로 연결 짓는다. 이 과정에서 사유는 이론진술의 도움을 받아 과거의 사건으로 역행한다. 넷째, 마지막 단계로서 이 역행추론을 통해 얻어진 가능한 모든 선행 사건을 면밀히 검토해서, 대안적으로 존재할 수 있는 원인을 제거한다. 요컨대 역사적 설명이란 국면적이면서도 역행추론적인 것이다(채오병, 2007: 273). 첨언을 달자면, 개방체계에서의 역사적 설명은 소급예측(retrodiction)을 경유한다는 것이다.

해서만 그러할 수 있다. 그러므로 우리가 비교적 지속적인 어떤 대비되는 절반의 규칙성을 설명하고자 한다면, 판별된 인과기제의 재생산양식 자체를 탐구해야만 한다(로슨, 2005: 295).

이를 염두에 두면서 『자본론』에서 제시된 맑스의 설명모델을 상기해보자.[75]

> 제1권에서 우리는 **자본주의적 생산과정** 그 자체, 즉 직접적 생산과정이 나타내는 현상을 연구했으며, 거기에서는 이 과정에 외부적인 모든 부차적(secondary)인 요인들을 도외시하였다. 그러나 이 직접적 생산과정이 자본의 생명순환(life cycle) 전부를 구성하는 것은 아니다. 직접적 생산과정은 현실에서는 **유통과정**에 의해 보완되는데, 이 유통과정이 제2권의 연구대상이었다. 제2권, 특히 제3편(유통과정을 사회적 재생산과정의 매개로서 고찰하고 있다)에서 우리는 전체로서의 자본주의적 생산과정은 생산과정과 유통과정의 통일이라는 것을 명백히 보여주었다. 그러므로 이 통일을 일반적으로 고찰하는 것이 제3권의 과제가 될 수는 없다. 오히려 여기에서는 **전체로서 본 자본의 운동과정**에서 나타나는 구체적 형태들을 발견하고 서술해야 할 것이다. 실제로 운동하고 있는 자본들은 구체적 형태를 띠면서 서로 대립하고 있는데, 이 구체적 형태에서는 직접적 생산과정에서 자본이 취하는 모습(예: 가변자본과 불변자본)이나 유통과정에 있는 자본의 모습(고정자본과 유동자본)은 다만 특수한 계기(moment)로 나타날 뿐이다. 따라서 제3권에서 전개되는 자본의 모습들은, 사회의 표면에서 각종 자본들의 상호작용(즉, 경쟁)에서 등

75 이론 작업이 구체적인 것에서 추상적인 것으로 가는 가추(abduction)의 형태를 취하는 반면, 응용 작업은 특징적으로 반대 방향의 운동, 즉 추상적인 것에서 구체적인 것 — 이제 추상적으로 파악된 수많은 결정항의 산물로서 재구성된 — 을 복구하는 운동에 의존한다. 그러므로 구조들에 대한 지식과 그 구조들이 시간 속에서 우연히 결합하는 양식들에 대한 지식은 과학활동의 구별되는 계기들로 나타난다(『비실』, 180~181).

장하는 자본의 형태, 그리고 생산담당자 자신들의 일상적인 의식에서 등장하는 자본의 형태로 한발 한발 접근하게 된다(『자본론』 III, 29~30).

요컨대 『자본론』에 적용된 인과적 설명모델 또한 크게 보면 이론적·역사적 설명의 복합 구조로 이해된다. 모든 이차적 요인을 고려하지 않은 채 현상을 발생시킨 자본주의적 생산과정 그 자체를 연구하고(I권), 유통과정을 거쳐(II권), 전체 자본 운동이 일상적인 의식 속에 구체적 형태로 재생산되는 맥락을 재서술한다(III권). 제I권으로 범위를 좁혀 보면, 또한 이론적·역사적 설명 구조를 내포한다. 제1편에서는 관찰되는 현상, 즉 자본주의적 생산양식이 지배하는 사회의 부의 기본 형태인 상품과 화폐를 분석하기 시작하고, 제2-7편에서는 유통 영역의 심층에 자리한 생산 영역으로 이동해 노동력상품에 기초한 자본의 축적과정, 즉 절대적·상대적 잉여가치의 생산과정을 분석한다. 여기서 반복적으로 사용되는 설명방식은 역행추론적이다. 인과 분석의 첫 단계에서 상품이라는 복합적 구성물에 대한 정교한 개념적 분해(Resolution)가 행해지고,[76] 이에 기반을 두고 자본축적의 일반법칙을 이론적으로 재서술(Redescription)함으로써 잉여가치의 원천과 증식이 설명된다. 제1편의 논의는 선행연구에 대한 충실한 비판을 경유해서 가공된 이론적 설명과 개념들을 전제한다. 즉, 비록 서술 구조에 은폐되어 있지

---

76 강조해두자면, 여기서 상품의 구성요소들을 개념적으로 분해하는 것은 이전의 이론적 추상의 작업, 『요강』과 『학설사』에서 발견된 성과와 범주를 전제한다. 이러한 분석적 분해가 필요한 이유는 제19장 「연구대상에 관한 이전의 서술」에서 기존 상품가치 분석의 방법론적 오류를 말하는 부분에서 명확해진다. "스미스는 상품생산 일반과 자본주의적 상품생산을 같은 것으로 보고 있다. …… 그리하여 이러한 관점에서 비교 고찰된 상품가치의 부분들이 슬그머니 상품가치의 자립적인 '구성부분'으로, 마침내는 '모든 가치의 원천'으로 전환된 것이다. 더 나아가서는 상품가치가 각종 수입으로 구성되든 이러한 수입으로 '분해'되며, 그리하여 수입이 상품가치로 이루어지지 않고 상품가치가 '수입'으로 이루어지게 된 것이다"(『자본론』 II, 468`469. 강조는 필자).

만 고전 정치경제학의 통념 – 선행연구 – 에 대한 서술(Description)과 역행추론을 거쳐 판별(Identification)된 구조와 개념들이 이론적 전제로 포함되어 있는 것이다.

그리고 이상에서 상술한, 자본주의적 생산을 다룬 이론적 진술이 일정한 역사적 국면들에 대한 서사와 결합된다. 특히 제I권의 제25장 '이른바 본원적 축적'은 자본축적의 전제조건이 노동력상품의 일반화에 기초한 자본관계의 출현에 있었으며, 그것이 생산수단에서 생산대중을 분리하는 폭력적 과정을 통해 진행되었음을 밝히고 있다. 이러한 서술 방식은 자본축적 메커니즘을 분석하면서 그 역사적인 선행 조건을 밝힐 때, 법칙적 진술들을 초사실적으로 적용함으로써 사건 발생을 설명하는 소급예측(retrodiction)의 논증 형식을 띠고 있다. 여기서의 설명은 반복적으로 역행추론적이고 소급예측적이며, 나선형적인 설명적 비판의 전개 과정 안에 자리한다.

그리고 제II권에서는 다시 유통과정에서 출발해 사회적 재생산과정과 생산과정이 통일되는 국면들을 보여주고, 제III권에서는 제I권과 제II권에서 제시된 인과구조가 생산담당자들의 일상적인 의식에 자리한 구체적 형태들로 재맥락화됨으로써, 제III권 후반부 제48장 '삼위일체 공식' 및 제51장 '분배관계 및 생산관계' 등에 이르러, 선행하는 학설들과 그 오류의 원천이 다시 한 번 체계적으로 논박된다(Elimination). 이러한 방식에 따라 『자본론』에 등장하는 설명적 논증은 추상에서 구체로 점점 더 존재론적 깊이를 더해가는 심층-설명적 비판의 구조를 갖추고 있다. 즉, 『자본론』의 설명구조 전반에서 이론적 활동과 역사적·응용적 활동이 구분되지만 분리 불가능한 과학활동의 두 계기로 구체(C)-추상(A)-구체(C′)의 변증법 안에 통합되어 있다.[77]

---

77 물론 앞서 말했듯 양자가 폐쇄가 가능한 대상과 불가능한 대상의 차이를 고려한 설명 모델이라는 점을 감안하면, DREI는 RRRE와 근본적으로 상이한 절차가 아니라 RRRE의

이론적·역사적 설명모델에 대한 바스카의 구분은 개방체계에서 정당한 지식을 산출하는 것을 가능케 하며, 본질적으로 역사적인 성격을 갖는 사회과학적 설명이 지리 역사적인 국면들에 관한 설명을 반드시 포함한다는 점을 환기시킨다. 바스카는 주제, 영역, 전망뿐 아니라 이론 활동과 응용된 활동을 구분하는 데 실패한 것이, 따라서 추상 수준을 식별하는 데 실패한 것이 맑스학 내의 논쟁을 부추겨왔다고 지적한다. 이와 달리 RRRE의 응용된 설명모델은 원인들의 복합성과 다수성을 인정하는 동시에, 국면들을 조명하며 과학적인 재서술과 지식의 초사실적 응용이 수행하는 설명의 핵심적 역할을 조명할 수 있다는 것이다[Archer et al(eds.), 1998: 637~638; 『자가능』, 141~143].

비판적 실재론의 인과적 설명모델은 역사에 대한 맑스의 실재론적 설명모델을 새롭게 이해할 수 있는 해석의 틀을 제공할 뿐 아니라, 맑스 방법론에 대한 해석을 주도해왔던 현대 방법론적 이원론 – 과잉자연주의적 실증주의와 반자연주의적 해석학의 설명모델을 – 을 논박하는 효과도 산출한다. 실증주의적 설명모델의 전형적인 사례를 설명에 대한 포괄법칙모델에서 발견할 수 있고, 해석학적 설명모델의 전형을 합리적 설명모델의 사례에서 찾아볼 수 있다.

전자를 대표하는 헴펠의 법칙연역적 설명모델은 왜 어떤 현상이 발생하는지 과학적으로 설명할 때, 개별현상을 보편법칙 아래에 포섭시킴으로써 이루어지는 논리적 논증의 한 형태라고 주장하면서, 과학적 설명의 두 가지

일부를 구성하거나 RRRE의 특수한 형태라고 볼 수 있을 것이다. 양자를 구분하는 함의는 자연과학에서 실험적 활동의 중요성을 국면적 발생(conjunctual occurrence)의 특수한 형태로 이해하고, 우리가 '자연적인', '사회적인', '인간적인', '물리적인', '화학적인', '공기 역학의', '생물학의', '경제적인' 등등 술어 부분이 다른 종류의 기제들로 간주되어서는 안 된다는 점을 강조하는 데 있다. 왜냐하면 개방체계의 사건이 일어나는 시기에서 몇 개의 술어 부분은 동시에 적용될 수도 있기 때문이다(Bhaskar, 1975: 119).

형태, 즉 '법칙연역적 설명'과 '확률적 설명'을 형식화했다. 헴펠에게 역사학이 학문적 의미를 갖기 위해서는 두 가지 모델 가운데 어느 하나에 속하는 것이어야만 한다. 그러므로 역사는 과학이 아니면 허구다.[78] 부연하겠지만 이와 같은 논리는 포퍼의 '역사주의' 비판에서 그 원형을 찾아볼 수 있다.

후자를 대표하는 드레이의 합리적 설명모델은 이유나 목적에 입각한 설명모델이다. 드레이는 『역사에서 법칙과 설명(Laws and Explanation in History)』(1957)에서 포괄법칙모델에 입각한 설명이 인간의 자유와 목적성이라는 가능성을 부정한다고 논박한다. 인간의 자발적 행위는 합리성(이성)이라는 관점에서 목적론적 설명을 요구하기 때문에 법칙과 선행조건에서 연역될 수 없다. 다시 말해 행위자가 그 행위를 한 이유를 발견하려 할 때 비로소 어떤 역사적 사건을 이해할 수 있으며, 따라서 인간행위에 대한 설명은 행위와 그 행위의 동기, 신념 간의 관계를 밝히는 '합리적 설명'이어야 한다는 것이다. 표준적인 과학모델에 반대하며 자연과학과 사회과학에 엄격한 경계를 설정하는 피터 윈치(P. Winch)의 반자연주의적 주장이나,[79] 좀 더 거슬러 올라가면 베버의 '설명적 이해(explanatory understanding)' 모델도 동일한 방법론적 이원론에 해당할 것이다.[80] 이들은 역사에서는 일반법칙

---

78 따라서 이들은 인문학과 자연과학은 설명의 논리상 구분될 수 없다는 일원론의 입장을 다시 제창한다. 이들의 방법에 비판적인 현대적 이원론이 윌리엄 드레이(W. Dray), 엘리자베스 앤스콤(G. E. M. Anscombe), 폰 리히트(Von Wright) 등의 행위이론적 설명모델이다(이봉재, 2005: 240). 역사적 설명에 대한 포괄법칙모델과 합리적 설명모델 사이의 논쟁은 이찬훈(1994), 정광수(1997) 참조.

79 윈치의 이러한 관점은 다음의 언급에서 잘 드러난다. "실험의 방법은 과학에서 사용되는 방법이고, 철학의 고유한 방법은 선험적인 방법이다. 따라서 실재 영역을 탐구하는 작업은 전적으로 과학에 맡겨야 한다. 한편 역사는 이와 달리 전개되었다"(윈치, 2011: 61).

80 "설명적 이해란 우리가 하나의 행동을 동기의 차원에서 '이해'하는 것이다"(베버, 2011: 212). 이러한 방식으로 제기된 이해의 문제는 그 안에 이원론적 학문관의 싹을 품고 있다. 역사주의 — 딜타이와 게오르그 미슈(G. Misch) — 와 신칸트주의 — 빈델반트와

을 찾기가 매우 어렵기 때문에 역사적 현상에 일반법칙을 적용할 수 없다고 주장한다.

그런데 법칙연역적 설명모델과 합리적 설명모델은 과잉자연주의적 해석과 반자연주의적 해석의 양극단에 자리하지만, 흄의 인과개념을 공유한다. 또한 이들이 공통으로 취하고 있는 방법론적 개인주의라는 입장 때문에 역사과정은 양자 모두에게 법칙에 따라 과학적으로 설명될 수 없는 비과학적이고 비합리적인 영역으로 남게 된다. 따라서 실증주의적 설명모델이 이론의 접합과 응용의 문제에 휘말리는 것은 필연이다. 법칙연역적 모델이 기반을 두고 있는 경험적 실재론은 궁극적으로 '귀납의 문제'를 해결할 수 없기 때문이다. 이와 달리 비판적 실재론이 제시한 이론적·역사적 설명모델은, 원리적으로 흄의 인과론과 양립할 수 없다(『자가능』, 142).

맑스학(Marxology) 내로 범위를 좁혀 보면, 맑스의 설명모델을 왜곡한 사례의 전형을 포퍼-헴펠의 포괄법칙 설명모델이나 알튀세르의 반역사주의적 설명모델에서 볼 수 있다. 예컨대 맑스의 '이론적 딜레마'가 '예측의 실패'에서 비롯된다는 알렉산더의 비판도 과학적 설명의 본령을 예측으로 이해하는 실증주의적 설명모델에 기초한 것이다. 맑스(의 '역사주의')를 향한 포퍼의 가장 결정적인 비판도 인간 지식의 미래를 예측할 수 없다는 것이다.[81] 여기서 형식논리학의 귀납주의와 연역주의가 검증의 기준이 되는바, 포퍼-헴펠의 설명모델은 역사과학에 법칙연역적 모델을 끼워 맞추려는 부적합한

리케르트 — 는 설명과 이해를 대립시킴으로써 자연과학과 사회과학을 이원론적으로 구상했다(하버마스, 2006a: 189).

81 포퍼는 과학적 예측과 역사적 예언을 구분한다. 그에 따르면 전자는 조건적으로 예측된 사건이 현실적으로 일어나는 것을 막는 것으로 간주될 조치를 나타내고, 후자는 대규모의 무조건적인 예언을 말한다. '역사주의'란 바로 후자를 행하는 것으로, 사회 전체를 지배하는 역사의 발전 법칙에 의해 개인 행위가 결정된다고 보는 전체론이 될 수밖에 없다는 것이다(포퍼, 1997: 127, 264~266).

시도라고 할 수 있다(『자가능』, 142~143). 에드워드 파머 톰슨(E. P. Thomson)이 적절하게 비판하듯, 포퍼에게 사회적 현상들의 상호 연관과 역사과정의 인과관계 같은 것들은 어떤 실험적 검증에도 제외된다. 반대로 알튀세르는 지나치게 '경험주의'를 경계해서 모든 '외적' 기표를 의심한다. 그가 말하는 이론적 실천은 자체 평가 잣대와 자체 논증 담론으로 무장되고, 곧 그러한 이론은 오직 자기-증명의 자체적인 내적 수단만을 포함하기 때문에 어떤 방식으로 이론을 만족시킬 수 있는가라는 문제도 자체 추론을 통해서만 가능할 따름이다(톰슨, 2013: 83~84).

결국 아이러니하게도 설명에 대한 포괄법칙모델과 – 포퍼의 '역사주의' 비판을 포함한 – 합리적 설명모델도, 알튀세르의 '이론주의' 또는 과학주의적 경향도 사회과학이 수행하는 설명과 논증의 절차에서 중심부에 자리한 역사적인 규정성의 문제를 배제하며, 경험적 검사의 문제를 실증주의적 관점에서 이해한다는 점에서 일치점을 보인다. 반대로 비판적 실재론의 설명모델은 맑스와 뒤르케임의 자연주의 사회과학의 태생적인 지리-역사적 성격과 '설명적 논증'에 기초한 역사적 설명모델을 정당하게 재검토할 수 있는 시야를 열어준다.[82] 사실 비판적 실재론이 제시한 설명모델은, 맑스가 「독일이데올로기」에서 역사과학의 방법으로 제시한 "이데올로기와 대립해서 사용하는 이 추상들의 사용"과 "역사적 실례를 통한 설명"(「독이」, 203)이라는 간단한 언급에서 이미 그 단초를 시사한 바 있다.

---

82 바스카는 맑스학에서 추상 수준을 식별하는 작업에 실패하고 지리-역사적 성격을 간과한 결과로 나타나는 전형적인 오류를 존재론적 확장주의(ontological extensionalism)라고 지적한다. 존재론적 확장주의는 현상을 끊어 내거나 구분하지 않는다. 그러나 이론적 설명의 순수한 모델과 응용된 과학적 설명모델의 구분은 생태학, 정당 정치, 포디즘, 전기(biography) 등 각 작업에 의해 예증되는 중간 매개적이고, 지역적이고, 공시간적이고(local-periodize), 개성기술적인 연구들을 구별할 수 있도록 한다[Archer et al.(eds.), 1998: 638].

4. 『자본론』의 설명적 비판의 쟁점들

앞의 논의를 간단히 요약하면, 첫째, 실증주의의 과잉자연주의와 해석학의 반자연주의는 '법칙'과 '설명'을 실증주의적으로 이해한다는 점에서 동일한 오류를 공유한다. 그러나 맑스의 '경향으로서의 법칙'에서 '설명 = 예측'이라는 등식은 성립될 수 없다. 둘째, 포괄법칙모델이나 알튀세르의 이론실재론의 경향[83]은 모두 이론적인 것과 경험적인 것, 이론과 역사, 구조와 행위, 이론과 실천을 둘러싼 이분법 위에서 연역주의모델을 공유한다. 그러나 『자본론』에 적용된 사회과학의 인과적 설명은 이러한 이분법의 오류를 뛰어넘는다. 이하에서는 앤드루 세이어가 정리한 개방체계에서의 '인과적 설명의 구조'를 참고해 각각의 이분법이 『자본론』 안에서 어떻게 해소되는지를 구체적으로 살펴보기로 하자.

---

83 이론실재론의 몇 가지 특징에 대해서는 키트·어리(1993: 328~340), 정태석(2003: 50~55), 채오병(2007)을, 알튀세르의 '과학' 개념에 내재한 이론주의/과학주의 경향과 반역사주의적 충동에 대해서는 클리버(1986: 62)를 참고하라. 키트와 어리는 바스카의 '초월적 실재론'과 유사한 과학관인 이론적 실재론을 제시하면서 '구조주의자들'이 관찰 가능한 대상에만 관심을 가지는 경험적 실재론과 달리 관찰 가능한 세계의 배후에 존재하는 구조와 메커니즘에 관심을 가지는 이론적 실재론으로 해석될 수 있다고 말한다. 구조주의의 경험주의 비판은 유효하다는 맥락이다(정태석, 2002: 50). 그러나 방법론적 실증주의와 이론실재론은 존재론적 가정이 차이를 보임에도 경험적 규칙성의 폐쇄체계를 전제하고 있으며, 이 때문에 헴펠류의 연역논리를 적용할 수 있다. 이와 달리 비판적 실재론에 따르면, 여러 인과기제가 복합적으로 작용하고 있는 개방체계에서는 역사적 설명의 절차를 밟는다(채오병, 2007: 272~273 참고). 결국 맑스와 달리 알튀세르의 반경험주의는 과학의 출발을 실재하는 구체보다 개념, 곧 사유 속의 실체에 둠으로써 맑스가 비판하던 관념론의 입장으로 회귀하고 만다(김왕배, 1997: 54). 이종영 역시 『자본론』과 알튀세르의 '이론적 반인간주의' 및 '반경험주의'가 근본적으로 다르다고 지적한다. 반경험주의는 구체적 현실의 밀접한 연쇄와 그 복잡한 접합 고리들을 자신의 이론체계에 통합시키지 못할 경우 형이상학이나 형식주의로 변형된다는 것이다(이종영, 1994b: 1~14).

〈그림 V.3〉 인과적 설명의 구조

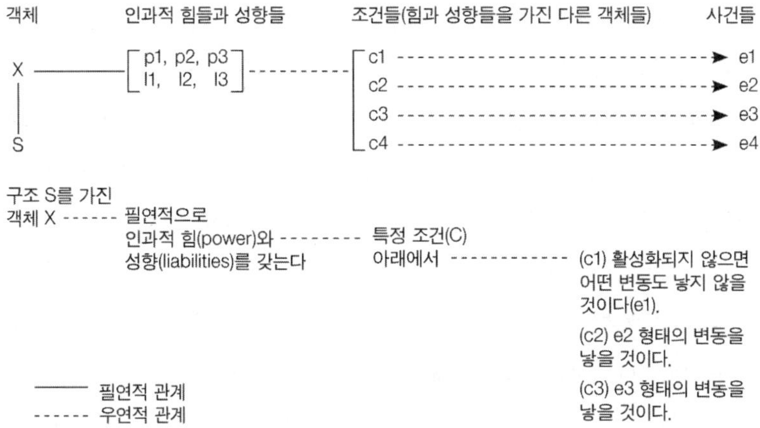

주: p는 powers(힘), l은 liabilities(성향), c는 conditions(조건), e 는 event(사건)을 말한다.
자료: (Sayer, 1999: 166)

1) 사회과학에서의 실험: 영국이라는 실험실

〈그림 V. 3〉에 따르면, 사건들의 선후관계나 경험적 규칙성으로 인과성을 이해하는 실증주의적 관점과 달리 인과성은 객체나 관계들의 '인과적 힘(causal power)'이나 '성향(liabilities)', 조금 더 일반적으로 말해 그것들의 '작동 방식(ways-of-acting)'이나 '기제(mechanism)'와 관련된다. 인과적 힘과 성향은 사건의 특정한 유형과 무관하게, 즉 'C가 E를 초래하는' 경우뿐 아니라 때로는 'C가 E를 초래하지 않는' 경우에도 객체들에게 귀속될 수 있는 것이다. 특정한 작동방식 또는 기제는 그 객체의 성질 때문에 필연적으로 존재한다. 자본주의적 축적 메커니즘에 대한 분석은 이러한 객체가 가진 인과적 힘 및 작동방식에 대한 분석이다. 사건을 만들어낼 수 있는 힘들을 상정하는 것에 따라 사건들을 설명하는 이러한 추론양식은 크게 역행추론을 통해 행해지며, 일정한 주기성을 갖는 공황과 같은 사건들이 구조적으로 설명된다. 그러나 인과적 힘은 그것을 가진 객체의 성질에 필연적으로 존재하지만, 그 힘이 활성화되거나 행사되는지 여부는 우연적이다.[84]

그러므로 개방체계에서는 경향에 입각해서 설명이 이루어진다. 맑스의 용법에서도 인과법칙은 행사되지 않은 채 보유될 수도 있고, 실현되지 않은 채 행사될 수 있는, 그리고 지각되지 않은 채 실현될 수도 있는 개방체계의 경향들이다. 실제의 현상은 다양한 기제의 영향을 통해 공동으로 결정되어 발생할 것이다. 『자본론』에서 모든 경제 법칙은 하나의 경향(tendency)이자 이론적 단순화로 가정되며, 현실에서 그 법칙이 근사적으로(approximately)로 전개될 뿐 아니라 자본주의적 생산양식의 이전의 경제 조건들에 따라 달라질 수 있는 것으로 상정된다(『자본론』 II, 207). 이를테면 가치법칙은 경험적 규칙성이나 일반화, 또는 추세를 나타내는 것이 아니라 자본주의적 상품생산의 경쟁적 성질에 따라 작동하는 기제를 가리킨다. 그 기제가 경험적 수준에서 만들어내는 결과는 우연적으로 관계된 조건들 – 반작용적 경향들(counteracting tendencies)이라고 불리는 조건들을 포함하는 – 에 달려 있다. 따라서 이 경향들이 어떻게 작동하는가를 알기 위해서는 추가적인 경험적

84 말하자면 인과기제들이 활성화될 때도, 그 활성화의 실제 결과는 또다시 그것들이 작동하고 있는 조건들에 따라 달라질 것이다. 어떤 힘과 그것의 조건들 사이의 관계가 우연적이라고 해서 조건들이 원인 없이 생겨나는 것은 아니다. 조건들도 다른 기제들에 의해 생겨난 것이다. 간단히 말해 우연적으로 관계된 조건들도 비활동적인 것이 아니라, 그 자체가 인과적 과정의 산물이며 따라서 그것 자체의 인과적 힘과 성향을 지니고 있는 것이다(A. 세이어, 1999: 159~164, 211). 맑스가 우연과 필연의 관계를 어떻게 생각했는지는, 1871년 쿠겔만에게 보낸 다음의 편지에서 잘 드러난다. "투쟁이 틀림없이 유리한 찬스의 조건에서만 시작된다면, 세계사는 물론 대단히 쉽게 이루어질 것입니다. 다른 한편, '우연한 사건들'이 아무 역할도 하지 않는다면 세계사는 매우 신비한 성질의 것이 될 것입니다. 이들 우연한 사건들은 당연히 그 자체가 발전의 일반적 과정에 속하며, 다른 우연한 사건들을 통해 다시 상쇄됩니다. 그러나 촉진과 지연은 그러한 '우연한 사건들'에 대단히 많이 좌우됩니다. 거기에는, 처음에 운동의 정점에 서는 사람들의 성격이라는 '우연'도 나타납니다"(맑스·엥겔스, 1995: 427).

정보를 얻어야 하며 조건들에 대한 분석이 결합되어야 한다.[85]

'이윤율 저하 경향 법칙'도 이렇게 이해될 수 있다. 이윤율 저하의 경향을 필연적으로 발생시키는 기제가 자본주의에 있다고 이야기하는 것은, 어떤 일이 있더라도 이윤율이 저하될 것이라고 말하는 것이 아니다. 따라서 이윤율이 여기서는 저하되고 저기서는 상승하는 까닭을 설명하려 한다면, 우리는 다른 어떤 기제들이 함께 작동해 사건들을 공동 결정하는가를 이해해야 한다(콜리어, 1995: 156). 가령 맑스는 『자본론』 제III권의 제13장에서 이윤율 저하 '경향'을 이야기하면서, 동시에 '상쇄요인들'을 이야기한다.

맑스는 이윤율 저하 경향을 크게 세 단계로 나눠서 설명한다. 첫째, 이윤율 저하의 내적 기제를 파악하기 위해 우연성을 차단하는 사유실험을 통해 자본의 기술적 구성과 유기적 구성 사이의 우연적이고 경험적인 문제를 선험적인 문제로 바꿔놓는다. 이것이 '법칙 그 자체'에 대한 설명이다(13장). 둘째, 상쇄요인(counteracting factor)들이 작용해서 그 일반법칙의 효과를 억제하고 취소하며 그 법칙에 어떤 '경향'의 성격을 부여하는 상쇄요인들을 제시한다. 노동착취도의 증대, 노동력의 가치 이하로 임금의 저하, 불변자본 요소들의 저렴화, 상대적 과잉인구, 대외무역, 주식자본의 증가 등이 그것이다(14장). 셋째, 법칙의 내적 모순들이 전개되는 방식을 고찰함으로써 "자본주의적 생산양식의 모순은 생산력(productive forces)을 절대적으로 발달시키려는 이 생산양식의 경향"과 "이 생산양식의 특수한 생산조건(specific conditions of production)"이 끊임없이 충돌한다는 점을 드러낸다(15장)(『자본론』 III, 309). 즉, 맑스의 인과적 설명 또한 원인과 조건을 구분하되 그 결

85 예컨대 자본주의적 생산관계를 고려하면, 시간이 경과하면서 가치법칙이 필연적으로 상품들의 가치를 저하시킬 것이다. 그렇지만 상이한 상품들에서 나타나는 이러한 저하율은 사용가치에 대한 고려나 사회적 관계로서의 가치에 입각한 계급투쟁을 고려했을 때 영향을 받는다(A. 세이어, 2005: 235~236).

합을 설명하는 인과관계에 대한 개입주의 모델에 기초한다. 그러므로 추상에서 구체로 가는 운동은 이론적 진술과 경험적 연구, 원인 분석과 조건 분석, 다시 밀해 구체적 국면 분석이 필수적으로 결합되어야 함을 의미한다.

이렇게 볼 때 맑스의 설명 구조는 『자본론』을 둘러싼 이분법적 해석의 구조 자체를 해체시킬 것을 요청한다. 이론과 경험, 이론과 역사의 이분법이 그것이다. 이론이 필연적이고 내적인 관계에 관해서 추상적 수준의 주장을 할 수 있지만, 사물들 사이의 관계가 우연적인 곳에서 그 관계의 형태는 언제나 경험적일 수밖에 없다. 즉, 그 형태는 실제의 사례들을 관찰함으로써 찾아야 한다. 사회적 과정은 바늘 끝에서 일어나지 않기 때문이다. 다시 말해 이론과 경험이 대비되는 측면을 가졌더라도 서로를 전제하기 때문에 이 둘의 단순한 대립이나 이원론은 정당화될 수 없는 것이다.[86] 예컨대 추상적 이론들은 사회구조들의 필연적인 공간적 속성들을 기록하기 위해서, 그 공간적 내용을 가져야 한다. 완전경쟁모델이 그러하듯 추상이 공간에서 시작되지 않는다면, 곧 공간적 독점 모델이 된다. 따라서 구체적 연구는 우연한 상황 속에 자리한 기제들의 실질적인 작동과 결과에 대한 탐구를 포함하며, 필수적으로 그것의 공간적 형태를 고려해야 할 것이다. 왜냐하면 그 공간적 형태가 차이를 만들기 때문이다(A. 세이어, 1999: 213~223).

그러므로 이론화의 과정 또한 일정한 시공간의 제한을 받는다. 『자본론』

86 『자본론』을 둘러싼 논리적인 것과 역사적인 것의 일치나 불일치를 둘러싼 오래된 논쟁도 근본적으로 이론적인 것과 경험적인 것을 둘러싼 전통적인 이분법과 관련된다. 논리적인 것과 역사적인 것이 상응이나 동일시의 관계로 융합될 수 없는 것은 실재하는 객체와 사유 속의 객체가 구분되기 때문이다. 엥겔스의 변증법이 이른바 물상화의 오류, 즉 존재적 오류를 답습한 이유 또한 실재 역사와 이론적 구성물, 다시 말해 지식의 자동적 차원과 타동적 차원을 구별하는 데 실패했기 때문이다. 한편 논리적인 것이 역사적인 것을 요청하는 이유는, 맑스의 과학이 기본적으로 인간의 경험 및 역사에서 출발하는 '사회과학'이기 때문이다.

의 인과적 설명도 이러한 지리-역사성의 외부에서 전개되지 않는다. 단적으로 맑스는 추상과 예증의 시공간으로 영국을 등장시킨다. 물리학자가 과정의 순수한 진행을 보증하는 조건 아래서 실험을 수행하는 것이 불가능할 때, 교란하는 영향들로 생기는 불순화가 가장 적은 상태에서 실험을 하는 것과 똑같이 맑스 역시 영국을 조건으로 실험을 한다.

> 물리학자는 자연과정이 가장 명확한 형태로 나타나며 교란적인 영향을 가장 적게 받는 곳에서 그것을 관찰하든가, 또는 가능하다면 그 과정이 순수하게 진행될 수 있는 조건 밑에서 실험을 한다. 이 책에서 나의 연구대상은 자본주의적 생산방식 및 그것에 대응하는 생산관계 및 교환관계다. 이 생산양식이 전형적으로 나타나고 있는 나라는 지금까지는 영국이다. 영국이 나의 이론 전개에서 주요한 예증으로 되는 것은 이 때문이다(『자본론』 I, 4).[87]

말하자면 영국이 "자본주의적 생산의 전형적 대표자"라는 사실은, 여러 다른 우연적인 요인들을 차단하기 위한 하나의 사유실험의 조건이 된다. 또한 '영국'은 매우 실제적인 실험의 가능성을 제공한다. 연구대상인 자본주의적 생산방식이 가장 전형적으로 나타난 나라가 영국이기도 하거니와 "이

---

87 뒤르케임이 『형태』에서 종교적 사고와 의례의 가장 기본적인 형태들을 좌우하는 원인들을 발견하기 위해서는 관찰대상인 사회가 덜 복잡할수록 더 용이하다고 말하는 이유도 다르지 않다. "물리학자는 그가 연구하는 현상들의 법칙을 발견하기 위해 이러한 현상들을 단순화하고 거기에서 부차적인 특성들을 제거한다. 제도들에 관한 한 역사의 시초에는 자연적이고 자발적으로 이러한 단순화가 일어난다. 우리는 단지 그것들을 이용할 뿐이다. 물론 이러한 방법으로 우리가 도달할 수 있는 것은 매우 원초적인 사실들뿐이다. 우리가 할 수 있는 데까지 그것들을 설명할지라도 진화의 과정 속에서 나타난 여러 가지의 새로운 사실들을 제대로 설명할 수는 없다. …… 우리 생각에 그런 것은 그 나름대로 나중에 따로 떼어 취급하는 것이 유익하며, 우리가 지금 다루고자 하는 연구가 끝난 다음 그것을 다루는 것이 더 좋을 것이라고 보인다"(뒤르케임, 1992: 30. 강조는 필자).

나라만이 지금 취급되고 있는 문제에 관해 연속적인 공식 통계를 가지고 있기 때문"이다(『자본론』 I, 317, 주석 15번). 『자본론』 서문에서 말하듯 당시 "독일과 서유럽 대륙의 기타 나라의 사회통계는 영국의 통계에 비하면 형편이 없"었다(『자본론』 I, 5). 계통적인 통계 방법에 따른 새로운 사회조사는 주도적인 자본주의 국가였던 영국에서 처음으로 그리고 가장 충분하게 발전했다.[88] 즉, 영국이라고 하는 시공간은 이론적 추상과 경험적 검사를 종합할 수 있는 역행추론의 조건을 충족하고 있었다고 할 수 있다.

물론 『자본론』의 구체적인 자료가 영국이며 통계를 활용한다 할지라도 맑스의 설명 논리는 경험에서 출발하되 경험을 넘어서는 초사실적인 논증이 중심을 이루며, 서술의 전개 과정에서 영국을 비롯해 미국, 프랑스 등 여러 산업국이 광범위하게 비교된다. 즉, 영국을 토대로 한 추상과 예증은 프랑스 및 독일과의 '비교실험'을 암묵적으로 전제하는 것이다.[89]

또한 맑스는 계급투쟁이 가장 전형적으로 발달한 나라, 즉 근대산업의 발전 과정과 일정한 단계에서 이미 뚜렷한 변혁 과정을 보여준 나라로 영국을 상정했다.[90]

---

88 새로운 사회조사의 선례는 왕립위원회(Royal Commissions)였는데, 왕립위원회는 19세기 전체를 두고 영국의 경제생활과 사회생활의 많은 측면을 철저히 조사했다. 이 보고서는 사회에 관한 정보의 보고였으며, 엥겔스와 맑스는 이것을 충분히 활용했다(버날, 1995: 101).

89 '비교실험'은 베르나르의 실험의학방법론에서 가져온 용어다. 다음 장에서 살펴보겠지만, 뒤르케임이 사회과학에서의 실험의 보완물로 채택한 발생적 방법, 즉 비교의 방법도 같은 원리에 기초한다.

90 맑스는 『자본론』의 제III권 제52장 '계급들'에 대한 탐구의 서두에서 왜 영국이 경험적 탐구의 대상이 되는지를 다시 언급하고 있다. 맑스는 영국에서도 다양한 상쇄 경향이 교차하고 있음을 주시한다. "이 근대사회와 이것의 경제적 편성이 가장 넓게, 그리고 가장 전형적으로 발전한 나라는 명백히 영국이다. 그러나 여기에서도 이 계급구성은 순수한 형태로 나타나지 않는다. 중간적·과도적 계층들이 그 계급구분을 애매하게 만들고 있다"(『자본론』, III, 1073).

영국에서는 변혁 과정이 이미 뚜렷이 보인다. 일정한 단계에 도달하면 그것은 응당 대륙으로 옮아갈 것이다. 대륙에서 변혁 과정은 노동자계급 자체의 발전 정도에 따라 더 가혹한 형태를 취하든가 더 인도적인 형태를 취할 것이다. 더 고상한 동기가 있든 없든, 현재의 지배계급은 노동자계급의 자유로운 발전을 가로막는 장애물 중 법률에 의해 제거할 수 있는 것은 모두 제거하는 것이 그들의 이익에 가장 부합한다고 생각하게 될 것이다. 특히 이러한 이유로 나는 이 책에서 영국 공장법의 역사·내용·결과에 매우 많은 지면을 할애했다. 어떤 국민이든 다른 국민으로부터 배워야 하며, 또 배울 수 있다. 한 사회가 비록 자기발전의 자연법칙을 발견했다고 하더라도 — 사실 현대사회의 경제적 운동 법칙을 발견하는 것이 이 책의 최종 목적이다 — 자연적인 발전단계들을 뛰어넘을 수 없으며 법령으로 폐지할 수도 없다. 그러나 그 사회는 그러한 발전의 진통을 단축시키고 경감시킬 수는 있다(『자본론』 I, 6).

자본주의적 생산의 자연법칙에서 발생하는 사회적 적대관계의 발전 정도가 높은지 낮은지는 여기에서 문제가 되지 않는다. 문제는 이 법칙들 자체에 있으며, 움직일 수 없는 필연성을 가지고 작용해 관철되는 이 경향들 자체에 있다. 공업이 더 발달한 나라는 덜 발달한 나라에 후자의 미래상을 보여주고 있을 따름이다(『자본론』 I, 5).

요약하면 맑스의 추상, 곧 사유실험은 역사라는 장 속에서 펼쳐지며, 실험의 목적은 역사적인 과정을 통해 드러나는 자본주의 생산방식의 필연성과 경향을 발견하는 것이다. 말하자면 영국은 맑스의 역사과학이 상정한 하나의 역사적 실험실인 셈이다.

2) 이론과 역사: 자본축적의 일반법칙과 제8편의 시초축적

그러므로 설명 대상이 되는 대부분의 역사적 사건은 여러 인과기제가 복합적으로 작용함으로써 발생한 국면(conjuncture)으로 이해되어야 하며,[91] 역사에서 인과 분석은 사건들의 선후관계로 사건을 설명하는 귀납논증도 아니고, 법칙적 진술에서 연역되는 연역논증도 아니며 이론적 진술을 경유해 다수의 인과기제의 결합으로 사건들의 발생 국면을 설명한다. 특히『자본론』의 제3편에서 본격적으로 시작된 노동일 분석과 제8편의 시초축적으로 거슬러 올라가는 설명 방법은 사회과학에서 이론과 역사, 인과 분석과 조건 분석이 결합되는 역사적 설명 방식을 취한다.『자본론』제3~8편에서 전개되는 인과적 설명은 제1~2편에서 제출된 이론적이고 분석적인 진술과 구체적이고 종합적 진술이 결합되는 전형을 보여준다.

맑스에 따르면 임노동의 전제조건이자 자본을 위한 전제조건은 ① 자유노동과 화폐의 교환 ② 생산수단과 노동대중의 폭력적 분리다. 여기서 맑스는 자본축적의 역사적 토대, 조건, 원인, 경향 등을 구분한다. 수공업에서 자본주의적 생산으로 이행하는 동안 일어난 시초축적은 진정한 자본주의적 생산양식의 역사적 결과가 아니라 그것에 선행하는 **역사적 토대**(土臺)다. 그러나 자본축적의 핵심은 사회적 노동생산성의 증진방법인 잉여가치의 생산을 증대시키는 방법에 있다. 이 잉여가치는 축적의 형성 요소가 되며, 잉여가치를 증진시키는 방법은 자본축적을 촉진하는 방법이다. 따라서 일정한 정도의 자본축적이 진정한 자본주의적 생산방식의 **전제조건**이라면, 이제 거꾸로 진정한 자본주의적 생산방식은 자본의 **가속적 축적의 원인**이 된다(『자본론』I, 852~853, 979. 강조는 필자). 여기서 노동력상품의 대중화는

91 '국면들'로서의 사건들이라는 개념은 우리가 역사적 사건의 독특함을 이해하는 것을 허용한다(Archer et al., 1998: 97).

임노동관계 출현의 전제이자 자본주의적 축적을 가속화하는 충분조건이 되었던바, 상품생산사회와 자본주의적 상품생산사회를 가르는 '변증법적 역전'의 계기로 상정된다.[92]

이상의 논의와 시초축적 그 자체에 대한 맑스의 설명에는 그 어떤 신비스러움도 없다. 제7편 자본축적의 일반법칙에서 제8편으로 이동하는 논의의 맥락은 여전히 기존의 정치경제학 가설에 대한 설명적 비판의 과정 속에 자리한다. 제7편의 논의는 "자본주의적 생산에 특유한 인구법칙"이 "추상적 인구법칙"으로 환원될 수 없다고 비판하면서도, 자본주의적 축적이 어떻게 자본관계를 확대된 규모에서 재생산하며 노동 인구를 상대적 과잉인구로 양산하는지를 설명한다(『자본론』 I, 862). 그런 의미에서 자본축적은 일종의 '천체의 운동'과 같이, 일단 어떤 특정한 운동에 들어가면 "결과가 이번에는 원인으로 되며, 그리하여 (자기 자신의 조건을 끊임없이 재생산하는) 전체 과정의 교체되는 국면들이 주기성(periodicity)의 형태를 취하게" 되는 피드백(feedback) 과정이라 할 수 있다(『자본론』 I, 864). 이때의 '법칙'은 생산과 재생산의 구조적 운동을 의미하는 메커니즘으로서의 법칙이다.

그런데 이 지점에서 논의는 이러한 운동이 "끝없는 순환 속에서 빙빙 돌고 있는 것"이 아님을 드러내기 위해, 곧 "자본주의적 축적에 선행하는 시초축적을 상정"하고자 전사(前史)에 대한 논의로 성큼 이동한다.[93]

---

92 "이러한 결과는 노동자 자신이 노동력을 상품으로 자유로이 판매하게 되자마자 불가피한 것이 된다. 그러나 이 순간부터 비로소 상품생산(commodity production)은 보편화되며 전형적인 생산형태가 된다. 즉, 이때부터 비로소 모든 생산물은 처음부터 판매를 위해 생산되며, 생산되는 부(富) 전체가 유통의 영역을 통과한다. 임금노동이 상품생산의 토대가 될 때 비로소 상품생산은 자신을 전체 사회에 강요한다. 또한 그때 비로소 상품생산은 자신의 잠재력을 전부 발휘한다. …… 상품생산이 그 자체의 내재적 법칙에 의해 자본주의적 생산으로 전환되는 정도에 따라, 상품생산의 소유법칙은 **변증법적 역전**(dialectical inversion)을 겪지 않을 수 없고 이리하여 자본주의적 취득 법칙으로 전환된다"(『자본론』 I, 799~800. 강조는 필자).

자본의 축적은 잉여가치를 전제하며, 잉여가치는 자본주의적 생산을 전제하며, 자본주의적 생산은 상품생산자들의 수중에 상당한 양의 자본과 노동력이 이용 가능한 형태로 존재한다고 전제한다. 그러므로 이 모든 운동은 끝없는 순환 속에서 빙빙 돌고 있는 것으로 보이는데, 여기에서 벗어나기 위해서 우리는 자본주의적 축적에 선행하는 시초축적[primitive accumulation, 애덤 스미스가 말하는 '이전의 축적'(previous accumulation)], 즉 자본주의적 생산양식의 결과가 아니라 그 출발점인 축적을 상정하지 않으면 안 된다(『자본론』 I, 979).

제25장 '자본주의적 축적의 일반법칙'에서 제26장 '이른바 시초축적'으로 이동하는 설명 구조는 입증된 법칙적 진술을 경유해 축적에 선행하는 원인을 소급 적용하는 전형적인 소급예측의 논증 형식을 취한다.[94] 동시에 이와 같은 설명은 행위이론적 설명, 즉 자본축적의 기원을 부지런하고 현명하며 검약이 뛰어난 자본가의 절제에서 찾던 낫소 시니어(W. N. Sinior)의 제욕설이나, 그 축적과정에서 유일한 치부 수단이 정의와 노동이라고 주장하던 당대 부르주아 경제학의 '원죄설'이라는 신화를 반박하는 것이기도 하다. 즉

93 이러한 설명의 방향은 뒤르케임과 다르지 않다. "사회적 사실을 결정하는 원인은 앞선 사회적 사실에서 찾아야지 개인의 의식 상태에서 찾아서는 안 된다"(『규칙들』, 175).

94 이 맥락에서 소급예측 논증이 필요한 이유는 교환행위를 행위 이론적으로 설명하는 것을 반박하기 위함이다. 예컨대 맑스는 다음과 같이 말한다. "상품생산(또는 상품생산에 속하는 어떤 과정)을 상품생산 자체의 경제 법칙에 따라 판단하려면, 개별 교환행위를 그 전후의 교환행위들과의 모든 관련을 떠나 개별적으로 고찰해야 한다. 그리고 매매는 오직 특정한 개인들 사이에서 진행되기 때문에 거기에서 전체 사회계급들 사이의 관계를 찾는 것은 허용될 수 없다.
현재 기능하고 있는 자본이 통과해온 주기적 재생산과 그것에 선행하는 축적의 계열(a series)이 아무리 길다 하더라도, 이 자본은 언제나 자기의 시초의 처녀성을 보존한다"(『자본론』 I, 799).

경제학자들의 견해와 달리 자본주의적 생산양식은 16세기 초 "'신성한 소유권'에 대한 가장 파렴치한 침해와, 인간에 대한 가장 난폭한 폭행"을 수반한 프롤레타리아의 탄생에 근거한다는 것이다(『자본론』 I, 1000). 제8편의 제목이 '이른바 시초축적'인 이유도 바로 여기에 있다.

자본주의적 생산이 일단 자기 발로 서게 되면, 그것은 이 분리를 유지할 뿐 아니라 끊임없이 확대되는 규모에서 재생산한다. 그러므로 자본관계를 창조하는 과정은 노동자를 노동조건의 소유에서 분리하는 과정(즉, 한편으로는 사회적 생활수단과 생산수단을 자본으로 전환시키며, 다른 한편으로는 직접적 생산자를 임금노동자로 전환시키는 과정) 이외의 어떤 다른 것일 수가 없다. 그러므로 이른바 시초축적은 생산자와 생산수단 사이의 역사적인 분리과정 외에는 아무것도 아니다. 그것이 '시초적'인 것으로 나타나는 것은 그것이 자본의 전사(pre-history), 그리고 자본에 대응하는 생산양식의 전사를 이루기 때문이다(『자본론』 I, 981).

여기서도 영국은 하나의 실험실로 상정된다. "이 수탈의 역사는 나라가 다름에 따라 그 광경이 다르며, 그리고 이 역사가 통과하는 각종 국면의 순서와 시대도 나라마다 다르다. 그러한 전형적인 형태를 취하고 있는 것은 영국뿐이며, 그렇기 때문에 우리는 이 나라를 예로 든다"(『자본론』 I, 983). 이렇게 시초축적에서 시작한 제8편은 제32장 '자본축적의 역사적 경향' 및 제33장 '근대적 식민이론'에 대한 논의를 끝으로 『자본론』 I권이 마무리된다.

제8편의 논의는 맑스 특유의 역사적인 설명적 비판 모델의 독창성을 입증한다.[95] 맑스는 자본축적의 원인을 자본가나 노동자의 심리학적·주관적

95 구 동독의 맑스-레닌주의 연구소가 펴낸 디츠(Dietz)판 『맑스-엥겔스 전집』의 『자본론』 제I권에서는 「이른바 본원적 축적」 장(章)이 제7편 「자본의 축적과정」 속에 포함되어 제24장으로 편제되어 있다. 국내 '이론과 실천' 출판사의 번역본은 이 디츠판(Dietz)을 대본으로 하고 있다. 그러나 프로그레스(Progress)판이나 펭귄(Penguin)판과 같은 영역본에서는 제24장이 제25장(「근대 식민이론」)과 함께 제8편으로 분리되어 있다(김택

요인으로 환원하는 시각을 비판하면서도, 자본이 어떻게 최초로 계급관계를 폭력적인 형태로 강제했는가를 설명한다. 이를 통해 분명해지는 것은 자본이 행위자의 속성이나 고정 불변의 사물(thing)이 아니라 자본관계, 즉 생산관계인 동시에 생산수단의 소유를 둘러싼 분배관계라는 점이다.[96] 요컨대 맑스에게 자본은 무엇보다도 사회관계, 다시 말하면 부르주아 사회의 계급 — 자본가와 노동계급 — 간 투쟁의 사회관계다.

이와 같은 설명적 논증이 궁극적으로 산출한 이론적 함의는 무엇인가? 그간 논리적 순서와 역사적 순서가 일치 또는 불일치하는 문제를 둘러싸고 제1편과 제8편의 관계는 극심한 논쟁을 유발해왔다. 언뜻 생각하면 맑스는 상식적인 또는 일반적인 역사서술 순서를 무시하고 자본의 후사(後史)를 먼저 서술하고 난 다음에 전사를 서술하고 있는 셈이다. 왜 맑스는 후사 다음에 전사를 위치시켰던 것일까? 이 전도의 의미는 무엇인가? 맑스가 연대기적 순서에 따라 자본의 역사와 발전을 친절하게 서술하지 않은 점에 많은 이는 적지 않은 불만을 표하기도 했다. 맑스가 말하듯 연구의 방법과 서술의 방법이 형식면에서 차이가 있을 수밖에 없다면, 제8편의 논의가 제일 처음에 자리한다고 해서 '설명'의 구조가 크게 훼손된다고 볼 수는 없기 때문이다. 아울러 제1편의 유사 연역적 서술 방식과 맞물려 생겨난 무수한 논쟁을 상기한다면, 이진경의 말대로 "자본주의의 탄생지로서 '본원적 축적'은

현, 1997: 764). 김택현은 「이른바 본원적 축적」의 서술대상이 『자본론』 제I권의 나머지 부분의 서술대상과 다르므로 — 물론 『자본론』 제I권 전체의 서술대상으로서는 동일하지만 — 그 부분은 따로 편제되어야 한다고 지적한다. 정확히 같은 이유에서는 아니지만, '시초축적'이 맑스의 역사방법론에서 점하는 위상과 설명적 중요성을 고려할 때, 편제에 관한 김택현의 생각에 동의한다.

96 맑스는 다음과 같이 말한다. "자본·토지·노동! 그러나 자본은 사물(thing)이 아니라 일정한 역사적 사회구성(social formation)에 관련되는 특정한 사회적 생산관계이며, 이 생산관계가 사물에 표현되어 이 사물에 하나의 특수한 사회적 성격을 부여하고 있을 뿐이다"(『자본론』 III, 992).

차라리 이 책의 초입에서 서술되었어야 할 것이기 때문이다"(이진경, 2004: 321). 다른 한편 김택현의 견해대로, I권 제8편의 역사서술이 자본주의의 기원이나 맹아를 찾는 것에 있지 않을 뿐더러, 목적론·경험론적·실증주의적·역사주의적 역사서술의 기준으로 평가될 수 없다는 점도 분명해 보인다(김택현, 1997: 782).

결국 이 문제는 궁극적으로 『자본론』의 기획이 근본적으로 무엇이었는지를 되묻게 한다. 이에 대한 대답은 우선 맑스의 진술 자체에서 찾아볼 수 있고, 그의 층화이론 및 발현이론을 역사의 지평 속에 위치 지음으로써 해명의 단초를 찾을 수 있다. 결론부터 이야기하자면, 맑스가 시간 순서에 따라 연대기적으로 『자본론』을 서술하지 않은 것은 자본주의의 역사 속에서 새롭게 발현된 계급투쟁의 국면과 동학을 사고하고 있었기 때문이며, 그 역사적·정치적 조건들을 '경제적 운동의 법칙', 또는 '이행의 법칙' 속에 일종의 층위 관계로 포함하고 있었던 까닭으로 보인다. 이러한 해석의 근거를 『요강』의 시초축적에 대한 논의에서 끌어올 수 있다. 우선 맑스는 과거 자본형성의 역사적 전제들과, 현재 자본에 의해 지배되는 생산양식에 속하는 역사적 전제들을 구분한다.

> 가치들을 유통에 가지고 들어와야 한다는 조건은 자본의 태고적 조건에 속한다. 즉, 그 조건들은 역사적인 전제들로서 과거의 전제들이고 따라서 자본 형성의 역사에 속하지, 결코 자본의 현재 역사, 즉 자본에 의해 지배되는 생산 양식의 체제에 속하는 역사적 전제들에 속하지 않는다(『요강』 II, 82).

한편, 과거의 역사적 전제와 새롭게 형성되었고 지양되는 과정 중에 있는 현재의 전제들을 구분하지 않는다면, 이는 자본주의를 영원하고 자연적인 생산형태로 정당화하는 부르주아 경제학의 옹호론적 시도에 대항할 수 없다.

잉여 자본의 창출에 선행했거나 자본의 형성을 표현하는 조건들은 자본이 전제로서 기여하는 생산양식에 속하지 않고, 자본 형성의 역사적 전(前)단계들로서 그것의 이면에 놓여 있다. 즉, 개별자본들은 여전히 축장에 의해 형성될 수 있다. 그러나 이러한 축장은 노동의 착취에 의해 비로소 자본으로 전환된다. 자본을 영원하고 (역사적이 아니라) 자연적인 생산 형태로 간주하는 부르주아 경제학자들은 자본 형성의 조건들을 자본의 현재적 실현의 조건들로 선언함으로써…… 다시 자본을 정당화하고자 한다. 이러한 옹호론적 시도들은 자본으로서의 자본의 점취 방식을 자본주의 사회 자체에 의해서 선포된 일반적인 소유법칙들과 조화시키려는 사악한 양심과 무기력을 증명해 준다(『요강』 II, 83).

마지막으로 맑스는 방법론적인 이유가 더 중요하다고 힘주어 강조한다.

다른 한편, 이것이 더욱 중요한데, 우리의 방법은 역사적 고찰이 개입해야 하거나 또는 부르주아 경제가 생산과정의 단순한 역사적 형체로서 자신을 뛰어넘어 과거의 역사적 생산방식들을 가리키는 지점들을 보여준다. 따라서 부르주아 경제 법칙들을 설명하기 위해서 생산관계들의 실재 역사를 기술할 필요는 없다. 그러나 이 생산관계들을 스스로 역사적으로 형성된 관계들로서 올바르게 파악하고 추론하는 것은 언제나 이 체제의 뒤에 놓여 있는 과거를 가리키는 — 예를 들어 자연과학에서 경험적 수치들과 같은 — 최초의 균등화들로 인도한다. 그러면 현재에 대한 올바른 파악과 더불어 이러한 암시들은 과거를 이해하는 열쇠를 제공해준다 — 바라건대 우리가 나중에 수행할 작업 자체. 다른 한편으로 이러한 올바른 고찰은 생산관계들의 현재 형체의 지양 — 그러므로 미래의 전조, 형성되는 운동이 암시되는 지점들에 도달한다. 한편에서 전(前) 부르주아적 국면들이 단지 역사적인 전제, 즉 지양된 전제들로 나타난다면, 생산의 현재 조건들은 스스로 지양되는 것, 따라서 새로운 사회상태를 위한 역사적인 전제들을 정립하는 것으로 나타난다(『요강』 II, 84).

다시 말해 현재의 생산관계를 구성하는 요소들의 전제를 알기 위해 현재에서 과거로 거슬러 올라가는 이러한 소급예측적 논증이 필요한 이유는 과거만이 아니라 현재의 국면과 조건에서 진행되고 있는 운동의 성격과 역사적 경향을, 그 이행의 차원을 올바르게 파악하고 전망하기 위함이라 보인다. 이러한 해석이 타당하다면, 맑스가 자본주의 축적의 역사에서 새롭게 발현된 전제들을 자본주의 이행의 법칙 속에 포함하고자 했던 것은 분명해 보인다.

한편 역사적으로 발현된 시간구조에 대한 맑스의 생각은 반환원주의적 층화이론의 연속선상에서 생산적으로 이해될 수 있다. 이를 명료히 하기 위해 변형적 사회활동모델을 시간적인 맥락 속에 위치시킬 것을 제안한 아처의 분석적 이원론의 형태 형성에 대한 재구성을 참고하기로 하자. 여기서 분석적 이원론이라는 말은 사회구조와 인간행위가 구분되는 동시에 상호의존하는 층위들이라는 것을 가리킨다.[97]

여러 번 강조했듯, 비판적 실재론이 가정하는 인과성은 사건들의 단선적인 원인-결과나 선후관계에 기초한 흄의 인과개념이 아니라 발생적 인과개

---

97 아처의 사회활동모델은 기본적으로 사회구조의 선재성과 사람-사회의 존재론적 간극을 승인하는 분석적 이원론에 근거해 있다. 아처는 사회형태의 선존재를 고려하지 않고 '과정'만을 강조하는 기든스의 구조화 이론이 자원론적 행위모델로 융합될 수밖에 없음을 지적한다. 구조화 이론의 '실천의 존재론'은 그 이론에서 사회적 존재론 → 설명적 방법론 → 실천적 사회이론들의 관계를 박탈하기 때문에 구조와 행위주체 사이의 시기적 상호운동을 논리적으로 검토할 수 없다는 것이다. 반면 변형적 사회활동모델은 사회형태들의 선존재(pre-existence)와 상대적 자율성, 인과적 영향력 모두를 보증하는 사회활동모델을 제안한다. 자세한 논의는 아처(2005)를 참고하라.

념에 기초한다. 아처(2005)는, '발현'을 고려하는 것이 분석에 시간 차원을 도입하는 것이라고 강력하게 지적한다. 사회구조와 인간행위 사이의 상호작용은 시간의 흐름 속에서 일어난다. 발현은 과정이다. 특정 층위 안에 있는 속성과 힘은 다른 층위의 그것들보다 앞서 나타난다. 왜냐하면 뒤의 것은 앞의 것에서 발현하기 때문이다. 그렇지만 발현이 발생하면 이 층위의 힘은 다른 층위의 힘과 관계에서 상대적 자율성을 갖는다. 아처의 분석적 이원론은 구조와 행위주체의 기본 모델을 시간 차원 속에 위치시킨다. 역사적인 시간의 발현적 차원을 사고할 때, 사회형태들의 선존재와 자율성 모두를 존중하는 사회활동모델이 구축될 수 있다. 선존재와 자율성은 구조짓기/재구조짓기 과정에서의 불연속을 나타나는데, 그것들은 '이전(단계1)', '동안(단계2)', '이후(단계3)'를 분석적으로 구분함으로써만 파악할 수 있다. 그러나 이 단계의 어느 것도 인간 활동의 연속이 모든 사회적인 것이 지속하는 데 필수적이라는 것을 부인하지 않는다(아처, 2005: 288~289; 다네마르크 외, 2005: 297).

맑스가 제시한 전 부르주아적 단계들과 시초축적이 지양된 과거의 전제로서 '이전'에 해당한다면, 현재 지양되고 있는 '생산의 현재 조건'들은 '동안'으로, '새로운 사회상태를 위한 역사적인 전제'들은 '이후'로 분석적으로 구분될 수 있을 것이다. 물론 아처가 지시하는 시간성은 불연속적인, 발현적 힘을 보유한 층화된 시간성이다. 앞서 말했듯, 층화는 발생기제들 사이에서 생겨난다. 더 상위의 층에 존재하는 구조와 기제를 하위의 층으로 설명하면, 불가피하게 환원주의의 오류에 빠지게 된다.

이를 참고해서 맑스의 텍스트로 다시 돌아가보자. 맑스는 '스스로 역사적으로 형성된 관계들'이 보유한 발현적 힘을 포착하기 위해, '역사적 고찰'을 개입시켜야 한다고 말하고 있다. 맑스가 드러내고자 했던, 새롭게 발현된 기제들은 무엇인가? 이는 제3편 제10장 '노동일'에서 시작되어 제I권의 말미 '이른바 시초축적'에 이르기까지 책 절반 분량이 넘게 할애된 역사서술의 내용으로 대답될 수밖에 없다. 맑스는 제3~6편에 걸쳐 기나긴 노동계급의 투쟁 역사를 경험적으로 분석하고 나서, 제7편 자본축적의 일반법칙을 도출하는 서술 구조를 전개한다. 그리고 '담지자'로 가정되었던 계급 행위자는 이제 계급투쟁의 구체적인 역사 속에 생명력을 확보한다.

현실의 역사과정을 서술할 경우에는 구조와 기제를 잘 드러내기 위해 전제된 가정, 즉 행위자를 구조의 담지자로 전제하는 가정이 철회되어야 하며, 이럴 경우 현실에서 계급투쟁이 일어나는 장소는 자본의 구조적 강제가 작동하고 있는 체제 안이다. 다시 말해 맑스가 자본의 과학에서 서술하고 있는 계급투쟁의 장소, 즉 부등가교환을 강제하는 구조적 힘과 이에 저항하는 노동자들의 힘이 서로 맞서는 장소는 체계 바깥이 아니라 체계 안의 시장과 공장이다.[98]

3) 구조와 행위: 표준노동일을 둘러싼 투쟁과 공장법

맑스에 따르면, "자본가와 임금노동자 사이의 투쟁은 자본관계가 발생한 첫날부터 시작된다"(『자본론』 I, 574). 그러나 러다이트 운동의 역사가 말해주듯 노자 간의 투쟁이 기계 자체를 공격하는 것에서 "사회형태를 공격하는 것으로 옮길 줄 알게 되기까지에는 시간과 경험이 필요했다"(『자본론』 I,

98 비판적 실재론에 입각해 계급투쟁의 민주주의론적 함의를 재해석한 논의로 김진업(2010: 128~133)을 참고하라. 같은 맥락에서 자본주의적 생산과정의 조직은 경제적 강제, 다시 말해 "경제적 관계의 무언의 강제"를 통해 노동자에 대한 자본가의 지배를 확고히 한다. 그러나 "자본주의적 생산의 역사적 발생시기에는 사정이 다르다. …… 노동일을 연장하기 위해, 그리고 또 노동자 자신을 자본에 정상적인 정도로 종속시켜 두기 위해, 국가권력(the power of the state)을 필요로 하며 또한 그것을 이용한다. 이것이 이른바 시초축적에서 하나의 본질적 측면이다"(『자본론』 I, 1013~1014. 강조는 필자).

575). 공장법은 “생산과정의 자연발생적 발전형태에 대한 사회의 최초의 의식적이며 계획적인 반작용”이다. 맑스가 공장법, 말하자면 국가권력의 정치적 개입을 자본 외부에서 도입되는 기제가 아닌 자본운동 내부의 모순이라고 보았다는 점은 제8편 제28장 ‘피의 입법’ 부분에서 드러나고, 제15장 ‘상대적 잉여가치의 생산’ 부문에서 공장법이 “면사·자동기계·전신과 마찬가지로 대공업의 필연적인 산물”이라고 말하는 것에서도 분명해진다(『자본론』 I, 643). 공장법의 확대는 자본의 직접적인 지배를 야기하는 동시에 자본에 대한 직접적인 투쟁을 일반화하며, 자본주의적 모순과 새로운 동력을 형성할 기제로 상정된다.

> 공장법의 확대는 (자본의 지배가 아직도 부분적으로 은폐되고 있는) 낡은 형태들과 과도적 형태들을 분쇄하고, 그 대신 자본의 직접적이고 노골적인 지배를 야기한다. 그리하여 공장법의 확대는 자본의 지배에 대한 직접적인 투쟁도 일반화한다. …… 공장법의 확대는 생산과정의 물질적 조건과 사회적 결합을 성숙시킴으로써, 생산과정의 자본주의적 형태의 모순과 적대를 성숙시키고, 이리하여 새로운 사회를 형성할 요소들과 낡은 사회를 타도할 세력들을 모두 성숙시킨다(『자본론』 I, 675).[99]

“자본의 수중에 있는 기계가 야기하는 노동일의 무제한의 연장은…… 나중에는 (그 생명의 근원이 위험에 처하게 된) 사회로부터 반작용을 불러일으키며, 그리하여 법적으로 제한된 표준노동일을 초래한다”(『자본론』 I, 549).[100]

---

99 이러한 맥락에서 맑스는 로버트 오언(R. Owen)의 말을 빌려 “공장제도가 사회혁명의 출발점”이라 말한다(『자본론』 I, 676, 주석 244번).

100 상대적 잉여가치 생산이 아니라 절대적 잉여가치 생산이 자본 고유의 잉여가치 증식 방법이라는 맑스의 말은 이 점에서 의미가 더 분명해진다(『자본론』 I, 549 참고).

맑스는 표준노동일의 제정을 둘러싼 자본가와 노동자 사이의 수세기에 걸친 투쟁의 역사가 두 가지 상반되는 경향을 보여준다고 말한다. 노동일을 강제적으로 단축시키려는 현대 – 맑스 당대 – 의 공장법과 노동일을 강제적으로 연장시키려는 14~18세기 중엽의 노동 법규가 그것이다(『자본론』 I, 362).

제1권 제10장 '노동일'을 분석하면서 공장법의 역사를 서술하는 부분은 영국의 사례가, 미국, 프랑스로 확장되는 과정에 대한 고찰과 공간적 비교를 포함하며, 제15장 '기계와 대공업'에 대한 고찰에서도 비교사적 고찰은 계속되고 있다.[101] 또한 제10장에서 표준노동일을 둘러싼 투쟁은 공장법의 성격과 국면에 따라 분석적으로 세 단계로 구분된다. 14세기 중엽에서 17세기 말까지 노동일 연장을 위한 강제법, 1833년 제정된 이후 1864년까지 법률에 의해 노동시간을 강제적으로 제한한 영국의 공장법 중 1833년, 1844년, 1847년의 공장법, 그리고 1850년 이후의 공장법의 단계가 그것이다. 맑스는 1850년 이후의 공장법에 특별한 의의를 부여한다. "공장법의 원칙은 (현대적 생산방식의 독특한 창조물인) 대공업 부문들을 지배함으로써 승리를 거두었다. 1853~1860년의 대공업 부문들의 놀라운 발전과 공장노동자들의 육체적·정신적 재건은 아무리 아둔한 사람의 눈에도 선명하게 보일 정도였다"(『자본론』 I, 397). 여기서 그는 영국에서의 투쟁이 역사적으로 가진 특수성과 자본, 즉 총체적 계급투쟁 안에서 차지하는 일반적 위치를 모두 논하고 있다. 이러한 요구가 일반화되면 투쟁은 이미 계급관계, 따라서 정치관계로 변화한다(클리버, 1986: 53).

표준노동일을 둘러싼 투쟁의 인과적 조건은 역사적 과정에서만이 아니라 노동력상품의 특수성에서도 도출된다. 일반상품과 달리 노동력상품의 "특수한 성질은 구매자에 의한 이 상품의 소비에 일정한 한계가 있음을 암

101 비교의 구체적인 내용은 『자본론』의 제15장 653~676쪽을 참조하라.

시하고 있는데, 노동자가 노동일을 일정한 표준적인 길이로 제한하려고 할 때 그는 판매자로서 자기의 권리를 주장하는 것이다. 따라서 여기에는 권리 대 권리라는 이율배반(antinomy)이 일어나고 있다. 즉, 쌍방이 모두 동등하게 상품교환의 법칙에 의해 보증되고 있는 권리를 주장하고 있다. 동등한 권리와 권리가 서로 맞섰을 때는 힘이 문제를 해결한다"(『자본론』 I, 309~310). 따라서 맑스는 "표준노동일 제정은 장기간에 걸친 자본가계급과 노동자계급 사이의 다소 은폐된 내전의 산물"이라고 말한다(『자본론』 I, 402).

강조해두자면, 계급투쟁의 필연성은 역사적인 실례뿐 아니라 – 비판적 자연주의 관점에 일관된 – 인간노동 및 노동력상품의 초역사적·역사적 규정에 존재론적 근거를 둔다. 노동은 인간과 자연 사이에 이루어지는 과정인 동시에, 자기 자신의 본성을 변화시키는 합목적적 – 육체적·정신적 힘을 발휘하는 – 활동으로 모든 사회형태에 공통된 것이다(『자본론』 I, 235~236). 즉, 노동은 노동력의 발현이며, 사람과 자연 사이에 일어나는 가장 변형적인 관계다. 그러한 노동은 물질적 과정인 동시에 의식적인 과정이다.

이것이 초역사적 규정이라면, 상품유통을 전제한 자본주의적 생산 조건에서 '이중의 자유'를 가진 노동자의 노동은 노동력상품이라는 역사적인 규정의 제한을 받게 된다. 인신적 구속에서 해방되어 등가교환의 행위자로서 정립된 정치적 기제가 노동자 자유의 한 측면이라면, 동시에 부등가교환의 구조적 압력에 종속된 행위자로서 자신의 노동력을 판매할 수밖에 없는 경제적 강제가 자유의 두 번째 측면을 규정함으로써 자유는 역사적인 제한성을 갖게 된다. 마찬가지로 노동력의 가치는 "(다른 모든 상품 가치와 마찬가지로) 이 특수한 상품의 생산과 재생산에 필요한 노동시간에 따라 규정"되지만, "다른 상품들의 경우와는 달리 노동력의 가치규정에는 역사적 및 도덕적(정신적) 요소가 포함된다"(『자본론』 I, 223~224).

> 그런데 그의 노동력이 지닌 현실적 가치는 이 물리적 최저한도와는 다르다. 그것은 풍토와 사회발전 수준에 따라 달라진다. 그것은 물리적 필요에 의해 결정될 뿐 아니라 역사적으로 발전된 사회적 필요 ― 이것은 제2의 자연(zweiten natur)으로 화한다 ― 에 의해서도 결정된다(『자본론』 III, 1043. 부분적으로 수정함).

이를 통해 노동력 개념이 기존의 정신/신체 이원론을 넘어 그 보편성과 함께 역사성을 동시에 아우르는 수직적·수평적 인과성의 차원에서 규정되고 있음을 알 수 있다.[102] 이 같은 견지에서 미셸 드 브루이(M. De Vroey, 1986)가 말하듯, 노동력은 엄밀한 의미에서 상품이 아니다. 노동력의 구매와 소비는 일반상품과는 달리 최소한의 동의를 필요로 하며, 노동력은 일반상품과 달리 시장 논리에 의해서만 재생산되지는 않는다. 또한 노동력은 일반상품과 달리 소유자와 분리될 수 없다. 또한 노동력상품은 자본운동에 귀속된 존재인 동시에 노동력의 자연적·역사적 한계를 넘어서는 부당한 작업환경을 개선하기 위한 싸움에서와 같이, 집단적·정치적 행위자로 기능하고 저항할 수 있는 상품이라는 점에서 엄밀히 말하면 상품으로 환원될 수 없다.[103] 이것이 맑스가 노동력상품을 '특수한' 상품이라고 말한 의미일 것이다.[104] 맑스에게 노동계급은 자본주의적 상품생산 원리에 내재한 부등가교

102 노동력의 개념은 다음과 같이 정의된 바 있다. "노동력 또는 노동능력이라는 것은 인간의 신체(살아 있는 사람) 속에 존재하고 있는, 또 그가 어떤 종류의 사용가치를 생산할 때마다 운동시키는, 육체적 정신적 능력의 총체를 가리킨다"(『자본론』 I, 219).

103 상품교환이 사적 노동의 사회적 인정을 수행한다는 사실을 상품의 개념과 연관시킬 때, 노동력은 상품으로 간주될 수 없다. 이를테면 노동력이라는 상품은 몇 가지 측면에서 노동력을 제외한 일반상품과 다른 특징을 지니고 있다. 첫째, 노동력은 일반상품과 같이 시장에서의 판매를 목적으로 생산되지 않으며, 둘째, 노동력은 가치결정의 기제가 일반상품의 경우와 상이하며, 셋째, 노동력에는 평균이윤율이 형성되지 않기 때문에 일반상품의 가치는 전형이 불가능하다(정운영, 1992: 95).

환에 맞서 인본주의의 원리로 등가교환을 주장할 수 있는 인과적 힘을 보유한 존재로 상정된다.

> 당신에게는 자본의 가치증식으로 나타나는 것이 나에게는 노동력의 초과지출로 된다. 당신과 나는 시장에서 단 하나의 법칙, 즉 상품교환의 법칙밖에 모른다. …… 그리하여 당신이 노동에서 이득을 보는 만큼 나는 노동실체를 잃어버린다. 나의 노동력을 이용하는 것과 그것을 강탈하는 것은 전혀 상이하다. …… 이것은 우리들의 계약에도 위반되며 또 상품교환의 법칙에도 위반된다. 그러므로 나는 정상적인 길이의 노동일을 요구한다. 더욱이 나는 당신의 동정에 호소함 없이 그것을 요구한다. …… 그러나 당신이 나와의 관계에서 대표하고 있는 그것(자본)은 가슴 속에 심장을 가지고 있지 않다. 거기에서 고동치는 것처럼 보이는 것이 있다면, 그것은 오직 나 자신의 심장의 고동일 뿐이다. 나는 표준노동일을 요구한다. 왜냐하면, 다른 모든 판매자와 마찬가지로 나도 나의 상품의 가치를 요구하기 때문이다(『자본론』 I, 308~309).

이 모든 것을 아울러 볼 때, 맑스가 "노동자들은 자기 자신이 자본과의 자발적 계약에 따라 자기 자신과 자기의 가족을 죽음과 노예 상태로 팔아넘기는 것을 방지해줄 **하나의 법률**(즉, 아주 강력한 사회적 장벽)을 **제정하도록 하나의 계급**"으로(『자본론』 I, 406. 강조는 필자) 단결하지 않으면 안 되는 정치적 운동을 현재의 상태를 지양해가는 새로운 역사적 전제들로 고려하고 있었다는 점은 분명해 보인다. 이 같은 견지에서 공장법과 표준노동일을 둘러싼 투쟁 이후의 자본주의는 역사적으로 수정된 성격을 갖는다.[105] 실제 맑스는 –

---

104 동시에 이것이 바로 제10장 노동일 제1절의 제목이 '노동일의 한계'인 이유라고 할 수 있다.

105 "'양도할 수 없는 인권'이라는 화려한 목록 대신 법적으로 제한된 노동일이라는 겸손

자신이 직접 기초한 – 1866년 제네바에서 열린 국제노동자대회의 결의를 표준노동일을 둘러싼 투쟁의 역사 가운데 일부로 포함해, 다음과 같이 말한다.

> 노동일의 제한은, 그것 없이는 개선과 해방을 위한 앞으로의 모든 노력이 좌절되지 않을 수 없는 예비조건이라고 우리는 선언한다. …… 우리는 8시간을 노동일의 법정한도로 제안한다(이 결의는 자신이 기초한 것이다)(『자본론』 I, 405).

그러나 이 새로운 운동은 일련의 인지적 과정을 매개로 한다. 다시 말해 "거래가 완결된 뒤에야 비로소 그는 '자유로운 행위자가 아니었다는 것'"을 '판명'하는 사회적 과정을 매개로 한다(『자본론』 I, 406). 이는 앞서 살펴보았듯, 사물에의 종속에 맞서 노동자가 생산물을 자신의 것으로 인식하고 생산수단과 자신을 분리하는 것을 부당한 것으로 인식하며, 인격체로서의 의식을 발전시키는 과정이다(『요강』 II, 86).

『자본론』의 과학이 개입하는 두 번째 지점은 바로 이 곳이다. 맑스가 '관계자외 출입금지'인 생산의 장소에 '비밀'이 있다고 말할 때, 이는 단지 잉여가치 생산의 비밀인 생산 영역에서의 부등가교환만이 아니라 자본운동의 가치증식과정 그 자체에 내재한 은폐된 계급투쟁의 동학을 드러내고자 했음을 추론하기란 어렵지 않다. 다시 말해 『철학의 빈곤』(1847)에서 강조한 바 있듯, 자본주의 경제와 자본주의 정치는 분리 불가능한 두 내적 계기이며, 은폐된 생산의 장소는 곧 은폐된 정치의 장소이기도 하다. 요컨대 부등가교환을 강제하는 자본주의의 구조에는 이러한 부등가교환에 저항할 수밖

한 대헌장이 등장하는데, 그것은 "노동자가 판매하는 시간이 언제 끝나며, 자기 자신의 시간은 언제 시작되는가"를 비로소 명확하게 밝혀주고 있다. 이전과 비교해 얼마나 큰 변화인가!"(『자본론』 I, 407)

에 없는 행위기제가 내재해 있다는 것이다. 결국『자본론』의 과학은 행위의 가능성과 정치를 배제하지 않을 뿐 아니라, 오히려 정치경제학 비판의 중심부로 정당하게 끌어온다.[106] 이것이 맑스가 카우프만을 빌려 "하나의 동일한 현상이라도 이 유기체들의 상이한 총체적 구조, 그것들의 개개의 기관(organ)의 다양성, (기관이 기능하는) 조건들의 차이 등등으로 말미암아 전혀 다른 법칙의 지배를 받는다"라고 말한 이유일 것이다(『자본론』 I, 18).

4) 비판과 과학: 맑스의 과학과『자본론』의 위상

이상의 논증이『자본론』의 과학성과 관련해 어떠한 함축을 갖는가? I권의 결론에 해당하는 제8편 제32장 '자본주의적 축적의 역사적 경향'에서 맑스는 시초축적, 즉 자본의 역사적 발생과 현재의 조건들에 대한 논의를 종합하며 세 가지 소유 형태의 전환 과정을 말한다. ① 소유자 자신의 노동에 입각한 개인적 소유(자본주의 이전) ② 직접 생산자의 노동에 입각한 자본주의적 사적 소유(자본주의 시기) ③ 자본주의적 시대의 성과에 입각한 개인적 소유(자본주의 이후)가 그것이다. 각 단계는 부정의 부정이라는 관계로 설정

---

106 뒤르케임과의 비교를 염두에 두면서, 1871년 맑스가 프리드리히 볼테(F. Bolte)에게 보낸 편지에서 정치운동과 경제운동을 언급한 부분을 참고하기로 하자. "노동자계급이 계급으로서 지배계급들에 맞서고 외부로부터의 압력을 통해 이들에게 강제하고자 하는 어떤 운동도 정치운동입니다. 예를 들어 개별 공장에서 또는 동업조합에서 파업 등의 수단으로 자본가들에게 노동시간 제한을 강제하는 것은 순전히 경제적인 운동입니다. 이와 달리 8시간 노동법 등을 강제하는 운동은 정치운동입니다. 그리고 이런 식으로 도처에서 노동자들의 분산된 경제운동들로부터 정치운동, 즉 일반적 형태로, 일반적·사회적으로 강제적인 힘을 가지는 형태로 관철시키기 위한 계급의 운동이 성장해 나옵니다. 이 운동들이 일정한 사전 조직을 전제로 한다면 또한 그것들은 이 조직의 발전을 위한 수단이기도 합니다"[맑스,「마르크스가 뉴욕에 있는 프리드리히 볼테에게」(1871.11.23). 스캄브락스 엮음(1990: 190)에서 재인용].

되며, 세 번째 자본주의적 시대의 성과에 입각한 개인적 소유, 다른 말로 생산수단 공동점유에 기초한 '사회적 소유'는 소경영의 토대인 동시에 사회적 생산의 발전과 노동자 자신의 자유로운 개성의 발전에 필요한 조건이 된다.

이는 길게 상술했던 『요강』 및 『자본론』 제1장에서 나온 세 단계의 사회형태론과 연속성을 갖고 있다. 첫 번째 과정에서 세 번째 과정으로 가는 형태 변환(metamorphosis)은, 노동과 생산수단이 사회화되는 과정을 통해 달성될 수 있다. 자본주의적 생산 자체의 내재적 법칙의 작용을 통해 창출된 물적 조건, 그리고 그와 동시에 증대하는 노동자계급의 투쟁이 이행의 주체적 조건으로 상정되고 있는 것이다.

제III권의 결론에 해당한다고 볼 수 있는, 제48장과 제51장 중 제48장 '삼위일체 공식'에서 유사한 사회형태론이 제시된다. 맑스는 경제적 신비화가 나타나지 않는 두 가지 유형과 신비화가 나타나는 자본주의적 생산양식의 사회를 구분해서 세 가지 사회형태를 제시한다.[107]

물론 이러한 결론은 제II권과 제III권의 경험적 분석을 경유해, 경제학자들과 생산담당자들의 잘못된 믿음의 오류를 비판하고, 그 원천을 설명하는 과정에서 도출된 것이다. 여기서는 대안적 설명들의 소거(Elimination)와 그 발생기제 및 인과구조에 대한 판별(Identification)이 행해진다.[108] 왜 오직 자

107 "이전의 사회형태들에서는 이러한 경제적 신비화(mystification)가 주로 화폐나 이자 낳는 자본과 관련하여 생긴다. 다음과 같은 경우에는 이러한 신비화가 당연히 나타나지 않는다. 첫째는 사용가치를 위한 생산 또는 생산자의 자가소비를 위한 생산이 지배적인 경우이고, 둘째는 고대나 중세와 같이 노예제나 농노제가 사회적 생산의 광범한 토대를 이루고 있는 경우이다. 후자의 경우에는 생산조건이 생산자를 지배한다는 것이 눈에 보이는 지배·종속관계에 의해 은폐되며 지배·종속관계가 생산과정의 직접적인 추진력으로서 나타난다"(『자본론』 III, 1011~1012).

108 맑스는 수입의 원천에 대한 그릇된 관념을 담고 있는 '삼위일체 공식'을 '완성된 물신형태'라고 비판한다. "자본-이윤(또는 더 적절하게는 자본-이자), 토지-지대, 노동-임금이라는 경제적 삼위일체(이것은 가치와 부 일반의 구성부분과 그 원천 사이의 관련

본주의적 생산양식에서만 이러한 신비화가 필연적으로 발생하는가? 맑스의 말로 짧게 요약하자면, 이는 "자본주의적 생산에서 생산 전체의 상호관련은 맹목적인 법칙(blind law)으로서 생산담당자에게 강요되는 것이지, 그 상호관련이 생산 당사자들의 집단적 이성(combined reason)에 의해 이해되고 터득되어 하나의 법칙이 되고, 이 법칙에 따라 생산과정을 그들의 공동관리 아래 두는 것은 아니기 때문이다"(『자본론』 III, 308).

이러한 이론적 판단에 기초해 곧 실천적 판단이 도출된다. 맑스는 사회화된 인간, 결합된 생산자들이 자연과의 신진대사를 합리적으로 규제함으로써 인간성에 가장 알맞은 사회를 조직해야 하며, 노동일을 단축하는 것이 그 기본적인 전제조건이라고 말한다. 바로 이것이 그 유명한 '필연의 왕국에서 자유의 왕국'으로 가는 이행의 조건이다.

> 자유의 왕국(realm of freedom)은 궁핍과 외부적인 편의(external expediency)에 의해 결정되는 노동이 끝장나는 곳에서 비로소 진정으로 시작되며, 따라서 그 본성상 진정한 물질적 생산(material production proper)의 영역을 넘어서서 존재한다. …… 문명인의 발전에 따라 이 자연적 필연(natural

---

을 나타낸다)는 자본주의적 생산양식의 신비화, 사회적 관계의 사물화, 생산의 소재적 관련과 그 역사적·사회적 특수성과의 직접적 융합(coalescence)을 완성한다"(『자본론』 III, 1010). 그러나 고전파 경제학이 삼위일체 공식의 환상을 '완전히' 깨지 못한 것은 그들의 부르주아적 입장 때문에 불가피했으며, 생산담당자들의 경우 이 삼위일체 공식의 외관 속에서 움직이고 외관과 매일 부딪치기 때문이다. 속류경제학자들은 이 생산담당자들의 일상적 관념을 교조주의적으로 번역해서 정리한 것에 지나지 않는다. 결국 이들의 공식은 수입 원천의 자연적 필연성과 영원한 정당성을 설교하며 하나의 교리로까지 격상시킨다(『자본론』 I, 1011). 삼위일체 공식을 비판하는 맑스의 대안적 설명의 요체는 곧 가치 및 잉여가치가 자본주의에 고유한 사회적 노동에서 비롯되며 자본가에 귀속된 노동자의 노동력이 창출한 잉여가치가 이윤과 이자, 지대 등의 형태로 분배된다는 것이다.

necessity)의 왕국이 확대된다. 왜냐하면 그의 욕구도 확대되기 때문이다. 그러나 동시에 이러한 욕구를 충족시키는 생산력도 확대된다. 이 영역에서 자유는 오직 다음과 같은 점이다. 즉, 사회화된 인간, 결합된 생산자들이 자연과의 신진대사를 합리적으로 규제함으로써 그 신진대사가 맹목적인 힘으로서 그들을 지배하는 것이 아니라 그들이 그 신진대사를 집단적인 통제 아래에 두는 것, 그리하여 최소의 노력으로 그리고 인간성에 가장 알맞고 적합한 조건 아래에서 그 신진대사를 수행하는 것이다. 그러나 이것은 여전히 아직 필연의 왕국(realm of necessity)이다. 이 왕국을 넘어서야만 진정한 자유의 왕국 — 즉 인간의 힘을 목적 그 자체로 발전시키는 것 — 이 시작된다. 비록 자유의 왕국은 필연의 왕국을 그 토대로 해야만 개화될 수 있지만, 노동일의 단축은 그 기본적인 전제조건이다(『자본론』 III, 998~999. 강조는 필자).

여기서도 인간적 힘의 완전한 발전이라는 맑스 과학의 상위 목적이 연속성을 띠며 드러난다. 『자본론』의 과학이 계급성의 과학이나 당파성의 과학으로 환원되지 않는 이유 또한 다시금 확인된다. 생산의 무정부성에 대한 이성적 통제와 사회화된 인간들의 집단적 통제라는 상호 불가분한 과제는, 자본가를 비롯한 모든 생산담당자가 불가피하게 연루될 수밖에 없는 '물적 종속'과 '신비화'의 장벽을 넘어서기 위한 필요조건이라 할 수 있다. 이 물적 조건과 주체적 조건을 매개하는 역할에 맑스 과학의 기획이 자리하며, 『자본론』 또한 그러한 노력의 일부로 위치시킬 수 있을 것이다.

제51장에서 윤곽을 드러내는 『자본론』 자체의 결론은 오히려 간단한 셈이다. 맑스는 존 스튜어트 밀과 같은 경제학자들이 분배관계와 생산관계를 인위적으로 분리시킴으로써, 생산관계의 변치 않는 성격이나 그 근거인 초역사적인 인간 본성을 고집하고 있다고 비판한다.[109]

자본주의적 생산양식의 과학적 분석은 위와는 반대로 다음을 증명하고 있다. 즉, 자본주의적 생산방식은 특수한 종류의 생산방식(mode of production)이며 특수한 역사적 규정성을 가진 생산방식이라는 것. 다른 모든 특수한 생산방식과 마찬가지로 자본주의적 생산방식은 사회적 생산력(social productive forces)과 그것이 발전형태의 일정한 수준을 자신의 역사적 조건으로 전제하고 있는데, 이 조건 자체는 선행 과정의 역사적 결과·산물이며 이 조건을 주어진 토대로 해서 새로운 생산방식이 출발한다는 것. 이 특수한 역사적으로 규정된 생산방식에 대응하는 생산관계 — 즉, 사람들이 그들의 사회적 생활과정에서 또는 그들의 사회적 생활의 생산에서 맺는 관계들 — 는 특수하고 역사적이며 일시적인(transitory) 성격을 가지고 있다는 것. 그리고 끝으로 분배관계는 본질적으로 이 생산관계와 동일하며(생산관계의 뒷면이며), 따라서 이 둘은 마찬가지로 역사적으로 일시적인 성격을 가지고 있다는 것이다(『자본론』 III, 1065~1066).

이 모든 것을 아울러 볼 때, 제1편과 제8편의 배치를 비롯한 『자본론』의 서술 전략은 자본주의의 구조와 동학을 동시에 포착할 수 있는 설명의 구조를 전개하기 위한 것이라 할 수 있다. 그러나 『자본론』의 논리적·철학적 해석과 그 자체의 완성을 추구하는 논의들은 『자본론』을 가득 메우고 있는 역사서술을 이론적 구조물의 부록이나 외삽적인 예증에 불과한 것으로 치부

---

109 당대 경제학이 가정하는 공리주의적 인간관을 비판한 내용은 제레미 벤담(J. Bentham)을 비판한 다음 구절을 참고하라. "벤담은 순전히 영국적인 현상이다. …… 공리주의는 벤담의 발명품이 아니었다. …… 우리가 이 공리주의를 인간에 적용해 인간의 일체의 행위·운동·관계 등을 공리주의의 관점에서 판단하려고 하면, 우리는 우선 인간의 본성 일반(human nature in general)을 알아야 하며, 그다음에는 이 인간의 본성이 각각의 역사적 시대에는 어떻게 변화하는지를 알아야 한다. 그러나 벤담은 이러한 문제들에 관심이 없다"(『자본론』 I, 832, 주석 51번).

함으로써, 그것이 지시하고 있는 구체적인 역사와 행위의 가능성에서 스스로 이론을 고립시키는 효과를 초래했다. 이와 달리 맑스의 과학에서 역사는 이론의 외부가 아닐뿐더러, 이론적인 운동은 역사적인 운동의 일부를 구성한다. 『자본론』의 과학은 자본주의 내부에서 이를 넘어설 수 있는 정치적인 실천과 행위의 가능성을 숙고하는 동시에, 부등가교환을 은폐하는 사회적 불합리성을 실천적으로 바로잡지 않는 한, 협동적인 생산의 원리들이 시장에 의해 발생되지 않는다는 점 또한 일러준다.

물론 생산과정에 대한 맑스의 분석은 충분히 발전하지 못했고, 경쟁에 관한 분석 또한 미완의 과제로 남았다. 그러나 이러한 한계가 이데올로기 비판의 확고한 준거점으로 자리한 '과학'이 기존의 잘못된 믿음과 그 원천인 잘못된 사회관계를 변형하는 수단이 될 수 있다는 맑스 과학의 기본 기획을 훼손하는 것은 아니다.

마지막으로 제8편과 제1편의 배치가 이른바 '전도'됨으로써, 맑스의 '여는 주장'이 초래한 해석의 긴장과 불편을 감내하며 그 서술 전략을 영 마뜩치 않게 생각했던 맑스 이후의 후학들을 위해, 제1편 서술에 대한 맑스의 고민을 부연해두기로 하자.

> 우리는 이미 자본주의적 생산양식과 상품생산 일반의 가장 단순한 범주들(즉, 상품과 화폐)을 논의하는 곳에서, 사회적 관계를 사물 그것의 속성으로 전환시켜버리는 신비주의를 지적한 바 있다. …… 우리가 자본을 먼저 직접적 생산과정에서 (잉여노동을 착취하는 것으로서) 고찰한다면, 이 관계는 매우 단순해서 진정한 관련이 이 과정의 담당자인 자본가 자신에게 감명을 주어 그들의 의식 속에 남아 있게 된다. 노동일의 한계를 둘러싼 격렬한 투쟁이 이것을 적절히 증명하고 있다(『자본론』 III, 1006~1007. 부분적으로 수정함).

여기서 자본주의 생산의 비밀과 그 내적 필연성을 서술하고 설명하기 전에, 사람들의 사회적 관계를 사물들의 자연적 관계로 '자연화'하는 물신성의 기제에 사로잡혀 있는 부르주아의 일상적 '의식'이 '허위'임을 먼저 드러내고 비판해야 했던 맑스의 고민을 엿보기란 어렵지 않다. 이는 맑스의 서술 전략 자체가 고전 정치경제학에 대한 철저한 내재적 비판에 근거하되 『자본론』을 읽게 될 현실의 다양한 청중과의 관계를, 말하자면 이론의 작용과 그 효과를 깊이 고려하고 있었음을 시사한다. 바스카가 말하듯, "사회과학은 주제에 관한 것일 뿐 아니라 청중을 위한 것이기 때문이다"(2005a: 99). 청중은 원칙적으로 언제나 주제, 사회과학, 대담자라는 3원 관계 속에 자리한 당사자이며 잘못된 정보, 설명, 정당화 등의 잠재적인 원천으로서 실제적이거나 가능한 대담자로 자리하고 있다.

다른 한편 『자본론』의 기획 자체가 고전 정치경제학의 완성이 아니라 '이행의 법칙'을 밝히고자 했기에, 설명과 비판이라는 이중의 과제는 처음부터 분리될 수 없었던 것이다. 역사적으로 『자본론』의 설명력이 야기한 인과적 효력은 "『자본론』이 독일 노동자계급의 광범한 층에서 이처럼 빨리 평가받게 된 것은 나의 노력에 대한 최대의 보상"이라는 1873년 2판 후기의 언급에서 드러나듯, 일찍이 상호 입증된 셈이다.[110] 어찌 보면 『자본론』의 역사 자

110 당연한 얘기지만, 맑스의 『자본론』 때문에 독일의 노동자계급이 형성된 것은 아니다. 1852년 요제프 바이데마이어(J. Weydemeyer)에게 보낸 편지에서 썼듯, 계급과 계급투쟁은 맑스의 발명품이 아니라 이미 존재하며 특정한 역사적 발전단계와 연결된 역사적 운동이었고, 부르주아 경제학자들은 이 계급의 경제적 해부학을 이미 다루고 있었다[맑스, 『마르크스가 뉴욕에 있는 요제프 바이데마이어에게』(1852. 3. 5). 스캄브락스 엮음(1990: 84)에서 재인용]. 2판 후기에서는 『자본론』의 이론적 작업이 가한 인과적 작용의 맥락이 드러난다. "『자본론』이 독일 노동자계급의 광범한 층에서 이처럼 빨리 평가받게 된 것은 나의 노력에 대한 최대의 보상이다. …… 독일인의 세습 재산이라 인정되어온 이론적 사색이라는 탁월한 재능은 독일의 이른바 식자층에서는 완전히 소멸했으나 그 대신 독일의 노동자계급 속에서 부활되고 있다"(『자본론』 I, 10).

체가, 지식을 세계에 대한 관조적 관찰로만 바라보는 실증주의 과학관의 이론과 실천, 이론과 역사라는 이분법을 넘어왔다는 점을 증명하고 있다.

그러나 이론의 역사는 역설적으로 맑스의 『자본론』이 치열한 계급투쟁의 한복판에서 쓰인 '역사 속의 이론과 역사'이자 '실천 속의 이론과 실천'임을 망각케 하며, 많은 이는 맑스의 '이론'이 논리적으로 완성된 구조물이기를 내심 바라마지 않는다. 그러나 지식은 언제나 맥락 속에 자리하며 처음부터 실천과 결합되어 있다. 그런 점에서 흔히 회자되는 '자본론의 미완성성'은, 그 논리 구조나 서술 체계가 아니라 맑스 과학의 기획과 발견의 진정한 내용을 온전히 읽어낼 수 없는 독자들의 비과학적인 '해석의 패러다임'에 자리한다고 할 것이다.[111] 이러한 의미에서 『자본론』은 여전히 미완의 저작인 셈이다.

5. 비판적 논평: 이론과 실천의 변증법

이제까지 『자본론』에 구현된 과학방법론을 크게 사회적 존재론, 설명적 방법론, 실천적 사회이론의 결합으로 살펴보았다. 이를 통해 이론/역사, 구조/행위, 과학/비판의 이분법이 『자본론』이 수행한 설명적 비판의 전개 과

요컨대 『자본론』은 이미 형성되고 있는 노동자계급의 운동에 '과학적 이론'이라는 무기를 주었던 것이라 볼 수 있다.

111 이러한 맥락에서 25년 전 쓰인 이기홍의 다음의 논급은 여전히 유효하다. "맑스에 대한 지금까지의 옹호와 비판들 대부분이 맑스 자신이 사회세계에 대한 과학적 탐구에서 가졌던 철학적 전제 및 방법론적 원리를 이해하지 못한 채, 따라서 전제 및 원리와는 무관한 또는 맑스가 이미 극복한 전제가정 위에서 맑스의 원문을 읽었음을 확인했다. …… 그러므로 지금까지의 대부분의 옹호와 비판은 비과학적인 전제가정에 기초해 맑스를 읽음으로써 맑스의 원문들이 가지고 있는 과학성을 오히려 없애버리는 결과를 낳았다고 할 수 있다"(이기홍, 1992: 147).

정에서 유기적으로 통합되고 있음을 알 수 있었다. 이상의 논의를 종합하면서 『자본론』의 과학적 공과와 현재적 위상을 정리하자면 다음과 같다.

첫째, 『자본론』의 가장 큰 과학적 가치는 사회형태의 역사적 성격을 사고하지 못하는 고전 정치경제학자들이 잘못된 '과학적 전제들'과 '범주들'에 대한 치밀한 비판을 통해, 역사와 사회의 지평 속에 과학을 성공적으로 집어넣었다는 점이다. 무엇보다 현상과 본질, 이데올로기와 과학을 구분함으로써 근대 자본주의 사회에 대한 최초의 체계적인 반성으로서 '사회과학'의 토대가 정초되었고 과학과 비판, 이론과 실천의 관계 또한 재정립되었다고 할 수 있다.[112] 바스카가 말하듯, 사회(과)학이 특정 사회형태들의, 특정 역사적 시기에서의 재생산과 변형에 필수적인 관계들을 지배하는 구조를 탐구한다면 그것의 '설명항'은 늘 특수한 것이다. 그러므로 일반사회학은 있을 수 없으며, 오직 역사적으로 위치 지어진 사회형태들에 대한 사회학만이 있을 수 있다(바스카, 2005d: 74).

자본주의 사회형태의 구조와 이행의 차원을 아울러 포착하기 위한 역사적·과학적 전제는 「1857년 서설」에서 윤곽을 그리고 있는 관계적 사회실재론에서 찾을 수 있다. 관계적 사회실재론은 물리적인 것 또는 심리적인 것으로 환원되지 않는 사회의 발현적 속성과 함께, 사회적인 것 또는 생물학적인 것으로 환원되지 않는 정신의 발현적 속성이라는 두 층위의 인과적 힘을 승인하는 공시발현적 힘을 지니는 유물론을 전제로 한다. 이는 물상화 및 자원론이 범하게 되는 존재적 오류와, 방법론적 전체주의와 방법론적 개

112 자본주의 사회에서 과학의 이데올로기성을 강조하거나 과학과 이데올로기를 동일시하는 오류는 맑스의 과학과 무관하다. 과학적 진리가 객관성을 가지기 때문에 제반 그릇된 이론 및 사상을 비판한다는 이데올로기적 기능이 가능한 것이다. 결국 과학과 이데올로기를 융합하는 논의들은 과학 지식의 객관성 검증 기준을 객관적 실재가 아닌, 해당 사회의 가치 기준에서 찾음으로써 객관성을 사실상 부정하고 지식의 상대성을 절대화하는 오류를 범하게 된다(이중원, 2004: 72).

인주의에 내재한 인식적 오류를 차단하는 존재론적 근거로써 자리한다.

『자본론』의 물신주의 비판도 맑스의 관계적 사회실재론의 관점에서 그 의미를 한층 더 제고할 수 있다. 이제까지 물신주의 비판은 헤겔 변증법의 유산으로, 기존의 경제학과 정통 좌파이론에서 비본질적 부분으로 치부되거나, 비판이론의 인간주의적 전통에서 비판 범주로서만 다루어져왔다. 그러나 필연적 허위의식인 물신주의는 자본주의적 계급관계에 내재적이며, 자본주의적 지배관계의 기초를 이룬다. 또한 전통적인 정신/신체 이원론을 넘어서는 발현적 힘의 유물론을 새로운 해석의 틀로 참고할 때, 상품물신성은 자본주의 사회체제가 단지 경제적·물질적 관계가 아니라 사회적·정신적 층위의 제약과 긴밀히 얽혀 있음을 정확히 지시하고 있다. 이렇게 볼 때 상품물신성은 인간의 합리성을 제약하는 사회체제를 비판하는 동시에 자본주의의 구조와 그 이행 가능성을 진단하는 기능을 수행한다. 맑스의 물신주의 비판은 역사적 사회형태들 속에 위치한 자본주의 사회형태의 특수성과 이행기적 성격을 확고히 하고 그 비합리성을 비판하는 기준이자, 잘못된 실천과 잘못된 이론적 믿음의 원천을 설명함으로써 이를 개선할 수단까지 제시하는 설명적 비판의 요체라고 할 수 있다. 요컨대 자본주의 사회체제에서 물신주의가 왜 필연적이고 허위인지를 드러내는 설명적 비판에 『자본론』의 기획이 자리한다고 볼 수 있다.

둘째, 맑스의 연구방법론 – 설명적 방법론 – 은 헤겔 관념론과 경제학의 경험론에 대한 비판적 고찰을 출발점으로, 스미스의 귀납주의와 리카도의 연역주의 방법에 대한 내재적 비판을 통해 그 윤곽을 형성했음을 살펴보았다. 그 비판적 종합으로 추상-구체의 연구방법론을 이해한다면, 『자본론』은 통상의 실험과학이 수행하는 과학적 발견의 논리에 기초하고, 이론적·역사적 설명의 전례로서 그 의미가 더욱 개방적으로 제고될 수 있다.

특히 실험과학의 원리로 맑스의 방법론을 이해하는 이 책의 독법은

「1857년 서설」과 『자본론』의 방법을 둘러싼 기존의 혼란을 해소하는 데 대략 세 가지 이점을 갖는다. ① 먼저, 「1857년 서설」에서 제시된 '정치경제학의 방법'을 둘러싼 방법론 논쟁은 크게 헤겔주의적 해석과 반헤겔주의적 해석으로 나뉘어져왔다(설헌영, 1993; 앤더슨, 2003). 그러나 실험적 실천 일반이 행하고 있는 발견의 변증법에 기초해 『자본론』의 방법론을 이해할 때 비판과 과학, 철학과 과학 사이에 설정된 그릇된 이분법은 해소될 수 있다. 다시 말해 맑스의 정치경제학 비판은 헤겔 철학의 도움 없이는 불가능했다고 하더라도, 부르주아 정치경제학 비판을 통해 '과학 속에 철학을 담는' 과제를 훌륭하게 수행했다. 즉, 실증적 탐구와 이데올로기 비판을 결합함으로써, 계급투쟁의 효과를 충분히 고려하는 가운데 과학적 작업을 통해 '철학'을 실천할 수 있었던 것이다(김재기, 1992: 33).[113]

② 실재론적 해석은 연구의 방법과 서술의 방법을 각각 분석과 종합의 방법에 기계적으로 대응시키는 기존 논의의 혼란을 해소할 수 있는 단초를 제공한다. 이러한 혼란은 역사 특수 법칙에 대한 탐구를 절차적으로 보장하는 개방체계에서의 탐구 원리와 응용과학의 설명적 방법론을 이해하지 못했던 데 기인한다. 연구의 방법, 즉 맑스의 '합리적 추상'에서 분석과 종합은 본질적으로 분리될 수 없는 과학활동의 두 계기로서 통합되어 있다.[114]

마찬가지로 맑스의 서술 전략도 연구의 방법, 즉 인과관계가 어느 정도 발견되었다고 전제하고 그 이후에 행해진다는 점에서 절차적으로 구분되지

---

113 『자본론』의 과학은 고전 정치경제학의 자연주의와 헤겔의 인식론적 변증법의 전통을 역사과학의 전망 속에 통합하는 한편, 각 방법론을 치밀하게 비판하고 재구성함으로써 실험적 실천과 사회적 실천을 변증법적 비판과 설명의 원리로 통합한다.

114 맑스의 방법론 역시 자연적 필연성, 초사실성, 층화된 실재라는 존재론적 깊이를 옹호한다. 따라서 발견의 필연적 법칙이 있을 수 없기에 과학적 방법이 '발견의 논리'가 아니라 '정당화하는 논리'라는 표준과학모델의 주장은 맑스의 과학에 애초에 적용되지 않는 셈이다.

만, 양자는 맑스가 단서를 달았듯 '형식적'인 차이일 뿐 질적으로 상이한 원리에 기초해 있지 않다.[115] 이렇게 볼 때 연구방법을 분석에, 서술방법을 종합에 각각 대응시키는 기존 연구의 오류는 양자를 구분하는 맑스의 언술에 과도한 의미를 부여하거나, 맑스의 방법을 형식논리학적으로 이해한 데서 비롯된다. 그러나 맑스의 하향과 상향, 분석과 종합은 연역주의도 귀납주의도 아닌, 역행추론과 소급예측을 경유한 설명적 방법론으로 더욱 잘 이해될 수 있다. 이를 감안한다면 "맑스의 변증법은 조금도 신비스러운 것이 아니며…… 보통의 과학적 방법"이라고 말할 때, 이 "보통의 과학적 방법"에 대한 연구자들의 일면적이고 실증주의적인 이해가 맑스의 추상-구체 방법론에 혼란을 초래했다고 볼 수 있다.[116]

결국 『자본론』에서 제시한 서술 전략은, 그가 우려했듯 "선험적 논리적 구성"으로 보이지만 경험에서 출발하되 경험을 넘어서는 연구의 방법론 – 발견의 변증법 – 을 전제하며, 이론적·역사적 설명을 통한 설명적 비판의 관점에서 일관되게 이해된다. 논리적인 것과 역사적인 것의 일치나 상응을 주장하는 기존 논의 또한, 이 지점에서 발생하는 맑스와 헤겔의 방법론적 단절을 제대로 이해하지 못하고 헤겔로 되돌아가는 것에 다름 아니다. 이 점에서 사회과학의 이론적·역사적 설명모델은 맑스의 '과학적 변증법'에 과도

115 "탐구 = 하향, 서술 = 상향"이라는 도식은 고전 정치경제학 — 스미스, 리카도 — 의 가설연역적 방법 및 서술 순서에 대한 비판에서도 확인한 바 있듯, 경험적 검사의 과정이 연구 — 분석과 종합이라는 두 계기로 이루어진 실험적 실천 — 과정에서 차지하는 핵심적 역할을 간과한다는 점에서 오류다.

116 이 점을 간과함으로써 생겨난 혼란은 다음의 언급에서 잘 표현된다. "맑스의 변증법은 한편으로는 보통의 과학적 방법이고 형식논리의 방법인 분석적 방법을 그대로 수용하고 포함하는 것이며, 다른 한편으로는 헤겔의 변증법을 발전·계승시킨 것이다. 다시 말해 맑스의 방법은 분석의 방법과 변증법적 방법으로 구성되어 있으며, 두 개가 하나로 합체되어 있는 것이 특색이다"(김정로, 1988: 119. 강조는 필자). 유사한 오류로 D. 세이어(1986)를 참고하라.

한 해석의 프레임으로 덧씌워져 있는 헤겔 변증법의 과부하를 덜어낸다.

③ 마찬가지로 이론적·역사적 설명모델을 구분하는 작업의 실패는 이론과 역사, 구조와 행위, 이론과 실천, 과학과 비판의 뚜렷한 구분 아래『자본론』의 과학을 어느 한 쪽에 국한시킨 잘못된 이분법을 재생산하는 데 일조해왔다. 대표적인 것이 역사주의/반역사주의로 나타난 이분법이다. 그러나 개방체계를 대상으로 하며 태생적으로 역사적인 사회과학은 언제나 지리-역사적인 국면들을 탐구하는 작업일 수밖에 없다. 또한 사회적 객체가 인간의 실천에 의존하는 것이라면, 사회과학적 탐구 대상은 응당 역사적인 실천을 포함할 수밖에 없으며, '역사'는 사회과학에서 실험의 보완물로 기능할 수 있다. 역사성 없는 과학성은 필연적으로 과학을 사회역사적 영역에서 탈구시키고 그 결과 역사적 성찰을 결여하게 만드는 입장으로 빠지게 된다. 반대로 과학성 없는 역사성은 역사주의, 즉 과학을 역사적 과정의 표현으로 환원하며 결과적으로 판단적 상대주의가 된다.『자본론』에서 이 두 측면은 역사 특수적인 인식론을 통해 설명적 비판의 기획 속에서 통합되면서, 실증주의적이지 않으면서도 자연주의 – 과학성 – 를 유지하는 실재론적 역사서술의 방법론적 가능성을 예시해준다.

셋째, 맑스의 과학적 비판은 범주들과 객체들, ① 경제이론과 범주와 같은 개념적인 그리고 개념화된 실체들과 ② 그것들을 필요로 하거나 설명해주는 구조화된 관계들과 객체들 두 가지 모두를 대상으로 한다. 첫 번째 수준에서는 그 실체들이 임금형태와 같은 허위적 단순화나 가치형태와 같은 물신화의 결함들로 드러난다. 두 번째 수준에서 맑스의 설명은 그러한 실체들을 발전시키는 객체들에 대한 부정적 평가와, 다른 사정이 같다면 그 실체들을 실천적으로 변혁하는 것에 관한 헌신을 논리적으로 동반한다(『비실』, 260). 결국『자본론』의 설명적 방법은 사회과학의 탐구 대상을 설명적으로 비판함으로써 실천적 변증법으로 이행한다. 맑스의 변증법이 독창적인 것은 변증법적 설명과 비판이다. 맑스는 공통의 인과적 배경에 기초를 두고 대립하는 힘, 경향, 원리를 설명하며, 그릇되거나 부적절한 이론과 현상, 그리고 그들의 사회경제적 조건에 기초한 노동환경 및 생활환경을 비판한다. 물론 맑스의 정치경제학 비판은 기존의 정치경제학에 의해 설명된 대부분의 현상들을 '남겨두고자' 했기에, 바스카가 말한 보존적 지양(preservative sublation)에 가까이 간다. 그러나 맑스는 그 현상들을 이론적으로 보존하려 하면서, 그 서술을 급진적으로 변형시킨다. 그리고 그 현상들을 설명적 비판이라는 새로운 맥락에 위치시키면서, 그것들의 비보존적인 변형적 부정의 과정에 기여한다. 이것이 맑스의 실천적 변증법이다(『변증법』, 322~323).

결국 『자본론』의 설명모델은 이론적 판단에서 정치적·실천적 판단으로 이행하는 설명적 비판의 전형을 보여준다. 여기서 주의할 점은, 이론적 판단에서 실천적 판단으로 가는 이행은 반드시 설명적 논증을 매개로 한다는 점이다. 다시 말해 'T(이론적 판단) → P(실천적 판단)'의 관계에는 중요한 비대칭이 존재한다. 우리는 어떤 믿음체계를 설명할 수 있는 이론을 가지고 있어야만 그것이 '이데올로기적인 것'이라고 정당하게 판별할 수 있다. 맑스의 설명적 논증은 사실판단에서 가치판단 또는 정치적 판단을 도출할 수 없다는 실증주의적 편견과도, 이론적 담론이 무매개적 효력을 갖는다는 과학주의 및 이론주의적 오류나 —'이론적 실천'을 포함한— 반대로 행위의 인지적 기초를 무시하는 실천주의적 오류와도 무관하다는 점을 보여준다.

바로 이 지점에서 맑스의 설명적 비판 모델이 남긴 또 다른 과제를 제기할 수 있다. 맑스의 논증은 이론이 실천에 영향을 미칠 수 있는 방식에 대한 일반적인 설명을 전제하고 있지만, 콜리어의 유형화를 적용하자면 다소 — 정확한 표현은 아닐지라도 — '인지주의적' 설명적 비판의 모형을 보여준다.[117]

117 바스카 또한 『자본론』의 설명적 비판 원리를 존 메팸(J. Mepham)의 것을 변형해 제시한 다이아몬드 도식을 통해 다음과 같이 설명한다. 즉, "의식의 원천이 그러한 허위

그러나 인지적 병폐(cognitivist ills) 외에도 다른 형태의 병폐, 매우 특수한 형태의 허위의식도 존재한다. 실천적 병폐, 의사소통적 병폐, 비합리성 등이 그것이다. 가령 인간의 감정을 다루는 지식에 기초한 설명적 비판을 개인적 해방의 실천을 위한 기초로 제시한 경우도 종종 있었다. 바스카와 콜리어는 인간 감정에 대한 지식에 기초한 설명적 비판의 사례로서 스피노자(Spinoza)의 윤리학과 프로이트 정신분석학을 들고 있다.[118]

> 설명적 비판의 대상을 인지적 오류에서 충족되지 않은 필요(needs)로 확대하면, 허위의 믿음이 우리를 속박하는 유일한 사슬이 아니며, 절박한 인간 문제들 중에서 다른 것들의 중요성에 훨씬 더 미치지 못한다는 점이 명확해진다. 자신은 먹을 수 없는 곡식을 재배하는 농부, 실업 상태의 노동자, 노숙자 가족, 매 맞는 아내, 고문 받는 포로, 이들은 모두 자신을 자유롭게 만드는 것을 정확히 알면서도 그것을 확보할 수 있는 힘을 갖고 있지 못할 것이다(콜리어, 2010: 275. 강조는 필자).[119]

좌절된 필요는, 어떤 사회제도에서 발생할 뿐 아니라 그 제도를 재생산하는 데도 필수적이다. 사회과학은 믿음과 믿음의 허위성 그리고 그것과 사회구조의 인과관계를 살펴볼 뿐 아니라, 인간의 필요와 필요의 좌절 그리고

의 것에 있음을 발견하면서 맑스는 자동적으로 그 원천을 부정적으로 평가한다. 동시에 그러한 의식이 어떻게 필연적인 것인가를 입증한다. 이것은, 맑스의 의미에서 비판은 동시에 초월적으로 그리고 타도적으로 비판적이지만, 맑스의 과학은 오직 그것의 인지적 힘에 의해 타도적이라는 것을 의미한다"(바스카, 2005c: 118~119).

118 예컨대 프로이트의 정신분석학에서, 감정이나 믿음의 대상이 그 감정이나 믿음의 원인이 아니라는 것이 밝혀질 때 순서에 따라 교정(rectification)이 등장한다. 이런 측면에서 프로이트는 스피노자주의에 가깝지만, 덜 인지주의적인 방식으로 그러하다. 자세한 논의는 콜리어(2010: 267~272)를 참고하라.

119 Collier(1994: 190~191)의 원문을 참조해서 국역본의 부분적인 오역을 수정했다.

그런 필요의 좌절이 사회구조와 맺는 관계를 밝히는 과제를 떠안는다. 사회과학은 ⓐ 필요, ⓑ 그것의 충족을 방해하는 어떤 장애, 그리고 ⓒ 이 장애를 제거할 어떤 수단이 존재한다는 것을 보여줌으로써 해방의 기획을 생성한다. 그렇다면 맑스의 설명적 비판과 마찬가지로, 좌절된 필요와 좌절시키는 제도 사이의 인과적 관계 및 기능적 관계를 밝히는 다른 형태의 설명적 비판의 사례도 충분히 있을 수 있다. 허위의 믿음을 다루는 인지적 설명적 비판과 좌절된 필요를 다루는 설명적 비판은 원리상 유사하며, "비합리적인 정서를 합리적 정서로 변형하는 '이성의 작업'"(콜리어, 2010: 267)에 의해 부적절한 관념을 적절한 관념으로 대체해가는 설명적 비판 또한 가능할 수 있다는 것이다. 뒤르케임의 자연주의 윤리학의 설명적 비판 모델이 맑스의 설명적 비판 모델과 생산적으로 접목될 수 있는 지점 또한 바로 여기에 있다.

예비 고찰 2: 『사회분업론』과 『자살론』의 상호텍스트성

맑스와 마찬가지로 뒤르케임 작업 전반에는 사회형태학에 대한 관심이 흐르고 있다. 대표적으로 뒤르케임의 박사학위논문인 『사회분업론』(1893, 이하 『분업론』)은 역사적으로 이행한 사회형태와 이것이 수반한 집합의식의 구조변동, 즉 개인숭배 — 개인주의 — 의 역사적 필연성에 대한 탐구를 논제로 한다. 그리고 맑스의 정치경제학 비판이 그러했던 것처럼, 뒤르케임의 정치경제학 비판 역시 1857년을 기점으로 유럽 및 프랑스로 확장된 주기적인 공황을 배경으로 하고 있다.[120] 『분업론』이 스펜서의 공리주의적 분업 이론 및 심리학적 방법과의 지적 대결을 중심으로 전개된다면, 『자살론』은 '모든 종류의 무질서'를 야기한 아노미의 사회적 조건에 대한 해명이 주된 관심을 이루고 있다. 이러한 문제의식은 『분업론』 2판에 이르러 초판 서문의 30페이지를 지우고 새롭게 쓴 1902년 서문에 명시적으로 드러난다. 따라서 『분업론』 또한 다른 저술과의 관계 속에서 함께 독해되어야 할 미완의 저술이며, 『자살론』을 경유해 비로소 완성된 골격을 갖추었다고 볼 수 있다. 하지만 의외로 『자살론』과 『분업론』의 연속성은 기존 연구에서 크게 주목을 받지 못했다.

그러나 자살에 대한 뒤르케임의 탐구는 『분업론』에서 제시된 정상적·비정상적 사회분업에 대한 논의의 연속선상에서 더욱 정당하게 독해될 수 있다고 보인다. 「자살과 출산력」(1888)이라는 제목의 논문이 『분업론』(1893)이 나오기 5년 전 집필되었다는 사실, 『자살론』(1897)의 말미에서 유럽 사회가 처한 부적응에 대

---

120 『자본론』은 1825년부터 1867년까지 10년 주기로 나타나는 '과잉생산 공황'을 배경으로 하고 있다. 공황은 『자살론』에서도 중요한 배경으로 등장한다. 특히 1882년 파리의 증권거래소에서 일어났던 유명한 파산은 잊히지 않는 사건이었다. 그 영향은 곧 파리뿐 아니라 프랑스 전체에서 나타났다. 자살의 연평균 증가율은 1874년에서 1886년까지는 2%에 불과했다. 그러나 1881~1882년에는 7%의 증가율을 보였다. 아노미적 자살의 문제설정은 이러한 경제위기를 배경으로 사회적 자살률과 사회의 규제 작용 사이를 연결하는 인과 관계를 분석해 들어간다(『자살론』, 255~266).

한 구제책으로 제안된 직업집단론이 『분업론』 2판 서문(1902)에 더 체계화된 형태로 제시되었다는 사실로 미루어 볼 때, 비정상적 분업 및 직업집단론은 『자살론』과 『분업론』을 횡단하는 가교 역할을 하는 것이 분명해 보인다.[121] 이렇게 볼 때 『분업론』의 미완성성은 『자살론』에 이르러 위기의 원천으로 진단된 '경제적 아노미'에 대한 처방을 제시하는 것으로 보완된다. 이 점에서 개인숭배라는 새로운 도덕 구조에 초점을 맞춘 『분업론』은 정상적 분업에 대한 탐구로, 아노미에 초점을 맞춘 『자살론』은 비정상적 분업에 대한 탐구로 상보적으로 독해될 수 있을 것이다.

내용뿐 아니라 방법론에서도, 『분업론』(1893)과 『규칙들』(1895), 『자살론』(1897)은 긴밀한 상호 함축적 관계를 맺고 있다.[122] 하지만 『자살론』에 적용된 방법론에 대한 과잉자연주의적(실증주의적) 독해는 뒤르케임의 과학론 전반에 대한 혼란과 논쟁을 야기하는 원천이 되어왔다. 『자살론』의 방법론을 둘러싼 해석의 쟁점들은 크게 다음과 같은 지점에서 형성된다.

첫째, 실재론/실증주의로 양분된 해석의 기저에는 기본적으로 '이론/경험'이라는 이분법이 자리하고 있다. 이러한 이분법은 『자살론』의 통계 사용에 대한 (논리)실증주의적 독해를 강화하면서, 『자살론』을 엄격한 계량적 방법의 교과서로 만드는 데 일조해왔다.

둘째, 물상화/자원론으로 양분된 해석의 구조는 '구조/행위'와 관련한 논점을 포함하면서 『자살론』에 의존하는 전기 뒤르케임과 『종교생활의 원초적 형태』에 의존하는 후기 뒤르케임을 이분법적으로 구획하는 전거가 된다. 『규칙들』에서 언

121 직업집단론 및 비정상적 분업을 중심으로 소통하는 『분업론』과 『자살론』의 상호연속성에 대해서는 김명희(2012: 293~294)를 참조하라. 뒤르케임의 저작 전체에서 직업집단론이 갖는 중심적 위치와 전개 과정에 대해서는 민문홍(2001)을 참고하라. 1902년 서문은 긴급하게 전개되는 사회 정치적 상황에 대한 사회참여의 의미를 갖고 쓰였지만 그 기본 아이디어는 혁신적 사회민주주의자였던 셰플레에 대한 서평 ─ 「셰플레에 대한 리뷰」 ─ 으로 거슬러 올라간다.

122 통상 『분업론』의 1판 서문은 도덕과학의 기본적인 구상과 설명적 비판의 얼개를 제시하고 『규칙들』은 그가 『분업론』에서 적용한 방법론을 지적으로 정당화한 저술로 평가된다. 그리고 『자살론』은 『규칙들』에서 제시된 사회학 방법론을 경험 연구에 적용한 후속 연구로 알려져 있다(민문홍, 2001; 휴즈·마틴·샤록, 1998).

뜻 보면 모순된 존재론적 테제는 뒤르케임의 비일관성을 예시하는 인용문으로 종종 이용된다. 예컨대 "사회적 사실은 고정되었든 아니든 개인에게 외부적인 구속을 행사할 수 있는 행위양식이다"(『규칙들』, 65). 그런데 "사회를 구성하는 요소들은 개인이기 때문에 사회학적 현상의 최초의 기원은 심리학적이라고 말할 수 있을 것이다"(『규칙들』, 167) 등이 그 사례다. 많은 현대 사회학자는(Lukes, 1973; Alexander, 1982; 기든스, 2000) 이것을 해결할 수 없는 전형적인 딜레마로, 또는 비일관성과 애매모호함의 논거로 읽어내면서 뒤르케임 이론의 해체 또는 급진적 재작업을 요청한다.

셋째, 한편 뒤르케임의 사회 모델이 물상화 모델이라는 해석은 기능주의 또는 보수주의라는 편견과 결합된다. 뒤르케임이 보수적이라는 비난을 받는 것은 그의 정치적 견해 — 개혁주의적 사회주의의 경향이 있는 — 보다는, 통상 기능주의 때문이다(휴즈·마틴·샤록, 1998: 320~322). 이때 뒤르케임 저작의 특징인 생물학적 유추가 논점이 된다. '유추'를 과학적으로 보이려는 잘못된 욕망으로 읽어내는 룩스(Lukes, 1973)의 해석에서 그 전형을 볼 수 있고, "뒤르케임 저술의 어떠한 측면도 '정상성'과 '병리성'에 대한 그의 생각보다 더 보편적으로 그리고 당연하게 거부된 것은 없다"(Giddens, 1986: 26).

넷째, 결국 『자살론』을 양화된 과학으로 등치시키는 편견들은 '과학/도덕·정치' 또는 '사실/가치' 이분법을 허용하면서 『자살론』의 과학을 탈역사화·탈정치화하는 메타이론적 가정으로 기능해왔다.

그러나 IV장에서 살펴보았듯, 뒤르케임의 실재론적 과학관과 발현이론은 이러한 이분법을 유발하는 실증주의 과학관과 애초에 다른 출발점을 취한다. 이제 『자살론』을 둘러싼 — 다분히 현대적인 — 해석의 딜레마를 해소하기 위해서는, 첫째, 반환원주의적 층화이론에 일관되게 입각한 『분업론』과 『자살론』의 사회형태학과 관계적 사회실재론을 복원할 필요가 있으며, 둘째, 『자살론』의 과학적 실재론과 설명적 논증이 새롭게 이해될 필요가 있다.

VI 『자살론』의 방법론과 설명적 비판

이 장에서는 비판적 실재론의 관점에서 『자살론』의 정치경제학 비판과 방법론을 다시 읽는다.[1] 맑스 이후의 맑스주의와 마찬가지로 뒤르케임 이후의 사회학 역시 하나의 역사과정이라고 할 때, 주류 과학철학의 이분법적 편견들은 『자살론』의 방법론을 둘러싼 해석의 갈등에도 여실히 반영된다. 대표적으로 논리실증주의와 사회구성주의는 뒤르케임의 과학론을 해석하는 이중적인 준거로 암암리에 기능해왔다. 그 결과 『자살론』(1897)의 '과학성'에 의존하는, 이른바 '전기 뒤르케임'과 『종교생활의 원초적 형태』(1912)의 '인문성' 또는 '지식의 사회적 구성'을 강조하는 '후기 뒤르케임'은 이분법적으로 분할되기 때문에, 과학과 도덕의 통합이라는 문제의식을 이해하는 데 한계를 가질 수밖에 없었다(김명희, 2016). 그러나 비판적 실재론이 체계화한 과학적 발견의 논리와 설명적 비판이론은 논쟁 속에 자리한 『자살론』

---

1 경제학은 두 가지 이유에서 뒤르케임의 전략적 출발점이었다. 첫 번째 이유는 도덕이 과학이 된다면 그것은 사회과학이 되어야만 한다는 것이었는데, 그 경우 도덕이 경제학과 맺는 관계는 결정적이었다. 왜냐하면 경제학은 최초로 형성된 사회과학이었기 때문이다. 두 번째 이유는 뒤르케임이 관심을 갖고 있던 사회문제들은 특히 당시의 경제적 상황에서 초래되었다는 것이다. 즉, 그는 이기적인 경제적 추구와 강요된 아노미적 분업에 따른 사회적 불균형 상태에 관심을 두고 있었다(테르본, 1989: 271, 406).

의 방법론에 일관성과 체계성을 부여할 가능성을 제공한다.

뒤르케임의 과학방법론 역시 맑스의 방법론과 마찬가지로 크게 사회적 존재론, 설명적 방법론, 실천적 사회이론이라는 세 차원의 나선형적 결합물로 이해될 수 있다. 이 점은 『분업론』(1893) → 『규칙들』(1895) → 『자살론』(1897) → 『분업론』 2판 서문(1902)으로 이어지는 전개 과정에 잘 드러나 있다. '도덕에 관한 실증과학'을 정립해야 한다는 과제는 『분업론』 1판 서문에서 그 윤곽이 또렷이 제시되어 『규칙들』에서 사회형태학의 탐구방법으로 정식화되며, 『자살론』에서 구체화되어 『분업론』 2판 서문으로 실천적으로 재통합되는 인식론적 심화과정을 보여주고 있다.[2]

이 장에서는, 첫째, 『분업론』 1판 서문을 중심으로 도덕과 과학을 통합하고자 했던 도덕과학의 구상과 전제를 살펴본다. 둘째, 『규칙들』에서 제시된 사회형태학의 구상과 방법론을 비판적 실재론의 관점에서 재해석한다. 셋째, '아노미' 개념을 중심으로 소통하는 『분업론』과 『자살론』의 논증을 정상적 분업과 비정상적인 분업에 대한 탐구로 상호 보완적인 관점에서 고찰한 후, 넷째, 『자살론』의 설명적 비판의 쟁점들과 직업집단이론의 이론적·방법론적 함의를 재론한다. 이를 통해 이론과 경험, 결정론과 자원론(원인과 이유), 과학과 정치 사이에 설정된 이분법이 뒤르케임의 사회학적 자연주의에서 실재론적으로 통합될 수 있으며, 사실판단과 가치판단을 나선형적으로 종합하는 자연주의 윤리학의 설명적 비판 모델을 선구적으로 개척하고 있음을 알게 될 것이다.

2 특히 『규칙들』의 체계는 흥미롭게도 비판적 실재론의 기본 골격을 공유하는 바, 『분업론』과 『자살론』에 적용된 설명적 방법론 — 개념화와 유형화, 비교실험을 통한 증명과 판별의 절차 등 — 을 체계적으로 이해할 수 있는 텍스트로서의 가치를 갖고 있다.

1. 설명적 비판의 문제제기: 『사회분업론』 1판 서문을 중심으로

『분업론』 1판 서문에서 제시된 뒤르케임의 도덕과학은 설명적 비판이론이 추구하는 윤리적 자연주의의 기본 기획을 선취하고 있다는 점에서 주목을 요한다.[3] 뒤르케임의 도덕 실재론은 사회적 삶이 물질적 결합뿐 아니라 도덕적 연결 관계를 갖는다는 생각에서 잘 표현된다. 모든 사회는 도덕적 사회이며, 사회의 이러한 도덕적 성격은 유기적 연대의 사회에서 더 분명하게 나타난다(『분업론』, 338~339). 뒤르케임의 맥락에서 자연주의 윤리학은 도덕적 사실이 곧 자연적 현상의 일부이며, 과학적 연구에 따라 설명될 수 있다는 인식론적 관점을 지칭한다. 이러한 입장은 다음의 진술에서 명확하게 드러난다. "도덕에 관한 인간과학이 존재한다는 것은 도덕적 사실이 결국 이성을 통해서만 발현되는 자연적 현상이라는 것을 함축한다. 과학은 그것이 자연에, 말하자면 객관적 실재에 기초하지 않으면 불가능하다"(Durkheim, 1961: 121~122).

1판 서문에서 밝힌 『분업론』의 목적 또한 "실증과학방법론에 입각해 '도

---

3 윤리적 자연주의(ethical naturalism)는 도덕적 속성들이 사회과학적 탐구의 적합한 대상이 될 수 있으며, 사회과학적 지식에서 도덕적 결론을 도출할 수 있다는 입장을 지칭한다. 따라서 윤리적 자연주의는 도덕이 '객관적인 실재적 속성'이라는 도덕 실재론(moral realism)을 전제한다. 특히 바스카의 변증법적 비판적 실재론(DCR)은 도덕 실재론과 윤리적 자연주의 양자를 포함하는 바, 여기서 도덕 실재론은 윤리적 자연주의가 특정 문화에 내부적이고 자의적인 문제가 되는 도덕 상대주의로 흐르는 것을 방지한다(『변증법』, 259). 즉, 실재론과 자연주의의 결합은 한 사회의 구성적 도덕성이 본질적으로 제한적이거나 그것의 윤리적 주장 안에 오류임을 보여줄 수 있다는 점을 인정하는 것이다. 이에 따르면 사회적 객체가 지닌 믿음을 심문하는 과정에서 사회적 객체가 산출하는 잘못된 믿음을 검토하는 것이 사회과학의 적절한 기능이다. 사회학은, 다른 사정이 같다면, 우리 믿음의 부정적인 평가와 이를 제거하기 위한 행위의 긍정적인 평가에 작용할 수 있다. 도덕적 속성과 사실의 지위를 둘러싼 윤리적 자연주의 논쟁에 대한 개괄적 소개로는 누체텔리와 시(Nuccetelli and Seay, 2015)를 참고하라.

덕 생활에 대한 사실들'을 다루기 위한 것"이다(『분업론』, 61). 이는 과학에서 도덕을 연역하려는 것이 아니다. 도덕에 대한 과학을 구성하기 위함이다. 뒤르케임은 이 두 가지가 매우 다르다고 말한다. 도덕론자들은 여러 실증과학 – 생물학, 심리학, 사회학 – 에서 빌려온 몇 가지 명제에서 연역해낸 도덕에 관한 접근 방식을 과학이라 칭한다. 그러나 도덕적 사실은 다른 사실들처럼 사회현상이기 때문에, 우리는 그것을 관찰하고, 기술하며, 분류하고, 설명할 수 있는 법칙들을 찾을 수 있어야 한다(『분업론』, 61~62). 다시 말해 도덕적 실재의 자동적 차원을 인정하고 이를 객관적으로 탐구할 수 있는 연구의 규칙들을 찾을 때, 도덕과학 또한 자연과학과 똑같은 과학일 수 있다는 것이다. 따라서 '도덕과학' 또는 '도덕적 사실에 관한 과학'은 "**응용된** 과학 그 이상의 무엇도 아니"다(Durkheim, 1978g: 202. 강조는 필자).

뒤르케임은 이러한 관점이 – 고전적인 선험철학의 난제인 – 결정론과 자유의지 사이에 설정된 이항대립을 해결하는 올바른 방법이라고 말한다.

> 사람들은 자유의 존재를 핑계로 우리가 앞에서 언급한 도덕과학을 부정할 것이다. 그러나 만약 그 자유가 진정으로 명확히 결정된 모든 법칙을 부정하는 것을 의미한다면, 그것은 심리학과 사회과학뿐 아니라 모든 과학이 극복하지 못한 장해물이 될 것이다. 왜냐하면 인간의 의지는 항상 몇 가지 외부 운동과 연결되어 있어서, 자유는 우리 안에서뿐 아니라 우리 밖에서도 결정론을 이해하기 힘들게 만들 것이기 때문이다. 그러나 어느 누구도 물리학과 자연과학의 가능성을 부정할 수 없다. 따라서 우리는 도덕과학을 위해서도 똑같은 권리를 주장할 수 있다.
>
> 이렇게 이해했을 때, 도덕과학은 어떤 종류의 철학과도 결코 대립하지 않는다(『분업론』, 62).

『분업론』의 논증은 도덕의 역사성과 함께 그 '원인들(causes)'을 사고하면서 이러한 이항대립을 해결하려 한다. 그에 따르면, 우리가 살고 있는 사회구조 속에서 일어나는 변화는 필연적으로 도덕 관습의 변화를 일으킨다. "도덕은 그 실험적 성격 때문에 형성되고 변화되며 유지되는데, 여기서 우리가 도덕과학의 이름으로 분명히 밝히려 하는 것은 바로 이러한 **원인들**이다"(『분업론』, 63. 강조는 필자). 원인들에 대한 탐구를 통해 근대사회가 추구해야 할 이상을 발견하는 것, 이것이 『분업론』의 과학이 설정한 연구의 목적이다.

> 사람들은 도덕과학자들이 사실을 존중하기 때문에 현실을 넘어서는 것을 불가능하게 만든다고 말한다. 그리고 사람들은 도덕과학자들이 현실을 잘 관찰할 수 있다고 할지라도, 그것이 장래를 위한 행동규칙을 제공할 수 있는 것은 아니라고 주장한다. 우리는 최소한 이 책이 이런 편견을 없애는 데 기여하기를 바란다. 왜냐하면 이 책은 우리의 행동방향을 지시해줄 의미를 발견하고, 혼란스러운 와중에 우리가 추구해야 할 이상을 명료하게 하는 것을 과학이 도와주는 사례를 보여주기 때문이다. 우리는 현실을 관찰한 후에만 이러한 이상의 경지에 도달할 수 있으며 그 이상을 찾을 수 있다(『분업론』, 64).

> 그러나 우리가 무엇보다 먼저 현실을 연구해야 한다고 제안한다는 사실에서, 우리가 현실을 개선하기를 거부한다는 결론이 나오는 것은 아니다. …… 우리가 여기서 조심스럽게 이론적 문제와 실천적 문제를 분리시키는 것은 실천의 문제를 게을리해서가 아니라 오히려 그 문제를 더 잘 해결하기 위함이다(『분업론』, 63).

즉, 사실들에 대한 추론을 통해 행위규칙과 이상(the ideal)을 도출할 수 있으며, 이것이 최종적으로 실천적인 문제를 더 잘 해결할 수 있다는 것이다. 그 연구의 초입에서부터 가치판단이라는 과제는 도덕과학의 솔직한 목적으로 상정된다.

뒤르케임에 따르면 그간 사실판단과 가치판단을 다루는 두 가지 잘못된 접근법이 있었다. 관념론자들(idealists)은 현실을 너무 간략하게 연구하면서, 사실을 자신들의 감수성과 열망으로 대체하고 사람들에게 그것에 이성적으로 굴복할 것을 요청한다. 반대로 경험론자들(empiricists)은 관찰 방법론이 수집한 사실들을 평가할 규칙을 가지고 있지 않다고 말할 것이다. 그러나 뒤르케임은 이 규칙 자체가 사실에서 도출된다고 말한다.

> 도덕적 건강 상태의 조건이 바뀌는 이유는, 사회가 변화하고 우리가 해결해야 할 가장 중대한 실천적 문제가 환경 변화에 의해 도덕적 상태를 새롭게 결정하기 때문이다. 따라서 과학은 도덕적 상태가 이미 경험한 변화의 법칙을 제공하면서, 이제 막 나타나기 시작한 사회변화의 법칙들을 예측하게 하고 새로운 질서를 요청한다(『분업론』, 64~65).[4]

> 만약 사회의 부피가 점점 더 커지고 밀도가 높아짐에 따라 재산권이 특정한 방향으로 변화하며, 부피와 밀도의 증가가 새로운 필연적 변화를 가져온다는 것을 안다면, 우리는 그 변화를 예측할 수 있을 뿐 아니라 미리 원할 수도 있다. 결국 특정 사회의 정상적 상태를 변화하는 상태와 비교함으로써 — 이는 엄격한 의미의 과학적 작업이다 — 우리는 후자가 정상적 상태와 완전히 일치하지 않으며 모순이나 불완전함을 포함하고 있음을 발견할 수 있다.

4 물론 맑스가 그러하듯, 이 맥락에서 사용되는 '법칙'과 '예측'은 경험적 규칙성에 근거한 실증주의적 의미에서 이해될 수 없으며, 비예측적 설명에 기초한 설명적 비판의 논증으로 보다 잘 이해된다.

그리고 이를 제거하거나 바로잡으려 노력할 수 있다. 바로 이것이 과학이 인간에게 제공하는 새로운 목표이다(『분업론』, 65. 강조는 필자).

뒤르케임의 논증은 도덕적 사실 그 자체로부터 어떤 새로운 목표 – 즉, 이상 – 를 도출할 수 있다면 이것이 즉시 의무적인 행동규범으로 변화하고, 기존의 도덕적 사실을 변형하는 실천이자 다시 새롭게 설명되어야 할 이론적 대상으로 들어오는 과학과 기예의 변증법적 운동을 상정한다. 이는 바스카가 설명적 비판의 논증 절차로 제시한 사실판단과 가치판단의 나선형적 전개 과정의 기본 골격을 보여준다. 예컨대 뒤르케임은 가치/사실 관계에 관한 네 가지 오류에 비판적 관점을 공유한다.[5] 이를 구체적으로 살펴보면 다음과 같다.

먼저 뒤르케임은 사실에서 가치를 도출할 수 없다는 실증주의적 편견을 해소한다. 도덕과학은 우리를 현실에 무관심한 방관자나 체념자로 만드는 대신, 도덕을 가장 신중하게 다루는 방법을 가르쳐준다(『분업론』, 65). 동시에 과학은 예측할 수는 있어도 명령하지는 않으며, 자유를 본질로 하는 인간의 '삶'을 위해 존재할 뿐임을 표명함으로써 과학주의적 편견과 거리를 둔다.

그러나 과학은 예측할 수는 있어도 명령하지는 않는다. 과학은 단지 우리의 삶에 필요한 것만을 말해줄 뿐이다. 그러나 인간이 살기를 원한다고 가정할

---

5 〈표 VI.1〉에서 F는 사실을, V는 가치를, T는 이론을, P는 실천을 나타낸다(『비실』, 198).

〈표 VI.1〉 가치/사실 관계에 관한 네 가지 오류

F ↛ V	실증주의(그리고 치환물들)
V ↛ F	과학주의
T ↛ P	비합리주의
T ⇉ P	이론주의(관념론) → P ↛ T

때, 우리는 아주 간단한 작업조차도 과학이 확립한 법칙을 즉각적으로 의무적 행동규범으로 변화시키는 것을 보게 된다. 물론, 이 경우 그 작업은 섬세한 정치 기술로 바뀔 것이다. 그리고 특정 작업에서 또 다른 작업으로 이동하는 것은 연속적으로 이루어진다. 이제 검토할 것은, 만약 우리가 살기를 원한다면, 이 궁극적 질문에 과학은 침묵을 지키지 않는다는 사실을 우리가 믿어야 한다는 점이다(『분업론』, 65).

즉, 과학은 과학 이전에 그 자체의 목적을 가지는바, 삶이 과학을 위해 있는 것이 아니라 과학이 삶을 위해 있는 것이다. 뒤르케임 특유의 사회학적 가치이론의 입장에서, 가치는 주류 경제학 및 과학주의의 편견이 가정하듯 주관적 구성물이나 효용의 산물이 아니다. '사실'이 그러하듯, '가치' 또한 사회적 원천을 가진다.[6] 이것이 설명적 비판의 첫 번째 전제다.

여기서 사실과 가치를 매개하는 것은 설명력이며 이론과 실천은 설명을 매개로 비대칭적 관계를 맺는다는 점이 중요하다. 설명 없는 기예나 실천은 '실천의 딜레마'[7]에 봉착하며 인과적 힘을 발휘할 수 없다. 설명이란 원인을

6 뒤르케임은 공리주의의 가치상대주의를 비판한다. 이 관점은 가치판단과 사실판단의 관계를 다룬, 1911년 볼로냐에서 개최된 제4차 국제철학회의(International Congress of Philosophy)의 강의를 토대로 ≪형이상학과 도덕 비평(Revue de Métaphysique et de Morale)≫(1911)에 실린 「가치판단과 사실판단(Value Judgements and Judgements of Reality)」에서 더욱 정교해진다. 가치의 문제는 뒤르케임을 비롯한 당대 사회학자들이 가치판단과 사실판단 사이의 관계에서 19세기 프랑스 철학적 사유에 도입했던 것이다. 뒤르케임의 '사회학적 가치이론'이 논박하듯, 가치는 개인의 주관적 산물도, 사물의 어떤 요소들에 내재한 것도 아니다. 가치는 분명히 개인의 외부에 존재하지만 사물이 — 개인이 아니라 — 집합적인 주체에 영향을 미치는 방식에서 형성된다. 즉, 사회적 판단을 통해 — 개인의 판단과 비교해서 객관적인 — 가치의 범위는 개인의 다양하고 주관적인 평가에서 벗어난다. 단적으로 여론을 통한 평가는 집합적이 됨으로써 객관적이 되며, 우리의 평가는 사회적 양심(social conscience)의 구속을 받는다는 것이다(『사철』, 83~84).

7 뒤르케임은 과학 없는 기예, 진단(설명) 없는 치료를 '실천의 딜레마'라고 표현한다. "이

찾는 것이며, 사회현상을 설명한다는 것은 이것을 낳는 실재적인 동인을 밝히는 것이다. 과학이 추구하는 설명력이 하나의 인과적 힘으로 작용한다는 생각은 『규칙들』에서 더욱 분명해진다. "사물은 또 다른 힘에 의해 발생할 수 있는 힘이다. 우리는 사회적 사실을 설명하면서 그것을 생산할 수 있는 에너지를 찾는다. 그래서 설명은 이전의 것과 다를 뿐 아니라 다르게 증명되거나 또는 다르게 증명하려는 욕구가 생기게 된다"(『규칙들』, 213). 즉, 과학은 설명을 추구하는 하나의 활동이며, 이론과 실천의 관계는 설명을 매개항으로 나선형적 운동 속에 상호 융합된다. 이것이 설명적 비판의 두 번째 전제다.

이어서 뒤르케임은 가치에서 사실이, 이론에서 실천이 곧바로 도출될 수 있다는 이론주의적 편견 또한 바로잡는다. 과학은 오히려 "지혜로운 보수정신이 무엇인지 가르쳐준다. 사회과학자들은 흔히 과학적이라고 주장하면서 실제로는 체제 전복적이거나 혁명적인 특정한 이론들을 비난해왔는데, 이는 근거가 있는 지적이다. 그러나 그 이론들은 이름만 과학일 뿐이다. 결국, 그 이론들은 현실을 인위적으로 구성하기는 하지만 관찰하지는 않는다. (이들) 이론[8]은 도덕 속에서 우리가 연구해야 할 이미 획득된 사실 전체를 보는 것이 아니라, 각 사상가가 새롭게 구성하고 항상 취소할 수 있는 일종의 입법만을 본다"(『분업론』, 65~66).

다시 말해 "도덕은 세계의 전체와 연결되어 있는 실현된 사실들의 체계……다. 따라서 특정한 사실은 비록 그것이 바람직하다 할지라도 손바닥 뒤

러한 실천의 딜레마는 만약 건강 상태와 정상 상태가 똑같이 바람직한 것으로 정의된다면, 그리고 만약 건강 상태가 사물에 본질적인 것으로 정의된다면, 피할 수 있을지도 모른다. …… 이제 정치가들은 매력적으로 보이는 이상을 위해 사회를 압박할 것이 아니라, 의사로서 역할을 해야 한다. 바로 위생을 훌륭하게 유지하여 병의 발생을 막고, 그리고 병이 발병했을 때 그것을 치료하는 것이다"(『규칙들』, 133~134).

8 괄호는 필자가 삽입.

집히듯이 쉽게 바뀌지 않는다. 게다가 그것은 또 다른 사실과 연결되어 있어서, 그것을 수정하면 다른 사실도 영향을 받는다".[9] 그러므로 "우리는 그 사실을 존중해야 한다. …… 왜냐하면 개입의 목적은 기존의 도덕 옆이나 위에 특정한 도덕을 완벽히 새로 세우는 것이 아니라, 이 도덕을 수정하거나 부분적으로 개선하는 것이기 때문이다"(『분업론』, 66~67).

이렇게 할 때, 과학과 도덕 사이의 대립관계를 상정함으로써 야기되는 신비주의 – '비합리주의' – 또한 넘어설 수 있다. 과학과 도덕 사이에 확립된 이항대립은 "모든 시대의 신비주의자들이 인간의 이성을 파멸시키기 위해 원했던 무서운 주장이다. 하지만 다른 사람들과 맺는 관계를 규제하기 위해 우리는 사물과의 관계를 규제하는 데 도움이 되는 수단 이외의 다른 수단에 의존할 필요가 없다. 엄격히 사용한다면 간단한 성찰만으로도 이러저러한 사례를 이해하는 데 충분할 것이다"(『분업론』, 67). 말하자면 신비주의는 도덕적 행위가 일련의 인지적 기초, 즉 성찰에 의존하며 과학적 성찰이 도덕의 수단이 될 수 있다는 점을 무시한다는 점에서 오류다. 결국 논의는 다음과 같은 결론에 도달한다. "과학과 **도덕을 화해시키는 것은 도덕과학이다. 왜냐하면 과학은 우리에게 도덕적 현실을 존중할 것을 가르침과 동시에 그것을 개선할 수단도 제공하기 때문이다**"(『분업론』, 67. 강조는 필자).

한발 더 나아가 뒤르케임은 과학의 정신은 자유를 위한 수단이며, 과학 그 자체가 정신의 온전한 자유를 전제한다고 말한다. 과학이 가능하기 위해서는 회의할 수 있는 주체, 즉 인과적 행위주체로서 인간이 가진 이성의 힘을 전제해야 한다. 이것이 설명적 비판의 세 번째 전제다.

---

9 "따라서 특정한 사실의 수정이 가져온 반향들의 최종 결과를 미리 예측하는 것은 종종 아주 어렵다"(『분업론』, 66).

> 만약 우리가 위의 사실판단들로부터 자유롭지 못하면, 우리는 아래에서 논의할 주제들 속으로 들어갈 수 없다. 여기서 과학은 다른 곳에서와 마찬가지로 완벽히 자유로운 정신을 가정한다. 우리는 오랜 습관이 우리에게 고정시킨, 사물을 보고 판단하는 특정한 방식을 해체시켜야 한다. 그리고 우리의 사고방식을 훈련시켜 방법론적으로 엄격히 의심할 줄 아는 법을 배워야 한다(『분업론』, 67~68).

물론 방법론적 의심은 도덕적 '사실'에 근거해야 한다. "우리는 진실한 증거에 기반을 두지 않은 어떠한 설명도 인정하지 않을 책임이 있"다. 그러나 "우리의 증명이 과학적 타당성을 지니고 있는가를 판단하기 위해 우리가 사용한 방법적 절차들을 판단"할 필요가 있다. 따라서 방법론적 합리성은 과학적 합리성의 필요조건이다.[10] 과학적 합리성은 사실들을 축적하는 귀납이나 경험주의적 방법으로 달성될 수 없다. 다시 말해 "이보다 더 어려운 것은 데카르트의 말을 따라, 그 사실들이 과학적임을 보여주는 관점을 발견하는 것이다"(『분업론』, 68). 이것이 설명적 비판의 네 번째 전제다.

실제 『분업론』에서 시도된 방법은 "법률체계를 통해 사회적 연대를 연구"함으로써, "사회적 연대의 원인을 찾"는 것이다. 이러한 작업을 하는 목적은 "사회구조의 아주 심오한 사실만을 찾아 그것이 인간 이해의 대상이

---

10 이러한 관점은 『몽테스키외와 루소』로 거슬러 올라간다. 맑스의 핵심적인 논제였던 이론과 실천의 관계는 뒤르케임에게 과학과 기예(art)의 관계로 쟁점화된다. 뒤르케임에 따르면 아리스토텔레스 이후 과학과 기예는 혼동되어왔다. 기예는 방법 없이 나아간다는 점에서 과학과 구분된다. 과학이 기예와 혼동될 때 과학의 가치는 떨어진다. 만일 유형과 법칙이 사물들의 깊은 곳에 숨어 있다면, 사물의 본성을 연구할 수 있는 적절한 방법을 가져야만 한다는 것이다(Durkheim, 1965: 4~14). 여기서 기예(art)라는 말은 오늘날 흔히 실천 또는 예술이라고 부르는 것을 동시에 지칭하며(김종엽, 2001: 63), 자연과학의 경우 기술(technology)에 해당하는 것을 아우르는 인간행위의 실천적 차원을 지시한다.

되도록 만듦으로써, 그 결과 그것이 과학의 연구대상이 될 수 있도록 하는 데 있다"(『분업론』, 68). 이 과정은 달리 말해 "엄격한 비교를 통해 진정한 경험적 자료를 확립하는 일"이다. 이 방법에 결함이 있다고 해도 "과학을 하는 한 가지 수단"은 "체계적 방법론을 가지고 과감하게 시도하는 것"이기 때문이다(『분업론』, 68~69). 이를 뒤르케임은 '방법론적 실험'이라고 말한다. 오직 방법론적 실험을 경유해서만 과학 자체가 보유한 인과적 개입력이 온전히 발현될 수 있다는 것이다.[11]

『규칙들』에서 정상과 병리를 구별하는 이유 또한 다르지 않다. 여기서도 과학의 목적은 곧 해방이며 과학은 그보다 상위에 자리한 삶이라는 목적을 위한 수단일 뿐이라는 가정을 세움으로써,[12] 그의 '과학' 개념이 도구적 합리성이나 기술적 합리성에 제한되지 않음을 알 수 있다. 오히려 삶/과학, 목적/수단 사이에 설정된 관계는 오늘날 실증주의의 가치중립 테제가 추구하는 목적-수단 합리성의 맹목성을 뛰어넘는다.

뒤르케임에 따르면 사실판단과 가치판단 사이에 놓인 심연은 과학의 존립 근거와 정당성을 위협한다. 이러한 이분법에 따르면, 과학은 어떤 목표가 추구되어야 하는가를 말해줄 수 없다.[13] "무엇인가(what is)가 아니라 무엇이 바람직한가(what is desirable)를" 말해줄 수 없다면, 즉 "현실의 지식이 삶에서 우리에게 도움을 주지 못한다면 왜 그 지식을 추구하는가"(『규칙들』,

---

11 "과학은 이미 자신과 자신의 욕구를 특별히 의식하고 있어서, 과학이 존재할 때만 비로소 과학이 무엇을 필요로 하는지 알 수 있기 때문이다"(『분업론』, 69).

12 "사회학의 역할은 우리를 모든 부분에서 적절히 해방"시키는 것이며(『규칙들』, 211), "사물과 직접적으로 접촉해서 과학만이 줄 수 있는 태도를 이러한 질문을 향해 가정하도록 우리에게 설득함으로써 해방"시키는 것이다(『규칙들』, 212).

13 경험론에 따르면 "사실을 관찰하고 설명하는 것이지 판단하는 것은 아니라는 것이다. 선악은 과학을 위해 존재하지 않는다." 그러나 이는 "우리의 가슴에 어두움을 남긴다. …… 결국 과학은 모든, 또는 거의 모든 실제적인 효과를 내지 못하고, 결론적으로 과학의 존재를 위한 중요한 정당성을 잃고 있다"(『규칙들』, 106. 강조는 필자).

106)? “만약 과학이 우리에게 최선의 목표를 가르쳐줄 수 없다면, 거기에 도달할 수 있는 최선의 수단을 우리에게 어떻게 알려줄까?” 그런 점에서 뒤르케임은 “모든 수단은 다른 측면에서 목표”라고 말한다. 수단이 잘 작동하기 위해서는 목표를 현실화하도록 준비할 수 있는 커다란 의지를 가지고 있어야 한다. “과학이 만약 우리에게 궁극적인 목표를 결정하도록 안내할 수 없다면, 과학은 ‘수단’이라는 이차적이며 하위의 목표의 경우에도 힘을 잃는다”라는 것이다(『규칙들』, 106). 요컨대 뒤르케임에게 ‘수단’은 단순히 경험과학의 탐구 절차나 기술적·도구적 응용에 제한되지 않는다. 목적과 수단의 관계는 과학활동 자체에 내재한 목적 활동의 가능성을 전제로 하며, 사실판단에서 가치판단으로 나아가는 설명적 비판의 나선형적 과정 속에서 하나로 통합되고 있다.

이러한 맥락에서 그는 과학과 기예 사이에는 어떠한 단절도 없으며, 단지 연속선상의 단절만이 존재한다고 말한다. 즉, 기예나 수단은 과학의 연장(prolongation)일 뿐이다(『규칙들』, 108). 다시 말해 앎의 목적이 곧 삶에 있으며 설명의 목적이 곧 해방이라면, 그리고 설명이 방법론적 합리성에 의해 견인된다면, 사실판단과 가치판단은 궁극적으로 분리될 수 없다. 이후에 살펴보겠지만, 그의 ‘사회형태학’ 또한 행위가 추구해야 할 이상을 발견하려 하는 상위의 목적하에서 모색되며, 건강 상태와 병적 상태를 과학적으로 판단하는 작업은 인간과학의 역할과 성패를 가늠하는 핵심 과제로 제기된다(『규칙들』, 108).

2. 과학적 발견의 논리와 설명적 방법론

이제까지 과학과 도덕의 화해를 과제로 하는 뒤르케임 자신의 설명적 비판의 전제들을 살펴보았다. 요약하자면, 첫째, 과학의 목적은 해방이며, 둘째, 그 역할은 설명이다. 셋째, 설명력은 인간 정신의 자유를 전제하며 넷째, 방법론적 합리성을 그 필요조건으로 한다. 이 가운데 방법론의 합리성을 더 명료하게 이해하기 위해서는 과학적 발견의 논리와 설명적 방법론을 먼저 살펴볼 필요가 있겠다.

뒤르케임의 연구방법 역시 심층 실재론에 기초한 과학적 발견의 변증법을 공유한다. 『규칙들』 1판 서문에 따르면, "모든 과학의 목표는 발견하는 것이며, 모든 발견은 어느 정도 기존의 사상들을 어지럽"힌다(『규칙들』, 23). 흥미롭게도 『규칙들』의 구성은 ① 사회적 존재론(1장) ② 연구방법론 및 과학적 발견의 논리(2장) ③ 사회학적 설명모델의 구축(3·4장) ④ 사회학적 설명의 방법 및 논증의 방법론(5·6장)으로 이루어져 있다. 즉, 『규칙들』에는 과학적 발견과 설명의 방법, 그리고 과학적 판단의 기준들이 나름의 체계를 갖추고 제시되어 있는바, 이는 『자살론』에 응용된 방법론적 쟁점들도 예견해준다.[14] 아울러 서문은 『규칙들』을 집필한 목적이 "응용사회학의 연

14 이 체계를 반영해 『사회학적 방법의 규칙들』(1895)의 목차는 다음과 같이 구성된다.
1장: 사회적 사실이란 무엇인가
2장: 사회적 사실을 관찰하기 위한 규칙들
3장: 정상과 병리를 구분하는 규칙들
4장: 사회유형의 분류를 위한 규칙들
5장: 사회적 사실의 설명을 위한 규칙들
6장: 사회학적 증명의 처리와 관련한 규칙들
맑스와 달리 뒤르케임은 『규칙들』을 통해 자신의 방법론을 체계적으로 서술했고 이는 그의 과학 방법에 대한 이해는 물론 비판적 실재론의 사회과학철학과 비교를 용이하게 한다.

구 결과를 전부 밝히고자 하며, 또 그 결과에 대해 토론"하기 위한 것으로, 그 내용이 『분업론』의 성과에 일정 부분 기초하고 있음을 명시하고 있다 (『규칙들』, 48).

1) 뒤르케임의 연구방법: 사회적 사실을 관찰하기 위한 규칙들

맑스가 그러하듯 뒤르케임의 사회학 방법론 역시 기존 정치경제학 및 도덕론의 방법을 비판하면서 형성되었다. 특히 그의 사회형태학은 역사에서의 법칙이나 설명과 관련한 쟁점들을 정면으로 제기하며, 맑스의 사회형태학과도 유의미한 비교의 지점들을 형성한다.[15] 맑스에게 쟁점이 되었던 합리적인 추상과 규정성의 문제는 뒤르케임에게 정의와 개념화의 문제로, 그리고 비교의 방법론으로 쟁점화된다.

그는 개념이 과학의 필수적인 요소이며, 과학적 개념이 단순한 일반화 이상의 것으로 구성된다는 점을 잘 알고 있었다. 개념에 따라 사고한다는 것은 단지 실재의 보편적 측면을 찾는 것만이 아니라, 실재를 조명하고 그것을 관통하며 또한 변형하는 감각을 발견하는 것이다. 따라서 경험론과 선험철학의 불가능성에 대한 고찰은 사회학적 탐구에서 중요한 출발점을 이룬다. 그에 따르면 경험주의적 방법은 개별화되고 곧 비합리주의를 초래하기 때문에, 과학을 위한 개념을 제공할 수 없다. 반대로 선험적인 방법은 정신이 경험을 초월한다고 가정한다. 뒤르케임이 보기에 두 가지 관념은 똑같이 그릇된 것이다. 그의 방법은 개념적인 것과 경험적인 것을 결합시키는 작업

15 뒤르케임에 따르면 사회는 집합체가 필수적으로 구성요소의 성격과 수, 그리고 조합의 양식에 의존하는 형태학상의 질서다. 그 형태학상의 질서, 즉 사회유형들을 구성하고 분류하는 임무를 사회학의 한 부분인 '사회형태학(social morphology)'이라 부른다 (Durkheim, 1982c). 이 사회형태학의 방법은 『분업론』에서 처음 개괄적으로 시도되었고, 이후 『자살론』과 『형태』에도 동일하게 적용되었다.

을 통해 과학적이 되기를 시도한다(Willer, 1968: 181~182). 이로부터 정의(definition)와 올바른 추상의 방법이 우선 해명되어야 할 문제로 제기된다.[16]

뒤르케임에게 정의 및 추상의 문제는 콩트와 스펜서의 연역주의에 대한 비판을 한 축으로 하고, 또 연역주의와 혼합된 존 스튜어트 밀의 경험주의에 대한 반대를 다른 한 축으로 삼고 있다. 콩트는 진정한 실증과학을 행하기보다는 형이상학에 빠져 있었다. 그렇기 때문에 가치, 효용, 생산과 같은 기본적인 개념을 다룰 때 빈약한 논의에 머물러 있는 당대의 정치경제학을 비난하지 않았다. 콩트는 정학과 동학 중 사회 동학을 규명하는 데 주로 관심을 가졌다. 따라서 그가 사회학에 부여한 철학적이고 단일한 개념은 노동분업에 역행하는 것이었고, 철학적 모델 위에 구축된 역사철학에 지나지 않았다는 것이다(Durkheim, 1982d: 180~181). 스펜서도 유사한 인식적 오류를 공유한다. "사물 자체는 사라지고 사물에 대해 그가 가진 선입견에 사로잡혀 있었"기 때문에, "사회적 실체에 대한 개념은 여기서 다시 현실 자체를 대체한다"(『규칙들』, 76).

마찬가지로 당대 정치경제학은 실재에서 무엇이 발생하는지 발견하거나 원인에서 도출된 일정한 결과를 조사하는 것이 아니라, 형식적인 개념들을 지적으로 결합시키는 것에 만족한다. 그 대표적인 사례로 존 스튜어트 밀이 구축한 정치경제학 방법과 개념을 상세하게 논박한다. 밀은 사회학을 말하면서, 원인에서부터 추론을 전개하지 않고 추상적이고 연역적인 형태 위에서 논리적인 우선성을 즐긴다(Durkheim, 1982d: 183~184).

---

16 뒤르케임은 스펜서, 콩트, 존 스튜어트 밀이 '방법'의 문제를 사고하지 못했다고 비판한다. "우리가 기억할 수 있는 위대한 학자들 가운데 사회의 성격, 사회적 영역과 생물학적 영역 사이의 관계, 그리고 진보의 일반적 과정에 대한 모호한 일반화를 극복한 학자는 거의 없다"라는 것이다(『규칙들』, 48).

정치경제학에서도 같은 상황이다. 정치경제학의 대상은 사회적 사실이며, 그 목표는 대개 또는 전적으로 부의 획득에 있다고 밀(J. S. Mill)은 말했다. 그러나 사물로 정의된 사실을 연구자의 관찰과 연결시키기 위해서, 적어도 이러한 조건을 충족시키는 사실을 인지하는 기준을 정하는 것이 필요하다. …… 부에 대한 욕망이 우세하게 작동하는 사회활동의 영역이 있다는 것을 처음에는 확신할 수 없다. 따라서 그렇게 정의된 경제학의 대상은 직접적인 관찰에 따라 확인된 현실이 아니라, 순전히 지적 활동의 산물인 추측만을 포함하고 있다. 그것은 위에서 언급된 목표와 관련이 있는 것으로서 경제학자에 의해 상상된 '사실들'이며, 경제학자들이 그것을 사실로 인식하기 때문에 사실인 것이다. 예컨대 경제학자가 '생산'이라고 부르는 것에 대한 연구를 시작할 때, 그는 곧바로 생산과정의 중요한 기관들을 열거하고 살펴볼 수 있다고 생각한다. 그리고 그는 자신의 결론으로부터 도출된 관찰 내용을 가지고 시작하려 하기 때문에, 자신이 연구하는 대상의 조건을 관찰해서 판단하지 않는다. 연구의 초반에 그리고 몇 마디로써 경제학자가 이러한 평가를 하게 되는 것은 그가 단순하고 논리적인 분석에 의해 그러한 판단을 얻었기 때문이다(『규칙들』, 79~80).

관찰된 사실이 아니라 논리적 분석에 전적으로 의존할 때, "경제학의 이데올로기적 성격은 경제학자들이 사용해온 표현들 가운데 포함되어 있다. 문제는 항상 효용성·저축·투자·지출의 개념이다"(『규칙들』, 80, 주석 9번). 그 유명한 수요과 공급 법칙 역시 실험이나 체계적인 비교를 거의 하지 않고 도출된다. 뒤르케임은 정치경제학자들이 출발점으로 삼는 개념들이 '자신이 연구하는 대상의 조건'을 고려하지 않고 있다고 비판한다.[17] 그러나 정

17 경제학자들이 추구하는 논리적 필연성에 대한 반박과 자연적 필연성에 대한 옹호는 다음의 언급을 참조하라. "존재해 있는 것은 인간의 가치에 대해 가지는 관념이 아니라

치경제학이 대상으로 하는 경제적 사실은 사실상 사회적 기능들과 통합되어 있다는 것이다.

경제학자들은 …… 사실들이 자기충족적, 자기설명적인 독립적 총체를 이루는 것처럼 다루고 있다. 현실에서 경제적 기능은 사회적 기능이며 다른 집합적 기능과도 통합된다. 경제적 기능이 그 맥락에서 폭력적으로 분리될 때, 그것들은 설명할 수 없게 된다. 노동자들의 임금은 공급과 수요의 관계뿐 아니라 일정한 도덕적 개념에 의거해 있다(Durkheim, 1978f: 81).

경제학자들의 오류는 경제적 사실들이 상호 간에 맺고 있는 내적 연관, 즉 사회적 규정성의 문제를 간과한다는 점에 있다. 그리고 이러한 오류는 더 근원적으로 인간 본성에 대한 추상적 사변 – 합리적 선택을 하는 경제인이라는 – 에 근거하고 있다. 그러나 존재하는 것은 구체적인 관계 속에 있는 인간일 뿐이다. 『분업론』에서 정치경제학의 공리주의 및 방법론적 개인주의를 비판하는 부분도 정확히 이 점을 겨냥하고 있다.

공리주의자들은 위의 중요한 진리를 잘못 이해해왔다. 그 이유는, 이들이 사회의 기원을 잘못 생각했기 때문이다. 이들은 태초에 서로 고립되고 독립된 개인들을 가정했으며, 그 결과 개인들이 협력관계에 들어갈 수밖에 없다고 가정했다. 왜냐하면 공리주의자들이 보기에, 이 독립된 개인들은 자신들을 분리시키고 있는 공간을 넘어서 서로 연합할 수 있는 또 다른 이유를 가지고 있지 않기 때문이다. 그러나 이 이론은 널리 확산되어 있기는 하지만, 인

접근하기 쉽지는 않지만 경제관계의 과정에서 형성된 가치일 뿐이며, 도덕적 이상에 대한 개념이 아니라 행위를 실제로 결정하는 규칙의 총체이며, 또 효용성이나 부에 대한 관념이 아니라 경제조직의 모든 세부 사항이다"(『규칙들』, 82~83).

간들이 무(無)에서 사회라는 진정한 창조를 했다는 가정을 전제하고 있다. 결국 이 이론은 개인에서 사회를 연역하고 있다(『분업론』, 413~414)

맑스가 정치경제학의 대상과 방법을 확립할 때, '생산 일반'과 '일반적 생산'을 구분하고 '생산'이라는 범주를 발생시킨 역사사회적 조건 – '주어진 시대'의 '사회체' – 을 출발점으로 전제하듯, 뒤르케임 역시 정치경제학 비판의 초입에서 경제적 기능이나 '고립된 개인'으로 환원되지 않는 사회적 층위의 실재성을 올바른 추상의 출발점으로 확고히 한다.

이러한 전제에서 '사회적 사실을 사물(things)처럼 대하라'는 "사회학적 사실을 관찰하기 위한 규칙"이 제기된다. 이 테제는 '사물' 개념과 연관되어, 곧잘 물상화 모델이라는 혐의를 받았던 가장 논쟁적인 원칙이기도 하다. 그러나 "사물(thing)은…… 순전히 정신적 활동으로는 포착될 수 없는 지식 대상", "외부적이며 직접적으로 접근 가능한 특성들로부터 좀 더 심오하고 보이지 않는 것으로써 형성된 지식의 모든 대상"을 포함한다(『규칙들』, 30~31). 즉, 사물은 지식 대상으로서 무엇인가를 수행할 힘과 성향(powers and liabilities)을 갖는, 과학적 탐구의 전제로서 '객관적 실재성'의 성질을 일컫는 것이다(『규칙들』, 44; Willer, 1968: 181). 이렇게 볼 때, 사회적 사실을 사물처럼 대하라는 테제는 사회적 사실이 개인의 의지나 의도로 환원되지 않는 지식 대상의 자동적 차원을 갖는다는 실재론적 가정으로 이해될 수 있다.[18]

18 유사한 맥락에서 『자살론』에 대한 과학철학적 해석을 선구적으로 제안한 주디스 윌러(J. Willer)는 '사회적 사실을 사물처럼 대하라'는 테제에서 발생하는 혼돈이 어느 정도 프랑스어 'faits'를 영어 'facts'가 되게 하는 영어 번역에 근거하는 것이라고 지적한다. 프랑스의 용례에서 'faits'는 만들다, 제작하다, 발생시키다, 행동하다 등의 다양한 뜻을 가진 'faire'의 과거형으로 행위 — 'acts' — 로 정당하게 번역될 수 있다는 것이다. 즉, 사회적 행위는 사회의 '제도들'에 의존하는 경험적 사물이며, 이론적·개념적으로 집합의식에 의존한다. 윌러의 해석대로, '사실'을 — 만들어진 — '행위'로 독해하는 것은 확

사회적 사실이 물리학적·생물학적 사실이나 심리적 사실과는 구분되어 보유한 발현적 속성은 그의 방법론 저술 곳곳에서 거듭 강조된다. "어떤 요소가 결합해서, 그 결합의 결과로 새로운 현상이 만들어질 때 그 현상은 원래의 요소 가운데 있는 것이 아니라, 그러한 결합에 의해 형성된 전체 내에 존재한다는 것"이다(『규칙들』, 35). 예컨대 청동의 단단함은 구리나 주석, 납 같은 각각의 재료 때문이 아니라, 그것들이 합성되었기 때문에 나타난다. 물의 속성은 물을 구성하는 산소나 수소의 속성에 있는 것이 아니라 두 분자의 결합에 의해 만들어진 복합적 특성 안에 있다. 즉, 생명이 부분의 합이 아니라 부분의 합 이상인 전체의 속성인 것과 마찬가지로,[19] 사회적 사실은 "개인의식의 외부에 존재하는 뚜렷한 특성을 보여주는 행위양식, 사고양식, 감정양식"으로 다른 수준의 인과적 성격을 지닌다는 것이다(『규칙들』, 51). 이 같은 관점은 바스카가 말한 사회적 사실의 객관적 실재성과 행위·개념 의존성을 아울러 승인한다. 줄여 말하면, 사회적 사실은 우리의 주관적 의지나 인식으로 환원되지 않는 사회적 차원의 발현적 속성을 의미하고('외재성'), 우리의 개별 행위를 제약하는 규범적 차원을 갖지만('강제성'), 자연과학과 마찬가지로 과학적인 방법과 정신적 태도로 접근되어야 할 지식의 대상임을 의미한다('사물처럼 대하라'). 사회적 사실을 사물로서 관찰한다는 것은 사회현상을 자료로 취급한다는 뜻이며, 경험 자료는 기존의 스콜라주의적 접근 방법과 결별하는 과학의 출발점을 의미한다.

사회학의 대상을 확립하면서 그것을 관찰하기 위한 규칙들에 논의는 곧바로 올바른 개념화의 문제로 나아간다. 사회적 사실이 그 자신의 고유한

실히 『규칙들』의 테제 및 뒤르케임 사상에 역동성을 부여한다(Willer, 1968: 180~181 참조).

19 즉, '사회적 사실'은 생명 현상의 발현적 속성이 그러하듯, 비원자론적 관점에서 이해되어야 하는 것이다(『규칙들』, 35~36 참고).

(sui generis) 존재론적 속성을 갖는다면, 정의는 대상의 규정성을 훼손하지 않는 방식으로 이루어져야 한다. 따라서 정의가 객관적이 되기 위해서는 현상을 관념적인 것으로서 다룰 것이 아니라 반드시 그것의 내재적인 속성으로서 다루어야 한다(『규칙들』, 90).[20] 다시 말해 정의란 현상을 우리가 지닌 선(先) 개념에 맞추는 것이 아니라 "우리의 개념을 사회현상의 본성에 맞추는 것이다"(『규칙들』, 84).

이로부터 "모든 선입견(preconception)을 뿌리 뽑아야 한다"(『규칙들』, 87)라는 첫 번째 파생명제가 도출된다. 베이컨의 우상이론을 빌려와 말하듯, 비과학적인 선입견 – 또는 일상적 개념 – 과 관습, 특히 감정의 간섭은 사회과학에 크나큰 어려움을 부과한다.[21] 뒤르케임 또한 사회적 사실의 가치함축성과 – 핸슨은 물론 스테판 툴민(S. E. Toulmin), 윌프레드 셀라스(W. Sellars) 등과 같은 비트겐슈타인주의자들이 그러했듯 – 관찰의 이론부과적인 성격을 숙고한다. 다시 말해 지식 활동의 타동적 차원에서부터 '이중의 해석학'이라는 문제가 관찰과 정의의 첫 단계에서 첨예한 쟁점으로 제기되고 있는 것이다.[22]

여기서 뒤르케임의 모든 경험적 탐구(1958; 1992; 2000; 2012)에서 제1장은 선행연구가 전제하고 있는 선입견이나 일상적 개념들에 대한 비판적 토론과 재정의의 노력으로 시작한다. 다른 사람들의 해석을 재해석하는 과정,

---

20 관념은 직접적으로 획득될 수 없고 관념을 표현하는 실재적인 현상을 통해서만 인지될 수 있기 때문에, 더 주의 깊은 관찰이 행해진 이후에야 사실들의 객관성의 징후인 불변성(constancy)과 규칙성(regularity)의 속성이 드러나게 될 것이다(『규칙들』, 83).

21 예컨대 우리는 이기적으로 행동할 때도 자신이 공평하다고 믿으며, 사랑에 굴복했으면서도 미움이 동기를 유발했다고 생각하며, 비이성적인 편견에 사로잡혀 있음에도 이성을 따른다고 믿는다(『규칙들』, 32).

22 여기서 이중의 해석학은 기든스적인 의미지만, 대상 자체의 해석학적 성격과 그 대상을 이해하는 과정의 해석학적 성격을 동시에 아우른다는 점에서 기든스와 구분된다.

즉 선행하는 이론적 구성물을 꼼꼼하게 비판하고 검토하는 절차가 개념화 작업의 출발점이다.

> 사실 대부분의 이론은 어제 갑자기 발생한 것이 아니다. 그것은 선행이론의 산물이며, 따라서 선행이론을 알지 않고는 이해할 수가 없다(Durkheim, 2006: 135).

이것은 대단히 중요한 대목이다. 뒤르케임은 학설사 비판, 즉 어떤 이론에 포함된 진리의 제요소를 비판적 토론을 통해 추출해내는 것이 가능하다고 생각했고,[23] 이는 앞서 언급했던 베르나르의 '실험적 비판', 다시 말해 '과학적 비판'의 전제이기도 하다. 기존 학설에 의념(疑念)을 품는 것은 실험적 비판의 성립 조건이며, 따라서 권위에서 독립하는 것은 실험적 방법의 기본 원칙이다. 이러한 의념/독립은 기존의 과학적 발견과 업적이 누린 존경과 헌사를 방해하는 것이 결코 아니다.

> 실험적 비판은 학설에 대한 믿음을 조심해야 하며 …… 사실의 과학적이고 논리적인 결정론의 원칙을 제외하고는 어떤 것에나 의문을 던지는 것이다. 실험적 비판은 언제나 같은 기초에 서 있다. …… 하나는 우리들 자신의

23 뒤르케임의 제자인 폴 포코네(P. Fauconnet)에 따르면, 뒤르케임은 어떤 이론에 포함된 진리의 제요소를 추출해내는 것은 비판적 토론을 통해 가능하다고 믿었음에 틀림없다. 『데카르트의 체계(Le système de Descartes)』라는 옥타브 아믈랭(O. Hamelin)의 유저(遺著)에 쓴 서문에서, 뒤르케임은 역사적이면서 동시에 비평적인 해석법을 공식화해서 제시했다. 그 후 그는 이 방법을 요한 하인리히 페스탈로치(J. H. Pestalozzi)와 요한 프리드리히 헤르바르트(J. F. Herbart)를 연구할 때 스스로 적용해본 바가 있다. 뒤르케임에 따르면, "사상도 하나의 학설이며, 광범하게 공유되고 있는 사상은 사회적 사실인 것이다"(포코네, 2002: 54).

연구에서 선택된 것이고 다른 하나는 다른 사람의 업적에서 선택된 것이다. 실로 과학에 있어서, 우리는 타인을 비판하려고 할 뿐 아니라 과학자는 항상 자기 자신에게 심각한 비판자의 역할을 해야만 한다(베르나르, 1985: 214).

> 실험적 방법이 과학 속에 가져온 혁명은, 개인적 권위 대신에 과학적 규범을 세운 것이다.
>
> 실험적 방법의 특징은, 타에 의존하지 않고 독립한다는 데 있다. 왜냐하면 실험이라고 일컬어지는 규범을 자체 속에 가지고 있기 때문이다. 이것은 사실이라는 권위 이외의 다른 권위를 인정하지 않는 뜻이다. 또 개인적 권위에서도 벗어나 있다(베르나르, 1985: 57~58).

그러므로 실재적 정의(real definition)를 내리려는 시도는 우선 선행연구를 재검토하는 데서 출발한다. 이는 '상식적인' 과학 방법의 절차인 동시에, 맑스와 뒤르케임이 공유하는 설명적 비판의 방법론적 출발점을 이룬다. 이를 통해 사회학자는 작업의 첫 단계에서 그의 연구대상이 알려질 수 있도록 사물을 정의한다. "이것은 모든 증명과 입증의 가장 필수적 조건이다."[24] 왜냐하면 "이론은 설명하고자 하는 사실을 우리가 어떻게 인식하는지 알기만 하면 검증될 수 있다. 더욱이 이러한 우선적인 정의가 과학의 대상을 규정

---

24 바스카 또한 원시과학적 관념들 'P(proto-scientific set of ideas)'를 사회과학적 이론 'T(social scientific theory)'로 변형하는 첫 단계에서 실재적 정의(real definition)의 중요성을 말한다. "따라서 P에서 T로 변형되는 첫 단계는 특정한 서술 아래서 이미 판별된 사회적 삶의 형태를 실재적으로 정의하려는 시도일 것이다. 그런 정의가 없다면, 그리고 폐쇄가 불가능하다면, 인과기제에 대한 가설은 모두 어느 정도는 자의적일 수밖에 없다는 점을 언급해두자. 그러므로 사회과학에서 실재적으로 정의하려는 시도는, 일반적으로 성공적 인과가설을 뒤따르는 것이 아니라 앞서는 것이다. 그래도 두 경우 모두에서 인과가설은 오로지 경험적으로만, 즉 그 가설들에서 연역될 수 있는 가설들의 드러난 설명력에 의해서만 정당화될 수 있다"(『자가능』, 54).

(determines)하고 있기 때문에 이러한 대상은 정의에 따라 사물이 되기도 하고 사물이 되지 않기도 한다"(『규칙들』, 90).

두 번째 파생명제는 대상을 분류하는 문제와 관련된다. 모든 사회학적 탐구 대상은 미리 어떤 공통적이고 외형적인 특성들로서 정의된 현상의 집합으로서 이루어져야 하며, 그렇게 정의된 현상은 모두 이 집합 안에 반드시 포함되어야 한다는 것이다(『규칙들』, 91). 이는 실증주의 과학 방법이 추구하는 경험적 일반화와는 다른 것이다. 오히려 강조점은, 연구자 자신이 가지고 있는 선입견 – 또는 편견 및 '개별적 표상' – 에 의거해 개별 현상을 취사 선택하는 이념형적 방법을 비판하는 것이다. 뒤르케임은 이탈리아 법학자 라파엘로 가로팔로(R. Garofalo)의 예를 들어 이러한 방식의 개념화를 '사적인 개념화'라고 말한다.[25] "분류양식은 사회학자에 의존하는 것이 아니며 …… 사물의 성질에 의존"해야 한다(『규칙들』, 91). 이 두 가지 파생명제는 "과학의 요구에 적합하며, 적절한 용어로 표현되는 완전히 새로운 개념"으로 나아가는 규칙의 출발점을 이룬다(『규칙들』, 92).

구체적으로 탐구 대상의 규정성을 찾아내는 정의, 즉 개념화의 방법은 크게 네 단계의 나선형적 절차를 경유한다. ① 감각적 인지(sense-perceptions)에 기초한 사물의 외적 속성(nature)에 대한 초기적 정의(initial definition) → ② 실재, 표층과 심층 연관(connections between the surface and the depths)에 대한 체계적 관찰 → ③ 새로운 개념화 → ④ 과학적 개념에 기초한 관찰

---

25 이러한 정의의 공통된 결점은 현상의 본질을 이해하려는 시도가 미숙하다는 것이다(『규칙들』, 113, 강조는 필자). 가로팔로는 『범죄학』에서 '범죄에 대한 사회학적 개념'이 범죄학의 출발점이 되어야 한다고 매우 적절하게 주장했지만, 그는 개념을 설정하면서 다른 사회유형에서 공식적인 처벌에 의해 억압되는 모든 행위를 비교하지 않고 "다만 그것 가운데 어떤 것, 즉 가장 일반적이고 보편적인 도덕적 감정을 깨는" 특수한 것들만 연구한다. 그러나 현상의 병리적 형태와 정상적 형태, "병리적 증세와 건강은 같은 현상의 두 가지 양상이며, 각각은 서로를 설명해준다"라고 말한다(『규칙들』, 96).

(observations)과 재맥락화 – 통념의 수정과 같은 – 가 그것이다(『규칙들』, 98~101). 이와 같이 왕복하는 절차가 필요한 이유는, 본질과 현상이 일치하지 않을 뿐 아니라, 인과성의 원리로 긴밀히 묶여 있다는 심층 실재론적 시각에 근거를 둔다. 이는 연구의 방법과 설명의 방법을 동시에 규정한다.

> 이러한 외형적 특성이 단지 동시에 일어나는 우연일 뿐이라면, 즉 그것이 사물(things)의 근본적인 속성과 연결되지 않는다면 …… 표층과 심층 사이에는 어떤 필연적인 연관도 없기 때문에 실재(reality)의 깊은 층으로 파고들 수 없다. 그러나 인과성의 원리가 옳다면 모든 현상에서 어떤 특성이 예외 없이 똑같이 발견될 때, 그 특성은 현상의 본질과 긴밀히 관련되어 있고 서로 묶여 있다. …… 그러한 속성이 아무리 표면적인 것이라 하더라도 체계적으로 관찰되었다면 그것은 과학자에게 검토하고 있는 사물의 더 깊숙한 핵심에 접근하기 위해 따라야 할 길을 분명히 제시한다. **그 속성은 설명의 과정에서 과학에 의해 차례차례 밝혀져야 할, 추론상 제일 중요하고 없어서는 안 될 고리**다(『규칙들』, 98. 부분적으로 수정함. 강조는 필자).

앞서 보았듯 뒤르케임 또한 경험 영역, 사건 영역, 실재 영역을 구분한다. 그러나 실재의 구조와 기제는 결과로서 경험되고,[26] 현상은 인지되는 것이다. 뒤르케임의 관점에서 현상의 표면에 자리한 경험적인 지각들은 개별표상 및 집합표상으로 이루어져 있다. 이와 같은 사회적 사실의 이론부과적·개념부과적인 속성에서부터 개념화라는 과제는 사회과학에서 더욱 중추적

26 "우리가 자신의 개인적인 관찰로부터 시작할 수 있다면 그것은 항상 우리의 경험이다"(『규칙들』, 83). 뒤르케임은 연구의 출발점으로 상정된 감각 경험이 주관적일 수 있음을 배제하지 않는다. 그러나 "감각적 인지의 객관성 정도는 대상의 안정성의 정도와 일치"함으로 "외형적인 표상과 주관적인 표상을 구별할 수 있는 수단"이자 공통의 준거점이 될 수 있다는 것이다(『규칙들』, 99~100).

인 지위를 부여받는다.

연구의 출발점은 명백히 감각이나 지각된 결과, 즉 현상의 외적 속성을 나타내는 정의다. 이러한 출발점이 논리적인 순서가 뒤바뀐 것이 아니냐는 세간의 비난은 '과학'을 혼동한 데서 비롯된다. 과학적 연구의 시초에는 언제나 의심스러운 정의가 내려지고, 실재의 속성에 대한 논의는 이후에나 획득된다는 것이다(『규칙들』, 97~98).[27]

사물들의 외적 본성(external nature of things)은 감각을 통해 우리에게 드러나기 때문에, 우리는 다음과 같이 결론을 내릴 수 있다. 객관적인 과학이 되기 위해서는 대상과 독립해서 형성된 개념들이 아니라 감각적 인지(sense-perceptions)에서 출발해야 한다. 관찰 가능한 데이터에서 초기적 정의를 위한 요소들을 직접적으로 빌려와야 한다. …… 사물을 인식하기에 유용한 것이 아니라 사물을 있는 그대로 적절히 표현해주는 개념들이 필요하다. 과학의 영역 밖에서 형성된 개념들은 이 기준을 충족하지 못한다. 그러므로 과학은 새로운 개념들을 만들어내야 하고, 그렇게 하려면 통념들과 그것들을 표현하는 데 사용되는 단어들을 제쳐놓고 관찰, 즉 모든 개념들을 위한 필수적이고 기초적인 자료로 되돌아가야 한다. 그것들이 사실인지 거짓인지, 과학적인지 또는 비과학적인지 상관없이 모든 개념들(general ideas)은 감각 경험에서 나온 것이다. 따라서 과학적 또는 숙고적 지식의 출발점은 평범한 또는 실천적인 지식의 출발점과 다를 수 없다. 그러나 그 차이의 시작은 바로 이 점, 그러한 자료를 정교하게 다루는 방법으로부터이다(『규칙들』, 98~99. 부분적으로 수정함).

---

27 인과적 진술에서 자연적 필연성을 반영하는 개념적 필연성의 통시적 발전은 하레·매든(2005: 216~220)을 참고하라.

풀어서 말하면 정의(definition)의 기능이 사물과의 관련을 확립하는 것이라면, 사물의 본성을 표현하는 외적 속성들에 대한 초기적 정의는 실재 영역에 자리한 내적 연관과 접촉하기 위한 출발점일 뿐이다. 따라서 관찰과 설명은 감각 경험이 자리한 표층의 경험 영역에서부터 경험을 야기한 심층의 심연으로 진행된다. 이곳이 바스카가 실재 영역으로 자리매김하는 곳이다. 현상과 본질의 내적 연관이 밝혀지면, 새로운 개념화가 행해지고 이때 획득된 개념은 존재론적 깊이를 얻게 된다. 일단 개념이 만들어지면 감각적 인지가 자리한 표층의 경험영역으로 돌아와 기존의 실재를 잘못 재현하는 통념과 일상적 용어들을 수정하는 방향으로 설명이 진행된다. 물론 이는 한 번의 설명으로 완료되는 것이 아니라 표층과 심층을 왕복 운동하는 나선형적 과정으로 이해된다. 그런 점에서 뒤르케임의 이론 또한 가설적 성격을 갖는다. 심층에서 표층으로 다시 귀환해야 하는 것은, 과학적이든 비과학적이든 모든 개념은 감각 경험에서 발생하기 때문이다. 이렇게 볼 때 과학적 지식의 출발점은 상식적이거나 실천적인 지식과 다를 수 없다. 양자의 차이는 소재가 정교하게 드러나는 방법에서 시작된다.

맑스가 「1857년 서설」에서 제시한 '과학적으로 올바른 방법'을 떠올려보자. 구체에서 추상으로 가는 하향과 추상에서 구체로 가는 상향의 방법 또한 동일한 형식을 취하고 있다. 분석의 출발점은 '상상된 구체성'의 혼란스러운 개념화이며, 연구는 '미세한 추상들'로 진행되어 '수많은 규정과 관계의 풍부한 총체성'에 도달한다(『요강』 I, 70~71).

> 구체적인 것은 그것이 수많은 규정들의 총괄이기 때문에 구체적이다. …… 구체적인 것은 비록 그것이 실재적 출발점이고 따라서 직관과 표상의 출발점이라고 할지라도, 총괄 과정, 결과로서 현상하지 출발점으로 현상하지 않는다. 첫 번째 경로에서는 완전한 개념이 추상적 규정으로 증발했다.

두 번째 경로에서는 추상적 규정들이 사유의 경로를 통해 구체적인 것의 재생산에 이른다(『요강』 I, 71).

맑스의 C(구체)-A(추상)-C′(재생산된 구체)의 방법론이 그러하듯, 뒤르케임 또한 감각적 인지에서 출발해 개념을 창안하고 경험적인 관찰과 검사를 경유해 더욱 완전한 개념에 이르는 개념화의 절차를 상정한다. 두 방법 모두 통상의 실험적 실천이 추구하는 과학적 발견의 절차와 다르지 않은 것이다.

이렇게 볼 때 맑스와 뒤르케임의 연구방법 모두 비판적 실재론이 가장 중심적인 사회과학활동으로 제시하는 개념적 추상화라는 절차를 공유한다. 개념화의 주요한 방식은 추상화다. 추상화는 삶에서의 복합성과 변이를 포괄하기(cover) 위해서가 아니라 그것을 다루기(deal) 위해서 있는 것이다. 추상적 개념이나 추상화는, 사유 속에서 구체적인 객체나 현상의 공통된 측면을 분리시키거나 고립시킬 때 형성된다. 자연과학과 사회과학 모두에서 추상이 요청되는 이유는, 앞서 말했듯 실재가 평면적이거나 투명하게 존재하는 것이 아니라 세 영역으로 구성되기 때문이다. 세계의 사건(들)에 대한 우리의 경험들, 사건(들) 그 자체, 세계의 사건(들)을 만들어내는 발생기제들이 발견되는 심층적 차원이 그것이다. 자연과학에서 행해지는 실험의 방법도 이러한 추상화의 방법을 원리로 한다(다네마르크 외, 2005: 79~81).

그러나 사회과학에서 자연과학과 동일한 방식으로 실험을 수행하는 것은 사실상 불가능하다. 사회적 실험을 윤리적으로 반대하는 쟁점은 일단 제쳐두더라도, 사회적 행위주체 – 사람들 – 는 자연과학의 대상과 달리 의식을 가지고 있고 성찰적이며, 자기변동적이기 때문이다. 그러므로 사회세계 속의 발생적 힘들과 기제에 관한 지식을 얻고자 할 때 사용할 수 있는 가장 뛰어난 도구 가운데 하나는, 사건을 조작해서 특정한 측면을 분리해내는 것이 아니라 사유 속에서 그것을 분리해내는 추상화다. 또한 사회현상의 개념

의존성은 사회과학의 대상을 자연과학의 대상과 구별 짓는 또 다른 요인이다. 사회적 실재에 대한 지식은 늘 개념으로 매개되는바, 개념은 사유의 기초이고, 소통의 단위이며, 과학적 설명의 출발점이다. 따라서 모든 연구는 실재에 대한 우리 현재의 개념들을 수정·개정·개선 또는 혁신하는 것을 하나의 목표로 삼고 있다. 즉, 연구의 솔직한 목표는 새로운 개념들을 발전시키는 것이다.[28]

개념적 추상화의 절차로 뒤르케임의 방법을 이해한다면, "실재론과 경험론의 불편한 조합"(오스웨이트, 1995: 146)이라는 뒤르케임 비판의 적실성도 재고될 수 있을 것이다. 통상 뒤르케임에게 덧씌워진 경험주의라는 혐의는 그가 감각자료를 통한 입증의 중요성을 부단히 강조한 점과 무관하지 않다. 그러나 '입증'에 대한 뒤르케임의 강조를 그의 과학적 실재론에 근거한 설명적 절차로 – 즉, 설명적 입증으로 – 다시 이해한다면, 경험주의라는 편견도 이제는 불식될 수 있다. 오히려 경험적 자료로 부단히 복귀해야 한다고 강조하는 입장은 언어와 표상으로 이루어진 사회세계의 속성을 깊이 인식하고 있었던 사회학적 자연주의와 일관된 것이며, 집합표상을 둘러싼 쟁투라고 하는 뒤르케임 과학의 발본적 기획과 관련된다.

다시 말해 관념을 통해 작동하는 사회세계에서 관념을 – 이상을 포함한 – 탐구의 대상으로 삼고 개별 표상의 외부에 위치한 감각자료를 탐구의 출발점으로 정초한 것은 현상에 대한 지식에서 구조에 대한 지식으로 깊어지기 위한 실재론적 출발점으로 이해될 수 있다. 요컨대 뒤르케임 또한 "개념성이 사회적 삶의 특징이라는 점을, 그것이 사회적 삶의 전부라고 상정하지

---

28 추상화가 객체의 요소들을 개념으로 번역하는 개념화와 함께 진행되는 과정이라면, '개념적 추상화(conceptual abstraction)'라고 부르는 것이 더 정확할 것이다. '이론화'는 그러한 활동에 지속적으로 전념하는 것이라고 할 수 있다. 사회과학의 개념화에 대한 자세한 논의는 다네마르크 외(2005: 66~83), 이기홍(2003: 81~82), 우아영·김기덕(2013)을 참고하라.

않으면서, 인정"한다(바스카, 2005a: 23). 그러나 개념적 확실성은 감각적 확실성을 경유해서 활성화된다.[29] 이론적 확실성과 실천적 확실성이 분리될 수 없듯,[30] 또 대중과 과학자들이 사용하는 개념이 본성상 다르지 않듯(『실사』, 105), "확실성은 본질적으로 집합적인 어떤 것일 때만 완전히 존재"할 수 있는 것이다(『실사』, 102). 이것이 곧 뒤르케임이 여러 지면을 통해 '집합적 개념화의 법칙(the laws of collective conceptualization)'의 연구에 헌신할 것을 역설했던 이유일 것이다.[31]

이렇게 볼 때 감각자료라는 출발점은 연구 과정에 개입하는 연구자들의 주관성을 차단하기 위한 사유실험의 장치이며, 끊임없이 갱신되어 도달해야 할 연구의 종결점이자 새로운 출발점이 된다. 이와 같은 인식론적 변증법은 『자살론』의 서문에서도 명확한 방식으로 표명된다.

> 사회학자는 사회적 주제에 관한 형이상학적인 성찰에 만족할 것이 아니라, 쉽게 정의할 수 있고 일정한 한계를 지닌, 명확하게 규정된 일단의 사실들을 연구의 대상으로 삼아야 하며, 이를 엄격히 지켜나가야 할 것이다. …… 사회학자는 비록 그가 지니고 있는 사실적인 자원이 불완전하고 이론화가 한정되어 있다고 하더라도 꾸준하게 계속 나아간다면 앞으로의 계속적인 연

29 개념적 확실성은 이른바 감각적 확실성과 다르다. 감각과 마찬가지로 개념들은 운동을 지배한다. 개념들은 추상적이며 실재에 대한 간접적 표현을 제공한다. 그러나 개념 그 자체로는 동기적(motivate) 행위에 필수적인 속성들을 갖지 않는다. 감각들은 실재에 대한 인상을 직접적으로 제공하고, 그들 자신의 행위가 지닌 힘을 소유한다(『실사』, 100).

30 "논리적 필연성은 단지 도덕적 필연성의 또 다른 형태일 뿐이며, 이론적 확실성은 단지 실천적 확실성의 또 다른 형태일 뿐이다. 이것에서 우리는 칸트의 전통 속에 굳건히 남아 있다"(『실사』, 102).

31 자세한 논의는 뒤르케임(2001: 38~39), Durkheim(1953a: 44; 1975: 93; 1986b: 93)을 참고하라.

> 구를 위해 유용한 과업을 수행할 수 있을 것이다. 객관적인 기초를 가진 개념은 저자의 개인적인 것으로 한정될 수 없다. 그러한 개념은 다른 사람들이 받아들여 추구할 수 있는 비인격적인 특성을 지니고 있다. 즉, 그것은 전이될 수 있는 것이다. 이 때문에 학문적인 작업은 연속성을 지닐 수 있게 되며, 학문의 진보는 이 연속성에 의존한다(『자살론』, 9~10. 강조는 필자).

즉, 뒤르케임 또한 추론 역시 경험에서 출발하되 경험을 넘어서는 초사실적 논증을 통해 경험적인 지식을 실재에 대한 개념적 지식으로 대체해가는 과학적 발견의 변증법을 공유한다.[32]

혹시 남아 있을 수 있는 '경험주의' 또는 '실증주의'라는 오해를 일소하기 위해 뒤르케임의 인식론적 변증법 역시 맑스와 마찬가지로 고대의 '인본주의적 변증법'을 공유한다는 점을 덧붙여 두기로 하자.[33] 뒤르케임은 『프래그머티즘과 사회학』에서 실용주의의 상대주의적 진리관을 논박하며 다음과 같이 말한다. "플라톤과 소크라테스 모두에게, 과학의 역할은 개별적 판단들을 통합하는 것이다. 그것을 수행하기 위해 사용하는 방법이 '변증법'

---

32 이상의 논의는 지식 생산의 타동적(이행적) 차원에 대한 뒤르케임의 숙고를 보여준다. 이러한 관점에서 과학은 — 일원론적이고 연역적인 발전의 논리에 의해서가 아니라 — 과학자들 사이에서 진행되는 연속적인 이론화의 과정에 의해 진보하는 것이다.

33 김부기(2006)는 맑스의 과학이 함축한 인본주의, 즉 맑스 변증법의 인본적 전제를 훨씬 더 오랜 뿌리로 갖는 서구의 지적 전통, 자연주의(naturalism) 전통 속에서 새롭게 해석한다. 기존 연구는 헤겔에 대한 맑스의 비판을 관념론을 유물론으로 대체하는 것으로만 인식하기 때문에 맑스 초기의 인본주의와 「독일이데올로기」 이후의 사적유물론 간에 단절이 존재하는 것으로, 생산력을 인간적 힘의 실천이 아니라 단순히 경제성장의 관점에서 이해한다는 것이다. 그러나 이러한 해석은 맑스 변증법의 인본주의적인 뿌리에 대한 몰이해에서 생겨난다. 맑스의 인본주의적 변증법은 헤겔도 포이어바흐도 아닌 소크라테스적 원형을 갖는 것으로, 맑스의 인본주의와 유물사관은 변증법적 통합의 이치로 매개된다는 것이다.

이며, 또는 동의(agreement)가 존재하는 곳에서 그것들을 발견할 셈으로 모순되는 인간의 판단들을 비교하는 기술이었다. 만일 변증법이 과학적 방법들 가운데 최초의 것이라면, 그리고 그것의 목적이 모순을 제거하는 것이라면, 그것은 과학의 역할이 비개인적 진리로 정신을 이끌고 모순과 특수주의를 제거하는 것이었기 때문이다"(『실사』, 88). 다시 말해 그는 판단을 비교하는 변증법이 과학의 첫 번째 계기라고 보았고, 이러한 관점은 실용주의의 판단적 상대주의와는 엄연히 다른 것이다. 요컨대 뒤르케임의 과학적 변증법 또한 '기존의 보편을 더 큰 보편의 특수형태로 위치 짓는' 변증법적 비판을 공유한다.[34]

나아가 뒤르케임의 개념적 추상의 확고한 출발점은, 맑스와 마찬가지로 '사회'다. 사회형태학의 탐구방법으로 논의를 진전시켜가면서 뒤르케임의 형태추상은 맑스가 말한 '합리적 추상'에, 응용된 역사적 설명모델에 가까워진다.

> 방법론적 절차를 따르기 위하여 우리는 과학의 토대를 불안정한 모래 위가 아니라 단단한 땅에 세워야 한다. 과학적 탐색을 할 때는 가장 쉬운 접근을 가능하게 해주는 사회적 영역에 접근해야 한다. 그다음부터 연구는 더 진전되고, 그리하여 계속된 접근을 통해 인간의 마음이 결코 완전하게 붙잡을 수 없는 유동적인 현실도 포착하게 될 것이다(『규칙들』, 101).

34 "우리 자신과 주변만 살피게 되면, 상호 모순되며 일방적이고 특수주의적 개념을 다루는 것으로 끝나게 마련이다. 만약 우리가 이러한 특수주의(particularism)를 탈피하려고 한다면, 또 만약 우리 시대에 대한 더 완전한 개념을 형성하려 한다면, 우리는 우리 자신으로부터 탈피해야 하며 시야를 넓혀서 사회가 감지하고 있는 여러 가지 포부를 파악하기 위해 종합적 연구를 시작해야 한다"(뒤르케임, 2002: 197~198).

2) 사회형태학의 방법과 대상: 원인, 기능, 조건, 이유

뒤르케임에 따르면 사회형태학(social morphology)은 정확히 과학적 설명을 위한 입문학이다(『규칙들』, 153). 앞서 보았듯 맑스와 마찬가지로 뒤르케임이 내놓은 설명적 방법론 역시 정치경제학 방법을 비판하면서 구체화되었다. 그리고 그의 '설명' 또한 경험적 실재론에 기초한 형식논리학적 설명이 아닌 개방체계, 초사실성, 층화된 실재를 인정하는 초월적 실재론의 인과적 설명 논리를 공유한다.

이를 더 명확히 하기 위해서는 뒤르케임 과학의 금과옥조인 '원인들'이 우선 논구될 필요가 있을 것 같다. 잭 더글러스(J. Douglas)가 말하듯 그는 다양한 유형의 인과성이 존재한다고 전제했고 당대의 독자들이 – 아리스토텔레스에 기원을 두고 있는 – '제일원인(first-cause)'과 '이차적 원인', '작용인' 등의 용법을 알고 있다고 가정했던 것 같다(Douglas, 1967: 347). 다수 원인(causes)의 층위를 설정했다는 사실은 그에게 덧씌워진 물상화 및 기능주의라는 편견을 해소하는 출발점이다.

더 거슬러 올라가면, '원인들(causes)'에 대한 사유는 칸트의 이원론 비판에 그 단초를 두고 있다. 사실적 평가와 도덕적 평가를 통합하려는 자연주의 윤리학 역시 1883~1884년 칸트의 이원론을 비판하면서 모색되었다. 뒤르케임에 따르면, 칸트의 이원론은 궁극적으로 결정론과 자유 사이의 대립을 해결할 수 없다. 칸트의 해법은 인간 존재 안에 있는 이중성을 인식하고, 인간 자아를 구성하는 두 자아를 각각 현상계와 본체계에 위치 짓는 것이었다. 그 결과 칸트의 해법은 양자를 대립항 속에 위치짓는 결과를 가져왔다. 인과성의 원리는 현상계에, 인간 자유는 본체계에 위치할 때 과학의 법칙들은 현상과 관련해서만, 윤리의 법칙들은 본체계와 관련해서만 진실일 수 있었다. 이를 통해 현상적인 자아는 결정론에 복속되고, 본체적인 자아는 자유의 영역에 남겨둘 수 있었다. 그러나 이후 심각한 반대에 직면했듯, 칸트의 이론에서 자유는 하나의 가능성일 뿐 실질적으로 주어진 것은 아니다.[35]

이를 넘어서기 위한 뒤르케임의 해법은 인과성의 원리에 층위와 방법을 설정하는 것이다. "인과성의 원리가 요청하는 것은 모든 현상이 긴밀하게 상호 연결되어 있다는 점이다." 이는 현상의 계열이 향하는 방향을 완전히 결정하는 것은 아니다. 각 계열의 끝은 궁극성(finality)의 원리에 의해 결정되고, 이 원리에 따라 요청되는 필연성은 인과성에서 요구되는 것보다 훨씬 적다. 따라서 "동일한 목표는 다른 수단에 의해서 달성될 수 있다. …… 만일 사물의 목적이 자유라면, 그 수단은 이 목적을 실현하기 위해 존재해야만 한다". 그렇다면 "사물들 속에 상당한 우연성이 존재해야만 할 것"이고, "궁극성의 원리에 의해 요청된 질서는 절대적인 결정론이 아니"게 된다(『철강』, 164). 이러한 형태의 개방적 결정론이 ― 뒤르케임이 시도한 ― 인간 자유와 과학적 결정론이 화해할 수 있는 방법이다.[36]

---

35 칸트에게 "우리 삶의 활동들은 현상계에서 발생하기 때문에 결정된다. 본체계 내에 갇힌 의지는 현상에 영향력을 발휘하기 위해 달아날 수 없다. 따라서 칸트가 우리에게 제공한 자유는 형이상학적이고, 가상적이고, 불모인 것이다"(『철강』, 164). 상스(Sens)에서 한 철학 강의는 뒤르케임이 과학적 결정론과 인간의 자유라는 문제를 얼마나 숙고했는지 보여준다. 그에 따르면 과학적 결정론과 심리학적 결정론 모두 결정론과 자유에 대한 철학적 안티노미를 해결할 수 없다. 심리학적 결정론을 믿는 사람들은 인과성의 원리와 인간 자유 사이에 모순이 존재한다는 것을 보여주기 위해 애쓴다. 반대로 과학적 결정론은 인과성의 원리가 외부 세계에 적용될 때, 그것이 정신 외부의 세계에서 널리 행해진다는 것을 보여주려 한다. 그러나 자유로운 행위의 명확한 특징은 그것이 어떻게든 세계를 변화시킬 수 있다는 것이다. 이런 점에서 과학적 결정론은 인과성의 원리를 통해 모든 사물이 인과(因果)의 거대한 사슬로 연결되어 있다는 것을 이해하게 하지만, 외부 세계에 어떤 우연성이 존재한다는 것을 부인하기 때문에 실제로는 인간의 자유를 부정하는 결과를 초래한다.

36 원인과 결과의 관계에서 인과율은 한 사건에 대한 원인이 존재함을 말하며, 결정론은 그 원인에 따른 결과가 반드시 있다는 것을 말한다(최종덕, 1995: 44). 『역사란 무엇인가』에서 에드워드 카(E. H. Carr)가 말하듯, 결정론은 역사의 문제가 아니라 모든 인간

이 지점에서 아리스토텔레스의 4원인을 잠시 떠올려보자. 앤드루 세이어는 아리스토텔레스의 원인 개념과 비판적 실재론 사이에 유사성이 있다고 말한다. 아리스토텔레스가 설정한 원인의 4중 도식은 질료인, 형상인, 작용인, 목적인의 개념으로 알려져 있다. 질료인은 변화를 얻는 사물 – 사회화를 겪는 어린이나 유리를 만드는 원료로서의 모래와 같은 – 을 구성하는 물질이다. 형상인은 만들어지는 또는 결과로 나타나는 사물의 형태다. 작용인은 실제로 변동을 발생시키는 사물이다. 그리고 목적인은 과정이 도달하게 되거나 일부의 행위주체가 그것을 거기에 도달시키겠다고 의도하는 상태다(세이어, 1999: 167). 아리스토텔레스의 4원인 중 물리학을 모델로 한 고전역학의 세계관에서 살아남은 것은 작용인뿐이다.

뒤르케임은 사회형태학을 통해 뉴턴과학에서 배제된 다층위의 원인들을 다시 불러온다.[37] 그는 콩트와 부트루의 영향 속에서 '더 높은 형태의 실재가 지닌 우연성'을 충분히 깨닫고 있었다. 사실 모든 유기체가 생명의 유지, 즉 자기 존속이라는 목적성을 함축한다는 점은 생물학에서는 재론의 여지가 없는 자명한 전제다. 그렇다면 인간 또한 생명적 존재, 즉 유기체의 일부

행위의 문제다. 원인이 없이 행동하며 따라서 그 행동이 결정되지 않는 인간이란, 사회 밖에 존재하는 개인과 마찬가지로 하나의 추상물이다(카, 1997: 142~144). 한편 인간은 자연의 층화구조에서 어느 정도 자유롭게 행위하도록 결정되어 있기도 하다. 그런 점에서 자유의지와 결정론, 필연과 우연에 관한 근대 철학의 이분법은 일정 부분 '논리적인' 딜레마이며 실제 생활에서는 문제가 되지 않는다. 그러나 여전히 이것이 논쟁의 여지를 남기는 것은 방법론적 개인주의나 심리학적 환원주의 — 뒤르케임은 이를 '심리학적 결정론'이라 부른다 — 의 관점에서 맑스와 뒤르케임에게 통상 부과되는 '방법론적 결정론' 또는 '방법론적 전체주의'라는 혐의와 연관되기 때문이다.

37 뒤르케임은 자신의 사상이 모두 독일에 기원을 둔다는 시몽 드플로와쥬(Simon Deploige)를 논박하며, 사회학과 심리학, 생물학 등의 층위 구분이 자신의 멘토 부트루에게 빚지고 있음을 밝히면서 아리스토텔레스를 언급한다. "아리스토텔레스가 '심리학적 원리에 의해 심리학이, 생물학적 원리에 의해 생물학이'라고 말했듯…… 나는 그것을 사회학에 적용했다"(Durkheim, 1982e: 259).

이기에 생물학적 원인 개념은 그 발현적 속성을 존중하는 범위 내에서 인간 과학에도 제한적으로 적용될 수 있다.[38]

이를테면 인간행위는 의도성이라는 현상을 특징으로 갖는다. 이것은 사람들이 신경생리학적 복합체를 가진 사물이라는 특징에 어느 정도 의존하기 때문이다. 이 특징 덕분에 사람들은 다른 고등동물처럼 목적 있는 방식으로 변화할 수 있을 뿐 아니라 그러한 실행을 관찰할 수 있고 그 실행을 논평할 수 있다(바스카, 2005d: 58). 말하자면 자연의 층화된 질서에서 인간 존재의 높은 자유도를 인정한다면 '삶'이라고 하는 가치를 과학이 추구하는 더 상위의 목적으로, 수단을 더 하위의 목적으로 설정한 뒤르케임의 출발점은 당시 생물학을 비롯한 자연과학의 발전에 그 과학적 근거를 갖고 있는 셈이다. 동시에 사회법칙의 지배를 받는 사회적 삶의 층위가 개별 유기체가 추구하는 목적의 층위로 환원되어 설명될 수 없다는 반환원주의적 자연주의는, 뒤르케임의 전 저작을 끌고 가는 모티브였다.

그러므로 사회형태학의 '설명을 위한 규칙들'에 대한 논의는 '원인'과 '기능'이라는 범주를 도입하는 것으로 시작한다. 두 범주를 도입하면서 역사의 법칙에 대한 기계론적 설명과 목적론적 설명을 사회과학적 설명의 원리로 통합하고자 시도하는 것이다. 예컨대 『분업론』과 『규칙들』의 사회형태학에 대한 논의에서 그는 인과 분석과 기능 분석을 구별한다. '목표(end)'나

38 19세기 생물학의 발전은 뒤르케임의 사회학적 자연주의의 형성을 이해하는 중요한 배경이다. 이는 콩트의 전통으로 올라가는바, 콩트는 뉴턴의 만유인력 법칙과 조제프 푸리에(J. Fourier)의 열역학 이론을 실증과학의 모범으로 내세웠지만, 사회학은 무기과학들과 달리 전체 체계 속에서 각 부분들의 기능과 그들의 상호 의존을 다루어야 한다는 관점을 갖고 있었다. 즉, 실증철학체계 속에서 사회학과 직접 관련되는 것은 19세기의 유기체론적 생명과학이었다(서호철, 1999: 222~223). 실제 1902~1903년 소르본 대학에서 개설한 강의를 출판한 『도덕 교육(Moral Education)』에서 뒤르케임은 생물학이 사물의 복잡성과 그 중요성 — 전체가 부분의 합 이상이라는 테제를 — 을 어린이들에게 가르치는 데 유용하다는 점을 특별히 강조했다(Durkheim, 1961: 282~283).

'목적(purpose)'이 아니라 '기능(function)'이라는 단어를 사용하는 것은 사회 현상이 그것이 가져온 유용한 결과 때문에 존재하는 것이 아니기 때문이다. 또 원인과 기능을 구별하는 것은 사회변동을 인간 종의 완전한 진보의 법칙(law of progress)으로 설명하는 콩트의 역사철학과, 인간 욕구와 기능으로 설명하는 스펜서의 진화론적 공리주의 – 이것이야말로 전형적인 목적론적 설명인 셈이다 – 를 논박하는 효과를 갖는다(『규칙들』, 154).

> 기능이라는 용어는 두 가지 아주 다른 방식으로 사용된다. 첫째, 이 용어는 때로는 생명이 있는 유기체의 운동체계를 가리킨다. 둘째, 이 운동체계와 유기체의 몇 가지 욕구 사이에 존재하는 대응체계를 표현한다(『분업론』, 85).

> 우리가 이 용어를 선택한 이유는, 다른 모든 용어는 부정확하거나 모호하기 때문이다. 우리가 여기서 '분업의 궁극적 목표나 목적'이라는 용어를 사용할 수 없는 이유는, 그러한 용어의 사용 자체가 분업이 우리가 명확히 규명하려는 결과를 전제로 존재한다는 점을 가정하기 때문이다. 여기서 결과나 효과라는 용어가 더 불만족스러운 이유는, 그 용어가 거기에 상응하는 어떠한 생각도 불러일으키지 않기 때문이다. 반면에 역할이나 기능이라는 용어 …… 는 상응이라는 생각을 함축한다는 커다란 장점이 있다. 따라서 여기서 중요한 점은, 이와 같은 상응관계가 어떻게 존재하며 그것이 무엇인가를 아는 것이다(『분업론』, 86).

분업의 '목적'을 미리 설정하면 목적론적 설명의 위험에 빠지고, 분업의 '결과'를 자명한 것으로 전제하면 이에 상응하는 원인을 제거함으로써 현재의 상태를 정태화하는 기능주의의 오류에 빠진다. 이를테면 역사의 발전은 스펜서의 역사철학이 행하는 목적론적 설명으로 정당화될 수 없다.[39] 이러한 의미에서 뒤르케임은 "존재의 원인은 그 목적과 무관하다"라고 말한다(『규칙들』, 156). 이와 달리 '기능'이라는 용어는 분업의 결과에 상응하는 다른 원인을, 내적 관계에 대한 고찰을 허용한다. 왜냐하면 사회현상은 놀라운 규칙성을 보여주기도 하기 때문이다. 또한 – 분업을 비롯한 – 사회현상은 개인들의 심리와 의도로 환원되지는 않지만, 개인 행위를 통해 재생산된다. 마치 맑스가 생산유기체의 총체적 순환을 보기 위해 생산과 재생산 국면을 함께 고찰하듯, 뒤르케임 역시 사회유기체의 총체적인 생명활동을 원인과 기능이라는 범주로 포착하려 한다.[40]

> 사회현상이 요구하는 기능의 심적 기대에서 사회현상의 원인이 나오는 것이 아니라, 반대로 이러한 기능은 적어도 많은 경우에 그런 현상이 나오기 이전에 존재한 원인을 유지하는 데 기여한다. 그래서 원인을 안다면 우리는 기능을 더 쉽게 발견할 것이다(『규칙들』, 161).

이러한 구분에서 '연구 순서의 이중성'이 제안된다. "사회적 사실들은 존재론적 힘(forces)을 가지고 있"으며 그것은 "개인의 힘보다 더 우위"에 있기 때문에, 인과적 설명의 방향은 사회적 힘 – 원인 – 에 대한 분석에서 시작해서 기능, 곧 재생산에 대한 분석으로 향한다. "사람의 행동이 효과적으로 영향을 발휘할 수 있는 지점을 발견할 때까지 원인과 결과의 관계로 되돌아갈 필요가 있다"라는 것이다(『규칙들』, 155).

---

39 뒤르케임은 분업에 대한 스펜서의 설명이야말로 순전히 목적론적이라고 반박한다. 그러나 "모든 자연적인 현상과 마찬가지로 사회적 사실들은 일부 목표에 기여한다는 단순한 고찰로써 설명되지는 않는다"(『규칙들』, 174).

40 "일단 어떤 제도가 형성되면 일정한 기능을 나타내기 마련이다. 따라서 이 기능을 연구함으로써 그 제도가 발휘한 기능의 결과는 어떠했으며, 그러한 결과가 나타나게 된 제조건이 무엇인지를 알 수 있다"(뒤르케임, 2002: 119).

> 사회현상을 설명하고자 시도할 때, 우리는 사회현상을 낳는 효과적인 원인과 사회현상이 이행하는 기능을 모두를 찾아야 한다(『규칙들』, 159~160).

현상의 결과를 결정하려 하기 전에 현상의 원인을 찾는 것이 당연하듯, 후자를 고찰하기 이전에 전자를 고찰해야 한다는 것이다. 실제로 원인-기능의 연속은 경험의 연속과 일치하며, 사회현상에서 원인과 결과를 묶는 연결은 충분히 인식되지 않는 한 상호 관계(feedback) 속에 존재한다.[41] 이 '원인-기능' 범주는 맑스의 '운동 법칙'에 상응하는, 즉 인과적 힘의 생산과 재생산 과정을 아우르는 메커니즘(mechanism) 개념으로 이해될 수 있을 것이다. 이는 사회를 끊임없는 생명활동의 유기체로, 과정 속에 있는 구조로 인식한다는 뜻이며, 재생산과정 속에 있는 – 기계적·생물학적 인과성 각각으로 환원될 수 없는 – 사회적 인과성의 복합성을 지시하는 것이다.

이를 통해 뒤르케임은 분업의 원인에 대한 심리학적 설명을 지양하면서, 분업이 창출한 새로운 근대사회의 구조와 동학(dynamics)을 비목적론적 방식으로 설명할 수 있는 범주 기반을 확보했던 것으로 보인다.

> 우리가 사회학적 설명에서 인간 욕구를 위한 여지를 남긴다는 사실은 우리가 불공정하게 목적론(teleology)으로 되돌아간다는 것을 의미하는 것이 아니다. 이러한 욕구들 자체와 욕구들이 겪는 변동은 결정론적이고 거의 목적적이지 않은 원인에 의해서만 설명된다는 조건하에서 욕구들은 사회진화에 영향을 미칠 수 있다(『규칙들』, 158. 강조는 필자).

41 "결과는 확실히 그 원인 없이 존재하지 않는다. 결과는 원인에서 그 에너지를 끄집어낸다. 그러나 경우에 따라서는 에너지를 원인에 되돌려주며, 결과적으로 원인이 에너지를 소진하지 않으면 에너지는 소진되지 않는다"(『규칙들』, 160).

여기서 '인간 욕구'와 구분되는 '결정론적이고 거의 목적적이지 않은 원인'은 사회형태, 사회적 사실, 사회적 원인, 내적 구조, 사회적 조건의 용법과 상통한다. 즉, 사회가 인간 욕구로 환원되지 않는 고유한 존재론적 힘을 갖는 하나의 층위라는 것을 지시한다. 여기서 집단의 진화를 결정하는 요소로서 '사회환경(social milieu)'이라는 개념이 매우 중요한 의미를 갖는다.[42] "모든 중요한 사회적 과정의 최초의 기원은 사회 집단의 내적 구성에서 찾아야 한다"(『규칙들』, 177). 왜냐하면 "우리가 이 개념을 거부한다면, 사회학은 어떤 인과성의 관계도 확립할 수 없기 때문이다. …… 이러한 원인을 제거한다면 사회현상이 의존하는 동반된 조건들은 없다"(『규칙들』, 181).

한편 '사회환경'이라는 개념은 스펜서의 '외부환경'이라는 개념을 비판하면서 제출된 것으로, 역사 변동을 설명하는 관점과도 관련된다. 사회진화를 외부 환경과 인간 유기체의 직접적인 상호작용으로 설명할 때, 자연법칙과 행위법칙 사이에 존재하는 사회적 층위를 붕괴시키는 환원주의를 노정한다. 그럼으로써 – 스펜서가 그러하듯 – "사회진화가 그 시초부터 가장 완벽한 사회유형을 생산해내기 시작했다는 결론"에 봉착하게 되는 것이다(『분업론』, 290). 뒤르케임이 볼 때, 이는 구성원들에게 행사되는 사회의 도덕적·조절적 영향력을 무시하는 것이다.[43] 결국 스펜서는 생물학적 유추를 했음

---

42 "과학은 단어의 절대적 의미로 제일원인(first-cause)을 알지 못한다. 과학에서 하나의 사실은 단순히 많은 다른 사실을 설명하기에 충분히 일반적일 때 일차적이다. 이제 사회환경은 분명히 이러한 요소이다. 왜냐하면 그 속에서 생산된 변동은 변동 원인이 무엇이든 간에 사회 유기체에서 모든 방향으로 반향을 일으키고 각각의 기능에 어느 정도 영향을 미치지 않을 수 없"기 때문이다(『규칙들』, 180. 강조는 필자).

43 이러한 맥락에서 뒤르케임은 스펜서의 사회진화론에 권위를 부여한 다위니즘(Darwinism) 또한 비판한다. "다윈의 가설은 도덕 분야에서는 어느 정도 유용성이 있는 것은 사실이지만, 다른 과학 분야에서는 훨씬 더 유보적 평가와 함께 비판을 받을 여지가 크다. 왜냐하면 그의 가설은 도덕 생활의 가장 기본적인 요소를 무시하고 있기 때문이다. 즉, 다윈의 가설은 사회가 그 구성원들에게 행사하는 도덕적·조절적 영향력을 무시하

에도 사회 안에 존재하는 진정한 실재를 보지 못함으로써, 사회를 개인이 적응하기 위한 이차적 조건으로 치부하며 개인의 발전과 사회진화에 부당한 한계를 설정했다는 것이다(『분업론』, 510~511).

> 사회진화를 이렇게 본다면, 우리는 역사의 운동은 순환적이며, 진보란 퇴보를 의미할 수도 있다는 문제를 제기할 수 있다(『분업론』, 290).

다시 말해 협소한 기능주의적 시각과 진화론적 논리로는 사회현상이 진보하는 동인을 찾아낼 수 없기 때문에,[44] 사회환경이라는 원인에서부터 사회현상을 설명할 수 있다고 주장하는 것이다. 그런데 사회환경은 사물들과 사람들이라는 두 요소로 구성된다. 여기서 사회 변형을 결정하는 추진력은 명백히 사람들, 말하자면 인간적 환경이다.

> 사회환경을 구성하는 요소는 사물들(things)과 사람들(persons) 두 가지다. 물질적인 대상이 사회로 통합되는 것 이외에 이전 사회적 활동의 산물인 법, 관습, 문학과 예술작품 등도 포함되어야 한다. 그러나 물질적 객체나 비물질적 객체들이 사회의 변형(transformation)을 결정하는 추진력(impulsion)을 산출하지 않는다는 것도 분명하다. 왜냐하면 그들은 동기화하는 힘(motivating power)을 결여하기 때문이다. 의심할 바 없이 우리가 시도하는

고 있다. 그런데 사회의 도덕적·조절적 영향력은 사회 구성원들이 생존경쟁을 위해 무지막지하게 투쟁하는 것을 절제시키고, 그들끼리의 적대적 감정을 중화시키는 역할을 한다. 사회가 있는 곳이라면 어디에서나 이타주의가 존재한다. 사회는 항상 그 구성원에게 연대의식을 심어주기 때문이다. 우리는 또 인류 역사의 초기부터 비록 지나치게 형식적이기는 하지만, 이타주의를 발견한다"(『분업론』, 293).

44 뒤르케임에 따르면 인간은 세 종류의 환경에만 의존한다. 유기체, 외부 세계, 사회가 그것이다(『분업론』, 518).

설명들 속에서 비물질적·물질적 객체를 고려할 필요가 있다. 얼마간 그것들은 사회환경에 영향력을 행사하고 사회의 속도와 방향은 그 속성에 따라 변화한다. 그러나 비물질적·물질적 객체들은 사회변화를 활성화시키는 어떤 것도 내포하고 있지 않다. 사회변화는 사회적 활력(vital forces)이 적용되는 것에 관한 문제지만, 저절로는 어떠한 사회적 활력도 발산하지 않는다. 따라서 명확하게 활동적인 요소로서 남아있는 것은 인간적(human) 환경이다(『규칙들』, 177~178. 부분적으로 수정함).

즉, 사회적 사실이라는 범위는 인간의 동기화된 활동에 의존하는바, 뒤르케임에게도 "사람만이 역사에서 유일한 움직이는 힘"이라는 진리는 유지된다(바스카, 2005d: 66). 이제 사회학자들의 중요한 임무는 이러한 사회환경의 여러 측면을 발견하는 것이다.

뒤르케임이 설정한 다층위의 원인들과 사회형태학의 설명모델을 역사적 설명에 대한 아그네스 헬러(A. Heller)의 논의를 경유해 좀 더 숙고해보자. 헬러는 역사서술의 설명 원리를 크게 세 가지로 구분한다. 작용인을 사용한 설명과 최종 관계 – 목적인 – 를 사용한 설명, 형상인을 사용한 설명이 그것이다.

아리스토텔레스는 사회구조의 역학을 통한 모든 설명은 형상인을 사용한 설명이라고 말한다. 형상인은 사회구조에 따라 역사적 사건과 동기를 설명한다. 형상인으로서 원인은 상대적 총체성으로, 총체적 규칙들의 구조, 제도, 정치 또는 경제체제, 내적으로 관련된 하부체제들의 체계로 고려된다. 간단히 말해 형상인은 구조들 – 사회형태들 – 의 내적 논리로 변화를 설명한다. 일단 하나의 제도가 성립되면 비록 상대적일지라도 그 자체의 삶을 영위하는 것으로 가정된다. 제도의 지속적인 발전은 그 제도가 출발 지점에서 내재한 가능성을 표출하는 것이다. 그리고 다른 구조들과의 상호작용은 이 내재적 과정을 방해할 수도 있고 촉진시킬 수도 있다. 근본 구조가 자신의 동일성을 유지하는 한, 모든 변화는 원래의 확립된 결과로 설명될 수 있고 제도나 사회형태로 설명될 수 있다. 만약 인간의 행위가 현존하는 사회구조에 의해 설명된다면, 현존하는 사회구조는 동인으로 취급된다. 따라서 형상인을 사용해서 사건과 태도를 설명하려는 입장은 사회이론에서 유일하게 완전한 과학적 설명의 유형이다. 즉, 형상인을 사용한 설명은 동인이나 목적인을 사용한 설명과 유사하게 허용적 형태와 결정론적 형태 두 가지 모두를 지니며, 역사서술은 인과관계의 세 유형 모두를 적용해야 한다는 것이다(헬러, 1994: 225~227).

헬러를 따라 하나의 독자적 층위를 갖는 원인으로 형상인의 지위를 승인할 수 있다면, 뒤르케임이 스펜서의 환원주의와 대결함으로써 복원해낸 것은, 스펜서의 사회진화론에서 중심 범주였던 기능인이 아니라 오히려 사회적 원인의 창발성 – 아리스토텔레스의 용법으로 말한다면 '형상인', 그리고 '질료인'과 '목적인'의 상호작용 – 이라고 할 수 있다.[45] 다시 말해 기능에 선행하는 원인을 설정함으로써, 기능을 탈역사화하는 스펜서와 경제학자들의 범주

---

45 아리스토텔레스는 모든 운동을 형상과 질료에 의한 가능태와 현실태의 결합으로 설명한다. 그는 형상과 질료에 의한 생성 변화를 운동의 특수한 경우라고 보고, 운동을 야기하는 것으로 네 가지 원인을 제시했다. 예컨대 집을 짓는 것과 관련시켜보면, 집을 짓기 위한 재료는 질료고, 집의 설계도는 형상인이며, 목수의 공사는 작용인이고, 그 집의 용도는 목적인이다. 그런데 여기서 집의 설계와 공사는 집의 사용 목적과 불가분의 관계이므로, 앞에서 제시한 네 가지 원인은 크게 질료인과 형상인으로 요약된다. 그는 모든 사물이 맺는 형상과 질료의 관계를 도토리와 참나무의 관계로 설명한다. 도토리는 질료인이지만 이 도토리는 자라서 참나무가 되므로 이 경우 참나무는 도토리의 형상이라고 할 수 있다. 그리고 참나무는 그것으로 만들어진 가구에서는 질료다. 이처럼 한 개체를 이루는 두 계기인 형상과 질료는 상대적으로 파악된다. 이처럼 형상과 질료의 비례에 따라 헤아릴 수 없을 만큼 많은 계층을 이루고 있는 것이 이 세계다. 이처럼 인과관계에 관한 그의 견해는 역동적이며 유기적인 특징을 지닌다. 모든 사물은 더 성숙된 것을 향해 끊임없이 변화하면서 실현해나가는 특징을 지닌다(안건훈, 2005: 165~167).

오류를 바로잡는 것이다. 한 번 더 강조하자면, 원인 범주를 도입하는 것이 "인간의 자극과 욕구, 그리고 욕망이 사회진화에 활발하게 개입하지 않는다는 것을 의미하는 것은 결코 아니"다. "반대로 그러한 것들은 사회현상을 결정하는 환경에 따라서 사회의 발전을 촉진시키거나 늦출 수 있다는 것이 확실하다"(『규칙들』, 156). 『자살론』에서 살펴보겠지만, 뒤르케임의 인과적 설명의 두 번째 방향은 원인의 층위에서 기능과 욕구 — 목적인 — 의 층위로 전개된다.

다층위의 원인과 작동방식을 복원함으로써, 이제 필연성과 자유를 둘러싼 철학적 테제는 원인들(causes)에 대한 탐구라고 하는 뒤르케임의 도덕과학의 계획에서 재규정된다.[46]

> 사회학이 형이상학자들을 구분 짓는 큰 가설들 가운데서 선택할 필요는 없다. 다만 결정주의와 마찬가지로 자유의지를 사회학에 포함시킬 필요는 있다. 사회학이 요구하는 것은 사회현상에 적용되는 인과성의 원리다. 다시 말해 이러한 원리는 합리적인 필요성에서가 아니라 합법적 귀납법에 의해 경험적 가정으로서 사회학을 설명하기 위한 것이다. 인과성의 법칙은 자연의 다른 영

46 1892년 샤를 몽테스키외(C. Montesquieu)를 비판하는 것도 동일한 맥락이다. 뒤르케임에 따르면 몽테스키외는 유형과 법칙이라는 관념을 통해 사회과학의 기초 원리를 형성하는 데 중요한 기여를 했다. 유형을 사고함으로써 구조와 존재에 기초한 비교를 가능케 한 것이다. 그러나 그의 유형 분석은 충분히 다듬어지지 않았고, 그의 법칙 개념은 혼란스러웠다. 몽테스키외는 필연성 — 우주의 법칙 — 을 사고했지만, 사회들이 우연히 조직되고 사회의 역사가 우연한 것에 의존한다는 것을 부정했다. 그러나 "사회과학과 관련하여, 사회적 존재의 본성에서 기인하는 특수한 어려움"은 "나의 마음이 움직일 수 있고 다양하며 풍부하여 …… 고정되고 불변하는 법칙들로 환원될 수 없"기 때문이다(Durkheim, 1965: 63). 이는 인간의 지위에 어떤 특별한 능력을 부여하는 것이 아니다. 존재의 질서에서 높은 자유도를 갖는 인간의 복잡성을 고려할 때, 필연과 우연, 사회적 객체의 본질/현상 관계에서 비롯되는 사회적 인과성의 역동성을 사회과학이 포함해야 한다는 것이다.

> 역에서도 입증되었기 때문에, 그리고 점진적으로 그 권위가 물리화학의 세계에서 생물학적 세계로, 생물학적 세계에서 심리학적 세계로 확대되기 때문에, 그것은 사회세계에서도 마찬가지로 우리가 주장하는 것은 정당하다(『규칙들』, 209~210. 강조는 필자).

결국 뒤르케임이 주장하는 사회적 인과성은 사람들과 사회들 사이의 존재론적 틈을 인정하는 사회적 존재론에 근거한다. 그리고 뒤르케임의 개방적 결정론과 발현적 인과개념은, 바스카의 개념으로 말하면 – 상이한 층위의 원인들을 지시하기 위해 도입한 – '초범주적 인과성'을 승인한다. 바스카에 따르면 일반적으로 사회적 과정은 목적법칙론적(teleonomic)이고, 심리적 과정은 목적론적(teleological)이며, 신경생리학적 과정은 기계론적(mechanical)이다. '초범주적 인과성'은 원칙적으로 과학에 열린 주제다. 원인 수준의 속성들이 존재한다면, 이는 경험과학의 엄격한 법령에 따라 탐구될 수 있다는 것이다(『자가능』, 100~114 참고).

『분업론』의 핵심 질문인 "개인의 인격과 사회적 연대 간 관계의 문제", "현대 산업사회에서 개인들은 어떻게 자율적이 되면서 동시에 사회에 더 의존적일 수 있는가"의 문제 역시(『분업론』, 69), 이 다층위의 원인들, 즉 발현적 인과성과 사회형태학의 토대 위에서 논구된다.

3) 사회형태학의 설명모델: 정상과 병리를 구분하는 규칙들

뒤르케임에게 사회학적 설명의 역할은 정상적 기능의 사회적 조건을 탐구함으로써 사회의 병리를 파악하고, 나아가 사회의 건강을 회복하기 위한 타당한 실천적 조치를 제공하는 것이다. 그의 설명모델에서 목적/수단, 원인/기능 범주에 이어 또 하나 중요한 개념쌍이 정상/병리 범주다. 그는 전 저작을 통해 근대사회의 '정상적 형태'와 '병리적 형태'를 구분하는 작업에 깊은 관심을 갖고 있었다.[47] 정상/병리 범주는 뒤르케임의 사회형태학과 도덕과학의 성패를 가늠하는 핵심 개념으로, 무엇이 추구해야 할 목표이며 수단인지를 판별하기 위한 전략적 범주다. 『규칙들』의 용어로 말한다면 '실천의 딜레마'를 궁극적으로 해결하기 위함이고, 「가치판단과 사실판단」에서 더 분명해지듯, 사실판단에서 가치판단을 도출하기 위함이다. 그러나 안타깝게도 '정상과 병리를 구분하는 규칙들'은 많은 논자에게 기능주의, 보수주의라는 혐의를 확증하는 논거로 이용되곤 했다. 이제 본격적으로 논쟁 속에 자리한 정상/병리 범주와 생물학적·유기체적 유추의 문제를 재검토해보기로 하자.

뒤르케임에 따르면, "과학의 즉각적인 목적은 정상적인 유형을 연구하는 것"이다. 그러나 만약 "가장 광범위하게 확산된 사실들이 병리적이 될 수 있다면, 정상적인 유형은 현실적으로 존재하지 않는다는 것이 가능하다"(『규칙들』, 123).

> 정상적인 것을 비정상적인 것과 구분하는 어떤 장점이 있다면, 우리의 실천(practice)을 더욱 지적으로 만드는 데 특히 도움이 된다는 것을 잊어서는

---

47 정상/병리 개념은 1888년 자살률과 출생률을 다루는 경험 연구에서 등장하고 『자살론』의 프롤로그가 되었다.

> 안 된다. 사실들에 대한 지식을 가지고 행동하기 위해서는 적절한 과정뿐 아니라 그 이유도 알 필요가 있다. 정상의 상태에 관한 과학적 제안들(proposition)은 그 이유가 동반될 때 더욱 즉각적으로 개별 사례에 적용될 것이다. 왜냐하면 그것에 적용할 때 어떤 사례에서 그리고 어떤 방향으로 수정되어야 할 것인지를 더 잘 인식할 수 있을 것이기 때문이다(『규칙들』, 118~119).

당연한 얘기지만, 여기서 정상/병리의 구분을 통해 뒤르케임이 판별하려는 대상은 늘 '사회'다. 이 점을 간과하면, 개인을 순응시키려는 의도가 아니냐는 불필요한 논쟁에 휘말린다. 파슨스의 구조기능주의의 영향 속에서 채색된 '기능주의'를 둘러싼 논쟁이 그 사례다. 이와 상반되게 뒤르케임은 타르드의 심리학적 관점을 논박하며 사회적인 것과 심리적인 것 사이에 명확한 구분선이 존재하듯, 개인 건강의 조건과 사회적 건강의 조건은 매우 다르며 심지어 서로 대조적이라고 말한다(Durkheim, 1978d: 188).

또한 통상 '보수주의'라는 비판이 가정하듯 정상/병리 범주는 어느 한쪽이 더 우월하거나 특권적 지위를 갖는 것이 아니라 동일한 존재의 구조와 상태를 판별하기 위한 설명적 범주라는 점에 유의할 필요가 있다. 말하자면 현상의 병리적 형태와 정상적 형태, "병리적 증세와 건강은 같은 현상의 두 가지 양상이며, 각각은 서로를 설명해준다"라는 것이다(『규칙들』, 96).

가령 뒤르케임은, 범죄는 정상적인 것이지 사회의 병리적 특성은 아니라고 주장한다. 모든 사회는 일정한 범죄율을 유지하고 있다는 의미에서 '정상적'이며, 범죄는 오히려 사회적 경계를 강화하고 그 안에서 연대를 강화하는 기능을 할 수 있다. 때때로 "범죄는 미래 도덕의 선구자"라는 것이다(Durkheim, 1978d: 185). 결국 정상적 형태와 병리적 형태라는 범주의 도입은 일정한 역사적 발전의 국면 속에 있는 사회유형의 성격을 판별할 과학적 기준 – '사실 그 자체에 내재한 기준' – 을 발견하기 위한 것이다.[48]

정상과 병리라고 하는 생물학적 개념을 도입한 설명모델은 맑스와 비교할 수 있는 지점을 형성한다. 『자본론』 1판 서문에서 살펴보았듯, 맑스의 층화이론에서도 사회는 유기체로 – 생산유기체 – 가정되며, 이로써 정치경제학 비판의 역할은 역사 특수 법칙에 대한 탐구로 분명하게 설정되었다. 맑스에게 초역사적·역사적, 생산력·생산관계라는 범주의 도입이 사회들의 발전 상태를 판별하는 과학적 기준으로 기능한다면, 뒤르케임에게는 정상/병리의 구분이 이와 유사한 기능을 수행한다. 이는 물론 당대 생리학과 의학의 발전 속에서 통상 사용되던 용례에 기대고 있다.

정상/병리의 개념사와 용법을 치밀하게 추적한 김종엽(2001)이 말하듯, 정상 개념의 기초가 건강이라는 자명한 의학적 가치에 근거하기에, 명시적으로는 규범적인 것과 연계된다. 정상/병리 개념은 아리스토텔레스의 건강 개념과 베르나르의 정상/병리 개념 및 통계학의 평균인 개념의 영향과 수용을 그 배경으로 하고 있다. 뒤르케임이 수용한 것은 베르나르의 정상/병리 개념이었고, 그는 베르나르가 생리학의 보조학문으로서 병리학의 중요성을 부각시킨 점을 높이 평가했다. 병리학을 통해 사회의 정상 상태를 분석한다는 이론 전략도 바로 베르나르에서 온 것이다. 물론 케틀러 또한 평균인 개념을 통해 통계적 평균을 실재하는 양으로 만들었으며, 사회의 평균적 인간의 도덕성을 주장했다. 그리고 이 평균 자체의 진보를 사회진보로 파악했다. 그러나 의학적 정상 개념과 통계적 정상 개념을 융합하는 뒤르케임의 이론 전략은 당시 사회문제의 사회학적 실천을 시도했다는 점에서 차별성을 갖는 것이었고, 사회'의' 과학일 뿐 아니라 사회를 '위한' 과학이라는 구상 속에서 기존의 이념을 대체하기 위해 신중하게 선택된 것이기도 했다. 무엇보다 뒤르케임의 정상은 평균으로서의 정상이 아니라 '진정한 정상태' 관념

---

48 바꿔 말한다면 무엇이 정상적이고 병리적인가에 대한 선입견은 과학적 재검토 없이 지지될 수 없다는 것을 예증하려 한 것이다(휴즈·마틴·샤록, 1998: 313).

을 내포하는 것으로, 우리가 그것을 향해 나아가야 할 상태이자 하나의 이상으로서 상정된다.[49]

요컨대 뒤르케임에게 건강이나 정상 개념은 인간적 힘의 최적발전을 목표로 사회이론이 추구해야 할 이상이자, 생명체가 "자신들 수준에서 본성을 실현하고 있는 행복을 향유"하는 상태로 설정된다(『분업론』, 360). 건강 상태와 병적 상태는 초자연적인 것이 아니다. 이들 개념은 동일하게 사물의 특성에 기초하고 있다. 이러한 '정상/병리'의 개념쌍은 뒤르케임의 설명적 비판 논증을 독창적으로 만든다. 그것이 인식론적으로 병리의 사회적 조건과 정상성의 충분조건을 사고하도록 허용하기 때문이다.

이를테면 병적 상태는 "정상적인 특성에 토대를 두고 있는 것은 아니다. 그것은 그들의 평범한 구성에 내재하지 않고 사물이 일반적으로 의존하는 존재 조건과 관계가 있다"(『규칙들』, 116). [50] 양자를 구분하는 조건은 정확히 역사적·상대적인 것이며, 환경에 따라 달라진다는 것이다. 이에 따라 정상과 병리를 구분하는 규칙들은 다음 세 가지로 제시된다(『규칙들』, 123).

---

49 뒤르케임이 수용한 정상 개념사에 대한 이상의 논의는 김종엽(2001: 71~76)을 참고하라. 과잉·과소가 모두 병리이며 그렇지 않은 것이 건강이라는 아리스토텔레스적 사유는 의학을 매개로 현대에 큰 영향을 주었다. 그의 건강 개념은, 질병을 신체 속성이 아니라 개별 기관의 속성으로 이해하는 18세기 의학의 '병리적 기관' 개념과 융합되었다. 이 경우 정상적이라는 말의 의미는 병리적 기관과 결합되어 있지 않다는 것을 뜻하며, 병리적인 것에 따라 정의되는 이차적인 것이 된다. 콩트와 프랑소와 빅터 브루세(F. J. V. Broussais)는 이런 정상/병리 개념을 다시 한 번 역전시켜 자신들의 정상 개념을 구성했다. 조르주 캉귀엠(G. Canguilhem)이 수행한 정상 개념사에 대한 분석(Canguilhem, 1978)은 아리스토텔레스와 콩트, 부르세로 이어지는 정상/병리 개념이, 다시 생리학자 베르나르로 이어졌음을 보여준다.

50 그러므로 뒤르케임은 정상성(normality)의 선험적인 정의를 미리 제시하는 경로를 택하지 않는다. "건강 상태와 병적 상태의 조건은 추상적으로 그리고 절대적으로 정의될 수 없다"라는 것이다(『규칙들』, 115).

① 종의 평균적인 사회가 알맞은 진화단계에 있을 때, 기존의 발전단계에서 기존 사회유형에 관한 사회적 사실은 정상이다.
② 관찰하려 하는 사회유형의 집단생활을 이루는 보편적 조건들이 현상의 보편성과 관계가 있다는 것을 보여줌으로써 이전 방법의 결과를 증명할 수 있다.
③ 이러한 증명은 진화의 완전한 과정에 도달하지 못한 사회적 종에서 발생한 사실들을 연구할 때 필요하다.

③의 기준에서 분명해진 것처럼, 정상/병리 범주는 진화 과정 속에 있는 사회유형과 국면을 분석하고 판별하기 위한 방법론적 장치다. 이러한 판별 기준은 당시 유럽 사회에서 진행되던 보편적인 역사발전의 방향과 그에 상응하거나 상응하지 못하는 국면과 조건, 그 원인을 진단하기 위해 세워진다. 이는 『분업론』 제3부와 『자살론』을 잇고 있는 비정상적 분업의 사회적 조건에 대한 분석에서 분명해진다.[51]

마지막으로 '생물학적 유추'의 방법론적 위상에 대해 부연해두기로 하자. 이제까지의 논의에서 알 수 있듯, 뒤르케임은 전 저작에 걸쳐 유비추론을 매우 명시적으로 사용했다. 마치 맑스가 헤겔과 헤겔 이후 관념론의 자원주의적 설명을 넘어서기 위해 건축학적 유추를 활용해 토대/상부구조라는 설

51 따라서 "사회학이 사물의 진정한 과학이 되기 위해서 현상의 일반성이 현상의 정상 상태에 대한 기준으로 받아들여져야 한다"(『규칙들』, 133)는 진술은 기존의 주관주의적 방법론을 비판하는 관점으로 이해되는 것이 타당해 보인다. 이 진술은 범죄학자, 사회주의자, 중앙집권적 행정과 통치권력의 확대를 악이라 주장하는 스펜서가 "변증법의 치장"에만 머물고 사실과 대상에 대한 분석을 생략했다고 비판하는 맥락에, 그리고 사회학이 진정한 과학이 되기 위해서는 우리의 '마음'이 아니라 사회"현상의 일반성(generality)이 현상의 정상 상태에 대한 기준으로 받아들여져야 한다"라는 맥락에 자리한다(『규칙들』, 133).

명모델을 고안했듯, 뒤르케임 역시 '사회적 종'의 구조를 분석하기 위해 정상/병리라고 하는 생물학적 유추를 활용해 사회학적 설명모델을 구축한다. 알다시피 유추는 같은 종류의 것, 또는 유사한 점을 파악해 다른 사물을 미루어 추측하는 추리 형태를 말한다. 과학적 탐구에서 유추의 사용이 도움이 되기는 하지만 필수적인 것은 아니라는 뒤엠적 입장(Duhemian view)과 유용할 뿐 아니라 필수적이라는 켐벨적 입장(Cambellian view)이 대립해왔지만, 오늘날 과학사가들은 유추의 발견적·표현적·인지적 기능을 폭넓게 인정하고 있다.[52]

즉, 유추는 인간의 가장 기초적이고 일차적인 사유 형태 가운데 하나이며, 과학적 탐구의 모든 단계에서 중요한 역할을 담당한다. 유추나 비유는 언어공동체의 구성원들이 잘 알고 있다고 상정되는 객체의 특성을, 일련의 비교와 연상을 통해 객체로 이전해 투사함으로써 이 객체의 특성을 추정적으로 인식하고 이해하는 인지적 장치다. 과학의 탐구에서 경험을 발생시켰을 것으로 상정되는 실재나 인과기제는 대체로 아직은 '잘 알지 못하는' 가설적 실체이다. 이때 비유는 새로운 가설적 실체와 기제를 제안함으로써 과학자들에게 새로운 탐구 경로를 안내한다. 흥미롭게도 뒤르케임은 이러한 유비추론의 과학적 가치를 잘 알고 있었고 여러 곳에서 강조한 바 있다.

> 사실 비유는 비교의 적절한 형식이고, 비교는 우리가 사물을 이해하기 위해 가진 유일한 실천적 수단이다. 생물학적 사회학자들의 오류는 그들이 비교를 사용했기 때문이 아니라 그들이 비교를 잘못 사용했기 때문에 나타났

---

52 조인래는 유추가 이론 형성이나 활용의 모든 경우에 반드시 사용되어야 한다는 의미에서 필수적인 것은 아니지만, 많은 경우에 그것의 사용이 요구되며 배제될 경우 과학적 탐구가 실질적으로 마비 상태에 빠질 것이라는 점에서 거의 필수적이라고 지적한다(조인래, 2002: 404).

다. 생물학의 지식을 통해 사회에 대한 자신들의 연구를 장악하려 하는 대신, 그들은 두 번째 법칙에서 첫 번째 법칙을 추론하려고 했다(『사철』, 1).

이때 사용하는 생물학적 '유추'는 '생물학적 사회학자들'이 범하게 되는 생물학적 '환원'과는 엄연히 다른 것이다. 반대로 뒤르케임은 반환원주의를 견지하면서도 해당 사회의 역사적·상대적·국면적 성격을 고려한 사회학적 설명'모델'을 수립하려고 생물학적 유추를 사용한다. 모델 형성 과정에서 이미 알려진 것은 모델의 전거가 된다. 모델은 잠정적인 실체들과 인과기제들에 대한 존재적 가설을 제안하기 위해 그 전거에 대한 우리의 지식에 의거하고, 설명에 필요한 인과적 틀과 이론적 용어를 제공해준다.[53]

판별된 어떤 현상에 대한 설명의 구성은, 즉 그 현상을 만들어내는 기제에 대한 지식의 생산은, 어떤 기제 — 만일 그것이 존재하고 상정된 방식으로 활동한다면 문제의 현상을 설명해줄 — 에 대한 모델의 구성, 그런 인지적 재료의 활용, 유추 및 비유의 논리 등과 같은 것의 통제 아래에서의 (사유의) 작동을 포함한다(『자가능』, 13).

이를 참고할 때 생물학적 유추에 기초한 정상/병리 사회학적 설명모델의 모색 또한 크게 역행추론이라 부를 수 있는 사유운동의 일부로서 타당한 인과기제를 찾기 위한 가설 형성의 과정으로 이해될 수 있다.

---

53 모델은 유추를 통해 상정된 가설적 실체의 성질과 기제에 대한 서술을 가리킨다. 즉, 과학에서 모델은 경험적인 현상들의 알려지지 않은 원인, 즉 인과적 실체와 기제와 구조에 대한 타당한 유추물로 중요하게 기능한다. 그러므로 객체에 대한 재현으로서 모델은 과학에 불가결한 것이며 모델의 창안은 과학적 작업에서 핵심이다(이기홍, 1998: 194~199). 과학적 발견 및 설명의 과정에서 모델 구성의 기능은 Harré & Secord(1972: 74), 키트·어리(1993: 64~69)를 참고하라.

아울러 정상/병리 범주를 요체로 하는 뒤르케임의 유비추론은 지식 주체와 지식 대상의 긴밀한 변증법적 관계를 전제한다. 그가 당대의 자연과학의 성과, 특히 생리학과 병리학의 발전에 힘입어 채택한 유추는 설명의 역할을 치료에, 정치가의 역할을 의사에 비유한다는 점에서 사회적 병리에 대한 진단과 실천적 처방을 과제로 하는 사회병인학(social etiology) 및 사회의학과 접목될 수 있는 가능성을 열어놓는다. 건강한 유기체의 특성과 조건에 대한 의학적 지식 그 자체가 유기체의 과학적 지식에 근거해야 하는 것과 마찬가지로, 사회에 대한 지식 역시 그와 유사한 방식으로 사회의 성격과 필요조건들에 대한 과학적 지식에 근거해야 하며(휴즈·마틴·샤록, 1998: 312), 현실의 병리에 과학적으로 개입하는 것이 사회학의 실천적 역할임을 설득력 있게 논변하고 있는 것이다.[54] 뒤르케임 특유의 모델 형성 전략은 오늘날 가치중립적 사회과학이라는 가치론적 전제와 뚜렷하게 대비되는 지점을 형성한다.

4) 사회과학에서의 실험: 역사비교방법론으로서의 '발생적 방법'

『규칙들』의 제4~6장에서 사회유형의 분류, 설명, 증명을 위한 규칙을 논의할 때 뒤르케임 특유의 역사비교방법론이 윤곽을 드러낸다. 이때 제시된 '비교'의 방법은 이론적 가설을 경험적으로 검사하는 설명적 논증의 중요한 절차로 크게 유형화 → 가설형성 → 가설의 검사 순서를 따르는 과학적 발견의 과정에 자리한다.

뒤르케임은 개방체계를 대상으로 하는 사회과학의 경우 통상적 의미에서의 실험이 제한된다는 점을 분명히 인식하고 있었다.

---

54 앞서 말했듯, 정상/병리의 판별 기준을 도입하는 궁극적인 목적은 '실천의 딜레마'를 해결함으로써 가치와 실천의 문제를 잘 해결하기 위함이다.

> 그러나 사회학에서 상황은 다르다. 왜냐하면 현상의 복잡성이 너무 크고 모든 인위적인 실험이 불가능하기 때문이다(『규칙들』, 198).

> 사회의 경우 유기체와는 상황이 다르다. 사회에서는 우발적 요인이 더 큰 위치를 차지한다. 그리고 사회의 경우, 개인의 유전적 성향과 개인이 수행할 수 있는 사회적 기능 사이에 더 큰 괴리가 존재한다. 사회에서는 전자가 즉각적 필연성으로 후자를 강요하지 않는다. 사회적 공간은 개인 사이의 시행착오와 성찰에 개방되어 있으며, 수많은 원인의 상호작용에도 개방되어 있다. 그런데 이 원인들은 개인의 본성을 그 정상적 방향에서 일탈시킬 수 있으며 특정한 병리 상황을 만들 수 있다.
>
> 그 이유는 다른 유기체와 비교해볼 때 인간사회 조직은 훨씬 더 유연성이 있어서 훨씬 더 섬세하고 변화에 개방적이기 때문이다(『분업론』, 556. 강조는 필자).

그러나 결정적인 실험상황의 불가능성이 곧 사회과학의 불가능성을 의미하지는 않는다. 사회적 사실의 복잡성이 과학으로 나아가는 것을 어렵게 만드는 것은 사실이다. 그러나 사회학은 신참자라는 바로 그 이유 때문에 인간 삶에 관련된 여러 기초 과학의 발전에서 이익을 얻을 수 있고, 또 배울 수 있는 위치에 있다. 이렇게 이전의 실험을 이용하면 사회학의 발전은 촉진된다(『규칙들』, 86). 뒤르케임은 사회과학에서 실험의 불가능성이 '비교'의 방법을 통해 보완될 수 있다는 탁견을 제시한다. 그에 따르면 실험의 본질은 현상들을 자유롭게 변형함으로서 비교를 위한 풍부한 장을 제공하는 것이다. 즉, 비교는 사회과학에서 실험의 욕구를 충족시킨다는 것이다.[55]

---

55 뒤르케임은 근대 실험생리학의 창시자인 베르나르의 영향을 받아 과학의 대표적인 특징이 실험과 비교분석이라는 것을 잘 알고 있었다. 또한 이 점이 뒤르케임이 몽테스키

'비교'의 방법은 RRRE의 설명모델을 통해 일관되게 이해될 수 있다. 앞서 살핀 바 있듯, DREI 설명모델과 RRRE 설명모델은 폐쇄가 가능한 대상이냐 불가능한 대상이냐에 따라 구분된다. 사회과학의 대상이 개방체계라고 하는 것은 과학적 발견과 설명의 방법에서 중요한 의미를 갖는다. 과학의 대상이 현상이 아니고 현상을 만들어낸 기제라고 할 때, 대부분의 사건은 연역적으로 예측될 수 없고 복합적 요인의 결과물로 이해되어야 하기 때문이다. 개방체계의 속성에서 도출된 결정적인 실험상황의 불가능성은 사회과학의 방법에 일정한 제한을 가한다. 이로부터 그가 제시된 실험의 보완물이 '간접적인 실험방법'인 '비교의 방법', 즉 역사비교방법론인 것이다.

하지만 구조기능주의의 오랜 영향 속에서 역사사회학자로서 뒤르케임의 평판은 찰스 틸리(C. Tilly)의 '무용한 뒤르케임(「Useless Durkheim」, 1981)'이라는 유명한 논문 제목이 잘 일러주듯, 지나치게 평가절하되어왔다.[56] 이러한 평가는 역사사회학자로서 '유용한 뒤르케임(「useful Durkheim」, 1996)'의 방법론을 재조명한 무스타파 에미르베이어(M. Emirbayer)가 지적하듯, 파슨스의 구조기능주의에서 정초된 관념론 대 유물론, 집합주의 대 자원주의라는 이분법과 관련된다. 이러한 이분법 자체를 문제시하며, 에미르바이어는 뒤르케임의 역사비교방법론이 관계적 사회실재론의 토대 위에서 더 발전적으로 이해될 수 있다고 제안한다(Emirbayer, 1996a).

외가 개척한 사회과학 방법을 높게 평가하는 대목이다. 몽테스키외는 많은 방법론상의 결점과 용어상의 불완전성을 지녔지만, 현상과 현상 내부의 본성을 구분함으로써 근대 과학의 중요한 방법론을 실행했고, 비록 명시적으로 논하지 않았다 하더라도 비교의 방법을 도입해 사회과학에서 실험의 가능성을 열어놓았다는 것이다. 몽테스키외의 방법이 연역에 많은 부분 의존했지만, 『법의 정신』에서 그는 다양한 국가의 자료를 수집하고 관찰된 법들을 비교해 법칙을 추출함으로써, 비교법학(comparative law)의 가능성을 열어놓았다(Durkheim, 1965: 50~56).

56 역사사회학의 주류 패러다임인 실증주의의 설명모델과 틸리의 확률론적 설명모델에 대한 비판으로는 채오병(2007: 251~254)을 참고하라.

본디 뒤르케임의 사회형태학은 역사학을 전제하며, 그 자체가 역사적으로 위치 지어진 사회형태를 탐구 대상으로 상정한다. 사회적 인과성의 근원적인 역사성에 대한 뒤르케임의 생각은 『규칙들』의 곳곳에 잘 드러나 있다.

> 사회적 삶에서 현재 일어나는 사건들은 사회의 현재 상태에서 비롯된 것이 아니라 선행하는 사건들에서 비롯된 것이다. 즉, 역사적 선행조건들로부터 나온 것이다. 따라서 사회학적 설명은 전적으로 현재를 과거와 연결시키는 것이다(『규칙들』, 181. 부분수정).

후기 저술에 이르기까지 뒤르케임은 사회학의 방법 자체가 '역사적'인 동시에 '객관적'이라는 견해를 견지한다. 경제학의 법칙연역적 방법이 실제 사회현실을 설명할 수 없듯이, 역사학의 개성기술적 방법 또한 타당한 '역사적 방법'이 될 수 없다는 것이다. 예컨대 사건이 아니라 사건을 결정하는 내적 동기는 내성적 방법(introspection)으로 알려질 수 없다. 그것은 기껏해야 사실에 도달할 뿐, 심층의 원인에 도달할 수는 없기 때문이다. 이와 달리 그가 옹호하는 실험의 방법에서, '역사'는 "사회적 실재들의 질서에서, 현미경이 물리적 실재의 질서 속에서 하는 역할과 유사한 역할을 한다"(Durkheim, 1982h: 246). 이러한 관점은 『자본론』에서 실험의 보완물로 채택된 역사적 방법 — 영국을 추상과 예증의 공간으로 등장시킨 — 과 유사하다.

> 사회학적 설명이 전적으로 인과관계를 설정하는 것이라고 보았는데, 그것은 현상을 그 원인과 연결하거나 원인을 결과와 연결시키는 문제다. 더구나 사회현상은 분명히 실험자의 통제를 벗어나기 때문에, 비교의 방법이 사회학에 알맞은 방법이다(『규칙들』, 193~194).

아울러 뒤르케임은 역사가들의 명목론과 철학자들의 극단적인 실재론, 개성기술적 방법과 법칙정립적 방법의 한계를 각각 비판하며 양자의 오류가 '사회적 종'을 사고함으로써 극복될 수 있다고 말한다.[57]

> 혼란스러운 역사적 사회들과 단순하지만 이상적인 인간성의 개념 사이에 중간 매개, 말하자면 사회적 종이 있다는 것을 인식하게 될 때 이러한 대안에서 벗어난다. 나중에 이 모든 진정한 과학적 조사가 요구하는 통일과 사실들에 주어진 다양성, 이 둘은 합쳐진다(『규칙들』, 138).

이에 따라 사회형태학의 논증 첫 번째 단계는 사회유형을 분류하는 것이다. 유형론(typology)은 사회형태추상의 첫 단계로서, 비교를 하기 위한 초석이 된다. 사회유형을 분류하는 작업은 무수한 개별 사례를 제한된 수의 유형으로 대체함으로써 과학적 작업에 이용하기 위한 것이다. 분류의 역할은 '관찰을 지혜롭게 안내'하는 것으로, 이미 획득된 지식을 정리할 뿐 아니라 새로운 지식을 만드는 데 기여한다. 이러한 방식의 유형화는 다양한 개별 사례들을 축적해서 일반성을 도출하는 귀납적인 분류와 명백히 다르다. 거꾸로 뒤르케임은 "하나의 잘 구성된 실험이 흔히 법칙정립에 충분한 것처럼, 하나의 잘 만들어진 관찰도 많은 사례에 충분히 적용할 수" 있다고 말한다(『규칙들』, 142).[58] 즉, 분류는 이론적 기준에 따라 분석 대상을 두 개나 그 이상의 유형으로 나누어 복잡한 현상을 단순화함으로써 설명의 단초를 찾는 작업이다.

---

57 과학적 실재론의 관점에서 '사회적 종'에 대한 과학철학적 해석과 사회학적 설명의 의미에 대한 괄목할 만한 논의로는 김유신·김유경(2013)을 참고하라.

58 양화된 사회학을 정초했다는 기존의 통념과 달리 뒤르케임이 제시한 사회유형 분류의 규칙들에서 양적인 수는 그다지 중요한 의미를 갖지 못한다.

분류는 지금까지 존재한 가장 단순한 사회를 이해하는 것에서 시작한다. "분류를 위해 우리는 이러한 단순한 사회들이 결합해서 복합적인 사회를 형성하고 이것들이 다시 더욱 복잡한 전체를 형성하는 방법을 따라야 한다"(『규칙들』, 142). 우리는 이제 맑스를 통해 가장 단순한 사회로 분석을 환원하는 것이 연대기적 방법이나 진화론적 방법과는 무관한 설명적 환원, 즉 추상의 일부임을 알고 있다. 마찬가지로 뒤르케임의 용법에서는 '단순성'이 "부분들의 완전한 부재"를 의미한다(『규칙들』, 144).[59] 단순한 사회는 그 자체로 더 단순한 것을 포함하지 않고, 하나의 단편으로 이루어져 있을 뿐 아니라 이전에 분할된 흔적도 없는 사회다. 이것은 사회 영역의 원형질(protoplasm)로 분류의 자연적 기초가 된다.

> 우리는 더욱 확실한 명료함을 위해 문제를 다소 단순화시켰다. 예를 들어 우리는 높은 단계의 각 유형이 동일한 사회의 조합, 즉 바로 아래의 유형에 의해 형성되었다는 것을 가정한다. 이제 사회유형의 계보에서 불균등한 수준에 위치한 다른 종류의 사회들이 새로운 종을 형성하기 위해 결합하는 것이 가능해진다(『규칙들』, 146).

> 우리는 완전히 단순한 사회나 하나의 단편 사회를 토대로 받아들이고 사회가 나타내는 조직의 정도에 따라 사회들을 분류함으로써 시작하게 될 것이다. 이러한 유형 내에서 최초 단편의 완벽한 병합이 나타나거나 나타나지 않는지에 따라 우리는 여러 가지 다양성을 구분하게 될 것이다(『규칙들』, 148).

---

59 이러한 사유실험은 『자본론』의 곳곳에 시사된다. "여기에서 알 수 있는 것처럼, 우리의 진정한 목적에는 벗어난다 하더라도 사회적 재생산과정을 처음부터 그 복잡한 구체적 형태에서 분석의 대상으로 삼을 때 '과학적'으로 설명하는 것처럼 보이는 속임수를 제거하기 위해서는, 재생산과정을 그 기본 형태(여기에서는 사태를 애매하게 하는 모든 부차적 사정들이 제거된다)에서 고찰하는 것이 절대적으로 필요하다"(『자본론』 II, 553).

단순화가 분석의 방법에 따라 이루어진다면, 그 토대 위에 다른 다양한 유형들의 결합은 종합의 방법에 따라 진행된다. RRRE의 절차를 참고하면 이는 설명의 첫 단계에서 이루어지는 분석적 분해(resolution)와 이론적 재서술(redescription) 과정에 해당한다.[60] 『분업론』의 방법론 및 서술 구조도 동일한 형식을 지니며, 『자본론』 1편에서 행한 상품 및 화폐 분석 또한 이러한 방법이라 할 수 있다. 분석의 첫 단계가 높은 단계의 유형에서 가장 단순한 유형으로 행해졌다면, 이제 높은 단계의 유형은 하위의 유형에 의해 형성된 것으로 가정되고 다양한 형태의 사회유형이 불연속적인 계보 속에서 결합된다. 『분업론』에서 행해진 가장 단순한 분석 단위는 씨족들(clans)이었고, 분석적 환원을 통해 파악한 단편 사회, 즉 집단의 원형질은 바로 '사회연대'였다.[61] 그 위에 일족들, 종족들, 도시국가, 정치 집단, 분업사회 등 복잡한 사회들이 결합되면서 연대의 발전 방향과 '사회적 조건'을 밝히는 것이 가능해졌다.

> 사실상 사회현상의 결정조건이 우리가 본 것처럼 결합(association)의 사

---

60 이는 베르나르가 생리학에 적용한 실험적 고찰 — 분석과 종합 — 방법과 유사하다. 베르나르는 다음과 같이 말한다. "일단 현상의 분석을 한 후, 이번에는 전에 분해한 각 부분의 전체로서의 작용을 보기 위해서 생리적 종합을 하지 않으면 안 된다. …… 종합이란, 분석이 나눈 것을 다시 구성하는 것이라는 것, 또 이점에서 보면, 종합은 분석을 실증하게 된다는 것, 즉 분석의 반대 증명 또는 필요한 보충이라고도 할 수 있다는 것이 일반적으로 승인되어 있다"(베르나르, 1985: 117).

61 이러한 추론 방법은 전형적인 역행추론의 형식을 취한다. "현상의 원인을 과학적으로 이해하고자 할 때, 우리는 그 원인이 일으키는 결과에서부터 접근한다. 이때 과학은 그 현상의 성격을 더 잘 파악하기 위하여 우리가 접하는 결과 중 가장 객관적이고 측정하기 쉬운 것을 선택한다. 과학은 신체의 온도 차이가 불러오는 체중 변화를 통해 열을 연구하며, 물리화학적 결과를 통해 전기를 연구하고, 물체의 움직임을 통해 물리적 힘을 연구한다. …… 사회연대를 연구하는 데서도, 이러한 방법론에서 예외일 수 없다"(『분업론』, 109. 강조는 필자).

실이라면 현상들은 그 결합의 형태와 함께, 즉 사회의 구성부분들이 통합되는 방법에 따라 변해야 한다. 더구나 사회를 구성하는 모든 종류의 요소들이 합쳐져서 형성된 기존 결합체가 — 해부학적 요소의 결합체가 공간에 배치된 방법과 함께 유기체의 내부적 환경을 구성하는 것과 같이 — 그 내부적 환경을 구성하기 때문에, 우리는 다음과 같이 말할 수 있다. 모든 중요한 사회적 과정이 일어난 최초의 기원은 사회집단의 내적 구성에서 찾아야 한다(『규칙들』, 177).

이러한 관점에서 사회형태들의 이행은 "그 뿌리라고 할 수 있는 가장 기본적인 현상을 연구하지 않으면 결코 이해될 수 없다. 그리고 그러한 것들은 더욱 광범위한 비교를 통해 연구될 수 있다"(『규칙들』, 206). 『분업론』과 『형태』에서 가장 단순한 사회형태로 거슬러 올라가 모든 복잡성을 가장 기본적인 요소들로 분해하는 분석이 일차적으로 행해졌던 이유도 여기에 있다.[62]

비교를 통한 증명과 종합은 이러한 유형화 이후에 행해진다. 비교의 방법론 역시 두 가지 방법론적 반대에 기초해 있다. 하나는 콩트의 '역사적 방법'이 의존하고 있는 연역주의이며, 다른 하나는 존 스튜어트 밀의 '비교의 방법'에 혼합된 귀납주의다.

콩트의 '역사적 방법'은 인간 발전의, 또는 인간성의 연속되는 상태들을 비교하면서 이루어지며, 한 상태에서 다른 상태로 불가피하게 전환되는 법칙을 드러내기 위해 사용된다.[63] 뒤르케임은 콩트의 역사적 방법, 즉 비교방

---

62 "우리는 사회들이 단지 동일한 최초 사회의 다양한 조합이라는 것을 보았다. 이제 같은 요소들은 다른 요소들과 결합할 수 있다"(『규칙들』, 148).

63 콩트의 역사적 방법에 대해서는 키트·어리(1993: 113), 콩트의 역사철학과 이에 미친 요한 고트프리트 헤르더(J. G. herder)의 영향에 대해서는 서호철(1999: 44~48)을, 프랑스 과학철학, 특히 생물학의 역사에서 콩트와 베르나르의 접속과 '내적 환경(milieu interne)' 개념의 변이에 대해서는 깡귀엠(2010: 109~114)을 참고하라.

법이 사회적 종의 존재를 평가하는 데 실패함으로써 "명확한 인과성의 관계를 밝히려고 하는 것이 아니라 일반적으로 인간 진화가 취하는 방향을 밝"히는 데 국한되기에 "사회법칙"을 발견할 수 없다고 비판한다(『규칙들』, 194). 즉, 콩트의 방법은 사회형태들에 대한 분석(analysis)에 기초하지 않으면서 연대기적 종합(synthesis)을 요구한다는 것이다. 뒤르케임이 볼 때 이는 실현 불가능하다.

다른 한편 존 스튜어트 밀의 비교방법에 대한 비판은 그의 경험주의적 인과 개념에 집중된다. 맑스 또한 '절충주의'라고 혹평을 서슴지 않았던 밀의 방법론은 연역주의와 귀납주의의 불편한 종합을 구사한다.[64] 콩트에게 영향을 받았던 밀은, 뉴턴과학을 본보기로 높은 수준의 법칙에서 낮은 수준의 법칙을, 일반적 원리에서 실용적 정책을 연역할 수 있다고 주장한다. 다른 한편, 그는 우주에 대한 원자론적 견해를 가지고 있기에 결과적으로 심리학적 방법을 옹호한다. 즉, 이러한 밀의 방법은 귀납적 논증의 전제들을 강화함으로써 그것들이 사실상 생략적인 연역적 논증이 되도록 하는 방법이다(키트·어리, 1993: 114~115; 바스카, 2005c: 185).

뒤르케임의 비판도 정확히 이 점을 향하고 있다. 존 스튜어트 밀의 『논리체계』가 제안한 연역주의는 제일공리를 생물학적 현상은 물론, 물리학적 현상에까지 적용하려고 함으로써 결과적으로 모든 결정론을 제거한다. 다

64 이미 맑스는 리카도를 모방한 존 스튜어트 밀의 이윤이론과 시니어의 제욕설 수용을 맹렬히 비판한 바 있다. "그는 (모든 변증법의 원천인) 헤겔의 '모순'은 모르고 있었으나 천박한 모순들에는 친근하다. 인간의 어떤 행동도 그와 반대되는 행동의 '절제'로 볼 수 있다는 단순한 생각이 속류경제학자의 머릿속에는 없다"라는 것이다(『자본론』 I, 813~814, 주석 29번). 특히 이자와 관련해 밀은 시니어의 제욕설을 연장해 주관적 요인을 강조하는데, 이 역시 밀과 한계효용학파 또는 신고전학파 사이의 친화성을 보여준다. 시니어와 밀이 언급한 주관적 요인은 나중에 한계효용학파, 특히 오스트리아학파의 유진 폼뵘바베르크(E. Böhm-Bawerk)에 의해 더 확고한 이론으로 정립된다(홍훈, 2013: 185).

른 한편 밀의 경험론이 가정한 '원인의 다수성(plurality of causes)'은 사실상 "인과성의 원리를 부정하는" 결과로 이어진다(『규칙들』, 195). 왜냐하면 밀이 기초한 실험 방법은 사건들의 선후관계라는 흄의 인과개념에 기초해 있기 때문이다.[65] "원인과 결과는 절대적으로 무관하다고 한 밀을 믿는다면…… 만약 C와 A를 결합하는 관계가 순전히 연대기적이라면, 예를 들어 C와 B를 결합하는 같은 종류의 다른 관계는 배척받게 된다"(『규칙들』, 195~196).

그러나 인과적 결합이 논리적이라면 – 흄의 인과개념이 가정하듯 사건들의 일정한 결합(constant conjunctions)이 아니라 필연적이라면 – 그것은 비결정적일 수 없게 된다. 다시 말해 "만약 인과적 결합이 사물의 성격에서 나온 관계라면, 기존의 결과는 단 하나의 원인과 그 관계를 유지할 수 있다"(『규칙들』, 196). 이는 다양한 결과에 상응하는 다양한 원인이 있음을 부정하는 것이 아니다.[66] 오히려 논의의 강조점은 역사에서의 인과성이 사건들의 선후관계에 기초해 경험적 규칙성이나 사례들의 일반화가 아니라, 원인과 결과의 관계 속에 구축되는 자연적 필연성으로 이해되어야 한다는 것이다.[67]

---

65 실증주의의 인식론은 인과법칙을 감각 경험으로 파악할 수 있는 독립된 개별 사건들 간의 일정한 결합(constant conjunctions of events)으로 개념화하고 있다. 즉, 이 이론들은 'if p, then q'와 같이 p, q의 독립적 사건들 간의 시간적 연쇄 및 규칙성에 근거해 p와 q 간의 인과관계를 규명하고 있다. 실험법의 입증논리 구성에 유의미한 기여를 한 밀의 귀납추리 방법은 합의법(method of agreement), 차이법(method of difference), 공변법(method of concomitant variation) 등 사건들의 연쇄와 규칙성을 인과관계로 추리한다(신희영, 2008: 11~12). 존 스튜어트 밀의 방법론에 대한 상세한 설명으로는 윈치(2011)의 제3장, 밀의 귀납법 및 비교방법에 대한 뒤르케임의 비판적 검토로는 Durkheim(2004)의 제46장을 참고하라.

66 예를 들어 뒤르케임은 "만약 자살이 하나 이상의 원인을 가지고 있다면 그것은 현실적으로 많은 종류의 자살이 있기 때문"이라고 말한다(『규칙들』, 197).

67 "내가 A와 B라는 두 가지 단어 사이의 관계를 확립하자마자, 나는 하나의 법칙을 갖는다. 우리는 드러나는 사례들의 일반성에 따라 법칙을 정의할 수 없다. …… 만일 내가 A가 B의

뒤르케임이 사회학적 조사의 뛰어난 도구가 될 수 있다고 인정한 '공변법' 또한 동일한 원리로 이해될 수 있다. 비록 밀의 '공변법'과 동일한 용어를 사용하지만, 뒤르케임이 비교방법으로 제안한 공변법은 상관관계 분석에 기초한 '공변법', 또는 '부수적 변이의 방법'과 원리적으로 상이한 존재론을 전제한다. 밀의 일치법과 차이법이 적용될 수 있으려면, 그 타당성은 두 현상으로 나타난 동반하는 변이가 우연에 의한 것이 아니라 본질적으로 인과관계를 보여주고 있다는 사실에서 나온다.

> 서로 일치하는 두 개의 발전에는 거기에서 나타나는 성격상의 일치가 있어야 한다. …… 두 가지 현상이 서로 직접적으로 변하게 될 때, 이러한 관계는 특정한 사례에서 이들 현상 가운데 하나가 다른 하나 없이도 나타날 때 받아들여져야 한다. 왜냐하면 원인은 일부 반대 원인의 활동 때문에 그 결과를 낳지 못하게 되었거나 이전에 관찰한 것과 다른 형태에서 나타날 수도 있기 때문이다(『규칙들』, 199).

요컨대 서로 다른 인과적 힘과 기제들이 상쇄된다면, 원인은 현상이라는 결과로 나타날 수도 있고 그렇지 않을 수도 있다. 그렇다면 공변법이 성립될 수 있는 것은, 한 현상이 다른 현상의 원인이라는 사실 때문이 아니라 그 현상들이 같은 원인의 결과거나 눈에 띄지 않은 제3의 현상이 개입하기 때문이다. 그러므로 관찰된 자료는 분석되어야 하고 해석되어야 한다. "특정한 몇몇 사례에서 두 현상이 서로 변한다는 것이 증명되는 순간 법칙은 분명히 드러난다"(『규칙들』, 202). 말하자면 뒤르케임의 심층 실재론의 전제 위에서 '공변법'은 동시적으로 발생하는 현상 사이의 내적 연관(a relations)

원인이라는 것을 안다면, 나는 A가 늘 B의 원인이라는 것을 안다. 그것들을 결합하는 결속은 시공간과 상관없는 실질적인 원인(one)으로 확인된다"(Durkheim, 1982f: 215).

을 찾아가는 방법이다.

스펜서의 귀납적 비교방법론을 비판하며 전개된 『분업론』의 방법이 공변법의 예시가 될 수 있을 것이다. 『분업론』에서의 공변법은 사회생활의 두 흐름, 즉 사회적 동질성에 기초한 사회유형과 유기적 사회유형의 변화를 동시에 비교함으로써 환절적 사회구조를 현대사회의 유기적 사회구조로 대체하게 된 '분업'의 원인과 조건을 논증하는 절차로 들어온다.

> 그것은 아주 엄격한 실험을 구성해서 특정한 현상 사이의 관계 수립이 보편적으로 잘 들어맞는지, 한 가지 현상이 없을 때 또 다른 현상이 나타나지 않는지, 두 현상이 같은 방향으로 같은 관계를 유지하면서 변화하는지를 보여주는 것이다. 따라서 일관성 있는 질서 없이 몇 가지 사례를 보여주는 것만으로 과학적 증명이 이루어지는 것은 아니다(『분업론』, 327).

추후 살펴보겠지만, 『자살론』 제3부에서 전개된 공변법 또한 귀납추론이나 상관관계 추론과는 거리가 멀다. 비교는 비정상적 분업을 야기하는 사회적 조건을 추론하고 확증하기 위해 이루어진다. 이를 뒤르케임은 "방법론적으로 수행된 논증"이라고 말한다(『규칙들』, 199). 뒤르케임에 따르면 이러한 비교방법이야말로, '최상의 도구'로서 사회학의 가능성을 열어놓는다.[68] 왜냐하면 비교를 통해 해석되지 않은 사회생활의 일련의 변형들(transformations)과 그 집단의 존재 조건의 변형을 설명할 수 있기 때문이다. 이를테면 범죄, 출생률, 결혼률 등 역사적으로 특수한 환경의 다양성에서 출발해 역사적 진화에서 벗어난 각 사실들의 체계에 맞는 새로운 변형을 관찰할 수

68 뒤르케임에 따르면, 다른 자연 영역에서는 공변법을 적용하기 어렵다. 한 개체가 살아가는 동안 유기체에 발생하는 변화는 너무 작고 아주 제한되어 있어, 이것들을 결정하는 조건들을 발견한다는 것은 매우 어렵기 때문이다(『규칙들』, 203).

있다. 그럼으로써 한 역사를 다른 역사와 비교하고, 현상이 같은 조건의 결과로서 시간에 따라 진화하는지 관찰할 수 있다.[69]

달리 말해 사회학의 인과관계와 법칙은 원인과 조건의 결합을 통해 설명되어야 한다. "왜냐하면 조건들이 의존하는 원인은 충분히 결정된 것이 아니고 결정될 수 있는 것도 아니"기 때문이다(『규칙들』, 182). 사회환경의 구성이 사회 집합체의 구성양식에서 나왔기 때문에, 역사의 진화를 하나의 목표를 가질 수 있는 추진 경향으로만 분석하는 단순한 시각은 오늘날의 사회형태에서 인식된 다양성과 복잡성에 맞지 않다.

> 만약 사회적 종이 있다면 그것은 무엇보다도 집단생활이 어느 정도 다양성을 나타내는 부수되는(concomitant) 조건에 의존하기 때문이다. 반대로 만약 사회적 사건의 중요한 원인들이 과거 속에 있다면 각 사회는 더 이상 그 이전 사회의 연장이 아니라고 할 수 없을 것이며, 그 사회는 개별성을 상실하고 동일한 진보의 다양한 순간을 나타낼 것이다. 다른 한편에서는 사회환경의 구성이 사회 집합체의 구성양식(mode of composition)에서 나왔기 때문에 — 그리고 이러한 두 가지 표현은 기본적으로 같은 뜻이다 — 사회학적 분류의 토대로서 우리가 부여한 것과 같은 기본적인 성격은 더 이상 없다고 우리는 증명을 하게 된다(『규칙들』, 184 강조는 필자).

이렇게 볼 때 뒤르케임의 비교방법은 구조 분석과 역사적 국면 분석, 수직적 비교와 수평적 비교를 결합한 방법이라고 할 수 있다. "기존 (사회적)

---

69 비교는 통시적이고 공시적인 차원을 아울러 행해진다. "그러한 비교에 이르기 위해, 사회의 발전 정도의 시기가 같은 사회들끼리 비교한다면 충분할 것이다. 그래서 사회현상이 어떤 방향으로 진행되는가를 알기 위해서는 각 (사회적) 종의 초기 시대와 다음 (사회적) 종의 초기 시대를 비교해야 한다"(『규칙들』, 208).

종에 속하는 사회제도를 설명하기 위해, 연구자는 그 (사회적) 종에 속하는 사람들 사이에서뿐 아니라 이전의 모든 (사회적) 종에서도 사회제도의 여러 형태들을 비교"해야 한다(『규칙들』, 206). 사회제도의 복잡한 전개 과정을 알기 위해서는 가장 기본적인 유형이 만들어져야 하며, 이것은 현상의 형성이 의존하는 조건들을 광범위하게 비교함으로써 완성된다. 뒤르케임은 이를 '발생적(genetic) 방법'이라고 말한다.

'발생적 방법'은 현상의 분석(analysis)과 종합(synthesis)을 동시에(at one stroke) 제공할 수 있다는 장점을 갖는다. 한편으로 하나의 종이 다른 종에 어떻게 연속적으로 덧씌워지는지를 보여줌으로써 그 구성요소들을 분리된 상태로 보여주고, 동시에 광범위한 비교를 통해 그것들의 구성과 결합이 의존하는 조건들을 결정하는 데 훨씬 더 유리한 위치를 점할 수 있기 때문이다. 따라서 비교사회학은 사회학의 특수한 분과 영역이 아니라, 사회학 그 자체라는 것이다(『규칙들』, 203~207).

이는 『자본론』의 역사적 방법과 마찬가지로, 시간적 역사의 연대기적 순서를 서술하는 방법과는 거리가 멀다는 점을 이해하자. 사회발전의 단계는 사회의 복합성에 따라서 재구성되는 것이지 단선적인(linear) 역사적 계승을 의미하지 않으며, 반대로 사회진화는 갈라져 나온 가지를 많이 뻗은 나무처럼 다양한 경로를 갖는다(Durkheim, 1978e: 154).

뒤르케임의 발생적 추론의 방향은 맑스가 역사적 설명에서 사용했던 소급예측(retrodiction)의 방향을 취한다.[70] 이러한 추론 방법은 『분업론』에서 『형태』에 이르기까지 연속성을 갖고 있다.

---

70 다시 한 번 상기하자면, "인간생활의 여러 형태에 관한 고찰, 따라서 이 형태들의 과학적 분석은 그것들의 현실의 역사적 발전과는 반대의 길을 밟는다. 왜냐하면 그 분석은 사후적으로, 따라서 발전 과정의 기성(旣成)의 결과를 가지고 시작하기 때문이다"(『자본론』 I, 97).

> 역사만이 우리로 하여금 제도를 그 구성요소로 분해하도록 해준다. 왜냐하면 역사적 분석은 시간 속에서 차례차례로 생겨난 제도들을 순서대로 우리에게 보여주기 때문이다. …… 가장 원시적이고 단순한 형태로 우선 거슬러 올라가서 그것이 존재하던 당시의 특성들을 연구해야 한다. 그다음에 그것이 어떻게 해서 조금씩 발전되었고 복잡해졌는가, 어떻게 해서 지금의 형태로 되었는가 하는 것을 밝혀주어야 한다. …… 우리가 추구해야 하는 것은 구체적인 현실인데 역사적·민속학적 관찰만이 우리에게 그것을 밝혀줄 수 있다(뒤르케임, 1992: 24).

특히 규모가 큰 사회적 변화의 과정이 진행 중일 때는 이러한 파악이 더욱 요긴하다. 왜냐하면 새로운 사회형태가 등장하면서 그와 함께 사라지는 사회유형들이 공존하기 때문이다. 『분업론』은 당시 현 단계 유럽 사회들을 대상으로 이런 분석틀을 적용한 것이었다.[71]

뒤르케임의 공변법은 원인과 조건의 공동 결정을 승인하는 개방적 결정론의 개입주의 모델로 더욱 잘 이해될 수 있다. 원인과 조건의 관계에서 조건이라는 개념은 그것이 상대적임을 시사한다. 조건은 그것을 배경으로 삼아 어떤 작인의 개입이 이루어질 때 조건인 것이다. '조건'은 그 자체로 이미 작동하고 있는 경향들을 항상 포함하며, 이 경향들은 '원인'과 함께 작용해 결과를 공동으로 결정할 것이다(콜리어, 2010: 189).[72]

---

71 그런 점에서 뒤르케임의 비교역사적 방법은 사회 제도의 여러 구성요소가 서로 얽혀 있는 관계를 주목하는 체계적 논리를 깔고 있으면서, 또한 이 제도적 체계의 역사적 흐름과 변동을 보는 '체계적 역사'인 셈이다(박영신, 1990b: 496).

72 뒤르케임의 공변법이 상정했던 개입주의 모델은 1883~1884년 상스(Sens)에서 강의한 내용에서 그 단초를 볼 수 있다. 여기서 뒤르케임은 밀(J. S. Mill)의 경험주의를 거부하면서, 쿠쟁 이론의 연속선상에 밀을, 그리고 밀 공리주의가 수정되어 발전한 것으로 스펜서를 위치 짓는다. 뒤르케임이 밀의 귀납법을 비판하고 재구성하는 핵심적인 이유는 외재성의 개

정리하자면, 뒤르케임이 제안한 간접적인 실험법, 즉 발생적 방법은 상정된 가설적 기제들을 다양한 외적·국면적 조건들과 결합해서 검사하고 재맥락화하는 비판적 실재론의 설명적 방법론을 공유한다. 차이가 있다면, 맑스와 뒤르케임의 사회형태추상은 철저하게 역사라는 지평 위에서 전개됨으로써 비판적 실재론이 제시한 역사적 설명모델을 더욱 풍부하게 개척했다는 점이다. 『분업론』에서의 논증이 한 기제를 사용해 다른 기제를 설명하는 수직적 설명이 중심을 이룬다면,[73] 『자살론』에서의 논증은 기제와 자극을 사용해 사건을 설명하는 수평적 설명이 결합된다. 이제 살펴보겠지만, 원인과 조건의 결합은 『자살론』에서 훨씬 더 구체화되며 반환원주의적 층화이론은 『분업론』과 『자살론』 전반을 관통하는 존재론적 원리가 되고 있다.

3. 『사회분업론』과 『자살론』의 사회형태학과 사회들

1) 『사회분업론』의 원인론과 반환원주의적 층화이론

뒤르케임의 관점에서 사회과학은 사회세계의 합리성, 실재, 그 근원적이

념과 인과관계를 옹호하는 데 있다(『철강』, 198~201).

73 수직적 설명은 어떤 한 층에 있는 기제들이 다른 층에 있는 기제들을 설명하는 관계다. 분명히 그런 사례에서 설명되는 층은 설명하는 층을, 그리고 설명하는 층이 존재론적으로 전제하는 모든 층을 존재론적으로 전제한다(존재론적 전제의 관계는 타동적 관계다). 그러나 수직적 설명의 관계는 타동적 관계가 아니다. 화학은 생물학을 설명하고 생물학은 사회학을 설명한다. 그러나 화학은 사회학을 설명하지 않는다. 이는 구성의 관계 속에서 사고될 수 있다. 생물 유기체는 화학적 합성물 등으로 구성되어 있다. 명확하게 모든 층은 그것의 구성요소들을 제공하는 층을 존재론적으로 전제한다. 일부의 구성요소를 제공하는 층은 또한 그 요소들로 구성되는 층을 수직적으로 설명한다. 그러나 항상 그런 것은 아니다(콜리어, 2010: 196).

고 역동적인 측면을 파악해야 한다. 뒤르케임은 근대 세계의 경우 그것을 노동 분업에서 발견했고, '자발적 분업'의 이상으로 포착한다(Miller, 1996: 3). 분업이 사회연대를 낳는다면, 그것은 경제학자들이 말하는 것처럼 분업이 각 개인을 서비스의 교환자로 만들기 때문이 아니라 인간들을 영속적으로 연결시켜주는 권리와 의무의 체계를 만들기 때문이다(『분업론』, 602). 따라서 분업은 사회적 연대의 중요한 근원이며, 도덕적 질서의 기초가 된다. 분업의 진전은 사회 결속의 형태를 변화시킨다. 동일성에 기초한 '기계적 연대'에서 개인들의 차이에 기초한 사회적 결합으로 전환하는 것이 바로 '유기적 연대'다. 뒤르케임에게 근대사회의 유기적 연대는 '정상적' 유형이다. 뒤르케임은 부족 성원들이 서로에게 동화되어 각자의 정체성이 전적으로 집합적 정체성에 의해 결정되는 상황의 해체를 해방의 과정으로 생각한다. 사회구조의 분화와 함께 사회화된 개인들은 전체 인성구조에 영향을 미치는 집합의식에서 벗어난다. 그런 의미에서 유기적 연대로 발달하는 과정은 합리화의 과정인 동시에, 도덕규범 및 법규범의 보편화, 그리고 개개인의 점증하는 개인화의 과정이다(하버마스, 2006b: 141).

『분업론』에서 개인화 및 보편화 과정을 논의하는 부분은 층화이론의 수직적 설명이 끌고 가고 있다. 이와 같은 메타 이론적 독해의 지원은 '두 명의 뒤르케임'(Alexander, 1982)의 관점에서 해소될 수 없었던 분업의 설명모델에 대한 대안적인 해석의 시각을 제공한다.[74] 유사한 관점에서 '발현의 사회학적 관점'을 계보화한 소여는 집합주의와 개인주의, 물상화와 자원론을 둘러싼 뒤르케임의 딜레마가 사회학적 발현이론으로 온전히 이해될 수 있다

74 『분업론』에서 제시된 비정상적 형태의 분업에 대한 논의를 정상적인 형태의 분업 논의에 맞대어 견주어보면, 알렉산더는 그것이 '잔여 범주'에 속할 뿐이라고 비판한다. 즉, 비정상적 분업의 원인, 기제, 인과적 설명 따위가 이 책의 1부와 2부에 일목요연하게 논리화되어 뒷받침되지 않는다는 점에서, 사회학적 설명의 모형을 『분업론』에서 찾기에는 한계가 있다는 것이다(박영신, 1990a: 66).

고 말한다. 질서의 문제 – 시간에 걸친 구조의 유지와 재생산 – 에 초점을 맞추는 그 순간에도 뒤르케임은 개인주의와 집합주의 양자로 환원되지 않는 발현주의적 관점을 일관성 있게 유지했다는 것이다.[75] 분업의 원인과 조건들에 대한 진술은 이러한 해석을 뒷받침한다.

주지하듯 분업의 원인과 조건들에 대한 뒤르케임의 논증은 일차적으로, 당대 경제학자들과 스펜서의 공리주의에 내재한 심리학적 가설을 반박하기 위한 것이다. 이들 가설에서 분업의 기원은 끊임없이 자신의 행복을 증대시키려는 인간의 욕구다. 이에 따르면 분업은 인간의 마음속에 있는 본능과 욕구의 산물이다. 고립된 개인들의 행복 추구가 결합되어 사회가 형성되었다는 이와 같은 설명은 결국 심리학적 환원주의에 지나지 않는다.

뒤르케임은 행복을 비판적 자연주의의 관점에서 재정의하고, 분업에 대한 진화론적 설명의 오류를 반환원주의적 층화이론으로 논박한다. 기쁨이

---

75 소여는 뒤르케임의 발현 과정의 사회학을 다음과 같은 여섯 가지 형태로 체계화한다 (Sawyer, 2002: 244~245).

① 사회적 조류에서 사회현상의 결정(crystallization)

② 사회환경에서 사회단계의 역사적 발현

③ 사회환경에서 집합표상의 발현

④ 사회환경에서 최초에(originally) 발현된 것들에서 '이차적인' 집합표상의 발현

⑤ 작은 집단들의 결합에서 커다란 사회 집단들의 발현

⑥ 일차적인 발현적 사회들과 개인들의 상호작용에서 '이차 집단들'의 발현

소여는 『분업론』이 연대의 발현을 다루었다면, 개인성의 발현은 『형태』에서 분명해진다고 주장한다. 그러나 필자가 보기에 『분업론』은 다음과 같이 개인성의 발현을 충분히 포착하고 있다.

① 환절적 구조의 쇠퇴에 따른 상호작용의 증가와 유기적 사회구조의 출현

② 사회조직의 전문화에서 물리적 층위로 가는 하향적 인과작용

③ 사회조직의 전문화에서 생물학적 층위 — 유전적 요인 — 로 가는 하향적 인과작용

④ 사회조직의 전문화 및 물리적·유전적 영향력의 축소에서의 사회성 발현

⑤ 유전적 영향력의 축소 및 집단의식 퇴행에서의 개인성 발현

⑥ 개인의 보편화 및 합리화 경향에서의 정신성 발현

슬픔보다 많다는 사실이 행복을 측정할 수 있는 척도라는 공리주의적 가설은 증명된 바가 없다. 이와 달리 행복이란 기쁨의 단순한 합으로 환원될 수 없는, 전체 유기체의 육체적·도덕적 건강으로 이해되는 것이 타당하다. 행복은 건강 상태를 보여주는 지표로서, 모든 생명체가 자신들 수준에서 본성을 실현하고 있다면 동일하게 행복을 향유하는 것이라 볼 수 있다. 마찬가지로 분업이 행복을 현저하게 증대시켰다는 공리주의의 주장도 근거가 없다. 인간의 욕구란 '절반만이 형성된 욕구'로, 말하자면 사회적으로 만들어진 것이다. 자살률의 증가에서 그 사례를 볼 수 있듯 행복 또한 '사회적 행복'의 문제다. 이렇게 볼 때 행복의 양적 크기와 분업의 발달 사이에는 어떠한 논리적인 관계도 존재하지 않는다. 더 행복해지겠다는 욕망이 사회발전을 설명하는 유일한 개인적 동인이라 하더라도, 이는 사회적 환경의 변화와 함께 설명되어야 한다는 것이다(『분업론』, 356~377 참고).[76]

결국 정치경제학 및 공리주의 도덕론이 모두 간과하고 있는 공통된 지점은 분업 외부에 사회생활이 존재하며, 분업은 바로 이 사회생활을 전제로 한다는 점이다. 기본적으로 신념과 감정의 공동체에 입각한 사회가 우선적으로 존재해야, 분업이 그 통일성을 보장하는 결속력이 나온다. 경제학자들의 오류는 이 사회적 층위를 탈각시키고 분업의 원인을 개인들의 교환 성향과 욕구로 환원하는 데 있다. 한편으로 이 같은 가설은 앞서 말했듯 방법론에, 개인에서 사회를 연역하는 인식적 오류에 뿌리를 두고 있다.[77] 그러나 집단생활은 개인생활에서 나온 것이 아니다. 거꾸로 개인생활이 집단생활

---

76 '자살'에 대한 연구 관심은 이와 같은 맥락에서 피력된다. "해당 사회에 따라 행복과 불행에 대한 감정의 강도가 변하는 것을 표현해주는 객관적이고 측정 가능한 사실을 우리가 가지고 있다면, 우리는 우리 환경 자체에서 평균적 불행의 정도를 측정할 수 있을 것이다. 이를 보여주는 사실이 바로 자살한 사람의 숫자이다"(『분업론』, 363).

77 관념에서 출발하는 접근은 결국 복잡한 현실을 정확히 포착하지 못한다는 전제 아래에 있기 때문에 그 부정확성이 정당화된다(『자살론』, 73).

에서 탄생한 것으로 이해되어야 한다(『분업론』, 412~415).

뒤르케임이 『분업론』의 전반에 걸쳐 분업은 '사회적 원인'에 기인한다고 그토록 강조했던 이유가 이것이다. 그리고 분업의 진전은 결정적으로 사회 형태의 이행을 불러왔다. 분절적 사회구조가 사라짐에 따라 그 결과로서 사회분업이 규칙적으로 발달했다는 것이다.[78]

> 우리가 살고 있는 사회에 일관성을 부여하는 데 가장 큰 역할을 하는 것도 분업이고, 우리가 살고 있는 사회구조의 구성적 특징을 결정하는 것도 분업이다(『분업론』, 287).

> 결국 사회진화와 마찬가지로, 유기체의 진화에서도 분업은 기존의 분절적 조직의 틀을 사용하면서 시작한다. 그러나 그다음 단계에 이르러서는 그 틀에서 해방되며 자신만의 독자적인 방식으로 진화한다(『분업론』, 286~287).

분절적 사회구조가 쇠퇴함에 따라 개인들의 긴밀한 관계 형성과 그에 따른 사회집단 사이의 상호교환 활동이 일어난다. 그러나 그다음에 진행된 분업은 "자신만의 독자적인 방식으로 진화"하는 유기적 분업 구조로 발전된다. 그럼으로써 분업은 ―『자본론』의 표현을 끌어오자면 ― '변증법적 역전'의 계기를, 즉 발현적 속성을 갖게 된다.

---

78 여기서도 뒤르케임의 유비추론이 논증의 근저를 이루고 있다. "인류가 진화할수록 분절적 사회가 사라지듯이, 군집적 유형의 생명체도 고등 단계의 유기체로 진화할수록 사라진다. …… 이 경우 오직 과학자의 분석만이 척추동물의 상처의 흔적을 간신히 발견할 수 있다. …… 이 두 경우 유기적 구조는 사회연대인 분업에서 나온다"(『분업론』, 286).

> 사회의 분절적 조직이 개성을 잃어버리면, 그 조직들을 분리시키는 칸막이를 통해 점점 더 조직 간 침투가 가능해진다. 즉, 분절적 조직들 사이에서 결합이 일어나서, 그것이 사회 구성요소들을 자유롭게 만들어 새로운 결합 조직을 만들 수 있게 한다.
>
> 그러나 분절적 조직의 실종이 분업이라는 결과를 가져오는 것은 단 한 가지 이유 때문이다. 그것은 분절적 조직의 실종 때문에 서로 분리되어 있거나, 이전보다 조금 더 밀접한 관계를 갖게 된 개인들이 서로 긴밀하게 접근하기 때문이다. 그 결과, 이때까지 영향력을 주고받지 않던 사회집단 사이에서도 상호교환 활동이 일어난다는 것이다. …… **결과적으로 사회적 관계 — 사회집단 안에서의 관계라고 부르는 것이 더 정확해질 것이다** — 가 더 빈번해진다(『분업론』, 380. 강조는 필자).

분업은 새로운 사회관계의 결합을 그 자체의 동력으로 하는 발현적 시스템을 창출한바, 이는 물질적 밀도와 도덕적 밀도라는 이중적인 원인(dual causes)으로 표현된다. 물질적 밀도가 증가하지 않고 도덕적 밀도가 증가될 수 없기 때문에 양자는 분리될 수 없지만, 분업의 '가속적' 발전을 추동하는 것은 도덕적 밀도나 역동적 밀도의 성장이다.[79] 인구의 집중, 도시의 형성

---

79 『분업론』에서 발현 논의는 '역동적 밀도'라는 개념을 통해 『규칙들』에서 더욱 정교화된다. 물론 잘 알려진 대로, 『규칙들』에서 뒤르케임은 "『분업론』에서 물질적 밀도(material density)를 동적 밀도(dynamic density)의 정확한 표현으로 나타내는 실수를 했다"라는 반성을 덧붙인다(『규칙들』, 179; 『분업론』, 388 참고). 그러나 이는 결합의 밀도를 강조하는 용법상의 변화일 뿐 근본적인 차이가 있다고 보기 어렵다. 이 점에서 물질적 밀도에서 역동적 밀도로 강조점이 변화한 것을 뒤르케임 이론의 본질적인 변화라고 바라보는 해석은, 뒤르케임에게 자원론적 행위관을 부과하면서 비롯된 것이다. 예컨대 알렉산더는 역동적 밀도의 개념을 "도덕적이고 정서적 사실"로 읽으면서 그것이 관념론을 향한 변화의 증거라고 주장한다(Alexander, 1982: 220). 그러나 '물질적 밀도'와 '도덕적 밀도'라고 하는 두 범주 또한 사회변화에 대한 반환원주의적 시각을 반

및 발전 과정에서 평균적인 인구밀도가 증가하고 이와 함께 의사소통과 지식 전달의 통로 또한 증가하면서, 사회의 도덕적 밀도 또한 증가했다. 이는 다시 사회 안에서 개인들 사이의 관계와 그 관계의 양을 증가시킴으로써 효과가 더욱 강화된다. 따라서 "사회분업이 발달하게 된 직접적 이유는 도덕적 밀도와 사회의 역동적 밀도 때문"이며(『분업론』, 381), 거꾸로 "사회적 부피의 증가와 밀도의 증가"는 "더 큰 사회분업을 필연적으로 가져온" 사회분업의 "결정적 원인"이 된다(『분업론』, 389). 요컨대 "역동적 밀도가 증가하면, 발현의 조건들 또한 증가한다"라는 것이다. 이러한 원리는 현대 과학철학의 용어로 '하향적 인과작용'으로 설명된다.

이제 분업의 발현적 속성을 이해한다면, 분업의 기능과 역사발전을 둘러싼 기존의 그릇된 가설 또한 논박될 수 있다. 분업을 설명하는 이전의 이론들은 역사의 진보에 대한 잘못된 결론에 봉착한다. 예컨대 스미스를 위시한 고전 정치경제학자들은 분업을 생산성의 관점에서만 이야기하거나, 분업의 부정적 효과를 강조한다(『분업론』, 408~409). 다른 한편 스펜서를 위시한 공리주의자들은 분업이 초래한 긍정적 효과만을 강조한다. 스펜서는 분업을 자동적으로 이루어진 진화 과정으로 설명하지만, 진화를 가져오는 동인이 무엇인지 설명하지 못한다. 결국 그는 행복이 노동생산력과 함께 증가한다는 사실만을 주장할 뿐이다(『분업론』, 393~394).

이에 대한 뒤르케임의 대안적 설명은 분업구조가 새롭게 발생시킨 연속적 효과와 역동적인 인과작용에 매우 많은 지면을 할애하고 있다. 간단히 말하면, 노동이 더 분화될수록 사회환경의 복잡성이 증가하며 그 변화 가능성과 유연성, 비결정성 또한 커졌다는 것이다. 이러한 주장은 분업의 이차

영한다. 사회환경은 ① 사회적 단위의 수, 혹은 '사회의 크기' 그리고 ② 집단의 집중 정도, 또는 역동적 밀도(dynamic density)의 상호작용에 의거한다는 것이다. 역동적 밀도는 사회생활에 참여하는 사람들의 상호작용에 영향 받는다(『규칙들』, 178~179).

적인 요인들 – 즉, 조건 – 을 논하면서 더욱 분명해진다.[80] 분업의 발달은 이차적 요인들에 의존하는바, 이것은 분업의 발달을 촉진시킬 수도 있고 방해할 수도 있으며, 아니면 완벽하게 그 흐름을 차단할 수도 있다. 예컨대 분업사회에서 두드러진 집단의식의 퇴행은 몇 가지 중요한 조건, 다음과 같은 이차적 요인에 의존한다.

첫째, 집단의식의 퇴행에 따른 개인화의 경향과 성찰적 능력의 증가다. 집단의식이 개인의식에 행사하는 압력은 두 가지 반대 방향의 압력에 의해 매 순간 중화된다. 집단의식으로부터 해방되어 개성이 증가하는 것이 그 하나라면, 다른 하나는 모든 사람들을 서로 닮게 만드는 합리화의 과정이다. 현대문명은 점점 더 합리적이고 논리적으로 되어가는 경향 속에서, "보편적인 것만이 합리적이 되는 것이다"(『분업론』, 431). 그러나 집단의식이 더 일반적이 될수록 개인들 간의 차이에 더 큰 중요성이 부여된다. 과거의 관습적 관행이 행사했던 결정적인 영향력을 인간 지능의 협조에 힘입은 성찰적 능력이 제어할 수 있게 되는 것이다. 인간에게 성찰적 능력이 주어지면 그것을 억제하기 쉽지 않은데, 성찰적 능력은 본능과는 아주 다른 강제력을 지니기 때문이다. 이를테면 성찰을 거친 행동은 더 합리적이 되기 때문에, 집단의식은 그 결과 덜 강제적인 것이 된다. 이러한 이유로 변화된 집단의식은 개인적 다양성이 자유롭게 발전하는 것을 덜 방해한다는 것이다(『분업론』, 432).

그러나 집단의식의 쇠퇴를 실질적으로 뒷받침하는 더욱 중요한 요인은 대도시 생활이 일반화되면서 관습과 전통적 권위가 축소된 것이다. 이제 전통은 덜 엄격하고 덜 분명한 방식으로 사고와 행동을 결정하며, 그 결과 개

80 이차적 요인들에 대한 논의는 제1권에서 내린 결론을 논증하기 위한 것이다. "제1권에서 우리가 내린 결론은, 우리가 집단의식의 퇴행을 가져오는 조건이 무엇인가를 발견할 수 있었다면, 이 주제에 대한 더 이상의 논란은 없었을 것이라는 사실이다"(『분업론』, 421).

인적 변화의 영역과 함께 사회의 변화 가능성 또한 명백히 확장되었다(『분업론』, 433~442, 477~478).

> 개인 인격을 집단 인격 안에 흡수하게 만드는 것은 이 모든 기계적 원인들(mechanical causes)이며, 개인 인격을 드러나게 하는 것도 동일한 성격을 가진 원인들이다. 물론, 집단 인격으로부터 개인 인격이 해방된 것은 유용한 목적으로 사용될 수 있다. 이 해방은 분업의 발달을 가능하게 한다. 더 일반적으로 말하면, 분업은 사회라는 유기체에 더 큰 유연성과 변화 가능성을 제공한다(『분업론』, 449).

둘째, 유전적 요인의 상대적 쇠퇴와 맞물려 비결정성이 증가한다. 우선 뒤르케임은 사회분업과 유전적 요인이 반비례관계에 있다는 점을 논증하려 한다. 예컨대 카스트 제도에서 직업적 자질은 개인적 자질이라기보다 인종적 자질이었고, 이러한 유전적 자질에 따라 사회 기능을 수행했다. 이와 같이 개인이 자신의 정신과 성격 형성에 아주 미미한 영향력만을 갖던 시대에는, 자신의 경력을 선택할 권한을 갖지 못했다. 이 시대에는 노동이 거의 분화되지 않았기 때문에, 분명한 차이에 의해 서로 나누어진 기능들 또한 극히 적은 수에 불과했다. 따라서 직업 선택 또한 재물 상속처럼 기능의 상속을 의미했다. 그러나 노동이 분화된 규모가 큰 사회에서는 기능의 분화와 함께 직업 또한 분화되고, 개인의 활동 형식이 분화될수록 유전의 영향을 덜 받게 된다. 한마디로 "개인의 성향은 유전에 의해 덜 필연적 방식으로 미리 결정된다"(『분업론』, 476). 이제 일반적 자질들은 관념과 운동과 관습의 세계를 정복하고 체계적인 조율 과정에 종속됨으로써, 원래의 본성에 새로운 형식과 모습을 제공할 가능성이 열린다.[81]

셋째, 노동 분업은 유전의 상대적 가치만이 아니라 절대적 가치 또한 축소시킴으로써, 유기체적 원인을 사회적 원인의 영향력하에 종속시키는 방향으로 나아간다. 고등동물의 단계로 진화할수록 본능은 점점 더 선택적이 되며, 경험 영역을 확장하고, 유전적 요인들을 동요시켜 현대사회의 구성원들의 평준화를 가속화한다. 맑스는 인간이 동물과 달리 자신의 욕구를 만들고 통제할 수 있다는 점에서 자연사와 역사를 구분했는데, 뒤르케임 또한 분업의 비결정성이 개인의 자유를 증대시키게 되는 변곡의 지점에 주목한다. 노동 분화에 따른 사회환경의 복잡성 증대는 사회적 원인들이 유기체적 원인들을 대체하도록 하고, 바로 여기에서 영성(spiritualty)의 증대가 시작된다(『분업론』, 515~516). 이러한 설명 구도는, 소여가 말하듯 설익은 복잡계 이론의 주장들을 선취하고 있는 셈이다.[82] 사회적 기능들의 확장은 "자연 발달의 훨씬 더 높은 단계"에서 발전을 가능케 했다(『분업론』, 502). 즉, 동물과 달리 인간의 정신적 삶은 자기 자신을 넘어서 더 높은 인격체로 고양하도록 추동하는 원인이 되며, 점차 개인은 자발적 활동의 원천이 된다.

> 사회가 더 방대해지고 특히 그 밀도가 더 높아짐에 따라, 새로운 범주의 정신생활이 나타나게 된다. 우선 사회적 동질성을 지닌 대중 속에서 실종되고 용해되었던 개인적 다양성이 새로 나타나 뚜렷한 모습을 가짐과 동시에

81 뒤르케임은 노동 분업이 창출한 새로운 조건이 과학적 지식을 매개로 자신의 본성을 새롭게 만들어가고 실현해가는 현대사회의 진화의 방향과 맞물려 있음을 강조한다. 이 같은 견지에서, 직능적 분업의 성장은 단지 부수현상에 그치는 것이 아닌 셈이다.

82 자기인식이야말로 의식의 신비를 해명하는 열쇠라는 통찰은 복잡계 이론의 창시자격인 일리야 프리고진(I. Prigogine)이 제시한 바 있다. 프리고진은 자기조직(self-organization)의 능력을 가진 '흩어지는 구조(dissipative structure)'에서 피드백(feedback)과 자기연결(self-coupling)을 보았으며, 무생물이 생물을 통해 의식체라는 복잡성과 자기조직을 갖춘 위쪽의 차원으로 올라가는 자연적인 과정을 상정했다(Sawyer, 2001: 576~578; 데이비스, 1988: 147). 현대 과학철학에서 복잡성 전환은 환원주의를 거부하는 입장과 맞물려 있다. 자세한 논의는 블래키(2015: 381~395) 참조.

그 수가 늘어난다. 이 경우 수많은 사물들이 인간의식의 밖에 머물게 되는데, 그 이유는 사물들이 집단적 삶에 영향을 미치지 못하고 단지 사회적 성찰의 대상만으로 남아 있기 때문이다. 반면에 개인들은, 그들의 행동이 물리적 욕구에 의해서 결정되는 경우를 제외하고, 서로 필수적 연관관계를 맺으며 행동하게 된다. 이 경우 개인 각자는 자발적 활동의 원천이 된다. 이때부터 특별한 인격체들이 구성되고, 개인들은 자신들을 의식하게 된다. 그러나 개인의 정신생활의 증가는 사회의 정신생활을 약화시키지는 못하고 변형시킬 뿐이다. 이 경우 사회의 정신생활은 더 자유롭고 더 확장된다. 그 이유는 이것이 결정적으로 개인의 의식들 이외에는 또 다른 토대를 가지고 있지 않기 때문이다. 그리고 그 반대급부로, 개인의식은 더 확장되고 더 복잡하게 되며, 이전보다 더 큰 유연성을 갖게 된다(『분업론』, 517~518. 강조는 필자).

요컨대 분업은 '이중의 해방(dual emancipation)'을 가져온바, 개인을 둘러싼 물리적 환경에서, 그리고 그를 지지해주던 유기적 환경에서 개인을 해방시켰다. 이제 "행동의 자율적인 근원"으로서 개인은 점점 더 고유한 행동의 주체가 되며, 분업은 그 자체로 이러한 해방에 기여한다(『분업론』, 598). 이러한 맥락에서 뒤르케임은 '분화'와 '분업'을 구분한다.[83] 전자가 자연사적 과정에 종속된 기계론적 과정이라면, 후자는 인간의 성찰과 목적의 개입을

---

83 뒤르케임에 따르면, "이것은 스펜서가 하지 못한 구분이다. 그에게는 이 두 용어가 동의어처럼 보였던 것 같다. 그러나 스스로 해체되는 분화(암, 세균, 범죄)는 생명력 있는 힘을 집중시키는 분화(분업)와는 아주 다르다"(『분업론』, 526, 주석 1번. 강조는 필자). 간단히 말해 연대의식이 없는 분업은 "순수하고 단순한 분업"에 지나지 않는다는 것이다(『분업론』, 526). 장 마리 기요(J. M. Guyau)에 대한 뒤르케임의 비판 역시 동일한 맥락 속에 위치한다. 영국의 공리주의를 지지했던 기요는 '진보의 법칙(law of progress)'이라고 불렀던 증대되는 분화를 이용해 아노미를 설명한다. 분화가 일어나면서 개인들의 결사는 그전보다 자발적이 되고, 더욱 다양화된다는 것이다(오루, 1990: 161).

허용하는 사회법칙의 지배를 받는다(『분업론』, 507). 분업이 야기한 사회적 갈등은 기존의 삶을 위한 투쟁을 완화시킬 더 발달된 분업의 가능성, 즉 "사회진보의 원동력"이다. 이러한 관점에서, 연대 없는 분업은 불가능하다. "외부 상황과 유전의 다양한 결합은 토지의 경사가 물의 방향을 결정하기는 하지만 그 방향을 창조하지 못하는 관계와 같은 기능을 한다"는 것이다(『분업론』, 401). 이와 달리 뒤르케임의 '사회' 개념은 인과성의 법칙에 종속되어 있는 모든 현상의 총체로서 발현적 시스템을 함축한다. 발현(emergence)은 '새로운 어떤 것', 비약적 발전, 즉 창조적인 또는 자동생성적인(autopoietic) 과정이다.[84]

> 사회는 또한 자연에 속하지만 자연을 지배한다. 우주의 모든 힘은 사회로 집중될 뿐 아니라, 그 힘은 풍부함과 복잡성, 활동력으로 사회를 형성하기 때문에 이르렀던 모든 것을 능가하는 새로운 종합을 형성한다. 한마디로, 사회는 사회의 발전에서 더 높은 지점에 이른, 말하자면 스스로를 능가하기 위해 모든 에너지를 집중시킨 자연이다(Durkheim, 1953: 97).

---

84 이러한 맥락에서 뒤르케임이 자연과 사회를 엄격히 구분한 이원론자였다는 해석은 맞지 않다. 여기서 뒤르케임이 말하는 사회는 "사회 자체가 자연 밖에 존재한다는 뜻은 아니다. 이 경우 사회라는 말은 인과성의 법칙에 종속되어 있는 모든 현상의 총체를 의미한다. 그리고 자연적 질서는, 사람들이 말하는 자연 상태에서 생겨난 질서만을 가리킨다. 즉, 물리적 원인과 유기적·심리적 원인의 배타적 영향력 아래에 있는 질서를 의미한다"(『분업론』, 574). 최근 체계(system)에 대한 이러한 관심은 움베르토 마투라나(H. Maturana)와 프란시스코 바렐라(F. Varela), 덜 성공적으로는 니클라스 루만(N. Lumann)의 현대 자기생성(autopoietic) 이론과 함께 새로운 정교화의 차원에 도달했다. 대표적으로 인지생물학자 마투라나와 바렐라는 세계를 만드는 생명체를 '자기생성', 즉 '오토포이에시스(autopoiesis)'라고 정의한다. 다시 말해 생명체는 자신(auto)을 제작(poiesis)하는, 그리스 말로 '자기 자신'을 가리키는 'auto'와 '만들다'의 'poien'에서 비롯된 존재다(마뚜라나·바렐라, 2007: 56~59).

결국 맑스와 뒤르케임 모두 근대사회의 역사적 발현을 사고하며, 개인화의 효과에 주목한다는 점에서 공통점이 있다. 그러나 양자는 근대사회가 창출한 새로운 조건과 해방의 동인을 사뭇 다른 방식으로 이해하는 것으로 보인다. 맑스가 근대의 노동 분업이 초래한 양면성과 이데올로기적 성격에 착목하는 지점에서 뒤르케임은 분업의 해방적 성격과 근대사회가 추구해야 할 새로운 이상을 본다. 맑스가 자본주의적 분업이 야기한 자본축적의 역사적 경향과 계급투쟁의 필연성을 본 지점에서, 뒤르케임은 유기적 분업 구조가 보유한 인과적 힘을 평등화의 압력 및 연대의 필연성과 일치시킴으로써 특유의 '낙관주의'를 드러내는 것으로 보인다. 다시 말해 맑스가 분업 일반과 자본주의적 분업의 불연속성을 보는 곳에서, 뒤르케임은 유기적 분업의 형태학적인 청사진만을 찾아낸다는 점에서 양자의 차이를 가리기는 쉽지 않다. 그런데 이어지는 『분업론』의 제3부, 비정상적 분업으로 논의가 이동하면서 뒤르케임의 사회형태학은 다시 맑스의 그것과 가까워진다.

2) 『사회분업론』과 『자살론』의 비정상적 분업과 사회들

사회분업에 대한 뒤르케임의 견해를 간단히 요약하면, 사회분업은 기계론적 과정의 결과지만 일단 형성되면 그 자체의 동력을 가지고 가속적인 발전을 하는 창발적 시스템이라는 것이다. 분업의 정상적 기능은 사회적 연대의 한 형태를 생산한다. 그러나 분업이 모든 곳에서 연대의식을 낳는 것은 아닌데, 분업이 비정상적 상태에 있기 때문이다. 뒤르케임은 두 가지 이유에서 이러한 비정상적 형태에 관심을 기울였다. 첫째, 만일 비정상적 사례들이 예외적이라는 점이 증명되지 않는다면, 분업이 비정상적 형태를 논리적으로 함축하는 것으로 의심받을 수 있기 때문이다. 둘째, 분업의 일탈적 형태를 연구하는 것이 분업의 정상적 형태의 조건을 더 잘 파악하는 데 도움이 되기 때문이다(『분업론』, 525).[85] 즉, 비정상적 분업에 대한 논의는 곧 정상적 분업의 사회적 조건에 대한 추론이라고 할 수 있다.

분업의 비정상적 형태는 '아노미적 분업', '강제된 분업', '또 다른 형태의 비정상적 분업'이라는 세 가지 형태로 제시된다. 특히 분업의 연대유형 – 기계적·유기적 – 에서 상대적으로 주변화되었던 '아노미적 분업'과 '강제된 분업'은 『자살론』에서 분석한 주관성의 위기와 직접 횡단하고 있다는 점에서 지면을 할애해 살펴볼 필요가 있다.

먼저 뒤르케임에게 아노미 개념은 연구의 진전 과정에 따라 미묘한 강조점의 변화를 보여준다. 아노미 개념은 1893년 『분업론』 제3부에서 맨 처음 사용되었고, 『자살론』에 이르기까지 지적 아노미, 성적 아노미, 결혼의 아노미, 경제적 아노미, 법적·도덕적 아노미 등 다양한 용법으로 등장한다.[86] 아노미의 개념사를 치밀하게 분석한 마르코 오루(M. Orru)에 따르면, 뒤르케임의 아노미(anomie) 개념은 기요에게서 비롯되었지만,[87] 그 어원학적 정

---

85 이러한 맥락에서 뒤르케임은 "다른 분야에서와 마찬가지로, 여기서도 병리학은 생리학의 소중한 보조 학문"이라고 말한다(『분업론』, 526).

86 1902년 『분업론』 2판에서 도덕과학에 대해 서술한 30페이지 분량의 서론의 일부를 삭제한 대신 제2의 서문을 싣고 있는데, 여기서 아노미 개념이 큰 비중을 차지한다. 그러나 1893년판 『분업론』 1판 서문을 자세히 읽어보면 이미 아노미 개념이 논의되었음을 발견할 수 있다. 그곳에서 뒤르케임은 도덕과학의 기초를 길게 논의하고 있다(오루, 1990: 164~169). 오루는 『분업론』과 『자살론』의 아노미 개념에 기술적 변용만이 있다고 지적하는데, 1902년 2판 서문에 이르러 뒤르케임의 아노미 개념은 '경제적 아노미' 개념으로 확연히 수렴되는 것으로 보인다. 이는 비정상적 분업의 원인과 조건에 대한 『자살론』의 발견적 성취를 반영한 것이라고 추론해볼 수 있다. 최종적으로 아노미 개념은 『분업론』 2판 서문에서 유럽 사회가 겪고 있는 병리적 상태, 즉 "모든 종류의 무질서"의 근원으로 설정된다(『분업론』, 18).

87 18세기와 19세기 대부분의 기간에 부재했던 아노미 개념은 19세기 프랑스에서 철학자이자 사회학자인 기요의 저술, 『미래의 무종교』 덕분에 새로운 활력을 띠게 된다. 이 저술에 대한 뒤르케임의 비판적 논평(1887)은 오루(1990: 152~176)를 참고하라.

의는 법의 부재를 뜻하는 희랍어 'anomia'로 거슬러 올라간다. 이 용어의 어원학적 의미에 따르면 아노미란 '법 또는 규범의 부재'를 의미한다. 고대 희랍적 전통에서부터 아노미의 용법은 명목론적 접근과 실재론적 접근으로 크게 구분된다. 고대 소피스트나 기요와 같은 명목론자들이 아노미를 특정한 사회질서에 대한 도구적인 관념에 지나지 않는 것으로 간주했다면, 플라톤이나 뒤르케임 같은 실재론자들은 아노미를 이상적이거나 정상적이지 못한, 사회세계의 부패하고 병리적인 상태라고 간주했다(오루, 1990: 15~19). 뒤르케임의 아노미 개념 역시 법(laws)의 부재를 뜻하지만, 이는 사회적 규칙(rules), 방법론적 규칙, 그리고 행동원리를 지시하는 규범(norm)을 아우르는 중의적인 뜻을 담고 있다. 종합하자면, 아노미는 규칙에 의한 규제가 부재함으로써 나타나는 무규범 상태를 지칭한다.[88]

그러나 1893년이라는 시점에서는 '아노미적 분업'이라는 용법이 1902년 2판 서문에 다시 들어온 아노미 개념만큼 중심적인 설명적 지위를 확고히 하고 있지는 않다. 아노미적 분업, 강제된 분업, 또 다른 형태의 비정상적 분업은 각각 시장의 경제적·지적 조건, 교환의 정치적 조건, 생산 및 노동과

88 뒤르케임에게 규범과 규칙은 다른 위상을 갖는다. 규범은 단지 주어진 상태를 표현할 뿐, 그 자체만으로 서로 연대의식을 갖는 상호 의존 상태를 창출하지 못한다. 반대로 특정한 규칙은 습관적으로 행동하는 양식을 가리킬 뿐 아니라 무엇보다도 의무적으로 행동하는 양식이다(『분업론』, 21). 즉, 규칙은 규범과 구분해서 말한다면, 개인적인 자의성에서 벗어난 것이다. 『도덕 교육』(1903)에서도 뒤르케임은 다음과 같이 말한다. "규칙이라는 것은 습관적인 행동에 관한 단순한 문제가 아니다. 즉, 그것은 개인의 취향에 따라 바꿀 수 있는 행동의 양식이 아니다. 그것은 어떤 면에서는 인간의 선택을 초월한다. 규칙에는 우리를 초월하고 우리를 지배하는 무엇인가가 있다. 우리는 그것의 본질이나 존재를 결정하지 않는다. 그것은 우리를 표현하기보다는 우리를 지배한다"(Durkheim, 1961: 28).
유사한 맥락에서 규칙과 규범의 관계는 『분업론』에서도 상술되고 있다(『분업론』, 543~544 참고). 정상적 상태에서 규범들은 사회분업에서 자동으로 생겨나며 분업의 연장과 같지만, 비정상적 상태에서 기능하는 규범은 그 사회적 조건들, 즉 기능을 연계하는 규칙과 분리될 수 있게 된다.

정의 유기적 조건을 추론하는 세 측면에서 병렬적으로 설정된다. 각각의 추론은 맑스의 분업 이론과도 일정 부분 비교될 수 있다.

첫째, 아노미적 분업은 과도기적인 산업사회 전반의 상황에서 기능들의 상호 관계를 결정하는 규제가 발전하지 않으면서 생겨난 결과다. 아노미는 경제적 위기, 자본과 노동의 대립, 과학의 무정부주의 형태로 급격하게 변동하는 시기에 나타난다. 즉, 분업이 연대의식을 산출하지 못한다면 그것은 사회의 여러 기관 간의 관계가 규제되지 않고, 그 기관들이 아노미 상태에 있기 때문이다. 그 첫 번째 사례로 주기적인 산업적·상업적 위기와 노사 간 항구적인 적대가 제시된다. 뒤르케임은 자본과 임금노동 사이의 계급갈등이 대규모 산업화에 따른 분업의 팽창과 함께 증폭되어왔음을 인정한다.[89] 그러나 이는 분업의 정상적 본성이 아니라 예외적인 상황이 개입한 결과일 뿐이다. 일례로 뒤르케임은 '대규모 산업'이 개입하기 이전, 서로 연대의식을 가진 인접 기관들 사이에 충분한 접촉과 원활한 정보교환이 이루어지는 '제한된 시장' 상태, 그리고 단일 시장이 형성되고 대규모 산업이 등장한 이후의 '무제한적 시장 상태'라는 불확실한 환경을 구분한다.

> 생산자는 자기 눈앞에 있는 시장을 더 이상 관리할 수 없게 되고 시장을 상상하는 것도 힘겹게 된다. 그는 더 이상 시장의 한계를 표상할 수 없게 되는데, 그 이유는 시장이 이제 무제한적인 것이 되었기 때문이다. 그 결과 생산을 중단하거나 규제하는 일은 불가능해진다. 생산은 이제 우연으로만 진행되며 이러한 탐색 과정을 통해 시장의 규모를 측정하는 잣대는 낡은 것이 되고, 측정 기준도 경우에 따라 이러저러한 방향으로 바뀌게 된다. 바로 이것으

89 "오늘날 경제 기업의 수와 산업 분과를 확정하는 어떠한 규칙도 없이, 생산이 소비의 차원에 남아 있는" 그러한 상황에서는 경제학자들이 주장하는 가격 균형은 파멸 이후에 성립될 뿐이다(『분업론』, 367).

로부터 주기적으로 경제적 기능을 혼란 상태에 빠지게 하는 위기가 등장한다. …… 대규모 산업은 노사관계를 변화시키는 결과를 가져온다(『분업론』, 549~550).

하지만 시장의 통제 불가능성과 생산의 무정부성, 노동자의 기계화와 노사 갈등, 법적 불확실 상태가 아노미적 분업의 직접적 결과라고 볼 수는 없다. 아노미적 분업은 대규모 산업화뿐 아니라 또 다른 원인에 부분적으로 의존하는바, 과학의 스콜라적인 전문화가 그것이다. 여기서 뒤르케임은 산업의 역사와 과학의 역사를 병렬적으로 교차시킴으로써, 극단적인 노동 분업과 지적 분업이 동일한 사회적 조건에 의존한다는 점을 드러내려고 애쓴다. 도덕과학과 사회과학이 실증과학의 영역에서 협력적 관계를 맺지 못하기 때문에, 분업은 단지 생산성의 수단으로 축소될 뿐 연대의 원천으로 인식되지 못한다는 것이다(『분업론』, 554). 뒤르케임은 이를 '지적 무정부 상태'라고 말한다.

방법론적 규칙이 과학에서 하는 역할은 법률과 관습적 규범이 인간행동에서 하는 역할과 같다. 전자가 학자의 사고를 지시한다면, 법률과 관습적 규범은 인간의 행동을 지배한다. …… 오늘날 공통의 목적을 위해서 서로 다른 과학의 노력을 조율해가는 학문 분과는 거의 존재하지 않는다. 이것은 도덕과학과 사회과학의 경우에 특히 더 그러하다. …… 그러나 이들이 하는 연구들은 모든 부분에서 상호 관련이 있다. 따라서 각 분야와 관련되는 과학들도 마찬가지 상황에 있어야만 한다. 바로 여기에서 우리가 앞서 지적한 지적 무정부 상태가 생기는 것이다. 그리고 조금 과장되기는 하지만, 이러한 지적 무질서 현상은 과학 일반에 존재한다. 이것은 전문화된 과학의 경우 특히 그러하다. 전문화된 특수 과학들은 사실상 서로 아무런 연관관계가 없는 부분들의 집합처럼

> 자신의 모습을 보여주는데, 실제로 각 부분은 서로 어떠한 협력관계도 유지하고 있지 않다. 그런데 이런 개별적 특수 과학들이 통일성이 없는 전체를 형성하고 있는 것은 그 과학들이 자신들의 동질성에 대해 충분한 감정을 가지고 있지 않고 그러한 부분들이 조직되지 않았기 때문이다(Durkheim, 2012: 546~547. 강조는 필자).

따라서 산업 영역에 정부의 규제 – 제한 입법[90] – 가 결여되어 있다면, 과학의 영역에는 방법론적 규칙이 부재한 현상, 요컨대 '생산의 아나키'는 '지적 아나키'와 긴밀한 매듭을 맺는다. 이때 정상적 분업으로 설정된 '자발적 분업'의 이상은 비정상적 분업을 판별하고 진단하는 지렛대로 작동한다.[91] 아노미적 분업은 정상적 분업의 진행을 방해하는 예외적인 상황이 개입한 결과로서, 전문화가 연대감을 산출하도록 경제 영역 내에 조정 기능을 마련할 때 곧 극복될 수 있다는 것이다. 따라서 뒤르케임은 '사회적 관점'에서 경제학자들의 자유주의를 논박한다. 경제학자들의 맹점은 분업의 주된 목적이 개인들을 연계시키는 것이 아니라 사회적 기능들을 연계시킨다는 점을 간과했다는 점이다(『분업론』, 525~603). 그 결과 분업은 추구해야 할 목표를

90 뒤르케임은 당시 프랑스의 상황에서 제한 입법의 공백이 초래한 심각성을 특별히 강조하고 있다. "이 글은 1893년에 썼다. 그 이후 프랑스 법률에서 노사 관련 입법은 더 중요한 위치를 차지하게 되었다. 따라서 이것은 내가 언급한 공백이 얼마나 심각한 것인가를 입증해주며, 그러한 공백을 채우는 것만으로는 충분치 않다"(『분업론』, 546, 주석 24번).

91 자발적 분업은 "개인의 창의적 시도를 방해하지 않고 순전히 개인들의 자발성에 의해서만 분업이 형성된 경우"를 나타내는 분업이며(『분업론』, 558), 자발성은 "비록 간접적일지라도, 개인이 가지고 있는 사회적 힘을 자유롭게 계발하는 것을 구속하는 모든 것이 없는 상태를 의미한다"(『분업론』, 560). 발전된 유기적 연대 사회의 통일성은, 모든 유기체의 경우가 그러하듯 부분적 기관들의 자발적 합의를 통해서 만들어진다(『분업론』, 536).

상실한 채 부당한 비난 속에 방치되었다. 이때 '아노미적 분업'은 규제가 부재함으로써 생기는 분업의 목표 상실을 비판하는 동시에, 맹목적으로 추구되어온 분업에 성찰성과 목표 – 정당한 한계 – 를 부여하는 비판 범주의 지위를 갖는다.

둘째, 아노미적 분업이 규제의 결여를 핵심으로 한다면, 규칙 자체가 부당한 상황에서 개인들 사이의 계약관계는 강압적 권력의 강요나 약육강식의 원리에 의해 결정되는 경향이 있다. 이것이 바로 강제된 분업이다.

> 그러나 분업을 위한 규칙들(régles)이 존재하는 것만으로는 충분하지 않다. 왜냐하면 때때로 악의 원인이 되는 것은 이 규칙들 자체이기 때문이다. 바로 이것이 계급투쟁 안에서 벌어지는 일이다. 계급이나 카스트를 제도화하는 것은 분업을 조직하는 것이다. 그것들은 엄격히 규제된 조직이다. …… 바로 여기에서 사회 내부의 전쟁(civil wars)이 일어나게 되는 것이다. 그런데 이것은 노동이 분배되는 방식과 관련이 있다(『분업론』, 555. 부분적으로 수정함).[92]

이는 명시적인 강제뿐 아니라 별도로 필요에 종속될 수 있는 상황, 물건과 서비스가 등가의 사회적 가치로 교환되지 않는 정당하지 않은 계약의 상황을 포함한다. 즉, 강제된 분업은 경쟁의 외적 – 사회적 – 조건이 불평등한 상황 일반을 지칭하며, 그 예로 상속제도가 제시된다.

이를 통해 뒤르케임의 '강제된 분업' 개념이 맑스가 말한 '경제적 강제'와 교통하고 있음을 간파하기란 어렵지 않다. 그러나 엄밀히 말해 계약적 연대

---

92 앞서 언급했듯, 뒤르케임이 'norm'과 'rules'를 명확히 구별하고 있기에, 이 맥락에서 양자를 모두 '규범'으로 번역하는 국역본의 번역 — '규범'을 '규칙들'로 — 을 원문을 참조해서 수정했다(Durkheim, 1996: 367; 뒤르케임, 2012: 555).

와 유기적 연대를 구분할 때, 뒤르케임의 강조점은 계약적 연대가 위협을 받게 되면 사회통합 자체가 동시에 위협을 받는다는 점을 향해 있다(『분업론』, 566). 이러한 관점은 하버마스가 체계와 생활세계의 이론적 자원으로 끌어온 바 있듯, 계약은 그 기저에 자리한 계약의 비계약적 토대, 일견 비합리적인 것으로 보이는 집합적 믿음의 표현이라는 뒤르케임 특유의 사회적 존재론을 반영하는 것이다.

아울러 맑스와 비교했을 때 흥미로운 점은, '부당한 계약'이라는 개념을 사용해 부등가교환의 부당성을 논증하는 방식이다. 물론 뒤르케임이 부등가교환 자체가 '노동력상품'에 기초한 상품생산에 내재적임을 명시하지는 않았다. 그러나 그가 불평등의 사회적 조건을 '과도기적'일 뿐 아니라 '구조적인' 것으로 사고했음은 분명해 보인다.[93]

> 만약 사회의 특정 계급이 생존하기 위해 어떠한 가격에라도 그들의 서비스를 팔 수 밖에 없고 그 상대 계급은 자신이 보유하고 있는 자원 덕분에 그러한 서비스 없이 지낼 수 있다면, …… 두 번째 계급은 첫 번째 계급에 부당한 법률을 만들 수 있다. 다시 말해서 부당한 계약의 존재 없이는, 태어날 때부터 부자와 가난한 자는 존재하지 않는다. 특히 사회적 조건 그 자체가 상속에 의한 것이고, 법률이 모든 종류의 불평등을 거룩한 것으로 만들 때 상황은 더더욱 그럴 수밖에 없다(『분업론』, 570).

93 아노미적 분업을 논하며 뒤르케임은 다음과 같이 말한다. "다음 장에서 살펴보겠지만, 노사 간의 갈등 전체가 사회변화의 빠른 속도 때문만은 아니다. 그 적대감의 중요한 부분은 생존경쟁을 위한 투쟁에서의 외적 조건의 불평등이 너무 크다는 사실에서 비롯된다. 그리고 시간은 이런 요인에 영향을 미치지 못한다"(『분업론』, 550. 주석 26번).

지금 제도로서의 상속은 인간이 부유하게 태어나든가 아니면 가난하게 태어나든가 둘 중 하나로 귀결된다. 즉, 사회에는 두 주요 계급이 있으며 그 사이에는 모든 종류의 중간 계급이 있다. …… 이런 첨예한 계급적 차이가 사회에 존재하는 이상, 아주 효과적인 완화책이 나온다면 계약의 부정의를 줄일 수는 있겠지만 원칙적으로 이 체계는 정의를 허용하지 않는 조건 속에서 움직인다(『직업윤리』, 316~317).

이는 뒤르케임 특유의 사회학적 가치이론 — 정당한 계약[94] 및 정당한 가치 결정에 대한 논의 — 을 전개하는 대목에서도 중요한 쟁점이 된다.

주어진 사회에서 개별적 교환물은 매 순간 결정된 가치를 갖는데, 우리는 이것을 사회적 가치라고 부를 수 있다. 사회적 가치는 그 물건이 가지고 있는 유용한 노동의 양을 표상한다. 그런데 이 사회적 가치는 그 물건을 만들 때 들어가는 비용으로서의 전체적 노동을 가리키는 것이 아니다. 그것은 유용한 사회적 효과 — 정상적 욕구 충족의 결과 낳을 수 있는 에너지의 양 — 를 말하는 것이다. 비록 우리가 그 에너지의 크기를 수학적으로 계산할 수는 없어도, 사회적 가치는 에너지만큼이나 실재적인(réelle) 현상이다.

우리는 아주 쉽게 이러한 에너지를 변화시키는 중요한 조건들을 인식할 수 있다. 그것은 특정 물건을 생산하는 데 필요한 노력의 총합이며 만족시키는 욕구의 강도이고, 그 상품이 가져다주는 욕구의 크기이다. 사실상 평균적 가치는 이 같은 점을 중심으로 움직인다. 평균적 가치는 비정상적 요인의 영향력 아래에서는 평균점에서 벗어나며, 이 경우 공공의식은 일반적으로 이런 격

94 뒤르케임에 따르면 "정당한 계약은 단순히 자유롭게 동의된, 즉 명시적인 강제가 없는 계약이 아니다. 그것은 물건과 서비스가 정상적인 진짜 가치, 요컨대 정당한 가치에 교환되는 계약이기도 하다"(『직업윤리』, 313).

차에 대해 어느 정도 격렬한 감정을 나타낸다. 공공의식은 상품을 만드는 데 필요한 수고와 상품이 가져다주는 서비스와 상관없이 이루어지는 모든 교환은 정의롭지 못하다고 생각한다(『분업론』, 567~568. 부분적으로 수정함).

사회학적 가치이론은 분배정의와 교환정의의 필요성을 역설한 『직업윤리와 시민도덕』에서도 연속성을 갖고 전개된다.[95] 여기서 뒤르케임은 고전경제학자들과 사회학자들의 자유주의적 계약이론과 그들이 상정하고 있는 신성불가침의 재산권 개념에 비판을 가한다. 사유재산권의 기저에 자리한 종교적 신념은 사회 현실을 은폐하고 은유적으로 표현한다. 그러나 재산은 존중될 때만, 즉 성스러운 것이라고 인정될 때만 재산이 된다. 다시 말해 – 사적소유권의 – 신자들이 숭배하는 권위는, 사실상 사회에서 나온다는 것이다(『직업윤리』, 248~250).

이 두 이질적인 항, 재산과 노동의 종합을 낳는 것은 바로 사회이다. 사회야말로 재산을 배분하고, 사회 자신이 개인에게 갖고 있는 감정에 따라 배분하고 분배하면서 나아가며, 또한 자신이 개인의 서비스의 가치를 계산하는 방식을 통해 움직인다. 이 계산 방식은 아주 다양한 원리에 의해 지배될 수 있기 때문에, 재산권은 단 한 번 영원히 정의되는 어떤 것, 일종의 변하지 않는 개념이 결코 아니다. …… 이것이 바로 고전경제학자들과 사회학자들이

95 뒤르케임의 공정계약론에 대해서는 『직업윤리와 시민도덕』 및 뒤르케임의 법사회학을 다룬 김도현(2012)의 논문을 참고하라. 『직업윤리와 시민도덕』은 뒤르케임이 '도덕과 권리의 본성'이라는 제목으로 1890~1900년에 보르도에서, 1904~1912년에 소르본에서 강의한 원고를 번역한 것이다. 원제는 『사회학, 도덕과 권리의 물리학 강의(Leçons de Sociologie, Physique des Moeurs et du Droit)』다. 이 강의는 모스와 공저한 수고 형태로 남아 있다가, 6회의 강연 중 3회분은 뒤르케임이 사망하고 나서 20년 뒤인 1937년에 『형이상학과 도덕 평론』에 포함되어 출간된 바 있다.

노동을 재산과 동일시했을 때 빠져든 오류를 피하는 방법이다. 이러한 동일시는 노동의 산물을 노동의 질보다 우월하게 만드는 경향이 있다. 그러나 우리가 말했듯이, 물건에 들어간 노동의 양이 물건의 가치를 만드는 것은 아니다. 물건이 가치를 만드는 것은 사회가 이 물건의 가치를 평가하는 방식이며, 이 가치 평가는 지출된 에너지가 산출하는 유용한 결과 — 적어도 집합체가 유용하다고 느끼는 결과 — 에 좌우된다. 가치 평가에는 배제될 수 없는 주관적 요인이 있기 때문이다(『직업윤리』, 319).

이 인용문은 주목할 만하다. 이러한 관점에서, 교환된 서비스가 등가의 사회적 가치를 지닐 때에만 계약이 완전히 합의를 본 것이라고 말할 수 있다. 계약은 정말로 자발적인 것이다. 그렇기에 욕망을 무절제하게 충족시키려는 시도를 방해하는 강제와 노동에서 정당한 보상을 빼앗으려는 강제는 혼동될 수 없다. 첫 번째 강제는 건강한 인간에게 존재하지 않으며, 두 번째 강제만이 그 이름에 적합한 것이다. 즉, 계약 당사자들 사이의 대등한 자격이 계약의 규칙으로 보장되기 위한 필요충분조건은, 계약 당사자들이 외적으로도 대등한 조건에 있어야 한다는 것이다. 이러한 점에서 뒤르케임은 상속제도가 "계약 체계 전체를 바로 그 뿌리에서부터 무효화"(『직업윤리』, 316)시키는 것이라며, 맑스의 산문을 방불케 하는 공격을 가했다.[96]

가치 결정에 개입하는 모든 외적 불평등을 제거하지 않는다면, 교환의 도덕적 조건 자체가 왜곡된다. 이제 계약적 유대는 부등가교환을 제어하는 동시에 유기적 연대를 추동할 지렛대로 들어온다. 물론 뒤르케임은 강제된 분업 역시 매우 특수한 상황에서만 일어나는 것임을 강조한다. 강제된 분업이 예외적이고 비정상적인 이유는 신분제의 점진적인 쇠퇴와 함께 성장한 평

96 직업집단론의 사회정치적 맥락에 대해서는 터너(1998)의 탁월한 서문을 참고하라.

등에 대한 시민들의 경험과 믿음 때문이다. 계약관계가 덜 발달하고 집단의식이 아주 강할 때는 이 같은 불의가 강하게 느껴지지 않지만, 노동이 분화되고 사회적 믿음이 약화됨에 따라 이런 불평등은 점점 더 견디기 어려운 것이 된다. 이를 통해 뒤르케임은 단순히 자발적 분업이 바람직하다고 주장하는 것이 아니라, 외적 불평등의 제거와 구조적 자발성의 실현이 '유기적인' 사회에서 연대가 이루어지는 본질적 형태임을 역설한다(Pearce, 1989: 135~136).[97] 그렇기에 강제된 분업은 분업의 필연적인 귀결이 아니며, 규범적인 질서가 합리적이어서 개인들이 스스로 그 질서에 헌신할 때 극복될 수 있다. 곧 뒤르케임에게 근대사회의 위기는 계급갈등 그 자체가 아니라, '악의 근원이 되고 있는 외적 불평등을 조금씩 제거시켜 각 기관 간의 관계의 정의를 회복해야 할' 도덕의 위기로 표현된다(『분업론』, 570~575).

셋째, 마지막 '또 다른 형태의 비정상적 분업'에 대해 간단히 언급해두기로 하자. 이 유형의 비정상적 분업은 개별 노동자의 기능적 활동을 '지속적으로' 조화시키고 활성화시킬 수 있는 공적 생활의 지도적 중심이 결여되기 때문에 일어난다. "특정한 행동조직 내에서 노동자가 무엇을 해야 할지를 충분히 알지 못할 때, 그들의 활동은 체계적이지 못하고, 여러 기능은 서로 잘 조율되지 않으며, 조직 내의 활동은 전체적 일관성 없이 이루어진다. 간단히 말하면, 사회적 연대의식이 느슨해지고 조직은 일관성을 갖지 못하며 무질서가 나타난다"(『분업론』, 577). 그러나 분업은 원리적으로 사회적 결속력의 원천으로서 개인들에게 연대의식을 심어준다. 분업이 개인 활동을 제

97 "분절적 유형의 조직들이 사라지고 유기적 유형의 조직들이 발전하며, 유기적 연대가 점차 동질성에 기반을 둔 기계적 연대를 대체함에 따라 개인을 둘러싼 외부적 조건들이 평등해지는 것은 필연적이다. 사회적 기능 간의 조화와 그 결과로서 생존경쟁 상태에 있는 개인들이 조화로운 삶을 살게 된 것은 바로 이런 사회변화 덕분이다. …… 사회진화를 지배하는 조건이 같다면 우리는 사회정의에 대한 욕구가 점점 더 강력해져 갈 것임을 확신할 수 있다"(『분업론』, 575).

한할 뿐 아니라 때로는 증가시키기 때문이다. 따라서 분업이 정상적 상태라면, 이 두 변수 – 연대의식과 사회적 통합성 – 는 항상 함께 나타난다(『분업론』, 578~586).

여기에서 논의는 자유방임주의 경제학이 가정하는 규제와 자유 사이의 잘못된 이분법을 비판하는 것으로 나아간다. 경제학자들의 맹점은 자유를 "개인 자체라는 개념으로부터 논리적으로 연역"하는 방법론적 개인주의에 있다(『분업론』, 573). 규제가 강제의 산물이 아니듯,[98] 자유 또한 사회적 영향력과 대립관계에 있는 것이 아니다. 오히려 자유는 사회적 영향력에서 생겨난다.

> 결국, 자유를 구성하는 것은 사회 외적 요인들을 사회적 요인에 종속시키는 것이다. 사회 자체의 역량이 자유롭게 발전할 수 있는 것은 바로 이런 조건에서만 가능하다. 그런데 외부적 요인들을 사회에 종속시키는 행위는 오히려 기존의 자연 질서를 크게 역전시키는 것이다. 그러므로 자연 상태를 사회적 상태에 종속시키는 것은 점진적으로만 실현될 수 있다. 그것은 인간이 사물을 지배하기 위한 법칙을 만들어 그 위에 군림하고 사물의 우연적이고 무도덕적(amoral)인 성격을 제거함으로써, 그 자신이 사회적 존재가 되었을 때에만 이루어질 수 있다. 왜냐하면 인간은 자기 스스로 자연을 지배하는 또 다른 세계를 창출할 수

---

98 뒤르케임은 강제와 규제를 혼동해서는 안 된다고 강력히 주장한다. 강제를 만드는 것은 모든 종류의 규제가 아니다. 왜냐하면 분업은 규제 없이 진행될 수 없기 때문이다. 사회적 기능이 이미 확립된 규칙에 의해 분배된다면, 그 분배가 반드시 강제의 결과는 아니다(『분업론』, 559). 또한 뒤르케임은 규칙과 제재(sanction)를 개념적으로 구분한다. "제재는 행위의 결과로 행위의 내용이 아니라, 기존에 확립된 규칙의 행위를 통한 위반에서 기인한다. 이는 기존에 확립된 규칙이 있고 위반은 이러한 규칙에 대한 반대이며 이는 제재를 수반하기 때문이다"(『사철』, 43). 이때 제재는 부정적이 제재만이 아니라 긍정적인 제재도 포함한다.

있을 때에야 비로소 자연으로부터 벗어날 수 있기 때문이다. 이 또 다른 세계가 바로 사회이다(『분업론』, 573~574. 강조는 필자).

맑스가 일갈한, 필연의 왕국에서 자유의 왕국으로 가는 이행을 떠올리게 하는 결론이, 바로 역사에 대한 뒤르케임의 주장의 요체다.

결론적으로 분업의 법칙을 성찰하는 것은 근대사회가 추구해야 할 이상을 일러주는바, 그 이상은 인간의 존엄과 개인주의의 도덕이다. 이러한 성찰(과학)을 매개로, 한 사회를 바라보는 특정한 기계론적 관점은 사회적 이상을 배제하지 않는다.[99] "그 변화를 쫓아가는 대신 사회발전의 방향을 지도하기 위해 인간의 성찰을 개입시킨다면 인간이 겪을지 모를 아주 고통스러운 시도들을 면제해줄 것이"며, "목표를 달성하기 위한 여정은 단축될 수 있다"(『분업론』, 506). 이때 '성찰'은 "수단과 목적에 관한 특정한 과학적 지식만을 가리키는 것"이 아니라 "실천적 문제"를 해결하는 과정을 포함한다(『분업론』, 507). 1893년 『분업론』의 시점에서 개인적 이기심을 억제할 수 있는 '집단적 힘'으로 아노미 상태를 멈추게 하는 것이 그 실천적 처방으로 제시된다(『분업론』, 600~606).

따라서 인류의 이상이 항상 정의되어 있다고 할지라도, 사회진보는 사회환경 속에서 이루어지는 변화의 귀결이기 때문에 진보의 과정 또한 종결되

99 "기계론적 사회관이 인간을 인류 역사발전 과정에서 방관자적 증인으로 전락시킨다고 말하는 것은 잘못이다"(『분업론』, 507). 뒤르케임의 말하는 이상은 이러한 역사적 법칙에서 도출된다. "결국 특권계급의 점진적 쇠퇴는 분업제도가 확립되는 순간부터 역사적 법칙이 된다. 그 이유는 사회적 불평등은 정치·가족 조직과 밀접한 관련이 있어서 사회적 불평등도 필연적으로 이 조직들과 함께 쇠퇴해갈 것이기 때문이다"(『분업론』, 562). 따라서 뒤르케임이 말하는 "특정한 이상이란, 원하는 결과를 미리 예측한 표상이다. 그리고 그 이상의 실현은 위의 예측 때문에 가능한 것이다. 그러나 모든 것이 법칙에 의해 실현된다는 사실로부터, 우리가 그 과정에서 더 이상 아무것도 할 수 없다는 결론을 내릴 수 있는 것은 아니다"(『분업론』, 507).

지 않는다. 이를 통해 정체상태의 이론 또한 정당하게 비판된다.

> 사회진보가 종결되기 위해서는 특정 순간에 사회환경이 정체되어야 한다. 그런데 이런 가설은 정당한 경험적 추론과 반대된다. 서로 구분되는 다양한 사회들이 존재하는 한, 사회적 단위들도 개별 사회마다 다양할 수밖에 없다. …… 만약 인류 전체가 단 하나의 동질적 사회를 형성한다면, 인간사회 변화의 원천은 고갈될 것이다(『분업론』, 508~509).

> 진보에 관한 기계주의적 관점은 인간의 이상을 빼앗아가지 않을 뿐 아니라 인간이 장래에도 반드시 이상을 가져야만 한다는 것을 믿게 만든다. 그 이유를 정확히 말하자면, 인간의 이상은 본질적으로 유동적인 사회환경에 의존하고 있어서, 이상은 끊임없이 변화할 수밖에 없기 때문이다(『분업론』, 513).

요컨대 스펜서를 위시한 자유주의 경제학이 가정하듯, 현재의 사회상태는 역사의 종착점이 아니다. 반대로 "비록 분명히 정의되고 그 한계가 명백히 주어진 목표만을 추구한다 할지라도, 우리가 도달한 극단적 지점과 우리가 지향했던 목표 사이에는 우리의 노력을 기다리는 빈 공간이 항상 있으며 앞으로도 있을 것이다"(『분업론』, 513).

3) 『자살론』의 변형적 사회활동모델과 아노미 비판

이상의 논의를 통해 뒤르케임에게 덧씌워진 기능주의 또는 진화론적 낙관주의라는 편견은 불식될 수 있을 것이다. 『분업론』의 정치경제학 비판과 변형적 사회활동모델은 『자본론』의 이론적 정향을 상당 부분 공유한다.

『분업론』의 자유주의 비판은 공리주의적 인간관에 기대어 사회발전과 진보의 동인을 설명하는 경제학의 개인주의적 편견과 이것이 필연적으로 봉착하게 되는 정체상태의 존재론에 반대한다. 이 점에서 맑스와 뒤르케임은 유사한 역사관 및 사회적 존재론을, 나아가 유사한 인과적 설명의 구조를 공유한다. 맑스가 분업이라는 피설명항을 생산관계로 설명한다면, 뒤르케임은 연대로 설명한다는 점에서 설명항의 차이가 있을지언정, 설명의 구조에서 양자는 – 맑스의 용어로 말하자면 – 서로 다른 경제적 하부구조가 서로 다른 형태의 상부구조를 생산하는 과정을 보여준다. 사회유형 간 질적 차이점은 구조적이거나 형태학적 수준에서 고찰되고, 사회현상을 분석하는 인과관계의 화살은 사람들 사이의 생산관계 및 구조적 결합에서 출발해 도덕적·법률적 사고 체계를 향해 날아간다(코저, 1984: 18).

사회의 크기와 밀도의 결합은 분업의 가속화를 추동하는 필연적 원인이 되고 사회적 관계 및 사회적 연대 유형은 경제적·생물학적·정신적 형태에 다시 반작용한다. 코저가 말하듯, 『분업론』에서 보여주는 뒤르케임의 이론적·분석적 정향은 맑스와 크게 다르다고 할 수 없다. 맑스가 역사의 진행 방향으로 분석한 보편적인 '개인화' 경향은 뒤르케임의 설정한 '개인숭배'의 역사적 경향과 공명하며, 오히려 층화이론 및 수직적 설명을 통해 그 입체적 근거를 확보하고 있는 셈이다. 나아가 뒤르케임의 사회들 또한 맑스와 마찬가지로 〈표 VI.2〉와 같이 세 가지 사회형태로 유형화될 수 있다.

맑스에게 있어 물신성 개념을 축으로 설정된 세 가지 사회형태에 따른 역사적 합리성의 구조는 뒤르케임에게는 '집합의식'[100]의 변동을 중심으로 설

100 뒤르케임은 이것을 우리가 속한 사회유형의 기본적 특징(les traits essentiels du type collectif)이라고 표현했다. 그리고 종종 뒤르케임은 이 용어 대신에 'conscience collective(집단의식 또는 집합적 가치의식)'라는 말을 즐겨 사용했다(『분업론』, 587, 역자 주 참조).

〈표 VI.2〉 뒤르케임의 사회들: 세 가지 사회형태와 역사적 합리성

사회형태	생산관계	연대형태	사물과 사람의 관계	집합의식
전(前) 분업사회	자연발생적 분화/분절적	기계적 연대	• 개인의식은 집단의식에 의존하고, 인격적 권리와 물권의 구분 없음 cf. 가족재산제: 가족이 경제적·정치적·도덕적 통합 기능을 담당	씨족숭배, 이타주의
과도기적/비정상적 분업	아노미적 분업	규제/연대 없는 아나키	• 맹목적 분업과 규제 없음 • 생산의 아나키와 지적 아나키의 이중적 결과, 분업의 연대 기능이 저하되고 시장의 통제 불가/목표 상실	재산숭배, 아노미/이기주의
	강제된 분업	외적 조건의 불평등	• 계약 및 교환의 조건 불평등 • 부등가교환이 노력을 점취	
	또 다른 형태의 비정상적 분업	노동과정의 지도력 부재	• 노동과정의 지속적인 조정기관 (지도력) 부재에 따른 노동자들의 인지적 능력 및 연대의식 상실	
정상적 분업	자발적 분업	분업에 의한 유기적 연대	• 개인은 고유의 활동 영역을 가지고 사회에 의존 • 개인화와 사회통합의 동시발전 • 필요에 따른 분업과 노력에 따른 분배	개인숭배

정된다. 집합의식은 "동일한 사회의 평균적 구성원들에게 공통적 믿음과 감정의 총체"로, 이는 개인을 통해 실현되지만 개인의식으로 환원되지 않는 고유한 삶을 갖는다. "집합의식은 사회의 정신적 유형으로서 그 나름대로의 고유한 특징과 생존 조건 및 발전 양식을 가지고 있다"(『분업론』, 128). 즉, 집합의식은 역사적 발전의 산물로서, 『분업론』은 집합의식의 역사적인 변형에 관한 탐구였다고 할 수 있다. 사회분화의 확장에 따라 사회숭배가 개인숭배로 변형된다. 사회숭배는 처음에는 씨족숭배에서 부족숭배로, 그리스 사회에서 보듯이 다시 도시국가 숭배로 전개된다. 그러나 점차 사회숭배가 아닌 개인숭배가 지배적인 형태로 변화된다는 것이다.[101] 집합의식의 역

사적 이행을 바라보는 『분업론』의 논지는 비정상적 분업의 조건에 초점을 맞춘 『자살론』에서도 명시적·암묵적으로 관통하고 있다.

> 인간존엄의 이상은 현대사회의 목적일 뿐만 아니라 개인들이 자신을 모든 대상으로부터 분리시키는 것은 역사의 법칙이다. 처음에는 사회가 전부였고 개인은 무였다. 따라서 개인을 사회와 연결시키는 것이 가장 강력한 사회적 감정이었다. 즉, 사회가 사회의 목표였다. 인간은 사회의 도구에 불과하였으며, 사회보다 더 중요한 것은 없었기 때문에 개인의 모든 권리는 사회로부터 나오며 사회에 대항할 만한 특권은 존재하지 않았다. 그러나 점차로 변화가 일어났다. 사회가 그 크기와 밀도에서 더 커짐에 따라 사회의 복잡성도 증가한다. 노동은 분화되고, 개인의 차이는 증대되며, 결국 인간 그룹의 성원들을 연결 짓는 유일한 유대는 그들이 모두 인간이라는 점에 있게 되는 시대가 가까워지고 있는 것이다. …… 그리하여 그 목표는 다른 모든 인간의 목적을 초월하여 종교적인 성격을 갖게 된다(『자살론』, 362. 강조는 필자).

또한 맑스와 마찬가지로 뒤르케임에게도 '종교'는 사회적 조건을 반영하는 것이며, 토대에 제한적인 형태로만 반작용한다.

> 종교적 관념은 사회적 환경의 창조자라기보다는 그 산물이다. 그리고 일단 형성된 종교적 관념이 그 고유한 원인에 대해서 반작용한다 하더라도, 그 반작용은 깊은 영향을 주는 것일 수는 없다. …… 왜냐하면 인간은 자신이 살고 있는 작은 사회적 세계의 형상 안에서만 세계에 대한 관념을 형성할 수 있

---

101 뒤르케임은 사회적 조건과 분리되어 초역사적으로 존재하는 도덕적 합리성을 승인하지 않는다. "도덕은 그 모든 단계에서, 사회상태에서만 존재해왔으며 사회적 조건의 함수로서만 변화해왔다"(『분업론』, 593).

기 때문이다. 그러므로 범신론적 종교는 범신론적 사회조직의 결과이며 그 반영에 불과하다. 그러므로 우리는 범신론과 관련되어 일어나는 특별한 종류의 자살의 원인을 그러한 사회에서 찾아야 한다(『자살론』, 238).

정상적 분업이 끌고 가는 역사적 합리성이 인격숭배, 즉 개인주의의 이상이라면, 비정상적 분업의 지배적인 믿음 형태는 아노미와 이기주의의 형태로 설정된다. 개인주의와 구분해 이기주의는 "특정 행동이 배타적으로 개인적 감정과 표상에 의해 결정될 때"의 행위로 정의된다(『분업론』, 294). 각각의 사회형태에 상응하는 믿음의 형태는 『자살론』의 형태학에도 전제되어 있다.[102] 이기주의, 이타주의, 아노미라는 세 가지 자살형태는 해당 사회의 도덕구조를 반영하는 일상적인 삶의 종교로 상정된다.

물론 『자본론』이 자본주의 생산관계에서 물신주의가 왜 필연적으로 발생하며, 왜 그것이 허위인지를 해명하고자 했다면, 『분업론』은 근대사회가 창출한 분업구조가 왜 인본주의라는 새로운 도덕을 향해 나아갈 수밖에 없는지, 그 정상성을 논증하는 데 많은 지면을 할애한다는 점에서 분명한 차이가 있다. 그러나 여러 번 강조했듯, 뒤르케임에게 '정상'과 '병리'는 서로를 전제하면서 서로를 설명하는 분석적 범주다. 아노미적 분업이 근대사회의 특수한 형태로서 자본주의적 분업의 성격을 지시한다면, '아노미' 또한 자유방임주의가 사회적 재생산을 규율하는 비정상적인 사회적 조건에서 필연적으로 발생하는 허위의식의 성격을 갖는다고 할 수 있다. 아노미가 가리는 본질관계는 근대의 사회분업이 그 자신의 본성이자, 목표로 추구해야 할 사회관계의 본원적 사회성과 연대다. 이는 개인숭배, 도덕적 개인주의라는

102 『자살론』에서 이기주의와 이타주의는 자아의 상태로 정의된다. 자신의 삶을 살고 자신에게만 복종하는 자아의 상태가 '이기주의'라면, 행위의 목표가 자아의 외부인 자신이 참여하는 그룹에 있는 그 반대의 상태는 '이타주의'라 할 수 있다(『자살론』, 231).

이상으로 표현되었다.[103] 거꾸로 '아노미'는 이러한 사회발전의 정상성을, 본질과 현상, 목적과 수단의 관계를 왜곡함으로써 '현재의' 구조를 재생산하는 메커니즘을 지시한다. 초역사적인 규정성과 역사적인 규정성의 범주가 그러하듯, 뒤르케임 역시 근대사회의 분업이 가진 양가적 성격을 정상과 병리라는 개념으로 포착함으로써 현재의 사회상태가 이행기의 과정에 있음을 강조한다. 이렇게 볼 때 맑스와 뒤르케임 모두 반환원주의적 층화이론의 토대 위에서 근대사회의 분업구조의 역사적 발현과 이행 필연성을 사고하고 있는 것이다.

맑스와 마찬가지로 뒤르케임의 사람-사회 모델 또한 명확히 역사적인 시간을 반영한다. 집단의식의 동질성을 전제하는 – 전근대적 – 사회에서 사회는 개인을 하나의 방향으로 사회화하지만, 분업사회에서 그 고유성을 획득하는 개인은 타인과 구분되는 동시에 타인과의 관계를 통해 사회에 의존한다. 다시 말해 사회들과 사람들은 분업사회의 역사성 속에서 그 존재론적 틈(break)을 확보한다.

> 사회생활은 두 가지 원천에서 나오는 것이다. 하나는 의식의 동질성이고 다른 하나는 사회분업이다. 첫 번째 경우, 개인은 사회화된다. 왜냐하면 개인은 자신만의 고유한 개성을 가지고 있지 않아서 집단에 용해되기 때문이다. 그리고 그와 비슷한 동료들도 마찬가지로 집단의식 속에 용해된다. 두 번째, 사회분업이 발달한 사회에서, 개인은 누구나 자신을 타인과 구분해주

---

103 뒤르케임은 개인주의와 이기적 개인주의, 다시 말해 공리주의를 명확히 구분한다. 인간숭배는 "인간을 사회로부터, 또는 개인들을 초월하는 모든 목적으로부터 유리시키는 것이 아니라 오히려 개인들을 하나의 목표 아래 결합시키고 같은 일을 위해 노력하도록 한다. 집합감정이 제시하고 존중하는 인간은 하나하나의 개인이 대표하는 감각적이고 경험적인 인간이 아니라, 인간 일반이면서 역사적 시기마다 각 국민들이 관념화한 이상적인 인간이다"(『자살론』, 362).

는 고유한 모습과 개별적 활동을 가지고 있다. 따라서 그는 타인과 구분되는 만큼 타인에 의존하며, 그 결과 타인의 결합에서 생긴 사회에 의존한다(『분업론』, 336).

이를 다시 그림으로 나타내면 〈그림 VI.1〉과 같다.

〈그림 VI.1〉 뒤르케임의 사람-사회 연관: 유기적 연대

분업 이전의 전근대사회에서 개인의식은 집단의식에 완전히 동화되어, 인과적 힘은 ②의 경우에만 작동한다. 반대로 ④의 인과작용은 분업 이후의 근대사회에서 가능하며, 분업사회에서 개인은 타인에 의존하는 동시에 자신의 고유한 개성과 개별적 활동의 공간은 증대된다. 따라서 뒤르케임의 '사회' 모델은 정태적인 모델이 아니라 원인, 기능, 조건, 이유가 역동적으로 상호작용하며 그 자신의 고유한(sui generis) 작동방식을 갖고 진화하는 활력적인 사회활동모델이라고 할 수 있다.

뒤르케임의 변형적 사회활동모델은 『분업론』의 연구방법론을 밝히는 다음을 통해 이미 명확하게 제시된 바 있다.

더 행복해지겠다는 욕망은, 사회발전을 설명할 수 있는 유일한 개인적 동인이다. 사회발전을 설명하는 과정에서 이런 개인적 변수를 제외시켜버리면, 우리가 고려할 또 다른 변수는 더 이상 존재하지 않는다. …… 우리는 사회진화를 가져오는 결정적 원인을 개인을 둘러싼 환경에서 찾아야 할 것이다. 사회가 변화하고 개인이 변화한다면 개인을 포함한 사회적 환경이 변화한 것이다. 그런데 또 한편으로, 물리적 환경은 상대적으로 일정하기 때문에 연속적인 변화 과정을 설명할 수 없다. 따라서 우리는 원래 조건의 변화 원인을 사회적 환경 속에서만 찾아야 할 것이다. 바로 거기에서 다양한 변화가 일어나는 것이며, 사회적 환경만이 다시 사회와 개인의 다양한 변화를 불러일으키는 것이다. 그리고 이것이 바로 우리가 앞으로 이 책에서 적용할 연구방법론이다(『분업론』, 371. 강조는 필자).[104]

그러나 근대사회의 이행기적 속성과 사회가 가는 방향을 일러주는 것으로는 충분치 않다. 도미니크 라카프라(D. LaCapra)가 말하듯, 뒤르케임은 자본주의 경제의 구조적 모순을 철저하고 직접적으로 탐구하지 않고 있다(LaCapra, 1982: 146). 자본 자체의 모순을 지양할 내적 동력을 구체적인 주체, 즉 노동자계급의 조건에서 찾았던 맑스라면 이렇게 질문할 수 있을 것이다. 이행의 주체는 누구이며 그 경로는 무엇인가? 맑스가 공상적 사회주의를 비판할 때 그 초점은 그것이 추구한 이상 때문이 아니라 새롭게 발현된 계급 구조와 동학을 인지할 수 없었던 역사적 한계에 있었다. 역사적 운동과 결합되지 못한 이론적 이념과 목표 설정은 가는 경로를 보여줄 수 없

104 『분업론』의 변형적 사회활동모델은 다음을 통해서도 확인된다. “사회는 개인들로만 만들어지기 때문에 사회생활에서 모든 것은 개인적이라는 점을 증명했다고 믿는 사람들에게 응답하기 위해, 우리는 여기에서 충분한 자료를 보여주었다고 생각한다. 물론 사회는 또 다른 토대를 가지고 있지 않다. 개인들이 사회를 형성하기 때문에 새로운 현상들이 산출하는데, 여기서 원인은 개인들의 연합이다. 그리고 사회는 개인의식에 반응하면서 대체로 개인들을 형성한다. 바로 이러한 이유 때문에, 사회는 개인 없이는 아무것도 아니다. 그러나 내가 보기에 개인 각자가 사회를 만들었다기보다는 개인이 사회의 산물이라는 주장이 더 설득력이 있다”(『분업론』, 522, 주석 14번. 강조는 필자. 부분적으로 수정함).

다는 점에서 불가피하게 공상적일 수밖에 없다는 비판이었다.

이 문제에 대해 『자살론』의 경험적 탐구는 일정 부분 답변할 수 있다고 보인다. 『분업론』의 자유주의 비판이 ① '사회들'의 형태 형성 및 구조화의 층위에서 전개되었다면, 『자살론』의 자유주의 비판은 구체적인 지리-역사성을 확보한, ② 사회화의 층위에서 전개된다. 분석의 층위와 연동된 논점 변화는 『자살론』을 경유해 『분업론』 2판 서문에서 긴급성과 중요성을 갖고 제출된 직업집단론에 대한 검토를 통해 확인될 수 있다.[105] 여기서 뒤르케임은 사회로부터 분리되어 일차적인 중요성을 획득하게 된 경제적 활동과 '경제적·법률적 아노미'가 현재 유럽 사회가 처한 위기의 근원임을 거듭 강조한다. 모든 경제적 규제가 결여된 것이 도덕적 퇴보의 근원이라는 것이다.

> 우리가 이 책에서 보여주려는 것은, 바로 이러한 아노미 상태 때문에 끊임없이 갈등이 일어나고 모든 종류의 무질서가 생겨난다는 점이다. 그 가운데서도 경제계는 가장 슬픈 광경을 보여준다. …… 폭력에 의해 강요된 휴전은 잠정적일 수밖에 없으며 사람들의 정신을 평온하게 만들지 못한다. 인간의 열정은 그들이 존중하는 도덕적 힘 앞에서 멈춘다. 만약 이러한 종류의 모든 권위가 존재하지 않는다면, 결국 현실은 잠재적이건 격렬하건 간에 가장 힘센 세력이 지배하게 된다. 이들이 지배하는 것이 법칙이며, 전쟁 상태는 필연적으로 만성적인 것이 된다(『분업론』, 18~19. 강조는 필자).

---

105 한 번 더 상기하자면, "우리는 이 주제를 이전에는 암시 형태로만 다루었다. 그 이유는 나중에 이 주제를 따로 연구할 생각이었기 때문이다. …… 그리고 이 질문이 제기되는 방식을 소개함과 동시에, 특히 그 시급성과 중요성을 잘 이해하고 있는 많은 지식인들이 이 주제를 다루기를 꺼리는 몇 가지 이유를 제시하고 그것을 논박하려 한다. 이것이 우리가 이 책의 서문을 새롭게 쓰는 목적이다"(『분업론』, 17).

'아노미' 개념은 이제 모든 종류의 무질서를 야기하는 심급 원인으로 설명적 지위를 확고히 하며, "전쟁 상태는 필연적으로 만성적인 것으로" 확정된다(『분업론』, 19). 여기서 직업집단의 조직화가 그 실천적 처방으로 제시된다. 즉, 『자살론』에서 병리 상태의 사회적 조건과 구체적인 국면 분석을 경유함으로써 그 '목표'만이 아니라 – 우리가 어떻게 행위 해야 하는지 – 그 '수단'까지도 제시하는 – 『분업론』 1판 서문에서 뒤르케임이 제시한 – 도덕과학의 설명적 비판 기획이 비로소 완성된 골격을 갖추게 된다.

4. 『자살론』의 설명적 비판의 쟁점들

『분업론』의 중심 주제였던 사회연대와 역사적 합리성이라는 문제는 『자살론』의 비정상적인 분업을 탐구하는 가운데 구체성을 확보한다. 서문에서 밝히는 것처럼, 『자살론』은 단지 자살이라는 현상에 한정되어 적용할 수 있는 연구가 아니라, 당시 "유럽 사회가 겪고 있는 일반적인 부적응의 원인들과 그것을 치유할 구제책까지도 제시"한 기획이다(『자살론』, 10).[106] 『분업론』에서 전개된 원인들에 대한 탐구는 『자살론』의 연속성 속에 유지된다. 『자살론』은 구조적 층위의 존재 조건이 자살하는 주체들의 일상적인 삶의 종교와 행위성의 차원으로 작용하는 과정을 드러내는 한편, 역으로 이것에 대항할 수 있는 힘까지를 상정함으로써 활동적이고 합리적인 인간 주체들의 존재 조건의 문제를 질문한다. 이 점에서 피어스가 말하듯, 『자살론』은 사회

---

106 "일반적인 조건은 일반론에 의해서만 설명될 수 있다고 믿어서는 안 된다. 일반적인 조건은 특정한 원인들에 관련되는 것이며, 특정한 원인들은 그것들을 표현하는, 역시 특정한 표징들을 주의 깊게 연구할 때에만 규정될 수 있다. 오늘날 존재하고 있는 자살은 바로 우리가 겪고 있는 집합적 질환이 전염되는 형태들 가운데 하나이다"(『자살론』, 10~11. 강조는 필자).

병리에 대한 탐구일 뿐 아니라 특정한 형태의 합리적 개인들과 특정한 사회 질서 사이의 관계에 대한 사회철학적 설명을 진전시킬 풍부한 자원이다(Pearce, 1989: 134). 『분업론』과 『자살론』을 가르는 차이는, 『분업론』이 개념으로 시작한다면 『자살론』은 구체적인 문제들과 함께 시작한다는 점에서 찾을 수 있다. 이러한 초점의 이동은 초기 작업에서의 추상성을 일소한다(LaCapra, 1982: 137).

사회는 개인들로 환원될 수 없기에, 뒤르케임은 개인에서부터 분석을 시작하지 않는다. 『자살론』의 출발점은 명백히 '자살률'이다. 뒤르케임에 따르면 모든 사회는 역사의 순간마다 자발적인 죽음을 발생케 하는 일정한 경향을 띠고 있으며, '한 사회의 자살에 의한 사망률'은 그 사회의 발전단계와 성격을 말해준다. 일정한 시기에 그 사회의 도덕적 특성이 일시적인 자살의 양(量)을 결정한다. 따라서 각 사회는 그 국민을 자살로 이끌어가는 일정한 양의 에너지로 이루어진 집합적인 힘을 가지고 있다(『자살론』, 320). 따라서 사회적 자살률은 사회학적으로만 설명될 수 있다. 이러한 입장은 '자살의 사회학화'라는 간명한 표현으로 알려졌다.

도덕통계가 보여주는 자살률의 일정성은 자살이라는 집합 과정을 탐구하도록 허용하는 출발점이다. 가령 파리의 주민이 바뀌어도 프랑스의 전체 자살자 가운데 파리의 자살자 비율은 거의 변화하지 않는다. 군대의 인원이 완전히 바뀌는 데는 수년이면 충분하지만, 한 나라의 군인 자살자 총수는 그리 심하게 바뀌지 않는다(『자살론』, 329). 통계를 통해 드러나는 일정한 패턴의 안정적인 사회 시스템은 하나의 폐쇄체계에 가까워지고, 통계는 곧 실험의 사회학적 등가물로 이해될 수 있다. 이러한 해석은 뒤르케임의 사회학적 자연주의에 일관된 것이다. 과거의 행동이 분석될 때 원인과 결과의 관계로 환원될 수도 있다는 것을 보여줄 수 있다. 이러한 원인과 결과의 관계는 이제 동일한 논리적 조작을 통해 미래에 대한 행위규칙으로 환원될 수 있다. 이것이 뒤르케임이 말한 '실증주의', 다른 말로 '합리주의'의 방법이다(『규칙들』, 26).[107]

이러한 방식으로 『자살론』은 통계를 비교방법론의 도구로 적극적으로 도입한다.[108] 뒤르케임의 비교방법은 두 가지 요소로 구성되어 있다. 첫 번째는 자살률을 다양한 하위집단과 비교하는 것이고, 두 번째는 자살률을 그와 잠재적으로 관련된 다른 요소들의 비율과 비교해 여러 대안적 설명을 하나씩 기각해가는 것이다(휴즈·마틴·샤록, 1998: 281). 여기서 통계에 기초한 사실들의 비교와 대안적인 설명들의 소거는 초사실적 논증과 실험적 추리의 한 형태인 '반대 증명'을 통해 행해진다.[109]

『자살론』의 서론에서 밝히고 있는 연구의 구성은 다음과 같다.

---

107 그는 『규칙들』(1895)에서 이미 '실증주의'라는 표현에 제한을 가하고 있다. "앞서 언급된 (실증주의라는) 명칭이 정확한 것은 아니며, 우리가 수용할 수 있는 유일한 명칭은 '합리주의'다. 사실 우리의 중요한 목표는 과학적 합리주의를 인간행위에 이르기까지 확대시키는 것이다. …… 비판가들이 우리를 '실증주의(positivism)'라고 불러왔던 것은 단지 이러한 합리주의의 한 측면일 뿐이다(『규칙들』, 26. 부분수정).

108 사실 시민혁명 이후 변화하는 사회 속에서 프랑스 가족의 변화를 고찰한 「가족사회학 입문(Introduction to the Sociology of the Family)」(1888)에서부터 뒤르케임은 인구통계학의 과학적 가치를 매우 잘 알고 있었다. "인구통계학 덕분에 우리는 확신을 가지고 그것들이 법이 되지 않았던 발전단계에서 가정생활의 현상에 대한 통찰력을 얻을 수 있다. 사실상 인구통계학은 거의 하루하루 집단생활의 발전을 표현한다. 고립된 관찰자가 사회적 범위의 제한된 일부만을 감지하는 반면, 인구통계학은 사회를 전체적으로 포괄한다. 개별 관찰자가 현실에 대한 자신의 개인적인 느낌을 가미해서 현실을 왜곡할 것이라는 점이 항상 두려웠다. 그러나 통계학을 통해서 개인적인 것이 개입되지 않은 수치들이 제공된다"(Durkheim, 1978h: 217).

109 베르나르에 따르면, 반대 증명은 실험적 추리의 일부로서 "분석을 실증하는 종합이거나 종합을 통제하는 분석이다"(베르나르, 1985: 159).

① 현상은 광범위한 보편성을 갖는 비사회적(extra-Social) 원인, 또는 분명하게 사회적인 원인에만 의존해서 설명된다. 우리는 먼저 전자의 영향을 탐구하며, 그것이 실재하지 않거나 고려할 가치가 전혀 없다는 점을 규명할 것이다.

② 다음으로 우리는 사회적 원인의 본성을 규정할 것이다. 즉, 그것들이 어떻게 영향을 미치며, 개인적 상태들에 대한 그것들의 관계가 다른 종류의 자살과 어떻게 관련되는가를 해명할 것이다.

③ 그런 다음에 우리는 자살을 구성하는 사회적 요소, 즉 자살의 집합적 경향, 다른 사회적 사실들과의 관계 및 집합적 경향에 따른 대응 수단 등을 더 정확하게 밝힐 수 있을 것이다(『자살론』, 29).

이러한 『자살론』의 설명 구조 역시 사회과학의 이론적·실천적 설명이 지닌 복합적 구조를 보여준다. 크게 인과적 설명의 구조는 자살에 대한 통념 및 기존의 논의에 대한 서술(Description)과 비판적 검토를 거쳐 사회적 원인을 역행추론하고, 자살이라는 복합물을 구성하는 요인들을 분석적으로 분해(Resolution)하며, 중요한 특징들의 이론적 재서술(Redescription)과 그 구성요소에 선행하는 원인들을 소급 적용하는 소급예측(Retrodiction)을 거쳐 대안적 설명들을 소거(Elimination)하는 형태로 전개된다. 특히 제2부 제6장 '여러 자살유형의 개인적 형태'에서는 상정된 자살의 원인들이 개별적인 형태들과 혼합되는 구체적 형태들이 제시되면서, 재맥락화가 행해진다.[110] 제3부 '사회현상으로서의 자살의 일반적 성격'에서 가장 책임 있는 기

110 이유의 심층에 자리한 원인을 탐구함으로써 이유로 작동하는 인과적 힘을 분석하고, 다시 개별적이고 구체적인 형태를 경험적으로 검사하는 방법은 뒤르케임의 역사방법론의 중요한 특징이다. 일례로 에미르베이어(Emirbayer, 1996b)는 뒤르케임의 역사학 방법론이 사회 과정에서 행위성(agency)의 중추적 역할을 사고하고 있으며 사례에 기반을 둔 탐구의 확장 가능성을 보여준다고 주장한다. 뒤르케임이 프랑스 중등교

제와 조건을 판별(Identification)하기 위해 뒤르케임의 비교방법 – 공변법 – 이 들어오며, 최종적으로 실천적 처방을 제시하는 중층적 설명 구조를 펼쳐 낸다. 크게 보아 『자살론』의 논증 구조 역시 유형화→가설의 고안→가설의 검사라는 과학적 발견의 절차를 전제하며, 초사실적 논증에 기초해 실천적 사회이론을 도출하는 전개 과정을 보여준다. 이를 둘러싼 방법론적 쟁점들을 구체적으로 살펴보기로 하자.

1) 『자살론』의 반환원주의적 층화이론과 인과적 설명: 탈실증주의적 해석

층화된 세계를 인정하는 뒤르케임의 실재론적 관점에서 사회현상은 관찰 가능한 규칙성이라는 경험주의적·실증주의적 인과성 개념으로 연구될 수 없다. 『자살론』 제1부에서의 논증은 선행연구를 검토해 자살에 대한 일반적인 설명인 비사회적(extra-Social) 요인들을 소거하는 것에서 시작된다. ① 정신질환, ② 인종과 유전되는 심리 상태, ③ 우주적 요인, ④ 모방이라는 가설이 그것인데, 이는 유기적·심리적 성향과 물리적 환경의 성격이라는 두 요인으로 다시 분류될 수 있다. 이들 설명은 궁극적으로 자살을 개인에게 원인이 있는 것으로 자연화하려는 환원주의를 유발하기 때문에 반대 증명에 기초해 각 가설을 하나씩 소거해가는 그의 반사실적 논증은 자살의 사회적 원인과 정신의 발현적 속성을 도출하는 과정이기도 하다.

특히 타르드의 모방 이론을 비판하는 대목은 『자살론』의 반환원주의적 자연주의와 인간학을 이해하는 측면에서 중요한 지위를 점한다. 타르드의

육을 두고 한 다음의 언급은 이러한 주장을 뒷받침한다. "무의식 속에 숨겨져 있는…… 과거의 생활과정에서 점진적으로 형성되거나 유전적으로 물려받은 습관이나 성향들이…… 우리를 지배하고 있는 실질적 세력인 것이다. 그런데 이런 것들은 무의식 속에 숨겨져 있다. 그러므로 우리는 우리의 개인역사와 가족역사를 재건시킴으로써 그것을 성공적으로 발견할 수 있을 것이다"(뒤르케임, 2002: 202).

심리학적 접근 방식은 자살을 영향력 있는 특정 개인의 죽음에 의한 사회적 모방이나 감염효과로 설명한다. 뒤르케임의 입장에서 이 모방 이론을 승인한다면 자살률은 개인적인 원인들에 직접 의존하는 것이 된다. 그러나 사회생활은 기본적으로 표상에 의해 이루어진다. 표상을 매개로 비슷한 의식의 상태가 서로 결합·융합되는 상태를 모방으로 볼 수는 없다. "이와 같은 결합은 새로운 상태를 형성하므로 모방이라기보다는 차라리 창조라고 불러야 할 것이다. 이것이야말로 우리의 정신력이 창조력을 가지게 되는 유일한 과정이다"(『자살론』, 114).[111]

> 이성을 지닌 행위자는 그 행위가 반사작용의 체계로 환원될 수 있는 그러한 사물처럼 행동하지 않는다. 그는 망설이며 움직이고, 자기 방식대로 느끼고, 숙고하며, 뚜렷한 특색(mark)에 의해 분간된다. 즉각적인 운동을 불러일으키기보다 외부의 자극은 그 과정 속에서 중단되고 고유한(sui generis) 가공에 들어간다(『사철』, 3).

인간의 활동은 초월적인 목적을 필요로 하며, 인간은 무엇 때문에 사는가라는 괴로운 질문을 관계 속에서 던지는 존재다. 사회학적 자연주의의 요체인 '인간의 이중성' 개념은 자살 현상을 설명하는 데서도 중심 가정으로 들어온다.

---

111 모방 이론, 오늘날 베르테르 효과라고 알려진 전염 가설을 뒤르케임이 논박한 내용은 놀라우리만치 현재성을 띠고 있다. "어떤 학자들은 모방이 실제로는 가지고 있지 않는 힘을 가지고 있다고 믿고서 신문이 자살과 범죄를 보도하지 못하도록 금지시켜야 한다고 주장했다. 그와 같은 금지는 자살과 범죄의 연간 총 발생 건수를 다소 감소시키는 데 성공할 수 있을지 모른다. 그러나 보도 금지가 자살과 범죄의 사회적인 비율을 수정할 수는 없을 것이다. 집단의 정신적 상태가 이러한 금지에 의해서 영향을 받지 않으므로 집단적인 경향의 힘은 변화되지 않는다"(『자살론』, 133).

> 인간이 이중적이라면 그것은 육체적인 인간에 사회적 인간이 중복되기 때문이다. 사회적인 인간은 그가 표현하고 봉사하는 사회를 전제로 한다. 그런데 사회가 해체되면, 즉 우리가 우리 주변과 우리 외에 사회의 존재와 작용을 느끼지 못한다면, 우리들 안의 모든 사회적인 것은 그 목적과 기초를 잃게 된다(『자살론』, 221).

> 인생은 어떤 존재 이유(raison d'être)가, 즉 삶의 고통을 정당화시켜주는 어떤 목적이 없고서는 살아가기가 어렵다…… (그러나)[112] 개인만으로는 삶의 충분한 목적이 되지 못한다(『자살론』, 218. 부분적으로 수정함).

요컨대 『자살론』에 전제되어 있는 뒤르케임의 사회적 존재론은 인간이 자연의 일부인 동시에 사회적 존재로서의 자유를 갖고 있음을, 자연적 필연성의 제약을 받는 동시에 그것으로 환원되지 않는 정신적 존재로서의 자유를 갖고 있음을 승인하는 비판적 자연주의에 기초해 있다. 제1부에서 나온 논증을 거쳐 뒤르케임은 인간의 사회생활에는 "유기적·심리적인 개인의 체질이나 물질적인 환경으로서 설명할 수 없는 특이한 자살 경향이 있다는" 결론에 도달한다. 따라서 "자살의 경향은 사회적 원인에 의거할 수밖에 없으며, 그 자체가 집단적인 현상일 수밖에 없는 것"이다(『자살론』, 138). 다시 보겠지만 뒤르케임은 이를 '집합적 경향'이라고 불렀다.

『자살론』 제2부의 논증은 자살자의 동기나 사건이 아닌, 현상을 발생시킨 '사회적 조건'을 추적해 들어가는 전형적인 역행추론의 방법으로 이루어진다.

---

112 삽입은 필자.

> 우리는 자살이 직접 일어나게 된 원인을 결정하려고 하며, 특별한 개인에게서 가정할 수 있는 형식에는 전혀 관심을 갖지 않게 될 것이다. 우리는 개인적인 동기와 이념을 무시하고 자살의 차이가 일어날 수 있는 조건들, 즉 다양한 사회적 환경(종교적 신앙, 가정, 정치 사회, 직업적 그룹 등)을 직접적으로 추구하게 될 것이다. 그런 후에 우리는 개인적인 문제로 되돌아가 일반적인 원인들이 어떻게 개별화되고, 그러한 개별화가 어떻게 살인적인 결과로 연관되는가를 연구하게 될 것이다(『자살론』, 145~146).

뒤르케임은 자살의 개별적 형태에서 연구를 시작하지 않는다. 그 이유는, 첫째, 우리가 갖고 있는 자료는 너무 요약되어 있고, 둘째, 우리는 자살자가 하는 판단을 충분히 신뢰할 수 없는 데다가 자살자는 자신의 감정 상태를 착각하기 쉬우며, 셋째, 객관성이 불충분할 뿐 아니라 적절한 관찰이 불가능하다는 것이다(『자살론』, 139). 간단히 말해 "현상의 생성 원인은 개별적인 사례들만을 보는 관찰자의 눈에서는 발견되지 않는다는 것은 당연한 일이다"(『자살론』, 347). 따라서 그는 연구의 순서를 바꾸고자 한다. 다른 형태의 원인이 다른 유형의 자살을 가져온다. 유형이 제각기 그 자체의 본질을 갖기 위해서는 특수한 발생 조건을 가져야 한다. "원인들 사이에 독특한 차이를 가지고 있다는 것이 증명된 유형은 결과에서도 비슷한 차이를 내포한다. 결과적으로 자살의 사회적 유형을 기본적으로 기술된 특성에 의해서가 아니라 자살의 원인에 의해서 분류할 수 있게 된다. 우리는 그와 같은 유형들이 서로 다른가를 묻기보다 먼저 그러한 유형에 상응하는 사회적인 조건을 알아보고자 할 것이다." 즉, 뒤르케임의 분류는 형태론적이 되는 대신에 처음부터 원인론적 방법을 취한다(『자살론』, 140).

그에 따르면 이는 열등한 방법이 아니다. 왜냐하면 "현상의 성격은 아무리 본질적인 것일지라도 단지 그것의 특성만을 아는 것보다 그것의 원인을 알 때 더 깊이 이해"될 수 있기 때문이다. 연역이 사실에 기초한다면 자료는 매우 유용하다. 자료가 제공해주는 사례에 의해서 정립된 유형은 상상만이 아니라는 것을 보여주게 될 것이다.[113] 그리하여 우리는 원인에서 결과로 내려가게 될 것이고, 원인론적 분류는 전의 사례 등을 입증할 수 있는 형태론적인 분류에 의해서 완전하게 될 것이다(『자살론』, 140~141).

이는 스티븐 룩스(S. Lukes)가 지적하듯 부당전제의 오류가 아니며(Lukes, 1973: 31), 김종엽이 해석하듯 자료의 제약이나 해석학의 지원을 받지 못한 방법론적 난점으로 불가피하게 인과론과 형태학의 융합의 경로를 택한 것도 아니다(김종엽, 1996: 43). 뒤르케임은 국가에서 낸 통계보고서에서 제출된 소위 '자살의 추정 동기들'이라는 것이 대부분 조사를 담당하고 있는 관리들이 "동기에 관해서 작성한 의견"일 뿐임을 명백히 간파하고 있었다(『자살론』, 142). 따라서 취사선택된 통계자료에 근거해 논의를 전개했다는 비판은 타당하지 않다. 오히려 뒤르케임은 사회세계가 사회적 행위자들의 개념과 행위에 의존하는 개방체계이기 때문에, 자연과학이 성공하는 데 매우 결정적인 역할을 했던 실험의 방법이 사회생활의 연구에서는 제한될 수밖에 없다는 사실을 인식했다. 따라서 그는 실험 방법에 대한 대안으로 통계를 활용해서 기여 원인(contributory causes)을 분리하려 했고, 이것이 『자살론』이 선구적인 저작이 된 이유다(휴즈·마틴·샤록, 1998: 278~279). 즉, 그는 통계를 활용해 사회생활에 유일하게 적합한 추상의 방법을 취하고 있는 것이다(김명희, 2012: 305).

마찬가지로 뒤르케임은 '원인'과 '동기'를, '소인(素因)'과 '근인(近因)'을 구

---

113 물론 이때의 연역은 사실과 함께 출발한다는 점에서 전적으로 선험적이지 않다. 즉, 이러한 관점은 경험 자료에서 출발하되 추론이 경험을 넘어선다는 점에서 초월적이며, 확실성의 최종적인 근거를 현상과 경험 자료에서 찾는 실증주의 및 경험주의적 인식론과는 명백히 구분된다.

분한다. 자살자는 자신의 행위의 이유를 알 수 없기 때문에, 또는 그 이유가 정확하지 않을 수 있기 때문에 자살률의 원인을 파악하기 위해서는 다른 접근 방법이 필요하다는 것이다.

> 흔히 자살의 근인이라고 생각되고 있는 개인적 경험은 자살자의 정신적 소인에서 유래한 것이며, 정신적 소인 그 자체는 사회의 정신적 상태의 반향이다. …… 이것이 곧 자살의 계기라고 할 만한 직접적인 원인을 찾아볼 수 없는 이유다. 자살은 자살 유발의 원인들이 개인에게 얼마만큼의 영향을 미치느냐에 달려 있다(『자살론』, 321).

앞서 살폈듯, 『자살론』에서 개진된 자신의 방법론을 뒤르케임은 과학적 합리주의라고 불렀다. 그의 논증이 통계자료에 상당 부분 기대어 전개되었음에도, 현상과 본질을 구분하고 현상들의 관계 이면에 있는 원인을 찾아나가는 이러한 추론 방식은, 세간의 통념과는 달리 '실증주의적'이지 않다. 다음의 언술을 통해 뒤르케임의 확고한 반경험주의를 발견할 수 있다.

> 의도라는 것은 너무나 내밀한 것이기 때문에 …… 심지어는 스스로도 자신의 의도를 포착하기 어려운 것이다. 우리가 자신의 행위의 참된 이유를 잘못 이해하는 일이 얼마나 많은가? …… 행위는 행위자가 추구하는 목적에 의해 정의될 수 없다(『자살론』, 18).

> 심리학적 생활은 직접 인식할 수 있는 것이기보다는 일반적인 지각으로써는 알아볼 수 없는 깊이를 가진 것이며, 그것을 알아보기 위해서는 외부 세계의 과학과 마찬가지로 복잡한 절차를 밟아야만 한다(『자살론』, 333~334).

즉, 자살자가 직접 내세우는 이유는 외형적 원인일 뿐이며 이러한 이유는 일반적인 조건의 단순한 개인적인 반향에 지나지 않는다(『자살론』, 145). 이것은 자살 현상에서 동기를 무시하는 것이 아니다. 「역사학과 사회학에서 설명에 관한 논쟁」(1908)에서 다루어지듯, 뒤르케임은 행위자들의 동기가 인식되지 않은 의식, 즉 무의식(unconsciousness)과 같은 더 깊은 원인에 의해 설명되어야 한다고 보았다. "우리는 그것에 도달하기 위해 더 깊은 실재로 침투해 들어가야만 한다"라는 것이다(Durkheim, 1982f: 215).[114] 그에 따르면 무의식은 인식되지 않은 의식이다. 실제의 행위는 늘 복합적이다. 의식과 무의식은 똑같이 불명료하며, 원인들에 대한 지식에 도달하기 위해서는 모두 방법에 대해 성찰해야 한다. 따라서 뒤르케임은 역사학의 사건/동기 중심의 설명을 지양하며, "의식은 종종 무의식에 의해 설명되고, 무의식은 의식에 의해 설명된다"라고 말한다(Durkheim, 1982f: 227).

이러한 입장에서 자살은 사건의 직접적인 결과가 아니다. 사건이 자살의 직접적인 동인인 듯 보이지만, 사실 이것은 우발적인 계기에 지나지 않는다. 개인은 사회가 그를 쉽사리 자살의 희생자가 될 수 있도록 만들어 놓았기 때문에 사소한 상황의 충격에도 자살을 하게 되는 것일 뿐이다(『자살론』, 223). 이러한 추론과정을 거쳐 개개인의 자살이 심리적 요인이나 생물학적 속성 때문에 발생하는 것이 아니라 사회적 힘(social force), 즉 '사회통합'과 '규제' 때문에 생기는 것이라고 주장한다. 자살에 대한 인과적 설명 구조는 크게 〈표 VI.3〉과 같은 전개방식을 띠고 있다.

---

114 뒤르케임은 "행위자들 자신에 의해 우리에게 가르쳐진 그러한 원인들을 용인하지 않는다. 만일 그것들이 진실이라면, 그것들은 사실들 그 자체를 연구하는 것에 의해 직접 발견될 수 있다. 만일 그것들이 그릇되었다면, 이러한 부정확한 해석은 그 자체로 설명되어야 할 사실"이라고 말한다(Durkheim, 1982f: 228). 마찬가지로 그는 동기에 입각한 설명을 취하는 역사학과 자연과학의 방법론적 대립을 비판하며, "모든 인과관계는 하나의 법칙"이라고 말한다(Durkheim, 1982f: 215).

〈표 VI.3〉 자살의 인과적 설명 구조

객체	사회적 힘/기제	조건들(통합/규제)			감정/동기		사건들
도덕구조, 사회적 조건	⇒ 집합적 경향, 네 자살유형	⇢	이기적 자살	⇒	개별적 혼합 유형들:	⇒	X1
		⇢	이타적 자살		이기적·아노미적 자살	⇒	X2
		⇢	아노미적 자살		아노미적·이타적 자살	⇒	X3
		⇢	숙명론적 자살		이기적·이타적 자살	⇒	X4
						⇒	X5
							X6

2) 원인과 조건: 집합적 경향과 네 가지 자살형태

뒤르케임의 견해를 간단히 요약하면, 한 사회의 자살률이 매우 항상적인 경향을 보이는 것은 해당 사회의 도덕구조가 자살의 유형을 결정하고 이것이 집합적 경향으로 개인에게 영향을 미치기 때문이다. 자살자의 행동은 얼핏 보기에 개인적 기질을 나타낼 뿐이지만, 실제로는 그들이 외부로 표현하는 사회적 조건의 보완이며 연장인 것이다. 이 집합적 경향(collective tendency)은 개인적 경향의 결과가 아니라 모든 개인적 경향의 원천이다. 이는 권태로운 우울증, 적극적인 자기 부정, 과장된 좌절 같은 각 사회의 흐름으로, 이기주의, 이타주의, 그리고 아노미로 이루어져 개인에게 영향을 미침으로써 자살의 원인이 된다.

여기서 뒤르케임이 집합적 경향을 사회구조의 압력과 강제력을 지시하는 것으로 일종의 힘의 자기장과 같이 사고한다는 분석은 타당해 보인다(송재룡, 2008: 141).

> 집합 경향은 독자적으로 존재하며, 우주적 힘과 마찬가지로 형태는 다르다고 하더라도 실재하는 힘이다. 그것은 또한 개인에게 외부로부터 영향을

미친다. 비록 그 경로는 다르지만, 집합적 경향이 우주적인 힘과 마찬가지로 실재한다는 증거는, 그 실재가 다 같이 그 결과의 동일성에 의해서 표현된다는 점이다. 사망자 수가 매년 일정할 때에 우리는 사망률이 기후와 기온 그리고 토질 등과 같이 비개인적이고 세대가 바뀌어도 일정하게 유지되는 물질적 요인에 의존한다고 함으로써 그와 같은 규칙성을 설명한다. 따라서 자살과 같은 정신적 행동도 마찬가지로 동일성을 가지고 재생산되므로, 우리는 그것이 개인의 외적 힘에 의존하는 것임을 인정하지 않을 수 없다(『자살론』, 331~332. 부분적으로 수정함).

주목할 만한 것은, 이 집합적 경향이 집합의식을 반영하는 역동적인 힘의 체계로 개념들의 연결망을 구축한다는 점이다. 이기주의든, 이타주의든, 어떤 종류의 아노미든, 어떠한 국민들 사이에서도 그런 세 가지의 경향은 공존하며 사람들의 경향을 세 가지의 다른 방향으로, 때로는 반대의 방향으로 끌어당기고 있다. 그러한 경향들이 서로 상쇄될 때는 도덕적 개인이 균형 상태에 있어서 자살하려는 생각을 막아낸다. 그러나 그중 한 경향이 다른 경향들을 특정한 정도 이상으로 초과하면, 그 경향은 개체화되어 자살생성적인 것이 된다(『자살론』, 344).[115]

여기서의 상쇄는 규칙성의 상쇄가 아니라 인과적 힘, 즉 경향성의 상쇄로 이해되는 것이 타당할 것이다. 다시 말해 『자살론』에서 통계를 사용한 논증은 근본적으로 현실주의(actualism)나 규칙성 결정론과 매우 다르다. 여러

115 "만약 일정한 도덕적 환경에서 특정한 개인들은 영향을 받고 다른 개인들은 영향을 받지 않는다면, 그것은 어느 정도 전자의 정신적 특질은 자연과 사건 등의 영향으로 자살생성적 경향에의 저항력이 적어졌기 때문이다. …… 특정한 수의 자살이 한 사회 그룹에서 매년 발견되는 것은 그 사회가 특정한 수의 신경증적 개인을 가지고 있기 때문이 아니다. …… 그러한 동기는 자살을 일으키는 것이 아니며, '특히 각 사회에 있어서 일정 기간의 특정한 자살자의 수를 결정하는 것은 아니다'"(『자살론』, 347).

가지 상황의 거듭된 발생의 규칙성만으로는 한 사회가 일정한 자살률이 발생하는지를 설명할 수 없다(『자살론』, 328). 뒤르케임은 원인들이 개인에 내재한다면 오히려 결정론을 피할 수 없다는 것을 분명히 함으로써 심리학적 결정론 – 심리학적 환원주의 – 을 넘어선다. 다시 말해 개인과 사회의 존재론적 간극을 인정하는 전제 위에서만 결정론 속에서의 자유를 사고할 수 있다는 것이다.

케틀러의 통계이론을 비판하는 것도 동일한 맥락에서 이해될 수 있다. 통계의 규칙성은 현상 – 사회적 자살률 – 의 일정성 또는 안정성을 말해줄 수 있지만, 그것만으로는 한 사회가 보이는 자살률의 사회적 원인을 설명할 수 없다는 것이다. 즉, 『자살론』 제3부 제1장에서 케틀러를 비판한 핵심은 인과론적 설명이 결여되어 있다는 것이 아니라, 평균인과 관련된 잘못된 인과론을 향한다. 확률적 설명은 자살의 경향의 존재 여부도, 성격도, 그 원인의 강도에 대해서도 아무것도 알려주지 못한다(『자살론』, 321~327).[116] 마치 정규분포와 평균 개념으로 모든 사회현상을 다 설명할 수 있을 것처럼 과

116 도덕통계학의 연속성과 확장의 측면을 강조하는 통상의 견해와 달리, 뒤르케임은 케틀러를 본격적으로 논박하는 『자살론』 제3부 1장에서 케틀러의 평균인 개념을 제한적으로 사용해야 한다고 주장했다. 이는 맑스가 규칙성을 인과적 설명 속에 포함했던 맥락과 다르지 않다. 맑스 또한 케틀러의 평균인, 즉 '평균적 개인' 개념을 잘 알고 있었고, 『자본론』 제13장 협업을 다루는 장 주석 1번에서 이를 참조하라고 언급하고 있다. 또한 제50장 '경쟁이 창조하는 환상'에서 시장가격과 규제적인 생산가격의 상쇄를 말하면서, "케틀러가 사회현상에 대해 지적한 것과 동일한 규제적인 평균의 지배가 발견된다"라고 말한다(『자본론』 III, 1045). 맑스의 맥락이 케틀러를 직접 논박하지 않았지만, 이러한 상쇄는 규칙성의 상쇄가 아니라 경향성의 상쇄를 지적하는 것으로 보인다. 즉, 경험할 수 있는 평균 가격의 배후를 규명하려 할 때, 다시 말해 상품가치의 결정 메커니즘을 규명하려 할 때 규칙성은 그 필연성을 드러내는 '하나의' 지표일 뿐이었다. 따라서 맑스는 통상적인 평균 개념과 거리를 두며, "경쟁의 현실적인 운동은 우리의 계획 밖에 있으며 우리는 오직 자본주의적 생산양식의 내부 조직을 말하자면 그 이상적 평균(ideal average)에서 서술하면 되기 때문"이라고 말한다(『자본론』 III, 1011).

장했던 케틀러의 한계는 분명한 것이었다(서호철, 2007: 313). 케틀러의 이론은 부정확한 관찰에 기초하고 있으며, 규칙성의 상쇄를 보는 것에 그치고 만다. 다시 말해 케틀러의 '평균적 유형'은 개별적인 유형들의 산술 평균에 기초하고 있기에 서로 상쇄됨으로써 결과로서 나타날 수도 있고 나타나지 않을 수 있는 집합적 경향이 어떻게 작동하는지를 말해줄 수 없다는 것이다.[117]

케틀러의 도덕 통계가 범한 더 크고 근본적인 오류는, 개인의 평균적 유형으로 환원되지 않는 사회적 층위의 인과적 힘을 놓침으로써 도덕성의 기원을 해명할 수 없는 문제로 만들어버린 것이다.

> 사회의 집합적 유형과 개인의 평균적 유형을 혼동하는 일은 …… 매우 심각한 과오이다. 평균적 인간의 도덕성은 불충분할 뿐이다. 개인은 어느 정도의 절대 없어서는 안 될 윤리적 원칙을 가지고 있을 뿐이며, 이는 전체 사회의 집합적인 유형처럼 정확하고 권위적인 것은 아니다. 이 점은 케틀러가 범한 과오로서 도덕성의 기원을 해결할 수 없는 문제로 만드는 것이다. 왜냐하면 개인은 일반적으로 탁월하지 못하므로, 개인을 훨씬 초월하는 도덕성이 개인들의 평균적 특질을 표현하는 것만으로써는 확립될 수 없기 때문이다(『자살론』, 340~341).

117 왜냐하면 평균인에 대한 아무리 깊은 지식을 갖는다고 해도 자살의 원인은 설명할 수 없으며, 더구나 특정한 사회에서 자살자 수의 안정성은 이해할 수 없기 때문이다(『자살론』, 324). 이는 뒤르케임의 법칙이 경험적 규칙성이 아니라 경향으로서의 법칙 개념을 공유한다는 점을 다시 한 번 보여준다. 힘들은 행사될 수도 있고 행사되지 않을 수도 있는 잠재력인 반면, 경향은 행사될 수도 있고 실현되지 않은 채, 말하자면 '가동(in play)' 될 수도 있고 특정 결과 속에서 나타날 수도 있는 잠재력이다(바스카, 2005b: 95).

결국 뒤르케임의 관점에서 볼 때 자살률의 안정성이 말해주는 것은, 한 사회의 고유한 정신-도덕 구조가 존재한다는 점이다. 이러한 관점에서 집합적 경향은 단순한 비유에 그치거나 개인적 상태의 평균이 아니라 실제적 사물과 개인의 의식을 지배하는 고유한(sui generis) 힘으로 이해되어야 한다(『자살론』, 329).

각각의 집합적 경향은 어떠한 성격을 띠며, 어떠한 사회적 조건 속에서 발생하는가? 이에 답하기 위해 '자살'이라는 복합적인 구성물에 대한 분석적 분해(Resolution)가 행해진다. 간략하게 언급된 숙명론적 자살 개념까지 포함하면 총 네 가지 자살유형이 도출된다. 이기적 자살은 사회집단을 통합하는 것이 불충분하기에 인간이 존재 근거를 삶에서 찾지 못하면서 일어난다. 이타적 자살은 사회와 강력하게 통합되어 있어서 개별 존재의 근거가 외부에 존재하기 때문에 일어난다. 이타적 경향은 오늘날 자살 증가와 크게 관계가 없다. 그것은 주로 미개 사회에서만 나타나는 것으로, 예를 들면 오늘날 군인정신과 같이 잔여물로서만 남아 있을 뿐이다. 그리고 아노미적 자살은, 인간의 활동에 대한 사회의 통제가 부재하기 때문에 발생한다(『자살론』, 251~252, 275).[118]

따라서 병적인 증가로 간주될 수 있는 것은 이기적 자살과 아노미적 자살뿐이다. 양자는 똑같이 사회의 불충분성에 기인하지만, 다른 사회적 환경에서 발생한다. 이기적 자살이 집합적 활동의 결함에 따른 의미 상실 때문에 주로 지적 작업을 하는 사람에게서 나타난다면, 아노미적 자살은 개인의 열

118 뒤르케임은 숙명론적 자살을 현대사회의 자살 연구에서 크게 고려할 가치가 없는 것으로 파악한다. 네 번째 자살형태로 언급된 숙명론적 자살은 "지나친 육체적 및 정신적 압제로 인한 모든 자살"로 『자살론』의 제2부 제5장의 말미 주석을 통해 짧게 언급된다(『자살론』, 295). 뒤르케임의 자살 유형학에서 숙명론적 자살의 축소와 비대칭성을 다룬 연구로 Pearce(1989; 2001), Besnard(1993), 김종엽(1996), 김명희(2012)를 참고하라.

망을 규제하는 데 결함이 나타나는 공업 및 상업의 세계에서 주로 일어난다. "오늘날의 경제적 조건을 특징짓는…… 조직성의 결핍"이 아노미적 자살의 사회적 조건이라는 것이다(『자살론』, 273). 뒤르케임은 그 예로 "정부가 경제생활을 지배하는 대신에 그 도구나 시녀가 되는" 상황을 들고 있다.

> 정부는 경제생활을 지배하는 대신에 그 도구나 시녀가 되고 있다. 정통파 경제학자들과 극단적인 사회주의자들은 서로 반대되는 학파임에도 불구하고 정부의 기능을 여러 사회적 기능 가운데 소극적인 것으로 감축시키는 일에 연합 전선을 폈다. …… 양자는 또한 국가는 산업 발전이라는 단일한 주요 목적을 갖는다고 주장하고 있으며, 따라서 이런 경제유물론의 도그마가 분명히 상반되는 이론 체계의 기초를 이룬다. 이 이론들은 산업이 더 상위의 목적을 위한 수단이 아니고 개인과 사회의 지상 목표가 된 여론의 상태를 표현하고 있을 뿐이다. 그리하여 욕구는 어떤 권위에 의해서도 제한받지 않고 자유로워진 것이다(『자살론』, 271~272).

뒤르케임은 자살 경향 상승이 문명의 필연적 결과가 아니라 병리적 상황, 즉 자살이 발생하는 특수한 조건에 책임이 있다고 강조한다. 아노미는 정규적이고 특수한 자살의 요인이며, 그에 따라 일정한 수와 연간 자살률이 결정되기에 다른 형태와 구별되는 '새로운 자살 유형'이라는 것이다(『자살론』, 275). 여기서 뒤르케임은 아나키적 공산주의와 정통파 경제학의 급진적 자유주의 사이에 숨어 있는 공범 관계를 맹렬히 비판한다. "더 이상 좌시할 수 없는 위기와 혼란의 상태"는 경제가 정치를 지배하는 생산의 아나키뿐 아니라 "정부의 기능을 여러 사회적 기능 가운데 소극적 것으로 축소시키는 일에 연합전선을" 편 이론의 아나키에도 책임이 있다. 그 결과 "산업사회에서 위기의 상태와 아노미는 항구적이며, 말하자면, 정상"으로 받아들여진다는 것이다. 즉, "산업발전"이 "개인과 사회의 지상 목표"가 되고, 산업 사회의 위기가 일종의 자연적 결과로 보이게 되는 지적 아노미가 더 고질적인 문제다(『자살론』, 272).

여기서 아노미적 자살과 이론적 학설 사이에 존재하는 공범 관계는 단지 자유방임주의 경제학과 극단적 사회주의 이론에 그치지 않는다.

> 그와 같은 경향은 이제 고질화되어, 사회는 이를 정상적인 것으로 받아들이게까지 되었다. 인간의 본성이란 궁극적으로 만족을 모르는 불확정한 목표를 향해 쉴 새 없이 나아가는 것이 영원히 되풀이된다. 무한에의 추구는 결국 자신들을 괴롭히게 될 규율의 결핍으로 이끌어가는 무절제한 의식에서만 찾아볼 수 있음에도 오늘날에는 정신적 탁월의 증거로 지칭되고 있다. 무자비하고 신속한 진보는 이제 하나의 신앙이 되고 있다. **그러나 이 불안정성의 이점을 찬양하는 이론과 병행해서 이러한 것들의 원인이 되는 상태를 일반화하여, 삶은 악한 것이고 쾌락보다는 고통이 더 많으며 그릇된 주장으로 인간을 현혹하는 것이라고 지적하는 이론들도 나타났다.** 그와 같은 무질서는 경제계에서 가장 심하므로 그 피해자도 가장 많다(『자살론』, 273. 강조는 필자).

이상의 언급에서 알 수 있듯, 뒤르케임의 비판은 '신속한 진보'를 찬양하는 자유방임주의 경제학이나 극단적인 사회주의 이론만이 아니라, 일상적인 종교의 형태로 이러한 학설과 공조 관계를 형성하고 있던 '비관주의' 및 '비합리주의'에도 칼날을 겨누고 있다. 다시 살펴보겠지만 이것이 뒤르케임이 "무정부주의, 탐미주의, 신비주의, 사회주의 혁명론자들"의 "집합적 우수"와 함께 "비관주의적 경향"을 그토록 비난했던 이유다(『자살론』, 400~401).

3) 원인과 이유: 『자살론』의 공시발현적 힘의 유물론

(1) 사회학과 심리학, 계통의 전투

자살의 발생학적 유형화에 기초해, 제2부 제6장은 각 유형에 상응하는 여러 가지 형태의 자살을 형태학적으로 분류한다. "자살의 사회적 원인으로부터 개인적 표현에 이르"는(『자살론』, 296) 여러 양상에 대한 검토는 제출된 가설을 경험적으로 검사하는 절차다.

> 본 연구의 시초에는 거의 불가능한 것이었던 형태학적 분류는 이제 발생학적 기초가 마련되었으므로 시도될 수 있다(『자살론』, 296).

뒤르케임은 자살 현상이 사회적 및 일반적 원인에 의해서 설명될 수 없는 개인적 특질들을 포함하고 있음을 인정한다. 그러나 한편으로 자살의 원인들이 존재한다면, 그 고유한 특질이 집합적 표현에서 발견되어야 한다는 것이다. 물론 매일 일어나고 있는, 또 지나간 역사를 통해 일어났던 모든 자살을 정연하게 묘사하는 것은 불가능하다. 그러나 "비록 추론이 실험을 통해 확인받을 수는 없다고 할지라도, 우리가 할 수 있는 일은 자살들의 논리적 관련을 밝히는 것이다. 우리는 실험에 의해서 확인되지 않은 연역은 언제나 의문의 대상이 될 수 있다는 것을 잘 알고 있다. 그러나 그와 같은 연구가 이런 한계를 가지고 있다고 해서 쓸모없는 것은 아니다"(『자살론』, 297).

이제 우리는 복합유형에 대한 재서술이 자유도가 높은 사회과학적 객체의 속성상 개방체계에서의 설명의 일부를 구성하는 합법적 절차임을 알고 있다. "앞에서 밝힌 결론들에 실례를 제시하는 것에 지나지 않는다고 할지라도, 그것은 이론적 결과들을 지각적 자료와 일상의 세밀한 경험과 연결시켜 줌으로써 더 구체적인 성격을 띠게 될 것"이기 때문이다(『자살론』, 297).

즉, 추상, 역행추론에 기초한 유형화는 이제 구체적인 것들의 결합 양상을 서술하면서 구체성과 개별 형태를 확보한다. 먼저 이기적 자살, 이타적 자살, 아노미적 자살이 어떤 감정 형태로 드러나는지를 분석하고, 다시 개별 사례들의 복합 유형을 종합한다. 결론적으로 "자살의 일반적 특성은 사회적 원인들로부터 직접 결과한다. 특정한 개별적인 사례들에서는, 자살의 특성은 자살자의 개인적 기질이나 그가 처한 특수한 상황 등에서 여러 가지의 뉘앙스를 가지면서 복잡해진다. 그러나 여러 가지의 복합의 근저에서 언제든지 그 기본적 형태가 발견될 수 있다"라는 것이다(『자살론』, 315).

나아가 복합 유형을 통한 증명이 필요한 또 하나의 방법론적 이유는 이를 통해 "통상 거의 같은 것으로 한데 묶여서 인식되고 있는" 통념들, "삶이 부담스러운 사람들의 우울증으로 인한 피해"로 자살을 설명하는 심리학적 가설을 효과적으로 비판할 수 있기 때문이다. 뒤르케임에 따르면, 오히려 자살은 '정신적 소외'라고 할 수 있는바(『자살론』, 297; 『분업론』, 157), 정신적 소외는 단일한 상태가 아니라 사회적 의미를 갖는 여러 형태에 속하는 것이다. 여기서 세 가지 복합 유형이 제시된다. 이기적·아노미적 자살, 아노미적·이타적 자살, 이기적·이타적 자살의 혼합 유형이 그것이다. 이를 정리하면 〈표 VI.4〉와 같다.

〈표 VI.4〉 여러 자살 유형의 개인적 형태

	기본 성격	개별적 형태	2차적 변수
기본적 유형	이기적 자살	무관심	· 자기만족의 나태한 우울증 · 회의적 환멸과 냉정
	이타적 자살	열정과 의지력	· 평온한 의무감 · 신비한 열정 · 평화로운 용기
	아노미적 자살	흥분과 분노	· 평범한 생활에 대한 심한 비난 · 특정한 개인에 대한 비난(타살-자살)
혼합 유형	이기적·아노미적 자살		· 선동과 무관심, 행동과 공상의 혼합
	아노미적·이타적 자살		· 격앙된 흥분
	이기적·이타적 자살		· 도덕적 용기를 내포한 우울증

자료: 『자살론』, 314.

요컨대 특정한 자살의 원인이 있다면 이는 결과로 나타날 것이고, 부차적 요인에 해당하는 일련의 정신적인 과정을 통해 최종적인 자살 행동에서 그 개별적 표현을 갖게 된다. 이론적 진술과 구체적 국면 분석, 즉 원인론과 형태론을 결합한 응용된 설명의 장점은 선행하는 그릇된 학설에 증명을 통한 비판을 제공한다는 점이다. 예컨대 뒤르케임은 이기적 자살의 개별적 표현을 재서술(redescription)하면서, 에드아루트 하르트만(E. Hartmann)의 허무주의를 논박한다. 하르트만은, 허무에서 쾌락을 느끼는 사람들의 경향이 생존을 중단함으로써 충족된다고 말한다. 그는 의식의 발전과 삶의 의지 약화 사이에 일종의 평행관계를 설정하고 관념과 활동이 대립적 관계에 있으며 서로 반대 방향으로 진행된다고 가정한다. 이러한 견해에 따르면 사고하는 만큼 인간은 삶을 포기하게 된다. 그러나 뒤르케임에 보기에, 삶이 견딜 수 없어지는 것은 현실 자체가 환상으로 가려지기 때문이다. 슬픔은 사물에 내재하는 것이 아니다. 슬픔은 세계로부터 우리에게 오는 것만도 아니고, 단지 세계에 대한 정관만으로 생겨나는 것도 아니다. 슬픔은 처음부터 끝까지 우리가 만들어낸 것이다(『자살론』, 299~300).

그러나 그러한 슬픔을 만들어내는 것은 명백히 '비정상적인 사고'다. "의식이 그 본성을 거역하고 절대화하거나 그 자체가 목적이 되어버리는 병적인 발전으로 인한 것"이다. 그러므로 자살이라는 행위를 "정신적 조건(moral condition)의 논리적 결과"라고 말할 수 있다(『자살론』, 300).[119] 다시

119 뒤르케임의 지식이론에서 '감정'은 단순히 외삽적인 요소가 아니다. 사회학적 탐구를 위한 규칙들을 제시할 때도 선입견 또는 편견과 더불어 감정을 차단하는 것을 과학적 탐구의 출발점으로 간주했고, 뒤르케임의 범죄이론 역시 행위의 차원에서가 아니라 사회구성원들이 공유하고 있는 집합감정에 반향을 일으킬 때 범죄로 규정된다는 구성주의적 범죄이론의 단초를 보여준다. 즉, 인간행위의 감정 및 믿음의존성은 뒤르케임의 사회적 존재론의 중요한 구성부분이다. 집합감정의 중요성은, 『분업론』에서도 풍부하게 제시된다(『분업론』, 155~177 참고).

말해 정신적 소외로서 자살행위가 기반을 둔 '감정'은 나름의 발생 조건을 갖고 있는바, 이는 감정으로 자살 행동을 설명하는 것이 아니다. 뒤르케임에 따르면, 감정은 그것을 낳는 원인에서 유래한다. 동시에 감정은 그 원인을 유지하는 데 기여한다(『분업론』, 153).

신비주의 비판에서 적지 않은 비중을 차지하는 뒤르케임 감정이론의 단초는 스미스의 도덕감정론에 대한 비판으로 거슬러 올라간다. 이는 『자살론』에서 전개된 특유의 설명적 비판 모형을 이해하는 것을 돕는다. 뒤르케임은 공감과 호혜성의 자연적인 감정들이 도덕 법칙의 기초로서 기능한다는 스미스의 주장을 일면 수긍한다. 많은 사람에게 감정이 행위의 지침이 된다는 점은 의심의 여지가 없다. 그러나 뒤르케임은 두 가지 이유에서 스미스의 이론이 도덕 법칙의 조건을 충족시킬 수 없다고 말한다. 첫째, 스미스의 이론은 감정이 그릇될 수 있다는 점을 사고하지 못한다. 우리가 본능 위에서 행위 할 때, 우리는 정확한 만큼이나 틀릴 수 있다. 파스칼(B. Pascal)이 말하듯 '본능은 극히 불확실한 안내자'인 셈이다. 마찬가지로 감정은 우리에게 복종하라고 명령하지 않기에, 감정에 기초한 도덕 법칙은 의무적일 수 없다.

둘째, 공감은 최소한 두 사람의 존재를 가정한다. 하지만 도덕이 그와 같은 감정에 의존한다면, 사회가 부재하면 도덕은 사라질 것이다. 스미스의 이론은 도덕을 모든 조건과 독립적인 어떤 것, 즉 우연적인 것에 의존하게 만든다. 이러한 이유에서 스미스의 도덕감정론은 도덕 법칙의 조건을 충족시킬 수 없다. 결국 스미스의 이론은 감정의 기원을 설명하지 못하면서 감정을 궁극적인 사실로 간주한다는 점에서 오류다. 이는 곧 결과를 원인으로 착각한 것에 지나지 않는다(『철강』, 238~239).

확실히 그는 감정에 대한 경험주의적 이론에 동의하지 않는다. 흄과 뒤르케임의 감정이론을 비교한 롤스가 짚어내듯, 정념(passion)을 강조한다는 점에서 그 외관상으로는 유사하지만, 감정의 기원에 관한 한 양자의 설명에는 근본적인 차이가 있다. 흄의 경험주의에서 감정은 개인의 마음에서 발생하고 외적 실재에 대한 정당한 경험적 지식의 토대를 제공하지 않는다.[120] 반대로 뒤르케임의 사회실재론적 관점에서 감정은 개인의 반응으로 일어나는 것이 아니라 사회적 힘들에 대한 개인적인 정서적·인지적 질서 위에서 일어난다. 흄에 따르면 의지를 인도하는 것은 이성의 능력이 아니라 감정이다. '이성'은 정념의 노예이며, 어떠한 경험적 정당성이나 진실도 갖지 않는다. 그렇기 때문에 인간행위의 연구 또는 도덕철학은 감정에 기초해야만 한다. 반대로 뒤르케임에게 집합적으로 발생한 감정은 개인들의 정신 속에서 경험되는 것이다. 감정은 개인적인 마음의 우연적인 구성물이나 마음에 의해 발생하는 정념이 아니라, 외적인 사건들이 경험된 결과로 다루어져야 한다. 마찬가지로 흄과 뒤르케임 모두에게 사회관계는 정념 또는 감정을 자극하거나 발생시키는 데서 중요한 역할을 하지만, 양자에게 감정과 사회의 관계는 정확히 반대된다. 흄에게 관념들은 사회적 상황에 반응해서 거짓 인상들을 발생시키는 것이다. 그러나 뒤르케임에게 실천이 먼저 오고 감정과 관념이 발생한다. 따라서 흄에게 이해의 능력은 전적으로 실재와 우연적인

120 감정의 기원에 대한 흄의 생각은 다음의 언급에서 잘 드러난다. 흄에게 믿음과 허구를 구별하게 해주는 것은 감정이다. "그러므로 허구와 믿음의 차이는 어떤 정서(sentiment)나 느낌(feeling)에서 생긴다고 봐야 한다. 믿음에는 덧붙여지지만 허구에는 덧붙여지지 않는 그런 어떤 정서나 느낌이 있다. 그것은 의지하는 대로 되는 것도 아니고 마음대로 억눌려질 수 있는 것도 아니다. 그런 정서나 느낌은 다른 정서들처럼 본성에 의해 생겨나는 것임에 틀림없다. 그리고 정신이 어떤 특별한 것과 만나게 되는 특정한 상황으로부터 야기되는 것임에 틀림없다. 어떤 대상이 기억이나 감각에 주어질 때면 언제나 그 대상은 즉각적으로, 습관의 힘에 따라, 상상력을 움직여 늘 그것에 연접되곤 했던 대상을 떠올리게 한다. 그리고 이 생각에는 어떤 느낌이나 정서가 수반되는데, 이것은 제멋대로 생각이 떠도는 허구와는 다른 것이다. 믿음의 본질은 바로 여기에 있다"(흄, 2012: 82~83).

(contingent) 관계를 맺는 데 비해, 뒤르케임에게 이해의 능력은 사회적 사실의 세계가 매개한다(Rawls, 2001: 54~62).

간단히 말해 흄의 반자연주의가 감정을 사회적 행위의 원인으로 설명한다면, 뒤르케임의 자연주의 윤리학은 감정을 사회적 행위의 결과로 설명한다는 점에 좁힐 수 없는 차이가 있다.[121] 흄이 행위의 정서적 기초와 주관적 작용만을 보는 지점에서, 뒤르케임은 행위의 인지적 기초와 사회적 조건을 아울러 본다.[122] 뒤르케임에 따르면, 실천의 측면에서 이성이 하는 역할은 늘 동시대인들이 자신과 자신들의 욕구, 감정을 잘 이해하도록 돕는 것이다(『사철』, 54).[123] 달리 말하면 "감정은 과학적 연구의 주제가 되지만 과학적 진실의 기준일 수는 없다"라는 것이다(『규칙들』, 89).

이는 『자살론』의 비관주의 비판의 맥락에서도 일관성을 유지하는바, 오늘날의 용법으로 말하자면 자살 행동을 우울증으로 설명하는 것이 아니라, 우울증을 사회적 조건의 결과로 설명한다. 우울증이 자살을 유발한다는 통념적 설명은 원리상 심리학적·유기체적 환원에 기초해 있다. 뒤르케임은 자살에 대한 심리학적 설명들을 단순히 기각하는 것이 아니라, 사회학적 관

---

121 이것은 곧 베버와 뒤르케임의 정서 이론을 가르는 근본적인 차이이기도 하다. 베버에게 인간의 비합리적 행위가 설명항으로 전제된다면, 뒤르케임에게 그것은 '이성의 작업'에 의해 해명될 수 있는 피설명항으로 자리한다. 유사한 견지에서 '카리스마'에 대한 베버와 뒤르케임의 차이를 다룬 논의로 Pearce(1989)의 제2장을 참고하라.

122 물론 뒤르케임은 감정의 사회적 조건과 동학을 동시에 사고한다. "감정이 그것을 낳은 원인들로부터 유래하는 것은 부인할 수 없는 사실이다. 그러나 그것들은 동시에 그 원인의 유지에 기여한다"(『사철』, 153). 또한 뒤르케임은 감정과 이성 사이에 비대칭적 관계를 설정한다. "감정은 이성적 추론을 능가하는 통찰력을 가져다주는 것이라기보다, 전적으로 강력하지만 마음의 혼동된 상태이다. 감정에 지배적인 역할을 부여하는 것은 자신을 단순한 언쟁에 빠지게 하여, 지적 능력의 열등한 부분에 오히려 지적 능력의 우수한 부분을 능가하는 우월성을 준다는 것을 의미한다"(『규칙들』, 89).

123 이러한 관점에서 뒤르케임은 "도덕성에 관한 과학은 이 같은 목적에서 더욱 방법론적인 이성의 적용"이라고 말한다(『사철』, 64).

점에서 포함관계 속에 재구성하는 경로를 취한다. 자살에 대한 신경생리학적 환원주의 또한 이러한 관점에서 논박된다. 만약 일정한 도덕적 환경에서 특정 개인이 더 많이 영향을 많이 받는다면, 그가 자살생성적 경향에 저항하는 능력이 약해졌기 때문이다. 가령 특정한 수의 자살이 한 사회 그룹에서 매년 발견되는 것은 그 사회에 특정한 수의 신경증적 개인이 있기 때문이 아니다. 신경증적 경향은 자살의 경향에 더 쉽게 굴복하는 일종의 매개일 뿐이다. 사회학자들과 달리 임상의학자들이 신경증, 알코올, 정신질환 등으로 자살의 원인을 환원하곤 하는 것은 서로 개별적인 특수 사례만을 관찰하기 때문이다(『자살론』, 347).

이를 통해 분명히 알 수 있는 하나의 사실은 뒤르케임의 사회학적 설명모델은 행위의 주관적 차원과 이유를 결코 배제하지 않는다는 점이다. 오히려 뒤르케임은 동기, 욕구, 감정, 이유가 곧바로 원인을 설명하는 것은 아니기에, 이유에 입각한 설명은 인과적 분석 이후에 맨 나중에 설명되어야 한다고 보았다는 것이 타당할 것이다.[124] 실증주의적 설명모델과 해석학적 설명모델 사이에 해소되지 않고 있는 난제 가운데 하나인 원인과 이유의 관계는, 뒤르케임에게 사회학과 심리학의 관계로 쟁점화된다. 그는 사회학과 심리학의 관계를 논하며 "성향, 욕구 등은 발전의 요소"라고 말한다. 그러나 "이 성향, 욕구를 그 기원으로 갖는 변화를 설명하기 위해서는", "이것을 초래한 원인을 고찰해야만 한다"라는 것이다(Durkheim, 1982a: 250). 다시 말

---

124 "우리가 만일 하나의 개념이나 감정이 한 세대에서 다음 세대로 전달되는 일반적 방식만을 설명하고자 한다면…… 그와 같은 설명은 아마 맨 나중에 선택되어야 할 설명일 것이다. 그러나 자살이나 그 밖의 정신적 통계에 의해 보고되고 있는 행동들과 같은 사실의 전승은 그렇게 쉽게 설명되어질 수 없는 특수한 성격을 갖고 있다. …… 즉, 연간 자살자 수가 일정한 것은 하나하나의 사례가 1년 동안에 그 추종자를 내는 것이 아니라면, 모든 개인적 사례들을 초월하는 어떤 비개인적인 원인의 영속적인 작용에 의한 것일 수밖에 없다"(『자살론』, 330~331. 강조는 필자).

해 인간의 욕구와 감정은 설명항이라기보다는 그 자체가 피설명항으로 설정된다. 사회적 사실이 심리학적 요소와 관련해서 재생산된다는 것은 논쟁의 여지가 없다. 오히려 뒤르케임은 다음과 같이 말한다.

> 심리학적 현상이 사회적 현상과 아주 밀접하게 통합되어 있어서 그 두 가지 현상의 행위가 반드시 융합하게 될 때, 심리학적 현상은 사회적 결과를 가질 수 있다. 이러한 것은 사회심리학적 사실들의 경우에 잘 들어맞는다(『규칙들』, 176)

그러나 유보되어야 할 것은 '출발점으로서의 심리학'이다.

(2) 『자살론』의 공시발현적 힘의 유물론

이러한 방식으로 뒤르케임은 심리/사회의 이분법을 지양한다. 원인과 이유, 사회학과 심리학의 관계는 『자살론』의 곳곳을 흐르고 있는 변형적 사회활동모델의 토대 위에서 더 풍부하게 이해될 수 있다.

> 인간행위에서 높은 수준의 형태들은 집합적인 기원을 갖는 것이므로, 그러한 활동은 집합적인 목적을 갖는다. 그러한 행위는 사회에서 유래되므로 사회를 준거로 한다. …… 그러나 그들의 존재 이유가 우리들에 의해서 인정되기 위해서는 그 목적이 우리들에게 무관심한 것이어서는 안 된다. 우리는 사회 자체에 의존하는 만큼 그와 같은 형태의 인간 활동에 의존한다(『자살론』, 220).

집합적 힘과 개인적 힘은 각각 환원될 수 없는 두 층위에서 설정된다. 사회는 개인을 사회화하지만, 개인은 이에 저항하거나 내면화를 통해 그 집합

적 힘을 활성화할 인과적 힘을 갖고 있다.[125]

> 두 개의 상반되는 힘이 서로 대치한다. 집합적 힘은 개인을 지배하려 하고, 개인적 힘은 집합적 힘의 지배를 배척하려고 한다. 물론 전자는 모든 개인적인 힘들의 결합으로 이루어지기 때문에 후자보다 더욱 강하다. 그러나 집합적 힘은 개인의 수만큼의 많은 저항을 받으므로, 그러한 복합적인 경쟁에서 어느 정도 소모되어 약화되고 왜곡되어 우리에게 도달한다. 만일 집합적인 힘이 강한 경우에는…… 집합적인 힘은 개인에게 더 깊은 인상을 남기고 그들에게 활발한 도덕적 상태를 일으키며, 일단 형성되면 본능적인 자발성을 가지고 기능하게 된다(『자살론』, 342).

『자살론』에서 훨씬 더 명확해진 사람-사회 모델은 『규칙들』에서 이미 시사된 바 있다. 뒤르케임은 원인과 욕구·동기·이유에 비대칭적인 층위를 설정한다. 인과적 힘의 작동 방향은 원인에서 이유로 향한다. 그 결과가 무엇이든 동기, 욕망, 이유의 실제적 개입은 효과적인 원인(effective cause)에 의해 발생할 수 있다. 그러나 이유는 다시 원인으로 작동할 수 있다. 계획적인 의향이 그 자체로 새로 형성된다면, 또는 경향(tendency)이 이전 의도가 부분적으로 변형된 결과라면, 제한된 방법으로 새로운 현상의 생산에 기여할 수 있다. 이 숙고된 의향, 또는 인간에게 내재한 그 경향성이 그 자체로 객관적으로 실재하는 사물이라는 것이다. 요컨대 "그것은 그 자체의 특성을 가진 힘이다"(『규칙들』, 157).

---

125 뒤르케임의 관계적 사회 패러다임이 가정하는 개인과 사회의 존재론적 간극은 다음의 진술에서 명확하게 드러난다. "우리가 주장하는 것은, ① 개인들의 결합에 의해서 형성되는 그룹은 개별적인 개인과는 다른 종류의 실체를 갖는다는 것과, ② 그룹의 성격으로부터 그룹 안에 집합적 상태가 발생하며, 그것은 개인에게 영향을 미치고 개인 안에 새로운 형태로 순수한 내면적 존재를 성립시킨다는 것이다"(『자살론』, 343).

강조해두자면 원인과 이유라는 두 층위의 존재론적 힘을 인정한다고 해서, 이유가 그 자체로 원인이 되는 것은 아니다. "변화를 가져오기 위해서는 충분한 원인이 있어야 한다"(『규칙들』, 157). 이는 원인으로서의 이유, 즉 원인과 이유가 동시 발현됨으로써 사회를 변형하는 것이 가능하다는 공시발현적 힘의 유물론의 전제들과 상통한다. 뒤르케임의 원인 층위들이 스펜서 및 정치경제학의 환원주의에 반대하는 대안적 설명을 모색하는 과정 속에서 구체화되었듯, 바스카의 발현적 유물론 또한 환원주의적 유물론에 반대하면서 정신적 층과 물리적 층 사이의 관계에 대한 상호작용론적 해명을 한다. 흄의 인과개념을 기각한다면 바스카는 이유도 원인이 될 수 있다고 말한다. 사회적 삶에서 이유는 환원 불가능한 효력을 가진다. 즉 사회적 형태의 선존재는 의향적(intentional) 행위의 필요조건이며, 이는 인과적 힘을 수반한다. 이때 인과적 힘은 의향적인 동시에 실천적이다. 바스카의 관계적 사회 모델을 뒤르케임의 층화 모델과 관련을 지어보면 〈그림 VI.2〉와 같다.

〈그림 VI.2〉 뒤르케임의 층화 모델에서 원인과 이유

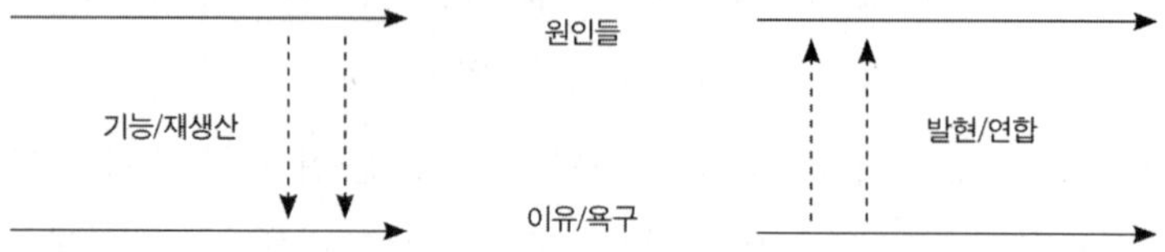

뒤르케임 또한 원인이 있으면 결과가 있다는 편재성 결정론을 승인한다. 뒤르케임의 관점에서 과학이 제시하는 '결정론'은 기계적 결정론이나 규칙성 결정론이 아니라 개방적 결정론이다. 실제의 현상은 여러 객체의 속성과 작동에 의해 공동으로 결정되어 발생하는 것이다. 그렇기에 집합적 힘의 외재성을 인정하는 것은 오히려 개인의 자유를 인정하는 것이다. 모든 개인은 자신의 고유한 개성(personality)을 가지고 있으므로, 집단에 저항하는 동시에 거기에서 벗어나려고 한다.[126]

> 우리의 영역 밖인 형이상학적인 문제를 제기하고 싶지는 않지만 이런 통계의 이론이 인간의 모든 종류의 자유를 부인하는 것은 아니다. 그와 반대로 개인을 사회적 현상의 원인으로 규정하는 것보다도 우리는 더 많은 자유의 지를 남겨주고 있다. 사실상 집합적 표현의 규칙성의 원인이 무엇이든 간에 그 결과는 일어날 수밖에 없는 것이다. 그렇지 않다면 그 결과는 무작위적이어야 할 텐데, 실제로는 일정하기 때문이다. 그 원인들이 만일 개인에 내재한다면, 불가피하게 개인의 행동을 결정하지 않을 수 없다. 이런 가설에는 엄한 결정론을 피할 수 없다. 그러나 만일 인구학적 자료의 안정성이 개인에 외재하는 것이라면 결정론은 피할 수 있게 된다. 그런 힘은 특정한 개인을 결정하지 않는다. 그것은 특정한 사람에 의해서 수행되어야 한다고 지정하는 것이 아니라, 다만 일정한 수의 특정한 행동을 결정할 뿐이다. 어떤 사람은 그 힘에 저항하고 어떤 사람은 그 영향을 받아들인다. 사실상 우리는 물리적·화학적·생물학적·심리학적 요인에다 역시 외재적인 사회적 요인을 첨가할 뿐이다. 위의 요인들이 인간의 자유를 제한하지 않는다면, 사회적 요인도 마찬가지다. …… 자살 생성 경향과 자살자의 관계도 그와 같다(『자살론』, 349, 주석 20번).

무엇보다 『자살론』이 추구하는 과학성의 요체는 집합적 경향을 사고함

---

126 "우리는 사회의 방향으로 이끌려 가지만 동시에 개인 자신의 경향을 따르려고 한다. 따라서 사회는 우리의 구심점 경향에 제약을 가하며, 우리는 다른 사람들의 구심 경향을 중화시키기 위해 그들에 대한 제약을 도와주는 바로 그 압력을 받지 않을 수 없다"(『자살론』, 342).

으로써 이를 변형할 수 있는 대항경향(counter tendency)이나 대항력(counter power)까지 아울러 사고할 수 있는 가능성을 열어놓았다는 점이다. 뒤르케임에 따르면, 집합적 경향은 단일한 형태로 고정되어 있어 자유롭게 변화할 수 없는 것이 아니다. 자살생성 경향들은 – 각 사회에 따라 정도의 차이는 있지만 – 특정한 수준에서 제한될 필요가 있다(『자살론』, 395~397). 그것이 어떻게 가능한가?

사회도 개인 이외에는 아무런 적극적인 세력도 존재하지 않는다는 것은 사실이 될 수 있다. 그러나 개인들은 결합됨으로써 새로운 종류의 정신적 존재를 형성하며, 그것은 그 자체의 사고와 감정의 방식을 갖게 된다.

물론 사회적 사실의 기초적 특성은 개인들의 심성 속에 원형으로 존재한다. 그러나 사회적 사실은 개인 간의 결합(association)을 통해 변화될 때만 나타난다. 결합 그 자체도 또한 특별한 결과를 초래하는 적극적인 요인인 것이다. 그러므로 그것은 그 자체로서 새로운 것이다. 개인들의 의식이 각각 고립되지 않고 결합되고 집단화되면, 세계의 무엇인가가 바뀐 것이다. 이와 같은 변화는 자연히 또 다른 새로운 것을 생성시키며, 따라서 구성요소들에서 발견되지 않는 새로운 특성을 가진 현상이 나타나게 된다(『자살론』, 333. 부분적으로 수정).

요약하면 사회형태는 개인들의 관계의 발현과 연합(association)을 통해서만 변형될 수 있다. 자살의 강도 또한 다음의 세 원인에만 의존할 수 있다.

① 사회를 구성하는 개인들의 특성, ② 개인들이 결합되는 양식, 즉 사회조직의 성격, ③ 사회의 해부학적 구성을 변화시키지 않고 일시적으로 일어나는 국가위기나 경제위기 등과 같은 사건이다(『자살론』, 345).

이 세 원인들 가운데 개인들의 특성 변화는 모든 사람에게 존재할 때만 가능하기에 한 국가의 생명보다 긴 여러 세기의 시간을 필요로 한다. 그러므로 자살률이 의존하는 사회적 조건만이 변화될 수 있는 유일한 조건이다. 자살률이 사회가 변동하지 않는 한 일정하게 유지되는 것도 바로 그러한 이유에서다. 말하자면 자살률의 일정성은 "자살을 일으키는 비개인적인 원인과 자살을 지속시키는 비개인적 원인이 같기 때문이다. 그것은 또한 사회단위들의 그룹화나 개인과 그룹의 공존성에 변화가 없었기 때문이다. 그러므로 양자 사이의 작용과 반작용이 변화하지 않고 일정하면 거기서 기원하는 관념과 감정도 변화하지 않는다"(『자살론』, 345). 그렇다면 사회적 사실은 오직 개인들이 결합되는 방식, 즉 연합에 의해서만 변형될 수 있다. 이러한 변형은 곧 집합적인 관념과 관행을 변화시키는 것이며, 곧 사회구조를 개조함으로써만 가능하다.

> 우리는 우리가 진정으로 인간의 행동과 성격에 있어서 변화를 원한다는 것을 진술하는 것만으로 그와 같은 변화가 저절로 일어나리라 믿고 있다. 그러나 실제로 인간의 정신 체계는 단순한 권고만으로 해체되거나 재조직될 수 없는 명확한 힘의 체계다. 그것은 사회적 요소들의 집합과 조직에 달려 있기 때문이다. 일정한 수의 개인이 특정한 방법으로 조직되면, 그곳에는 그러한 집단이 존속하는 조건이 변화하지 않는 한, 계속 유지되는 집합적인 관념과 관행이 생기게 된다.
>
> …… 따라서 우리가 자살의 비정상적 증가가 도덕적 질병의 증상이라고 말하는 것은, 그것을 단순히 부드러운 몇 마디 말로 치료할 수 있는 표면적인 질환이라는 뜻은 결코 아니다. 그와 반대로 도덕적 특질에 있어서의 변화는 우리들의 사회구조에 있어서 심각한 변동을 요구하고 있다. 즉, 도덕적 특질을 치유하기 위해서는 사회구조가 개조되어야 한다(『자살론』, 420~421. 강조는 필자).

결국 『자살론』의 결론 부분에서 '도덕적 질병'에 대한 처방책으로 제시된 직업집단론의 위상은 어떤 종류의 집단을 구성하려는 시도에 제한되지 않는다. "사고방식이나 행위양식은 오직 집합적 생존양식 자체가 변화함으로써만 변화될 수 있으며, 또한 집합적 생존의 변화는 그 구성부분들의 변화가 없이는 일어날 수 없다"(『자살론』, 420~421). 직업집단의 요청은 이러한 관계적 도덕 실재론에 그 논리적 근거를 확고히 갖고 있는 셈이다.

4) 과학과 정치: 공변법과 직업집단론의 방법론적 함의

제3부 '사회현상으로서의 자살의 일반적 성격'에 이르러, 대안적 설명들의 소거(Elimination)와 그 발생기제 및 인과구조에 대한 판별(Identification)을 거쳐 직업집단론이 최종적인 실천적 처방으로서 제출된다. 그러나 이 과정은 결론이 궁금한 성급한 독자들에게 사뭇 지루하지 않을 수 없는, '공변법'의 논증을 매개로 한다. 제3부 제2장 '자살과 다른 사회적 현상과의 관계'에서 자살과 범죄 – 특히 살인 – 의 관계가 주로 논의되면서, 앞서 살펴본 자살 유형학이 다시 들어온다.

『분업론』에서의 유형학이 사회적 정상성의 초역사적인 조건이라는 관념에 암묵적으로 근거하고 있는 것과 마찬가지로, 『자살론』의 유형학 또한 사회 병리의 초역사적인 원인이라는 관념에 암묵적으로 기초한다(LaCapra, 1982: 145). 그러나 『자살론』의 구체적 분석에서 초역사적 정의와 역사적 정의가 서로 교차되면서, 뒤르케임 자살 유형학의 미완성성과 개념상의 모호성을 둘러싼 많은 논쟁을 유발해왔다. 아노미적 자살과 이기적 자살의 관계, 숙명론적 자살의 축소 문제 등이 그것이다. 이 가운데 이기적 자살과 아노미적 자살 사이의 모호성 문제는, 제2부 제5장 및 '자살과 다른 사회적 현상과의 관계'를 논하는 제3부에서 공변법을 통한 논증과 재맥락화를 통해 어느 정도 해소되고 있는 것으로 보인다. 이러한 재맥락화를 통해 뒤르케임은 이기주의와 아노미는 동일한 사회상태의 두 가지 다른 측면이며,[127] 이기주의 또한 사회적 산물이라고 결론내린다(『자살론』, 388~390, 415).

동시에 아노미의 원인 또한 재서술된다. 아노미는 규제의 완전한 부재와 규범 체계의 붕괴에 따른 의미 부재를 함축하는 동시에 사회체계에서의 극단적인 불균형이 존재함을 의미하는 '구조적 모순'의 수준에서 재정의된다. 또한 아노미 개념의 강점은 정신/신체 이원론을 매개하는 능력으로, 제도적으로 근거 지어지고 이데올로기적으로 정당화된 감각의 부재를 표현한다. 이러한 맥락에서 라카프라는 아노미를 소외의 등가로 이해할 수 있다고 말한다(Lacapra, 1982; 148, 161). 자살의 책임 있는 기제로 승인된 '아노미'는 사회체계의 상태를, '이기주의', 또는 '이타주의'는 행위자의 정향을 지시하는 것으로 볼 수 있을 것이다(Pearce, 1989: 129~130).

이제 아노미가 주관성의 위기에 개입하는 체계 수준의 물화를 지시하는 구조적 개념으로 부상하게 되는 논증 과정을 살펴보기로 하자. 뒤르케임에 따르면, 자살이 비도덕적이라고 비난받아야 한다면 – 초역사적인 것이 아니라 – 역사적으로 발전한 새로운 종교, 즉 인간존엄이라는 이상에 역행하기 때문이다(이러한 역사적 경향은 『분업론』을 통해 논증된 바 있다). 그렇다면 어떻게 자살을 제재할 수 있을까? 도덕적 강제력으로 충분한가? 아니면 법적 강제력이 있어야 하는가? 뒤르케임은 범죄의 대표적인 유형인 살인과 자살의 관계를 검토함으로써 자살이 어느 정도 비도덕적 성격을 내포하고 있는

127 이기적 자살과 아노미적 자살은 다 같이 무한의 병이라고 불리는 것에 기인한다. 이기적 자살의 경우 내성적 지성이 무절제하게 악화시킨 병이라면, 아노미적 자살의 경우 감정이 너무 흥분해 모든 규제를 벗어나기 때문이다. 전자는 자신 속으로 후퇴함으로써 사고가 대상을 잃은 경우고, 후자는 한계를 모르는 열망이 목표를 잃은 경우다. 전자는 꿈의 무한함 속에서, 후자는 욕망의 무한함 속에서 각기 길을 잃은 것이다(『자살론』, 307).

지를 탐색한다.

이를 위해 이탈리아 범죄인류학파가 제출한 자살과 살인의 양극성 테제의 이중성이 치밀하게 검토된다. 이들은, 첫째, 자살과 살인은 서로 정반대되는 경향으로 하나를 감소시키지 않고는 하나가 증가할 수 없으며, 둘째, 살인과 자살은 단일한 근원으로부터 흘러나오는 상이한 경로라고 주장한다(『자살론』, 363~366). 뒤르케임이 볼 때 이러한 모순적인 설명이 가능한 이유는 두 현상의 반비례관계가 또 다른 면에서의 일치를 소거하지 않고 있기 때문이다. 먼저 자살과 타살의 일치를 가정하는 엔리코 페리(E. Ferri)와 헨리 모르셀리(H. Morselli)를 위시한 이탈리아 범죄학자들의 명제는, 기본적으로 개인적 요인들에서 그 원인을 찾고 있다. 그러나 그들이 논거로 제시한 심리적·유기체적 원인, 폭력적 관습 등을 인정하면 자살은 오히려 유익한 것으로 정당화된다.[128] 뒤르케임은 자살과 살인 및 성, 기온, 연령의 상관관계를 각각 검토해서 양자 사이에 유의미한 정의 관계가 성립되지 않음을 논증함으로써 이탈리아학파의 환원주의적 가설을 소거한다.

둘째, 살인과 자살이 동일한 심리적 상태에서 발생하는 것이 아니라면 살인과 자살의 사회적 조건 사이에 진정한 역관계가 존재하는지를 알아봐야 한다. 뒤르케임은 프랑스, 프로이센, 아일랜드, 벨기에 등의 자살과 살인 곡선을 검토한 후, 양자 사이의 일관된 상관관계를 발견하기 어렵다는 결론에 도달한다. 그렇다면 "자살과 살인은 때로 공존하며 때로는 배타적이 되기도 한다"(『자살론』, 384). 이 두 가지 모순되는 사실을 어떻게 설명할 것인가?

이 지점에서 자살의 여러 원인에 기초한 자살 유형학과 앞 절에서 검토한 '개별적 형태들'의 결론이 활용되면서, 대안적인 성분들을 소거하기 시작한다. 이탈리아학파의 오류는 자살에 여러 가지 상이한 형태가 있으며, 각자

128 이러한 논리에 따르면 "자살은 사회가 간여하지 않고서도 무용하고 유해한 사람들을 가장 간단하고 경제적인 방법으로 제거시켜주는 큰 이득을 주는 셈이다"(『자살론』, 368).

의 특징이 전혀 같지 않다는 것을 보지 못했기 때문에 일어났다. 이러한 "모순을 조화시키는 유일한 방법은 자살에는 여러 가지 종류가 있어 그중 어느 것은 살인과 유사한 속성을 가지며, 또 다른 어떤 것은 반대의 속성을 갖는다는 사실을 인정하는 것이다"(『자살론』, 384).[129] 따라서 뒤르케임은 세 가지 쌍의 가설을 수립하고 각각이 동일한 원인에 기초하는지를 추론한다.[130] 이기적 자살-살인, 이타적 자살-살인, 아노미적 자살-살인의 쌍이 그것이다.

먼저 자살의 형태 가운데 가장 빈번하게 일어나는 이기적 자살은 지나친 개인주의 때문에 생긴 우울과 무관심의 상태를 특징으로 한다. 그러나 살인은 그와는 정반대의 조건에서 일어난다. 살인은 격정과 구별하기 어려운 난폭한 행동이다. 오히려 '가족 복수'의 사례에서 알 수 있듯 가족정신[131]이 고대에서처럼 강력하게 유지되는 경우, 살인은 강한 개체화라기보다는 약한 개체화, 다시 말해 지나친 이타주의 때문에 촉진되는 경향이 있다는 것이다. 개인의 존엄성이 덜 존중되는 사회일수록 개인들은 폭력에 노출되며, 또 그와 같은 폭력은 덜 범죄적인 것으로 인식된다. 따라서 이기적 자살과 살인은 서로 상반되는 원인에서 발생하며, 양자 사이에는 부의 관계가 성립된다(『자살론』, 385~386).

반대로 이타적 자살과 살인은 서로 조화될 수 있다. 왜냐하면 이들은 정도만 다를 뿐, 같은 조건에 근거하기 때문이다. 개인이 자신의 생명을 가볍게 알면, 그는 다른 사람의 생명도 중요하게 생각하지 않는다. 이러한 이유

---

129 "왜냐하면 동일한 현상이 같은 상황에서 전혀 다르게 반응할 수 없기 때문이다. 살인과 비례해서 일어나는 자살과 반비례해서 일어나는 자살은 같은 종류의 것일 수 없다"(『자살론』, 384~385).

130 앞서 말했듯 A라는 현상과 B라는 현상이 동시에 발생하면, 동일하게 의존하는 사회적 조건 C를 찾아가는 방식으로 경합하는 가설을 소거하게 된다.

131 여기서 가족정신은 하나의 예일 뿐, 종교적 신앙이 매우 강렬한 경우나 정치적 신념이 강한 경우도 똑같이 살인을 자극할 수 있다.

로 살인과 자살은 일부 원시인들 사이에서 동시에 일어날 수 있었다. 그러나 앞서 명시했듯 이타주의는 현대사회의 지배적인 자살유형은 아니다. 자살을 강요하려면 이타주의는 살인의 충동을 일으키는 이타주의보다 더욱 강력하지 않으면 안 된다. 그러므로 문명사회에서 살인과 자살의 병행은 동일한 조건에 의존하지 않을 수 있다는 것이다(『자살론』, 386).

그렇다면 살인과 동시에 연결될 수 있는 다른 근대적 형태의 자살을 고려해야 하는데, 그것이 바로 아노미적 자살이다. 아노미는 상황에 따라 타인을 공격할 수 있는 흥분과 격노한 좌절 상태를 야기할 수 있다. 이 경우 자신을 향한 공격은 자살이 되고 타인을 향한 공격은 살인이 되는 것이다.[132] 이를 통해 뒤르케임은 고도로 발달된 문명의 중심지에서 살인과 자살이 공존하는 것은, 바로 아노미에 기인한다고 결론내린다.

"개인주의의 진전은 살인의 원인 가운데 하나를 제거하지만, 경제 발전에 따르는 아노미는 다른 원인을 발생시킨다"(『자살론』, 387). 프랑스와 프로이센에서 자살과 살인이 전쟁 이후 동시에 증가한 것은 두 나라에서 도덕적 불안정성이 증가했기 때문이다. 즉, "아노미적 자살은 산업적·상공적 활동이 활발한 특별한 상황에서만 빈번하게 일어난다. 그리고 이기적 자살은 가장 빈번한 것이지만 상해범죄를 감소시킨다"(『자살론』, 387).[133] 여기서 아노미적 자살과 이기적 자살의 위상이 비대칭적 관계로 재구성되는 계기를

132 그와 같이 흥분된 감정의 방향을 결정하는 원인은 행위자의 도덕적 특성에 달려 있다. 도덕적 특성의 저항이 강하고 약함에 따라 공격성은 둘 중 어느 한 방향을 취하게 된다. 예컨대 도덕성이 낮은 사람은 자신보다 타인을 살해한다(『자살론』, 387).

133 "만일 자살과 살인이 서로 반비례한다면, 그것은 이들이 동일한 현상의 서로 다른 측면이기 때문이 아니라, 이들이 어떤 면에서 서로 상반되는 사회적 경향을 형성하기 때문이다. …… 그러나 이러한 상반성이 어느 정도의 일치를 완전히 배제하지 못하는 것은 특정한 형태의 자살이 살인을 발생시키는 원인과 상반되는 원인에 의하지 않고, 다만 동일한 사회적 조건에서 반대되는 표현을 하며, 동일한 도덕적 환경 속에서 발전하기 때문이다"(『자살론』, 388. 강조는 필자).

엿볼 수 있다. 그에 따르면, 아노미적 자살은 이기적 자살과 밀접히 관련되지만 직접적인 원인은 다르다. 이기적 자살의 직접적 원인이 근대사회 구조에서 어느 정도 불가피한 정신적 기조라면, 아노미적 자살의 직접적 원인은 근대사회 구조의 특수한 상태, 즉 아노미 상태에서 비롯된다.

즉, 현대사회에서 자살과 살인이 동시에 발생하는 원인이 아노미적 상태에 있다면, 이로부터 개인화의 경향은 반드시 살인의 경향을 강화시키지 않고서도 규제될 수 있다는 결론이 도출된다.[134] 그렇다면 문명은 자살의 배상금이 아니다. 이로써 『분업론』에서 던졌던, 자살이라는 "슬픈 결과의 원인을 그 사회발전과 그 조건인 분업의 탓으로 돌려야할까?"(『분업론』, 369)라는 질문에도 대답할 수 있다. 이 지점에서 정상/병리의 범주는 현재의 사회 상태를 판별하는 최종적인 기준으로 다시 들어온다. "오늘날의 자살은 정상적인 진화의 결과가 아니며, 과거의 제도를 붕괴시키는 데 성공했지만 새로운 것을 세워놓지 못한 병적인 상태에서 유래된다. …… 만일 원인이 비정상적이라면 그 결과도 비정상적일 수밖에 없다. 그러므로 자살의 급증은 현대문명의 찬란함과는 아무런 관계도 없으며, 더 이상 좌시할 수 없는 위기와 혼란의 상태로 인한 것이다"(『자살론』, 400. 강조는 필자).

이상의 이론적 진단을 거쳐 제3부 제3장 '실천적 함의'의 첫 단계에서 실천의 아노미와 공범 관계에 있는 학설들이 다시 한 번 논박된다.[135] 비정상적인 상태는 이를 반영하는 학설들에도 여실히 드러나는바, 당시 유행하고 있던 '비관주의'는 역사적으로 유사한 시기에 등장했던 이론적 형태임이 논

---

134 이러한 맥락에서 뒤르케임은 '이기주의'에 자살률의 지배적인 책임을 묻지 않는다. "개인의 인격에 대해서 다른 무엇보다도 더 큰 가치를 두는 경우에는, 사람들은 다른 사람의 인격도 존중"하기 때문이다(『자살론』, 254).

135 여기 소급예측(retrodiction)이 부분적으로 들어온다. 앞서 말했듯 RRRE 설명모델에서 소급예측(retrodiction)은 역행추론에 근거하며 복합체의 재분해된 요소에서 선행하는 원인을 적용하는 과도기라 할 수 있다(『과실』, 108).

증된다. 그 예로 로마와 그리스에서 사회가 심각한 위기에 있을 때 등장했던 에피쿠로스나 제논의 비관적인 이론이 제시된다. "그 이론의 형성은 사회 유기체의 어떤 장애 때문에 비관적인 경향이 비정상적인 수준에 이르렀음을 지시해준다"라는 것이다. 마찬가지로 당대에 급격히 늘어난 무정부주의, 탐미주의, 신비주의, 사회주의 혁명론자들이 현실을 혐오하고 현실에서 도피하려는 열망 또한 동일한 사회적 조건을 반영하는 이론적 현상일 뿐이다. 이러한 "집합적 우수는 병적인 상태가 아니고서는 집합의식에 그토록 침투될 수 없"으며, "따라서 그러한 상태에서 일어나는 자살의 경향도" 비정상적인 것이다(『자살론』, 401).

그렇다면, 왜 직업집단인가? 첫째, 직업집단은 앞서 말한 대항경향을 활성화하는, 다시 말해 비관주의 경향을 상쇄할 수 있는 힘을 조직하는 관점에서 사고된다. 비관주의에 대한 뒤르케임의 문제의식은 1883년에서 1884년 사이 강의하던 시절로 거슬러 올라간다. 뒤르케임은 이와 관련된 대표적인 사상가로 아르투르 쇼펜하우어(A. Schopenhauer)와 하르트만을 들고 있다.[136] 둘째, 이러한 기류와 함께 당대의 맥락에서 프랑스 제3공화정이 겪고 있던 정치적 분열과 앙시앙레짐(Ancien Régime)의 망령은 직업집단론의 문제의식을 이해하기 위한 중요한 대목이다.[137] 직업집단론은 '고삐 풀린 이기주의의 갈등'으로 표현되는 원자화된 계급사회의 자유주의 레짐뿐 아니라 '비대화된 국가'의 경찰 레짐이라는 두 개의 위험을 동시에 고려하면서 제출된다(Miller, 1996: 3).

---

136 당시 비관주의(pessimism)는 유럽의 많은 곳에서 거의 대중화되었고, "피에르 베일(P. Bayle)의 신학적 비관주의보다 심리학적이고 도덕적인 형태로 다시 유행"하고 있었다(『철강』, 강조는 필자).

137 1789년에서 1914년 사이에 프랑스가 겪었던 심층적인 혁명적 변화와 앙시앙레짐의 파괴 이후 겪었던 정치적·이데올로기적 분열에 대해서는 김종엽(1996)의 2장과, 특히 『직업윤리와 시민도덕』의 서문을 쓴 터너(1998: 16~17)를 참고하라.

일단 비관주의에 대한 대항력(counter power)의 문제부터 살펴보기로 하자. 뒤르케임에 따르면, 지속적인 유대감을 형성함으로써 도덕의 균형을 회복할 기층을 재조직하지 않고서는 인위적인 규제는 무용할 뿐이다.

> 우리는 자살을 어느 정도 용인하지 않을 수 없을 만큼 자살로 포화되어 있다. 그렇다면 우리 자신이 더 엄격해질 수 있는 유일한 방법은, 비관주의적 경향에 직접 작용하여 그것을 정상화시키고 우리의 의식을 비관주의의 영향으로부터 구출해 새롭게 강화되는 것뿐이다. 일단 도덕의 균형이 회복되면 그와 같은 의식은 어떠한 잘못에도 적절하게 반응할 수 있다. 규제 제도는 무(無)의 상태에서 만들어질 필요가 없으며, 필요에 따라 저절로 제 모습을 갖추게 될 것이다. 그렇게 되기까지 규제는 인위적인 것이며, 거의 쓸모가 없다(『자살론』, 403).

결국 『자살론』이 도달한 직업집단의 존재론적·방법론적 위상은 사회화(socialization)의 층위에서 설정된다. "우리는 오직 사회화를 통해서만 이기적 자살을 방지할 수 있"다(『자살론』, 408). 그렇다면, 대안적인 사회화의 경로와 주체는 무엇이어야 하는가? 뒤르케임은 네 가지 가능한 형태의 역가설을 제시한다.[138]

---

138 역가설을 수립하는 절차는 반사실적 사유라고 알려져 있다. 반사실적 사유는 모든 역행추론에서 기본적인 것이다. 반사실적 사유는 '……이 아니라면 이것이 어떠했겠는가?', '……이 없는 X를 상상할 수 있는가?' 등과 같은 질문을 제기한다. 반사실적 사유를 통해 사회적 실재에 대한 축적된 경험과 지식, 그리고 무엇이 아닌가와 무엇일 수 있는가를 추상을 하는 것이다. 있음과 없음, 필연적인 것과 우연적인 것, 구성적인 것과 구성적이지 않은 것 등을 대립물로 간주한다면 반사실적 사유는 동시에 변증법적인 것이라고 말할 수 있다. 왜냐하면 이러한 추리 속에서 어떤 것을 그것의 대립물과의 관계 속에서 검토하기 때문이다(다네마르크 외, 2005: 170).

모르셀리와 프랑크의 견해대로 교육이 대안인가? 아니다. 교육은 사회의 표상이며 반영일 뿐, 사회를 재생산할 수는 있어도 사회를 창조할 수는 없다. 교육은 사람들이 건강할 때만 가능하다. 즉, 교육은 사회 자체가 개혁됨으로써만 개혁될 수 있다. 사회의 개혁을 위해서는 사회가 앓고 있는 병의 근원부터 치유되어야 한다.[139] 그렇다면, 국가나 정치사회를 통해서 가능한가? 제한적이다. 오늘날처럼 규모가 큰 사회적 환경에서 국가는 경제생활 및 개인과 너무 멀리 떨어져 있고, 친밀감을 가지고 개인의식에 침투해 그들을 내적으로 사회화시키거나 개인의 활동에 직접적인 목표를 제공하지 못한다.[140] 그렇다면, 많은 학자가 치유책으로 제시하는 종교가 대안인가? 아니다. 종교는 우리가 지닌 자유로운 관찰의 권리를 부인함으로써만 우리를 사회화할 수 있다. 종교는 개인에게 성찰성을 부여하지 못하며, '이 한계를 넘지 말라'는 한계를 이성에 부여하는 한도 내에서 자살 경향에 영향을 미칠 수 있다. 오늘날 이러한 한계는 인정될 수 없게 되었다. "인간 정신의 역사는 바로 자유로운 사상의 진보의 역사였다. 따라서 저항할 수 없는 경향을 억제한다는 것은 어리석은 일이다"(『자살론』, 407).[141] 가족은 어떤가? 자

139 물론 『도덕 교육』에 이르러, 뒤르케임은 직업집단과 연계된 학교교육을 통한 사회화의 중요성을 강조하고 있다(Durkheim, 1961: 261 참고).

140 더욱이 대혁명 이래 '국가주의'가 프랑스 정치 문화의 지배적 전통으로 자리 잡았다는 것을 상기한다면, 국가는 이러한 역할을 효과적으로 수행할 수 없다. 프랑스에서는 대혁명과 함께 국가와 개인 사이에 존재하는 모든 형태의 중간 조직 — 특히 중세 길드 조직 — 을 폐지했다. 혁명 직후인 1791년 '샤플리에 법(la loi capelier)'을 통해 길드 조직이 금지된 것이다. 이로써 국가는 원자화된 개인으로 구성된 시민사회를 통합하는 핵심적 행위자가 되었다. 따라서 국가가 개인의 해방 요인이긴 하지만 동시에 개인을 억압하는 주체가 될 수 있으므로 국가를 견제할 수 있는 어떤 집단이나 구조가 필요하다는 것이다(김태수, 2008: 295~299).

141 이는 뒤르케임의 종교관을 이해하는 데 중요한 대목이다. 뒤르케임은 악을 퇴치하는 유일한 치유책이 종교일 뿐이라는 견해를 비판적으로 검토한다. 이러한 견해는 종교와 합리주의가 조화될 수 있다고 가정한다. 그러나 이는 종교의 본질에 대한 관념에

살의 증가를 막기 위해서 미혼자의 수를 줄이면 되는가? 즉, 가족은 자살을 방지하는 효력을 갖고 있는가? 쉽지 않다. 분화된 사회에서 부부 가족은 이전에 담당하던 정치적·경제적·도덕적 기능을 더 이상 수행할 수 없다. 가족 자체의 특성에서 변화가 일어났기 때문에 가족은 종전과 같은 자살을 방지하는 영향을 미칠 수가 없다는 것이다(『자살론』, 403~410; 『분업론』, 55~77).

종교도, 가족도, 국가도 할 수 없다면 자살을 치유하는 방법은 없는 것인가? 뒤르케임은 다른 가능한 사회화의 경로로 직업집단을 제시한다. 직업집단이 집합적 개인성을 형성할 수 있으며, 자율성과 함께 성원들에 대한 권위를 가질 수 있다는 점은 과거에 이미 증명된 바 있다. 직업집단은 다른 집단에 비해 언제 어디에나 편재하며, 동종 직업에 종사함으로써 지적·도덕적 동질성과 연대의 생활 감정을 쉽게 형성할 수 있다. 직업집단이 공적 생활의 지도적 중심과 정상적인 관계를 맺게 되면, 과거 가족이 담당하던 상호 부조의 기능을, 나아가 현재 노동조합이 하고 있는 친교적·교육적 기능 또한 담당할 수 있다. 나아가 이들이 공적 제도로 통합된다면,[142] 지방에 고립되어 있지 않고 서로 연관되어 단일한 체계를 형성한다면, 그 자체의 이익만을 추구하는 일도 줄어들 것이다. 그런 점에서 '조합'은 개인을 도덕적 고립에서 끌어내기 위한 모든 것을 갖고 있다(『자살론』, 411).

직업집단이 영향력을 발휘하기 위해서는, 지금과는 전혀 다른 기초 위에

서든, 종교가 자살을 방지해주는 면역성의 원인이라는 관념에서든 다 같이 잘못된 것이다. 사실 종교가 제공하는 면역성은 종교가 개인들에게 어느 정도의 신비한 내세의 관념을 넣어주는 데서 오는 것이 아니라 "인간의 사고와 행동에 대해서 종교가 행사하는 강력하고도 세밀한 규제에서 오는 것이기 때문이다"(『자살론』, 408). 이는 『형태』의 중심 주제가 된다.

142 뒤르케임은 당시 현존하던 조합(union)이나 소렐이 주장하는 혁명적 생디칼리즘에 대해서는 비판적 입장을 유지했다. 직업집단론은 당시의 일정한 조류를 형성했던 연대주의 운동과 다양한 노동조합운동에 대한 사회학적 대안으로 이해된다. 이에 대한 자세한 논의로는 민문홍(2001)을 참조하라.

서 조직되어야 한다. 직업집단이 법적·정치적 공인력을 갖는 기관으로 조직된다면 적절하고 공정한 규제 시스템을 도입할 수 있다. 이는 당시 정부의 획일적인 작용을 보완할 수 있는 대안이기도 하다.[143] 여기서 『분업론』에서 병렬적으로 제시된 비정상적 분업의 두 가지 형태, 강제된 분업과 아노미적 분업의 문제가 『자살론』에 이르러 직업집단론을 통해 하나의 진단과 처방으로 수렴되고 있음을 알 수 있다. 이러한 수렴은 그의 자살 유형학에서 아노미적 자살과 숙명론적 자살의 비대칭성(또는 숙명론적 자살의 축소) 문제를 어느 정도 설명해준다.

> 다른 한편으로, 우리는 축대를 잃은 모든 생활을 조직하지 않은 채 방치할 수 없다고 느끼고 있다. 그리하여 우리는 지나친 엄격성으로 인해서 무력해진 권위주의적 규제와 무정부 상태로 끝나고 말 제도적인 불개입 사이를 끊임없이 번갈아 왕복하고 있을 뿐이다. 문제가 노동시간이건, 건강이건, 임금이건 또는 사회보장이건 간에 언제나 선의를 지닌 사람들은 같은 곤란에 끊임없이 봉착하게 된다. 어떤 규제를 시도해보면 그 규제는 유연성이 없어서 실제의 경험에 적용되지 못하며, 혹은 그러한 규제를 통해 해결하려고 한 문제 자체에 해를 끼치지 않고서는 적용이 불가능하다는 것을 곧 알게 된다.
>
> 그 모순을 해결하는 유일한 방법은 국가의 통제하에 있던 정부 이외에 다른 집합적 힘을 지닌 집단을 내세워서 더 다양하게 규제력을 행사하는 것뿐

---

143 오늘날 유럽 사회는 직업적 생활을 규제하지 않고 방임하거나, 아니면 정부의 중개에 의해서 규제되거나 양자택일을 해야 할 입장에 놓여 있다. 정부 이외에는 그와 같은 중재의 역할을 담당할 다른 기관이 없기 때문이다. 그러나 정부는 하나하나의 직업집단에 적절한 특수한 형태를 가질 수 있을 만큼 복합적인 표상들을 갖출 수가 없다. 정부는 오직 일반적이고 명확한 과업만을 위해 만들어진 기구다. 정부의 획일적인 작용은 무한하게 다양하고 특수한 상황들에 쉽게 적응할 수가 없다. 따라서 정부의 행동은 불가피하게 억압적이며 평균적이다(『자살론』, 412).

이다(『자살론』, 412. 강조는 필자).

이러한 결론은 5년 후 『분업론』 2판 서문에서도 동일하게 제출된다.

이제 사람들은 우리가 『자살론』 마지막 부분에서 언급한 결론을 더 잘 이해할 수 있을 것이다. 우리는 이 책에서 자살이 증가하면서 나타나는 사회적 질병을 치료하기 위한 수단으로서 직업집단을 강력히 조직할 필요가 있음을 미리 보여주었다(『분업론』, 56).

우리 사회의 위기가 사라지기 위해서는 사회가 필요로 하는 곳에 어떠한 규제를 확립하는 것만으로는 충분치 않다. 그러한 규제는 정의로워야 한다. …… "태어날 때부터 부자와 가난한 사람이 있다면 정당한 계약은 성립할 수 없다." 그리고 사회적 조건의 공평한 분배도 있을 수 없다. 이런 관점에서 보면 비록 직업집단의 개혁이 다른 것을 대체하지는 못한다 할지라도, 그것은 개혁 효과를 갖기 위한 첫 번째 조건이다. …… 이 경우 우리는 그 기구와 기관들의 권리와 의무를 명확히 하고 각각의 산업형식도 고려해야 한다. 즉, 각 직업집단마다 일련의 규칙체계가 마련되어 작업량, 서로 다른 기능의 정당한 보상, 서로에 대한 그리고 공동체에 대한 의무 등을 정해주어야 한다. …… 부가 오늘날과 같은 원칙에 따라 상속되는 것을 멈추지 않는 한, 무정부 상태는 사라지지 않을 것이기 때문이다. 그 이유는 사물이 제 마음대로 흩어져 있고, 그것을 사용하는 활동들이 규제되지 않아서 무정부 상태가 지속되기 때문이다. 따라서 이러한 규제를 확립시키는 데 필요한 힘이 사전에 형성되고 조직되지 않는다면, 그 조직은 필요한 경우에 자연스럽게 규제되지 않을 것이다(『분업론』, 57~58. 강조는 필자).

이와 같은 이유로 강제된 분업과 아노미적 분업의 문제의식은 '무력해진 권위주의적 규제'와 '제도적인 불개입' 상태를 해소하기 위한 직업집단론 처방으로 귀결된다. 이기적 자살과 아노미적 자살 사이의 긴장도 직업집단론으로 수렴된다. 이기적 자살과 아노미적 자살은 일종의 동전의 양면 관계로, 직업집단의 조직은 양자를 제어하기 위한 공동의 방책인 셈이다. 아노미는 사회의 특정한 부분에서 집합적 세력이 부재한 데서 온다. 즉, "사회생활이 규제를 위해서 수립된 집단의 부족에서 온다. 그러므로 아노미는 부분적으로 이기적 경향을 생성시키는 것과 같은 해체의 상태에서 나오는 결과다. 그러나 같은 원인이 적극적이고 실제적인 기능에 영향을 미치느냐, 아니면 상징적인 기능에 영향을 미치느냐에 따라 다른 결과를 가져온다. 같은 원인이 전자의 경우에는 선동하고 격앙시키며, 후자의 경우에는 오도하고 부조화를 일으킨다. 따라서 양자의 경우에 치유책은 동일하다"(『자살론』, 415). 요컨대 직업집단은 아노미의 주된 원인인 경제적 기능을 통제할 방책이자, "긴급한 분배정의의 법칙"을 담당할 주체로서 설정된다(『자살론』, 416).

세 가지 형태의 비정상적 분업에 대한 처방책이 직업집단론으로 수렴되는 논리구조를 표로 나타내면, 〈표 VI.5〉와 같다.

〈표 VI.5〉 비정상적 분업과 자살 유형의 의미 계열

아노미적 분업	⇢	아노미적 자살	⇢	아노미		
강제된 분업	⇢	숙명론적 자살	⇢	비관주의	➡	직업집단론
또 다른 형태의 비정상적 분업	⇢	이기적 자살	⇢	이기주의		

이러한 방식으로 『자살론』의 자유방임주의 비판 또한 사실판단에서 가치판단으로 나아가는 설명적 비판의 논증을 보여준다. 자살에 책임이 있는 원인 범주로서 제출된 아노미 개념은 지난 2세기 동안 부차적 역할을 해왔

던 경제적 기능의 부상에 대한 최종적 판별과 궤를 같이 한다. 그리고 경제에 대한 규제를 방임하고 정당화하는 자유방임주의 학설이 『분업론』 2판 서문에서 다시 한 번 논박된다.

> 이러한 무정부 상태가 병리적 상태임은 아주 분명하다. 왜냐하면 그 상태는 모든 사회의 목표 자체를 부정하는 것이기 때문이다. 즉, 사회의 목표는 강자의 물리적 법칙을 더 높은 목적에 종속시킴으로써 사람들 간의 전쟁을 없애거나 최소한 억제하는 것이기 때문이다. 이 같은 비규제의 상태를 정당화하기 위해 사람들은 그 상태가 개인의 자유를 크게 발전시킨다는 점을 강조하지만, 이는 부질없는 일이다. 사람들이 종종 규칙이 지니는 권위와 개인의 자유 사이에 확립하기를 원하는 적대적 관계만큼 거짓된 것은 없다. 오히려 자유……는 그 자체로서 특정한 규제의 산물이다. …… 이 같은 상태를 예외적으로 더 심각하게 만드는 것은 지금껏 알려지지 않은 채 거의 지난 2세기 동안 발전되어온 경제적 기능들이다.
>
> 이제까지는 경제적 기능들이 비록 2차적 역할을 해왔지만 오늘날에는 첫 번째 역할을 수행하고 있다(『분업론』, 19. 강조는 필자).

정리하자면 『분업론』과의 상호담론적 독해에 입각할 때, 『자살론』에서 제시된 직업집단론은 병렬적으로 제시되었던 세 가지 비정상적 분업의 문제를 해결하면서, 다음의 세 가지 의미를 창출하는 것으로 보인다.[144] 첫째,

---

144 뒤르케임이 생각한 직업집단은 우리가 상식적으로 아는 노동조합과는 몇 가지 점에서 구분된다. 첫째, 직업집단은 사용자와 노동자 조합을 연결해주는 합법적 사회조직으로, 국가에서 상당한 자율성을 인정받는 공공의 사회조직이어야 한다. 둘째, 직업집단은 생산수단을 소유해야 하고, 그 구성원들의 상속 재산을 물려받아 직업집단의 생산활동과 복지활동을 위해 사용해야 한다. 그리고 그것이 긴 안목에서 분배와 불평등 문제를 해결하는 것은 물론, 생산 수단의 기계화와 혁신에 기여할 수 있어야 한다.

사회통합이라는 측면에서 직업집단은 현대 산업사회의 아노미적 경향을 억제할 도덕적 주체로 상정된다(아노미적 분업에 반대하는 테제). 둘째, 정치통합이라는 측면에서 볼 때, 직업집단은 국가와 개인 사이에 위치함으로써 국가의 독재적 전횡을 막는 한편, 아노미적 분업 및 강제된 분업을 낳는 국가의 특수한 – 또는 '정치적'인 – 성격을 비판·제어할 수 있는 제도적 기제로 기능한다(강제된 분업에 반대하는 테제).[145] 셋째, 각 노동자의 기능적 활동을 지속적·항상적이고 집단적 형태로 조정하고 활성화시킬 수 있는 지도적 중심, 즉 일상을 사회화·조직화하는 역할이다(또 다른 형태의 비정상적 분업에 반대하는 테제).[146] 그리고 당연한 얘기지만, 직업집단론 역시 기계적 연대에서 유기적 연대로 가는 이행이 자동적으로 일어나는 것이 아니라 인간의 주체적인 실천의지가 따라야 한다는 점을 함축하고 있다(김태수, 2008: 309).

즉, 직업집단은 개인의 이기주의를 제어하고 연대감을 부양할 사회화(socialization)의 기제이며, 체제의 위기와 주관성의 위기, 사회통합과 정치통합의 과제를 아울러 해결할 수 있는 핵심적인 고리로 상정된다. 중요한 것은 '전면적 개혁'을 추동할 주체를 마련해 이를 제도화하는 것이며, 이 규제를 담당할 도덕적 세력이 직업집단이라는 것이 『분업론』에서 『자살론』으로, 다시 『분업론』 2판 서문으로 이어지는 일관된 결론이다(『분업론』, 54~

셋째, 이 직업집단은 지역구에 기반을 둔 기존의 민주주의 사회의 보통선기 제도를 대체하는 새로운 보통선거 제도의 기본적 단위가 되어야 한다(민문홍, 2001: 131).

145 직업집단론을 사회주의론으로 해석하는 기든스는 뒤르케임의 사회주의를 경제와 국가가 합병되고, 이 통합이 국가의 특수한 '정치적'인 성격을 제거하는 것이라고 이해한다(기든스, 2008: 205). 뒤르케임의 '정치', '정치사회' 개념은 Giddens(1990)를 참고하라.

146 이렇게 볼 때 직업집단론은 국부적인 병리의 원천을 제거할 존재론적 차원의 해법이다. "접촉이 결코 상실되지 않으려면 중간 단체들이 단지 일시적으로만 세워질 것이 아니라 끊임없이 작동해야 한다. 바꾸어 말하면 중간단체들은 사회체의 자연적·정상적 기관이어야 한다"(『직업윤리』, 176).

59; 『자살론』, 410~425). 요컨대 『자살론』을 경유해서 구체화된 뒤르케임의 직업집단론은 생산의 아나키를 제어하고 합리성이 항구적으로 작동할 수 있는 사회체제로 나아갈 사회재조직의 기획으로 독해될 수 있다.

결론적으로 『자살론』의 과학은 정치적인 판단과 실천의 가능성을 배제하지 않을 뿐 아니라, 오히려 '정치'를 사회학적 설명이 제시해야 할 행위규칙과 판단의 범주로 적극적으로 끌어들인다. 『자살론』의 결론은, 자살 연구가 현대의 가장 중대한 실천적 문제들과 밀접한 관련을 갖고 있음을 다시 한 번 강조한다. "자살의 비정상적인 발전과 현대사회의 일반적인 불안정은 같은 원인에서 기인한다"(『자살론』, 424). 이러한 집합적인 애상의 경향을 치유할 수 있는 유일한 방법은 "새로운 생활형태의 싹을 찾아 그 성장을 촉진"하는 것이며, 오직 "직접 부딪쳐봄으로써만" 과학의 가르침이 결여하고 있는 구체성을 획득할 수 있다고 힘주어 말한다. 이는 뒤르케임의 설명의 종착점은 "정치철학자에 의해서 주장되는 지나치게 확정적인 프로그램"을 제시하는 것이나 세밀한 부분까지 예상하는 실증주의적인 예측과는 거리가 멀다는 것을 말해준다. 이러한 설명적 논증을 거쳐 비로소 실천적 결론이 도출되는바, "일단 사회적 악의 존재와 그 성격, 그 원인, 그리고 그 치유의 일반적인 방향과 적용의 부위 등을 알게 되면, 모든 것을 예상하는 계획을 미리 세우는 일보다는 단호한 결심을 가지고 일에 착수하는 것이 더 중요하다"라는 것이다(『자살론』, 425).[147]

---

147 『분업론』 2판 서문에서도 이러한 실천적 처방이 과학적 예측에 우선되어야 함을 힘주어 강조한다. "현재 우리의 과학적 지식 상태를 고려할 때, 우리는 직업집단의 장래를 대충 그리고 의심스러운 절충의 형태로만 예측할 수 있기 때문이다. 결국, 직업집단을 현실화하면서 더 명확하게 할 수 있는 도덕적 힘을 구성할 때만, 새로운 직업집단을 즉시 설립하는 일이 더 큰 중요성을 가질 수 있을 것이다!"(『분업론』, 59)

5. 비판적 논평: 사실과 가치의 변증법

지금까지 『분업론』과 『자살론』에서 나선형적으로 전개된 자유방임주의 비판을 통해, 근대사회의 구조적이고 도덕적인 위기를 극복하기 위한 대안으로 직업집단론이라는 실천적 처방이 도출되는 과정을 살펴보았다. 정상적인 분업에 초점을 맞춘 『분업론』이 개인숭배라는 새로운 도덕률이 지닌 이상 및 목표의 필연성을 입증하는 데 많은 지면을 할애했다면, 비정상적 분업에 초점을 맞춘 『자살론』은 새로운 도덕률을 추구할 수단까지 제시하는 설명적 비판의 연속적인 전개 과정으로 상보적으로 독해될 수 있다. 뒤르케임의 설명적 비판 논증은 이론적 판단에서 실천적 판단으로 나아가는 맑스의 설명적 비판 모델을 공유하는 한편, 사실/가치 나선형 속에서 더욱 정확히 이해된다. 뒤르케임의 사회과학방법론 역시 '사회적 존재론 → 설명적 방법론 → 설명적 비판'을 통해 제출된 실천적 사회이론이라는 세 차원을 갖는다.

첫째, 『분업론』과 『자살론』의 사회형태학과 자연주의 사회과학의 문제 설정은 크게 스펜서를 위시한 자유주의 경제학의 방법론적 개인주의 및 환원주의와 대결하며 구체화되었다. 맑스와 마찬가지로 뒤르케임 역시 자유주의 경제학이 필연적으로 봉착할 수밖에 없는 정체상태의 존재론에 반대하며, 근대사회 이행의 구조와 동학을 해명하는 과정에서 사회학적 방법론을 구축했다. 기존 학설들이 포착하지 못한 근대사회의 역동성을 뒤르케임은 유기적 분업 구조 속에서 새롭게 발현된 사람-사회 관계에서 찾고 있다. 층화이론에 기초해 『분업론』을 읽어낼 때, 근대의 노동 분업이 초래한 해방적 성격은 물리적·유기적 구조로 환원되지 않는 사회성, 개인성, 정신성의 발현에 근거하며 수직적 인과성의 차원에서 논증된다. 이 점에서 자연적 필연성과 목적 활동의 가능성을 매개하는 역할에 뒤르케임이 의도한 도덕과학의 기획이 자리한다고 할 수 있을 것이다.

이렇게 볼 때 『분업론』에 전제된 층화이론은 인간 주체의 실천과 노력의 공간을 이론적으로 논구하고자 했다는 점에서 진화론적 낙관주의라는 편견과 관련이 없다. 오히려 맑스와 마찬가지로 뒤르케임 또한 '사회들'에 기반을 둔 설명모델을 구축함으로써 역동적인 역사발전의 경로를 상정했다. 따라서 뒤르케임에게 향해져왔던 비판, 사회가 개인에게 미치는 역할을 일방적으로 강조함으로써 행위의 자율성을 무시하는, 이른바 물상화 모델의 원형을 제공했다는 비판은 이제 정당하게 재고될 수 있다(『비실』, 2007; 콜리어, 2010 참고). 이러한 입장에서는 뒤르케임이 그토록 강조하는 개인숭배나 유기적 연대의 원천으로서 나타나는 자발적 분업의 원리를 명확히 설명해 줄 수 없다. 『분업론』과 『자살론』의 논증은 이러한 오해를 교정할 뿐더러, 사회적 삶의 관계적 차원과 역동적 계기를 이론적으로 재구성할 수 있는 여지를 충분히 열어놓는다. 또한 칸트주의 관념론과 공리주의 유물론의 이항대립을 넘어 구축된 관계적 사회실재론은 기존의 물상화와 자원론 – 또는 상호작용론적 해석 – 의 이분법적 해석은 물론 그에게 덧씌워진 보수주의·기능주의라는 편견을 일소한다. 아울러 초기-후기 작업을 중심으로 사회학적 유물론과 사회학적 관념론, 결정론과 자원론 사이에 단절을 설정하는 '두 명의 뒤르케임'이 성립할 수 없음을 말해준다.

뒤르케임의 자유주의 비판이 지닌 독창성은 목적과 수단, 과학과 기예, 원인과 기능, 정상과 병리라는 대당적인 범주를 도입함으로써 맹목적으로 추구되어온 분업에 성찰성과 정당한 한계를 부여할 수 있는 과학적 비판의 준거를 확보했다는 점이다. 특히 뒤르케임 특유의 유기체적 유추는 이미 알려진 기제에 기대어 알려지지 않은 기제를 추론하는 역행추론의 인지적 자원으로 정당하게 이해될 수 있음을 살펴보았다. 나아가 유기체적 유추는 사회과학적 지식의 대상과 지식 주체의 긴밀한 상호 관계와 사회적 질병의 진단과 치유를 그 본령으로 하는 사회학의 실천적 역할에 정향됨으로써, 뒤르케임 특유의 사회학적 설명모델의 독창성을 입증한다. 이는 맑스의 '생산력과 생산관계'와 같이 이행하고 있는 사회형태의 구조와 국면을 분석하기 위해 설계된 역사연구의 방법론적 장치로서 기능했다.

이 모든 점을 아울러 볼 때, 정상적 상태와 비정상적 상태의 판별이 『분업론』과 『자살론』의 사회형태학에서 점하는 중심적인 지위를 이제 정당하게 인정할 수 있을 것이다.[148] 오히려 『자살론』의 병리 분석은 콜리어가 말한 '병리적인 것의 방법론적 우선성'이라는 방법론적 가치를 보여준다. 어떤 것이 어떻게 잘못되어 가는가를 살펴봄으로써 그것이 제대로 작동하는 조건에 관해, 즉 비정상적인 것을 연구함으로써 정상적인 것의 조건 또한 알아낼 수 있다는 것이다(콜리어, 2010: 241; 다네마르크 외, 2005: 177). 구체적인 시공간에서 작동하는 도덕적 위기와 병리현상을 분석하는 작업은, 밀접하게 상호작용하고 있는 감춰진 기제들을 판별할 실험의 유사물이 될 수 있다.[149]

이러한 해석이 타당하다면, 아노미 비판의 사회이론적 위상 또한 한층 더 제고될 수 있을 것이다. 그간 뒤르케임의 '아노미' 개념은 주로 현대성 일반의 도덕적 위기를 지칭하는 개념으로 비판이론에서 수용되거나 기능주의적·문화주의적 문법 속에서 명맥을 이어왔다.[150] 그러나 『분업론』에서 『자

---

148 미셸 푸코(M. Foucault)가 말하듯, 질병의 정상적 메커니즘에 대한 분석은 실제로 병적 침해의 충격을 더 잘 식별하게 해준다. 그리고 유기체의 정상적인 가능성과 함께, 유기체가 갖고 있는 치유 능력을 더 잘 알 수 있게 해준다. 질병이 정상적인 생리학적 가능성 안에 새겨져 있듯이, 치유의 가능성도 질병의 과정 안에 새겨져 있다(푸코, 2002: 26~27).

149 불투명한 발생구조들은 전환기나 위기의 시기에는 행위주체의 눈에 더 잘 보일 수 있다고 추정할 수 있다. 그리고 이것은, 비록 폐쇄의 인식적 가능성들을 낳는 것은 결코 아니지만, 자연과학에서 실험이 수행하는 역할에 대한 부분적 유사물을 제공한다(『자가능』, 48).

150 가령 권위 있는 뒤르케임 해석자 룩스조차 「소외와 아노미(Alienation and Anomie)」

살론』으로 이어진 '비정상적 분업'에 대한 분석에서, 무질서의 원인 개념으로 부상한 '경제적 아노미'는 근대사회의 병리의 구조적 차원과 처방의 가능성을 동시에 아우르는 설명적 비판 범주로서 지위를 확보한다. 다시 말해 뒤르케임이 분업 일반과 자본주의적 분업의 불연속성을 사고하고 있다면, 또한 '아노미적 분업'이 근대 일반이 보이는 병리가 아니라 그 역사적 규정성, 즉 근대의 특수한 형태로서 병리적 분업의 성격을 지시한다면, '아노미' 또한 자유방임주의가 사회적 재생산을 규율하는 사회적 조건에서 필연적으로 발생하는 허위의식의 성격을 갖게 된다. '규제의 부재 때문에 나타나는 무규범 상태'를 뜻하는 아노미는, 목적과 수단, 본질과 현상의 관계를 전도함으로써 '현재의' 구조를 재생산하는 핵심적인 메커니즘이 된다. 아노미가 가리는 본질관계는 무엇인가? 그것은 근대의 사회분업이 목표로 추구해야 할 사회관계의 본원적 사회성과 연대다. 연대의 필연성을 입증하면서 이행 중에 있는 근대사회의 과도기적 성격을 드러내는 데, 아노미 비판의 기획이 자리했다고 할 수 있다.

둘째, 뒤르케임의 설명적 방법론은 존재적 자동성, 초사실성, 층화라고 하는 초월적 실재론의 전제들을 공유하기 때문에, 경험적 실재론에 기초한 실증주의적 설명모델과 상이한 원리에 입각해 있다는 점을 살펴보았다. 사실판단과 가치판단을 매개하는 논증은 실험의 방법론에 입각한 초사실적 논증의 설명적 절차로 더 잘 이해될 수 있다. 마찬가지로 콩트의 연역주의와 밀의 귀납주의에 반대하면서 정교화된 '발생적 방법'은 맑스의 역사과학 방법론과 유사한 방법론적 숙고와 절차를 공유하는 한편, 『자본론』에 전제

라는 글에서 아노미를 사회학적 개념으로 다루어야 할지, 심리학적 개념으로 다루어야 할지 주저하는 경향을 보인다(Lukes, 1967: 134~156 참고). 기든스 또한 아노미를 '규범 없음'과 '규범적 긴장'으로 해석하는 두 가지 경향을 말하지만, 불완전한 도덕적 발달이나 욕망의 불일치 문제로 제한함으로써 사회구조적인 차원의 병리를 지시하는 설명적 비판 범주로 아노미 개념을 읽어내는 데 실패한다(기든스, 2000: 120~121 참고).

되어 있지만 충분히 서술되지 못한 맑스의 사회형태추상과 역사비교방법론을 이해하도록 돕는다.

사회과학의 이론적·실천적 설명모델로 『자살론』의 구조를 이해할 때, 이 역시 기존 해석의 긴장을 해소하는 데서 몇 가지 이점을 갖는다. 첫째, 초월적 실재론의 전제들과 인과관계에 대한 개입주의 모델은 『자살론』의 통계 사용과 관련한 실증주의적 독해를 바로잡는다. 실험적 발견과 설명적 논증의 절차로서, 공변법은 방법론적 실증주의의 계량적 분석 방법과 경험적인 일반화의 가치를 훨씬 뛰어넘기 때문이다. 공변법으로 개척한 역사비교방법론은 개방적인 현실과 복합적인 국면 분석에 맞는 존재론적 적합성을 지니며, 실험의 사회학적 등가물과 보완물이 될 수 있다. 또한 이러한 설명은 원인론과 형태론의 불편한 결합이 부당전제의 오류를 범하고 있기에 해석학의 지원을 필요로 한다는 기존 해석이나, 사회학주의·본질주의라는 비판이 지닌 일면성을 드러낸다. 오히려 공시발현적 힘의 유물론 위에서 새롭게 이해된 『자살론』은 자연의 일부인 동시에 역사와 행위에 의존하는 사회적 인과성에 입각해 이유 분석과 원인 분석이 결합될 수 있는 실재론적 설명모델을 선구적으로 개척한다. 이는 원인에 입각한 법칙연역적 설명과 이유/동기에 입각한 목적론적 설명모델로 양분된 현대 방법론적 이원론의 일면성을 넘어설 타당한 선례를 제공한다.

셋째, 오늘날 뒤르케임 방법론이 지닌 가장 큰 과학적 가치는 도덕 실재론과 설명적 비판이 결합된 자연주의 윤리학의 기획에 있다고 보인다.[151]

---

151 앤드루 세이어는 윤리의 본성에 대한 이론으로 "제한된 윤리적 자연주의(qualified ethical naturalism)"를 제안한다. '제한된 윤리적 자연주의'는 선 또는 악의 정확한 의미가 인간의 사회적 존재의 본성을 참조하지 않고 결정될 수 없다는 것을 고려한다는 점에서 윤리적으로 자연주의적이다. 선과 악의 의미가 단지 '가치'나 '주관적인 의견', 또는 기쁨과 고통의 문제가 아닌 것은 그것이 객관적인 문제와 관련되기 때문이다. 사회적 삶의 본성은 보편적인 육체적·심리학적인 인간의 속성들 안에, 즉 고통받고

『분업론』 1판 서문의 도덕과학방법론은 설명적 비판의 기본 기획과 해방적 가치론을 선취한다. 뒤르케임에게 도덕은 '객관적인 실재의 속성'을 지닌다. 여기서의 도덕은 실천적·관계적·설명-비판적인 도덕성으로서 세계 내에 실재하는 도덕성을 지시한다. 이러한 관점은 윤리의 사회학으로 환원되지 않는 비판적인 도덕 실재론의 토대가 된다(Bhaskar and Norrie, 1998: 569). 즉, 과학은 본디 삶을 위한 활동일 뿐이며 사실판단에서 가치판단으로 나아가는 설명적 논증을 매개로 '과학 속의 도덕과 실천', 그리고 '실천 속의 과학과 도덕'이 가능하다는 것이다.[152]

이는 오늘날 사실판단과 가치판단, 과학과 정치/도덕 사이에 부당한 논리적 간극을 설정하는 주류 사회과학의 가치중립 테제를 효과적으로 비판한다. 뒤르케임의 사회학적 가치이론에서 가치는 — 실증주의 테제가 가정하듯 — 주관적 구성물이 아니다. '가치' 또한 사회적 원천을 갖는 '사회적 사실'이다. 즉, 가치는 자연의 일부이며, 가치판단은 사물과 이상적인 것(the ideal)의 관계를 표현한다. 가치판단과 사실판단은 상호 구분되는 절차와 순서를 취할지언정, 양자는 지속적인 상호 관계 속에 나선형적으로 융합된다.

> 첫 번째 순서의 판단들은 실재에 대한 충실한 분석과 표상으로 제한되는 반면, 두 번째 순서의 판단들은 이상적인 것이 부여한, 대상의 새로운 측면을 표현한다. 이 측면은 그 자체로 실재적인 것이지만, 대상의 내재적인 속성들

번영할 수 있는 있는 인간의 능력에, 인정과 자기 존중을 위한 우리의 정신적 욕구에, 그리고 부끄러움과 공감과 같은 정서를 느낄 수 있는 우리의 능력에 닻을 내리고 있다(Sayer, 2004).

152 "우리가 처음 그 과학적 측면 속에서 보았던 도덕적 숙고는 이제 실천적 대상들도 가진 것으로 나타난다. 도덕적 숙고는 사고와 반성의 작업일 뿐 아니라 삶의 한 요소다. 그것이 우리가 도덕적 숙고는 기예인 동시에 과학이라고 말하는 이유다. 도덕적 숙고는 개인들과 사회들 모두의 행위를 안내하는 경향이 있다"(Durkheim, 1978g: 193).

이 실재하는 것과 동일한 방식으로 실재적인 것은 아니다. 대상은 본성을 변화시키지 않고 가치를 잃거나 서로 다른 가치를 얻기도 한다. 이상적인 것만이 변화를 필요로 한다. 따라서 추가되는 것이 서로 다른 순서의 또 다른 사실에서 빌려온 것일지라도, 가치판단은 어떤 점에서는 특정한 사실을 추가한다. 이처럼 판단력은 상황에 따라 다르게 기능하지만, 이러한 차이는 기능의 본질적인 통일성을 손상시키지 않는다(『사철』, 95).

뒤르케임에 따르면, "사실 이상적인 것은 사회학의 고유한 연구 영역"이다. "사회학은 이상적인 것을 주어진 사실로, 연구의 대상으로 받아들이고 그것들을 분석하고 설명하려고" 하기 때문이다(『사철』, 91). 이러한 관점에서 가치판단은 사회학 고유의 과제로 정당하게 자리매김한다.

가치판단을 설명하기 위해서, 가치판단을 사실판단으로 환원함으로써 가치 개념을 상실할 필요가 없으며, 가치판단을 초월 세계와 관련해 인간이 가진 어떤 능력이나 다른 능력과 연결시킬 필요도 없다. 확실히 가치는 사물들과 이상적인 것(the ideal)이라는 서로 다른 측면의 관계에서 도출되지만, 이상적인 것은 '몽상의 세계'가 아니다. 이상적인 것은 자연에 속하고 자연 안에 있다(『사철』, 94).

사람이 이상적인 것을 이해한다면…… 그것은 그 사람이 사회적 존재이기 때문이다. …… 이상은 추상도, 효과적인 힘을 결여한 냉정한 지적 개념도 아니다. 이상은 본질적으로 역동적인데, 이상적인 것 너머에는 집합적인 것의 강력한 힘이 있기 때문이다. 이상은 집합적인 힘이다. 즉, 자연적이지만 그와 동시에 도덕적인, 우주의 다른 힘들과 비교할 수 있는 힘이다. 이상 그 자체는 이러한 자연의 힘이고 따라서 과학적 조사에 종속된다. 이상이 실재의 성질을 띠는 것은 이상적인 것이 실재에서 도출되지만 실재를 능가하기 때문이다. 이상적인 것을 형성하기 위해 결합하는 요소들은 실재의 부분이지만, 그 요소들은 새로운 방식으로 결합되고 결합 방식의 독창성은 종합 그 자체의 독창성을 만들어낸다(『사철』, 92).

따라서 가치판단은 과학자유(science-free)적이지 않다. 뒤르케임의 설명적 비판 논증은 비판적 실재론이 제시한 사실과 가치의 나선형적 관계 속에서 보다 잘 이해될 수 있다.

맑스의 경우와 마찬가지로 이 도식은 사실에서 가치로 가는 단순한 추론을 허용하지 않는다. 한쪽의 F(사실적 판단) → T(이론적 판단) 또는 T(이론적 판단) → P(실천적 판단)의 관계와 다른 쪽의 V(가치판단) → F(사실적 판단)와 P(실천적 판단) → T(이론적 판단)의 관계 사이에는 비대칭이 존재한다. 사실적이고 이론적 고려들은 가치와 실천적 판단에 경향과 동기를 부여할 뿐 아니라, 유리한 인식적 상황에서는 – 그리고 '다른 것들이 동일하다면'이라는 조건절 아래에서 – 가치판단 및 실천적 판단을 논리적으로 수반한다. 반면 가치의 실천적 고려들은, 사실적이고 이론적인 판단의 근원이 되고 때로는 동기를 부여하지만 이것들을 중대하게 수반하지는 않는다. 바로 이러한 비대칭이 사실/가치, 그리고 이론/실천의 나선을 잠재적으로 합리적이고 발전적인 나선들로 만든다(『비실』, 197~198; 콜리어, 2010: 262).[153]

---

153 즉, 사실에서 가치로 나아가는 논증은 연역적 논증보다는 증거적이거나 과학적 논증에 가깝다(콜리어, 2010: 246). 논증은 다음과 같은 두 가지 조건을 충족해야 한다.

(a) T 〉 P (b) T exp I(P)

일련의 관념들 P에 대해 (a) P가 허위이고, 즉 우리가 문제의 현상들에 대한 더 뛰어난 설명을 가지고 있고, 동시에 (b) P가 다소간 국면적으로 필연적인 경우에만, 즉 우리가 문제가 되는 믿음의 허위성에 대한 설명을 가지고 있는 경우에만 우리는 그것을 '이데올로기적인 것'이라고 정당하게 특징지을 수 있다(바스카, 2005d: 106).

〈그림 VI.3〉 사실/가치 나선

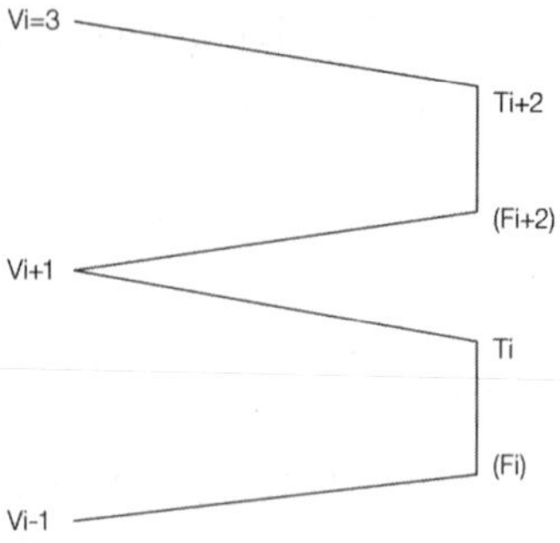

자료: 『비실』, 197

간단히 말해, 바스카가 제시한 사실/가치 나선형은 특정한 믿음체계를 허위라고 판단할 최소한의 기준을 충족하는 '이론의 능력'에 근거를 두고 있다. 행위주체는 그 믿음을 설명할 수 있어야만, 그것을 합리적으로 변동시키는 일에 착수할 수 있다. 왜냐하면 믿음은 그것이 사회에 대한 것이든 자연에 대한 것이든 간에 분명, 사회적인 객체이기 때문이다. 이러한 발걸음이 내디뎌지면, 개념적 비판과 변동은 사회적 비판과 변동으로 옮겨간다. 이데올로기 개념이 충분히 발전한다면, 가치에 관한 사실이 사실에 관한 이론에 매개되어 사실에 관한 가치로 변형되는 것처럼, 이론은 실천 속으로 융합된다. 사회과학철학 최후의 표어인 가치중립성이라는 규칙은, 우리가 가치 자체가 허위일 수 있다는 것을 알게 될 때 붕괴되는 것이다(바스카, 2005b: 89~108).

나아가 『자본론』과 비교할 때 뒤르케임의 논증이 갖는 독창성은 행위의 정서적·갈망적 요소를 무시하지 않는 설명적 비판의 개입 사례를 제공한다는 점이다. 『자살론』의 과학은 사회관계적 행위자들의 비합리적인 정서와 병폐의 원천을 특정한 사회적 조건 속에서 구명하는 한편, 행위의 인지적 기초 또한 아울러 고려하는 심층-설명적 비판의 한 유형을 제공한다. 이는 욕구와 감정을 구성하는 사회적 차원을 환기시킴으로써 개인주의 사회학이 상정한 초역사적 합리성을 효과적으로 비판한다. 이를 통해 비합리적 정서에 관여하는 사회적 힘들을 심리학적·유기체적 속성으로 환원하는 이른바 '환원문제'에 유의미한 비판도 수행한다. 나아가 행위의 인지적 기초와 정서의 합리적 토대를 무시하는 비합리주의와 실천주의가 모두 봉착하게 되는 상대주의, 뒤르케임의 용어로 '지적 아노미'와 '실천의 딜레마'를 논박할 공간을 열어놓는다. 반자연주의 윤리학이 감정의 주관적 작용과 사회적 결과만을 보는 곳에서, 뒤르케임의 자연주의 윤리학은 정확히 감정의 사회적 원천을 본다.

VII 이행기 과학과 자연주의 사회과학의 가능성: 맑스와 뒤르케임의 귀환

지금까지 맑스와 뒤르케임의 방법론이 유사한 해석의 구조를, 유사한 자연주의 사회과학의 전제들과 방법론적 원리를 공유한다는 점을 살펴보았다. 아울러 맑스의 뒤르케임의 사회과학방법론이 정태적인 모델이 아니라 하나의 사회형태에서 다른 형태로의 이행을 이해하고 설명하려는 기획을 공유하며, 이것이 근대사회의 역사성에 존재론적 근거를 갖고 있다는 점을 알 수 있었다. 맑스와 뒤르케임 모두 현존하는 사회체제를 특수하고 과도기적인 사회형태로 바라본다. 맑스의 생산모델과 뒤르케임의 분업모델은 근대사회라고 하는 역사적인 지평에서 새롭게 출현한 사람-사회 관계의 발현적 속성을 정치경제학 비판의 역사적·과학적 전제로 상정했다. 결국 맑스와 뒤르케임의 관계적 사회 패러다임과 변형적 사회활동모델은 역동적인 역사발전 논리와 역동적인 과학 발전의 논리를 공유하는 것이다.

본 장에서는 이제까지의 논의를 종합하면서, 첫째, 이 책의 서두에서 제기했던 '맑스와 뒤르케임의 딜레마'로 돌아가 기존 논의의 남은 혼란을 해소하고, 둘째, 양자를 비교함으로써 자연주의 사회과학의 성취와 가능성을 토론하기로 하자.

1. 논의의 요약과 딜레마의 해결: 고전 사회학의 재정식화

우리는 맑스와 뒤르케임 이론 및 방법론의 고갈되지 않은 잠재력과 설명력이 현실의 위기를 해결하는 데 힘을 발휘하지 못하고, 상호 유기적인 관계를 맺지 못하는 이론적 현실이 왜 발생하는지에 대한 의문에서 출발했다. 이에 따라 이 글의 서두에서는 맑스와 뒤르케임의 방법론에 대한 타당한 이해를 차단하는 현대 사회이론 내부의 두 가지 지배적인 통설에 주목했다. 맑스와 뒤르케임 각각 이론사적 발전 과정에 인식론적 단절이 있다는 '두 명의 맑스', '두 명의 뒤르케임'의 테제가 그 하나라면, 다른 하나는 '맑시즘'과 '사회학' 사이에 근본적인 단절이 있다는 주장이다.

이 논의를 마무리하기 위해, 첫째, 알렉산더(Alexander, 1982)의 사회학 개념이 제기한 맑스와 뒤르케임의 딜레마를 고찰하고, 둘째, 테르본(Therborn, 1989)과 뒤르케임의 사회학 개념에서 제기된 '맑시즘과 사회학'의 딜레마를 재검토하기로 하자.[1]

1) 이분법의 오류와 관계적 사회 패러다임

첫 번째 쟁점과 관련해서, 제II장에서는 각각 고립된 사실로 이해되어온 맑스와 뒤르케임 방법론을 둘러싼 해석의 혼란을 교차해서 살펴봄으로써, '두 명의 맑스'와 '두 명의 뒤르케임'으로 압축되는 유사한 해석의 구조가 동일한 이분법적 해석의 오류에 기인하고 있음을 살펴보았다. 이는 파슨스의 수렴테제를 변형·계승한 알렉산더에 이르러 '고전 사상의 안티노미'라는 테제로 압축적으로 표현되었다. 이 테제에서 맑스의 사회학적 유물론과 뒤르

1 두 이론가의 견해는 맑스와 뒤르케임의 관계를 둘러싼 지배적인 통념을 드러내기 위한 사례로서 도입된다.

케임의 사회학적 관념론은 상호배타적 일면화를 상징하며, 베버와 파슨스의 경우 종합을 지향하는 접근 방식으로 정식화되었다. 예컨대 알렉산더는 이렇게 말한다.

> 맑스와 마찬가지로, 뒤르케임은 근대사회의 근본적인 재구조화를 포함하는 실천적 목표에 헌신하는 이론가였다. 또한 뒤르케임은 사회주의를 미래 사회가 반드시 취해야 하는 형태로 보았다. …… 뒤르케임은 그의 이론적 의도와는 달리 맑스 자체가 가졌던 결정론적 이론적 틀에서 벗어날 수 없었다. 뒤르케임이 최종적으로 집단주의적이고도 자원적인 이론을 구성할 때, 그는 자신의 이론틀에서 구조가 자원주의를 보호하도록 특징지어졌다는 식으로 결론내림으로써 맑스의 후기 저작이 보인 결정론을 피하려 했다. …… 특히 자원론적 특성을 끌어내는 작업을 할 때 뒤르케임은 맑스와 동일한 지적 전통에서 자신의 이론을 발전시켰다. 그 전통이란 프랑스의 사회주의, 독일의 낭만주의, 그리고 영국의 공리주의다. 맑스는 독일 낭만주의의 영향을 받아 반실증주의와 자원론으로 이론적 작업을 시작했다. 그러나 후기에 가서 프랑스 사회주의와 영국의 공리주의의 영향으로 맑스의 이론적 사고는 더 과학적이고 유물론적인 입장으로 바뀐다. 그럼에도 맑스가 초기에 가졌던 낭만주의적 사고는 후기 저작에도 여전히 남아 있어 맑스의 저작을 연구하는 해석자들을 혼동시키고 있다. …… 반면에, 학자로서의 젊은 뒤르케임의 출발은 더욱 애매모호하다. 뒤르케임은 프랑스 사회주의의 어떤 사조를 받아들였지만, 국가통제에 의한 제도화라는 영국식 공리주의와 독일의 낭만주의 사이에서 그의 입장은 분열하고 있다. 특히 초기 저작에서 자원주의와 규범적 통제를 강조했던 뒤르케임은 후기 저작에서 맑스의 시각과 유사한 결정론적이고 반자원론적인 입장을 보여준다(Alexander, 1982: 81~82).

알렉산더가 한 이 진술에는 몇 가지 논리 비약과 이분법의 오류가 관통하고 있다.[2] 첫째, 결정론과 자원론을 나누는 이분법으로 이는 맑스와 뒤르케임의 초기 작업과 후기 작업 사이에 부당한 단절을 설정한다. 둘째, 알렉산더의 견해를 관통하고 있는 '과학 = 유물론 = 결정론 = 실증주의'와 '규범적 = 관념론 = 자원론 = 반실증주의'라는 등식은 '실증주의'와 '과학'을 동일한 것으로 이해하고, '반실증주의'와 '자원론'을 등가의 것으로, 이에 따라 인간의 의식과 의지에 대한 연구 – 또는 해석학적 접근 – 를 '반(反)과학'으로 간주한다. 여기에 더해 '규범'을 '과학'에서 배제함으로써 사실/가치의 이분법을 암묵적으로 지지하는 결과를 낳는다. 셋째, 양자의 동일한 지적 전통에 주목했던 통찰을 보였지만, 그들의 '유물론'을 영국의 '공리주의'와 동일한 것으로 치부하는 알렉산더의 관점은 공리주의적 인간관에 대한 비판을 출발점으로 삼았던 맑스와 뒤르케임의 '과학적 유물론'을 간과한다. 무엇보다 이러한 이해는 맑스와 뒤르케임의 사상 형성에 결정적 역할을 했던 과학혁명과 계몽주의, 즉 자연주의 문맥을 협애하게 만든다는 점에서 결정적 한계를 갖는다. 간단히 말해 알렉산더의 정식화는 실증주의적 '과학'관에 기대어 맑스와 뒤르케임의 이론을 평가할 때 봉착하게 되는 이분법적 상호순환의 한계를 역설적으로 드러내준다. 그리고 이러한 편견은 일부 맑스주의 내부의 실증주의가 공유하는 것이기도 하다.[3]

---

2 요아스가 말하는 것처럼 파슨스의 수렴테제를 대체하는 이러한 구성은, '사회학적 관념론'과 '유물론'이라는 개념이 실제로 다루어지고 있는 고전 사회학자들의 사회학적 이론 및 저작들의 중심적인 문제로서 인정될 수 있을 때, 그리고 실제로 베버와 파슨스의 저작이 맑스와 뒤르케임을 종합하려는 시도로서 이해될 수 있을 때 비로소 설득력을 가질 수 있다. 그러나 실제로 그러한지는 결코 자명하지 않다. 알렉산더에게 '사회학적 유물론'과 '관념론'이라는 개념이 의미하는 것은, 진부한 두 가지 인식 이론적 접근 방식이 아니라, 명백하게 도덕성과 사회성에 대한 '공리주의적' 이해와 '칸트주의적' 이해 사이의 갈등이다(요아스, 2002: 69).

3 알튀세르의 이론적 반인간주의와 엘스터의 방법론적 개인주의 각각의 편향에서 전형을

제III~IV장에서 우리는 양자의 사회과학방법론이 칸트 이후의 딜레마, 자연과 인간, 관념론과 유물론, 칸트주의 도덕론과 경제학의 공리주리와 같은 이원론적 편견들을 해결해가는 과정에서 구축되었으며, 자연과학 혁명의 성과를 '새로운 과학'의 메타 이론적 자원으로 삼고 있음을 확인했다. 특히 양자의 방법론이 발전하는 과정에서 사회과학의 대상인 사회적 층위에 대한 존재론적 숙고는, 자연과학과 사회과학의 통일성과 그 차이를 함께 인정하는 비판적 자연주의로 이행하는 결정적인 계기로 자리한다. 맑스와 뒤르케임은 '고립된 개인'이라는 인간관을 공유하는 관념론과 유물론, 칸트주의와 공리주의에 각각 반대하면서, 자연의 일부지만 고유한 자유를 지닌 사회적 존재의 관계적 차원과 발현적 속성을 사회과학의 중요한 전제로 확립했다. 맑스와 뒤르케임이 공유한 실재론적 자연주의의 전제들은 실증주의 과학관이 근거하고 있는 경험주의적 존재론과 상이한 출발점을 취한다. 양자의 관계적 사회 패러다임은 현대 사회학 내부에 뿌리 깊게 자리한 관념론과 유물론, 자원론과 물상화론의 이분법적 해석에 기초해 이들의 이론을 분할해온 관행이 더 이상 타당한 것으로 유지될 수 없음을 일러준다. 결국 '두 명의 맑스', '두 명의 뒤르케임'을 둘러싼 맑스와 뒤르케임의 딜레마는 근본적으로 양자의 비판적 자연주의와 관계적 사회 패러다임을 이해하지 못한 현대 사회이론의 이분법적 해석 틀과 관련되어 있다는 점을 알 수 있었다.

볼 수 있는 맑스주의 내부의 이분법(정태석, 2002) 또한 유사한 맥락을 공유한다. 그러나 선행하는 해석들에서도 이미 시사된 바 있듯, 맑스와 뒤르케임의 자연주의와 발현이론은 기존의 이원론적 편견에 부합되지 않는다. 이렇게 볼 때 고전 사상 — 맑스와 뒤르케임 — 의 안티노미를 사회학적 유물론과 사회학적 관념론, 결정론과 자원론의 갈등으로 정식화한 알렉산더의 도식은 실증주의적 과학관의 경험주의적 존재론에서 파생된 배타적인 일면화의 전형을 드러낸다.

2) 사회사상의 네 경향에 대한 재정식화: 통합과학의 가능성

이상의 논증이 타당하다면 '맑시즘과 사회학'의 차이를 과도하게 강조해 온 두 번째 유형의 통념 또한 재고될 수 있다. 사회학과 사적유물론 사이에 뚜렷한 간극을 설정했던 테르본의 사회학 개념에서 그 전형을 발견할 수 있다. 그런데 사회학의 발전과 지형에 관한 테르본의 정식화는 – 굴드너가 비판하듯, 파슨스의 무비판적 수용으로 되돌아가지만은 않는 – 매우 논쟁적인 쟁점을 내포하고 있다. 파슨즈의 영향하에 있는 알렉산더의 도식이 실증주의 논쟁과 관련된 쟁점들을 정확히 제기한다면, 사적유물론에 입각한 테르본의 정식화는 – 이와 무관하지 않을지라도 – 자연주의 논쟁과 관련한 복잡한 인식론적 딜레마를 드러낸다. 여기서 첨예한 쟁점이 되는 것이 '경제학'과 '사회학'의 관계다.

테르본은 맑스와 뒤르케임이 '자연주의적·과학적 정향'을 공유하며, '노동자 문제'에 직면한 자본주의 위기와 자유방임주의 경제학에 대한 비판 속에서 정초했다는 점을 충분히 알고 있었다. 그에 따르면, 뒤르케임은 경제학자들이 사회현상의 법칙구속적 특성을 선언함으로써 사회과학에서 수행한 선구적 역할을 인정하는 한편, 시장만으로 교환의 균형을 확보할 수 없기 때문에 '계약의 비계약적 토대'를 강조하며 자유방임의 경제정책들을 철저히 비판했다. 맑스와 엥겔스가 행한 초기 정치경제학 비판은 『분업론』의 정치경제학 비판과 많은 공통점을 가지며,[4] 적어도 『분업론』에서 사적유물론과

---

4 테르본은 뒤르케임과 맑스가 공유한 특성으로 다음의 세 가지를 제시한다. 첫째, 자연법의 개인주의적 영역, 자유주의적 연역, 자유주의 경제학, 공리주의적이고 칸트적인 도덕주의에 대항해 개인의 역사적·사회적 결정론을 주장했다는 점. 둘째, 사회적 관념 연구에 있어 기본적으로 유물론적 접근을 취하며, 설명모델에서 명백히 상응하는 지점들이 발견된다는 점. 셋째, 두 사람 모두 한 사회에서 통용되는 사회적으로 결정된 표상(representation, 맑스는 종종 이에 상응하는 독일어로 'Vorstellungen'을 사용했다)이 주

사회학 사이의 '결별'은 일어나지 않았다는 것이다. 반면 베버의 경우 이들과 달리 자유주의 경제이론을 공격하지 않았고 '문화과학'의 특수한 인식적 목적을 정의하기 위해 오히려 그것을 채택했다. 기실 베버의 사회학은 독일 역사주의와 오스트리아 한계효용학파 경제학이 만난 산물이었다.[5] 또한 실재와 실재에 대한 개념을 뚜렷이 구분함으로써 확고하게 명목론적 입장을 취했고, 이념형적 개념을 추구한 베버의 문화과학은 자연주의적 사회과학의 주장을 말끔히 떨쳐버렸다는 것이다(테르본, 1989: 275~314). 테르본은 사회학이 형성된 결정적인 계기가 당시 사회에 대한 유일한 과학이었던 '정치경제학' 비판에 있었음을 정확히 알고 있었고, 그럼에도 – 맑스와 뒤르케임의 – 자연주의 사회학과 – 베버의 – 반자연주의 사회학 노선으로 다르게 발전한 '두 개의 사회학'의 경로 또한 적절하게 짚어내고 있다. 그럼에도 그는 왜 사회학과 사적유물론의 동일한 자연주의적 기원과 수렴의 측면을 보기보다, 양자 사이의 차이를 강조하게 된 것일까?

흥미롭게도 테르본은 맑스가 행한 '정치경제학에 대한 사적유물론에 입각한 비판'과 뒤르케임이 행한 '정치경제학에 대한 사회학적 비판'의 차이점을 "맑스가 사적유물론을 발전시키기 위해 청년헤겔학파들과 결별한" 바로 그 지점에서 찾아낸다. 두 사람의 불일치는 정확히 사적유물론의 독특한 개념 – 생산력과 생산관계 – 들이 생기기 시작하는 지점에서 비롯된다는 것이다. 줄여 말하면, 사회학과 사적유물론이 취하는 연구대상, 특히 '하부구조'

관적인 환상이 아니라, 그 사회의 객관적 본질로부터 파생된 것임을 강조했다는 점이다(테르본, 1989: 276).

5 베버의 이념형적 구성방식은 경제적 행위에 대한 한계효용학파식 모형이었다. 한계효용학파 경제학에 반응하면서 '이해사회학'을 정식화한 베버의 경로에 대한 논평은 테르본(1989: 319~324)을, 1880년대 독일경제학계에서 한계혁명 이후 역사경제학과 이론경제학 사이에 진행되었던 사회과학방법론 논쟁은 김덕영(2003)의 제2장을, 신고전파 경제학 형성에 대한 지식사회학적 설명은 김경만(2007b)을 참고하라.

를 이해하는 데서 결정적인 차이가 있다는 주장이다. 뒤르케임에게 사회적 토대의 중요한 변수가 상이한 '이념적 공동체'에 있었다면, 맑스와 엥겔스의 후기 사적유물론은 '결정적 층위' 또는 '토대'를 구성하는 생산력과 생산관계에 중요성을 부여했고, 명백히 "관념론적 사회 개념에 상반되게" 이론화했다는 것이다(테르본, 1989: 277~283, 452). 여기서 사회학적 관념론-유물론의 이항대립에 기초한 파슨스의 수렴테제가 '사적유물론'의 문제틀 내에서 다른 방식으로 변형·착종되는 계기를 발견할 수 있다. 파슨스와 알렉산더의 정식화가 맑스와 뒤르케임의 '상호배타적 일면화'의 한계를 베버의 사회학을 경유해 종합하고자 의도했다면, 테르본의 재구성은 경제학과 사회학 사이에 상정된 상호배타적 일면화를 사적유물론으로 종합하는 새로운 정식화를 의도한 것으로 볼 수 있다.[6] 이를 통해 테르본은 놀랍게도 경제학, 사회학, 사적유물론을 각각 별도의 분과학문으로 개별화하고, 사적유물론에 입각한 사회학 비판 노선을 옹호하는 경로를 취한다. 이를테면 테르본은 다음과 같이 말한다.

> 비교론적 접근은 사회과학 각 분야의 상호 관계에 관한 최근의 논쟁을 위해 가능한 틀을 제시한다. 이러한 점에서 본 연구의 가장 중요한 결론 가운데 하나는 경제학, 사회학, 사적유물론이 각각 독자적인 학문분과라는 점이다. 맑스주의 사회학을 말하고, 맑스주의를 사회학이라 하고, 리카도식의 맑

6 이 점은 다음의 언술에서 구체적으로 확인된다. "경제학은 자본주의에 대해 말하고, 사회학은 계급과 계급갈등에 대해 말할지 모르지만, 전자는 자본을 생산관계로 보지 않고 후자는 계급과 계급투쟁을 생산력과 생산관계의 특정한 역사적 결합과 연결시키지 않는다. 다른 한편, 사적유물론에 있어서 시장과 이념적 공동체는 환원 불가능한 사회적 결정인자로서 자리를 차지하고 있다. 자본주의적 생산관계는 경쟁적 시장 메커니즘을 통해 기능하며, 맑스도 분명히 그러한 것으로서 분석하고 있다. 반면에 모든 생산양식에는 특별히 효과적인 이념적 상부구조가 있다"(테르본, 1989: 461).

스주의를 말한다든가, 맑스주의와 사회학 또는 경제학 간의 수렴을 얘기하는 것은 엄밀히 말해서 변호할 여지가 없으며 혼동하고 있을 뿐인 것이다. 그러면 이 세 분과학문의 과학성에 대해서 무엇을 말할 수 있는가? 각각 특수한 대상을 가지고 있고, 각각 사회적 결정의 유형을 발견·생산해왔다는 사실은 이들과 같이 근본적으로 논쟁적인 학문들을 발전된 과학의 목적과 업적에 연결시킨다(테르본, 1989: 456).

결국 테르본은 자신의 연구가 "1845년에 맑스와 엥겔스의 작업에는 결정적인 단절이 일어났으며, 노동계급의 정치가 이러한 이론적 단절에 중심적인 역할을 했다는 알튀세르의 주장을 확증"해준다고 말함으로써(테르본, 1989: 455), 맑시즘 내의 그릇된 이분법을 재생산하는 '두 명의 맑스' 테제로 되돌아가고 만다. 역설적으로 이 지점에서 맑스의 역사유물론에 대한 과잉자연주의적 독해가 뒤르케임의 '이념적 공동체'에 대한 반자연주의적 독해를 추동하고 베버의 자원주의적 '사회학' 개념에 기대어 뒤르케임의 '사회학' 또는 '사회학 일반'을 맑시즘에 대립되는 것으로 규정하는 이중 잣대의 착종을 발견하기란 어렵지 않다.[7] 그리하여 맑스와 뒤르케임이 추구했던 통

7 맑스를 과잉자연주의적으로 독해하는 견해가 맑스와 뒤르케임을 분할하는 준거로 작용하게 되는 사례를 다음에서도 확인할 수 있다. 뒤르케임은 "문명과 진보에 아무런 적극적 가치도 부여하지 않았다. …… 뒤르케임적 현대를 표상하는 아노미는 기표와 기의가 어긋나는 사회, 내용을 초과하는 형식 아래서 욕망이 끊임없이 생성되고 이동하는 뜨거운 사회다. 따라서 뒤르케임의 이론에는 어떤 생산력주의도 들어설 수 없다. 그에게는 생산력의 유토피아가 부재하는 것이다. 이 진보에 대한 급진적 회의가 그가 맑스와 갈라서는 지점이다"(김종엽, 1998: 102). 그러나 앞서 살폈듯 맑스의 사회활동모델은 생산력주의가 아니며, "모든 사회가 갈등하는 요인들(conflicting factors)을 구현한다는 점을 인식하는 데 실패"했다는 몽테스키외에 대한 뒤르케임의 비판에서 분명해지듯 "우리 시대에 사회과학의 방법으로 변형된 진보(progress)의 개념"(Durkheim, 1965: 59)은 뒤르케임의 역사이론에서도 중추적인 지위를 점한다.

합과학 – 분과학문의 재분화와 재통합 – 이라는 전망은 소실되고 경제학과 사회학 사이에 부당한 이분법을 재생산하는 이데올로기적인 효과가 산출되는 경로 또한 확인할 수 있다.

그러나 이제까지 살펴보았듯 테르본의 정식화는 맑스에 대한 피상적 이해를 보여주는 기울어진 시각의 표현일 뿐이다. 통상 '정통주의적' 맑스주의에서 '사적유물론'은 '관념론'을 비판하면서 정초된 것으로 이해되어왔고,[8] 그럼으로써 관념론과 유물론의 잘못된 안티테제를 넘어서고자 했던 맑스 자신의 연구목적이 정치경제학 '방법론'에 대한 철저한 비판 속에 구현되었다는 점은 충분히 주목을 받지 못했던 것이다. 하지만 한 번 더 상기하자면, 맑스와 뒤르케임의 과학적 유물론은 관념론도 유물론도 아닌, 정확히 관념론과 유물론의 안티테제를 지양하는 기획 속에서 발전되었다.

무엇보다 맑스와 뒤르케임은 – 오늘날 틀지어진 형태의 – 경제학과 정치학, 나아가 사회학과 역사학의 분리와 지적 분업을 지지하지 않았다. 자연과학의 발전에 힘입어 역사에 대한 새로운 과학을 정초했던 맑스의 핵심 사상 가운데 하나는 제 과학을 통일하는 전망이라고 할 수 있다. 맑스의 과학은 자유주의 문화와 같이 과학과 인문학, 또는 자연과학과 사회과학을 분리하지 않으며 발전했고, 경제학, 기술공학, 물리학 등은 모두 하나의 적극적인 통일 속에서 사회과학과 결합되었다. 이러한 통일은 맑스의 『자본론』 속에 표현된다(버날, 1995: 105; 이중원, 2004: 57). 인간에 대한 과학이 자연과학과 포함 관계 속에 구축되어야 한다는 맑스의 통합과학의 전망은 『경제학-철학 수고』에 일찍이 시사된 바 있다.

---

8 바스카 또한 이 점을 방법론적 차원에서 지적한다. 맑스의 과학적 실재론은 산발적인 철학적 개요들에 함축되어 있을 뿐 충분히 이론화되지 않은 이유로 관념론과 경험주의에 대한 맑스의 비판이 불균형성을 보인다는 것이다(『비실』, 257).

> 산업은 인간에 대한 자연의, 따라서 인간에 대한 자연과학의 현실적인 역사적 관계이다. …… 그런 까닭에 자연과학은 자신의 추상적인 유물론적 성향 또는 오히려 관념론적인 경향을 상실하고 그것이 이제 이미 — 소외된 형태라 해도 — 현실적인 인간 생활의 토대가 되어 있는 것과 마찬가지로 인간적 학문의 토대가 될 것이다. …… 역사 자체는 자연사의 현실적(wirklich) 일부, 인간적으로 전화되어가는 자연 생성의 현실적 일부다. 앞으로 자연과학은 인간에 관한 학문이 자연과학을 포섭하듯이, 인간에 대한 학문을 포섭할 것이다. 하나의 과학(Eine Wissenschaft)이 존재하게 될 것이다(『수고』, 139~140, 부분적으로 수정함).[9]

'사회학'을 하나의 분과학문으로 제도화하는 데 결정적 공을 세운 뒤르케임 사상의 중심에도, 칸트 이후의 이원론적 편견의 해소와 사회과학 제 분야를 재통합하는 전망은 확고하게 자리 잡고 있었다. 물론 그는 콩트와 달리 학문 통합의 가능성이 다양한 개별 학문의 분화와 구체적 연구에 기초해야 한다는 점을 강조했다. 그리고 이를 아우르는 방법론적 밑그림을 제시하는 작업은 분과학문의 분화와 통합의 문제를 다루는 「사회학 강의」(1888), 「사회학과 사회과학들」(1903; 1909)의 중심 주제가 된다.[10] 대표

---

9 『경제학-철학 수고』(1844)는 물론, 「독일이데올로기」(1845)에서 인간과학과 자연과학을 통합하는 맑스의 단일한 과학 주장은 맑스 이후의 맑스주의자들에게 격렬한 논쟁의 지점을 제공했다(유재건, 2012; 설헌영, 1995 참고). 「독일이데올로기」의 다음 구절은 전집판에는 빠진 것으로 육필원고에 가운뎃줄이 쳐진 부분이다. "우리는 단지 하나의 유일한 과학(nur eine einzige Wissenschaft)인 역사과학만을 알 뿐이다. 역사를 두 가지 측면으로, 즉 자연의 역사와 인간의 역사로 나누어 고찰할 수 있다. 그러나 양 측면은 분리될 수 없다. 인간이 존재하는 한, 자연의 역사와 인간의 역사는 상호 제약한다. 자연과학이라 일컬어지는 자연사는 지금 여기서 우리 관심사는 아니다"(MEW, 32: 408).

10 예컨대 종교, 도덕, 법, 도덕, 경제, 언어, 예술 사회학 등은 응용사회학의 주제 영역으로 재분류될 수 있다. 동시에 "사회학은 명확히 규정된 대상과 연구방법을 가지고 있

적으로 『사회분업론』은 세기말 자본주의 체제 변화에 대한 최초의 통합과학적 접근을 시도한 작품으로 알려져 있고(민문홍, 2012: 684, 722~723; 티리아키언, 2009), 『형태』의 목차에서 명시된바 "한편으로는 과학의 통일성, 다른 한편으로는 도덕과 종교의 통일성"(뒤르케임, 1992: 19)은 뒤르케임의 도덕과학의 기획을 관통하는 핵심 화두로 자리한다. 무엇보다 그의 사회학적 가치이론은 "경제학과 역사과학들로 사회과학을 갈라놓는 분열에 종지부를 찍을 통합분과적 사유의 기초"를 놓았다(오를레앙, 2016: 229).

결국 테르본의 불충분한 정식화는 맑스와 뒤르케임의 연구대상인 '사회' 개념과 사회과학의 가능성에 대한 나머지 토론으로 우리를 인도한다. 토론의 쟁점을 분명히 하기 위해 '맑시즘과 사회학'의 관계에 대한 맑스와 뒤르케임 사이에 끝나지 않은 상호 대화로 다시 돌아가보자.

상기하자면, 「맑시즘과 사회학」에서 뒤르케임의 비판은, 19세기 철학적 맑시즘이 모든 법, 도덕, 예술, 과학, 정치 형태 등의 상부구조적 현상을 경제 현상의 부수현상으로 환원함으로써 봉착하게 되는 경제주의적 환원주의를 겨냥한 것이었다.[11] 그러나 뒤르케임의 '사회학적 자연주의'는 경제적 요

다. 대상은 사회적 사실들로 구성된다. 방법은 관찰과 간접적인 실험, 또는 다시 말해 비교방법이다. 현재 필요한 것은 과학의 일반적인 틀의 개요를 서술하고 그것의 근본적인 구분을 표시하는 것이다. …… 과학은 분류되고 세분류될 때, 일정 수의 독특한 문제들을 도출하고 동시에 그것들 서로를 통합할 때만 진정으로 확립되었다"(Durkheim, 1978b: 62).

11 『형태』(1912)에서 '종교는 모든 사회현상의 가장 원초적인 것이다'라는 점을 내세워 종교를 경제에 환원하는 당대 맑시즘의 유물론적 역사 해석을 논박한 맥락도 여기에 있다. 이는 1897년 저술에서 시사한 견해와 연속성을 갖고 있다. "이러한 종교이론 속에서 역사적인 유물론의 단순한 재서술만을 보지 않도록 주의해야만 한다. 그것은 우리의 사상을 대단히 오해하는 일이 될 것이다. 종교가 본질적으로 사회적인 것이라는 사실을 보여줌으로써, 우리는 종교란 사회의 물질적인 형태와 사회가 직접적이고 절대적으로 필요로 하는 것을 다른 말로 바꾸어 놓은 것에 불과하다고 말하려는 것이 결코 아니다. 개인의 정신적인 생활이 그의 신경체계와 유기체 전체에 의존하고 있는 것과 마찬가지로, 사회생활은 그것의 물질적인 토대

인이 행사하는 영향력을 다 무시해도 좋다는 설명 방식을 용납하지는 않았다. 경제적 요인은 주변적인 것이 아니라, 그 특유의 영향력을 행사할 수 있고 그 원인이 되는 토대 자체를 '부분적'으로 수정할 수도 있다. 뒤르케임은 맑스의 생각에 공감하면서도, '깊은 원인'이 되는 사회적 짜임새라는 토대를 경제적인 것으로 축소하고 혼동하는 일방적인 논법을 극복할 수 있었다.[12] 이렇게 보자면 뒤르케임은 사회학적 관념론에 입각해 사적유물론을 비판하는 것이 아니라, 비판적 자연주의에 입각해 당대 맑시즘의 과잉자연주의를 비판하는 것으로 이해될 수 있을 것이다. 다른 한편 그의 비판은 '사적유물론'의 과잉자연주의 — '보편법칙'에서 도출된 연역적 진술로 설명을 대신하는 — 가 봉착하게 되는 추상적 연역의 빈곤함과 존재적 오류를 겨냥한 것이었고, 따라서 맑스 자신의 반환원주의와 역사적 설명모델에 입각한 정치경제학 비판과 양립 가능한 것임을 앞서 살펴보았다.[13]

나아가 경제학과 사회학의 분리를 넘어, 경제학의 소박한 자연주의를 사회학에 포함관계로 재구성하고자 뒤르케임이 고민했던 면면은 다음을 통해

에 의존하고 있으며 또한 그 표지를 지니고 있다는 것을 우리는 당연하게 생각한다. 그러나 개인적 의식이 신경체계의 단순한 개화와는 다른 것처럼 집합의식도 집합체의 형태적 토대의 단순한 부수현상과는 다르다. 집합의식이 나타나기 위해서는 개별적 의식들의 독특한(sui generis) 합성이 생겨나야 한다. 그리고 이러한 합성은 일단 생겨나기만 하면 그것들 자체의 법칙에만 복종하는 감정, 관념, 이미지의 총체적인 세계를 따로 만들어내는 효능을 가지고 있다"(뒤르케임, 1992: 582. 강조는 필자).

12 자세한 논의는 Durkheim(1982b: 174)과 박영신(1990b: 290)을 참고하라.

13 뒤르케임의 '과학'에 대한 테르본의 과소평가 및 맑스와의 과도한 차별화도 이 쟁점을 둘러싼 혼란과 관련된다. "뒤르케임은 결코 경제학 이론에 분석적 비판을 시도하지는 않았고 귀납주의적 관점에서 방법론적으로 — 맑스의 『자본론』 또한 — 그것을 비판했다는 것이다"(테르본, 1989: 277. 강조는 필자). 결국 테르본은 그 자신의 과잉자연주의적 바이어스로 인해 뒤르케임의 자연주의가 '비자연'에 대한 사회과학이 아니라 '비판적 자연'에 대한 과학임을 간과함으로써, 사회학의 대상을 혼동하는 오류에 빠진 것으로 보인다.

확인할 수 있다.

> 경제학자들은 그때까지만 해도 경제적 실재가 연구자들에게 물질적 실재처럼 주어지고, 이 경제적 실재는 물질적 실재와 동일한 필연성의 대상이며 따라서 우리가 경제적 실재를 개혁하기 전에는 그것을 연구하는 과학이 연역에 근거한 방식으로 형성되어야 한다는 희미한 육감만을 지녀왔다. …… 실재에서 경제적 기능은 사회적 기능이고 다른 집합적 기능과 통합되어 있다. …… 사회학의 한 분야가 됨으로써 경제과학은 이런 고립으로부터 자연히 벗어날 것이며, 동시에 과학적 결정론의 정신으로 보다 충만하게 될 것이다(Durkheim, 1978f: 81~82).

이는 정치경제학과 사회학의 관계를 다룬 1908년 논쟁에서도 당대 정치경제학을 비판하는 논점이 된다. 이른바 '경제적 사실들'은 – 다른 사회과학과 마찬가지로 – 사실들(facts)에 대한 의견(opinion)의 문제라는 점에서 정치경제학의 우선성은 유지될 수 없다. 다른 한편, 의견은 사회적 집단 내에서 발생하며 집단의 존재 조건에 의존한다는 점에서 정치경제학의 우선성은 유지될 수 있다. 사실들이 의견의 문제라고 말하는 것은 어떠한 규칙도 존재하지 않는다고 말하는 것이 아니다. 의견 또한 실재하는 현상이며 사회적 사실이다. 이로부터 뒤르케임은 "경제적 사실들(economic facts)은 도덕적 이념들(moral ideas)에 의거해 간접적인 방식으로 영향을 미친다"라고 결론 내린다(Durkheim, 1982g: 232).[14]

---

14 뒤르케임은 이른바 경제적 '사실'이 타동적 차원에 위치한 사회적 사실이라는 점을 누구보다 깊이 숙고했다. 바스카가 말하듯 우리는 사실을 만드는 것이 아니라 사실에 대한 진술을 만든다. 타동적 차원에서 이데올로기적 함축을 가장 풍부하게 담고 있는 것이 실증주의의 '사실' 개념이다. 그러나 그 단어의 어원을 둘러싼 논의들이 말해주듯, 사실들(facts)은 이미 만들어진 것이다. 다시 말해 사실들은 실재적이며, 역사적으로 특

뒤르케임의 분업모델에서 토대(substratum), 심층구조는 곧 도덕구조를 지시한다. 경제는 곧 도덕의 문제이며, 도덕은 곧 정치의 문제로 연속적인 계열 속에 통합된다. 전통적인 물질/관념, 경제/도덕의 이분법을 지양하면서 '사회구조'에 대한 뒤르케임의 견해가 드러나는바, 사회구조는 도덕적 실재인 동시에 사람들이 함께 결합되는 방식, 곧 사회적 짜임새를 지시한다.

그리고 이는 맑스의 생산관계 개념에 상응할 수 있다. 물론 맑스의 '가치법칙'을 과잉자연주의적으로 해석할 경우 맑스의 이론체계에서 정치적·도덕적 기제는 어떠한 인과적 설명의 지위도 갖지 못한다. 앤더슨이 말하듯 후기 맑스에 고유한 정치이론이 부재하다는 것은 맑스의 경제이론에 내재해 있는 경제결정론 또는 경제적 파국론과 논리적으로 연관되고 결국 이렇게 되면 정치이론을 풍부하게 발전시킬 명분 또한 없어진다(앤더슨, 2003: 216). 그러나 정치와 경제의 분리 불가능성은, 나아가 경제와 도덕의 분리 불가능성은 맑스 또한 암묵적으로 공유하는 전제이기도 했다.

> 국민경제학과 도덕의 대립은 하나의 가상일 뿐이오, 이 가상이 하나의 대립이듯이 어떠한 대립도 없는 것이다. 국민경제학은 자신의 방식으로 도덕적 법칙들을 표현할 뿐이다(『수고』, 153).

『요강』과 『자본론』의 '사회형태학'에 대한 논의에서 길게 살펴보았듯, 또한 『자본론』의 부제인 '정치경제학 비판'이 말해주듯, 『자본론』은 고전 정치경제학의 단순한 계승이 아니며 '『자본론』 = 경제이론'이라는 편견에 내재한 정치와 경제의 이분법을 그 초입에서부터 해소한다.

맑스에게 가치관계는 실재하는 것이지만, 역사적으로 특수한 사회적 실재다.[15] 비록 맑스가 '구조'라는 개념을 명시적으로 사용하지는 않았지만,

---

수한 사회적 실재들이다(『비실』, 122~126).

리카도의 기계적 인과성과 환원주의를 비판하는 논점은 정확히 경제적 사실들이 등가교환이라는 역사적 이념 위에서 간접적인 방식으로 영향을 행사한다는 사회구조의 고유한 작동방식을 지시하고 있다. 자본주의 생산유기체의 복잡성과 역동성은 오히려 경제와 정치의,[16] 이론과 실천의 긴밀한 매듭에서 발생한다. 즉, 맑스에게 사회적 실재는 물질적인 동시에 이론적 실재이며, 경제적·정치적·이데올로기적 기제들은 사회형태 위에 조건 지어진다. 따라서 맑스의 사회구조 개념에 따르면, "구조에서 행위에 대한 이해관심으로 그리고 동기로 나아가는, 그리고 최종적으로 구조로 되돌려지는 변증법적인 인과적 도정"이 존재하는 것이다(포포라, 2005: 264~265). 맑스와 뒤르케임 모두 일련의 개념과 믿음체계, 행위와 역사에 의존하는 관계적 존재로서의 '사회' 개념을 공유하며, 역학적 인과성으로 환원되지 않는 사회구조의 역동성을 역사발전의 동인으로 상정했다. 이는 양자가 공유하는 관계적 사회 패러다임과 변형적 사회활동모델로 뒷받침된다.

결국 맑스와 뒤르케임의 상호배타적 일면화를 강조했던 알렉산더의 반자연주의적 독해나 양자의 차이에 주목했던 테르본의 과잉자연주의적 독해 모두 실증주의 과학철학이 부과한 이원론적 이분법의 오류를 공유한다. 그런 점에서 실증주의는 명백히 이데올로기다. 실증주의는 '과학에 대한 이데올로기'를 발생시킴으로써 이데올로기를 수행한다. 그럼으로써 맑스와 뒤

---

15 상기하자면, 맑스는 가치가 결코 '자연적인' 양(量)이 아니라, 상품 분리에 의해서 전형적으로 생산된 사회적 사실이라는 점을 강조했다. 다시 말해, 만일 가치의 객관성이 상품적 현실을 이루고 있다면, 이 객관성이 특정한 사회적 구조의 역사적 생산물이라는 관점을 결코 놓치지 않았다(오를레앙, 2016: 64~66).

16 이는 『자본론』에서 단순재생산 사회와 자본주의 생산사회를 구분하는 곳곳의 언술에서 표현된다. "자급자족적인 공동체에서 생산유기체의 단순성은…… 아시아 사회의 불변성의 수수께끼를 해명하는 열쇠를 제공한다. 이 사회의 경제적 기본 요소들의 구조는 (정치라는 상공에서 일어나는) 폭풍우에는 조금도 영향을 받지 않는다"(『자본론』 I, 484).

르케임의 사회과학방법론이 지닌 공통성을 은폐하고 배타적 차이를 설정하는 메타이론으로 암암리에 기능해왔다. 실증주의의 암묵적인 사회학은 방법론적 개인주의며, 실증주의의 암묵적인 존재론은 경험적 실재론이다. 다시 말해 실증주의는 그 결과에 대한 필요조건으로, 첫째, 경험적 실재론이라는 존재론, 둘째, 인간을 수동적인 감각자와 기록자로 간주하는 사회학, 셋째, 철학 자체에 대한 개념을 결여한 철학을 전제한다(『비실』, 104~105). 더욱이 실증주의는 사회에 대한 탐구를 불구로 만들 뿐 아니라, 무엇을, 왜, 어떻게 탐구해야 하는가라는 반성적 사유를 '형이상학'이라는 이름으로 배척함으로써 사회연구의 존재론적·인식론적·가치론적 가정에 대해 성찰하는 기회를 근원적으로 봉쇄한다(이기홍, 2013: 245). 그러나 맑스와 뒤르케임이 공유한 비판적 자연주의, 과학적 실재론, 설명적 비판의 이상은 명백히 실증주의의 과학관과 양립 불가능하다.

이러한 이해가 타당하다면, 통상 맑스, 뒤르케임, 베버로 대표되는 고전 사회학의 전통적인 패러다임은 이제 세 개의 사회학이 아니라 두 개의 사회학 패러다임으로 정당하게 재구성될 수 있을 것이다. 베버로 대표되는 반자연주의와 맑스와 뒤르케임이 공유하는 (비판적) 자연주의 사회과학이 그것이다. 이에 따라 바스카의 정식화도 〈표 VII.1〉과 같이 수정될 수 있다.[17]

---

17 바스카는 뒤르케임 사상을 "집합주의적 사회학 개념과 실증주의적 방법론을 결합"(『비실』, 147)한 것으로 위치 짓는다. 물론 그는 뒤르케임의 '집단'이 일종의 융합된 집단(fused group)으로, 발현적 힘을 보유한 것을 특징으로 한다는 점을 정확히 간파했다. 그럼에도 "집합의식, 유기적 연대와 기계적 연대, 아노미 등과 같은 뒤르케임 이론체의 핵심 개념들은 모두 사회현상의 집합적 성질이라는 개념과의 관계에서 그 의미를 이끌어낸다"라는 것이 문제라는 것이다(『비실』, 146~147). 그런데 사회 연구자가 집합적 성질 — 뒤르케임에게는 발현된 현상 — 을 주제로 개념화하는 것이 도대체 왜 문제인가? 이어지는 문장에 바스카의 비약이 있다. "그러므로 뒤르케임에 따르면 지속적인 관계는, 적어도 그가 실증주의를 계속 준수하고자 하는 한, 집합 현상들로 재구성되어야 한다"(『비실』, 147). 오해를 바로잡으면, 이 문장은 다음으로 재서술되는 것이 바람직할

〈표 VII.1〉 사회사상의 네 가지 경향에 대한 재정식화

	방법	대상
공리주의	경험주의적	개인주의적
베버	신칸트주의적	개인주의적
뒤르케임	실재론적	관계적
맑스		

오히려 사회들과 개인들, 원인과 이유 사이의 존재론적 틈을 설정하는 뒤르케임의 통찰은 바스카가 제시한 사회세계에서 일어나는 발현 현상의 핵심적 측면들을 명확하게 한다. 나아가 그의 연대이론과 도덕 실재론은 통상 개인주의와 집합주의의 갈등으로 표현되어왔던,[18] 사회명목론과 극단적인 사회실재론 어느 한쪽으로 환원되지 않는 사회적 삶의 관계적 차원을 명확히 하고 '사회적인 것'의 존재론적 특성들에 대한 풍부한 통찰들을 제공해준다. 피어스 또한 바스카의 통찰이 사회세계에서의 발현 현상의 핵심적 측면들을 명확하게 한다는 점을 인정하면서도, 여전히 바스카가 집단성과 비개인적인 사회-구조적 행위자들의 역동성을 인식하는 데 실패한다는 점에서

것 같다. "그러므로 바스카에 따르면 지속적인 관계는, 그가 뒤르케임을 실증주의로 계속 규정하고자 하는 한, 집합 현상들로 재구성되어야 한다."

18 바스카 자신도 인정하듯, 방법론적 개인주의자들의 글을 분석해보면, 그들 대부분이 '사회적인 것'을 '집단'과 동의어로 간주하고 있다는 점이 분명해진다. 그들에게 문제가 되는 것은 사회, 즉 전체가 그 구성부분들, 개별 인간들의 합보다 더 큰가의 여부다. 그러므로 사회적 행위는 개인이 모인 집단의 행위(폭동)로 설명될 수 있거나, 집단 속 개인의 행위(술에 취해서 난장판을 벌이는 상황)로 설명될 수 있는 것이 된다(바스카, 2005d: 47). 따라서 개인주의와 집합주의는 동전의 양면이며, '전체는 부분의 합'이라 보는 원자론적 사회관을 공유하며, '사회적인 것'을 근본적으로 잘못 정의한다. 즉, 개인주의와 집합주의의 이항대립은 전통적인 개인과 사회, 원자론과 전체론, 사회명목론과 형이상학적 사회실재론 같은 이분법의 변형이라는 점에서 더 명확한 논점으로 재구성될 필요가 있을 것이다.

제한적이라고 지적한다. 사회들에 대한 뒤르케임의 개념화는 재구성될 필요가 있지만, 원리적으로 『자살론』에서 제시된 — 특히 다른 텍스트와 함께 기능할 때의 『자살론』 — 사회학적 자연주의는 바스카의 것보다 설득력이 있다. 오히려 뒤르케임주의적 성찰들이 베버와 바스카 양자가 일면 공유한 도구적인 합리적 행위모델과 방법론적 개인주의로 붕괴되는 것을 방지하는 통찰을 제공할 수 있다는 것이다(Pearce, 2007: 55~63). 즉, 방법론적 개인주의의 비판자로서 뒤르케임 또한 "사람 없는 사회가 있을 수 있다고 주장하지 않으면서, 사회 없는 사람들이 있을 수 있다는 것을 부인할 수 있다".[19]

더 근본적으로 정태석이 말하듯, 물상화와 자원론의 이분법은 사회실재론 대 사회명목론의 대의 변형이며, 사회와 개인의 이분법 속에서 제기된 것이다. 이러한 이분법은 구조와 행위의 이분법으로 해석되면서 사회구조와 개인행위 간의 대립으로 나타난다. 하지만 '결합(association)'을 핵심요소로 하는 뒤르케임의 '사회적 사실'이란, 개인들의 단순한 총합(total sum)이 아니라 독특한 관계의 양식이며, 물화된 실체가 아니라 변화 가능한 관계적 사실 또는 관계적 실재라고 할 수 있다(정태석, 2002: 32~40).

인간과학을 가로지르는 이원론적 이분법을 둘러싼 고전 사회학 내부의 패러다임의 차이를 표로 단순화하면 〈표 VII.2〉와 같다.[20]

19 콜리어(2010: 208)의 국역본 오역을 Collier(1994: 140)의 원문을 참조해서 수정했다.

20 이와 같은 재구조화는 기존 해석의 혼란을 바로잡고 고전 사회학 내부에 자리한 두 개의 패러다임과 그 차이를 드러내기 위해 다소 불가피한 도식화이지만, 베버의 방법론 논의는 — 그가 실제 수행한 작업들과 비교할 때 — 훨씬 더 복잡한 논점을 포함한다는 점을 밝혀둔다. 예컨대 통계적 제일성을 이해(verstehen)와 연결하려 한 베버의 후기 작업은 그의 해석주의에 대한 다양한 해석을 초래했다(블래키, 2015: 237~238).

〈표 VII.2〉 고전 사회학의 두 패러다임: 비판적 자연주의와 반(反)자연주의

이분법들	비판적 자연주의 사회과학		반(反)자연주의 사회과학
	맑스의 역사과학	**뒤르케임의 도덕과학**	베버의 문화과학
자연-인간	**인간적 자연주의**	**사회학적 자연주의**	신칸트주의
사회-사람	**관계적 사회실재론**		사회명목론/자원론
설명-이해	**사회적 원인에 입각한 인과적 설명**		주관적 동기/의미에 입각한 해석적 이해
이론-경험	합리적 추상(추상화)	개념화(추상화)	이념형(일반화)
사실-가치	**설명적 비판**		가치중립/가치자유
과학-정치	**사회과학을 통한 정치적 판단/개입**		과학과 정치의 분리
학문 발전	반환원주의적 통합과학		자연과학과 인문과학의 분리

요약하자면 맑스와 뒤르케임의 사회적 존재론은 자연과학과 인간과학의 통일성과 자율성을 아울러 고려하는 양자의 비판적 자연주의에 일관성을 부여한다.[21] 비판적 실재론의 관점에서 새롭게 이해된 양자의 사회과학철학은 '두 명의 맑스', '두 명의 뒤르케임'이라는 진단을 확증하기는커녕, 자연주의 사회과학의 지평 위에서 새롭게 조우하는 하나의 – 과학자 – 맑스와 뒤르케임이 존재함을 설명해준다(〈표 VII.2〉 참고). 나아가 양자의 실재론적 자연주의는 실증주의적 과잉자연주의와 해석학적 반자연주의 어느 한 쪽으

21 물론 맑스와 비교할 때, 뒤르케임의 경우 관계적인 동시에 도덕적인 실재인 사회 개념에 보다 강조점이 있다고 볼 수 있다. 이는 당대 이들이 대결했던 지배적인 담론의 차이를 반영하는 것 — 한계혁명 이전의 정치경제학과 한계혁명 이후 더욱 가시화된, 방법론적 개인주의 및 공리주의 윤리와 결합된 자유방임주의 경제학 — 일 수 있다. 맑스의 생산모델과 뒤르케임의 분업모델이 전제한 '사회' 개념을 고전적 자연주의 전통으로 소급해서 더 심층적으로 비교·재구성하는 작업은 이후의 과제다. 부연해두자면, 맑스와 뒤르케임이 보여주는 내적 차이는 한국 사회 현실에 적합한 지식, 방법, 이론 생산에 결코 장애가 아니며 실재론적 사회과학의 공통성에 기초해 두 사상가의 상보적인 결합과 생산적 종합을 촉진할 자원이 될 수 있다.

로 환원되지 않는 제3의 경로를 제시함으로써, 오늘날 '두 문화'를 가로지르는 방법론적 대립을 발전적으로 해소할 가능성 또한 새롭게 열어놓는다.

2. '두 문화'를 넘어서: 이행기 과학과 통합적 인간과학의 가능성

우리는 앞서 『자본론』과 『자살론』을 중심으로 맑스와 뒤르케임 양자의 비판적 자연주의가 구체적인 사회연구프로그램으로 발전·구현되는 과정을 살펴보았다. 여러 이분법을 돌파하면서 성립한 두 사상가의 방법론이 오늘날의 과학 인식과 학문관에 말해주는 것은 무엇인가? 논의의 진전을 위해 '두 문화'의 현대적 비판자로서, 학문 통합의 방향 속에 정향된 월러스틴의 문제제기가 멈춘 지점으로 돌아가보자. 그의 문제제기는 무엇이 문제인지를 의제화하는 데 성공했지만, 문제의 원인과 해법을 제시하는 곳까지 충분히 나아가지는 못했다.[22] 이 지점에서 '두 문화'의 고전적 비판자로서 맑스와 뒤르케임의 해법은 기존의 지식통합 논의 — 물리학적 환원주의에 기초한 환원주의적 통섭론과 이원론적 존재론에 기초한 통섭 불가론 — 와 달리 반환원

22 문화연구 등 학제 간 융합 연구에서 두 문화를 넘어설 경로를 찾는 월러스틴의 해법은 — 채오병이 적절히 지적하듯 — 방법론적 이항대립을 지탱하는 경험주의적 존재론을 해소하지 않으면서 모색되기에 존재의 문제가 사회인식론의 차원에서 해체되는 인식적 오류를 노정한다(채오병, 1998). 이와 달리 최근 10여 년간 윌슨의 환원주의적 통섭론에 대한 비판에서 시작된 지식 통합 논의는 환원주의와 반환원주의를 그 안에 적절히 배치하는 메타적 통합의 프로그램 없이 구호를 넘어서는 수준의 학제적 협력이 어렵다는 점에서 일치점을 보인다. 즉, 통섭의 철학적·이론적 기초에 대한 반성을 통해 새로운 통섭을 위한 과학철학적 토대를 마련해야 한다는 것이다. 이러한 문제의식에서 반환원주의적 통섭의 역사적 사례를 현대 과학철학의 진전된 성과와 접목하고자 하는 시도들은 공통적으로 — 이원론적 존재론을 넘어설 — 관계적 존재론과 창발성 이론에 주목하는 특징을 보인다. 자세한 내용은 김명희(2016a: 268~269).

주의적 자연주의에 의해 지지될 뿐 아니라, 철저하게 정치경제학 비판 위에 정초되고 그것을 품고 있다는 점에서 중요하다.

이를 염두에 두면서 맑스와 뒤르케임이 선보인 자연주의 사회과학의 성취와 가능성을 정리해보기로 하자. 이를 위해, 첫째, 양자의 과학 개념과 역사적 합리성에 대한 구상을 교차시켜보고 둘째, 양자가 공유한 설명적 방법론의 공과와 성취를 평가한 후 셋째, 양자의 설명적 비판 모델의 접목 지점을 심층-설명적 인간과학의 가능성이라는 측면에서 논의한다. 특히 이하에서는 현재 지식 통합 논쟁의 주요 답보 지점인 '과학-철학', '법칙정립-개성기술', '사실-가치' 이분법을 뛰어넘는 양자의 '과학' – '역사과학'과 '도덕과학' – 개념에 주목할 것이다.

1) 이행기 과학과 역사적 합리성: 철학, 과학, 이데올로기, 종교

먼저 '자연과학'과 '인문과학'을 양분해왔던 첫 번째 쟁점인 '과학'과 '철학'의 관계를 둘러싼 양자의 과학론을 교차시켜볼 필요가 있다. 오늘날 '지혜(philo)에 대한 사랑(sophia)'이라는 의미를 담고 있는 '철학'이라는 기표는 근대 분과학문체계의 발전과 더불어 개별 분과학문들이 독립하면서 사실상 속이 빈, '텅 빈 기표'가 되어버렸다(박영균, 2016: 1). 그러나 여전히 '철학이란 무엇인가'라는 물음은 '학문의 장' 외부에 자리하기보다, 모든 과학적 탐구에 전제되고 이를 관통하고 있다. 이러한 맥락에서 과학철학자인 하레(2010)는 종교적 세계관에서 과학적 세계관으로 이행하는 과정으로 전체 철학사를 재서술한다. 장기 19세기의 역사과정 속에 자리한 맑스와 뒤르케임의 사회과학 또한, 근대 세계가 야기한 분열된 세계상과 칸트 이후의 이분법을 봉합하고자 했던 합리성 비판의 심화과정으로 이해될 수 있다.

맑스와 뒤르케임에게 과학적 발견의 논리와 인식론적 변증법은 모두 층화된 실재를 존재론적으로 전제한다는 점에서 철학적 '비판'이나 데카르트의 '합리주의'로 되돌아가지 않는다. 기존의 철학적 전통과 일정하게 단절된 측면은 '과학적 변증법'(맑스)과 '과학적 합리주의'(뒤르케임)라는 개념으로 각각 표현된 바 있다. 그러나 맑스는 '비판 없는 과학'과 '과학 없는 비판'의 가능성을 결코 승인하지 않았다. 그는 헤겔로 대표되는 철학적 관념론과 대결하는 동시에 당대 경제학의 경험론에 대한 비판을 한 축으로 삼아 "과학에 의한 철학의 해소"와 "철학의 과학으로의 전환"을 달성할 수 있었다(김재기, 1992: 30).[23] 요컨대 '철학의 지양과 실현'이라는 이중의 과제는 자연과학의 토대 위에서 사회와 역사에 대한 과학을 구축하고자 했던 기획을 통해 비로소 접근될 수 있었던 것이다. 그런 점에서 '맑시즘'은 자연과학이라는 위대한 전통의 상속자로 이해될 수 있다(Edgely, 1998: 396).

마찬가지로 뒤르케임의 '사회학' 또한 과학의 세속적이고 새로운 인식론에 기초해 전통적인 권위의 통제에서 해방되기를 준비하는 프랑스 계몽주의의 전통 위에 확고히 서 있다. '과학에 대한 과학'으로서 사회학에 대한 뒤르케임의 강조에서 '철학의 지양과 실현'이라는 동일한 문제의식을 발견하기란 어렵지 않다. 그 또한 철학과 과학의 이분법적 분리를 지지하지 않았다. 새로운 사회과학의 기초는 사물의 이질성(층화)을 긍정하는 철학에 의해 뒷받침된다(Durkheim, 1982b: 177). 반대로 철학이 실증과학에 의거하지 않는다면, 철학은 오늘날 문학의 형태로만 존재할 수 있을 뿐"이며(Durkheim, 1982i: 237), "과학은 철학에 없어서는 안 될 기초"를 제공하기로 운명 지어졌다는 것이다. 이러한 맥락에서 그는 사회학이야말로 철학자들을 괴롭혀온

---

23 맑스는 단순히 철학을 과학으로 대체한 것이 아니다. 그는 합리성을 수호하는 철학의 역할이 여전히 유지되어야 한다고 보았다. 철학과 과학의 관계에서도, 철학을 과학 속으로 지양하지 않고 철학을 실현할 수는 없었지만, 철학의 실현 없이 철학을 과학으로 지양할 수도 없었던 것이다(박영도, 2011: 391).

형이상학적 문제들에 대한 올바른 해결이며, 이 문제들을 재건하는 데 기여할 수 있다고 말한다. "사회학적 성찰은 자연의 진보에서, 철학적 사고의 형태로 영역을 확장할 것을 요청"받고 있다는 것이다(Durkheim, 1982i: 239).[24]

이렇게 볼 때 양자 모두에게 철학과 과학은 상호침투적이며, 사회과학의 설명적 비판을 통해 통합된다. 이를 통해 사회과학은 곧 '현실(what is)'에 대한 분석인 동시에 '당위(what ought to be)'에 관한 학문이며, '과학'인 동시에 '철학'이 될 수 있는 것이다. 양자는 사회(과)학을 매개로 과학과 철학 사이의 근본적인 통일성을 재건하려고 노력했다는 점에서 입장을 같이 한다.

이러한 상호함축은 두 사상가의 실천적 사회이론 속에 용해된다. 맑스의 허위의식 비판은 초기 저술에서 『자본론』에 이르기까지 종교 비판의 연속선상에 위치한다. 비합리적 믿음을 과학이라는 합리적 믿음으로 대체하려는 정향은 『자본론』의 사회형태론과 물신주의 비판을 끌고 가는 핵심적인 모티브로 자리한다. 맑스는 누구보다 자연과학을 포함한 과학 일반이 역사성을 갖는다는 사실, 이데올로기가 사회적 규정성과 함께 역사성을 갖는다는 사실, 따라서 과학 발전과 사회 발전이 서로를 규정한다는 사실을 깊이 숙고했다. 맑스의 생산모델에서 과학은 생산활동의 일부이며, 세계를 의식적으로 변형하는 실천(Praxis)의 한 형태로 이해된다. 맑스의 역사과학은 현상과 본질을 구분하고 부르주아 시민사회의 작동을 철저히 해부했다. 그리하여 '물화'와 '주관화'를 필연적으로 야기하는 물신주의가 자본주의적 지배의 기초임을 밝힘으로써 사회과학적 개입의 정당성을 확보할 수 있었다.[25]

---

24 철학을 사회학으로 통합하려는 기획은 자연의 일부인 동시에 사회가 지적이고 도덕적 실재라는 사회학적 자연주의의 관점에서 도출된다. "개인에 대한 사회의 우월성은 단지 물리적이지 않고 지적이고 도덕적이기 때문에 비판적인 검토를 하더라도 염려할 것이 없다"라는 것이다(『규칙들』, 187).

25 이러한 주객전도의 메커니즘을 적절히 드러내는 다음 맑스의 언술을 참고하라. "상품에는, 더욱이 자본의 생산물로서의 상품에는 (자본주의적 생산양식 전체를 특징짓는) 생

앞서 말했듯, 원리상 물신주의는 물리법칙과 행위법칙 사이에 존재하는 사회적 층위를 붕괴시키는 이분법적 치환의 메커니즘이다. 물화는 정체상태의 존재론을 표현하며, 변화와 자유의 가능성을 부인하는 형식을 취함으로써 현존하는 사회관계를 정당화한다. 아울러 물신주의는 그릇된 근대 철학의 인식론적 보완물에 힘입어 행사된다. 따라서 헤겔 법철학 비판에서 정치경제학 비판에 이르기까지 경험론과 관념론 비판은 맑스 '비판'의 두 축을 구성하며, '형식논리학적 추상'이 필연적으로 봉착하는 인식적 오류(와 존재적 오류)를 방지할 '합리적 추상'의 과학 방법을 곧 이데올로기 비판의 방법론으로 제안했다. 이렇게 볼 때 물신주의 비판은 사회관계에 대한 비판인 동시에 이를 정당화하는 잘못된 과학적 가정들과 전제조건들에 대한 일종의 메타비판의 위상을 갖는다. 그러므로 오늘날 맑스의 과학인식이 갖는 실천적 의의는 과학의 객관성을 절대시하고, 과학을 인간과 사회에서 독립된 가치중립적인 것으로 보며, 과학기술의 무제한적인 실용성을 강조하는 실증주의적·실용주의적 과학관과 이에 근거한 과학주의 진영의 소박한 실천적 대응에 대한 비판이다.[26]

뒤르케임의 분업모델에서 과학은 집합적 활동이며, 과학적 지식은 집합적 노력의 결과이자 사회적 의식의 한 형태로 이해된다. 역사적으로 과학적 지식이 추구하는 숙고적 진리의 임무는 집합의식에 자양분을 제공하는 것이다(『실사』, 92). 생시몽과 콩트의 전통에서부터 '새로운 종교'의 기초는 과학이었고, 『형태』(1912)에 이르러 종교의 역사성이 사고됨으로써 과학 또

산의 사회적 규정들의 사물화(reification)와 생산의 물질적 조건들의 주체화(subjectification)가 이미 포함되어 있다"(『자본론』 III, 1068). 이 점에서 "물신주의는 가치를 자연화함으로써 가치를 탈역사화하는 메커니즘이다." 그러므로 그것의 사회적 기능은 유통과 교환이라는 표면적 현상의 바탕에 있는 역사적으로 독특한 계급관계를 은폐하고 자본주의적 생산과정에서 부불노동이라는 실재를 은폐하는 것이다(바스카, 2005d: 117).

26 맑스의 과학론에 관한 괄목할 만한 논의로 이중원(2004)을 참고하라.

한 역사성을 갖게 된다. 과학적 지식의 기원이 종교에 있으며, 종교의 기원은 곧 사회에 있다는 테제를 통해 뒤르케임은 과학과 종교 사이에 자리한 '연속선상의' 변형이라는 측면에 주목한다. 종교적 삶의 기원이 사회에 있다는 테제는 종교의 본질, 나아가 과학이 이념의 장이 아니라 행위, 곧 사회적 실천의 장에 속해 있다는 점을 정확하게 지시하고 있다.

신을 실천이성의 전제로 도입한 칸트와 유사하게, 사회적 실재는 이상(the ideal)을 창조할 수 있는 도덕적 토대로 자리한다(Moñivas, 2007: 21~22). 즉, 믿음의 원리적 기능은 행위를 유발하는 것이다. 종교가 행위를, 신자들 속에서 운동을 야기하기에 그것은 역동발생적인 속성을 갖게 된다. 그러나 집합적 이상을 창조하는 것은 다시 과학에 의존한다. 그러므로 믿음을 전파 또는 유지하기 위해서라도 "믿음은 정당화되어야 한다". 다시 말해서 "믿음이 이론화"되어야 하며, "이러한 이론은 무엇보다도 사회과학에 근거하고 있다"(뒤르케임, 1992: 591). 이를 통해 의식철학 및 실증주의적 전통에서 이성과 믿음, 과학과 종교 사이에 설정된 고전적인 이분법은 해소되고[27], 사회적 삶의 가치함축성과 실천의 우선성은 유지된다. 이렇게 볼 때, 『형태』의 도덕과학은 종교의 발생에 대한 지식사회학적 설명을 넘어 사회구성의 실천적 기획으로의 진입을 정당하게 허용한다. 이제 "사회학적 성찰이 해야 할 역할은, 현대사회의 구성원들이 추구해야 할 새로운 도덕적 목표를 정해

27 종교와 과학의 대립에 주목하는 실증주의적 견해의 전형은 버트런드 러셀의 다음의 언급에서 볼 수 있다. "종교를 옹호하는 사람들이 강력히 주장하는 것처럼…… '가치'의 문제는 과학의 영역을 넘어 전적으로 지식의 영역 밖에 놓여 있다"(러셀, 2011: 204). 반면 뒤르케임은 다음과 같이 말한다. "이성과 믿음 사이의 대비가 이것보다 더 뚜렷한 적은 결코 없었을 것이다. 만일 역사에서 둘 사이의 이질성이 분명하게 두드러진 시기가 있었다면, 그것은 바로 여기에서이다. 따라서 외관과는 정반대로 종교적 사변이 적용되는 실체는 좀 더 나중에 철학자들의 사색의 대상으로 사용된 실체들과 동일하다는 것을 우리는 살펴본 바 있다. 그 실체들이란 바로 자연, 인간, 사회다"(뒤르케임, 1992: 588~589).

주는 것이다"(뒤르케임, 2012: 606).[28] 이를 통해 도덕, 종교, 과학의 관계는 포함관계 속에 재구성될 여지를 확보한다.

이 과제는 과학적인 동시에 도덕적인 집합적 실천의 과정 속에서 담보된다. 다시 말해 과학은 지적일 뿐 아니라 도덕적 실천의 차원을 아우르며, 동시대만이 아니라 역사의 각 시대를 거쳐 모든 과학자의 광범한 참여와 협조를 전제로 하기에 엄연히 집단적 노력의 결과인 것이다(뒤르케임, 2002: 84). 물론 뒤르케임의 도덕과학은 맑스와 달리 이상(the ideal) 및 가치에 대한 탐구를 사회과학의 중요한 과제로 상정했다. 맑스의 관심이 구조적으로 생산·재생산되는 필연적 허위의식, 즉 이데올로기의 원천을 밝히는 작업에 할애된다면, 뒤르케임은 개인주의/사회주의를 근대사회가 태동시킨 이상의 한 형태로 간주했고, 엄연한 사회적 사실로 고찰되어야 함을 제안했다. 그러나 이데올로기가 실재의 일부이듯, 이상 또한 사회적 실재를 구성하는 일부이기에 적어도 존재론과 가치론의 차원에서 양자의 차이를 가르기란 쉽지 않다.

오히려 오늘날 뒤르케임의 과학인식의 중요한 기여는 기존의 객관/주관 이분법 속에서 주관적인 영역으로 치부되어왔던 '가치'가 사회적 원천을 가지며 곧 사실판단의 일부임을 밝힘으로써 가치중립 테제가 필연적으로 봉착하게 되는 판단적 상대주의(도덕 상대주의)를 효과적으로 논박했다는 점에서 찾을 수 있다. 그에 따르면 가치판단은 실재에 '대한' 상호주관적인, 따라서 객관적인 '사회적 판단' 과정에 종속된다.[29]

---

28 이러한 관점은 종교마저 끌어안고자 하는 뒤르케임의 지식사회학이 과학주의와 갈라지는 지점을 잘 보여준다. "과학은 단편적이고 불완전하다. 과학은 천천히 진보하며 결코 완성되지 못한다. 그러나 삶은 기다릴 수가 없다. 따라서 인간을 살게 하고 행동하게끔 하는 이론들은 과학을 앞서 가야만 하고 미숙한 채로 과학을 완성시켜야만 한"(뒤르케임, 1992: 591)다는 것이다.

29 카르납과 베버 또한 가치 적재적인 사실의 자동적(intransitive) 영역이 있다는 점을 인

> 어떤 점에서 이 모든 가치는 나의 외부에 존재한다. 따라서 우리가 그러한 가치들에 대해 다른 사람들과 의견이 맞지 않을 때 우리는 우리의 확신을 (다른 사람과) 소통하려고 노력한다. …… 우리는 이러한 판단들이 합의에 도달할 수 있고 도달해야 하는 몇몇 객관적인 실재와 일치한다는 것을 무조건 인정한다. 이러한 고유한(sui generis) 실재들은 가치를 구성하고, 가치판단과 관련이 있는 것은 이러한 실재들이다(『사철』, 81).

이때 자동적 차원을 갖는 도덕의 객체에 대한 인과적 판단 과정은 타동적 차원에 속한다. 이렇게 볼 때 오랫동안 논란이 되어왔던 뒤르케임의 초기-후기 저술의 관계는 과학주의와 문화주의(사회구성주의) 간의 대립이 아니라, 과학활동의 분리 불가능한 두 계기인 자동적 차원과 타동적(이행적) 차원의 논점 이동으로 보는 것이 더 생산적인 독해일 수 있을 것이다. 지식의 대상들이 그것을 대상으로 하는 지식과 독립해서 존재하고 작동하는 것이 사실이라면, 우리가 실제로 가지고 있는 그러한 지식이 늘 역사적으로 특정한 사회형태들 속에서 구성된다는 것도 똑같이 사실이기 때문이다.[30] 오히려 『형태』의 지식사회학은 – 맑스보다 훨씬 분명한 방식으로 – 과학과

정한다. 하지만 양자는 그 '가치'를 주관적이고 상대적인 것으로 이해한다는 점에서 뒤르케임과 차이가 있다(Gorski, 2013: 4). 베버의 사실-가치 구분의 연장선상에서 확립된 실증주의 사회과학의 근본 문제에 대한 레오 스트라우스(L. Strauss)의 비판을 재조명하여, 가치의 우열을 가릴 수 있는 정치철학의 복원 가능성을 검토한 논의로 박성우(2014)를 참고하라.

30 그러므로 과학철학에서 우리의 방식이 갖는 특징을 명확히 파악하기 위해서는, 이미 확립된 객체의 자동적 차원 또는 존재론을 보완할 타동적(transitive) 차원 또는 인식론을 구성할 필요가 있다(Bhaskar, 2007: 43). 이러한 견지에서 기존 과학 지식사회학에서 논란이 되어왔던 '구성된(constructed)'이라는 표현은 과학 지식의 구성에 실재(reality)가 수행하는 부분을 부정하지 않으면서, 구성과정의 역사성과 상호주관성 또한 정당하게 확보할 수 있다(이상욱, 2005: 11 참고).

사회, 집합적 주체형성의 긴밀한 연관이 과학 발전의 역동적 논리에 관여함을 일러줌으로써, 과학철학의 타동적(이행적) 차원에 대한 현대적 재구성의 여지를 충분히 열어놓고 있는 것으로 보인다(김명희, 2016b: 263).

그러나 과학의 역사성에 견주어 이데올로기의 역사성에 대한 뒤르케임의 인식은 맑스에 비해 확실히 취약한 것으로 보인다. 분명 뒤르케임은 이데올로기에 대한 체계적인 분석을 제공하지는 않고 있다. 그러나 앞에서 살펴보았듯, 『규칙들』에서 이데올로기라는 용어는 두드러지게 사용되고 그 용어에 대한 특정한 이해가 제공된다. 뒤르케임에게 '이데올로기'의 용법은 사회적 사실에 대한 과학으로 사회학의 토대를 구축하는 맥락에서 들어온다. "만일 우리가 사실들이 함께 연결되어 있는 진정한 방식(real way)을 이해하기를 원한다면, 우리는 이데올로기적 방법을 포기해야만" 한다는 것이다(Durkheim, 1982b: 168). 과학적 방법의 대당적인 범주이자 비과학적 방법으로 '이데올로기'를 설정한다는 점에서 맑스와 뒤르케임은 정확한 유사점을 보여준다. 양자 모두에게 과학은, 이데올로기의 존재를 거부할 수 없다(Larrain, 1980: 129).

더 엄밀히 말하면 뒤르케임에게 과학의 대쌍 개념은 '편견'으로 제시된다. 편견은 과학으로 진입하는 전조(prelude)로서 필수적인 지성적 역할을 수행하며, 이로부터 올바른 정의와 과학적인 개념화의 논리적 필요성이 도출되었다. 이데올로기를 구성하는 반계몽주의적 편견들은 특히 사회학에서 활성화된다. 왜냐하면 사회적 사물들 자체가 인간 활동의 산물이고 이것은 특정한 관념들을 적용하는 데서 드러나기 때문이다. 베이컨의 우상이론을 빌려 말하듯, 편견은 객관적으로 '관찰된 사실들'과 투쟁하는 경향이 있다. 사회학의 역할은 곧 편견과 투쟁하는 것이며, "편견은 결국 마지막 피난처인 사회학에 진정한 과학적 노력을 위한 자유로운 영역을 남기고 사라질 것"이다(『규칙들』, 89).[31]

이렇게 볼 때 뒤르케임의 '일반사회학' 개념은 하나의 분과학문을 의미하는 것이 아니라, 칸트 이후의 안티노미를 논리적으로 극복하는 '사회과학철학'이라는 위상을 갖는다.[32] 그는 역사가들의 명목론과 철학자들의 극단적인 실재론 각각을 지양하며 도입한 '사회적 종'이 선험적 통제와 경험적 검사에 동시에 구속되는 이론적인 동시에 경험적인 실재임을 누구보다 잘 알고 있었다.[33] 무엇보다 '사회적 사실' 개념은 개인주의 사회학이 필연적으로 봉착하게 되는 환원문제에 대한, 그리고 공리주의의 경험론과 칸트주의의 합리론 각각이 봉착하게 되는 인식적 오류에 대한 유의미한 비판을 수행한다. 결국 사회학적 방법의 정립 자체가 근대사회에서 필연적으로 발생하는 방법론적 개인주의에 대항하는 이데올로기적 투쟁을 수행하는 것이다.

두 사상가가 신뢰했던 근대과학의 계몽주의적 합리성은 근대사회가 창출한 역사적 합리성의 전망과 통합된다. 맑스와 뒤르케임의 역사이론은 계급투쟁의 합리성과 개인주의의 합리성의 관계에 대한 최종적인 토론을 요

---

31 즉, 뒤르케임에게 선입견(preconception) 또는 편견(prejudice)은 사회학이 발전함으로써 사라지는 필연성이다. 호르헤 라라인(J. Larrain)이 말하듯, 『형태』에 이르면 뒤르케임은 확실히 종교적인 편견의 기원을 인간 본성에 선천적인 것으로 간주하지 않는다. 그 대신 편견은 사회 내부에 조건 지어진다. 『형태』에서는 하나의 개별적 주체로 간주된 사회의 정신 속에 있는 자연적 굴곡으로부터 이데올로기가 어떻게 발전하는가를 보여준다는 것이다. 이 점에서 『형태』의 관점은 『규칙들』에서 발견된 이론들의 확장으로 볼 수 있을 것이다(Larrain, 1980).

32 한 번 더 강조해두자면, 뒤르케임의 '일반사회학'은 역사학과 특수 과학 모두를 전제한다. 과학의 철학적 부분으로서 체계적인 전문화를 담당할 '일반사회학' 또는 '사회과학철학'(Durkheim, 1982j: 255)과 응용된 사회과학들의 관계에 대해서는 Durkheim(1978b; 1982d), 김명희(2016a)를 참고하라.

33 이는 인간 본성의 이중성(duality)과 그 사회적 조건에 대한 논의에서 분명해진다. 즉, 바스카가 그러하듯 뒤르케임에게도 사회는 "경험에 의해 주어지는 것이 아니라 경험에 의해 전제되는 것이다"(『비실』, 175). 그렇지만 사회의 그러한 독특한 존재론적 지위, 사회의 초월적인 실재성이 사회를 우리가 지식으로 파악할 수 있는 대상으로 만든다.

청한다. 양자는 특정한 사회구조 안에 자리한 역사적 합리성이 발견되고 설명되어야 하며, 이는 과학의 작업과 결합되어야 한다는 견해를 일관되게 견지했다. 맑스와 뒤르케임은 모두 근대사회가 창출한 새로운 조건에 주목했고, 노동자계급의 발현적 속성과 근대적 개인의 발현적 속성이 갖는 인과적 힘을 각각 이행의 동인으로 상정했다. 사회적 객체의 구성을 바라보는 두 사상가의 단차에도 불구하고, 양자는 모두 "자유로운 개성의 발전"(『자본론』 I, 1047)과 "인간존엄의 이상"(『자살론』, 362)을 '역사 법칙'이자 '역사적 경향'으로 바라본다. 또한 양자 모두 경제적인 결정관계를 '물적 예속'과 맞물린 '인격적 예속' – 소외 – 및 '도덕적 예속' – 아노미 – 을 야기하는 통제 불가능한 맹목적인 힘으로 직시하면서, 노동자계급과 직업집단이라고 하는 집합적 주체를 '원하지 않은 결정관계의 원천을 원하는 결정관계로 변경'해갈 입법적 주체로 소환한다.

흥미롭게도 뒤르케임이 과거에 부차적인 기능을 담당했던 경제적 기능의 전면적 부상을 만성적인 아노미와 계급갈등의 원천으로 재평가하는 지점에서, 맑스는 표준노동일을 둘러싼 싸움에서 가시화된 정치적·법률적 기능의 부상을 기존의 비대칭적인 계급관계에 반작용할 수 있는 발현적 기제로 상정한다. '자유로운 개인들의 연합', 즉 인간적 힘의 완전한 실현을 진보로 바라보는 맑스의 관점에서 "계급투쟁이 단지 한 계급의 이해관계를 또 다른 계급의 이해관계로 대체하는 문제로 이해될 수 없"는 것은 당연한 일이다(Sayer, 2004). 한편 뒤르케임의 유기적 연대이론이 전망한 '개인주의의 합리성'은 프랑스의 자유주의적 사회주의의 문맥 속에 자리한다. 뒤르케임에게 '개인'은 주류 경제학이나 합리적 선택이론이 가정한 시장 활동의 주체가 아니다. 사회주의에 대한 숱한 논평에서 드러나듯, 뒤르케임은 개인주의와 사회주의 사이에 자리한 이항대립을 승인하지 않는다. 이 점은 그가 '공리주의'와 '개인주의'를 명확히 구별하고 사회주의를 18세기에 태동한 혁명

적 개인주의의 연장선상에 위치 지었다는 점에서도 확인할 수 있다.[34]

더 주목해야 할 쟁점은 양자가 제시한 계급투쟁의 합리성과 개인주의의 합리성은 하나의 역사적 경향으로 설정되며, 사회과학에서 인과성은 오직 개방체계 속에서만 자신을 드러내는 경향들로 분석되어야 한다는 메타이론적 가정에 의해 뒷받침된다는 점에 있다. 다시 말해 맑스와 뒤르케임의 과학적 설명은 인과기제들에 대한 서술을 강조하지 보편법칙에서 연역되는 것을 강조하지 않는다. 양자에게 노동자계급과 개인이라고 하는 주체가 보유한 인과적 힘은 수직적·수평적 인과성의 차원에서 논증된다. 즉, 각각이 보유한 인과적 힘, 다시 말해 자본주의가 야기한 계급투쟁의 기제와 근대사회가 야기한 개인화의 기제가 현실화(actualizes)될 것인지 여부는 구체적인 국면과 사회적 조건에 의존할 수밖에 없다. 한편으로 이는 경험적 규칙성에 입각한 예측이 역사 법칙에 대한 법칙적 진술의 설명력을 입증하는 기준이

34 뒤르케임의 개인주의와 사회주의에 대한 논평은 1885~1899년에 왕성하게 제출된다(Durkheim, 1986a; 1986b; 1986c; 1986d 참조). 체계적으로 개념화하는 시도는 『분업론』과 같은 해에 쓰인 귀스타브 블로(G. Belot)에 대한 논평에서 찾을 수 있다. 「사회주의에 대한 정의(Note of the definition of Socialism)」(1893)에서 뒤르케임은 사회주의와 개인주의라는 이항대립을 비판하며, 공산주의를 기계적 연대에 상응하는 것으로, 사회주의를 유기적 연대에 상응하는 것으로 위치 짓는다. 블로는 사회주의는 '개인주의의 대립물'이라는 관념에서 출발하지만, 뒤르케임이 볼 때 이러한 안티노미는 증명되지 않았다. 역사적 전개가 의존하고 있는 조건이 동일한 방향에서 진행된다면 사회화(socialization)는 더욱 완전해질 수 있다는 것이다(Durkheim, 1986b: 113~120). 이러한 관점은 교권주의 진영에 속했던 반드레퓌스적인 보수주의자 페르디낭 브륀티에르(F. Brunetiere)를 논박하며 집필한 「개인주의와 지성인」(1898)에서도 드러난다. "주의주장은 무엇보다 그것이 만들어내는바, 곧 그것이 낳는 주의주장의 정신에 의해 판단되어야 한다. 이제 칸트주의는 요한 피히테(J. G. Fichte)의 윤리학을 낳았으며, 거기에 이미 사회주의가 크게 함유되어 있는 것이다. 헤겔의 철학은 맑스라는 세자를 낳았던 것이다. 루소에게도, 그의 개인주의가 그의 권위적인 사회 인식으로 보완되고 있는지 우리가 알고 있는 바다. …… 공리주의적 윤리와 이상주의자들이 싸우게 된 주된 이유는 그것이 사회적인 필연성과 양립할 수 없다고 보았기 때문이다"(뒤르케임, 1979: 9~10. 강조는 필자).

될 수 없다는 것을 일러준다.[35] 이것이 『자본론』이 원인과 조건, 구조 분석과 구체적인 국면 분석 모두를 경유해서 역사적 경향 분석에 착수했던 이유일 것이다. 이렇게 볼 때 맑스가 전망했던 역사적 합리성의 실현에 있어 계급투쟁의 합리성은 의심의 여지없이 중추적 지위를 점하지만, 반드시 구체적인 국면들에 대한 과학적 분석과 설명을 매개로 개인의 자율성을 실현해 가는 전망 속에 통합된다는 점에서, 맑스의 '과학적 사회주의'[36]는 계몽, 과학, 개인 없는 사회주의가 불가능함을 승인한다.

『분업론』과 『자살론』은 근대사회가 창출한 새로운 도덕률인 개인주의가 작동하지 않는다면, 그것이 어떠한 사회적 조건에 의존하는지를 구명한다. 뒤르케임에게 아노미적 자살을 매개하는 통제되지 않은 욕구와 숙명론적 자살을 매개하는 좌절된 욕구는 정서적인 동시에 인지적인 과정을 경유하며, 아노미는 물상화의 결과이자 사회관계의 물화라는 차원을 지시한다고 볼 수 있다. 이러한 맥락에서 뒤르케임의 유기적 연대이론은 합리적인 주체의 존재 조건을 질문하는 동시에, 새롭게 태동한 '개인'의 인과적 힘이 어떠한 사회적 조건에서 사회관계의 변형에 작동할 수 있는지를 심문한다. 인과적 힘으로서 개인의 힘을 극대화하는 것은 곧 근대 과학혁명의 소산인 계몽의 실현이며, 과학적 합리성에 기초해 사회적 합리성을 극대화하는 것은 곧 실재론적 계몽[37]을 실천하는 작업과 다른 논리에 귀속되지 않는다. 여

---

35 다시 한 번 강조하자면, 이는 경향성에 입각한 경험적 검사라는 점에서 규칙성에 의거한 경험적 검사와는 명백히 구분된다.

36 엄밀히 말하면 '과학적 사회주의'는 엥겔스(1994)가 1892년 '공상적 사회주의'와 구분하며 사용한 용어다. 맑스가 제시한 '유물론적·비판적 사회주의'는 공상적 사회주의에 대한 비판을 함축한다는 점에서 과학적 사회주의의 용법을 공유한다. "유물론적·비판적 사회주의 시대 이전에는 이 사회주의를 맹아적으로 내포하고 있던 공상주의가 사회주의 나중에 등장한 지금에 와서는 고지식하고 진부해서 근본적으로 반동적일 수밖에 없다는 것은 당연하네"[맑스, 「마르크스가 호보켄에 있는 프리드리히 아돌프 조르게에게」(1877.10.19). 스캄브락스 엮음(1990: 199)에서 재인용].

기서 맑스의 과학적 사회주의와 뒤르케임의 과학적 사회학이 논리적으로 수렴하는 지점을 발견하기란 어렵지 않다. 이상의 논의는 맑스와 뒤르케임의 이론적 성과가 구체적인 국면 분석에서 길어 올린 방법론적 혁신을 이해할 때 비로소 정당하게 평가될 수 있다고 말해준다.

2) 역사과학방법론: 역사적 사회과학의 가능성

맑스와 뒤르케임의 가장 큰 방법론적 공과는 자연과학과 인간과학을, 나아가 사회과학과 역사학의 분할을 중층화해왔던 방법론적 이원론을 해소할 실재론적 역사방법론의 경로를 개척했다는 점에서 찾을 수 있다. 『자살론』의 과학성은 『자본론』에 은폐되어 있는 역사비교방법론을 더 명료하게 하고, 『자본론』의 역사과학이 선취한 실천적 전환(practical turn)은 실증주의적으로 채색되어 탈정치화된 『자살론』의 사회학적 전환(sociological turn)에 역동성을 부여한다. 나아가 『분업론』의 자유방임주의/지적 무정부주의 비판이 전망했던 반환원주의적 통합과학 이념은 월러스틴이 갈급했던 – 분과학문의 재분화와 재통합에 기초한 – 역사적 사회과학(a historical social science)의 풍요로운 자원을 제공한다.[38]

오늘날 사회과학과 역사학 사이의 과도한 칸막이 현상이 한 시대와 사회

37 실재론적 계몽은 근대 경험적 실재론 및 경험주의와 지적으로 투쟁하면서 소외로부터의 해방을 도모하는 실재론적 과학의 계몽을 지칭한다. 비판적 실재론은 최종적으로 '대안은 없다(TINA: there is no alternative)'는 이데올로기를 승인하지 않는다. "비판적 실재론이 안내하는 굳건한 지적 작업과, 사회관계의 변형을 지향하는 정치적 실천이 필요하다"는 것이다(『비실』, 28).

38 월러스틴이 새로운 지식 패러다임으로 제안한 '역사적 사회과학'은 사회과학의 모든 기존 분과학문을 하나의 거대한 새로운 학문으로 통합하고, 사회적 실재에 대한 모든 유용한 기술이 필연적으로 '역사적'인 동시에 '사회과학적'인 인식론을 추구한다(월러스틴, 2007: 200~211).

에 대한 총체적 그림을 그려내는 데 실패하고 있다면,[39] 이러한 칸막이 현상의 기저에는 법칙정립/개성기술, 이론/역사, 설명/이해 등의 방법론적 대립이 자리하고 있다. 법칙정립적 사회과학과 개성기술적 역사학이라는 상호배타적 인식론의 모순은 월러스틴이 말하듯 뉴턴과학의 인식론적 가정들에 기초한 것이지만,[40] 법칙에 대한 실증주의적 이해에 원천을 갖고 있다. 이와 같은 이항대립은 오랫동안 인간과학 내부에서 실증주의와 해석학 사이의 방법론적 대립을 재생산해온 이분법이며, 현대 실증주의의 연역적 설명모델에 침윤된 반역사적 충동 속에서 이론주의와 역사주의의 대립으로 재생산되어왔다.

그러나 앞서 살펴본바, 사회체계에 본질적인 개방성과 지리-역사성을 고려하면 법칙연역적 설명 개념은 적용 불가능하다. 누구보다 이를 숙고했던 맑스와 뒤르케임이 발견했던 발현적/사회적 인과성 개념과 경향에 입각한 설명 추구는 뉴턴과학의 고전적 인과성 개념을 뛰어넘는다. 무엇보다 사회형태추상과 응용과학의 방법론을 결합한 맑스와 뒤르케임 이론적·역사적 설명모델은 월러스틴의 인식론적 쟁점을 존재론적으로 보완하면서, 사회과학과 역사학 사이의 그릇된 대립을 해소할 방법론적 돌파구를 열어준다.

---

39 대표적으로 오늘날 현대 한국에 대한 연구에서 추상성과 구체성, 보편성과 특수성을 추구하는 사회과학 이론과 구체적인 역사서술 사이의 화해라는 문제는 좀처럼 해소되지 않는 답보 지점 가운데 하나다. 예컨대 사회과학이 기초 자료를 무시하는 오류를 저지른다면, 역사학은 유용한 사회과학적 방법과 개념, 이론을 무시하는 오류를 범하고 있다(박명림, 2006: 40~43). 한국 사회에 관한 연구에서 제기되는 사회과학의 분야별 영역주의에 대해서는 정일준·임현진(2012)을 참고하라.

40 뉴턴과학의 가정 속에서 시공간(TimeSpace)은 영원한 외부 매개변수로 나타나고 실증주의적 사회과학자들은 모든 시공간에 적용되는 포괄법칙적 탐구를 시도해왔다. 여기서 인문주의적 역사가들의 개성기술적 비판이 시작되었다. 그러나 그들 또한 법칙정립적 과학자들이 그랬듯이 시공간을 분석에서 제외함으로써 설명의 왜곡과 단순화를 초래했다(월러스틴, 2007: 26, 145).

① 상기하자면, 맑스와 뒤르케임은 모두 당대 경제학의 방법과 역사학의 방법이 공히 의존하던 형식논리학적 방법이 과학적 논증의 정당한 절차가 될 수 없음을 숙고했다. 『자본론』과 『자살론』의 인과적 설명모델은 모델 형성과 역행추론, 법칙적 진술과 소급예측(retrodiction)의 복합적인 국면 분석을 경유한 경험적 검사를 종합함으로써, 이론적 설명과 역사적 설명을 실재론적으로 통합하는 설명모델의 경로를 개척했다. 특히 이들의 사회형태론은 방법론적 문제설정의 핵심적인 계기로 자리하는바, 우리는 사회형태추상 – 유형화 및 모델 형성 – 에 기초한 실험과학의 원리로 양자의 방법론을 재조명하고자 했다. 예컨대 맑스의 생산력/생산관계, 토대/상부구조의 개념, 그리고 뒤르케임의 정상/병리의 유비추론은 크게 역행추론이라고 부를 수 있는 사유운동의 일부로서 사회학적 설명모델을 고안하기 위한 노력으로 이해된다. 이러한 모색 위에서 두 이론가는 역사적 서사(맑스)와 역사비교방법론(뒤르케임)이 실험의 보완물로 기능할 때 역사에 대한 과학이 가능함을 설득력 있게 예시해준다.[41] 이를 통해 '역사 없는 이론'의 공허함과 '이론 없는 역사'의 맹목성을 지양하고 역사 속에 과학을 담는 사회과학 혁명을 이루어낼 수 있었던 것이다.

② 나아가 사회적 객체의 이론부과적이고 행위의존적이며, 동시에 지리역사적인 속성을 인정한다면, 선험적 통제와 경험적 검사에 동시에 구속되는 사회과학적 설명의 경우 순수/응용의 구분이 훨씬 더 긴밀한 관계로 통합되어야 함을 일러준다. 즉 지식 대상과 지식 주체가 인과적 매듭을 맺는 사회과학의 연구절차는 자연과학보다 훨씬 더 자기비판적이고 이론적인 개

41 이렇게 볼 때 이론과학인 동시에 응용과학인 사회과학의 발견적 작업과 설명적 절차에서 — 그것이 경향에 입각한 설명을 추구한다면 — 다양한 형태의 역사적·인류학적·해석적 방법의 다원화와 정교화는 모순 없이 추구될 수 있고, 실험의 보완물로 결합될 수 있다.

념화 작업을 요청한다. 실제 양자의 이론적·역사적 설명모델은 개념화의 성과에서 그 '실패'가 아니라 이론적 '성공'을 보증한다. 치밀한 범주 비판을 경유한 맑스 개념화의 탁월한 성과를 '노동력상품'이라는 개념에서 찾을 수 있고, 뒤르케임 개념화의 성과를 '아노미' 개념의 정교화 과정을 통해 확인할 수 있었다. 이렇게 볼 때 선행연구에 대한 철저한 내재적 비판과 설명적 논증을 경유한 과학적 개념화의 절차는 실험의 등가물인 동시에, 사회과학적 설명의 성패를 가늠하는 핵심적인 절차로 그 위상이 제고될 수 있다. 동시에 과학적 개념화의 절차는 자연적 소여로 환원될 수 없는 지식 생산의 사회적 과정에 장착됨으로써 학문공동체의 연속적인 이론화를 보증하는 과학 발전의 중심에 자리한다. 아울러 실증주의적이지 않으면서도 자연주의를 유지하는 맑스와 뒤르케임의 역사방법론은 여타 응용과학의 발견적 작업과 – 개념을 통한 – 소통 가능성을 열어놓는다

③ 한편 법칙정립적 '설명'과 개성기술적 '이해'라는 – 역사적 설명에 대한 포괄법칙모델과 합리적 설명모델 사이의 논쟁에서 재연된 – 방법론적 대립의 기저에는 '원인'과 '이유'의 이분법이 도사리고 있다.[42] 원인/이유의 이분법은 맑스와 뒤르케임이 공유한 공시발현적 힘의 유물론과 변형적 사회활동모델을 통해 극복된다. 맑스와 뒤르케임 모두 이유/동기와 이유의 기저에 있는 원인이 일치하지 않을 수 있다는 점을, 나아가 행위주체들의 믿음이

42 이러한 방법론적 이원론을 나타내는 고전적인 슬로건은 딜타이가 말한 "자연은 설명하고, 정신은 이해한다"일 것이다. 그러나 단적으로 뒤르케임에게 설명과 이해 사이에 확립된 전통적인 이분법은 존재하지 않는다. "설명한다는 것은 사물들을 서로서로 연결시키는 것이며, 사물들 사이의 관계들을 확립하는 것이다. 이러한 관계들은 사물들이 상호작용하는 것으로 보여지도록 만들며, 사물들의 본질에 놓여져 있는 내적인 법칙에 따라 그것들이 교감하면서 감응하는 것으로 보여지도록 만든다. …… 오로지 지성만이 그것에 대한 개념을 만들 수 있기 때문이다. …… B는 A와 무관하지 않으며 어떤 유사성에 의해서 A와 연합된 것으로 보이게 만드는 방법에 의해서 B를 인식하는 것이 가능할 때, 비로소 나는 이해하기 시작하는 것이다"(뒤르케임, 1992: 337).

의식적일 뿐 아니라 무의식적이며 인지적인 동시에 비인지적 기초를 갖는다는 점을 잘 알고 있었다. 두 사상가 모두 정신과 물질의 긴밀한 매듭을 승인하며, 인간행위로 환원되지 않는 사회적 존재의 발현적 속성과 사회적 층위로 환원되지 않는 개인의 인과적 힘을 아울러 인정하는 분석적 이원론의 사회활동모델을 공유한다. 또한 이들의 과학적 유물론은 베이컨의 '지성적인 인간' 및 인과적 행위주체로서의 인간 개념을 공유함으로써 성찰적이고 과학적 지식에 기초한 행위가 곧 사회관계를 변형하는 원인이 될 수 있다는 과학적 비판의 기본 전제를 분명히 했다.

특히『자살론』에 적용된 자연주의 윤리학의 설명모델은 과잉자연주의적 실증주의와 반자연주의적 해석학, 각각의 일면성을 지양하고 심층-설명적 비판의 가능성을 제고한다. 이는 "마르크스가 출범시켰지만 완성하지 못한 심층-설명적(deep-explanatory) 인간과학들"(『비실』, 9)의 심화로 나아갈 가능성을 제공한다.

3) 자연주의 윤리학: 심층-설명적 인간과학의 가능성

실증주의 과학관이 사회과학에 부과한 가장 치명적인 이분법은 사실/가치 이분법으로 가치중립적 사회과학이라는 실현 불가능한 이상을 제시해왔다. 오늘날 '두 문화'의 해소를 둘러싼 한국 학계의 지식통합 논쟁에서도 사실/가치 이분법은 과학과 인문학은 물론, 사회과학과 인문학의 경계를 강화하는 병목 지점으로 자리하고 있다. 이와 달리 맑스와 뒤르케임의 사회이론은 설명과 비판, 나아가 과학과 윤리학을 재통합하는 자연주의 윤리학의 설명적 비판 기획에서 상보적인 결합 가능성을 생성한다.[43] 필립 고스키(P.

43 설명적 비판은 정치뿐 아니라 도덕에도 응용될 수 있지만, 바스카는 이것을 자세히 다루지 않았다(콜리어, 2010: 366). 이 지점이 뒤르케임의 자연주의 윤리학의 현재성을

Gorski)가 적절히 지적한 바 있듯, 사실 베버의 경로를 예외로 한다면 사회학의 창시자들은 모두 윤리적 자연주의자였다고 할 수 있다. 그리고 인접한 학문을 연구하는 현대 학자들은 이미 이러한 방향으로 상당한 발전을 이루었다. 이점은 자주 논의되지 않는 사회학의 진실이지만, 윤리적 자연주의는 이미 사회학적 유산의 일부를 구성한다.[44]

그 선구자로서 맑스와 뒤르케임은 공리주의와는 반대로 초역사적으로 적용되는 인간 본성과 합리성을 전제하지 않았다. 오히려 그것을 설명되어야 할 사실로 간주했으며, 이성 능력을 제약하는 사회체제와 역사적 조건을 해명하는 과학적 분석에 착수했다. 양자 모두 설명은 곧 주어진 자연과 사회의 변형 – 자기해방 – 에 기여한다는 설명과 해방의 나선형적 관계를 상정한다. "왜"라는 질문에 의해 인도되는 과학적 탐구는 통상 질서 있는 설명으로 이어지고, 이는 곧 해방의 잠재력이 된다. 이것이 바스카가 제시한 심층-설명적 비판 합리성이다. 이로써 사회과학이란 인간해방을 기획하는 '설명적이면서도 동시에 비판적인' 사회이론으로 간주된다.

이를테면 맑스는 아리스토텔레스가 노예를 사람이 아니라 '말하는 기계'로 파악했다는 것을 '비판'하면서도 그것이 그 당시의 사회구조적 상황에서 불가피했음을 '설명'한다. 맑스는 인간을 객체로 전락시키는 상품물신성을 '비판'하면서도 동시에 그와 같은 상품물신성이 나타나는 사회구조적 원인을 '설명'한다. 또한 맑스는 이데올로기가 현실의 모순을 은폐하며 지배계

더욱 제고할 수 있는 지점이다.

44 고스키는 알렉시 토크빌(A. Tocqueville)은 물론, 맑스의 『경제학-철학 수고』와 뒤르케임의 『자살론』이 모두 신아리스토텔레스 윤리학의 수정된 버전을 제공하는 사회학에서의 윤리적 자연주의의 원형이라 평가한다. 그리고 윤리적 자연주의의 현대적 사례로 마틴 셀리그만(Martin Seligman)의 긍정 심리학이나 리처드 이스털린(Richard Esterlin)의 행복 경제학, 아마르티아 센(Amartya Sen)과 마사 누스바움(Martha Nussbaum)의 역량 이론의 예를 들고 있다(Gorski, 2013: 10).

급의 이해에 봉사한다고 '비판'하면서도 그것의 발생이 구조적이고 필연적임을 '설명'한다. 그런데 이러한 설명은 개인과 사회를 변화시킨다.[45] 요컨대 맑스 과학의 핵심은 '필연적 허위의식' 비판에 있으며 『자본론』의 상품물신주의 비판은, 주체가 객체에 포함되어 있다는 사회세계의 고유한 속성에서 사회과학의 불가능성이 아니라 사회과학의 가능성을 조건 짓는 설명적 비판의 선구적 경로를 개척했다.

뒤르케임의 설명적 비판 모델은 『자살론』에서 그 전형을 볼 수 있다. 도덕과학에 대한 구상에서 훨씬 더 명시적으로 드러나는 그의 자연주의 윤리학은 복잡한 현대사회의 제 문제들로 심층-설명적 비판의 가능성을 확장한다. 이를테면 뒤르케임은 이기주의를 '비판'하면서도, 그것이 타자에 대한 동정 또한 가능케 하는 – 분업이라는 – 새로운 집합의식의 상태에서 파생된 사회적 산물임을 '설명'한다. 아노미적 자살이, 욕망이 목표를 잃은 무한의 질병이라 '비판'하면서도, 그것이 경제에 대한 도덕적 통제를 결여한 구조적 원인에서 비롯된 것임을 '설명'한다. 또한 비관과 슬픔이라는 감정 상태는 의식이 그 진정한 본성을 거역하는 비정상적인 상태라고 '비판'하면서도, 그 자체가 사회의 정신적 상태에서 논리적으로 귀결됨을 '설명'한다. 그런데 이러한 설명은 치유의 방향과 대상을 알려줌으로써 우리를 변화시킨다.

> 우리는 과학을 통해 자연의 계획을 재발견하고, 그것을 재사고하고, 왜 그것이 그렇게 존재하는지를 이해한다. …… 원인에 대한 이해를 통해 얻는 승인은 이 질서를 자유롭게 욕망하는 것이다. 자유롭게 원한다는 것은 불합리

45 이를테면 욕구가 채워질 수 없거나 없다고 설명되면 욕구는 강해지거나 소멸되며, 달라진 개인의 욕구는 주어진 산업체계나 지구 환경 문제에 달라진 가치판단을 내린다(김진업, 2004a: 201~202). 사회과학이 무매개적으로 효력을 갖는다는 관념론적이고 이론주의적 견해와 달리, '앎'과 '함' 사이에는 논리적 간격이 있다. 이 간격은 오직 '적절한 상황에서 욕망함'을 통해서만 연결될 수 있다(『비실』, 178~179).

한 것을 갈망하는 것이 아니다. 반대로 그것은 합리적인 것을 원한다는 것, 즉 사물의 본성에 일치해서 행위하기를 원한다는 것을 뜻한다. 때때로 비정상적이거나 우발적인 환경의 영향하에서 사물들이 그 자신의 본성에서 벗어나는 일이 발생한다. 하지만 그때 과학은 우리에게 사물의 정상적이고 자연스러운 상태와 이러한 비정상적 일탈의 원천에 대한 지식을 제공함으로써, 동시에 사물들의 균형을 유지하고 바로잡을 수단을 제공한다. …… 우리는 이해를 통해 우리 자신을 해방시킨다. 해방의 다른 수단은 없다. 과학은 우리의 자율성의 원천이다(Durkheim, 1961: 115~116).

이것이 맑스와 뒤르케임의 설명적 비판이 보여주고, 비판적 실재론이 논증한 설명과 해방의 나선형적 관계다. 이들 모두는 앎의 목적이 삶에 있으며, 설명의 목적이 곧 해방에 있다는 비판적 실재론의 진리관을 공유한다. 진정으로 설명적 이론은 "필요하지 않고 원하지 않는 결정관계의 원천에서, 필요하고 원하는 결정관계의 원천으로 관련된 행위자들의 자기 해방 속에서의 변형"을 가능케 한다(『과실』, 171).

실재에서 이성은 초월적인 능력이 아니다. 자연의 일부이며, 자연법칙에 종속된다. …… 칸트는 완전하게 합리적인 한 자유의지는 자연법칙에 종속되지 않는다고 말한다. …… 그런 해결책이란 전적으로 추상적이고 변증법적인 것이다. …… 실로 이 영역에 대한 우리의 요청이 증가하고 있다는 사실은…… 단순히 논리적인 가능성의 문제가 아니라, 역사를 통해 진전된 자율성의 문제임을 명백히 보여준다. …… 우리는 점차 사물에 대한 직접적 의존으로부터 해방되고 있으며 이 과정을 잘 알고 있다. …… 우리는 이러한 상대적 자유를 과학에 빚지고 있다. 논의를 간단히 하기 위해 우리 모두가 사물에 대한 완전한 지식을 가지고 있다고 가정하자. 우리가 적절하게 세계를 표현하는 상징적인 표상 체계를 우리 안에 갖고 있는 한, 세계는 우리 바깥에 있는 것이 아니라 우리 자신의 일부가 된다. 물리 세계 안의 모든 것은 이데아에 의해 우리의 의식 속에 재현되고, 이러한 관념이 과학적으로 명확히 규정되기 때문에…… 우리는 더 이상 우리 자신을 초월하여 물리 현상을 이해할 필요가 없다. …… 우리의 안을 들여다보고 우리가 다루는 대상들에 대한 우리의 관념을 분석하는 것으로 충분하다(Durkheim, 1961: 113~115. 강조는 필자).

이러한 방식으로 맑스와 뒤르케임은 작업 전반에 걸쳐 특정한 사회구조가 그 사회의 종교적 신념을 결정한다고 주장하며, 해당 사회의 관념들에 대한 과학적 비판이 해방의 필요조건임을 역설한다. 이제 더 논구되어야 할 쟁점은 "주로 재생산적인 사회적 과정을 우리가 어떻게 주로 변형적인 사회적 과정으로 전환한 것인가"(『비실』, 24)라는 문제와 관련된다.

이 지점에서 양자의 설명적 비판 모델을 가르는 단층선을 심층 합리성의 탐구 수준에서 재조명해볼 수 있을 것이다. 『자살론』의 연대이론 및 아노미 비판은 사회관계 속에 자리한 행위자들이 갖는 비합리적인 정서와 병폐의 원천을 특정한 사회적인 조건 속에서 구명하는 동시에, 행위의 인지적 기초를 무시하지 않는 심층-설명적 비판의 한 유형을 제공한다. 맑스가 모든 그릇된 이론적 믿음의 붕괴가 곧 해방의 필요조건임을 보는 지점에서, 뒤르케임은 이론적 믿음의 붕괴가 사회관계의 심층을 파고들어 가는 도덕적·정서적 관계의 변형과 맞물려 있으며 새로운 형태의 실천적 믿음, 즉 집합적 이상의 발현 없이 충분히 실현될 수 없다는 점을 역설한다.

앞서 말했듯 심층 탐구는 인간과 공동체의 힘 속에서 아직 실현되지 않은 유적 인간들의 해방적 잠재력에 대한 탐구이며, '그 힘들이 활성화될 수 있는 조건은 무엇인가'를 질문한다(『비실』, 220~221). 특히 『자살론』의 비관주의 및 비합리주의 비판에서 그 단초를 시사한 심층-설명적 비판은 현대 자본주의의 역사적 전개와 복합적 분화를 고려한다면 중요한 부분이다. 왜냐하면 초역사적인 것이 아니라 시공간 특수적이고 지리역사적인 구속을 받으며, 동시에 인간행위의 산물인 자본주의 사회의 현실적 작동은 다양한 결정관계의 결합으로, 역사적인 경향들로 분석되어야만 하기 때문이다. 콜리어가 말하듯, "필요의 좌절은 어떤 사회제도에 의해 발생할 뿐 아니라, 그 제도의 재생산에 필수적"이다(콜리어, 2010: 265~266). 이는 추상적인 인간의 필요가 아니라 자본주의 사회에서 살아가는 사람들이 지닌 역사적으로 복잡해진 필요이며, 자본주의의 작동은 자본주의가 좌절시키는 이러한 필요를 전제한다. 이렇게 볼 때 역설적으로 "사실상, 계몽의 결과는 해방이 아니라 불화(dissonance)일 것이다. 그리고 그러한 불화는 '혁명적인 비판적' 활동이나 절망으로 이어질 것이다"(『비실』, 219).

그렇다면 인지적 해방은 비인지적이고 초담론적 조건들에 의존하는 것이며, 완전한 해방을 위한 '필요조건'일 수밖에 없다.[46] 바꾸어 말해 『자본론』에 등장하는 상품물신성의 허위의식에 포섭된 개별 주체들이 『자살론』에 등장하는 자살하는 행동주의적 주체들과 분리될 수 없다면, 실질적 해방은 곧 현실의 병폐와 소외에 맞서 "인간이 자기 '고유의 힘'을 사회적 힘으로 승인하고 조직"(맑스, 1996: 361)할 수 있는 구체적인 분석과 구체적인 실천적·윤리적·정치적 판단들에 의존할 것이다.[47]

---

46 요컨대 "인지적 해방은 해방의 필요조건일 뿐, 충분조건은 아니"라는 것이다(콜리어, 2010: 275).

47 다시 말해 진정한 인간이 되려면 '추상적인 시민'을 자기 자신 안으로 불러들이고, 인간 공동체 내의 평등한 구성원으로서의 참된 자기 정체성을 되찾아야 한다. 즉, 자신이 인간이라는 전체 집단에 속한 유적 존재임을 깨달아야 하는 것이다. 이런 유적 존재인 인간은 자신의 힘을 개인적 힘이 아니라 사회적 힘으로 인식할 수 있고, 사회적 힘을 조직할 줄 알며, 자아와 사회적 힘을 분리하지 않고 같은 것으로 볼 수 있게 된다. 이런 상태에 도달했을 때만 인간해방이 완성된다(조효제, 2007: 145).

정리하자면 상보적으로 이해된 맑스와 뒤르케임의 설명적 비판 모델은 두 측면에서 자연주의의 가능성을 제고한다. 맑스와 뒤르케임의 설명적 비판이 공통적으로 도달한 지향점은 ① 발현에 의지하는 설명과 ② 사물의 맹목적이고 무도덕적인 힘을 사회화된 인간들의 합리적·집합적 통제에 복속시킬 수 있는 정치적·제도적 실천으로 수렴한다.

① 발현에 의지하는 설명은 해방적 실천의 필요조건이다. 역사가 구조화되어 있고 분화된 경향들, 유산들, 힘들의 총체라면 우리의 행위는 그것을 인식하고 그것을 변동시키는 일에 착수할 수 있다. 과학은 곧 원인을 찾는 작업이며, 해방적 실천은 자신과 세계에 대한 적합한 이해와 함께한다. 무의식적인 행위는 구조의 작인(agency)으로 기능하며, 과학적 성찰에 기초한 행위는 구조를 변형하는 원인으로 작동할 수 있다. 사회과학의 가능성은 이드(id)가 있는 곳에 에고(ego)가 있게 하는, 이유가 있는 곳에 원인이 있게 하는 이론의 설명력과 실천적 적합성 속에서 담보된다.

② 그러나 과학적 성찰은 해방적 실천의 충분조건은 아니다. 변형은 관계 속의 실천에서만 일어난다. 과학적 설명은 진정한 이유(real reason)[48]를 깨닫게 함으로써 자신과 세계에 대한 통제력을 높이고 해방의 도정을 가도록 촉구하지만, 대중들과 과학자들의 개념이 본성상 다르지 않듯 "입증(verifications)은 상호 간의 과정"일 것이다(『실사』, 105). '연합(association)'이라는 해법에서 조우하는 맑스와 뒤르케임의 자연주의 사회과학은 확실히 개인주의적 해결책을 옹호하지 않는다. 과학이 가능하기 위해서는 사회가 행위주체들의 역량을 최대한 끌어올릴 수 있도록 성찰이 제도화되어야 하며, 관계가 활력적으로 조직화되어야 한다. 사회제도에 대한 충실한 설명은 그 제도를 비판하는 동시에 그 제도를 변화시키는 작업에 착수하는 것이다.

48 진정한 이유는 행위를 낳는 데 인과적으로 유효한 이유다(오스웨이트, 1995: 79).

결국 사회과학의 설명적 비판은 다양한 위치-실천 체계 속에 자리한 정치적 실천들과 참여적 관계를 어떻게 맺을 것인가라는 문제를 과제로 제기한다. 다른 한편, 과학적 진리는 정신의 다양성과 양립할 수 없는 것이 아니다.[49] 전근대의 신분질서를 지탱해주던 종교 이데올로기의 도그마와 전쟁을 선포한 근대과학 계몽의 출발점은 비판 정신의 대중화였다. 근대의 과학정신이 추구하는 인식적 상대주의는 의사소통 합리성을 전제하며, 곧 근대세계가 창출한 민주주의의 이념과 불가분하다. 새로운 대화의 지점을 형성한 맑스와 뒤르케임의 실재론적 통찰들은 오늘날 여전히 새로운 종교로 기능하고 있는 주류 과학철학의 실증주의적 독단과, 오랜 시간 사회과학의 '과학성'을 독점함으로써 '이론신앙'의 지위를 점해왔던 맑스주의 내부의 실증주의적 독단에 유의미한 비판을 수행할 가능성을 제공한다.[50]

49 뒤르케임에 따르면, "과학적 진리는 정신의 다양성과 양립 불가능한 것이 아니다. 사회집단들이 점차 복잡해짐에 따라, 사회가 자신에 대해 단일한 의미를 갖는 것은 불가능할 것이다. 따라서 다양한 사회적 흐름들이 존재한다". 이러한 변형(transformation)의 함의는 관용(tolerance)이 앞으로는 이러한 실재의 복잡성과 풍요로움이라는 관념에, 따라서 — 필수적이며 효력을 갖는 — 의견들(opinions)의 다양성 위에 근거 지워질 것이라는 점이다. 모든 사람은 다른 누군가가 실재의 한 측면을 이해했던 것을 존중할 수 있어야만 한다(『실사』, 92).

50 맑스주의가 사회과학을 거의 홀로 대표해왔던 역사는 일본의 지적 풍토를 반추한 마루야마 마사오(丸山眞男)가 말하듯 '이론신앙'의 문제를 야기했다. '사상 문제'를 독점해왔던 맑스주의의 역사는 하나의 '공식'처럼 되어 거의 반성되지 않았고 '공식'은 '공식주의'가 됨으로써 그것에 대한 반발도 공식 자체의 멸시로 나타나며 실감신앙과 이론신앙이 끝없는 악순환을 일으키게 되었다는 것이다(마루야마, 2012: 118~121).

3. 응용과 개입: 사회적 고통에 대한 통합적 접근

맑스와 뒤르케임이 제기한 자연주의 사회과학의 합리적 핵심을 새롭게 복원하고 변증법적인 대화와 통합의 경로를 모색하는 지적 작업은 궁극적으로 오늘날 위기에 처한 인문사회과학의 가능성, 곧 '자연주의의 가능성'이라는 문제지평과 맞닿아 있다.

『자본론』과 『자살론』의 과학은 이론과 메타이론의 수준 모두에서 오늘날 주류 사회과학 패러다임을 대체할 수 있는 대안적인 과학적 사회연구의 모체로서 자리한다. 이론의 수준에서 『자본론』의 정치경제학 비판이 – '위험사회'의 문제까지 아우르는 – 자본주의 사회의 특징적인 구조와 동학에 대해 여전히 적실한 설명을 제공한다면, 『자살론』의 자유방임주의 비판은 통제되지 않은 자본주의 경제가 어떻게 사회적 삶의 비정상성과 도덕성(정신성)의 위기로 재생산되는지, 그 관계의 차원을 성찰하게 한다.

또한 메타이론의 수준에서 양자의 설명적 비판은 존재론·인식론·방법론·가치론(윤리학)의 분할을 재통합하고, 오직 현실에 대한 충실한 설명만이 선행 이론들을 비판하는 동시에 곧 사회관계를 비판하는 인과적 효력을 달성할 수 있음을 깨닫게 한다. 결국 이들의 설명적 비판이 우리에게 일러주는 것은 사회연구가 더 '과학적'이 될수록 우리 사회가 겪고 있는 사회적 고통에 효과적으로 개입하는 이론의 능력을 제고할 수 있다는 사실이다. 이러한 맥락에서 양자를 연결하는 가교 역할을 하고 있는 비판적 실재론을 현대 사회문제에 적용한 두 유형의 사례연구를 소개하려 한다.

아래에서 소개할 사례연구는 오늘날 종교, 정치운동, 사회 정책의 근본적인 문제로 부상하고 있는 '사회적 고통'의 문제에 맑스와 뒤르케임, 바스카의 실재론적 통찰이 발전적으로 접목될 수 있는 가능성을 예시한다. '사회적 고통'은 정치적·경제적·제도적 권력이 인간에게 미치는 모든 문제의 총체적인 결과물이며, 이는 단지 통계학상의 문제를 넘어 전 세계적인 차원의 정치경제학과 밀접한 연관을 맺고 있다.[51] 신경 쇠약, 폭력, 트라우마, 전염병 등의 정신적·사회적 병리 현상은 전 세계의 가난한 사람들을 무차별하게 공격하고, 이 때문에 생겨난 사회적 문제에 이들 권력 – 특히 실증주의의 헤게모니하에 있는 지식, 제도, 권력 – 이 대응하는 방식은 또다시 사회적 고통을 야기한다. 따라서 사회적 고통의 문제는 기존 분절화된 지식 체계를 넘어설 "새로운 방법"의 개입을 요청한다(클라인만 외, 2002).[52] 이러한 요청에 답하며 비판적 실재론은 사회적 고통에 더 과학적이고 집합적으로 개입을 지원할 철학적 '조수' 역할을 수행할 수 있다.

1) 사례연구 1: '집-없음'을 설명하기

비판적 실재론은 이론적으로 간결하기는 하지만, 경험적 연구로 쉽게 해석되는 철학적 프로그램이 아니다(Williams and May, 1996; Hammersley, 2009). 실재론의 사회과학은 사건에 대한 설명만이 아니라 사회적 실재의 '숨겨진' 차원을 밝히는 방법과 설명의 노력을 필요로 하기에, 어떤 측면에

51 사회적 고통은 고소득 사회와 저소득 사회를 가리지 않지만, 주로 가난하고 힘없는 사람들 사이에서 집중적으로 발생한다. 또한 사회적 고통의 범주는 건강, 복지, 법률, 도덕, 종교에 관한 쟁점을 포함하는 동시에 기본 범주를 뒤흔든다. 예컨대 잔학 행위가 야기하는 트라우마, 통증, 갖가지 질병 등은 건강과 관련된 상태지만, 이것은 또한 정치적·문화적 문제이기도 하다(클라인만 외, 2002: 9~10).

52 이때 개입(intervention)은 연구 행위를 통한 개입일 뿐 아니라 광범한 사회운동과의 연계를 포함하는 집합적이고 사회적인 개입이며(헤스, 2004: 84), 뒤에 숨기보다는 전문지식의 숭배를 무너뜨리고 전문적인 참여와 비전문적인 참여를 결합하는 개입이 될 것이다. 이러한 개입은 우리 연구의 세부 사항에서 뒤로 물러나 전체를 관찰하고, 과학의 참여자이자 관찰자로서 일하며, 우리가 지금 있는 이곳의 사회적·역사적 우연성을 인지할 것을 요구한다(레빈스, 2009: 35, 208).

서는 부담이 큰 프로젝트다. ① 인과기제를 구성할 필연적인 – 내적 – 경향을 규정하기 위해서는 실재의 추상적인 차원을 조직하는 이론 구성이 필요하다. ② 그러고 나서 경험적 시험을 통해, 대안적인 설명 가설들을 소거함으로써 상정한 가설적 기제의 작동과 상태를 설명하는 노력이 요구된다. 이것이 앞서 검토했던 '역행추론'의 방법이다(Fitzpatrick, 2005: 10~11).

영국의 비판적 실재론자인 수전 피츠패트릭(S. Fitzpatrick)[53]은 새로운 사회문제로 크게 부상하고 있는 '집-없음(homelessness)', 즉 노숙을 실재론적으로 설명함으로써 더 엄밀한 분석틀에 입각한 주택/도시 정책을 구축하고자 한다. 영국은 미국 다음으로 가장 큰 노숙 기관을 보유하고 있고, 주택 및 사회정책의 오랜 연구전통을 갖고 있다. 문제는 노숙의 '원인들'을 탐구한 많은 논의가 개념적 타당성과 명료성을 결여하고 있다는 점이다. 광범위한 설명틀을 구축하려는 노력이나 면밀한 조사를 결여한 채 – 실업, 주택부족, 정신질환, 관계의 붕괴 등 – 노숙과 관련이 있다고 판단되는 통상적 요인들이 천편일률적으로 나열된다. 노숙의 '구조적' 원인을 강조하는 대부분의 학술적 논의에서 '사회구조' 개념은 불분명한 것으로 남아 있다. 이때 피츠패트릭은 비판적 실재론의 인과개념을 도입해 노숙의 '원인들'을 설명하려고 한다. 그녀는 자신의 연구가 영국 학계의 맥락을 출발점으로 삼지만, 그것이 추구하는 이론적 주장은 폭넓게 적용될 수 있다는 점을 미리 밝힌다(Fitzpatrick, 2005: 1).

(1) 선행연구의 이론적 검토: 실재론적 관점

전술했듯 실재론적 방법의 출발점은 선행연구를 이론적으로 검토하는

53 2005년에 발표된 이 논문은 Fitzpatrick(2005)이 2000년에 수행한, 노숙에 대한 실재론적 관점에서 청년층 노숙의 복잡한 인과관계의 경로를 다루었던 작업에 기초해 있다. 그리고 노숙에 대한 다양한 기존 연구들이 재이론화의 자료로 활용된다.

것이다. 연구의 전반부는 전후 영국에서 발전된 노숙에 대한 논의를 1960년대부터 추적해서 새롭게 부상한 노숙에 대한 지배적인 통설의 한계와 실증주의, 해석주의, 페미니즘, 포스트모더니즘 및 후기구조주의, 그리고 구조화 이론의 노숙 연구 동향을 비판적으로 검토한다. 노숙의 '원인'을 둘러싼 기존 이론을 비판적으로 검토하는 작업은, 곧 각각의 약점을 극복할 실재론적 틀의 잠재적인 가치를 설명하는 과정이기도 하다.

전통적으로 영국에서 나타난 노숙에 대한 설명은 크게 '개인적' 설명과 '구조적' 설명의 흐름으로 분류될 수 있다. 개인적 설명이 노숙자들의 개인적인 성격과 행동에 초점을 맞춘다면, 거시구조적 설명은 노숙의 원인을 주택 및 노동시장의 부정적 조건, 축소된 사회보장, 증가하는 빈곤층과 가족해체와 같은 사회경제적 구조에서 찾는다. 1960년대까지의 설명이 노숙자들의 건강, 약물의존성과 같은 개별적 병리에 집중하는 추세였다면, 1960년대 이후 주택압력단체인 '셸터(Shelter)'가 설립되면서 이전보다 구조 지향적인 설명으로 논의가 이동하기 시작했다. 1981년에 발간된 주요 정부 재정지원보고서 역시, 노숙의 원인은 취약한 경제적 상황에 있는 사람들에게 숙소를 제공하지 못한 것이라고 보았다. 그러나 정신건강, 약물, 음주 등의 요인과 미혼 노숙자들 사이에는 유의미한 상관관계가 성립하지 않는다는 연구 결과가 제출됨에 따라 이러한 설명은 한계에 부딪혔다. 그 이후 대부분의 학자는 거시구조적·개인적 요인 모두를 고려한 설명을 수립하고자 했다. 이것이 '새로운 통설(New Orthodoxy)'이다.

'새로운 통설'의 주요 주장은, ① 구조적 요인들이 노숙이 발생하는 조건을 창출하고, ② 개인적 문제가 있는 사람들은 이러한 부정적인 사회경제적 추세에 취약하며, ③ 결국 노숙자 인구에 개인적 문제가 있는 사람들이 크게 집중되는 까닭은 그들이 거시 구조적 힘에 민감하기 때문이라는 것으로 요약된다. 이러한 설명 방식은 '전통적인' 개인-구조 중심의 설명보다 사뭇 타당한 듯하지만, 이론적인 관점에서는 만족스럽지 않다. 구조적 요인들이 거시 차원의 사회경제적인 힘에 의해 제한될 수 있고, 개인적 요인들이 노숙자의 개인적 행동에 한정된다면 노숙에 기여하는 여러 요인을 설명할 수 없기 때문이다.[54] 새로운 통설의 가장 근본적인 취약점은 인과관계에 대한 명백한 개념적 해석이 없다는 것이다.

실증주의, 해석주의, 페미니즘, 포스트모더니즘 및 후기구조주의도 같은 오류를 공유한다. ① 영국에서 주택 문제에 대한 가장 일반적인 설명인 실증주의적 설명모델은 예측 가능한 '경험적 규칙성 찾기'를 추구하면서 주택 부족, 실업, 정신건강, 약물이나 음주 문제 등 개인적 문제들을 노숙의 '원인'이라고 이야기한다. 그러나 이러한 설명 방식은 주택이 부족하지 않은 지역에서도 지속적으로 노숙 문제가 발생하는 현상을 설명하지 못한다. '증가된 위험'에 '미시적 수준'의 보호 조치를 취하는 데 현실적으로 유용할지는 몰라도, 설명적 수준에서 충분치 않은 것이다. 실재론은 이 같은 '위험 요인'을 '실재적(real) 원인'으로 복귀시킴으로써 문제를 해결한다. 실재론자들에게 노숙의 다양한 원인은 상호 의존해서 결합된 다수의 구조로 — 예측할 수 없도록 — 개방된 사회체계에서 나타난다.

② 실증주의적 설명에 반대하며 등장한 해석주의 전통의 '사회구성주의'는 다양한 층의 노숙자들 — 특히 젊은층 노숙자들 — 이 사회현상에 부여하는 의미와 해석을 이해하는 데 주안점을 둔다. 그런데 사회적 행위자들이 노숙에 부여한 '의미'에 대한 연구가 노숙의 '실재적 원인'에 대한 연구로 대체될 수 없다는 점이 문제다. 실재론자들은 해석주의자들만큼이나 실증주의적 접근에 비판적이며, 사회연구에서 의미의 사회적 구성이 가장 중요하다는 데 동의한다. 차이가 있다면 실재론자들은 노숙의 정의를 '사회적으로 구성

54 이를테면 구조적-개인적 수준으로 환원될 수 없는 수많은 요인 — 노숙자들의 결혼 실패나 증가하는 가족 해체 등 — 을 설명할 수는 없다.

된' 것으로 받아들면서, 아울러 실제로 존재하는 주택 및 사회적 조건을 주장한다는 점이다.

③ 주택 및 노숙 문제에 대한 주류 해석을 비판하며 페미니스트 학계는 노숙에 영향을 미치는 가부장제의 뿌리 – 반복되는 노숙과 가정폭력 사이의 관계와 같은 – 에 주목하는 특징을 보인다. 그러나 여성이 노숙에 특히 취약하다는 이들 주장은 경험적 정밀조사의 결과에 정확히 들어맞지 않는다.[55] 이 지점에서 실재론자들은 가부장적인 사회구조를 고려하면서, 노숙과 관련해 페미니스트 학계의 견해를 옹호할 유력한 수단을 제공할 수 있다. 왜냐하면 인과성에 대한 실재론적 개념은, 경험적 규칙성에 좌우되지 않기 때문이다. 여성에 대한 남성의 억압 – 즉, 가부장제 요인 – 은 노숙을 야기하는 '경향(tendency)'을 가진 사회구조 가운데 하나일 수 있으며, 실제로 노숙은 여러 사회구조가 상호작용한 결과에 따라 다르게 발생할 것이다.

④ 최근 포스트모더니스트와 후기구조주의자들은 전통적 사회과학에 크나큰 공격을 가했다(Hollis, 1994). 이러한 '포스트 비평(Post-critiques)'은 사람들의 삶에 영향을 주는 억압적인 힘 – 자본주의나 가부장제 등 – 이 있다는 것을 받아들이지 않기 때문에 지식의 확실한 기초에 근거해 사회문제를 합리적으로 해결하려는 노력 또한 거부한다. 한편 기든스의 구조화 이론이 노숙 문제에 대한 비판적 실재론의 관점과 양립할 수 있는지 검토할 때(J. Neale, 1997), 구조의 이중성 개념은 층화된 사회적 실재에 대한 더 폭넓은 실재론의 개념 구상 속에 통합된다면 구조 대 행위자의 이분법을 극복하는 데 유망하다(Fitzpatrick, 2005: 1~10).

55 가령 영국 전역(과 해외)에서 미혼 남성 노숙자의 수가 미혼 여성 노숙자의 수보다 훨씬 많다는 것을 보여주는 반대 증거가 반복해서 제출된다. 많은 페미니스트 연구자는 여성이 노숙 관련 기관에 도움을 요청하는 방법을 이용하기보다는 — 남성에 비해 — 친구, 친척과 함께 지낼 가능성이 높기 때문에 여성 노숙인이 '숨겨지는' 경향이 있다는 식으로 통계 결과를 반박해왔다(Fitzpatrick, 2005: 8).

(2) 노숙의 인과관계에 대한 실재론적 분석

• 노숙에 대한 실재론적 접근: 방법론적·존재론적 함의

비판적 실재론은 두 가지 지점에서 노숙의 원인을 둘러싼 기존 논의의 이론적 약점을 보완할 수 있다. 방법론의 차원에서 보자면, 역행추론을 통한 이론 구성과 경험적 검사를 거쳐 대안적 설명을 소거하는 방식으로 개념적 명료성을 확보한다. 사실 가설의 고안과 경험적 시험을 강조하는 비판적 실재론이 전통적인 방법론과 그다지 다르지 않다는 일리 있는 주장도 있다. 실재론이 전통적인 '경험주의' 접근법과 분명히 갈라지는 지점은 이론화와 해석의 단계다(Burrows, 1989). 사회과학에서 비판적 실재론 접근의 가장 중요한 특징은 사회적 객체의 '질적 본성'과 관련한 정밀 조사를 수행하면서, 개념적 타당성과 명료성을 엄밀히 탐구한다는 점이다. 이러한 작업은 곧 존재론적 함의를 갖는다. 실재론자들에게 중요한 것은 연결의 경험적 관계가 아니라 개념적 관계이기에, 노숙을 야기하는 인과기제를 역행추론하며 개념적 질문으로 나아간다(Fitzpatrick, 2005: 10~12).

• 인과기제의 상정과 검사

실재론의 가장 중요한 존재론적 가정은 세계가 분화되고 층화되어 있다는 전제다. 예컨대 주택과 질병에 대한 알렌(Allen, 2000)의 분석은 생리학적(신체)·심리적(정신)·사회학적(주택·집) 차원의 인과관계에 대해 존재론적으로 층화된 개념 구상을 제안한다. 여기서 각 층위는 다른 층위와 상호작용한다. 실제의 건강 문제는 사회적·심리적 차원의 기제들에 따라 공동으로 결정되므로, 건강에 유해한 원인들 역시 단순히 생리학적 층위의 기제들로 환원될 수 없다. 노숙의 원인에 대한 실재론적 연구들은 다음 네 수준에서 노숙의 인과기제를 가설화하는 것을 정당하게 허용한다(Fitzpatrick, 2005: 11~12).

- 경제적 구조: 계급은 다른 계층화 과정과 상호작용해서 빈곤을 야기하고 가난한 개인들과 그 가계의 주택, 수입, 고용 등 물질적 자원에 대한 (비)접근성을 결정한다.
- 주택공급 구조: 충분하지 않은 주택공급과 감당할 수 없는 비용 악화는 저소득층을 압박할 수 있다. 사적 선택에 대한 집합적 영향과 결합된 거주권 및 할당 정책은 취약 계층의 주거 차별과 공간적 집중으로 이어질 수 있다.
- 가부장적·대인관계구조(interpersonal structures): 이는 가부장적이고 대인적인 가정폭력, 아동 방치 및 학대, 취약한 사회지원, 관계 붕괴 등을 야기할 수 있다.
- 개인적 특질들(attributes): 정신 건강 문제, 약물 남용, 자기 존중 및 자신감 부족 때문에 개인적 회복력이 저하될 수 있다.

잠재적 인과관계 기제로 이루어진 이러한 층위들은 '복수 집합시스템 조합(multiple set of nested systems)'의 일부로 간주되면서, 결과의 개연성을 증가시킬 것이다. 복잡한 사건들은 — 이를테면 노숙과 연관된 여러 '계기(triggers)'나 '직접적 원인'은 — 이러한 비선형적 역학관계로 이해된다. 여기서 노숙에 대한 실재론적 분석과 '빈곤'의 함의를 결합시켜볼 수 있다. 대부분의 노숙자들이 가난한 환경 출신이라는 점은 반복적으로 확인되지만, 다른 한편 많은 가난한 사람이 꼭 노숙을 경험하는 것도 아니다. 실재론자들에게 가난하지 않은 사람들 사이에서 노숙이 발생한다는 사실은 빈곤이 유일한 노숙의 '필요조건'은 아님을 일러준다. 그렇다고 이 사실이 노숙의 인과요인 중 하나가 빈곤일 가능성을 배제하는 것도 아니다. 결국 실재론자들에게 중요한 개념적 질문은 가난한 사람들 중 노숙자의 비율이 어느 정도냐가 아니라, 노숙을 야기하는 빈곤이 과연 어떤 것이냐이다(Fitzpatrick, 2000; Fitzpatrick et al., 2002).

이 문제에 대한 하나의 분명한 답변은, 가난한 사람들은 가격 책정의 주요 배급 기제인 '긴축된' 주택시장에서 경쟁할 능력이 없기 때문에 노숙이 발생한다는 것이다. 그러나 영국에서는 주택 수당의 보조금을 받아 공공지원주택을 찾을 수 있는 지역에서도 노숙자가 발생한다. 따라서 비판적 실재론자에게 빈곤과 노숙의 연결은 훨씬 더 복잡한 것이다. 말하자면 빈곤과 위에서 설명한 다른 잠재적인 인과기제들 사이의 피드백(feedback) 회로 – 일련의 필연적(내적)·우연적(외적)인 – 가 특정한 가난한 사람들 사이에서 노숙의 '편중된 가능성의 무게'를 가중시키는 것으로 해석될 수 있다.

예컨대 빈곤과 취약성의 공간적 집중 사이에는 '내적'인 관계가 있다.[56] 반면 가정폭력과 빈곤은 우연적(contingent)이고 '외적'인 관계로 연결되어 있다. 그러나 빈곤도 가정폭력에 영향을 줄 수 있고, 반대의 인과 경로도 가능하다. 가정폭력이 빈곤의 가능성을 높이기 때문에 빈곤과 가정폭력이 결합된다면 – 그 자체의 내적 연관과는 상관없이 – 이는 비선형적 역학 방식에서 노숙의 '계기'로 작용해 특정한 폭력 사건과 함께 노숙의 확률을 높일 것이다. 또한 개인이 취약성이 집중된 지역에 거주하거나, 위에서 확인된 정신건강 문제나 약물 남용 같은 다른 인과관계의 요인 가운데 하나를 경험한다면, 노숙의 '편중된 가능성의 무게'는 현저히 증가하기 시작할 것이다(Fitzpatrick, 2005: 13~14).

56 달리 말해 하나(공간적 집중)는 다른 하나(빈곤) 없이 존재할 수 없지만, 그 반대는 사실이 아니다. 공간적 집중의 발생은 빈곤과 주택 시스템의 상호 관계 여부에 따른다. 이러한 지역에서 낙인, 제한된 사회적 연결망, 갈등, 불안 및 범죄행위를 포함한 '지역효과(area effect)'가 발생하며, 지역사회 갈등은 가정을 버리고 결국 노숙이라는 결과로 이어지는 외적 폭력과 위험으로 심화될 수 있다(Fitzpatrick, 2005: 14).

• 대안적 가설의 소거와 결론

이러한 이론적 분석과 경험적 검사를 거쳐 피츠패트릭의 연구는 – 노숙의 원인들을 논리적으로 선행하는 것으로 만들지 않으면서 – 잠재적 인과관계 요인들에 대한 타당한 설명을 제공한다. 그리고 그 필연적·우연적 연관성도 설명한다. 따라서 '새로운 통설'과 달리 비판적 실재론은, 개인적 요인들이 구조적 조건의 중요성을 저해하지 않으면서도 노숙의 원인이 될 수 있다는 점을 설명한다. 노숙에 대한 실재론적 인과 분석은 긴밀하게 얽힌 인과성과 피드백 경로의 상호작용이 복잡(complex)할 뿐 아니라, 여러 분리된 인과관계의 과정들로 구성되어 복합적(complicated)일 수 있다는 것을 설명함으로써 노숙을 발생시키는 실재의 경로를 설명한다. 이러한 실재론의 분석틀을 통해 우리는 노숙 예방을 위한 강력한 가족의 지원이나 개인적 회복력 같은 '보호 요인' 모두를 고려할 수 있게 된다.

결국 실재론적 인과개념은 실증주의의 규칙성 찾기, 해석주의의 의미 찾기, 페미니즘의 가부장제 뿌리 찾기, 인과관계를 부인하고 설명 없는 비판에 멈추는 포스트모더니즘과 후기구조주의, 그리고 구조화 이론에서 발견한 강점과 약점을 동시에 지양하면서 노숙의 원인에 대한 타당한 진단과 처방을 제시한다(Fitzpatrick, 2005: 15).

사회문제의 다층적인 '원인들'에 대한 실재론적 사례연구의 함의는 한국사회를 크나큰 충격에 빠트린 세월호 이후의 국면에도 적용될 수 있다. 피츠패트릭의 연구가 대표적인 현대 사회문제 가운데 하나인 노숙과 빈곤에 대한 실재론적 설명의 전례를 제공한다면, '세월호 트라우마'를 다룬 하나의 사례연구는 사회 전반에 팽배한 현실주의(actualism)와 현대 정신의학의 환원주의라는 경향 속에서, 세월호 참사의 사회적 고통이 어떻게 의학적이고 신경생리학적 고통으로 환원되는지를 분석하는 설명적 비판의 경로를 예시한다. 나아가 '세월호 트라우마'의 사례는 현대 이행기 정의(transitional justice) 과정에 개입하는 집단 트라우마[57]와 전문가주의, 그리고 고통의 의료화 문제에 광범위하게 적용될 수 있다.

2) 사례연구 2: '세월호 트라우마'를 설명하기

2014년 세월호 참사는 한국 현대사의 분기점이 될 커다란 외상적 사건으로 자리 잡았다. 다양한 분야에서 세월호 참사에 대한 학문적 반성이 제출된 바 있지만, 세월호 참사의 발생 원인에 대한 지배적인 설명 프레임은 '해상 교통사고설'을 위시한 사고-보상 프레임이었다. 2016년까지도 '세월호 참사 = 교통사고'라는 프레임은 세월호 참사의 성격은 물론, 304명이라는 생명을 수장한 사인(死因)에 대한 사회적 통념은 물론, 정부의 사후 정책 모두를 암암리에 규정하고 있다. 반면 실재론적 관점과 최근 인문사회과학계에서 제출된 이론적·경험적 외상 연구의 성과들은 '사고-보상 프레임'에 내재한 진단상의 실수와 '포스트 세월호' 국면의 외상 과정에 유의미한 통찰을 제공한다.

비판적 실재론은 '사고-보상 프레임'에 내재한 두 가지 잘못된 논리적 전제를 성찰함으로써 세월호 참사를 극복하기 위한 집합적 노력을 더 과학적으로 지원할 수 있다. 첫째, 세월호 참사의 사건성을 부인하는 사고-보상 프

57 현대사회에서 홀로코스트의 기억은 집단 트라우마(collective trauma)가 공적 영역에 들어오게 된 시발점이다. 세계의 과거청산 과정에서 '트라우마'라는 문제는 사회, 문화, 군사, 산업, 법률, 과학, 의학사가 만나는 지점을 연결하면서 여러 복잡한 역사문제를 들여다볼 수 있는 창으로 근대성 이론의 중심에 부상했다(올릭, 2011; 파생·레스만, 2016). 트라우마 문제를 사회이론의 중심부로 불러온 대표적인 이론가들은 ― 정신분석적 역사학을 개척한 라카프라(2008)나 사회학적 정신분석을 주창하는 알렉산더(2007) 등 ― 자아심리학의 개인주의적 접근과 실증주의적 방법의 한계를 비판한다는 점에서 유사한 문제의식을 공유한다. 이하 '트라우마'를 '외상'으로 표기.

레임은, 곧 사건의 원인에 대한 질문을 봉쇄함으로써 '현실주의' 또는 '경험주의'의 오류를 야기한다. 둘째, '세월호 트라우마'를 개별 행위자들이 보이는 증상 질환으로 환원하는 정신과적 치유 담론은 외상의 발생과 재생산의 기저에 '사건-구조-인식과 행위' 간의 인과작용이 자리한다는 점을 놓침으로써 '환원주의'의 오류를 초래한다. 두 가지 문제는 분석적으로 구분되지만, '사고-보상 프레임'에 따라 동시에 규정되는 동전의 양면이라 볼 수 있다.

(1) 현실주의(actualism)의 오류: 사고-보상 프레임

실재론의 용어로 말하자면, 사고-보상 프레임은 세월호 참사의 사건성을 부인(denial)하는 현실주의의 인식적 오류를 범하고 있다. 앞서 말했듯 현실주의란 사건의 원인이 자리한 실재의 영역(the real)을 사건이 일어나는 현실 영역(the actual)으로 환원하는 관점을 말한다. 사고는 사건의 한 유형일 수 있다. 그러나 사건은 그 자체로 복잡한 원인과 의미를 지니고 있을 뿐 아니라 사회의 구조를 드러내 보여주는 징후이자 증거로서도 역할을 할 수 있다. 실재론적 관점은 구조와 사건의 밀접한 관련성에 주목한다. 앞서 말했듯 실재의 영역에서 작동하는 인과적 메커니즘은 실증주의가 전제하는 것처럼 변수들 간의 항상적 결합(constant conjunction)을 발생시키지 않는다. 즉, 실증주의의 입장에서 세계는 평평하게 구성되어 있고 모든 지식은 관찰 가능한 경험으로 환원되어야 하기에, 사건을 야기한 인과적 힘의 존재는 부인된다. 모든 사건은 우연성의 산물이 되는 것이다.

반대로 실재론적 견지에서 구조와 기제들은 실재의 더 심층적인 수준에 존재한다. 특정한 인과기제는 상황에 따라 작동되지 않을 수도 있으며, 작동되더라도 상쇄 메커니즘에 의해 예기된 결과가 현실의 세계에서 실현되지 않을 수 있고 경험되지 않을 수도 있다. 그러나 경험되지 않는다고 해서 사건과 경험을 야기한 인과적 힘의 존재가 부인되는 것은 아니다. 이러한

입장에서 개별 사건은 일회적이고 우연적인 현상이 아니라 구조의 작용이나 발현이며, 거꾸로 구조를 이해하고 설명할 수 있는 계기이자 단서가 된다. 포스트 세월호 국면의 지식-정치는 이러한 – 암묵적인 – 경험주의 존재론과 인식론이 범람하면서, 납득 불가능한 사건과 경험의 원인에 대한 상식적인 질문과 해명의 노력이 봉쇄되는 특징을 보인다. 이는 현실의 사건에 대한 설명적이고 서술적인 차원에서 인식적 오류를 동반하는 지식의 문제를 야기한다.[58]

(2) 환원주의(reductionism)의 오류: 고통의 의료화와 개별화

사고-보상 프레임의 한계는 전문가주의에 일방향으로 의존하는 '사회 없는 치유' 담론의 맹목성에서 그 절정을 드러냈다. 지체된 진실규명 국면이 나오미 클라인(N. Klein, 2008)이 말한 '재난자본주의'의 경향과 조응하면서, 고통의 사회적 '원인'에 대한 처방을 고통 '증상'에 대한 개입으로 치환하는 의료적 환원주의를 수반한 것이다. 이를 주도하고 있는 프레임이 '세월호 트라우마 = 외상 후 스트레스 장애(PTSD)' 담론이다. 클라인만이 말하듯, 사회적 고통에 대한 기술적 분석은 때로 희생자 고유의 언어를 특유한 일반적이고 전문적인 언어로 전환시켜 고통에 관한 표현과 경험을 바꿔버린다.[59] 고통, 죽음, 애도 같은 실존적 과정은 우리가 합리적이라고 생각하는 이성

---

58 하나의 예를 들어보자. 다음의 진술 중 어느 것이 서술적으로 가장 적합한가?(2014년 4월 한국에서)

(a) 나라의 인구가 줄었다.

(b) 세월호 탑승인원 476명 중 304명이 죽었다.

(c) 세월호 탑승인원 476명 중 304명이 죽음을 당했다.

(d) 세월호 탑승인원 476명 중 304명이 교통사고를 당했다.

(e) 세월호 탑승인원 476명 중 304명이 구조되지 않았지만 원인이 밝혀지지 않았다.

59 파생·레스만(2016)의 말을 빌리자면, PTSD라는 진단명은 '일어난 사건'과 '경험한 사건'을 오직 증상으로만 연결하는 실재를 만들어낸다.

이나 기술에 의해 변질되며, 이러한 변질을 통해 고통을 치유하는 사회적 방법에 관한 관심은 더욱 열어진다. 이 이면에서 중심적으로 작동하는 기제가 바로 '고통의 의료화'다. 의학은 고통의 실존적·도덕적·미적, 심지어는 종교적 측면을 관료적으로 변화시키는 강력한 동인이다(클라인만 외, 2002).

• PTSD라는 질환 범주의 사회적 구성

사실 정신 건강 담론에서 질환의 범주가 어느 정도는 사회 과정이나 정치 과정의 산물이라는 점은 오랜 상식 중 하나다. PTSD는 전쟁, 대참사, 재난 같은 '일반적인 인간 경험의 범주를 넘어서는' 충격적인 외상 사건을 경험한 후 그 후유증으로 발생하는 장애를 말한다. 이 장애는 외상 사건 자체가 무엇이었는지보다는 그 사건과 관련해 개별 생존자들이 보이는 증상을 진단의 전제 조건으로 삼고 있다. 애초 DSM-III(1980)에 PTSD의 진단명이 만들어진 시대적 배경 자체가 베트남전쟁 이후 미국 사회로 갓 복귀한 군인들의 심리적 문제를 설명해줄 적절한 진단명을 찾기 위한 것이었고, 전문가들의 합의에 따라 개발된 증상 유형은 매우 제한적일 수밖에 없었다.

따라서 대형 참사가 야기한 집단적 고통을 다룬 최근 연구들은, 미국에서 최초로 동력을 얻어 2004년 무렵부터 인간의 고통을 가리키는 국제공통어이자 사회적 통념의 일부가 된 PTSD에 내재한 '자문화중심주의'의 위험성을 경고한다. PTSD는 단순한 증상 목록의 수준을 훌쩍 뛰어넘어 미국과 서양 세계가 자아를 바라보는 하나의 세계관을 묘사한다. 서양식 사고를 지배하는 마음/신체, 심리/사회의 이분법은 특정 사회문화적 맥락에서 창출되는 '의미를 제거한 외상'이 존재하며, 외상 반응들이 문화의 영향권 밖에 존재한다고 가정한다. 그리고 이는 서양 의학의 인지적 선호와 함께 제약회사 마케팅과 연구 전략에 의해 구체화되고 강화되었다(레인, 2009; 와터스, 2011; 노다, 2015 참고).[60]

비판적 실재론의 관점에서 그 가정을 따져보자면 PTSD는 의학적 자연주의가 가정하는 소박한 실재론에 기반을 두고 있다.[61] 정신병리학의 최근 논쟁은 두 가지 양극화된 입장으로 특징지어진다. 하나는 '의학적 자연주의'고, 다른 하나는 '사회구성주의'다. 에밀 크레펠린(E. Kraepelin)을 따르는 의학적 자연주의는 자연적 질병 독립체들이 존재하는 실제로 변치 않는 외부세계가 존재한다는 확신에 기초해 있으며, 정신의학 질병분류학이 점차적으로 진행된다고 가정한다. 이와 달리 사회구성주의에 따르면, 정신의학적 진단은 정신건강 전문가들 활동의 부산물이다. 이러한 입장에서 정신건강이나 질환을 둘러싼 인과관계 논쟁은 근본적으로 문제적인 것으로 간주되고 정신병리 자체에 대한 연구는 정신병리가 사회적으로 구성되는 방식에 대한 연구로 대체된다.

비판적 실재론은 의학적 자연주의가 상정하는 인과관계의 주장을 수용

---

60 특히 우리의 맥락에서 첨예한 쟁점이 되는 것은 과학적 생의학 모델에 기반을 둔 식민주의 정신의학의 개입이다. 19세기 말 서구 열강의 제국주의적 침략과 식민화 과정은 서양의학이 동아시아 나라들에 수용되어온 시기와 일치한다. 이것은 결코 우연이 아니다. 에드워드 사이드(E. Said)가 말하듯, 제국의 과학과 예술을 따라가는 과정은 의학에서도 오리엔탈리즘이 관철되었음을 보여준다. 서구에서 발달한 생의학적 패러다임이 전 지구적인 침투에 성공할 수 있었던 것도 제국 열강들이 제3세계 나라들을 자본주의적으로 침략하는 과정과 문화적 접속이 쉽게 이루어졌기 때문이다. 상품화된 생의학은 전 지구적인 시장 경제에서 효율적으로 관리되는 과정과 맞물려 고유한 문화권에 오랫동안 내재해온 철학적 개념, 방법, 이론들로 구성된 인식론적 기반을 자신의 '과학적' 개념, 방법, 이론들로 해체시켜 버린다(이종찬, 2002). 제2차 세계대전 이후 냉전을 효율적이면서도 비폭력적으로 치르기 위해 기획된 '심리전'의 기법들 또한 이른바 전문적이고 중립적이라고 믿는 '방법' 조차도 이데올로기가 침윤된 장일 수밖에 없다는 점을 잘 보여준다. 심리학에 깔려 있는 이데올로기는 눈에 보이지 않기 때문에 '사회'를 '환자'로, '심리학'을 그 '처방'으로 치환하는 것을 쉽게 만든다(커밍스 외, 2004: 186).

61 소박한 실재론(naive realism)은, 실재가 인식하는 사람의 작용과 무관하게 인간 지성에 직접적으로 영향을 미친다고 가정한다. 따라서 그런 지식은 세계의 객관적 실재에 의해 직접적으로 규정된다(맥그래스, 2011: 185).

하지만, 경험적 방법과 선경험적 — 전문적 — 이해관계 및 사회적 힘 사이의 관계에 민감하다. 이러한 관점에서 사회구성주의는 고통이 구성되는 문화적·역사적 맥락을 강조한다는 점에서 타당하지만, 정신적 고통이 현실과 맺는 인과관계를 탐구하는 경험적 주장 자체를 문제화한다면 옳지 않다. 마찬가지로 고통의 경험적 탐구를 강조한다는 측면에서 의학적 자연주의는 타당하지만, 특정한 전문적 개념(예컨대 'PTSD')을 과잉 일반화해서 무차별하게 적용될 수 있는 본보기로 순진하게 간주한다면 옳지 않다. 따라서 외상의 실체와 원인이 존재한다는 것을 인정하면서도 이를 둘러싼 진단적 개념이 사회적으로 구성된다는 것을 동시에 인정하는 비판적 실재론이, 정신건강 문제에 다른 입장보다 타당한 인식론을 제공한다는 점에 많은 학자가 주목하고 있다.[62]

• 고통의 의료화와 개별화

고통에 대한 실재론적 관점의 효력은 문제의 공식화와 개입에 관한 것이다. 사실상 정신적 외상에 대한 의료적 접근의 맹점은, 첫째, 외상을 유발한 사회적 과정과 선행 사건을 개별화한다는 점에 있다. 의료적 접근법에서 여러 치료법이 개발되고 있는 추세지만 항우울제 약물 치료와 인지-행동 요법의 결합이 현재까지 가장 효과적인 치료 옵션이다. 항우울제는 부정적인 기분을 완화하는 데 일반적으로 효과가 있으며, 불안을 완화하는 효과도 있다. 동시에 인지-행동 요법은 현실에 대한 긍정적인 함의를 고취함으로써 사기 저하와 의욕 상실을 반전시키는 기능을 한다. 물론 고통받는 사람들을 돕기 위해 치료를 하지 않는 것보다 생물학적·인지적 협공 방식을 통해 치료적으로 개입하는 것이 효과적으로 보일 수 있다.

62 Bhaskar(1998), Busfield(1996), Pilgrim and Bentall(1999) Fitzpatrick(2005) 콜리어(2010) 등을 참고하라.

그러나 그 방법에서 PTSD의 진단 및 처방이 취하고 있는 방법론적 개인주의는 개별 환자들이 겪는 우울증 또는 PTSD를 식별하기 위해 – 포괄법칙 설명 모형에 근거한 – 정신의학적 방법이 아닌 사회적 방법을 필요로 한다는 점을 결코 깨닫지 못한다. 병증에 대한 부각은 불가피하게 문제의 원인을 개인에게로 돌아가게 하고 문제를 처리하는 장소 역시 개인에게 국한시키는 효과를 낳는다. 고통을 다루는 이 환원주의적 접근법의 위험성은 행위자들이 경험한 고통을 초래한 폭력적인 사회 조건을 모호하게 만든다는 점에 있다(Pilgrim and Bentall, 1999; 졸라, 2015: 85). 결국 치료의 기술적 처방은 고통의 유발 경로를 흐릿하게 함으로써, 뒤르케임이 말한 '설명 없는 치료'라는 딜레마에 빠지게 된다.[63]

둘째, 외상 후 스트레스 장애, 우울 및 불안 증상 등 정신과적 진단 개념은, 문화적 요인에 대해 무지하고 개인의 증상이 상징하는 의미를 간과하므로 한계를 지닌다. 외부 전문가의 입장에서 참여자의 체험을 증상 중심으로 분석하면, 자칫 참여자가 의료체계나 전문가의 권력에 의해 '이상자'로 명명되면서 정체성을 침해받을 수도 있고 지배-복종 관계를 통한 외상의 재현과 고통의 재활성화를 일으킬 수 있다(최현정, 2014). 예컨대 '4·16 피해자 실태조사'결과는 전문가적 개입이 도리어 피해자의 고통을 심각하게 만들고 있음을 보여주고 있다.[64] 따라서 생존자와 유족들에게 시행된 약물 치료와 상담 치료는 세월호 유족들의 고통을 완화시키는 데 별다른 효험을 나타내지 못하고 있다. 허먼의 말을 상기하자면, 이 같은 조건에서는 "의학계나 정신

---

63 뒤르케임을 다시 불러와 간단히 말하면, "현상의 생성 원인이 개별적인 사례들만 보는 관찰자의 눈에 발견되지 않는 것은 당연한 일이다"(『자살론』, 347).

64 전문가들은 피해자 가족이 경험하는 고통의 본질을 정치적이고 사회적인 측면에서 이해하기보다는 개인의 질병 경험으로 환원시키려 했으며, 그 결과 의료 전문가의 접근이 오히려 유가족이 정부를 불신하고 그들의 고통을 강화하게 만드는 요소로 작동했다(이현정, 2015; 김승섭, 2015; 세월호 참사 특별조사위원회, 2016 참고).

건강 체계도 학대하는 가족의 역할을 맡을 수 있다"(허먼, 2009: 212).

이 지점에서 실재론은 참여자의 체험과 자기 이해를 존중함으로써, 희생자를 대상화함으로써 자칫 희생자에게 책임을 전가할 수 있는 전문가주의의 오류를 수정할 수 있는 타당한 논거를 제시한다. 실재론적 관점에서 인간은 환경의 변화에 일방향으로 반응하는 수동적인 유기체가 아니라, 일정한 개념과 믿음에 입각해 주어진 상황과 경험을 해석하고 설명하는 인과적 행위주체다. 즉, 설명은 과학자들의 전유물이 아니라 사회적 삶의 기본 형태다. 사회적 행위를 설명하는 핵심에는 그 행위의 기저에 깔려 있는 의미를 판별하는 작업이 자리하고 있다. 그 의미들을 발견하기 위한 접근은 참여자들의 해명 – 자신이 왜 문제의 행위를 왜 수행했는가, 자신이 자신 및 다른 사람의 행위들에 어떤 사회적 의미를 부여하는가에 관한 행위자 자신의 진술–의 획득도 포함된다. 이것들은 수집되고 분석되어야 하며, 종종 그 행위의 기저에 있는 규칙들을 발견하는 과정으로 인도한다(Harré and Secord, 1972).

또한 환원주의에 대항해 실재론이 취하고 있는 발현적 유물론은 정신이 물질의 발현적 힘인 동시에 정신과 신체의 관계를 언어가 매개한다는 점을 적시한다(콜리어, 2010). 이러한 존재론적 관점의 지원은 다양한 환경에 처한 다양한 개인의 고통 경험과 해석을 존중하는 치료상의 융통성을 허용한다. 이 관점은 고통의 원천을 연구하면서 개별 희생자를 대상으로 삼지 않을 것이고, 특정 사회·문화적 맥락에 의해 형성된 'PTSD'와 같은 현대 정신의학의 변화하는 진단적 개념의 타당성을 당연시하지도 않을 것이다. 따라서 초개인적 현상에 중점을 두는 사회(심리)학적 맥락에서 인간의 고통을 다루는 훨씬 더 광범위한 개념이 정당하게 모색될 수 있다.

(3) 세월호 트라우마에 대한 실재론적 접근

• 외상 과정 논의의 실재론적 재구성

최근의 통찰력 있는 사회(심리)학적 연구 성과는 외상이 본디 사건에 대한 정신적·정서적 반응이라는 점을 부인하지 않는다. 하지만 이들은 동시에 사건을 유발하는 만성적 환경이 사건 이전에 선행한다는 점(허먼, 2009)과, 외상이 '사건 그 자체'에서 발생하는 것이 아니라 사건의 의미가 재생산되는 사회적 과정 – 공적 담론 및 제도의 변화 – 에서 발생한다는 점에 주목한다(알렉산더, 2007). 이러한 관점에서 외상은 피해자가 사건 이전부터 가지고 있었던 심리적 속성의 결과(예컨대 '피학성 성격장애')가 아니며 단일 사건 이후의 충격에서 기인하는 것도 아니다(예컨대 'PTSD'). 이들은 외상에 대한 통념적인 견해나 PTSD를 '진단적 실수'라 명한다. 다시 말해 "외상이란 자연적으로 존재하는 것이 아니라 사회에 의해 구성되는 것"이며, 그 기저에는 "사건·구조·인식과 행위 간의 인과관계"가 자리한다. 이에 따르면 외상은 그 경험을 야기한 사건의 인과에 대한 납득가능성(설명가능성)과 긴밀하게 관련되어 있다. 간단히 말하면, 외상의 근원적인 문제가 다루어지지 않을 때 외상은 지속된다. 외상 경험의 핵심은 물리적 폭력에 대한 즉자적 반응이 아니라 '관계의 단절'과 '고립'의 사회 과정에 있다. 따라서 외상의 본질은 '사건 이전-사건-사건 이후'라는 연속적인 스펙트럼 속에서 이해되어야 한다.

특히 세월호 이후 외상화 과정을 이해하는 데서 알렉산더(2007)의 집단적·문화적 외상 개념은 층화된 사회적 실재에 대한 실재론의 개념 구상 속에 통합된다면 더욱 유효해질 수 있다고 보인다. 그에 따르면 '일반(lay) 외상 이론'의 문제는 모든 '사실'이 감성적·인지적·도덕적으로 조정된다는 점을 무시하는 과도한 자연주의적 관점에 있다. 이러한 관점은 외상을 충격적 사건을 겪는 고립된 개인들의 심리적 반응으로 이해한다는 점에서 실증주의적이며, 사건과 행위자의 정신적 반응 사이에 존재하는 사회적 층위와 과정을 탈각시킨다는 점에서 환원주의적이라는 한계를 갖는다. 각 한계를 극복하기 위해 알렉산더는 문화적 외상 모델을 제안한다. 외상이 문화적이라는 것은 무엇을 의미하는가? 그것은 사건과 사건의 재현 사이에 존재하는 간극에서 발생한다. 이 간극이 바로 '외상 과정'이다. 그리고 이러한 간극이 야기한 외상 경험을 담론과 표상의 차원으로 끌어올리는 재현의 정치는 고통스러운 피해를 규정하고 희생자를 확인하며, 책임을 귀속시키고, 관념적이고 물질적인 배(보)상을 할당하는 사회학적 과정으로 이해될 수 있다.

외상 과정 논의는 '세월호 트라우마'의 이해와 치유적 개입에서 몇 가지 생산성을 지닌다. 첫째, 외상을 '충격적인 사건 일반'에 대한 정신적 반응이 이미 종결되어 치료적으로 개입하는 시작 지점으로 보는 의학적 자연주의와 달리, '그 사건'을 해석하고 설명함으로써 자전적 기억과 서사적 정체성 안에 통합해가는 외상의 미결정성이라는 시야를 열어준다. 이를 통해 피해자로 환원되지 않는 복합적인 외상 경험에 대한 폭넓은 이해를, 아울러 인과적 행위주체로서 피해자의 목소리와 참여권을 존중하는 치유 과정을 함께 고려할 수 있다.[65]

둘째, 이곳이 바로 심층 합리성을 탐구하기 위한 협력적 연구에 비판적 해석학이 개입할 수 있는 지점이다. 외상의 재현 층위가 지닌 효력을 인정하는 문화적 외상이론은 잠재적으로 행위자들의 설명 – 이유 – 과 사회과학적 설명 사이에서 촉발되는 일련의 전이 관계를 – 암묵적으로 – 상정한다. 다시 말해 행위자는 오직 그/그녀가 진정한 이해관심(interests)을 깨달

65 세월호 참사 피해자의 지위와 인권에 대한 전향적 참조점으로 이재승(2016)의 '사건에 대한 권리' 개념을, 증언자·변호자를 포함한 다층적인 '사회적 지지자'로서 상담사의 역할에 대한 성찰적 제안으로 신나라(2015)를 참고하라.

을 능력이 있는 범위에서만 자유롭다. 모든 행위는 분명 이런 의미에서만 자유롭다(『자가능』, 125). 이렇게 볼 때 과학성과 인문성을 이분법적으로 분할하는 전거가 되어왔던 '설명과 이해'는 상호배타적인 인식형태가 아니다. 설명은 이해를 위한 것이며, 또한 이해되어야 설명할 수 있다.[66] 말하자면 유가족들에게 애도의 조건이 되는 시신을 수습하는 행위가 물리적인 수습을 넘어 사인(死因)을 이해하고 설명함으로써 죽은 자와의 관계를 새롭게 의미화하는 작업과 분리될 수 없는 것처럼, '설명'은 외상의 회복과 치유 작업의 전제 조건이자 그 핵심적인 동력이라 할 수 있다.

• 대안적 가설의 소거와 결론

결국 실재론적 견지에서 '세월호 트라우마'는 재난 일반에 대한 증상 질환을 의미하는 PTSD로 환원되지 않으며, 생명 구조 실패라는 불가해(不可解)한 사건의 사회적 과정과 무책임의 시간대에 편입된 전 국민 차원의 사회적 고통의 발현으로 이해된다. 관계적 삶의 손상이 외상에 따른 부수현상이 아니라 곧 외상 자체의 본질임을 가린다는 점에서 PTSD는 현재 진행 중

66 다시 말해 사건에 대한 설명 또한 이해를 전제하며, 설명은 이해보다 더 많은 것 — 인과성 — 을 필요로 하기에, 사회현상의 '이해'에서 특징적으로 보이는 이유에 입각한 설명도 인과적 설명의 한 형태로 생각할 수 있다(이기홍, 2014: 251~253). 여기서 주의할 점은 해석학적 시각과 달리 행위자들의 설명, 즉 이유에 입각한 설명은 그릇될 수 있고 정정 가능한 보고로 간주되어야 한다는 점이다. 또한 합리적 설명모델이 가정하듯 행위자들의 믿음과 합리성을 동일시하면, 경험에 의한 이론의 과소결정의 문제를 야기한다. 바스카에 따르면 이것은 문제가 되는 동일시다. 가장 적절한 설명적인 해석은 문제가 되는 사회들의 조직에 대해 이미 알려진 것의 맥락 속에서, 가장 적절한 이론을 선택함으로서 행해진다. 다시 말해 교정은 그들 자신의 설명의 맥락 속에서 현상에 대한 가능한 설명을 위치 짓는 것에 의해 이루어진다. 요컨대 행위와 의미에 대한 정확한 설명은 믿음들의 허위성과 모순을 일관되게 서술할 수 있어야 하며, 과학적 탐구에 종속된다(『자가능』, 119~122).

인 '세월호 트라우마'의 구조적 내면을 읽어낼 타당한 해석의 필터가 되기에는 한계가 있다. 이러한 이해가 타당하다면, 세월호 트라우마의 치유 또한 개별적 차원에서 행해지는 의료적 처방과 금전 보상이 아니라 진실을 알 권리에 입각한 '설명적 치유', 관계 회복과 사회적 연대에 입각한 '관계적 치유'라는 관점에서 포괄적으로 모색될 필요가 있다.

본디 인간의 고통은 사회적 성격을 띠고 있기에 동시에 사회적 기능을 갖는다. 인간은 각자의 고통으로 인해 다른 사람들과 연결되어 있기에, '고통의 공유'는 다른 전향적 계기를 형성한다. 타인의 고통에 관심을 가지고, 그것에 동참해주고, 그것을 나의 고통으로 함께 받아들이는 순간 그 고통은 '의미'를 갖게 되는 것이다(전우택, 2002: 24~25).[67] 따라서 포스트세월호 국면을 주도하고 있는 '사고-보상-의료적 치료'라는 프레임을 '사건-진실-사회적 치유'라는 프레임으로 전환하는 노력이 시급하다고 하겠다. 그 후속 작업을 염두에 두고 이상의 논의를 도식화하면 〈표 VII.3〉과 같다.

〈표 VII.3〉 세월호 트라우마 담론 프레임 비교

	사고-보상 프레임	사회적 치유 프레임
외상의 원인	우연한 사고	구조적 사건
외상의 감별	증상 질환 중심주의	원인-사건-외상 경험의 상호연관
외상의 범위	피해 당사자의 PTSD	집단적·문화적 외상
진단 프레임	개별적·의학적 고통	사회적 고통
처방 프레임	고통의 의료화	고통의 사회화·정치화
개입의 범위	전문가적·의료적 개입	통합적·시민적·설명적 개입

67 이러한 맥락에서 치유가 비록 치료적 중재를 통해 이루어진다고 할지라도, '치유'와 '치료'는 개념적으로 구분된다. 치유는 기존의 건강 상태를 회복시킨다는 의미를 넘어, 인간의 모든 영역을 ─ 자연과 사회적 관계를, 사회·심리·신체적 층위를, 과거와 현재와 미래를 ─ 포괄하는 전인적(全人的) 차원에서 일어나는 것이다(발두치·모딧, 2016: 228 참고).

그리고 바로 이 지점이 사회과학적 설명과 사회이론적 비판, 인간의 고통을 다루는 응용과학의 실천과 윤리적 개입의 결합을 새롭게 요청하는 자연주의 윤리학의 현대적 재구성 지점이기도 하다.[68]

4. 비판적 논평: 자연주의 사회과학의 가능성

오늘날 사회적 고통의 문제는 분과학문의 경계를 넘어 학제 간 사회 분석에 단단한 도덕적 토대를 제공한다. 더 넓은 사회적 맥락에서 고통의 경험이라는 현상학적 출발점으로 돌아감으로써, 우리는 어떤 전문가는 의료 문제를 담당하고 어떤 전문가는 경제 정책을 맡는 분할된 관리 방식을 통합적인 관점에서 바라볼 수 있을 것이고, 또한 반드시 그렇게 해야 한다.[69] 사회적 삶의 원천과 형태, 결과의 커다란 영역에 개입하기 위해선 우리 시대의 곤경을 새롭게 규정할, "보다 인간적인 새로운 방법이 뒷받침된 사회지도와 이론"의 도움을 받아 그 토대를 다질 필요가 있다(클라인만 외, 2002: 26).

그렇기에 우리가 현재 목도하고 있는 사회적 고통은 지금의 경험적 세계를 넘어, '너머의 삶'에 다가설 통합된 인문사회과학의 개입과 상상력을 그 어느 때보다 요청한다고 하겠다. 바로 이 지점에서 맑스와 뒤르케임, 바스

---

68 이는 단지 오래된 이상에 머무는 것이 아니라 현재 일어나고 있는 윤리적 전환(ethical turn)의 한 측면이다. 윤리적 사태로서 세월호를 전제로 하는 '세월호의 윤리학'에 대한 자연주의 윤리학 관점의 제안과 종교계의 성찰로는 박병기(2015)를 참고하라. 마찬가지로 공직자들의 윤리를 포함한 행정윤리와 관련해서 제한된 윤리적 자연주의의 가능성은 신희영(2014)을 참고하라.

69 사실 층화된 실재의 작동을 규명하는 연구는 각 층위에 적합한 복수의 연구방법을 필요로 하고, 각 층위의 연계적 접근을 통해서만 실제적인 삶의 상황을 올바르게 다룰 수 있다는 것이(맥그래스, 2011: 195~198) 반환원주의적 통섭의 전제이기도 하다.

카의 비판적 자연주의는 현대사회의 사회적 고통이 갈급하고 있는 통합적 관점을 확고히 뒷받침할 수 있다. 특히 19세기 자유주의 세계관이 신자유주의의 이름으로 부활해 전사회적인 양극화가 악화 일로에 있는 현시점에서, 두 사상가의 사회이론은 '대안은 없다(TINA)'는 이데올로기에 대항해 '해체사회'의 구조적 내면을 드러내고 대항경향을 생성하는 작업을 협력적으로 지원할 수 있다. 또한 두 이론가가 공유한 관계적 사회학과 반환원주의적 층화이론은 고통의 사회적 차원을 개인적인 문제로 축소·은폐하려는 모든 관행과 시도에 대항하면서, 여전히 지속되는 동시에 변형된 형태로 재생산되는 한국자본주의의 구조적·복합적 병리를 진단하고 처방하기 위한 집합적 노력에 — 예컨대, 오늘날 우리가 목도하고 있는 사회적 죽음의 사인(死因)을 밝히는 작업에 — 생산적으로 접목될 수 있을 것이다.

VIII

맺음말: 새로운 지식통합의 지평을 향하여

긴 여정을 거쳐 이 책은 이분법적 해석에 기반을 두고 맑스와 뒤르케임의 사회과학방법론을 이해하려는 시도들이 갖는 한계를 보여주면서, 비판적 실재론의 관점에서 맑스와 뒤르케임의 사회과학방법론을 재구성하려 했다. 왜 맑스와 뒤르케임인가? 왜 우리는 오늘날 맑스와 뒤르케임을 새롭게 불러와야 하는가? 지금까지의 논의를 되짚으며, 맑스와 뒤르케임의 방법론적 통찰이 오늘의 인문사회과학에 제시하는 함의와 향후 과제를 정리하기로 하자.

1. 이 책은 근대사회가 유발한 병리에 대한 맑스와 뒤르케임의 진단과 처방의 적실성과 생명력을 부인하고, 양자의 사회과학방법론이 현실의 과학적 탐구와 유기적인 관계를 맺지 못하고 있는 이론적 현실이 왜 발생하는지 질문하면서 출발했다. 이는 두 가지 문제에 답변을 요구하는 것이었다. 하나는, 현실에 과학적으로 개입하는 것을 그 본령으로 삼았던 맑스와 뒤르케임의 방법론에 대한 적실한 해석을 가로막고 있는 요인들이 무엇인지 밝혀져야 하며, 둘째는 맑스와 뒤르케임의 과학방법론의 요체와 핵심적 내용은 무엇인가라는 문제다.

이 질문에 답하기 위해 우선 맑스와 뒤르케임의 과학방법론을 둘러싼 대부분의 국내 해석이 의존하고 있는 메타이론적 구조를 살펴보았다. 우리는 맑스와 뒤르케임의 과학을 둘러싼 이분법적 해석의 구조와 인식론적 딜레마를 '맑스와 뒤르케임의 딜레마'로 개념화했는데, 이는 서로 긴밀하게 얽혀 있는 다음 세 차원을 포함한다.

첫째는 청년 맑스와 노년 맑스, 청년 뒤르케임과 노년 뒤르케임 간에 단절이 있다는 '두 명의 맑스', '두 명의 뒤르케임'의 딜레마다. 이러한 딜레마는 관념론과 유물론, 자원론과 결정론, 철학과 과학의 이분법적 교환에 의해 뒷받침되고 이를 매개하여 재생산되는 특징을 보여주었다. 둘째는 그 대상과 방법에서 자연과학과 사회과학의 관계를 둘러싼 이분법적 딜레마로, 주로 맑스와 뒤르케임의 방법론에 대한 과잉자연주의적 해석과 반자연주의적 해석의 대립으로 나타난다. 셋째는 사회과학의 위상이나 역할과 관련해서 나타나는 과학과 비판, 사실과 가치 사이의 이분법적 딜레마로, 이는 표준과학모델이 이상으로 삼는 가치중립 교의가 역설적으로 과학과 비판, 사실판단과 가치판단을 통합하고자 했던 맑스와 뒤르케임의 사회과학방법론의 과학성을 평가하는 암묵적인 준거로 기능함으로써 야기되는 딜레마를 지칭한다.

각각은 맑스와 뒤르케임의 과학성에 자리한 핵심에 다가설 수 없게 만들고, 주체적인 태도로 두 텍스트에 접근했던 연구자들의 해석을 거듭 교란하는 메타이론적 장치로 기능해왔다. 그 결과 맑스의 과학은 당파성 또는 계급성의 과학으로 환원되었고, 뒤르케임의 과학은 엄격한 가치중립의 요건을 지킨 양적 방법론의 교과서로 이해되면서 '과학주의'라는 공격의 표적이 되기도 했다. 무엇보다 이 그릇된 이분법이 초래한 가장 큰 문제는 두 방법론의 공약 가능성을 가리고 차이에 주목하게 하는 기능을 담당해왔다는 점이다.

결국 맑스와 뒤르케임의 과학을 이해하는 데서 나타나는 기본적인 문제는 우리가 이들에게 접근할 때 지니는 '과학'과 '과학적 절차'에 대한 선입견과, 이들이 우리의 이해가 따를 수 없는 경로로 방향을 바꿀 때마다 이들을 비하하려는 우리의 경향이다. 다시 말해 실증주의 과학관의 철학적 가정 자체가 맑스와 뒤르케임의 과학방법론에 대한 타당한 이해를 차단하는 해석의 패러다임으로 기능하고 있다는 것이다. 이러한 오류를 드러내기 위해, 이 책은 맑스와 뒤르케임을 둘러싼 인식론적 딜레마가 — 실증주의 과학철학의 암묵적인 지반인 — 경험적 실재론에서 파생된 이분법적 딜레마임을 해명하는 것에서 출발했다.

2. 여기서 제기되는 첫 번째 과제는 실증주의 과학관을 대체할 새로운 과학관을 모색하는 작업이었다. 맑스와 뒤르케임에 대한 이분법적 해석을 야기하는 실증주의 과학관 자체를 해소하지 않고 맑스와 뒤르케임에 대한 실증주의적 해석을 지양할 수 없는 까닭이다. 제III장에서는 실증주의 과학관에 대한 유의미한 비판과 대안을 마련해온 비판적 실재론의 과학철학에서 맑스와 뒤르케임의 사회과학방법론을 이해할 새로운 해석의 틀을 발견하고, 오랜 시간 유지되어왔던 사회학의 가정들과 그릇된 반목에 문제제기할 토대를 마련하려 했다.

맑스와 뒤르케임의 딜레마를 해소하기 위한 두 번째 과제는 근대 철학의 이원론적 분열 그 자체를 극복하는 것을 중심 과제로 삼았던 맑스와 뒤르케임 자신의 비판적 자연주의 관점을 복원하는 것이다. 제IV장에서는 '있는 그대로의 세계'를 제대로 설명할 수 없는 선험철학의 낡은 안티테제를 지양하면서, 그 골격을 구축한 맑스와 뒤르케임의 사회과학철학을 초기 저술을 중심으로 살펴보았다.

인간과 자연, 관념론과 유물론, 칸트주의와 공리주의의 갈등으로 나타난 당대의 '이원론적 편견'을 봉합하기 위한 두 사람은 해결책은 사회적 층위를 도입하는 것에서 시작했다. 양자 모두 자연의 일부지만, 개념과 행위, 역사와 관계에 의존하는 사회적 존재의 발현적 속성을 인정하는 관계적 사회 패러다임을 공유한다. 이러한 관점은 맑스에게는 '역사과학'과 '인간적 자연주의'로, 뒤르케임에게는 '도덕과학'과 '사회학적 자연주의'로 표현되었다. 이러한 발견은 '두 명의 맑스', '두 명의 뒤르케임'이라는 이른바 단절 테제를 바로잡는 동시에, 사회학적 유물론과 사회학적 관념론이라는 이분법적 도식에 근거해 맑시즘과 사회학 사이에 근본적인 차이를 설정하는 기존의 통념 또한 유지될 수 없다는 점을 말해준다. 맑스의 '역사유물론'과 뒤르케임의 '사회학'은 모두 자연과 인간의 분열에 그 뿌리를 두고 있는 칸트 이후의 안티노미, 당대 역사철학의 반자연주의와 정치경제학의 과잉자연주의 편향 – 그리고 착종 – 을 논리적으로 극복한다는 의미를 담고 있는바, 이 책은 양자가 오직 하나의 과학, 곧 자연주의 사회과학의 관점을 옹호한다는 점을 드러내려 했다.

3. 두 사상가가 공유한 자연주의 사회과학의 철학적 전제들은 그 방법론상의 공통점과 차이점을 아울러 볼 수 있는 토대를 마련해주었다. 제V~VI장에서는 『자본론』과 『자살론』의 정치경제학 비판을 중심으로 맑스와 뒤르케임이 전개한 사회과학방법론의 주요 특성을 살폈다.

첫째, 양자 모두 그 출발점은 '사회형태'라는 연구대상의 도입이다. 맑스와 뒤르케임은 모두 근대사회를 이행 중에 있는 사회형태로 바라보았고, 자유주의 경제학의 경험적 실재론에 내장한 정체상태의 역사이론을 비판한다. 이에 반대하면서 맑스의 생산모델과 뒤르케임의 분업모델은 근대사회라고 하는 역사적인 지평 위에 새롭게 출현한 사람-사회 관계를 역사발전의 동인이자 정치경제학 비판의 역사적·과학적 전제로 상정했다. 양자가 공유한 변형적 사회활동모델은 물상화와 자원론의 존재적 오류와 방법론적 전체주의, 방법론적 개인주의 각각이 범하게 되는 인식적 오류로 환원되지 않는 과학적 전제로 자리한다.

둘째, 두 사상가가 추구했던 설명적 방법론은 비판적 실재론이 실험활동에 입각해 체계화한 과학적 발견의 논리로 보다 잘 이해될 수 있다. 양자 모두 존재적 자동성과 개방체계, 초사실성과 층화된 실재, 경향으로서의 법칙, 개방적 결정론 등 초월적 실재론의 주요 전제들과 경험에서 실재로 도약해 기존의 경험적 지식을 이론적으로 재구성하는 발견의 변증법을 공유한다. 이는 「1857년 서설」에서 제시된 '과학적으로 올바른 방법'과 '사회적 사실을 발견하기 위한 규칙들'에서 그 단초를 드러낸, 구체(C)-추상(A)-재생산된 구체(C')로 나아가는 과학적 개념화의 절차이기도 하다.

이렇게 볼 때 맑스와 뒤르케임은 이론을 검증하기보다는 이론을 만드는 방법론을 가졌다. 이와 같은 설명적 방법론을 이 책은 사회과학의 이론적·역사적 설명모델로 재구성했다. 이는 이론적 추상과 응용과학의 방법론을 모범적으로 결합한 『자본론』과 『자살론』의 인과적 설명모델에 잘 드러난다. 즉, 비예측적 설명을 추구하는 양자의 방법론은 사회형태에 대한 역행추론과 역사적 설명의 경험적 검사를 결합함으로써 법칙정립과 개성기술, 이론과 역사, 구조와 행위, 원인과 이유를 유기적으로 통합하는 역사적 사회과학의 설명모델을 개척했다고 볼 수 있다.

이러한 분석의 중요한 함의는 맑스 방법론 해석을 양분해온 헤겔주의적·반헤겔주의적 해석의 편향이나 뒤르케임의 방법론에 과도하게 부과된 결정론적·진화론적 해석을 바로잡는 한편, 맑스에게는 특정한 연구방법이 없다는 편견이나 양적 방법론의 교과서로 통상 이해되어왔던 『자살론』에 대한 실증주의적 해석을 아울러 지양한다는 점이다. 오히려 맑스와 뒤르케임은 실험의 유사물과 보완물에 입각한 사회과학적 설명모델의 설명력을 입증함으로써, 사회과학에서의 실험의 가능성과 반실증주의적 자연주의의 지평을 활짝 열어놓았다고 평가할 수 있다.

셋째, 맑스와 뒤르케임은 새로운 과학철학이 이상으로 삼는 사회과학의

'설명적 비판'의 기획 속에 상보적으로 결합될 수 있는 가능성을 확보한다. 맑스의 물신주의 비판이 이론적 판단에서 실천적 판단으로 나아가는 설명적 비판의 나선형적 전개 과정을 보여준다면, 뒤르케임의 아노미 비판은 사실판단에서 가치판단으로 나아가는 설명적 비판의 논증 절차를 보여준다. 맑스의 경우 '필연적 허위의식', 즉 이데올로기 비판을 그 필수적 구성물로 포함하는 과학적 사회주의로 발전되어갔다면, 뒤르케임의 과학적 사회학은 환원주의 비판을 요체로 하는 '원인들'에 대한 탐구, 즉 층화이론에 기초해 사회재조직을 제안하는 실천적 기획으로 나아갔다. 양자 모두에게 선행하는 학설을 내재적으로 비판하는 작업은 가설의 고안과 가설의 검사를 거쳐 개념화로 나아가는 설명적 비판의 첫 단계로 자리하는바, 선행연구 비판과 설명적 논증은 설명적 비판의 요건을 충족하는 두 계기라고 할 수 있다. 이와 같은 설명적 비판 논증은 지식 생산의 사회적 과정에 장착됨으로써 한국사회의 역사성과 개방적 현실에 적합한 개념, 이론, 지식 생산의 경로를 모색하기 위한 대안적인 사회연구의 모체로 자리한다.

물론 양자의 설명적 비판 모델은 사회적 객체(the social)의 내부 구성에 대한 이해와 강조점의 차이에 따라 약간의 단차를 보여준다. 양자 모두 관계적 실재로서의 사회 개념과 발현적 힘의 유물론을 공유하지만, 뒤르케임의 경우 관계적인 동시에 도덕적인 실재인 사회 개념에 강조점이 있다고 볼 수 있다. 또한 맑스의 허위의식 비판이 이론/실천 간에 존재하는 긴밀한 매듭을 승인하는 것을 전제로 철저한 범주 비판과 개념화의 성과에서 그 설명력을 담보한다면, 뒤르케임의 아노미 비판은 이유/원인의 긴밀한 매듭에 대한 승인하에 비합리적 정서를 합리적인 정서로 변형하는 심층-설명적 비판의 사례를 보여준다. 그러나 이러한 차이는 근본적인 차이가 아니며, 현대 자본주의의 역사적 전개와 복합적 현실을 고려한다면 설명과 해방의 나선형적 절차 속에 상보적으로 결합될 수 있고, 그래야 마땅하다는 것이 제VII

장의 요지이다.

이들은 사회적 사실의 이론부과성과 가치함축성을 인정하되 존재론적 설명을 경유한 과학적 비판의 합당한 절차를 제시함으로써 맹목적으로 추구되어온 오늘의 사회과학에 성찰성을 부여한다. 무엇보다 맑스와 뒤르케임의 비판적 자연주의는 현상과 본질을 구분하고, 사회적 실재라는 토대 위에 과학의 역할을 새롭게 정초함으로써 사회과학이 마땅히 추구해야 할 허위의식 비판과 가치판단의 이상을 사회과학 본연의 과제로 자리매김하게 했다고 볼 수 있다. 이러한 유형의 윤리적 자연주의를 받아들인다면 사회과학은 우리가 어떻게 살아야 하며, 무엇이 좋은 사회를 만드는가를 말해줄 수 있다. 이것이 과학에 기초한 도덕적 구속을 추구했던 뒤르케임의 도덕과학이 확장한, 정치학과 윤리학에서 합리적인 담론 형성의 가능성이다.

이상의 논의를 거쳐 이 책은 맑스와 뒤르케임의 방법론이 유사한 발생 구조와 탐구 대상을, 나아가 유사한 학문적 지향과 방법, 전망을 공유한다는 점을 확인했다. 그간 많은 현대 사회학자가 맑스와 뒤르케임의 공통점을 보기보다 이론적 차이에 주목해왔던 이유는, 특정한 이론 및 인식론이 전제하고 있는 암묵적인 존재론에 체계적으로 무관심했던 결과로 보인다. '무엇을 어떻게 알 수 있는가'라는 인식론적 절차에 주로 집중해왔던 실증주의 과학철학과 달리, 비판적 실재론의 과학철학은 이론의 대상이 '실재(reality)'이며 과학성의 기준은 곧 실천적 적합성이라고 하는 명확한 기준을 세움으로써 맑스와 뒤르케임의 방법론을 둘러싼 혼란의 원천과 양자의 기여를 새롭게 조명한다. 두 사상가의 사회과학방법론을 둘러싼 혼란들은 자연과학과 사회과학의 방법론적 통일과 차이를 둘러싼 자연주의 논쟁의 구체적인 쟁점과 국면들을 정확히 보여주며, 비판적 자연주의의 관점에서 맑스와 뒤르케임이 개척한 방법론의 과학성과 성취가 정당하게 평가될 수 있다는 것이다.

4. 궁극적으로 이 연구는 비판적 실재론이 맑스와 뒤르케임의 사회과학을 더 잘 설명하며, 새롭게 이해된 맑스와 뒤르케임의 사회과학방법론이 분과학문의 경계를 가로지르는 낡은 이항대립과 답보지점을 해결할 수 있는 잠재력을 지닌다는 점을 드러내 보이고자 했다. 이를 정리하면 다음과 같다.

첫째, 오늘날 '두 문화'를 해소를 둘러싼 지식 통합 논의의 중심부에는 일관된 메타이론적 토대를 확립하지 못한 사회과학 내부의 지적 분열이 자리하고 있다. 지식 통합을 저해하는 이러한 조건에 대한 성찰과 지양의 노력 없이 당위적이고 구호적인 수준에서 이루어지는 학문통합 논의는 희망의 언어를 제시하는 것 이상으로 나아가긴 어려울 것이다. 이 점에서 이 책의 중요한 기여는 오늘날 지식 통합 논쟁을 둘러싼 혼란이 이분법적 메타가정의 오류에 근거하고 있음을 분명히 하고, 반자연주의 사회과학과 자연주의 사회과학이라는 사회과학 내부에 자리한 두 개의 패러다임을 직시함으로써 방법론적 이원론을 넘어설 하나의 계기를 마련했다는 점이다. 결국 두 사상가의 이론적 차이를 보기 전에, 과학활동의 특성에 부합하는 메타이론에 입각해 맑스와 뒤르케임의 자연주의 사회과학을 새롭게 불러오는 작업은 우리가 오랫동안 당연한 것으로 받아들여온 사회 연구의 관행들에 대해 새로운 반성의 공간을 열기 위한 작업이기도 하다.

둘째, 지식 통합 논의가 본디 사회의 위기에 대응력을 상실한 학문의 위기에 대한 반성에서 출발했다면, 실질적인 지식 통합의 실현 가능성 또한 구체적인 사회문제의 실천적 해결 과정에서 검증될 수밖에 없다. 사회문제에 적용된 자연주의의 발전과 심화, 정교화라는 측면에서 볼 때 현대사회에서 — 양자가 공유한 — 관계적 사회실재론과 설명적 방법론은 매우 중요한 위치를 점한다. 맑스와 뒤르케임은 '사회적인 것'에 대한 풍부한 존재론적 통찰을 제시함으로써 실재론적 사회학을 발전시킬 자원을 제공하는 한편, 현대 과학철학에서 새롭게 부상하는 환원주의적 경향성에 대한 유의미한 비판을 수행할 가능성을 제공한다. 특히 오늘날 의학과 신경생리학이 발전하면서 오히려 강화되는 추세를 보이는 생물학적 환원주의와 심리학적 환원주의는 복잡한 사회현상에 개입하는 사회적 힘을 진단하지 못하게 하는 인식론적 장치로 기능하고 있는 실정이다. 이 지점에서 환원주의적이지 않은 자연주의, 즉 발현이론에 일관된 맑스와 뒤르케임의 설명적 방법론은 복잡한 사회문제를 다루는 응용과학의 독단에 대한 사회학적 반성의 개입을 정당하게 허용하면서, 여타 응용과학의 발견적 작업과 협력적 사회연구의 가능성 또한 열어놓고 있다. 이는 곧 한국 사회(과)학의 정체성 위기는 물론 한국사회가 당면한 실천적 문제를 해결하는 데 중요한 의미를 갖는다. 맑스와 뒤르케임의 방법론 및 사회이론의 공약 가능성과 생산성을 우리 사회가 겪고 있는 사회적 고통을 진단하고 처방할 과학적 사회연구의 자원으로 활용해내는 작업은 이후의 과제다.

셋째, 결론적으로 비판적 실재론의 지원 속에서 더 명료해진 맑스와 뒤르케임의 반환원주의적 통합과학 이념은 자연과학과 인문학, 사회과학의 분할을 새롭게 재통합하는 대안적인 통섭을 향한 새로운 지평을 열어놓는다. 앞서 살폈듯 하나의 철학적 명제로서 과학의 통일(unity of science) 테제는 일찍이 논리실증주의에 의해 표방된 바 있다. 그러나 논리실증주의의 통일 테제는 윤리적 판단이 사실의 진술이 아니라 정서적 표현이거나 위장된 명령이라는 흄의 생각을 확장하여 합리적 담론 영역에서 윤리적 진술을 축출하는 방식으로 이루어졌다. 또한 방법론적 일원론에 기초한 이 입장의 가장 큰 취약점은 물리학의 수학적 모델을 인간과학으로 일반화함으로써 환원주의를 옹호할 수도 있다는 점이다. 물리학적 환원주의 및 생물학적 환원주의에 입각해 지식 통합 노선을 주창한 윌슨의 경로도 크게 다르지 않다. 새로운 지식 통합의 패러다임을 역사적 사회과학이라는 이름으로 제안한 월러스틴의 경로 또한, 그 대안 제시에 있어 학제 간 공동연구의 강조 이상으로 나아가지는 못했다. 이 지점에서 관계적 사회실재론과 각 수준의 특수성을 고려하는 반환원주의에 기초한 맑스와 뒤르케임의 자연주의는 존재론·인식론·방법론·가치론의 쟁점들을 촘촘히 연결하면서, 실현 가능한 형태의 반환원주의적 통합과학의 길을 열어놓고 있다.

무엇보다 상보적으로 독해된 맑스와 뒤르케임의 자연주의 윤리학은 가치중립적 사회과학과 이에 대한 반향으로 등장한 반자연주의적 인문학의 대립을 해소하고 '두 문화'로 양분된 인문사회과학 내부의 패러다임 재통합에 기여할 시금석을 제공한다. 이는 윤리학을 존재론으로 환원하는 환원주의적 자연주의나 윤리학의 문제설정에 존재론을 봉합하여 자칫 과학성의 포기로 나아갈 수 있는 반자연주의 윤리학의 편향을 넘어설 '오래된 미래'로서 여전히 현재성을 갖는다.[70]

5. 그러나 맑스와 뒤르케임이 자연과 인간, 역사와 사회에 대한 일관된 설명을 추구하는 자연주의 사회과학의 지평을 공유한다는 이 연구의 발견이 그 설명력을 확고히 하기 위해서는, 반자연주의 사회과학의 대상, 방법, 구체적 사례를 제시하고 재구성의 논점을 도출하는 치밀한 논증이 뒷받침되어야 할 것이다. 이는 이 책의 한계이자 향후 연구의 과제이기도 하다. 또한 당연한 얘기지만, 자연주의 사회과학의 전망, 방법, 암묵적인 실천은 이 책이 주요하게 다룬 맑스와 뒤르케임의 전유물은 아니다. 사회과학방법론

---

70 이를 예견하듯, 이미 100여 년 전 『형태』에서 뒤르케임은 "사회학은 인문과학에 새로운 길을 열어야 하는 운명을 타고난 것 같다"라고 일갈한 바 있다. "개인 위에 사회가 존재한다는 것을 인정하며 사회는 이성에 의해 만들어진 명목적 존재가 아니라 행동력의 체계라는 것을 인정하는 순간부터, 인간을 설명하는 새로운 방식들이 가능해진다"라는 것이다(뒤르케임, 1992: 611). 이러한 맥락에서 "우리는 지금 비판적 시기를 통과하고 있다. … 이성의 재앙이 될 지적 소강" 앞에 "과학에 대한 반작용이 문제를 해결하지 못함에 따라 비판적 시기는 문제가 새롭게 제기되고 모든 것이 다시 시작될 때 도래한"(Durkheim, 1973: 22)다는 그의 지적은 여전히 시의성을 갖는다.

이 당대 과학 및 이론과 함께 발전하는 것이라면, 통합된 지식 패러다임의 기획을 완성하기 위해서는 여타 사회이론의 성취와 현대 과학적 발견을 수렴하고 재구성할 수 있는 개방적이고 총체적인 연구의 시각이 요청된다고 하겠다.

이는 – 이 책에서 충분히 다루지 못한 – 맑스와 뒤르케임의 자연주의적 합리성 이론을 다층적으로 재구성하는 과제 앞에 더욱 필요한 노력으로 보인다. 특히 근대과학 정신이 근대사회가 창출한 민주주의 이념과 합리적인 의사소통에 의존한다고 할 때, 맑스와 뒤르케임의 설명적 비판이 전제한 역사적 합리성의 전망과 심층-설명적 비판 합리성, 의사소통 합리성 간의 상호연관은 앞으로 해명되어야 할 중요한 논제다. 이 과제는 단순히 논리적 연관을 밝히는 일에 그치지 않는다. 이는 과학이 가능하기 위해서는 사회가 어떠해야 하는가를 밝히는 작업이며, 곧 오늘의 사회형태들을 분석하는 작업이기도 하다. 바꿔 말해 해당 사회의 발전과 이론의 발전이 맺는 인과적 매듭을 승인한다면, 합리성의 사회적 조건과 합리성을 제약하는 사회체제를 분석하는 작업은 식민지와 냉전, 분단을 거쳐 종속적인 근대화 과정을 밟아온 한국 사회과학 공동체의 존립과 재건, 확장이라는 과제와 불가분한 관계에 놓여 있다. 이는 곧 자기 시대의 문제를 해명하는 과정에서 발전했던 맑스와 뒤르케임의 설명적 비판이 착목했던 과제이기도 하다.

오직 역사적으로 위치 지어진 사회형태들에 대한 과학으로서 맑스와 뒤르케임의 자연주의 사회과학은, 우리가 '지금 여기서' 해야 할 일은 우리의 사회와 역사를 정치하게 분석하고 설명하는 것이라는 확신을 심어준다.

용어해설

가추(abduction) 알려진 사실이나 관찰된 경험에서 알려지지 않은 인과 기제를 갖는 객체를 상정하는 추론을 말한다. 귀납법이 높은 개연성을 지닌 이론이나 법칙을 추론한다면, 가추법은 관찰된 경험을 가장 잘 설명해주는 가설적 인과 기제를 추론한다. 수많은 연구 패러다임에 내재하는 전략이며, 많은 연구자가 암묵적으로 사용하고 있는 추론 형식이다.

가치론(axiology) 가치론은 목적과 목표의 합리적인 선택과 판단을 지배하는 요건들에 대한 이론으로 '무엇이 가치 있는 것인가', '우리는 무엇을 할 것인가', '무엇이 가치 있는 지식인가' 같은 질문에 답한다. 과학철학에서 가치론은 과학이 무엇이어야 하는가에 대한 논의를 포함한다. 예컨대 과학 지식의 목표와 관련한 표준과학모델의 암묵적인 가치론은 가치중립적 지식의 추구다. 그러나 논리적으로 사실판단에서 가치판단을 이끌어낼 수 없다는 가치중립적 과학의 합리성은 과학 자체가 가치부과적 활동이며, 생태계 파괴, 핵전쟁 등이 인간생존을 위협하는 오늘날의 상황에서 인간적 합리성이라는 보다 포괄적인 가치의 틀 안에서 비판적으로 검토되어야 한다는 최근 과학철학의 경향에 의해 도전받고 있다.

개념 의존성(concept dependence) 사회구조들은 그들 자신이 무엇을 하고 있는가에 대해 어떤 개념을 가진 행위주체들에 힘입어 존재하는 한 개념 의존적이다. 바스카는 이러한 사회적 객체의 발현적 속성이 행위 의존성, 시공간 의존성과 함께 사회과학에서 자연주의의 적용에 존재론적 한계를 가한다고 주장한다.

개입주의 모델(interventionist model) 원인과 조건을 구분하는 인과관계 모델을 말한다. 개입주의 모델에서 원인과 조건은 상대적인 것이다. 조건은 그 자체로 이미 작동하고 있는 경향들을 포함하며, 이 경향들은 '원인'과 함께 작용해 결과를 공동 결정한다.

경험적 일반화(empirical generalization) 어떤 속성들에 대해 경험적 현상의 전체 모집단에 일반적으로 존재하는 것으로 서술하는 논증을 말한다. 경험적 일반화는 귀납 추론을 기초로 구축된다. 제한된 수의 경험적 현상에 관한 지식에서 이 현상에 대해 참인 것이 모집단에 대해서도 참이라는 결론을 이끌어내는 것이다.

경험주의(empiricism) 지식의 원천과 획득, 시험에 있어 경험에 중심적인 위치를 부여하는 인식론적 견해를 말한다.

경험적 실재론(empirical realism) 경험적 실재론은 실증주의 과학철학이 기반을 두고 있는 암묵적인 존재론을 말한다. 경험적 실재론은 외부의 감각적 실재를 의심하지 않는다. 그러나 이 존재론은 우리가 관찰하는 것이 존재하는 것의 전부라고 상정하기에, 존재하는 세계를 인식된 세계에 국한해버리는 인식적 오류에 빠지게 된다. 비판적 실재론의 존재론인 심층 실재론은 우리의 지식에서 독립해 존재하는 실재의 층화(stratification)라는 개념을 제시함으로써 경험적 실재론의 오류를 바로잡으려 한다.

과학적 실재론(scientific realism) 여러 형태가 있지만 넓은 의미에서 과학적 실재론은 과학자들이 믿는 실재론을 일컫는 것으로, 과학이론이 관찰될 수 없는 대상들의 존재를 믿어야만 한다고 주장하는 견해다. 이를테면 힘, 중력 등의 이론적 대상이 고안된 개념적 도구가 아니라 자연 속에 실재하는 대상이며 과학이론의 참, 거짓은 그것이 기술하는 힘, 중력과 같은 대상의 존재에 의존한다는 입장이다. 실험활동에 대한 고찰에 입각해 과학적 실재론의 철학을 초월적 실재론으로 체계화한 바스카에 따르면, 과학적 실재론은 과학적 사유의 대상들이 실재하는 구조들, 기제들, 관계들이라는 견해를 말한다. 즉, 구조들, 기제들, 관계들은 존재론적으로 그것들이 발생시키는 관찰 가능한 사건이나 현상 형태, 외양으로는 환원될 수 없으며, 이런 것들과 다르고 아마도 반대될 것이라는 믿음이다.

귀납(induction) 귀납논증은 과거에 규칙적 연쇄가 일어났다는 증거에서 출발해 그 연쇄가 미래에도 계속 일어날 것이라고 상정하는 경험적 일반화에 기초한 논증 형식을 말한다.

귀납의 문제(the problem of induction) 아직 경험되지 않은 일을 지금까지의 경험을 근거로 정당화할 수 없다는 귀납추리의 한계를 일컫는다. 다시 말하면 흄이 주장한 경험 법칙에 내재한 필연성 부재의 문제, 즉 관찰 경험의 일반화에 기초한 귀납논증의 문제이다.

공시발현적 힘의 유물론(synchronic emergent powers materialism: SEPM) 바스카가 발전시킨 공시발현적 힘의 유물론은 중앙상태 유물론(central state materialism: CSM)에 반대하는 이론으로, 정신의 힘은 발현적 힘이며, 물질 없이 발생하는 것은 아니지만 물질의 힘으로 환원될 수 없다는 견해이다.

기능주의(functionalism) 일반적으로 사회를 부분들의 집합체이며, 부분들 각각의 존재는 다른 것들을 지원하는 방식으로 보는 관점을 일컫는다. 극단적 형태의 기능주의적 설명은 사회제도의 존재를 그것이 다른 제도들을 위해 수행하는 기능으로 설명한다. 그런 점에서 기능주의는 일종의 전체론이다.

규칙성 결정론(regularity determinism) 규칙성 결정론은 모든 인과관계를 오직 폐쇄체계라는 가정 속에서만 서술할 수 있는 것으로 간주하는 견해를 말한다. 반대로 편재성 결정론(ubiquity determinism)은 모든 사건이 개방체계에서 실재적인 원인을 갖는다는 견해다.

내재적 비판(immanent critique) 통상 내재적 비판은 헤겔, 맑스, 그리고 프랑크푸르트 학파의 비판이론과 관련된 철학적 방법으로 체계 내부의 논리를 이용해 체계의 내적 모순을 드러내는 비판 방법이다. 내재적 비판은 존재하는 것에 대한 경험적 확인에 구속되지 않는다는 점에서 설명적 비판과 차이가 있다.

도덕 실재론(moral realism) 도덕이 '객관적인 실재적 속성'이며 이에 대해 인간이 참된 지식을 가질 수 있다는 견해를 말한다. 도덕 실재론은 윤리적 자연주의가 특정 문화에 내부적이고 자의적인 문제가 되는 것을 차단하며 문화적·도덕적 상대주의로 귀결되는 것을 방지하는 토대가 된다. 비판적 실재론의 변증법적 국면인 『변증법: 자유의 맥박』(1993)에서 도덕 실재론은 윤리적 자연주의와 결합되며, 설명적 비판이론은 모든 판단과 행동의 이론적·실천적 이원성에 의존하는 매우 급진적인 해방적 가치론과 결합된다.

반(反)자연주의(anti-naturalism) 사회과학에서 반자연주의는 인간이 자연적 사실과는 질적으로 다르기 때문에 자연과학의 방법으로 파악할 수 없다는 믿음을 일컫는다.

발현적 속성(emergent property) 발현적 속성은 실재의 환원 불가능한 인과적 자율성을 지시하는 개념이다. 즉, 하위 수준의 존재에서부터 발현된 실체가 그것들이 발생한 하위 수준의 것으로 환원될 수 없으며, 하위 수준에 있는 속성에서 예측될 수 없다는 것이다. 예컨대 사회적 속성의 부상은 선존재하는 비사회적 실재의 인과적 사슬 속에서 추적될 수 있지만, 일단 그것이 존재하면 사회적 실재는 공시적으로 실재의 비사회적 부분으로 환원될 수 없다.

방법론(methodology) '방법'이 어떤 문제나 가설과 관련된 자료를 수집하고 분석하기 위해 사용되는 실질적인 기법이나 절차를 말한다면 '방법론'은 연구가 어떻게 진행되고, 또 진행되어야 하는가에 대한 논의이다. 방법론은 이론들을 어떻게 만들어내고 시험하는가, 즉 어떤 종류의 논리가 사용되고 그 이론들이 충족시켜야할 기준은 무엇인지에 대해 논의한다.

법칙(laws) 법칙의 용례는 크게 규칙성으로서의 법칙과 경향으로서의 법칙으로 구분된다. 규칙성 결정론이나 경험론적 관점에서 법칙은 폐쇄체계의 관찰 가능한 규칙성 속에서 현실화된다. 이에 따르면 법칙은 사건들의 규칙적 연쇄나 '일정한 결합'이다. 이와 달리 경향으로서의 법칙 개념은 과학적 법칙을 인과기제들의 실재하는 '경향들' — 관찰이나 경험 가능한 규칙성의 형태로 나타날 수도 있고 나타나지 않을 수도 있는 ― 로 이해된다. 이 점에서 인과법칙은 사건들의 패턴과 구분되며, 개방체계와 폐쇄체계 사이의 구분에 의존한다.

변형적 사회활동모델(transformational model of social activity) 변형적 사회활동모델은 사회구조에 치중하는 물상화 모델과 인간행위에 치중하는 자원론 모델, 또 사회와 사람의 상호 의존을 강조하는 변증법적 모델을 비판하며 제출된 사람-사회 연관에 관한 모델이다. 이 모델에 따르면 사람-사회 연관에는 중요한 비대칭이 있다. 어떤 순간에도 사회는 개인들보다 먼저 주어져 있으며, 개인들은 사회를 창조하는 것이 아니고 단지 재생산하거나 변형시킬 뿐이다. 즉, 사회세계는 언제나 선(先)구조적인 것이다. 바로 이 점이 구조와 행위의 통합 문제에 관한 바스카의 '변형적 사회활동모델'과 기든스의 '구조화 이론' 사이의 주요한 차이점이다.

분석적 이원론(analytical dualism) 행위주체와 사회구조에 대한 변형적 모델에 시간 차원을 부가한 아처(M. Archer)의 개념이다. 여기서 분석적 이원론은 사회구조들과 인간행위가 구분되는 동시에 상호 의존하는 층위들이라는 것을 가리킨다. 이러한 관점에서 ① 행위주체의 행위에 대한 조건들 ― 할 수 있게 하는 동시에 제약하는 ― 이 되는 사회구조 ② 행위주체들 사이의 사회적 상호행위 속에서 생겨나는 행위들 ③ 그것들로부터의 결과로서 정교화, 즉 구조의 재생산이나 변형이라는 세 국면이 정의될 수 있다.

분화(differentiation) 분화는 폐쇄체계뿐 아니라 개방체계도 존재한다는 것을 말한다. 기제들과 사건들 사이의 구분은 왜 세계가 분화되어 있는지를 설명하는 데 필수적이다.

비판적 자연주의(critical naturalism) 사회적 객체의 발현적 속성에 입각해 사회에 대한 자연과학적 접근을 비판적으로 견지하는 비판적 실재론의 사회과학철학을 일컫는다. 자연과학과 마찬가지로 사회과학도 초사실적 논증을 통해 현상과 경험 이면의 인과기제와 경향을 밝힌다는 점에서 일종의 자연주의지만, 사회적 객체가 지닌 독특한 속성들은 자연주의의 방법론적 적용에 인식론적·

존재론적·관계적 제한을 가한다는 의미에서 비판적이다. 이러한 방식으로 비판적 자연주의는 실증주의의 과잉자연주의와 해석학의 반자연주의 사이의 중간 경로를 추구한다.

비판적 실재론(critical realism) 바스카가 주요하게 발전시킨 과학철학 일반을 말하는 '초월적 실재론'과 사회과학철학을 말하는 '비판적 자연주의'를 축약한 용어다. 1970년대 구미 학계에서 실증주의 과학관의 오류를 정정하면서 발전한 비판적 실재론은 인간과학 — 인문학과 사회과학 — 을 혁신하려는 철학적 운동의 형태로 자리 잡고 있다. 비판적 실재론은 실증주의의 잘못된 (자연)과학관을 수정해 사건을 인과적으로 발생시키는 구조와 메커니즘을 서술하는 것을 과학의 공통된 목표로 제시함으로써, 자연주의의 가능성이라는 문제를 새로운 차원에서 해결하고자 한다. 그럼으로써 사회과학적 대상의 독특성을 인정함과 동시에 자연과학과 사회과학에 공통되는 과학적 방법과 새로운 방향을 제시하여 사회과학의 과학성도 확보하고 있다. 예컨대 비판적 실재론은 실증주의와 해석학의 한계를 재구성해서 제한된 반실증주의적 자연주의를 옹호한다. 즉, 사회적 객체들을 자연적 객체들과 동일한 방식으로 연구할 수는 없지만, 과학적인 방식으로 연구할 수 있다는 것이다.

사실(facts) 경험론적 관점에서 '사실'은 감각경험에 기초한 관찰 가능성에 제한된다. 그러나 과학철학의 발전은 모든 관찰된 사실이 이론부과적이라는 점을 밝힘으로써, 관찰이 지식에 확실한 기초를 제공한다는 믿음을 반박해왔다. 예컨대 유명한 오리-토끼 그림의 사례가 증명하듯 x에 대한 관찰은 선지식(prior knowledge)에 의해 영향을 받는다. 비판적 실재론의 관점에서 모든 사실(facts)은 타동적(transitive) 차원에 위치한 사회적 구성물로, 사회관계 속에 내포된 가치들을 통합할 의무가 있다.

소급예측(retrodiction) 이론적 설명에서 역행추론이 현상을 표상하는 것에서 그것들의 발생 메커니즘을 표상하는 것으로 이행하는 추론이라면, 소급예측은 응용된 역사적 설명에서 복합체의 재분해된 요소들에 선행하는 원인들을 적용하는 추론이다. 이 점에서 소급예측은 이론적 설명 및 역행추론을 전제한다.

설명적 비판(explanatory critique) 사실/가치 이분법에 대한 논박으로서, 비판적 자연주의의 사회과학철학을 진전시킴으로써 도출된 개념이다. 설명적 비판이란 사회세계는 사회적 객체들과 아울러 사회적 객체들에 대한 사람들의 믿음들로 구성되며 따라서 사회세계를 탐구해서 설명하는 연구는 그 자체로 비판을 내포하고 가치와 행위에 대한 판단을 수반한다는 주장이다. 이는 사회세계의 존재론적 특성을 충실하게 파악한다면 귀결될 수밖에 없는 인식이다. 사회과학적 지식의 대상들은 존재론적으로 자동적이지만 그것들을 대상으로 하는 지식과 상호 의존적이라는 관계적 차이는 설명적 비판의 전제가 된다.

수평적 설명(vertical explanation)**과 수직적 설명**(horizontal explanation) 바스카에 따르면, 과학 연구는 새로이 발견한 기제를 항상, 과학적 발견의 다음 단계에 있는 더 심층적인 층에 입각한 더 진전된 설명에 개방해 놓는다. 한 기제를 사용해 다른 기제를 설명하는 방식을 수직적 설명이라고 부른다면, 기제와 자극을 함께 사용해 사건을 설명하는 방식을 수평적 설명이라고 부른다.

시공간 의존성(time-space dependence) 시공간 의존성은 사회적 삶의 지리-역사성을 일컫는다. 사회적 삶은 급속한 역동성들과 그와 관련된 공간적 특징들 때문에, 그 삶에 연속하여 각인되는 생물학적, 지질학적, 우주론적 존재자의 세계 이상으로 질적인 지리-역사적 특수성을 부여받는다. 따라서 사회이론은 곧 역사학이며 지리학이다.

실재론(realism)**과 비실재론**(irrealism) 철학에서 실재론은 인식의 대상이 의식이나 정신에서 독립적으로 존재한다고 보는 입장이다. 비실재론은 우리가 알아낼 수 있는 어떤 것이 정신에서 독립되어 존재한다는 것을 부정하는 입장을 일컫는다.

실천적 적합성(practical adequacy) 비판적 실재론의 이론 평가 기준이다. 실증주의 및 협약주의의 진리 개념이나 이론 평가 기준과 구분해서, 실천적 적합성은 실천적으로 적합한 지식이 반드시 세계에 관한 그리고 실제로 실현될 우리의 행위의 결과에 대한 예상을 발생시켜야 한다는 점을 강조한다. 한편 설명적 적합성은 실험과학이 상정하는 이론 평가 기준이다. 실험과학에서 이론의 설명력을 평가할 수 있는가 여부는 맥락에 달려 있으며, 가설들의 경험적 적합성은 언제나 평가된다.

실험(experiment) 단일 종류의 기제나 과정을 비교적 고립된 상태에서 인위적 변경을 가해 그 세부적인 작동을 관찰하거나 특징적인 효력을 기록하고자 하는, 그리고 그 기제들에 대한 가설을 시험하고자 하는 시도이다. 실험은 폐쇄가 자연적으로 발생하지 않기 때문에 필요한 것이며 따라서 개방체계를 전제한다. 이러한 관점에서 실험의 본질은 공간적 폐쇄에 있는 것이 아니라 함께 작동하는 다수의 기제들 중에서 어떤 책임 있는 기제를 인위적으로 고립시키는 인식론적 폐쇄에 있다. 따라서 실험은 대상에 인위적 변경을 가한다는 점에서 실천적 성격을 갖는다. 즉, 실험은 기본적으로 세계에 대한 실천적 개입이며, 비경험적인 구조들과 인과 기제들을 경험적으로 판별해 내고 판단하는 과정이다.

심층 실재론(depth realism) 경험되는 것만이 존재한다고 가정하는 경험적 실재론과 달리 심층 실재론은 실재가 경험적인 것(the empirical), 현실적인 것(the actual) 그리고 실재적인 것(the real)의 세 수준 또는 영역으로 구성된다고 여기는 존재론이다. 바스카가 발전시킨 이 존재론에 기초하면 과학의 목표는 기저의 구조와 기제들을 준거로 관찰 가능한 현상을 설명하는 것이다.

연역(deduction) 연역논증은 전제들에서 결론이 필연적으로 도출되는 논증 형식을 말한다.

역행추론(retroduction) 역행추론적 전략은 오랫동안 철학자들 및 여러 학문 분과의 과학자들에 의해 논의되고 실행되어왔지만 최근 사회연구에 대한 실재론적 접근에 의해 채택되어 정교한 과학철학 속에 통합되고 있다. 형식논리학적 분석이 추론과정을 귀납(개별 → 일반)과 연역(보편 → 개별)의 두 가지로 구분하는 것과 달리, 핸슨(N. Hanson)은 역행추론이 '직관적 이성의 자발적 추측'에 의해 진행된다고 이해하고 그 자체의 발견의 논리를 역행추론으로 이름

붙인다. 그렇지만 핸슨은 그 추론의 전개과정을 규명하지는 않고 있다. 과학적 탐구는 경험적 결과에서 출발하여 '이러한 경험이 발생하려면 실재는 어떤 성질들을 가지고 존재하며 운동해야 하는가'를 추론하는 가설추론을 통해 가설(적 실재)을 상정한다. 그리고 '그 실재가 이런 성질들을 가지고 존재하면서 주어진 조건 속에서 운동한다면 어떤 경험적 결과가 발생할 것인가'를 추론하여 가설의 설명적 타당성과 검증가능성을 검토하는 역행추론을 진행함으로써 상정된 실재를 설명적으로 검증한다. 이때 역행추론의 검증은 문제의 경험에 대한 설명을 제공하는 것, 즉, '설명적 검증'을 특징으로 한다.

유비추론(analogy) 유추는 객체들에 대해 차이점들을 무시하고 공통점들에 초점을 맞추어 또 다른 공통점을 찾아내는 사유방법이다. 통상 과학에서 비유는 유추에 기초해서 설명하고자 하는 객체를 비유적으로 재서술하는 것이다. 비유는 주제를 새로운 인식과 해석을 안내하는 소재 영역에 연결하여 세계에 대한 우리의 이해를 촉진하고 확장한다.

윤리적 자연주의(ethical naturalism) 사회과학에서 윤리적 자연주의는 도덕적 속성들이 사회과학적 탐구의 적합한 대상이 될 수 있으며, 사회과학적 지식에서 도덕적 결론을 도출할 수 있다는 입장을 지칭한다. 이러한 견해에 따르면 사회적 객체들에 대한 믿음을 심문하는 과정에서 사회적 객체가 산출하는 잘못된 믿음들을 검토하는 것이 사회과학의 적절한 기능이다. 사회과학은 다른 사정이 같다면, 우리의 믿음에 대한 부정적인 평가와 이를 제거하기 위한 행위에 대한 긍정적인 평가에 작용할 수 있다는 것이다.

원인으로서의 이유(reasons as causes) 정신적인 것이 육체적인 것으로 환원될 수 있다면, 이유는 물리적 차원의 인과적 설명에 포섭될 것이다. 그러나 믿음들과 의향적 활동으로서 이유들이 실재하며 곧 인과적 효력을 갖는 원인들로 승인된다면, 정신적인 것은 육체적인 것으로 환원될 수 없다. 즉, 정신적 현상들로서 이유는 물리적 현상들에 의존하지만, 일단 발현되면 물리적 세계와 상호작용하는 부분적으로 자율적인 비환원적 힘이다. 과학적 기획은 이유들의 인과적 효력을 요청함으로써, 환원적 유물론에 대한 내재적인 비판을 확립한다.

이념형(ideal type) 베버의 주된 방법론적 개념으로, 사회 현상이나 과정을 합리적으로 재구성함으로써 경험적 실재와 비교에 사용할 수 있다는 주장이다. 하지만 이념형은 존재론적 상황에 기초한 주의 깊은 고려 없이 현상들이 일정하게 나타내고 있는 한 측면만을 부각하기 때문에, 세계 속의 분화를 파악하고 객체들을 그것의 독특한 발생기제들에 입각해서 판별하는 것을 목표로 삼는 의미의 추상화와 구분된다.

이론적 설명(DREI)**과 실천적 설명**(RRRE) 순수한/추상적인 또는 이론적인 설명으로 불리는 추론양식은 기저에 있는 구조들과 힘들과 기제들 및 그것의 경향을 판별하는 추론을 다룬다. 이러한 설명활동은 비교적 안정적이고 지속적인 기제들이 어떤 시간과 장소에서 생산되고 지속되며 어느 정도는 다른 것들을 지배하는 것을 필수조건으로 한다. 응용된/구체적인 또는 역사적/실천적인 설명이라고 불리는 추론양식은 경험되는 구체적인 현상들과 관련된 특징들이 수많은 상쇄경향들의 공동 결정 국면인 한, 비교적 지속적인 구조들과 기제들에 대한 선행하는 지식과 결합해 문제의 사건을 만들어내는 방식을 탐구한다. 이러한 상황은 자연과학에서도 거의 마찬가지다. 예컨대 지진 연구자들은 지진을 발생시키는 기제에 대해 알지만 개별적인 지진발생에 대해서는 오직 사후적으로만 설명할 수 있다. 마찬가지로 기상학자들이 날씨를 언제나 성공적으로 예측하는 것은 아니며, 사건이 발생한 뒤에 발생한 것을 설명하기 위하여 관련된 물리학적 원리에 대한 그들의 설득력 있는 지식에 의지한다.

이론 실재론(theoretical realism) 이론 실재론은 관찰 가능한 대상에만 관심을 가지는 경험적 실재론과 달리 관찰 가능한 세계의 배후에 존재하는 구조와 메커니즘에 관심을 가진다. 그러나 이론 실재론은 방법론적 실증주의와 마찬가지로 폐쇄체계를 전제한다는 점에서 유사점을 보인다. 이와 달리 비판적 실재론은 여러 인과기제들이 복합적으로 작용하고 있는 개방체계에 대한 설명이 역사적 설명의 절차를 밟는다고 이해한다.

이원론(dualism) 세계를 자연과 인간, 물질과 정신, 감성과 이성 등의 이원적 대립물로 구분하는 철학적 사조를 말한다.

인과법칙(causal law) 실증주의적 과학관에서 이해하는 인과법칙이란, 지각된 사건의 항상적 결합(a constant conjunction of events)이다. A가 일어나고 B가 일어난다면, A는 B의 원인이라고 생각하는 것이다. 반대로 초월적 실재론의 이해에 따르면 인과법칙은 'A에 의해 자극되었을 때 B를 산출하는 경향이 있는 그러한 자연적 기제 M이 있다면, 그리고 오직 그러한 경우에만 A와 B의 연쇄가 필연적인 것'이 되며, 이때 자연적 기제 M은 A와 B의 연쇄를 설명하는 인과적 기제가 된다. 따라서 A와 B의 연쇄가 인과성을 규정하는 것이 아니다. 그러한 연쇄는 인과법칙의 경험적 근거일 따름이며, 인과기제가 아니다.

인식적 상대주의(epistemic relativism)**와 판단적 상대주의**(judgemental relativism) 일반적으로 인식적 상대주의는 판단적 상대주의를 함축한다고 알려져 있다. 그러나 바스카는 양자를 구분한다. 인식적 상대주의는 모든 믿음들은 사회적으로 생산되고 그러므로 모든 지식은 맥락적이며, 역사적 시간 밖에는 진리 가치나 합리성의 기준이 존재하지 않는다는 주장이다. 인식적 상대주의는 믿음의 총체에 관한 독특한 믿음으로, 모든 지식이 오류 가능하고 시공간적으로 구속되었다는 점을 인정하되 지식의 가설적 성격이 지식 생산의 사회적 과정을 통해 부단히 수정·완성되어갈 수 있다는 과학의 진보를 신뢰한다. 반대로 판단적 상대주의는 어떤 믿음들이나 진술들이 더 타당하다고 판단할 합리적 근거가 있을 수 없다고 주장한다.

인식적 오류(epistemic fallacy) 인식적 오류는 존재를 지식에 입각하여 정의하는 오류를 일컫는 것으로, 필연적으로 환원주의를 동반한다. 바스카에 따르면, 인식적 오류는 '경험 세계'라는 개념에서 가장 특징적으로 나타난다. 인식적 오류는 지식을 존재론화·자연화하고 그 대상으로 환원함으로써 지식 생산을 제거하는 물상화의 오류, 즉 존재적 오류의 역이며 이것과 함께 일어난다.

자동적 차원(intransitive dimension)**과 타동적 차원**(transitive dimension) 비판적 실재론

은 자동적 차원과 타동적 차원의 구분을 통해 과학이 존재론적 차원과 인식론적 차원을 동시에 가지며, 늘 존재에 관한 것임을 분명히 한다. 과학철학의 자동적 차원은 과학의 과정 밖에 존재하는 변함없는 실재적 객체들로 이루어진 존재론적 차원이며, 타동적 차원은 과학적 실천의 함수로서 과학 속에서 생산되는 변화하는 인지적 객체들과 관련된 인식론적 차원이다. 즉 과학의 대상 자체를 자동적 대상으로, 지식 속에 표현되는 대상을 타동적 대상으로 부를 수 있다. 양자의 구분은 우리에게 모든 철학이 존재론과 인식론을 갖는다는 점을 말해준다. 철학의 역사는 그 둘 중 하나를 다른 하나로 환원하고자 하는 지속적인 시도로 특징지어진다.

자연적 필연성(natural necessity) 자연적 필연성은 인간 및 인간의 활동으로부터 독립된 자연 속의 필연성을 말한다. 즉, 사물에 대한 우리들의 판단에서의 필연성이 아니라, 사물 자체에서의 필연성이다. 그것은 일단 작동의 조건들이 존재하면 경향이 작동할 수밖에 없는 필연성이다. 이러한 관점에서 법칙성의 핵심적인 특징은 보편성이나 진술들 사이의 관계에서 유지되는 논리적 필연성(logic necessity)이 아니라 사물 특유의 필연적 속성인 자연적 필연성이다.

자연주의(naturalism) 일반적으로 사회과학에서 자연주의라는 용어는 사회적 삶에 대한 과학적 연구가 가능하다는 견해로 자연과학과 사회과학의 방법들에 본질적인 통일성이 있다는 명제를 함축한다. 전통적으로 자연과학과 사회과학의 방법론적 통일을 주창하는 실증주의의 견해도 자연주의에 속한다. 하지만 자연과학에 대한 실증주의적 이해를 수정하면서 발전한 비판적 실재론의 자연주의는 자연적 객체와 사회적 객체의 실제적인 동일성을 상정하는 환원주의적 자연주의와 구분되며, 두 대상을 연구하는 방법들 사이에 아무런 중요한 차이도 없다고 생각하는 과학주의적 자연주의와도 구분된다. 통상 철학적 용법에서 자연주의는 인간도 자연의 일부라는 존재론적 믿음을 의미하는 것으로 사용된다. 도덕철학에서 자연주의는 사실 진술에서 도덕적 판단을 연역할 수 있다는 믿음을 의미한다.

자연주의 사회과학(naturalistic social science) 사회적 실재의 발현적 속성을 존중하는 자연주의에 입각한 사회과학을 지칭한다. 비판적 실재론은 환원주의적 자연주의나 과학주의적 자연주의와 구분되는 제한된 반실증주의적 자연주의를 제안한다. 이 세 번째 형태의 자연주의는 대상들의 실재적 차이에도 불구하고 자연과학과 사회과학을 포괄하는 과학관을 제공할 수 있다고 주장한다. 자연주의 사회과학은 인간과학에 적용된 실증주의적 자연주의나 인간과학에 자연주의가 적용될 수 없다고 주장하는 반자연주의와 달리, 실재론적 자연주의를 견지하는 사회과학을 일컫는 이 책의 개념화다.

자연주의적 오류(naturalistic fallacy) 가치판단을 사실 명제로부터 도출하는 오류를 일컫는 무어(D. Moore)의 개념이다. 이를테면 x는 '좋다'를 'x는 자연적 성질 P를 갖는다'로 이해함으로써 가치를 자연적 성질로 환원하는 윤리적 자연주의자들의 오류를 비난하는 용어다. 베버, 흄 등으로 거슬러 올라가는 이와 같은 윤리적 반자연주의 입장은 사실진술과 가치진술 사이에 메울 수 없는 논리적 간격이 있다고 주장한다.

존재론(ontology) 이 용어는 대체로 '세계에 어떤 실재가 존재하는가'라는 문제에 대한 탐구나 이론을 가리킨다. 즉 무엇이 존재하는가, 그것은 어떠한 것인가, 어떤 단위들이 그것을 구성하며 이 단위들은 서로 어떻게 상호작용하는가에 관한 견해이다. 대체로 형이상학적 체계의 한 측면으로 제시된다. 사회과학에서 존재론은 '사회적 실재의 성질은 무엇인가?'라는 질문에 답한다.

존재적 오류(ontic fallacy) 존재적 오류는 지식을 존재론화 및 자연화하고 그 대상으로 환원함으로써 지식 생산을 제거하는 물상화의 오류를 말한다.

초사실성(transfactuality) 초사실성은 구조의 인과적 힘의 행사로 인한 발생 메커니즘의 작동을 일컫는다. 자연법칙은 그것이 발생하는 체계의 폐쇄여부와 무관하게 작동하고, 실재적인 것의 영역은 현실적인 것의 영역과 구별되며 이 영역보다 훨씬 크다. 흄, 헴펠의 기준과 실증주의적 설명은 법칙적 지식의 초사실성을 인식하지 않기에, 개방체계에서 법칙적 진술의 가능성은 실패하게 된다.

초월적 논증(transcendental argument) 전제가 몇몇 활동이나 사건들에 대한 진술이고, 결론이 그러한 활동이나 사건이 일어나려면 무엇이 있어야 하는가에 관한 진술인 형식의 논증을 말한다. 이는 'x가 가능하기 위해서는 무엇이 참이어야 하는가?'라는 칸트의 초월적 논증에 기원을 갖고 있으며 역행추론의 형식을 취한다. 예컨대 바스카는 과학에서 실험이 존재한다는 사실을 전제로, 실험이 가능하려면 세계는 어떠해야 하며 과학자는 어떠해야 하는가라는 질문을 제기했다. 그리고 실험이 가능하려면, 과학지식이 대상으로 삼는 외부세계가 존재하고, 그 세계가 특정한 속성을 가지고 있어야 하며, 인간 행위자가 그 세계에 개입하고 개입의 결과를 포착할 수 있어야 한다고 논증했다.

초월적 실재론(transcendental realism) 초월적 실재론은 과학적 실재론의 형태 속에서 발전한 과학적 실천들을 바스카가 체계화한 과학철학을 일컫는다. 바스카는 칸트의 초월철학의 질문 방식을 따라 '과학이 가능하려면 세계는 어떠해야 하는가'라고 묻는 것에서 과학활동의 숨겨진 존재론을 불러온다. 이에 따라 초월적 실재론은, 객체들이 경험을 포함한 인간의 의식의 밖이나 너머에 존재한다고 상정하며, 자동성, 층화, 초사실성이라는 세 형태의 존재론적 깊이를 옹호한다. 초월적 실재론은 실증주의의 암묵적인 존재론인 경험적 실재론의 오류를 바로잡고 자연과학을 실증주의보다 더 잘 서술함으로써 사회과학에 있어서도 반실증주의적 자연주의의 가능성을 열어놓는다.

추상화(abstraction) 구체적인 객체의 특정 측면을 고립시키는 사유 작용을 일컫는다. 추상화는 모든 인식행위에 사용될 뿐 아니라 과학에서의 추상화는 실제 현상의 유형들을 서술하는 것에 대해서뿐 아니라 모든 개념과 판단이 성립하는 기초적 과정이다. 더욱이 자연과학의 방법인 실험도 이러한 추상화의 원리에 기초한다. 추상화의 목표는 구체적인 실체를 더 잘 이해하기 위하여 그것의 어떤 구성요소나 측면을 개별화하는 것이다.

층화(stratification) 층화는 실재 영역(the real), 현실 영역(the actual), 경험 영역(the empirical)으로 존재론의 성층(layering)을 말한다. 실재는 현실 영역에서 현

상을 발생시키는 실재적 메커니즘으로 이루어지며, 이는 경험 수준에서 관찰되거나 관찰되지 않을 수 있다. 보다 일반적으로 층화는 상이한 발현적 차원에 존재하는 인과적 효력을 일컫는 것으로, 지식의 타동적 차원뿐 아니라 자동적 차원에도 적용된다.

판단적 합리성(judgemental rationality) 판단적 합리성은 과학이 자의적인 것이 아니며 어떤 이론이 다른 이론보다 더 낫거나 설명적인지를 판단할 합리적인 기준이 존재한다는 관점을 옹호한다. 이론들 사이의 관계가 단순히 차이의 관계가 아니라 갈등의 관계라면, 한 이론이 다른 이론보다 더 많은 것을 설명할 수 있는 내용을 담고 있다면, 이론을 선택하는 합리적 기준이 존재한다. 이는 과학활동이 통상 추구하는 인식적 상대주의 입장과 결합된다.

폐쇄체계(closed system)와 개방체계(open system) 폐쇄체계가 법칙이 균일한 결과를 갖는 방식으로 구속되는 체계라면, 개방체계는 다수의 인과기제들이 서로 상호작용하는 통상적인 상태를 일컫는 것으로 폐쇄되지 않은 체계를 말한다. 단 하나의 기제만이 작동하도록 실험을 구성했다면 폐쇄체계를 만들었다고 할 수 있다. 폐쇄체계는 발생 기제들이 고립되고 다른 기제들로부터 독립된 조건 아래에서 작동할 수 있는 체계를 가리키며, 이때 기제들의 작동 결과가 예측될 수 있다. 즉 폐쇄체계는 주어진 인과적 자극이 항상 동일한 결과를 만들어낼 것을 가정한다. 그러나 폐쇄 체계는 공간적으로 고립된 체계만을 뜻하지는 않는다. 폐쇄에 도달하기 위해 우리는 어떤 상쇄원인들도 존재하지 않는다고 가정하지만, 이때 폐쇄는 인식론적 폐쇄이며 일종의 사유실험이다. 반면 개방체계에서는 다양한 발생기제들이 서로 결합하여 작동함으로써 결과를 예측하는 것이 더 어려워진다. 즉 개방체계란 여러 가지 구조들과 기제들이 각각의 성질에 따라 작동하면서 서로 영향을 미치는 세계를 가리킨다. 그러므로 개방체계에서 법칙은 'A이면 언제나 B이다' 식의 인과법칙에 따른 규칙적 연쇄가 아니라 구체적 조건과 결합된 '경향(tendencies)'으로 나타난다.

해석주의(interpretivism) 해석주의는 자연과학적 실증주의에 반대하며 발전한 사회과학적 접근법 중 하나로 인간의 행위와 문화적 생산물을 해석하는 데 집중하는 접근들을 일컫는다.

행위 의존성(activity dependence) 사회구조들은 그것들이 개인들의 활동에 힘입어 존재하는 한 행위의존적인 성질을 갖는다. 개념 의존성, 시공간 의존성과 함께 사회적 객체의 발현적 속성을 지시하는 개념이다.

현실주의(actualism) 현실주의란 실재 영역(the real)을 현실 영역(the actual)으로 환원하는 관점을 말한다. 현실주의는 사물, 사건들, 상태들의 실재성은 주장하지만 A가 발생하면 언제나 B가 발생한다는 식으로 원인과 결과의 연속을 현실 사건들의 수준에 위치 짓는다. 이와 같은 현실주의의 관점은 법칙을 사건들의 패턴으로 환원하는 흄 및 고전적 경험주의와 연관된 것으로 행사되지 않는 힘이 존재한다는 것을 부인한다.

환원주의(reductionism) 구성요소의 총합의 성질을 구성요소의 성질로 환원하여 분석하는 관점을 환원주의라 한다. 환원주의는 문제의 가장 적은 부분이 전체보다 더 근본적이며 부분을 잘 파악하면 전체를 이해할 수 있다고 가정한다. 이는 높은 수준의 과학 개념이나 명제가 낮은 수준의 과학 개념이나 명제로 환원될 수 있다는 주장으로 이어진다. 대표적으로 1920년대 이후 발전한 논리실증주의는 사회과학의 명제들이 궁극적으로 물리학의 명제들로 환원해서 분석될 수 있다고 본다.

참고문헌

1. 1차 문헌

① 맑스와 엥겔스의 1차 문헌

맑스, 칼. 1988a.『헤겔 법철학 비판』. 홍영두 옮김. 서울: 아침.

_____. 1988b.『철학의 빈곤』. 강민철·김진영 옮김. 서울: 아침.

_____. 1989a.『잉여가치학설사 I』. 편집부 옮김. 서울: 아침.

_____. 1989b.『잉여가치학설사 II』. 편집부 옮김. 서울: 이성과현실.

_____. 1989c.『정치경제학 비판을 위하여』. 김호균 옮김. 서울: 중원문화.

_____. 1990.「루이 보나파르트의 브뤼메르 18일.」『프랑스혁명 3부작』. 임지현 옮김. 고양: 소나무.

_____. 1991a.「헤겔 법철학 비판을 위하여: 서설」.『칼 맑스 프리드리히 엥겔스 저작선집 1』. 최인호 외 옮김. 고양: 박종철출판사.

_____. 1991b.「포이에르바하에 관한 테제들」.『칼 맑스 프리드리히 엥겔스 저작선집 1』. 최인호 외 옮김. 고양: 박종철출판사.

_____. 1996.『마르크스의 초기저작』. 전태국 옮김. 서울: 열음사.

_____. 2000a.『정치경제학 비판 요강 I』. 김호균 옮김. 서울: 백의.

_____. 2000b.『정치경제학 비판 요강 II』. 김호균 옮김. 서울: 그린비.

_____. 2000c.『정치경제학 비판 요강 III』. 김호균 옮김. 서울: 그린비.

_____. 2001.『데모크리토스와 에피쿠로스 자연철학의 차이: 맑스 박사 학위 논문』. 고병권 옮김. 서울: 그린비.

_____. 2004a.『자본론 I(상/하)』. 김수행 옮김. 서울: 비봉.

_____. 2004b.『자본론 II』. 김수행 옮김. 서울: 비봉.

_____. 2004c.『자본론 III(상/하)』. 김수행 옮김. 서울: 비봉.

_____. 2006.『경제학-철학 수고』. 강유원 옮김. 서울: 이론과실천.

맑스·엥겔스. 1990. 『신성가족』. 편집부 옮김. 서울: 이웃.
_____. 1991. 『칼 맑스 프리드리히 엥겔스 저작선집 1』. 최인호 외 옮김. 고양: 박종철출판사.
_____. 1992. 『칼 맑스 프리드리히 엥겔스 저작선집 2』. 최인호 외 옮김. 고양: 박종철출판사.
_____. 1993.『칼 맑스 프리드리히 엥겔스 저작선집 3』. 최인호 외 옮김. 고양: 박종철출판사.
_____. 1994. 『칼 맑스 프리드리히 엥겔스 저작선집 5』. 최인호 외 옮김. 고양: 박종철출판사.
_____. 1995. 『칼 맑스 프리드리히 엥겔스 저작선집 4』. 최인호 외 옮김. 고양: 박종철출판사.
_____. 1997. 『칼 맑스 프리드리히 엥겔스 저작선집 6』. 최인호 외 옮김. 고양: 박종철출판사.
엥겔스, 프리드리히. 1994. 「유토피아에서 과학적 사회주의로의 발전」. 『칼 맑스 프리드리히 엥겔스 저작 선집5』. 최인호 외 옮김. 고양: 박종철출판사.
_____. 1997. 「루드비히 포이에르바하 그리고 독일 고전 철학의 종말」. 『칼 맑스 프리드리히 엥겔스 저작선집6』. 최인호 외 옮김. 고양: 박종철출판사.

Marx, K. 1976. *Capital* I. translated by B. Fowkes. Harmondsworth: Penguin Books Limited.
_____. 1967. *Writings of the young Marx on Philosophy and Society*. L. Easton and K. Guddat(eds.). NY: Anchor Books.
_____. 1989. "Marginal Notes on Adolph Wagner's Lehrbuch der Politischen Oekonomie." in *Marx and Engels Collected Works*(MECW로 약칭 표기), Vol. 24. Lawrence & Wishart: London.
Marx, K. and F. Engels. 1956. *Marx-Engels Werke*(MEW로 약칭 표기), Vol. 32. Berlin: Dietz Verlag.

② 뒤르케임의 1차 문헌

뒤르케임, 에밀(Émile Durkheim). 1979. 「개인주의와 지성인」. 박영신 옮김. ≪현상과인식≫, 3권 4호, 5~20쪽.
_____. 1992. 『종교생활의 원초적 형태』. 노치준 옮김. 서울: 민영사.
_____. 1997. 『직업윤리와 시민도덕』. 권기돈 옮김. 서울: 새물결 출판사.
_____. 1993. 「지적 엘리트와 민주주의」. 박영신 옮김. ≪현상과인식≫ 59호, 81~83쪽.
_____. 2000. 『자살론』. 김충선 옮김. 서울: 청아.
_____. 2001. 『사회학적 방법의 규칙들』. 윤병철 옮김. 서울: 새물결 출판사.
_____. 2002. 『교육과 사회학』. 이종각 옮김. 서울: 배영사.

_____. 2008. 「뒤르케임과 지성인」. 박영신 옮김. ≪사회이론≫, 34권, 7~34쪽.

_____. 2012. 『사회분업론』. 민문홍 옮김. 서울: 아카넷.

뒤르케임·모스(Émile Durkheim and Marcel Mauss). 2013. 『분류의 원시적 형태들: 집단표상 연구에의 기여』. 김현자 옮김. 서울: 서울대학교출판문화원.

Durkheim, E. 1953a. "Individual and Collective Representations." in *Sociology and Philosophy*. translated by D. F. Pocock. London: Cohen & West Ltd.

_____. 1953b. "The Determination of Moral Facts." in *Sociology and Philosophy*. translated by D. F. Pocock. NY: The Free Press.

_____. 1953c. "Value Judgements and Judgements of Reality." in *Sociology and Philosophy*. translated by D. F. Pocock. London: Cohen & West Ltd.

_____. 1958. *Socialism and Saint-Simon*. translated by C. Sattler. Yellow Springs, Ohion: The Antioch Press.

_____. 1960. "Sociology and Its Scientific Field." in *Émile Durkheim: 1858~1917*. K. H. Wolff(eds.). Columbus: The Ohio State Univ. of Press.

_____. 1961. *Moral Education*. translated by E. K. Wilson & H. Schnurer. NY: The Free Press of Glencoe.

_____. 1965. "Montesquie's Contribution to Rise of Social Science." in *Montesquieu and Rousseau: Forerunners of Sociology*. translated by R. Manheim. Ann Harbor Paperbacks: The Univ. of Michigan Press.

_____. 1973a. "Sociology in France in the Nineteenth Century." in *Émile Durkheim on Morality and Society*. R. N. Bellach(eds.). Chicago: The Univ. of Chicago Press.

_____. 1973b. "The Dualism of Human Nature and its Social Conditions." *Émile Durkheim on Morality and Society*. R. Bellah(eds.). Chicago: The Univ. of Chicago Press.

_____. 1975. "Concerning the Definition of Religious Phenomena." in *Durkheim on Religion*. S. F. Pickering(eds.). London: Routledge & Keagan Paul.

_____. 1978a. "Review of Albert Schäffle, Bau und Leben des Sozialen Körpers: Erster Band." in *Émile Durkheim on Institutional Analysis*. M. Traugoot(eds.). Chicago: The Univ. of Chicago Press.

_____. 1978b. "Course in Sociology: Opening Lecture." in *Émile Durkheim on Institutional Analysis*. M. Traugott(eds.). Chicago: The Univ. of Chicago.

_____. 1978c. "The Principles of 1789 and Sociology." in *Émile Durkheim on Morality and*

Society. R. N. Bellach(eds.). Chicago: The Univ. of Chicago Press.

_____. 1978d. "Crime and Social Health." in *Émile Durkheim on Institutional Analysis*. M. Traugottt(eds.). Chicago: The Univ. of Chicago Press.

_____. 1978e. "Two Laws Penal Evolution." in *Émile Durkheim on Institutional Analysis*. M. Traugott(eds.). Chicago: The Univ. of Chicago Press.

_____. 1978f. "Sociology and Social Science." in *Émile Durkheim on Institutional Analysis*. M. Traugott(eds.). Chicago: The Univ. of Chicago Press.

_____. 1978g. "Introduction to Ethics." in *Émile Durkheim on Institutional Analysis*. M. Traugott(eds.). Chicago: The Univ. of Chicago Press.

_____. 1978h "Introduction to the Sociology of the Family." in *Émile Durkheim on Institutional Analysis*. M. Traugott(eds.). Chicago: The Univ. of Chicago Press.

_____. 1979a. "A Discussion On Positive Morality: The Issue of Morality in Ethics." in *Essays on Morals and Education*. translated by H. L. London: Sutcliffe. Routldge & Kegan Paul.

_____. 1979b. "A Discussion on the Notion of Social Equality." in *Essays on Morals and Education*. translated by H. L. London: Sutcliffe. Routldge & Kegan Paul.

_____. 1982a. "The Psychological Character of Social Facts and their Reality." in *Rules of Sociological Method*. translated by W. D. Halls. NY: The Free Press.

_____. 1982b. "Marxism and Sociology: The Materialism Conception of History." in *Rules of Sociological Method*. translated by W. D. Halls. NY: The Free Press.

_____. 1982c. "Social Morphology." in *The Rules of Sociological Method*. translated by W. D. Halls. NY: The Macmillan Press Ltd.

_____. 1982d. "Sociology and Social Sciences." in *The Rules of Sociological Method*. translated by W. D. Halls. NY: The Free Press.

_____. 1982e. "Influences upon Durkheim's View of Sociology." in *The Rules of Sociological Method*. translated by W. D. Halls. NY: The Free Press.

_____. 1982f. "Debate on Explanation in History and Sociology." in *The Rules of Sociological Method*. translated by W. D. Halls. NY: The Macmillan Press Ltd.

_____. 1982g. "Debate on Political Economy and Sociology." in *The Rules of Sociological Method*. translated by W. D. Halls. NY: The Macmillan Press Ltd.

_____. 1982h. "The Method of Sociology." in *The Rules of Sociological Method*. translated by W. D. Halls. NY: The Macmillan Press Ltd.

______. 1982i. "The Contribution of Sociology to Psychology and Philosophy." in *The Rules of Sociological Method*. translated by W. D. Halls. NY: The Free Press.

______. 1982j. "The Role General Sociology." in *The Rules of Sociological Method*. translated by W. D. Halls. NY: The Free Press.

______. 1982k. "Society." in *The Rules of Sociological Method*. translated by W. D. Halls. NY: The Macmillan Press Ltd.

______. 1983. *Pragmatism and Sociology*. translated by J. C. Whitehouse. Cambridge: Cambridge Univ. Press.

______. 1986a. "Social Property and Democracy: Review of Alfred Fouillée, La Propriete Sociale et La Democratie." in *Émile Durkheim on Politics and the State*. translated by W. D. Halls. Cambridge: Polity Press.

______. 1986b. "Note of the definition of Socialism." in *Émile Durkheim on Politics and the State*. translated by W. D. Halls. Cambridge: Polity Press.

______. 1986c. "Review of Gaston Richard, Le Socalisme et la Sceinces socaile." in *Émile Durkheim on Politics and the State*. translated by W. D. Halls. Cambridge: Polity Press.

______. 1986d. "Review of Saverio Merlino: Formes et Essence du Socialisme(Paris, 1897)." in *Émile Durkheim on Politics and the State*. translated by W. D. Halls. Cambridge: Polity Press.

______. 1993. *Ethics and the Sociology of Morals: The Revolution in Modern Science*. translated by R. T. Hall. NY: Prometheus Books.

______. 1994. "Review of H. Spencer, Ecclesiastical Institutions." in *Durkheim on Religion*. W. S. F. Pickering(eds.). London: Routledge & Keagan Paul.

______. 1996. *De La Division du Travail Social*. Paris: Puf.

______. 2004. *Durkheim's Philosophy Lectures: Notes from the Lycee de Sens Course: 1883~1884*. edited and translated by N. Gross & R. A. Jones. Cambridge: Cambridge Univ. Press.

______. 2005. *Suicide: A Study in Sociology*. translated by J. Spaulding and G. Simpson. London: Routledge.

2. 2차 문헌

강신욱. 1998. 「John Roemer의 분석적 맑스주의 경제이론에 대한 연구」. 서울대학교 대학원 박사학위논문.

강신표. 2005. 「전통문화문법과 세계관의 변화: 한국사회학 토착이론은 불가능한가, 불필요한가?」. ≪사회와 이론≫, 6집, 273~291쪽.

깡귀엠, 조르주(Georges Canguilhem). 2010. 『생명과학의 역사에 나타난 이데올로기와 합리성』. 여인석 옮김. 서울: 아카넷.

고영복. 1956. 「뒤르케임의 사회학 방법론: 사회적 사실의 양화문제」. 서울대학교 대학원 석사학위논문.

고원석·이중원. 2007. 「현대 생물학의 환원주의적 존재론에 대한 성찰」. ≪과학철학≫, 제10권 1호. 113~137쪽.

고창택. 1990. 「마르크스의 역사철학에서 결정론문제: 경제결정론을 중심으로」. ≪동국대학교 논문집≫, 29집, 295~326쪽.

_____. 1994. 「마르크스 역사적유물론의 분석철학적 재구성에 관한 연구: 코헨의 생산력 개념을 중심으로」. ≪철학과현실≫, 20호, 333~337쪽.

_____. 1999. 「사회이론적 비판과 사회과학적 설명: 마르크스의 과학적 비판에서 바스카의 설명적 비판으로」. ≪철학논총≫, 19집, 99~113쪽.

_____. 2008. 「메타비판적 변증법에서 비판실재론적 변증법으로: 바스카의 헤겔·마르크스 변증법의 변형과 그 적용에 관한 연구」. ≪철학연구≫, 108호, 1~33쪽.

곽노완. 2006. 「21세기와 『자본론』의 철학, 공황의 에피스테몰로기」. ≪진보평론≫, 27호, 183~213쪽.

굴드너, 앨빈(Alvin Gouldner). 1984. 『맑시즘: 비판과 과학』. 김홍명 옮김. 서울: 한벗.

권도형. 1989. 「맑스의 疏外論과 『資本論』의 關係에 대한 一考察」. 연세대학교 대학원 석사학위논문.

기든스, 앤서니(Anthony Giddens). 1998. 『사회구성론』. 황명주·정희태·권진현 옮김. 서울: 저작아카데미.

_____. 2000. 『뒤르켐』. 이종인 옮김. 서울: 시공사.

_____. 2008. 『자본주의와 현대사회이론』. 박노영·임영일 옮김. 파주: 한길사.

길미란. 1994. 「경향어(Dispositional Terms)를 통해서 살펴본 뒤르까임의 연구 방법」. 서강대학교 석사학위논문.

김경만. 2007a. 「독자적 한국 사회과학, 어떻게 가능한가?: 몇 가지 전략들」. ≪사회과학연구≫, 15집 2호, 48~76쪽.
_____. 2007b.「경제학의 사회학: 신고전학파 경제학의 출현에 관한 지식 사회학적 설명」. ≪사회와이론≫, 통권 제10집, 177~212쪽.
김경일. 1995.「근대과학의 '보편주의'와 서구중심주의를 넘어서: 월러스틴의 역사사회과학을 중심으로」. ≪창작과비평≫, 통권 89호, 359~383쪽.
김경수. 2009.「맑스의 유물론: '참된 인간주의'와 인간에 대한 과학」. ≪현대사상≫, 4호, 1~19쪽.
김광기. 2008.「뒤르케임 경구의 재해석: "사회적 사실을 사물처럼 취급하라"」. ≪사회이론≫, 34호, 349~387쪽.
_____. 2009.「뒤르케임 일병 구하기」. ≪사회와 이론≫, 14권, 45~91쪽.
김광수. 2002.「고전파 경제학의 사회진보와 정체상태: 방법론적 관점의 재조명」. ≪경제학연구≫, 50집 3호, 369~397쪽.
김기연. 1988.「마르크스(K. Marx)의 변증법적 방법: 『자본론』의 방법론을 중심으로」. 한국정신문화연구원 석사학위논문.
김덕영. 2003.『논쟁의 역사를 통해 본 사회학: 자연과학·정신과학 논쟁에서 하버마스·루만 논쟁까지』. 파주: 한울.
김도현. 2012.「법의 도덕성: 에밀 뒤르켐의 법사회」. ≪법과사회≫, 41권, 243~270쪽.
김동수. 2005.『자본의 두 얼굴』. 광주: 한즈미디어.
_____. 2008.「『정치경제학 비판 요강 서설』중『정치경제학의 방법』의 한 가지 독해방식」. ≪정세와 노동≫, 41호, 39~59쪽.
김동춘. 1997.『한국 사회과학의 새로운 모색』. 서울: 창작과비평사.
김명희. 2012.「한국사회 자살현상과 『자살론』의 실재론적 해석: 숙명론적 자살(fatalistic suicide)을 중심으로」. ≪경제와사회≫, 96호, 288~327쪽.
_____. 2014a.「외상의 사회적 구성: 한국전쟁 유가족들의 '가족 트라우마'와 복합적 과거청산」. ≪사회와역사≫, 101호, 311~352쪽.
_____. 2014b.「마르크스와 뒤르케임의 사회과학방법론 연구: 『자본론』과 『자살론』의 설명적 비판을 중심으로」. 성공회대학교 대학원 박사학위논문.
_____. 2015a.「맑스와 뒤르케임의 딜레마와 자연주의 사회과학의 가능성」. ≪한국사회학≫, 49권 1호, 259~292쪽.
_____. 2015b.「고통의 의료화: 세월호 트라우마 담론에 대한 실재론적 검토」. ≪보건과 사회과학≫, 38권, 225~245쪽.
_____. 2015c.「뒤르케임의 사회과학철학: 반환원주의적 통섭의 가능성」. ≪한국사회학≫,

49권 5호, 267~307쪽.
_____. 2015d. 「세월호 이후의 치유: 제프리 알렉산더의 '외상 과정' 논의를 중심으로」. 『문화와 사회』, 19권, 225~245쪽.
_____. 2016a. 「과학의 유기적 연대는 어떻게 가능한가: 과학과 도덕의 재통합」. ≪한국사회학≫, 50권 4호, 233~369.
_____. 2016b. 「사회연구에서 발견의 논리와 개념적 추상화: 맑스와 뒤르케임의 과학적 방법」. ≪사회연구≫, 통권 30호, 143~183쪽.
김명희·김왕배 엮음. 2016. 『세월호 이후의 사회과학』. 서울: 그린비.
김범춘. 1993a. 「맑스의 인간에 대한 사회-역사적인 이해: 법칙과 인간의 문제를 중심으로」. 성균관대학교 대학원 석사학위논문.
_____. 1993b. 「분석 마르크스주의의 인간관 비판」. ≪시대와철학≫, 4권, 167~179쪽.
김부기. 2006. 「마르크스의 인본주의적 변증법」. ≪세계지역연구논집≫, 24집 3호, 33~51쪽.
김문조. 2001. 「과학적 상상력의 도덕적 회귀」. ≪한국사회학≫, 35권 6호, 223~230쪽.
김성국. 2002. 「김경동의 사회학」. 『성찰의 사회학: 浩山 김경동교수 정년기념논총』. 浩山 김경동교수 정년기념논총 간행위원회 엮음. 서울: 박영사.
김성기. 1991. 「맑스주의의 위기와 한국사회」. ≪계간 현대예술비평≫, 1991년도(가을).
김성민. 1996. 「맑스 사회이론의 존재론적 원리와 요소들에 관한 연구」. 건국대학교 대학원 박사학위논문.
_____. 2002. 「맑스에서 사회적 존재의 변증법」. ≪시대와 철학≫, 11권 1호, 35~62쪽.
김세균. 2011. 「들어가며」. 김세균 엮음. 『학문간 경계를 넘어』. 서울: 서울대학교 출판문화연구원.
김수행. 1993. 「『자본론』은 왜 불완전한가?」. ≪이론≫, 4호, 172~195쪽.
_____. 2011. 『『자본론』의 현대적 해석』. 서울: 서울대학교 출판문화부.
김승섭. 2015. 9.3. "PTSD, '설명 없는 치료'의 딜레마에 빠지진 않았나요?" ≪사이언스 온≫. http://scienceon.hani.co.kr/314143
김영기. 1984. 「Émile Durkheim의 방법론에 관한 일연구: 사회적 사실의 객관적 연구」. ≪사회과학연구≫, 11권, 53~72쪽.
김왕배. 1994. 「사회과학방법론의 쟁점 (1): "실증주의"와 "이해적 방법"의 고찰」. ≪현대사회와 문화≫, 14권, 303~339쪽.
_____. 1997. 「맑스주의 방법론과 총체성」. ≪현상과 인식≫, 73호, 33~58쪽.
김왕수. 1984. 「사회학에 있어서의 방법론적 개체주의와 전체주의에 관한 고찰: 막스 베버와 에밀 뒤르껭의 방법론을 중심으로」. 연세대학교 대학원 석사학위논문.

김용규. 1994. 「Marx와 Durkheim의 분업론에 대한 비판적 연구: 사회주의론과 관련하여」. 고려대학교 대학원 박사학위논문.
김용학·임현진. 2000. 『비교사회학: 쟁점, 방법 및 실제』. 서울: 나남출판.
김용학. 1991. 「분석 맑시즘에 대한 한 변론: 엘스터의 방법론을 중심으로」. ≪사회비평≫, 5호, 40~63쪽.
김유신·김유경. 2013. 「과학적 실재론과 사회종: 국가정체성의 과학철학적 해석」. ≪과학철학≫, 16권 1호, 103~132쪽.
김정로. 1988. 「마르크스 방법론에 관한 일 연구」. 고려대학교 대학원 석사학위논문.
김종곤. 2009. 「'믿음의 믿음'으로서의 '물신숭배'」. ≪통일인문학논총≫, 48집, 231~249쪽.
김종엽. 1996. 「에밀 뒤르켐의 현대성 비판에 대한 연구」. 서울대학교 대학원 박사학위논문.
_____. 1997. 「뒤르켐의 사회학 방법론에 대한 비판적 검토」. ≪한국사회과학≫, 19권 3호, 7~48쪽.
_____. 1998. 『연대와 열광』. 서울: 창작과비평사.
_____. 2001. 『에밀 뒤르켐을 위하여: 여성, 인종, 축제, 방법』. 서울: 새물결출판사.
김진업. 1998. 「공산당 선언 150주년과 지식인: 맑스주의의 위기와 공산당 선언 150주년」. ≪지방시대≫, 1권 3호, 45~74쪽.
_____. 2004a. 「실재론으로 본 Marx의 과학」. ≪연세경영연구≫, 41권 1호, 187~202쪽.
_____. 2004b. 「마르크스 계급론의 실재론적 해석을 위하여」. ≪민주사회와 정책연구≫, 6권, 288~312쪽.
_____. 2010. 「맑스 민주주의 이론의 과학적 재구성을 위한 시론」. ≪동향과 전망≫, 80호, 106~142쪽.
김창호. 1991. 「마르크스 역사적유물론에서의 '인간'의 지위에 관하여」. ≪철학과현실≫, 10권, 361~364쪽.
김태수. 2008. 「뒤르케임과 민주주의: 직업집단론을 중심으로」. ≪사회이론≫, 34호, 289~311쪽.
김택현. 1997. 「맑스의 역사서술: 『자본론』제1권 제8편에 대하여」. ≪사림≫, 12·13합권, 763~782쪽.
김환석. 2011. 「생물학적 환원주의와 사회학적 환원주의를 넘어서」. ≪사회과학연구≫, 제23집 2호. 143~173쪽.
김형운. 1990. 「맑스의 변증법적 방법」. 서울대학교 대학원 석사학위논문.
노경애. 1979. 「에밀 뒤르껭의 도덕이론에 관한 연구: 행위의 자율성을 중심으로」. 연세대학교 대학원 석사학위논문.

노다 마사야키(納田正明). 2015.『떠나보내는 길 위에서』. 서혜영 옮김. 서울: 펜타그램.
누체텔리·시(Nuccetelli, Susana and Gary Seay). 2015.『윤리적 자연주의』. 박병기·김동창·이슬비 옮김. 서울: 씨아이알.
니콜라스, 마틴(Martin Nicolaus). 2007.「『정치경제학 비판요강』의 영어판 서문에 부쳐」.『정치경제학 비판요강III』. 김호균 옮김. 서울: 그린비.
다네마르크, 베르트(Berth Danermark) 외. 2005.『새로운 사회과학방법론: 비판적 실재론의 접근』. 이기홍 옮김. 파주: 한울.
데이비스, 폴(Paul Davies). 1988.『현대 물리학이 발견한 창조주』. 류시화 옮김. 정신세계사.
라이트, 에릭(Erik Olin Wright). 1989.「분석적 마르크스주의란 무엇인가?」. ≪한국과 국제정치≫, 5권 2호, 238~241쪽.
라카프라, 도미니크(Dominick LaCapra). 2008.『치유의 역사학으로: 라카프라의 정신분석적 역사학』. 육영수 옮김. 서울: 푸른역사.
래디먼, 제임스(James Ladyman). 2010.『과학철학의 이해』. 박영태 옮김. 서울: 이학사.
러셀, 버틀런트(Bertrand Russell). 2011.『종교와 과학: 러셀이 풀어쓴 종교와 과학의 400년 논쟁사』. 김이선 옮김. 파주: 동녘.
레닌, 블라디미르(Vladimir Illich Lenin). 1989.『철학노트』. 홍영두 옮김. 서울: 논장.
레빈스, 리처드. 2009.『열한 번째 테제로 살아가기』. 박미형·신영전·전혜진 옮김. 파주: 한울.
레인, 크리스토퍼(Christopher Lane). 2009.『만들어진 우울증: 수줍음은 어떻게 병이 되었나?』. 이문희 옮김. 서울: 한겨레출판.
로스돌스키, 로만(Roman Rostolsky). 2003a.『마르크스 자본론의 형성 1』. 정성진 옮김. 서울: 백의.
_____. 2003b.『마르크스 자본론의 형성 2』. 정성진 옮김. 서울: 백의.
로젠탈, 마크(Mark Moiseevich Rosental). 1989.『마르크스 정치경제학의 변증법적 방법 I, II』. 한국철학사상연구회 변증법분과 옮김. 서울: 이론과 실천.
로슨, 토니(Tonny Lawson). 2005.「실험 없는 경제과학」. 아처, 마거릿(Margaret Archer) 외 엮음.『초월적 실재론과 과학』. 이기홍 옮김. 파주: 한울.
로지, 존(John Losse). 1999.『과학철학의 역사』. 정병훈·최종덕 옮김. 서울: 동연.
루카치, 게오르크(Georg Lukács). 1996.『사회적 존재의 존재론』. 김성민 옮김. 서울: 동녘.
룩스, 스티븐(Steven Lukes). 1995.『마르크스주의와 도덕』. 황경식·강대진 옮김. 파주: 서광사.
류청오. 2005.「『자본론』에 나타난 맑스의 '정치 경제학 비판'에 관한 연구: 자본주의 사회의 물신성 비판을 중심으로」. 부산대학교 대학원 석사학위논문.

리처, 조지(George Ritzer). 2006.『사회학 이론』. 김왕배 외 14인 옮김. 파주: 한울.
리카도, 데이비드(David Ricardo). 1991.『정치경제학 및 과세의 원리』. 정윤형 옮김. 서울: 비봉출판사.
마루야마 마사오(丸山真男). 2012.『일본의 사상』. 김석근 옮김. 파주: 한길사.
마뚜라나·바렐라(Humberto R. Maturana and Francisco J. Varela). 2007.『앎의 나무: 인간 인지능력의 생물학적 뿌리』. 최호영 옮김. 서울: 갈무리.
만델, 에르네스트(Ernest Mandel). 1985.『마르크스 경제사상의 형성과정』. 김택 옮김. 서울: 한겨레.
맥그래스, 알리스터(Alister McGrath). 2011.『과학신학: 자연과학과 신학의 대화』. 박세혁 옮김. 서울: IVP.
문국진. 2002.「헤겔과 맑스의 변증법 연구:『대논리학』과 Grundrisse를 중심으로」. 한양대학교 대학원 석사학위논문.
민문홍. 1994.『사회학과 도덕과학』. 서울: 민영사.
_____. 2001.『에밀 뒤르케임의 사회학: 현대성 위기극복을 위한 새로운 패러다임을 찾아서』. 서울: 아카넷.
_____. 2006.「뒤르케임 문화사회학의 지평과 과제: 한국에서의 연구를 중심으로」. ≪문화와사회≫, 1권, 19~54쪽.
_____. 2008.「21세기 한국사회에서 여전히 뒤르케임 독해가 필요한 10가지 이유」. ≪사회이론≫, 34호, 83`121쪽.
_____. 2012a.「프랑스 제3공화정의 당시의 이념갈등과 사회통합: 뒤르케임의 공화주의 이념과 사회학의 역할을 중심으로」. ≪담론 201≫, 48호, 73~107쪽.
____. 2012b.「옮긴이 해제」. 에밀 뒤르케임 지음.『사회분업론』. 민문홍 옮김. 서울: 아카넷.
밀즈, 찰스 라이트(Charles Wright Mills). 2004.『사회학적 상상력』. 강희경·이해찬 옮김. 파주: 돌베개.
바스카, 로이(Roy Bhaskar). 2007.『비판적 실재론과 해방의 사회과학』. 이기홍 옮김. 서울: 후마니타스.
_____. 2005a.「개관」. 아처, 마거릿(Margaret Archer) 외 엮음.『초월적 실재론과 과학』. 이기홍 옮김. 파주: 한울.
_____. 2005b.「철학과 과학적 실재론」. 아처, 마거릿(Margaret Archer) 외 엮음.『초월적 실재론과 과학』. 이기홍 옮김. 파주: 한울.
_____. 2005c.「과학적 발견의 논리」. 아처, 마거릿(Margaret Archer) 외 엮음.『초월적 실재론과 과학』. 이기홍 옮김. 파주: 한울.

_____. 2005d. 「사회들」. 아처, 마거릿(Margaret Archer) 외 엮음. 『비판적 자연주의와 사회과학』. 이기홍 옮김. 파주: 한울.
바우만, 지그문트(Zygmunt Bauman). 2009. 『액체근대』. 이일수 옮김. 서울: 강.
박래선. 2001. 「뒤르켐(Émile Durkheim)에 나타난 "사회학의 역설"」. 서강대학교 대학원 석사학위논문.
박명림. 2006. 「역사사회과학은 가능한가?: 학제적 '현대한국' 연구의 과제와 전망」. ≪역사비평≫, 통권 75호, 31~56쪽.
박선웅. 2007. 「의례와 사회운동: 6월항쟁의 연행, 집합열광과 연대」. ≪한국사회학≫, 41집 1호, 26~56쪽.
_____. 2008. 「제프리 알렉산더의 문화사회학」. ≪문화사회학≫, 4권, 73~113쪽.
박성우. 2014. 「막스 베버의 사실-가치 구분에 대한 레오 스트라우스 비판의 정치철학적 의의」. ≪한·독사회과학논총≫, 24권 3호, 3~24쪽.
박승호. 2005. 「맑스의 '물신주의 비판'의 방법론적 의의」. ≪사회경제평론≫, 24호, 47~77쪽.
박병기. 2015. 「'세월호'의 윤리학과 불교의 역할」. ≪불교평론≫(2015.9.1).
박영균. 2006. 「탈현대적 비판을 넘어선 맑스주의 철학의 확장」. 건국대학교 대학원 박사학위논문.
_____. 2016. 「맑스의 철학: 철학의 실천과 실천의 철학」. 제4회 한중 마르크스주의연구자회의 자료집(2016.11.5).
박영도. 2011. 『비판의 변증법: 성찰적 비판문법과 그 역사』. 서울: 새물결.
박영신. 1990a. 『사회학 이론과 현실인식』. 서울: 민영사.
박영신. 1990b. 「역사사회학자 뒤르케임을 아는가?」 테다 스카치폴(Theda Skocpol) 엮음. 『역사사회학의 방법과 전망』. 박영신·이준식·박희 옮김. 서울: 한국사회학연구소.
박영욱. 1993. 「분석 마르크스주의: 마르크스주의의 왜곡된 현재화」. ≪시대와철학≫, 4권, 131~157쪽.
박영창. 2009. 「『자본론』의 경제이론과 변증법」. 연세대학교 대학원 석사학위논문.
박인성. 1985. 「K . Marx 유물사관의 비판적 고찰」. ≪법정논집≫, I권 , 105~123쪽.
박주원. 2001. 「마르크스 자유주의 비판에 대한 연구: '생산' 패러다임과 '정치' 이념의 종합을 위하여」. 이화여자대학교 대학원 박사학위논문.
박진환. 1987. 「마르크스주의에 있어서의 과학의 개념」. ≪경상대 민족통일론집≫, 2권, 37~46쪽.
박현웅. 2007. 「전형의 재고찰」. 연세대학교 대학원 석사학위논문.
박형신·정수남. 2009. 「거시적 감정사회학을 위하여」. ≪사회와이론≫, 15집, 195~234쪽.

박형신·정헌주. 2011. 「한 분석마르크스주의자의 역사유물론에 대한 기능적 설명」. 코헨, 제럴드 앨런(Gerald Allan Cohen). 『카를 마르크스의 역사이론: 역사유물론 옹호』. 박형신·정헌주 옮김. 파주: 한길사.

박호성. 1994.「맑스주의를 어떻게 할 것인가」. ≪역사비평≫, 계간 25호, 223~261쪽.

발두치·모딧(Lodovicco Balducci and H. Lee Modditt). 2016.「치료와 치유」. 마크 콥·크리스티나 M. 퍼할스키·브루스 럼볼드 엮음(Mark Cobb, Christina M. Puchalski, Bruce Rumbold). 『헬스 케어 영성 2: 영적 돌봄의 개념』. 용진선·박준양·김주후·조재선 옮김. 서울: 카톨릭대학교 출판부.

백성만. 1989.「맑스의 방법론 연구시론: 추상(Abstraktion)의 문제를 중심으로」. 서울대학교 대학원 석사학위논문.

버날, 존(John D. Bernal). 1995.『사회과학의 역사: 사회경제사의 흐름과 사회과학의 성격』. 박정호 옮김. 파주: 한울.

베르나르, 끌로드(Claude Bernard). 1985.『실험의학방법론』. 유석진 옮김. 서울: 대광문화사.

베버, 막스(Max Weber). 1997.『경제와 사회』. 박성환 옮김. 서울: 문학과지성사.

______. 2011.『막스 베버 사회과학방법론 선집』. 전성우 옮김. 파주: 나남.

벤턴, 테드(Ted Benton). 2005.「실재론과 사회과학: 바스카의 '자연주의의 가능성'에 대한 논평」. 아처, 마거릿(Margaret Archer) 외 엮음.『비판적 자연주의와 사회과학』. 이기홍 옮김. 한울, 185~209쪽.

벤턴·크라이브(Ted Benton and Ian Crib). 2014.『사회과학의 철학: 사회사상의 철학적 기초』. 이기홍 옮김. 파주: 한울.

변종헌. 1993.「분석 마르크스주의 방법론 연구」. ≪사회와 사상≫, 12권, 101~118쪽.

브로이, 드 미셀(Michel De Vroey). 1986.「마르크스주의 가치이론에 대한 추상노동적 해석: 하나의 비판적 평가」. 한신경제과학연구소 엮음.『가치이론』. 정운영 옮김. 서울: 까치.

블래키, 노먼 (Norman Blaikie). 2015.『사회연구의 방법론』. 이기홍 옮김. 파주: 한울.

블루어, 데이비드(David Bloor). 2000.『지식과 사회의 상』. 김경만 역. 파주: 한길사.

비데, 자크(Jacques Bidet). 1995.『자본의 경제학·철학·이데올로기』. 박창렬 옮김. 서울: 새날.

비코, 잠바티스타(Giambattista Vico). 1997.『새로운 학문』. 이원두 옮김. 서울: 동문선.

서동진. 2012.「포스트사회과학: 사회적인 것의 과학, 그 이후?」. ≪민족문화연구≫, 57호, 91~120쪽.

서영표. 2011.「비판적 실재론과 비판적 사회이론」. 급진 민주주의 연구모임 엮음.『급진 민주주의 리뷰, 데모스 No. 1 민주주의의 급진화』. 파주: 도서출판 데모스.

서유석. 1998.「'분석 마르크스주의'의 실험」. ≪시대와 철학≫, 9권 1호, 199~227쪽.

서호철. 1999.「정신적 통치의 기획으로서 Auguste Comte의 사회학에 대한 연구」. 서울대학교 대학원 석사학위논문.
_____. 2007.「통계적 규칙성과 사회학적 설명: 케틀레의 '도덕통계'와 그 영향을 중심으로」. ≪한국사회학≫, 41집 5호, 284~318쪽.
석현호. 1984.「사회학 방법론에 있어서의 연계성: Émile Durkheim과 Max Weber의 비교연구」. ≪사회과학≫, 21권, 101~111쪽.
설헌영. 1993.「맑스 역사변증법의 재구성에 관한 연구: 비판이론과 과학적 변증법을 중심으로」. 서울대학교 대학원 박사학위논문.
_____. 1995.「맑스 역사변증법의 방법적 성격에 대한 고찰: 비판과 과학으로서의 변증법」. ≪범한철학≫, 10권, 213~234쪽.
4·16세월호 참사 특별조사위원회. 2016.「피해자군별 세월호 참사 피해자 실태조사 최종보고서 1~4」.
세이어, 데릭(Derek Sayer). 1986.『마르크스의 이데올로기, 과학, 비판』. 전우홍·김정로 옮김. 부천: 인간사랑.
세이어, 앤드루(Andrew Sayer). 1999.『사회과학방법론』. 이기홍 옮김. 파주: 한울.
_____. 2005.「추상화: 실재론적 해석」. 아처, 마거릿(Margaret Archer) 외 엮음.『초월적 실재론과 과학』. 이기홍 옮김. 파주: 한울.
손경여. 1995.「맑스주의의 진화주의에 대한 비판적 고찰: '정치경제학 비판'의 한계를 중심으로」. 한신대학교 대학원 석사학위논문.
손호철. 1990.「오늘의 사회주의와 맑스주의의 위기」. ≪창작과 비평≫, 68호, 6~76쪽.
송재룡. 2008.「한국사회 자살과 뒤르케임의 자살론: 가족주의 습속과 관련하여」. ≪사회이론≫, 34호, 125~162쪽.
스노, 찰스 퍼시(Charles Percy Snow). 2001.『두 문화』. 오영환 옮김. 서울: 사이언스북스.
스미스, 애덤(Adam Smith). 1992a.『국부론 上』. 최호진·정해동 옮김. 서울: 범우사.
_____. 1992b.『국부론 下』. 최호진·정해동 옮김. 서울: 범우사.
_____. 2009.『도덕감정론』. 박세일·민경국 옮김. 서울: 비봉출판사
스캄브락스, 한네스(Hannes Skambraks) 엮음. 1990.『자본론에 관한 서한집』. 김호균 옮김. 서울: 중원문화.
신나라. 2015.「세월호 사건으로 간접외상을 경험한 공동체의 외상 후 성장에 대한 연구」. ≪연세상담코칭연구≫ 3호, 131~153쪽.
신광영. 1999.「라이트의 분석적 마르크스주의」. ≪경제와 사회≫, 42호, 125~140쪽.
신용하. 2012.『사회학의 성립과 역사사회학』. 파주: 지식산업사.

신희영. 2008. 「비판적 실재론과 행정학의 연구방법」. 『교육 및 과학기술의 발전: 정부역할과 정책 수립』, 한국행정학회 동계학술대회 자료집(2008.12.12.).
_____. 2014. 「행정윤리에 대한 제한적인 윤리적 자연주의 접근」. ≪사회과학연구≫, 제48권 3호. 27~50쪽.
심기천. 1992. 「에밀 뒤르케임의 개인주의와 사회주의」. 연세대학교 대학원 석사학위논문.
아리스토텔레스(Aristoteles). 2012. 『형이상학1』. 조대호 옮김. 파주: 나남.
_____. 2013. 『니코마코스 윤리학』. 천병희 옮김. 고양: 숲.
아처, 마거릿(Margaret Archer). 2005. 「실재론과 형태 형성」. 마거릿 아처(Margaret Archer) 외 엮음.『비판적 자연주의와 사회과학』. 이기홍 옮김. 파주: 한울.
안건훈. 2005. 『인과성 분석』. 서울: 서울대학교출판부.
_____. 2007. 「INUS 조건과 원인: 인공언어와 자연언어를 중심으로」.≪철학연구≫, 101집, 151~169쪽.
알튀세르, 루이(Louis Althusser). 1991. 『레닌과 철학』. 이진수 옮김 . 서울: 백의.
알렉산더, 제프리(Jeffrey C. Alexander). 1993. 『현대 사회이론의 흐름: 사회학도를 위한 스무 개의 강의록』. 이윤희 옮김. 서울: 민영사.
_____. 2007. 『사회적 삶의 의미: 문화사회학』. 박선웅 옮김. 파주: 한울.
앤더슨, 페리(Perry Anderson). 2003. 『서구 마르크스주의 읽기』. 이현 옮김. 서울: 이매진.
엘리아스, 노버트(Norbert Elias). 1987. 『사회학이란 무엇인가』. 최재현 옮김. 서울: 나남.
오루, 마르코(Marco Orru). 1990. 『아노미의 사회학: 희랍철학에서 현대 사회학까지』. 임희섭 옮김. 서울: 나남.
오를레앙, 앙드레(André Orléan). 2016. 『가치의 제국: 경제학의 토대를 다시 세우기』. 신영진·표한형·권기창 옮김. 서울: 울력.
오세철. 1982. 「과학적 마르크스주의와 비판적 마르크스주의 사이의 갈등 분석」.≪현상과 인식≫, 6호, 304~307쪽.
오스웨이트, 윌리엄(William Outhwaite). 1995. 『새로운 사회과학철학』. 이기홍 옮김. 파주: 한울.
올릭, 제프리(Jeffrey Olick). 2011. 『기억의 지도: 집단기억은 인류의 역사와 사회, 그리고 정치를 어떻게 뒤바꿔놓았나?』. 강경이 옮김. 서울: 도서출판 옥당.
와터스, 에단(Ethan Watters). 2011. 『미국처럼 미쳐가는 세계: 그들은 맥도날드만이 아니라 우울증도 팔았다』. 김한영 옮김. 서울: 아카이브.
요아스, 한스(Hans Joas). 2002. 『행위의 창조성』. 신진욱 옮김. 파주: 한울.
우아영·김기덕. 2013. 「사회복지 패러다임(paradigm)으로서 비판적 실재론의 가능성에 대한 탐색적 연구」. ≪사회복지연구≫, 44권 2호. 461~493쪽.
유재건. 2012. 「맑스의 '단일한 과학'과 '새로운 유물론'」. ≪역사와 세계≫, 42집, 139~164쪽.
유팔무. 1990. 「유물론적 과학과 변증법적 방법: 마르크스의 『정치경제학』 비판을 중심으로」. ≪사회와 역사≫, 18권, 117~141쪽.
유헌식. 1980. 「뒤르껭의 실증주의 분석과 비판」. ≪연세대학교 원우론집≫, 8호, 95~110쪽.
유희라. 1996. 「실천적 추론(practical reasoning)을 통한 자살 구성: 뒤르케임의 『자살론』 비판을 중심으로」. 서강대학교 대학원 석사학위논문.
윤소영. 1992. 「알뛰세를 다시 읽으며 '마르크스주의의 위기'를 생각한다」. ≪이론≫, 1호, 41~62.쪽.
윈치, 피터(Peter Winch). 2011. 『사회과학의 빈곤』. 박동천 옮김. 서울: 모티브북.
월러스틴, 이매뉴얼(Immanuel Wallerstein). 1994. 『사회과학으로부터의 탈피』. 성백용 옮김. 서울: 창작과 비평사.
_____. 2007. 『지식의 불확실성』. 유희석 옮김. 서울: 창비.
이기홍. 1991a. 「마르크스의 과학적 방법」. ≪사회와 역사≫, 31권, 11~39쪽.
_____. 1991b. 「분석맑스주의의 비판과 옹호: 진보적 사회과학의 위기, 분석맑스주의 그리고 맑스의 희화화」. ≪경제와사회≫, 12권, 168~200.쪽
_____. 1992. 「맑스의 역사적유물론의 과학적 방법과 구조에 관한 일고찰」. 서울대학교 대학원 박사학위논문.
_____. 1998. 「실재론적 과학관과 사회과학의 연구방법」. ≪경제와사회≫, 39호, 178~205쪽.
_____. 2003. 「추상화: 비판적 실재론의 해석」. ≪사회과학연구≫, 42권, 75~90쪽.
_____. 2004. 「한국 사회과학의 논리와 과학성」. ≪사회과학연구≫, 43권, 39~57쪽.
_____. 2006a. 「설명적 사회학과 글쓰기」. ≪한국사회학≫, 40집 6호, 1~24쪽.
_____. 2006b. 「사회과학에서 몇 가지 이분법의 재검토」. ≪사회과학연구≫, 45권, 223~247쪽.
_____. 2008a. 「사회연구에서 비유와 유추의 사용」. ≪정신문화연구≫, 31권 1호, 131~159쪽.
_____. 2008b. 「사회연구에서 가추와 역행추론의 방법」.≪사회와역사≫, 80호, 287~322쪽.
_____. 2008c. 「사회과학에서 생산성 그리고 구상과 실행의 분리」. ≪경제와사회≫, 77호, 10~42쪽.
_____. 2013. 「한국사회학에서 맑스와 과학적 방법」. ≪사회과학연구≫, 52집 1호, 229~249쪽.
_____. 2014. 『사회과학의 철학적 기초: 비판적 실재론의 접근』. 파주: 한울.
이봉재. 2005. 「방법 이후의 사회과학」. ≪과학사상≫, 통권 50호, 230~251쪽.
이상열. 2012. 「우리나라 의료의 생의학적 모델 어떻게 할 것인가?: 생의학적 모델에서 생물

정신사회적 모델로」. ≪정신신체의학≫ 20권 1호. 3~8쪽.
이상원. 2004.「실험철학의 기획」.『인문학으로 과학읽기』. 이중원·홍성욱·임종태 옮김. 서울: 실천문학사.
이상욱. 2005.「학제간 과학철학 연구의 두 방향: 간학문 STS와 다학문 STS」. ≪과학기술학연구≫, 5권 2호, 1~21쪽.
이재승. 2016.「인권의 시각에서 본 세월호 사건」.『세월호 이후의 사회과학』. 김명희·김왕배 엮음. 서울: 그린비.
이중원. 2004.「마르크스주의의 과학인식」.『인문학으로 과학읽기』. 이중원·홍성욱·임종태 옮김. 서울: 실천문학사.
이진경. 2004.『자본을 넘어선 자본』. 서울: 그린비.
이삼열. 1986.「맑스와 역사철학의 문제」. ≪철학연구≫, 21호, 113~133쪽.
이상기. 2009.「분석적 마르크시즘의 공과(功過): '마르크스주의 경제학'과 '신고전파 경제학'의 방법론 논쟁을 통한 미디어/커뮤니케이션 정치경제학의 방향 찾기」. ≪한국언론정보학보≫, 45호, 7~48쪽.
이영철. 2006.「사회과학에서 사례연구의 이론적 지위: 비판적 실재론을 바탕으로」. ≪한국행정학보≫, 40권 1호, 71~90쪽.
이옥지. 1977.「Émile Durkheim의 사회학 논고」. 이화여자대학교 대학원 석사학위논문.
이왕재·조태훈·소치형. 1994.「마르크스주의의 인간관 비판」. ≪숭공논문집≫, 1권, 469~493쪽.
이재혁. 2012.「고전사회이론에서의 물리주의와 인구적 사고」. ≪한국사회학≫, 46집 5호, 79~114쪽.
이재현. 1988.「청년 맑스의 헤겔 비판: 주술전도의 방법을 중심으로」. 서울대학교 대학원 석사학위논문.
이종영. 1994a.「맑스의『자본론』과 알뛰세의 이데올로기론에 대한 사적유물론적 비판과 재구성」. ≪성균비평≫, 창간호.
_____. 1994b.「『자본론』의 인식론과 알뛰세의 인식론」. 명일동 인식론 세미나 교재 13.
이종찬. 2002.「건강과 질병의 문화사회학을 향하여」. 전우택 엮음.『의료의 문화사회학』. 서울: 몸과 마음.
이찬훈. 1990.「마르크스의 과학개념과 방법론」. ≪민족문제논총≫, 제1집, 113~133쪽.
_____. 1991.「칼 마르크스의 사회과학 방법에 관한 연구」. 부산대학교 대학원 박사학위논문.
_____. 1994.「역사법칙과 역사적 설명」. ≪시대와 철학≫, 5권 2호, 210~241쪽.
이한구. 1996.「생산력 우위론에 기초한 역사적유물론의 재구성」. ≪철학연구≫, 39권 1호,

149~180쪽.

_____. 1997. 「분석적 맑스주의와 역사적유물론의 재구성」. ≪인문과학≫, 27권 1호, 269~295쪽.

이향진. 1983. 「Émile Durkheim의 社会的 事実과 그 方法会的 意義」. ≪문리대 논집≫, 3호, 133~143쪽.

이현정. 2015. 「세월호 참사와 사회적 고통: 인류학적 현장보고」. 『세월호 참사 1주기 심포지움: 세월호가 묻고, 사회과학이 답한다』. 서울대학교(2015.5.7).

이홍탁. 2003. 「E. Durkheim과 R. K. Merton의 아노미 이론과 사회생물학」. ≪사회과학논집≫, 20권 2호, 17~41쪽.

일렌코프, 이발드(Evald Ilyenkov). 1990. 『변증법적 논리학의 역사와 이론』. 우기동·이병수 옮김. 서울: 연구사.

일리치, 이반(Ivan Illich). 2015. 「우리를 불구로 만드는 전문가들」. 『전문가들의 사회』. 신수열 옮김. 고양: 사월의 책.

임운택. 2009. 「비판적 사회학의 과제: 사회성 개념의 회복」. ≪사회와 이론≫, 14권, 93~120쪽.

임형택. 2014. 「분단체제하의 한국에서 학문하기」. 임형택 편. 『한국학의 학술사적 전망 2』. 서울: 소명출판.

임화연. 1995. 「마르크스주의와 방법론적 개인주의」. ≪철학≫, 44집, 187~210쪽.

장용준. 2012. 「체계변증법과 맑스의 경제학적 방법론」. 경상대학교 대학원 석사학위논문.

장회익. 1998. 『삶과 온생명: 새 과학문화의 모색』. 서울: 솔출판사.

전우택. 2002. 「인간의 고통과 의료의 본질」. 전우택·성명훈·천병철 옮김. 『의료의 문화사회학』. 서울: 몸과 마음.

전희상. 2006. 「새변증법과 가치이론」. 서울대학교 대학원 석사학위논문.

정광수. 1997. 「포스트모던 과학철학과 해킹의 실험적 실재론」. ≪범한철학≫, 15집, 183~204쪽.

_____. 2002. 「해킹 실험 실재론의 결점 메우기」. ≪범한철학≫, 26집, 29~38쪽.

정근식. 2011. 「시공간 체제론과 통합학문의 가능성」. 김세균 엮음. 『학문간 경계를 넘어』. 서울: 서울대학교 출판문화연구원.

정대환. 2003. 「맑스의 『경제-철학 수고』와 『자본론』간의 방법론 차이점 연구」. ≪인문과학연구≫, 25집, 255~296쪽.

정수복. 2012.12.22 「한국발 사회이론의 가능성」. 2012년 한국사회학회 후기사회학대회 발표문.

정상모. 1994. 「발견의 논리: 분석과 종합의 방법에 기초한 하나의 대안」. ≪철학≫, 41: 122~155쪽.

정승현. 1993. 「맑스주의의 科学性에 관한 批判的 研究」. 서강대학교 대학원 박사학위논문.

정역렬. 1989. 「Marx의 유물사관」. ≪역사와교육≫, 창간호, 79~95쪽.

정운영. 1992. 「가치이론의 근본전제에 대한 재확인」. ≪이론≫, 2호, 79~103쪽.

정일준·임현진. 2012. 「사회학에서 한국학 연구동향: 한국학의 세계화 전략 모색」. ≪한국학연구≫, 43집, 461~494쪽.

정태석. 2002. 『사회이론의 구성: 구조/행위와 거시/미시 논쟁의 재검토』. 파주: 한울.

젤레니, 진드리히(Jindrich Zeleny). 1989. 『맑스의 방법론』. 이기홍 옮김. 서울: 까치.

조인래. 2001. 「과학적 방법으로서의 유추」. ≪철학연구≫, 54집, 375~404쪽.

조항구·문장수. 2003. 「프랑스 유물론과 마르크스: 마르크스 해석과 양자간의 관계」. ≪대동철학≫, 23집, 455~484쪽.

조현수. 1996. 「사회비판으로서의 『자본론』」. ≪이론≫, 16호, 45~69쪽.

조효제. 2007. 『인권의 문법』. 서울: 후마니타스.

조희연. 2007. 「'성찰적 자기보편화'의 과제는 여전히 유효하다: 『우리 안의 보편성』 서평에 대한 반론」. ≪경제와 사회≫, 73호, 379~392쪽.

졸라, 어빙 케네스(Irving Kenneth Zola). 2015. 「의료 만능 사회」. 이반 일리치(Ivan Illich) 외 지음. 『전문가들의 사회』. 신수열 옮김. 고양: 사월의 책.

주정립. 2000. 「엥겔스의 유물론에 대한 비판적 고찰」. ≪한국정치학회보≫, 34집 1호, 63~76쪽.

______. 2004. 「단순상품생산과 논리적 또는 역사적 '발전', 그리고 '시작'의 문제」. ≪대한정치학회보≫, 12집 1호, 343~365쪽.

지브코빅, 르즈보미르(Živković, Ljubomir). 1985. 「마르크스주의 사회학의 구조」. 전병재 엮음. 『사회학과 마르크스주의: 사회이론·이데올로기·과학·실천』. 서울: 한울.

차머스, 앨런(Alan F. Chalmers). 2003. 『과학이란 무엇인가』. 신중섭·이상원 옮김. 파주: 서광사.

채오병. 1998. 「맑스의 역사이론에 관한 방법론적 재고(再考): 이론과 역사의 재통합」. ≪연세대학교원우론집≫, 27호, 174~194쪽.

______. 2007. 「실증주의에서 실재론으로: 역사연구 논리의 전환」. ≪한국사회학≫, 41집 5호, 249~283쪽.

최장집 편. 1990. 『마르크스』. 서울: 고려대학교 출판부.

최종덕. 1995. 『부분의 합은 전체인가』. 고양: 소나무.

최종렬. 2004.「뒤르케임의『종교생활의 원초적 형태』에 대한 담론이론적 해석: 신뒤르케임주의 문화사회학을 넘어」. ≪한국사회학≫, 38집 2호, 1~31쪽.
_____. 2007.「뒤르케임주의 문화사회학: 스트롱 프로그램과 실제 연구」. ≪문화와사회≫, 2권, 165~234쪽.
최준호. 1990.「마르크스 변증법에 관한 연구」. 고려대학교 대학원 석사학위논문.
최현정. 2014.「고문 생존자의 삶과 회복」. 김동춘·김명희 외.『트라우마로 읽는 대한민국: 한국전쟁에서 쌍용차까지』. 서울: 역사비평사.
최형익. 2000.「『자본론』을 어떻게 읽을 것인가: '정치학적 해석'의 한 방법」. ≪한국정치학회보≫, 34집 1호, 77~94쪽.
카, 에드워드(Edward Hallett Carr). 2000.『역사란 무엇인가』. 김택현 옮김. 서울: 까치글방.
칸트, 이매뉴얼(Immanuel Kant). 2009.『실천이성비판』. 백종현 옮김. 서울: 아카넷.
커밍스, 부르스(Bruce Cumings) 외. 2004.『대학과 제국』. 한영옥 옮김. 서울: 당대.
캘리니코스, 알렉스(Alex Callinicos). 1992.『마르크시즘의 미래는 있는가』. 황성천 옮김. 부산: 열음사.
_____. 1996.『현대철학의 두 가지 전통과 마르크스주의』. 정남영 옮김. 서울: 갈무리.
코저, 루이스(Lewis Coser). 2003.『사회사상사』. 신용하·박명규 옮김 . 서울: 시그마프레스.
콜리어, 앤드루(Andrew Collier). 2005.「층화된 설명과 마르크스의 역사관」. 마거릿 아처(Margaret Archer) 외 엮음.『비판적 자연주의와 사회과학』. 이기홍 옮김. 파주: 한울.
_____. 2010.『비판적 실재론: 로이 바스카의 과학철학』. 이기홍·최대용 옮김. 후마니타스.
콩트, 오귀스트(Auguste Comte). 2001.『실증주의 서설』. 김점석 옮김. 파주: 한길사.
쿠친스키, 위르겐(Juergen Kucynski). 1991.『전환기의 마르크스주의』. 나혜원 옮김. 서울: 공동체.
쿤, 토마스 S.(Thomas S. Kuhn). 1992.『과학혁명의 구조』. 김명자 옮김. 서울: 동아출판사.
클라인만, 아서(Arthur Kleinman) 외. 2002.『사회적 고통』. 안종설 옮김. 서울: 그린비.
클리버, 해리(Harry M. Cleaver). 1986.『자본론의 정치적 해석』. 권만학 옮김. 서울: 풀빛.
키트·어리(Russell Keat and John Urry). 1993.『과학으로서의 사회이론』. 이기홍 옮김. 파주: 한울.
터너, 브라이언(Bryan Turner). 1998.「에밀 뒤르케임에 대한 해석」. 뒤르케임, 에밀(Émile Durkheim).『직업윤리와 시민도덕』. 권기돈 옮김. 서울: 새물결.
톰슨, 에드워드 파머(Edward P. Thompson). 2013.『이론의 빈곤』. 변상출 옮김. 서울: 책세상.
테르본, 요란(Göran Therborn). 1989.『사회학과 사적유물론』. 윤수종 옮김. 서울:푸른산.

토셀, 앙드레(André. Tosel). 1996. 「안토니오 라브리올라의 비판적 마르크스주의」. 서관모 옮김. ≪이론≫, 통권 14호, 11~37쪽.
트리그, 로저(Roger Trigg). 2013. 『사회과학 이해하기: 사회과학에 대한 철학적 소개』. 김연각 옮김. 서울: 한국문화사.
티리아키언, 에드워드(Edward A. Tiryakian). 2015. 『뒤르켐을 위하여: 역사·문화 사회학 시론』. 손준모 옮김. 서울: 고려대학교 출판부.
파생·레스만(Didier Fassin and Richard Rechtman). 2016. 『트라우마의 제국』. 최보문 옮김. 서울: 바다출판사.
퍼트남, 힐러리(Hilary Putnam). 2010. 『사실과 가치의 이분법을 넘어서』. 노양진 옮김. 파주: 서광사.
페이어아벤트, 폴(Paul Feyerabend). 1987. 『방법에의 도전: 새로운 과학관과 인식론적 아나키즘』, 정병훈 옮김. 서울: 한겨레.
포포라, 더글러스(Douglas V. Porpora). 2005. 「네 가지 사회구조 개념」. 마거릿 아처(Margaret Archer) 외 엮음. 『비판적 자연주의와 사회과학』. 이기홍 옮김. 파주: 한울.
포스터, 존 벨라미(John Bellamy Forster). 2010. 『마르크스의 생태학: 유물론과 자연』. 이범웅 옮김. 고양: 인간사랑.
포이어바흐, 루트비히(Ludwig Feuerbach). 2008. 『기독교의 본질』. 강대석 옮김 . 파주: 한길사.
포코네, 폴(Paul Fauconnet). 2002. 「뒤르케임의 교육사상」. 뒤르케임, 에밀. 『교육과 사회학』. 이종각 옮김. 서울: 배영사.
포퍼(K. Popper). 1994. 『과학적 발견의 논리』. 박우석 옮김. 고려원.
_____. 1997. 『열린사회와 그 적들II』. 이명현 옮김. 서울: 민음사.
폴라니, 마이클(Michael Polanyi). 2015. 『암묵적 영역』. 김정래 옮김. 서울: 박영사.
푸코, 미셸(Michel Foucault) 2002. 『정신병과 심리학』. 박혜영 옮김. 서울: 문학동네.
프리드먼, 마이클(Michal Friedman). 2012. 『이성의 역학: 새로운 과학철학을 위한 서설』. 박우석·이정민 옮김. 파주: 서광사.
플레하노프, 게오르기(Georgi Vladmiroich Plekhanov). 1987. 『맑스주의의 근본문제』. 민해철 옮김. 서울: 거름.
하경근. 1965. 「맑스 유물사관의 비판: 현대적 비판을 중심으로」. ≪법정논총≫, 20호, 63~76쪽.
하레, 롬(Rom Harré). 2006. 『천년의 철학』. 김성호 옮김. 파주: 서광사.
하레·매든(Rom Harré and Edward Madden). 2005. 「개념적 필연성과 자연적 필연성』. 마거

릿 아처(Margaret Archer) 외 엮음. 『초월적 실재론과 과학』. 이기홍 옮김. 파주: 한울.
하버마스, 위르겐(Jürgen Habermas). 2006a. 『의사소통행위이론 1』. 장춘익 옮김. 나남출판.
_____. 2006b. 『의사소통행위이론 2』. 장춘익 옮김. 파주: 나남출판.
하용삼. 2002. 「칼 맑스 철학에 있어서 과학기술의 역사적 전개」. ≪철학논총≫, 28집, 521~542쪽.
_____. 2003. 「칼 맑스 사상에 있어서 과학기술의 의미」. ≪대동철학≫, 20집, 289~309쪽.
하홍규. 2014. 「실천적 전환에 대한 비판적 고찰」. ≪한국사회학≫, 48집, 205~233쪽.
한상원. 2008. 「객관적 사유 형식으로서 이데올로기: 『자본론』의 물신주의 개념분석을 통한 연구」. 서울시립대학교 대학원 석사학위논문.
한영혜. 1983. 「뒤르껭의 集合意識 연구: Conscience Collective의 사회학적 의의」. 서울대학교 대학원 석사학위논문.
핸슨, 노우스 러셀(Norwood Russell Hanson). 2007. 『과학적 발견의 패턴: 과학의 개념적 기초에 대한 탐구』. 송진웅·조숙경 옮김. 서울: 사이언스북스.
헤겔, 게오르크 빌헬름 프리드리히(Georg Wilhelm Fridrich Hegel). 1990. 『법철학 강요』. 권응호 옮김. 서울: 홍신문화사.
헤스, 데이비드(David J. Hess). 2004. 『과학학의 이해』. 김환석 옮김. 서울: 당대.
헬러, 아그네스(Agnes Heller). 1994. 『역사의 이론』. 강성호 옮김. 서울: 문예출판사.
홍태영. 2001. 「정치경제학(économie politique)에서 경제학(science économique)으로: 프랑스에서 학과(discipline)로서 사회과학 탄생의 한 예」. ≪한국사회과학≫, 21권 1호, 127~148호.
_____. 2002. 「'사회적인 것'의 탄생과 뒤르카임(E. Durkheim)의 '신'자유주의」. ≪한국정치학회보≫, 36집 4호, 7~25쪽.
홍훈. 1997. 「마르크스의 비판방법에 대한 연구: 스미스와 리카도에 대한 비판을 중심으로」. ≪경제학연구≫, 45권 4호, 303~330쪽.
_____. 2013. 『경제학의 역사』. 서울: 박영사.
홉스봄, 에릭(Eric Hobsbawm). 2003a. 『혁명의 시대』. 정도영 옮김. 파주: 한길사.
_____. 2003b. 『자본의 시대』. 정도영 옮김. 파주: 한길사.
_____. 2012. 『세상을 어떻게 바꿀 것인가: 마르크스와 마르크스주의에 관한 이야기들』. 이경일 옮김. 서울: 까치글방.
황경식. 1991. 「분석철학과 마르크스주의의 만남」. ≪철학과 현실≫, 9호, 314~319쪽.
휴즈·마틴·샤록(John J. Hughes and Peter J. Martin and Wesley W. Sharrock). 1998. 『고전사회학의 이해』. 박형신·김용규 옮김. 서울: 일신사.

휴즈·샤록(John J. Hughes and Wesley W. Sharrock). 2000. 『사회연구의 철학』. 이기홍 옮김. 파주: 한울.

흄, 데이비드(David Hume). 2012. 『인간의 이해력에 관한 탐구』. 김혜숙 옮김. 서울: 지식을 만드는 지식.

Albritton, R. 1986. *A Japanese Reconstruction of Marxist Theory*. NY: St. Martin's Press.

Alexander, J. 1982. *Theoretical Logic in Sociology. Volume Two. The Antinomies of Classical Thought: Marx and Durkheim*. Berkeley, CA: University of California Press.

Allen, C. 2000. "On the 'Physiological Dope' Problematic in Housing and Illness Research: Towards a Critical Realism of Home and Health." *Housing, Theory & Society*, Vol. 17, No. 2, pp. 49~67.

Alpert, H. 1939. *Émile Durkheim and His Sociology*. Columbia University Press.

Andrews, H. F. 1996. "Durkheim and Social Morphology." in S. P. Turner(ed.). *Émile Durkheim: Sociologist and Moralist*. London: Routledge.

Archer et al(eds.). 1998. *Critical Realism: Essential Readings*. London: Routledge.

Arthur, C. 2002. *The New Dialectic and Marx's Capital*. England: Brill Academic.

Berger, P. 1963. *Invitation to Sociology*. NY: Doubleday.

Benton, T. 1977. *The Three Sociologies*. London: Routledge & Kegan Paul.

Benton, T. and Craib, I. 2010. *Philosophy of Social Science: The Philosophical Foundations of Social Thought*. 2nd ed. NY: Palgrave Macmillan.

Besnard, P. 1993. "Anomie and Fatalism in Durkheim's Theory of Regulation." in S. P. Turner(ed.). *Émile Durkheim: Sociologist and Moralist*. NY: Routledge.

_____. 2005. "Durkheim's Squares: Types of Social Pathology and Types of Suicide." in J. C. Alexander and P. Smith(eds.). The Cambridge Companion to Durkheim. Cambridge, UK: Cambridge University Press.

Bhaskar, R. 1975. *A Realist Theory of Science*. 1st ed. Leeds: Leeds Books.

_____. 1986. *Scientific Realism and Human Emancipation*. London: Routledge.

_____. 1989. *Reclaiming Reality*. London: Verso.

_____. 1998. *The Possibility of Naturalism: A Philosophical Critique of Contemporary Human Sciences*. 3d ed. NY: Routledge.

_____. 2001. *Philosophy and the Idea of Freedom*. London: Blackwell.

_____. 2002. "Social Science and Self-Realization: Non duality and Co-presence." in

Reflection on Meta reality: Transcendence, Emancipation and Everyday Life. New Delhi: Sage.

_____. 2008. *Dialectic: The Pulse of Freedom*, with an introduction by M.Hartwig. London and New York: Routledge.

Bhaskar, R. and A. Norrie. 1998. "Introduction: Dialectic and Dialectical Critical Realism." in M. Archer et al(eds.). *Critical Realism: Essential Readings*. London: Routledge.

Bhaskar, R. and A. Collier. 1998. "Introduction: Explanatory Critiques." in *Critical Realism: Essential Readings*. M. Archer et al(eds.). London: Routledge.

Boudon, R. and F. Bourricaud. 1982. *A Critical Dictionary of Sociology*. NY: Columbia University Press.

Brown, A. 2002. "Developing Realistic Philosophy: From Critical Realism to Materialist Dialectics." in *Critical Realism and Marxism*. A. Brown, S. Fleetwood, and J. M. Roberts(eds.). London: Routledge.

_____.2013. "The Labour Theory of Value: Materialist versus Idealist Interpretations." International Association for Critical Realism Conference. Cambridge: University of Cambridge, August 2004.

Burrows, R. 1989. "Some Notes towards a Realistic Realism: the Practical Implications of Realist Philosophies of Science for Social Research methods." *International journal of sociology and social policy*, Vol. 9, No. 4, pp. 47~64.

Busfield, J. 1996. *Men, Women and Madness*. London: Routledge.

Cahoone, L. E. 1996. *From Modernism to Postmodernism*. MA: BlackWell.

Callinicos, A. 1989. *Marxist Theory*. Oxford: Oxford Univ. Press.

_____. 2005. "Against the New Dialectic." *Historical Materialism*, Vol. 13, No. 2, pp. 41~59.

Canguilhem, G. 1978. *On the Normal and the Pathological*. Dordrecht: D. Riedel Publishing Company.

Chimisso, C. 2010. "Aspects of Current history of Philosophy of Science in the French Tradition." in *The Present Situation in the Philosophy of Science*. Series: The Philosophy of Science in a European Perspective. 1. Dordrecht-Heidelberg-London-New York: Springer. pp. 41~56.

Cohen, J. 1975. "Moral Freedom Through Understanding Durkheim." *American Sociological Review*, Vol. 40, No. 1, pp. 104~106.

Collier, A. 1998. "Stratified Explanation and Marx's Conception of History." in M. Archer et al(eds.). *Critical Realism: Essential Readings*. London: Routledge.
_____. 1994. *Critical Realism: An introduction to Roy Bhaskar's philosophy*. London: Verso.
Coser, L. 1960. "Durkheim's Conservatism and Its Implication." in K. H. Wolff(ed.). *Émile Durkheim: 1858~1917*. Columbus: The Ohio State Univ. Press.
Cuff. E. C. et al. 1992. *Perspectives in Sociology*. 3rd ed. London and NY: Routledge.
Douglas, J. 1967. *The Social Meaning of Suicide*. Princeton: Princeton University Press.
Dray, W. 1957. *Law and Explanation in History*. Oxford: Clarendon Press.
Edgley, R. 1998. "Reason as Dialectics: Science, Social Science and Socialist Science." pp.395~408. in M. Archer et al(eds.). *Critical Realism: Essential Readings*. London: Routledge.
Ehrbar, H. 2002 "Critical Realist Arguments in Marx's Capital." in A. Brown, S. Fleetwood and J. M. Roberts(eds.). *Critical Realism and Marxism*. London: Routledge.
_____. 2007. "The Relation between Marxism and Critical Realism." in J. Frauley, and F. Pearce(eds.). *Critical Realism and the Social Sciences: Heterodox Elaborations*. Toronto: University of Toronto.
Emirbayer, M. 1996a. "Useful Durkheim." *Sociological Theory*, Vol. 14, No. 2, pp. 109~130.
_____. 1996b. "Durkheim's Contribution to the Sociological Analysis of History." *Sociological Forum*, Vol. 11, No. 2, pp. 263~284.
Felix, D. 1988. "Meaningful Marx and Marxology." *Critical Review: A Journal of Politics and Society*, Vol. 2, No. 4, pp. 82~90.
Fitzpatrick, S. 2000. *Young Homeless People*. Basingstoke: Macmillan.
_____. 2005. "Explaining Homelessness: a Critical Realist Perspective." Housing, *Theory and Society*, Vol. 22, No. 1, pp. 1~17.
Frauley, J. and F. Pearce(eds.). 2007. *Critical Realism and the Social Sciences: Heterodox Elaborations*. Toronto: University of Toronto Press.
Gane, M. 1988. *On Durkheim's Rules of Sociological Method*. NY: Routledge.
Gorski, P. S. 2013. "Beyond the Fact/Value Distinction: Ethical Naturalism and the Social Sciences." *Society*, Vol. 50, No. 6, pp. 543~553.
Gouldner, A. 1958. "Introduction." in *Socialism and Saint-Simon*. translated by C. Sattler. Yellow Springs, Ohion: The Antioch Press.
_____. 1971. *The Coming Crisis of Western Sociology*. London: Heineman.

Giddens, A. 1986. "Introduction." in *Emile Durkheim on Politics and the State.* translated. by W. D. Hall. Stanford, California: Stanford Univ. Press.

_____. 1990. "Durkheim's Political Sociology." in P. Hamilton(ed). *Émile Durkheim: Critical Assessments.* 4th ed. London: Routledge.

_____. 1993. *New Rules of Sociological Method: A Positive Critique of Interpretative Sociologies.* 2nd ed. Cambridge: Polity Press.

Habermas, J. 1976. *Zur Rekonstruktion des Historischen Materialismus.* Frankfurt am Main: Suhrkamp Verlag.

Hacking, I. 1981. "Do We see Through a Microscope." *Pacific Philosophical Quarterly*, 62, pp. 305~322.

_____. 1983. *Representing and Intervening.* Cambridge: Cambridge University Press.

_____. 1984. "Experimentation and Scientific Realism." Jarrett Leplin(ed.). *Scientific Realism.* Berkeley: University of California Press.

_____. 1988. "On the stability of the Laboratory Sciences." *The Journal of Philosophy*, 85. pp. 507~514.

Hammersley, M. 2009. "Why Critical Realism Fails to Justify Critical Social Research." *Methodological Innovations Online*, Vol. 4, No. 2, pp. 1~11.

Harré, R. and P. F. Secord. 1972. *The Explanation of Social Behavior.* Oxford, England: Basil Blackwell.

Hartwig, M and M. Archer(eds.). 2007. *Dictionary of Critical Realism.* London: Routledge.

Heidelberger, M. 2010. "Aspects of Current History of 19th Century Philosophy of Science." in *The Present Situation in the Philosophy of Science.* Series: The Philosophy of Science in a European Perspective. 1. Dordrecht-Heidelberg-London-New York: Springer. pp. 67~74.

Hirst, P. Q. 1975. *Durkheim, Bernard and Epistemology.* Routledge & Kegan Paul.

Hollis, M. 1994. *The Philosophy of Social Science: an Introduction.* Cambridge: Cambridge University Press.

Klein, N. 2008. *The Shock Doctrine: The Rise of Disaster Capitalism.* New York: St Martins Press.

Kilborne, B. 1992. "Positivism and Its Vicissitudes: The Role of Faith in the Social Sciences." *History of the Behavioral Sciences*, Vol. 28, No. 3, pp. 352~370.

Kim, Myung Hee. "Two Cultures' and the Possibility of Integrated Korean Studies: Via

'Critical Naturalism' of Marx and Durkheim." *S/N Korean Humanities*, Vol. 2, No. 2, pp. 87~110.

Joas, H. 1993a. "Durkheim's intellectual development." in S. P. Turner(ed.). *Émile Durkheim*. London: Routledge.

LaCapra, D. 1972. *Émile Durkheim: Sociologist and Philosopher*. NY: Cornell University Press.

Larrain, J. 1980. "Durkheim's Concept of Ideology." *Sociological Review*, 28. pp. 129~139.

Lemert, C. 2006. *Durkheim's Ghosts: Cultural Logic and Social Things*. Cambridge: Cambridge University Press.

Lefebvre, H. 1975. "What is the Historical Past?" *New Left Review*, Vol. 90, pp. 27~34.

Lukes, S. 1967. "Alienation and Anomie." P. Laslett and W. G. Runciman. *Philosophy, Politics and Society*, Series III. Oxford: Blackwell.

_____. 1973. *Émile Durkheim: His Life and Work*. NY: Penguin Books.

_____. 1982. "Introduction." in *The Rules of Sociological Method*. NY: Free Press.

_____. 2006. "Durkheim's Philosophy Lectures: Notes from the Lycee de Sens Course, 1883~1884. ed and translated by N. Gross and R. A. Jones." *American Journal of Sociology*, Vol. 111, No. 4, pp. 1230~1231.

Mach, E. 1984. *Popular Scientific Lectures*. La Salle: Open Court Publishing Company.

Mackei, J. L. 1965. "Causes and conditions." *American Philosophical Quarterly* 2.

Mauss, M. 1958. "Introduction to Socialism and Saint-Simon." in *Socialism and Saint-Simon*. translated by P. Sattler. NY: Collier books.

Mazlish, B. 1984. *The Meaning of Karl Marx*. NY: Oxford University Press.

Maximiliano E, K. 2010. "Ideology and Prejudices: exploring the roots of religion." *Antrocom: online Journal*, Vol. 6, No. 1, pp. 101~113.

Merton, Robert. K. 1934. "Durkheim's Division of Labor in Society." *American Journal of Sociology*, Vol. 40, No. 3, pp. 319~328.

Mill, J. S. 1884. *A System of Logic: Ratiocinative and Inductive*. London: People's Editions.

Miller, W. 1993. "Durkheim's Montesquieu." *The British Journal of Sociology*, Vol. 44, No. 4, pp. 693~712.

_____. 1996. *Durkheim, Morals and Modernity*. Montreal: McGill Queen's Univ Press.

Moñivas, J. 2007. "Science and Religion in the Sociology of Émile Durkheim." *European Journal of Science and Theology*, Vol. 3, No. 1, pp. 17~30.

Murray, P. 1988. *Marx's Theory of Scientific Knowledge*. NJ: Humanities Press International.

Neale, J. 1997. "Theorizing Homelessness: Contemporary Sociological and Feminist perspectives." in R. Burrows, N. Pleace and D. Quilgars(eds.). *Homelessness and Social Policy*. London: Routledge.

Nie. R. A. 1975. *The Origins of Crowd Psychology*. London: Sage Publications.

Nisbet, R. 1963. "Sociology as an art form." in M. Stein and A. Vidich(eds.). *Sociology on Trial*. Englewood Cliffs, NJ: Prentice Hall.

_____. 1965. *Durkheim*. Englewood Cliffs, NJ: Prentice-Hall.

Parsons. T. 1949. *The Structure of Social Action*. NY: Free Press.

_____. 1975. "Comment on Parsons' Interpretation of Durkheim and Moral Freedom Through Understanding in Durkheim." *American Sociological Review*, Vol. 40, No. 1, pp. 106~111.

Pearce, F. 1989. *The Radical Durkheim*. London: Unwin Hyman.

_____. 2001. *The Radical Durkheim*. 2nd ed. Toronto: Canadian Scholars.

_____. 2007. "Bhaskar's Critical Realism: An Appreciative Introduction and a Friendly Critique." in Frauley, J. and F. Pearce(eds.). *Critical Realism and the Social Sciences: Heterodox Elaborations*. Toronto: University of Toronto.

Pilgrim, D. and Bentall, R. 1999. "The Medicalisation of Misery: A Critical Realist Analysis of the Concept of Depression." *Journal of Mental Health*, Vol. 8. No. 3. pp. 261~274.

Pope, W. 1973. "Classic on Classic: Parsons' Interpretation of Durkheim." *American Sociological Review*, Vol. 38, pp. 399~415.

Postone, M. 2005. "Critical and Historical Transformation." *Historical Materialism*, Vol. 12, No. 3, pp. 53~72.

Rawls, A. W. 1996. "Durkheim's Epistemology: The Neglected Argument." *American Journal of Sociology*, Vol. 102, No. 2, pp. 430~482.

_____. 2001. "Durkheim' Treatment of Practice: Concrete Practice vs Representations as the Foundation of Reason." *Journal of Classical Sociology*, Vol. 1, No. 1, pp. 33~68.

_____. 2004. *Epistemology and Practice: Durkheim's The Elementary Forms of Religious Life*. Cambridge: Cambridge University Press.

Reuten, G. 2001. "The Interconnection of Systematic Dialectics and Historical Materialism." *Historical Materialism*, Vol. 7, No. 1, pp. 137~165.

Ricardo, D. 1951. *Works of David Ricardo*. P. Sraffa(ed.). Cambridge: Cambridge University Press.

Roemer, J. 1988. *Free to Lose: An Introduction to Marxist Economic Philosophy*. Cambridge: Harvard University Press.

Rubin, I. I. 1982. *Essays on Marx's Theory of Value*. Montréal: Black Rose Books.

Sawyer. R.K. 2001. "Emergence in Sociology: Contemporary Philosophy of Mind and Some Implications for Sociological Theory." *American Journal of Sociology*, Vol. 107, No. 3, pp. 551~585.

_____. 2002. "Durkheim's Dilemma: Toward a Sociology of Emergence." *Sociological Theory*, Vol. 20, No. 2, pp. 227~247.

Sayer, A . 2004. "Restoring the Moral Dimension in Social Scientific Accounts: a Qualified Ethical Naturalist Approach." in A. Collier, M. S. Archer and W. Outhwaite(eds.). *Defending Objectivity: Essays in Honour of Andrew Collier*. London: Routledge.

Schmaus, W. 2000. "Representation in Durkheim's Sens Lectures: An Early Approach to the Subject." in W. S. F. Pickering(ed.). *Durkheim and Representations*. London and New York: Routledge.

_____. 2007. "Renouvier and the Method of Hypothesis." *Studies In History and Philosophy of Science*, Vol. 38, No. 1, pp. 132~148.

Smith, T. 1990. *The Logic of Marx's Capital: Replies to Hegelian Criticisms*. NY: State University of New York Press.

Tilly, C. 1981. "Useless Durkheim." in *As Sociology Meets History*. NY: Academic Press.

Tiryakian, E. A. 1964. "Durkheim's Two Laws of Penal Evolution." *Journal for the Scientific Study of Religion*, Vol. 3, No. 2, pp. 261~266.

Wallwork, E. 1972. *Durkheim: Morality and Milieu*. Cambridge, Mass: Harvard University Press.

Willer, Judith. 1968. "The implications of Durkheim's Philosophy of Science." *Kansas Journal of Sociology*, Vol. 4, No. 4. pp. 175~190.

Williams, M. & May, T. 1996. *Introduction to The Philosophy of Social Research*. London: UCL Press.

Wilson, E. O. 1998. *Consilience: The Unity of Knowledge*. NY: Vintage Books.

Zeitlin. I. 1981. *Ideology and the Development of Sociological Theory*. 2nd ed. Englewood Cliffs, NJ: Prentice-Hall.

찾아보기

ㅈ

기타

인명

문헌

지은이

김명희

사회학(사회과학방법론, 사상사)을 전공했고, 현재 건국대학교 통일인문학연구단 HK연구교수로 재직하고 있다. 외상과 자살을 창(窓)으로 한국문제를 연구한다. 현대 사회이론과 비판적 실재론의 과학철학을 한국사회가 겪고 있는 사회적 고통의 진단과 처방에 생산적으로 접목하는 작업에 관심을 갖고 있다. 최근에는 코리언 디아스포라의 생활세계와 교과 비교연구를 통해 통합한국학의 가능성을 모색 중이다. 주요 논문으로 「한국사회 자살현상과 『자살론』의 실재론적 해석」(2012), 「뒤르케임의 사회과학철학: 반환원주의적 통섭의 가능성」(2015), 「동아시아 분단체제의 재구성 장치로서 친밀적 공공권(親密的 公共圈)의 가능성」(2016), 「과학의 유기적 연대는 어떻게 가능한가: 과학과 도덕의 재통합」(2016) 등이 있고, 『트라우마로 읽는 대한민국』(2014), 『세월호 이후의 사회과학』(2016) 등을 함께 썼다.

한울아카데미
전문연구총서 01

/
통합적 인간과학의 가능성
맑스와 뒤르케임의 실재론적 귀환
/

지은이 김명희
펴낸이 김종수
펴낸곳 한울엠플러스(주)
편집책임 김경희
편집 반기훈

초판 1쇄 인쇄 2017년 3월 10일
초판 1쇄 발행 2017년 3월 17일

주소 10881 경기도 파주시 광인사길 153 한울시소빌딩 3층
전화 031-955-0655
팩스 031-955-0656
홈페이지 www.hanulmplus.kr
등록번호 제406-2015-000143호

Printed in Korea.
ISBN 978-89-460-6318-1 93300(양장)
978-89-460-6319-8 93300(학생판)

※ 책값은 겉표지에 표시되어 있습니다.
※ 이 책은 강의를 위한 학생판 교재를 따로 준비했습니다.
강의 교재로 사용하실 때에는 본사로 연락해주십시오.